**Kompendien**
für Studium, Praxis und Fortbildung

Prof. Dr. Annegret Lorenz

# Zivil- und familienrechtliche Grundlagen der Sozialen Arbeit

Ein Studienbuch

2. Auflage

Nomos

Die Deutsche Nationalbibliothek verzeichnet diese Publikation in
der Deutschen Nationalbibliografie; detaillierte bibliografische
Daten sind im Internet über http://dnb.d-nb.de abrufbar.

ISBN 978-3-8487-0679-2

2. Auflage 2013

*Für*
*Steffen und Paul*
*und*
*meine Eltern*

# Vorwort

Rechtskenntnisse gehören im Alltag der Sozialen Arbeit mit zu den grundlegenden Beratungskompetenzen. Sozialarbeiter benötigen insoweit zweierlei: Rechtswissen (der jeweiligen Rechtsmaterien) und Strukturwissen. Sodann ist das Recht im Fluss. Vor allem das Familienrecht befindet sich – oft im Gefolge höchstrichterlicher Rechtsprechung – in einem stetigen Reformprozess. Dies erfordert von Sozialarbeitern zudem die Fähigkeit, sich in eine ständig verändernde Materie einzuarbeiten.

Die Auseinandersetzung und die Aneignung von Rechtswissen stellt erfahrungsgemäß Studierende nichtjuristischer Disziplinen vor hohe Herausforderungen. Diese müssen sich nicht nur das notwendige fachliche Wissen aneignen, sondern vor allem auch das juristische Handwerkszeug als solches beherrschen. Beiden Ansprüchen trägt das vorliegende Lehrbuch Rechnung.

Zielgruppe dieses Lehrbuches sind Studierende der Sozialen Arbeit. Diesen soll das für Ausbildung und Prüfung sowie den späteren Berufsalltag notwendige inhaltliche und methodische juristische Rüstzeug an die Hand gegeben werden.

Ziel dieses Buches ist, den Studierenden die Fähigkeit zum eigenständigen Umgang mit dem Recht zu vermitteln. Das betrifft sowohl die Aneignung und Vertiefung von Rechtswissen als auch die Transferleistung des Gelernten in die anwendungsbezogene Bearbeitung von Fällen.

Die Darstellung beschränkt sich daher nicht auf die bloße Vermittlung von Rechtswissen. Vielmehr soll eine Vielzahl von Fallbeispielen und -lösungen den Studierenden an die eigenständige Arbeit mit dem Recht heranführen.

Inhaltlich ist das vorliegende Studienbuch auf die zivilrechtlichen Grundlagen der Sozialen Arbeit beschränkt: In diesem Rahmen werden zum einen die für die Soziale Arbeit bedeutsamen allgemeinen zivilrechtlichen Grundlagen behandelt. Daneben wird das Familienrecht – als Kernbereich der Ausbildung – eingehend dargestellt.

Bensheim, August 2013

# Inhaltsverzeichnis

# Abkürzungsverzeichnis

| | |
|---|---|
| Abs. | Absatz |
| AdVermiG | Adoptionsvermittlungsgesetz |
| AG | Aktiengesellschaft |
| AktG | Aktiengesetz |
| Art. | Artikel |
| AufenthG | Aufenthaltsgesetz |
| BAföG | Bundesausbildungsförderungsgesetz |
| BAG | Bundesarbeitsgericht |
| BGB | Bürgerliches Gesetzbuch |
| BGB-InfoV | BGB-Informationspflichten-Verordnung |
| BGH | Bundesgerichtshof |
| BNotO | Bundesnotarordnung |
| BSG | Bundessozialgericht |
| BT-Drs. | Bundestags-Drucksache |
| BVerfG | Bundesverfassungsgericht |
| BVerfGG | Bundesverfassungsgerichtsgesetz |
| EGBGB | Einführungsgesetz zum BGB |
| EGMR | Europäischer Gerichtshof für Menschenrechte |
| EMRK | Europäische Menschenrechtskonvention |
| EU | Europäische Union |
| EuGH | Europäischer Gerichtshof |
| FamFG | Gesetz über das Verfahren in Familiensachen und in den Angelegenheiten der freiwilligen Gerichtsbarkeit |
| FamFR | Familienrecht und Familienverfahrensrecht |
| FamRZ | Zeitschrift für das gesamte Familienrecht |
| FPR | Familie, Partnerschaft und Recht |
| G | Gesetz |
| gem | gemäß |
| GewSchG | Gewaltschutzgesetz |
| GFK | Genfer Flüchtlingskonvention |
| GG | Grundgesetz |
| GmbH | Gesellschaft mit beschränkter Haftung |
| GVG | Gerichtsverfassungsgesetz |
| HGB | Handelsgesetzbuch |
| hM | herrschende Meinung |
| Hrsg | Herausgeber |
| IGH | Internationaler Gerichtshof |
| iS | im Sinne |
| IStGH | Internationaler Strafgerichtshof |
| JAmt | Das Jugendamt |
| JGG | Jugendgerichtsgesetz |
| KG | Kommanditgesellschaft |
| LG | Landgericht |
| LPartG | Lebenspartnerschaftsgesetz |
| nF | neue Fassung |
| NJW | Neue Juristische Wochenschrift |
| oa | oben aufgeführt |

| | |
|---|---|
| oÄ | oder Ähnliches |
| og | oben genannt |
| OHG | Offene Handelsgesellschaft |
| OLG | Oberlandesgericht |
| PatG | Patentgesetz |
| PflVG | Pflichtversicherungsgesetz |
| PStG | Personenstandsgesetz |
| PStV | Verordnung zur Ausführung des Personenstandsgesetzes |
| RKEG | Gesetz über die religiöse Kindererziehung |
| Rn | Randnummer |
| RPflG | Rechtspflegergesetz |
| ScheckG | ScheckG |
| SGB | Sozialgesetzbuch |
| sog | sogenannte |
| StGB | Strafgesetzbuch |
| StPO | Strafprozessordnung |
| str | streitig |
| StVG | Straßenverkehrsgesetz |
| StVO | Straßenverkehrsordnung |
| TierSchG | Tierschutzgesetz |
| TPG | Transplantationsgesetz |
| ua | unter anderem |
| uÄ | und Ähnliches |
| UG | Unternehmergesellschaft |
| UrhG | Urheberrechtsgesetz |
| uU | unter Umständen |
| UVG | Unterhaltsvorschussgesetz |
| UWG | Gesetz gegen unlauteren Wettbewerb |
| VersAusglG | Versorgungsausgleichsgesetz |
| VO | Verordnung |
| VVG | Versicherungsvertragsgesetz |
| WechselG | Wechselgesetz |
| ZKJ | Kindschaftsrecht und Jugendhilfe |
| ZPO | Zivilprozessordnung |
| ZRP | Zeitschrift für Rechtspolitik |
| zT | zum Teil |

# Literaturempfehlungen

## Übergreifende Darstellungen

*Falterbaum, Johannes*: Rechtliche Grundlagen Sozialer Arbeit. Eine praxisorientierte Einführung, 4. Aufl., Stuttgart 2012
*Kievel, Winfried/Knösel, Peter/Marx, Ansgar*: Recht für Soziale Berufe. Basiswissen kompakt, 7. Aufl., München 2013
*Kreft, Dieter/Münder, Johannes*: Soziale Arbeit und Recht, 4. Aufl., Weinheim 1994
*Sahliger, Udo*: Aufsichtspflicht und Haftung in der Kinder- und Jugendarbeit, 3. Aufl., Münster 1999

## Zivilrecht

*Brox, Hans/Walker, Wolf-Dietrich*: Besonderes Schuldrecht, 37. Aufl., München 2013
*Dieball, Heike/Lehman, Max Karl-Heinz*: Basiswissen zu Aufsichtspflicht und Haftung, grundlegender Leitfaden rechtlicher Vorgaben für die Arbeit mit Kindern und Jugendlichen, Hannover 2009
*Rüthers, Bernd/Stadler, Astrid*: Allgemeiner Teil des BGB, 17. Aufl., München 2011
*Schwab, Dieter*: Einführung in das Zivilrecht, 19. Aufl., Heidelberg 2012

## Familienrecht

*Fieseler, Gerhard/Herborth, Reinhard*: Recht der Familie und Jugendhilfe, 7. Aufl., München 2010
*Gastiger, Siegmund/Winkler, Jürgen:* Recht der Familienhilfe. Studienbuch für die Soziale Arbeit, 2. Aufl., Freiburg 2010
*Gerhardt, Peter/ v. Heintschel-Heinegg, Bernd/ Klein, Michael*: Handbuch des Fachanwalts Familienrecht, 9. Aufl., München/Unterschleißheim 2012
*Münder, Johannes/Ernst, Rüdiger/ Behlert, Wolfgang*: Familienrecht. Eine sozialwissenschaftlich orientierte Darstellung, Baden-Baden 2013
*Schleicher, Hans:* Jugend- und Familienrecht, 13. Aufl., München 2010
*Schlüter, Wilfried*: BGB – Familienrecht, 14. Aufl., Heidelberg 2012
*Schnitzler, Klaus (Hrsg):* Familienrecht. Münchener AnwaltsHandbuch, 3. Aufl., München 2010
*Schwab, Dieter*: Familienrecht, 20. Aufl., München 2012
*Schumacher, Silvia/Janzen, Ulrike:* Gewaltschutz in der Familie, Bielefeld 2003

## Betreuungsrecht

*Fröschle, Tobias*: Studienbuch Betreuungsrecht, 2. Aufl., Köln 2009
*Jürgens, Andreas/Lesting, Wolfgang /Marschner, Rolf/Winterstein, Peter:* Betreuungsrecht kompakt, 7. Aufl., München 2011
*Thar, Jürgen/Raak, Wolfgang:* Leitfaden Betreuungsrecht, 5. Aufl., Köln 2009
*Zimmermann, Walter:* Ratgeber Betreuungsrecht, 10. Aufl., München 2013

## Kommentare

*Bamberger, Heinz Georg/Roth, Herbert (Hrsg):* Beck´scher Online-Kommentar zum Bürgerlichen Gesetzbuch Edition 27, Stand: 1.5. 2013
*Dauner-Lieb, Barbara/Heidel,Thomas/Ring, Gerhard (Hrsg):* NomosKommentar, BGB. Familienrecht Band 4, 2. Aufl., Baden-Baden 2010
*Damrau, Jürgen/Zimmermann, Walter:* Betreuungsrecht. Kommentar zum formellen und materiellen Recht, 4. Aufl., Stuttgart 2011
*Kemper, Rainer/Schreiber, Klaus (Hrsg):* Familienverfahrensrecht. Handkommentar, 2. Aufl., Baden-Baden 2011
Münchener Kommentar zum Bürgerlichen Gesetzbuch. Band 7/Teilband 1: Familienrecht I • §§ 1297–1588 • Gewaltschutzgesetz, 6. Aufl., München 2013
Münchener Kommentar zum Bürgerlichen Gesetzbuch. Band 7/Teilband 2: Familienrecht I • Versorgungsausgleich: VersAusglG, 6. Aufl., München 2013
Münchener Kommentar zum Bürgerlichen Gesetzbuch. Band 8: Familienrecht II, §§ 1589–1921, SGB VIII, 6. Aufl. München 2012
*Palandt, Otto (Hrsg):* Bürgerliches Gesetzbuch, 72. Aufl., München 2013

*Schulze, Reiner/Dörner, Heinrich/Ebert, Ina/Hoeren, Thomas/Kemper, Rainer/ Saenger, Ingo/ Schreiber, Klaus/Schulte-Nölke, Hans/Staudinger, Ansgar:* BGB Bürgerliches Gesetzbuch. Handkommentar, 7. Aufl., Baden-Baden 2011

*Scholz, Harald/Kleffmann, Norbert/Motzer, Stefan:* Praxishandbuch Familienrecht, 24. Aufl., München 2013

# Teil I: Grundlagen des Rechts

# Kapitel 1: Einführung in das Recht

## I. Begriff und Bedeutung des Rechts für die Soziale Arbeit

**Fallbeispiel 1:** Frau S sucht eine Beratungsstelle auf. Sie ist verheiratet und hat mit ihrem Ehemann drei gemeinsame Kinder. Der Ehemann hat vor längerer Zeit die Arbeit verloren. Die Frau selber ist nicht erwerbstätig. Die Familie hat aufgrund der Spielsucht des Ehemannes mittlerweile erhebliche Schulden angehäuft. Frau S ist Ausländerin. In der Beratung stellt sich heraus, dass die Kinder massive Verhaltensstörungen aufweisen. Die beratende Sozialarbeitern hat zudem den Verdacht, dass der Ehemann gegenüber Frau und Kindern Gewalt ausübt.

### 1. Begriff des Rechts

Menschliches Miteinander ist konfliktanfällig: Der Mensch lebt nicht allein auf einer **1** Insel, sondern in einem Sozialverband. Daher treffen zwangsläufig unterschiedliche Vorstellungen über die Verwirklichung ihrer Leben und des Miteinander aufeinander. Um diese miteinander in Einklang zu bringen, bedarf es Spielregeln für das Zusammenleben, sog Verhaltensnormen. Sowohl Herkunft als auch Qualität dieser Verhaltensnormen sind unterschiedlich: Sie können auf Tradition oder Brauchtum beruhen, als von der Natur vorgegeben angesehen sein oder vom Gesetzgeber verbindlich vorgeschrieben sein. Zu den sozialen Verhaltensnormen gehören Bräuche, ebenso wie soziale und auch rechtliche Normen.

Als „**soziale Normen**" werden gesellschaftlich geforderte, ungeschriebene Regeln **2** bezeichnet. Sie werden im Regelfall freiwillig befolgt. Ihre Verletzung zieht informelle soziale Sanktionen nach sich. Diese können zT sehr einschneidend sein. Soziale Normen werden daher subjektiv durchaus als verpflichtend erlebt. Jedoch ist ihre Einhaltung nicht mit formellen Mitteln erzwingbar.

**Beispiele:** Verhalten bei einer Einladung; Nachbarschaftshilfe; Regeln der Höflichkeit; Gebote der Rücksichtnahme im Alltag, etwa Kinder nicht vor fremder Tür spielen zu lassen.

Auch das Recht ist Teil dieser Sozialordnung. Als **Recht** bezeichnet man die von der **3** zuständigen Instanz gesetzten verbindlichen Regeln zur Ordnung des menschlichen Zusammenlebens. Andere Bezeichnungen sind: Rechtsnormen, Rechtssätze, Rechtsregeln. Genau wie andere soziale Regeln, soll auch das Recht die Verhältnisse zwischen den Menschen untereinander sowie zwischen Staat und Mensch ordnen (Ordnungsfunktion). Recht ist gekennzeichnet durch seine Abstraktheit (es gilt für eine Vielzahl von Fällen) und seine generelle Geltung (es gilt für eine unbestimmte Anzahl von Personen). Im Unterschied zu anderen sozialen Normen ist Recht jedoch unbedingt verbindlich. Ihm kommt „Zwangscharakter" zu: Die Verletzung von Rechtsregeln kann mit formalen rechtlichen Sanktionen geahndet werden. Seine Einhaltung ist zudem positiv erzwingbar durch besondere Instanzen: Die Gerichte.

**Beispiele:** Zivilrechtliche Ansprüche – etwa aus einem Kaufvertrag – sind vor den Gerichten einklagbar und in einem staatlichen Vollstreckungsverfahren durchsetzbar. Die Verletzung von Strafnormen – etwa bei einem Diebstahl – wird in einem Strafverfahren geprüft und in einem Strafvollstreckungsverfahren geahndet.

Das Recht ist zwar nicht die einzige Quelle von Sozialnormen. Im Alltag ist es dennoch nicht zu unterschätzen. Typisch für das Recht ist seine Allgegenwärtigkeit (Omnipräsenz): Es ist kaum ein Lebenssachverhalt denkbar, der nicht rechtlich erfasst wäre.

## 2. Bedeutung des Rechts für die Soziale Arbeit

4  Wegen seiner Allgegenwärtigkeit ist das Recht in der Praxis Sozialer Arbeit von immenser Bedeutung: Das Recht gibt die wesentlichen Regeln für die Lebenswirklichkeit und die Probleme der Klienten sowie den Kontext der Sozialen Arbeit vor. Rechtskenntnisse sind insoweit in mehrfacher Hinsicht ein unverzichtbares Qualitätsmerkmal Sozialer Arbeit:

■ Ohne Rechtskenntnisse ist eine effektive Beratung von Klienten nicht möglich. Die rechtlichen Regeln strukturieren die Problematik vor und zeigen Handlungsoptionen auf.

Im Fallbeispiel 1 würde sich die Beraterin etwa folgende rechtliche Fragen stellen: „Müssen die Schulden von Familie S und von wem bezahlt werden? Wie können Frau S und die Kinder vor Herrn S geschützt werden? Welche Konsequenzen hat eine etwaige Trennung für die gemeinsamen Kinder sowie den Aufenthaltsstatus von Frau S? Welche staatlichen Unterstützungsmöglichkeiten gibt es für Frau S und ihre Kinder in diesem Fall?"

■ Die Beherrschung des rechtlichen Instrumentariums ist aber auch notwendig für die Erarbeitung einer Perspektive: Unsere Rechtsordnung hat ein komplexes System entwickelt, an dem die unterschiedlichsten Institutionen beteiligt sind. Dazu zählen verschiedene staatliche Behörden, ebenso die Gerichte und Wohlfahrtsverbände. Gerade bei komplexen sozialen Problemlagen wirken mehrere Stellen zusammen. Das Erarbeiten einer Perspektive durch den Sozialarbeiter setzt die Kenntnis dieses Systems voraus und erfordert die Fähigkeit, sich darin zu bewegen. Die Hilfe wird umso besser greifen, je reibungsloser und koordinierter das Handeln der jeweils beteiligten Stellen ineinander greift. Der Sozialen Arbeit kommt in diesem System häufig eine Schnittstellen- und Vermittlerfunktion zwischen den Institutionen zu. Damit entscheidet sich dort an erster Stelle die Funktionalität des Hilfesystems und damit die Qualität der Hilfe.

Im Fallbeispiel 1 etwa wird die Sozialarbeiterin an folgende Stellen denken: „Schuldnerberatungsstelle wegen der Schulden von Familie S; Frauenhaus zum unmittelbaren Schutz von Frau S; perspektivisch Familiengerichte zum längerfristigen Schutz von Frau S vor ihrem Mann sowie – mit Blick auf die Kinder – uU auch zur Regelung des Umgangs und der Sorge bzw für Eingriffe in die elterliche Sorge; Jobcenter für die wirtschaftliche Existenzsicherung der Familie; Jugendämter bzw entsprechende Beratungsstellen der freien Träger mit Blick auf die Problematik der Kinder; Ausländerbehörde mit Blick auf eine etwa notwendige Sicherung des Aufenthaltes der Frau; Staatsanwaltschaft mit Blick auf die Gewalttätigkeit des Ehemannes".

■ Das Recht entfaltet dabei zugleich eine wichtige Kontrollfunktion: Die rechtlichen Regeln setzen einem möglichen Tätigwerden des Sozialarbeiters aber auch der anderen beteiligten Stellen auch Grenzen. Dies entfaltet eine wichtige Schutzfunktion sowohl für den Hilfesuchenden als auch für den Sozialarbeiter selber.

Aus der Perspektive des Hilfesuchenden handelt es sich dabei im Wesentlichen um das Moment des Schutzes vor Sozialer Arbeit und der durch den Sozialarbeiter möglichen Kontrolle über die Lebenssituation des Hilfesuchenden.

Im Fallbeispiel 1 könnte sich für Frau S das Kontrollmoment etwa in folgenden Fragen aktualisieren: „Kann die von der Sozialarbeiterin für optimal gehaltene Hilfe auch gegen ihren Willen ‚verordnet' werden? Können ihr – wenn sie sich nicht ‚helfen' lassen will, die Kinder ‚weggenommen' werden? Und wie kann sie sich notfalls hiergegen wehren? Welche Informationen wird die Sozialarbeiterin an andere Behörden weitergeben? Wird zB das Jugendamt oder die Schule eingeschaltet; wird die Ausländerbehörde informiert oder ein Strafverfahren gegen ihren Mann auch gegen ihren Willen initiiert?"

Mit Blick auf die Allzuständigkeit der Sozialen Arbeit für soziale Probleme entfaltet die rechtliche Grenzziehung aber auch eine wichtige Schutzfunktion für den einzelnen Sozialarbeiter. Indem das Recht dem Sozialarbeiter den Rahmen dessen, was er darf und wofür andere Stellen zuständig sind, vorgibt, entlastet es diesen von der Verantwortlichkeit für die „erfolgreiche" Lösung des Falles.

Im Fallbeispiel 1 könnten sich der Sozialarbeiterin etwa folgende Fragen stellen: „Wann muss bzw darf ich – notfalls auch gegen den Willen von Frau S – etwas unternehmen? Und was? Wo enden meine Kompetenzen und wo beginnen die anderer Institutionen, der Gerichte oder der Staatsanwaltschaft? Wann mache ich mich strafbar, wenn der Frau oder einem ihrer Kinder in der Familie etwas passiert, weil ich oder die anderen Institutionen nicht, nicht rechtzeitig oder nicht richtig handeln, etwa weil sie die Problematik anders oder gar falsch einschätzen?"

## II. Rechtsquellen – Die denkbaren „Gesichter" von Recht

So umfassend wie das Recht ist, so vielfältig sind auch seine denkbaren Erschei-  5
nungsformen. Im Folgenden soll ein kurzer Überblick über die mögliche Herkunft von Recht, die sog **Rechtsquellen**, gegeben werden. Nähert man sich dem Recht unter dem Blickwinkel, wer es schafft, so lässt sich differenzieren zwischen:

■ Völkerrecht
■ EU-Recht
■ Nationales Recht

### 1. Völkerrecht

Das **Völkerrecht** ist das sog internationale Recht. Es gilt zwischen Staaten und regelt  6
deren Rechtsbeziehungen. Völkerrecht speist sich aus drei Rechtsquellen: Völkerrechtliche Verträge, Völkergewohnheitsrecht und allgemeine Grundsätze des Völkerrechts. Das Völkervertragsrecht bildet dabei den Schwerpunkt des Völkerrechts.

**Völkergewohnheitsrecht** sowie die allgemeinen völkerrechtlichen Grundsätze gelten  7
unmittelbar in den Staaten. Sie gehen den innerstaatlichen Gesetzen im Rang vor.

**Völkerrechtliche Verträge** (auch Konventionen genannt) müssen demgegenüber zu-  8
nächst in innerstaatliches Recht umgesetzt werden und werden erst dadurch zu verbindlichem Recht. Sie besitzen dann den gleichen Rang wie jedes Bundesgesetz, ste-

hen also im Rang unterhalb der Verfassung. Die Umsetzung in innerstaatliches Recht erfolgt durch ein sog Transformationsgesetz (Art. 59 Abs. 2 GG).

Völkerrechtliche Verträge binden im Regelfall nur die unmittelbar beteiligten Staaten und verpflichten diese gegenüber den anderen Staaten zum vertragsgerechten Verhalten. Bürger können sich hingegen im Grundsatz nicht unmittelbar auf völkerrechtliche Bestimmungen berufen. Anderes gilt, wenn die einzelnen Bestimmungen die Rechtspositionen der Betroffenen konkret genug beschreiben. Dann sind die völkerrechtlichen Bestimmungen (allerdings auch erst nach Umsetzung in innerstaatliches Recht) auch für den jeweils Betroffenen unmittelbar anwendbar. Solche Normen werden als self executing bezeichnet (zu Beispielen vgl Rn 10 ff). In der Folge kann sich ein Betroffener gegenüber dem Staat auf die in dem Vertrag niedergelegten Rechte berufen.

**9**   Probleme wirft die **Durchsetzung des Völkerrechts** auf. In bestimmten Bereichen sind zwar internationale Gerichte geschaffen worden, die bei Vertragsverletzungen angerufen werden können. Dazu zählt etwa der Internationale Gerichtshof (IGH). Dieser kann von Staaten angerufen werden. Seine Entscheidungen werden im Regelfall freiwillig befolgt, können jedoch nicht zwangsweise durchgesetzt werden. Daneben können schwerwiegende völkerrechtliche Verbrechen durch eigene völkerrechtliche Instanzen strafrechtlich verfolgt werden. Die wichtigsten Instanzen sind der Internationale Strafgerichtshof (IStGH) sowie die Internationalen Strafgerichte im ehemaligen Jugoslawien und Ruanda (UN-Kriegsverbrechertribunale) zur Aufarbeitung der dort verübten Völkermorde.

Für die Soziale Arbeit sind etwa folgende völkerrechtliche Verträge bedeutsam:

**10**  ▪ Allgemein: **Europäische Menschenrechtskonvention** (EMRK). Dieses Abkommen schützt bestimmte Menschenrechte, darunter das Recht auf Leben und körperliche Unversehrtheit (Art. 2 EMRK) sowie das Recht auf Achtung des Privat- und Familienlebens (Art. 8 EMRK). Die Europäische Menschenrechtskonvention ist vor allem deswegen interessant und praktisch wichtig, weil sie über einen besonderen und effektiven Rechtsschutz verfügt: Zur Durchsetzung der in ihr verankerten Rechte wurde nämlich ein eigenes Gericht geschaffen, der Europäische Gerichtshof für Menschenrechte (EGMR) in Straßburg. Dieser kann sowohl von Mitgliedstaaten als auch von Einzelnen angerufen werden, die sich gegen eine Verletzung ihrer Rechte durch einen Mitgliedstaat wehren wollen. Die Entscheidungen des EGMR sind für die zuständigen Behörden, aber auch die Gerichte und den Gesetzgeber in Deutschland bindend. Vor allem im Familienrecht wurden in der Vergangenheit daher mehrfach Reformen durch die Rechtsprechung des EGMR angestoßen.

Beispiel: Ein deutscher unverheirateter Vater hat sich an den EGMR gewandt und gerügt, dass das bundesdeutsche Recht ihn diskriminiere, weil es ihm nicht möglich sei, ohne den Willen der Mutter, an der Sorge für sein Kind zu partizipieren. Der EGMR stellte in seiner Entscheidung fest, dass die deutschen Bestimmungen Rechte des Vaters aus der EMRK verletzen (konkret: Verletzung des Rechts auf Achtung seines Familienlebens sowie Diskriminierung unverheirateter Väter sowohl gegenüber den Müttern als auch gegenüber geschiedenen Vätern, Urt. v. 3.12.2009 – Az 22028/04). Für den betroffenen Vater änderte sich durch die Entscheidung unmittelbar nichts. Jedoch wurde der deutsche Gesetzgeber vom EGMR verpflichtet, die Sorge für unverheiratete Eltern zu reformieren.

**11**  ▪ Flüchtlingsrecht: **Genfer Flüchtlingskonvention**. Die Genfer Flüchtlingskonvention legt fest, wann jemand als Flüchtling anzusehen ist und regelt seine Rechtsstellung in dem Staat, in dem er Schutz sucht. Insbesondere enthält die Genfer Flüchtlingskonvention das Verbot, den Flüchtling in den Staat, aus dem er geflohen ist, zwangsweise zurückzuschicken (abzuschieben). Diese Bestimmung der Flüchtlingskonvention ist dabei so konkret, dass sich der Flüchtling unmittelbar auf sie berufen kann.

■ Kindesschutz: **Haager Kinderschutzübereinkommen** und **UN-Kinderrechtskon-** 12 **vention**. Das Haager Kinderschutzübereinkommen legt fest, welche Behörden international für notwendige Schutzmaßnahmen für Minderjährige zuständig sind und welches Recht sie anzuwenden haben. Die UN-Kinderrechtskonvention enthält wichtige Rechtspositionen für Kinder. Auf ihre Bestimmungen können sich die Betroffenen jedoch nicht unmittelbar berufen. Dafür sind die Rechte nicht konkret genug beschrieben.

■ Familienrecht: **Haager Kindesentführungsabkommen**. Dieser Vertrag will Kinder, 13 die von einem Elternteil in einen anderen Staat entführt wurden oder dort zurückgehalten werden, schützen. Das Abkommen regelt, dass die Vertragsstaaten bei einer widerrechtlichen Kindesentführung die Rückführung des Kindes in seinen Herkunftsstaat anordnen müssen.

## 2. EU-Recht

Das EU-Recht ist das Recht der Europäischen Union. Zum EU-Recht zählen zum einen 14 die Staatsverträge der an der EU beteiligten Staaten zur Schaffung und Weiterentwicklung der EU selber (sog **primäres Gemeinschaftsrecht**). Dazu gehören die Gründungsverträge der Europäischen Gemeinschaften sowie die EU-Verträge inklusive der Verträge zur Erweiterung der EU und zuletzt auch die EU-Grundrechtscharta, die grundlegende Freiheiten der Bürger anerkennt. Über die Einhaltung des Primärrechts wacht der Europäische Gerichtshof (EuGH). Zum anderen ist EU-Recht auch das Recht, das die Europäische Union selber im Rahmen ihrer Zuständigkeit setzt. Das von den Organen der EU selbst gesetzte Recht heißt **sekundäres Gemeinschaftsrecht**. Folgende Rechtsquellen kann die EU durch ihre Organe schaffen: Verordnungen und Richtlinien.

**Verordnungen** sind verbindlich und gelten unmittelbar in den Mitgliedstaaten wie an- 15 dere innerstaatliche Gesetze auch. Auf sie kann sich der betroffene Bürger unmittelbar berufen.

Beispiele: Flüchtlingsrecht: Dublin-II VO. Diese Verordnung regelt, welcher Staat zur Durchführung des Asylverfahrens zuständig ist.

Familienrecht: Brüssel-IIa VO. Diese Verordnung regelt bei grenzüberschreitenden Konstellationen, welches Gericht innerhalb der Europäischen Union zuständig für Ehe- und Kindschaftssachen (Scheidung, Sorge, etc) ist.

**Richtlinien** richten sich hingegen grundsätzlich nur an die Mitgliedstaaten. Sie geben 16 den Mitgliedstaaten bestimmte Ziele vor, überlassen ihnen allerdings einen Spielraum, wie diese Ziele umgesetzt werden. Richtlinien müssen daher von den Mitgliedstaaten in innerstaatliches Recht umgesetzt werden. Der Bürger kann sich hingegen nicht auf die Richtlinie berufen. Erst wenn die Richtlinie in innerstaatliches Recht umgesetzt wurde, sind ihre – jetzt innerstaatlichen – Normen für die Bürger gültig und verbindlich. Nur dann, wenn die Richtlinie *nicht* fristgerecht umgesetzt wird, entfaltet sie unmittelbare Wirkungen: Nunmehr müssen nämlich die nationale Verwaltung und die Gerichte das nationale Recht richtlinienkonform anwenden.

Beispiel (Ausländerrecht): Qualifikationsrichtlinie. Die Qualifikationsrichtlinie regelt, unter welchen Voraussetzungen ein Flüchtling Schutz erlangt und wie seine aufenthalts-, arbeits- und sozialrechtliche Rechtsstellung auszugestalten ist. Die Qualifikationsrichtlinie ist durch eine Änderung des Aufenthaltsgesetzes in das nationale Recht umgesetzt worden.

**17** EU-Recht genießt unter den möglichen Rechtsquellen höchsten Rang. Es geht dem Recht der nationalen Staaten, inklusive deren Verfassung, vor: Kollidiert etwa eine EU-Verordnung mit einer innerstaatlichen Norm, so ist allein die EU-rechtliche Bestimmung maßgeblich. Die innerstaatliche Norm wird in diesem Fall nicht angewandt, sie „tritt" zurück. Man spricht insoweit von einem Anwendungsvorrang der höherrangigen Norm gegenüber der niederrangigen Norm. Über die Einhaltung des EU-Rechts wacht ein eigens von der EU geschaffenes Gericht, der Europäische Gerichtshof (EuGH).

**18** Die Europäische Union selber entwickelt und verändert sich und damit auch das rechtliche Gesicht ihrer Mitgliedstaaten permanent. Dies gilt nicht nur für die Wirtschaftsstruktur der Mitgliedstaaten, sondern auch für wesentliche Politikbereiche der Sozialen Arbeit. Dies betrifft etwa das Aufenthaltsrecht, aber auch das Familienrecht. EU-Recht ist für die Soziale Arbeit daher vor allem mittelbar von großer Bedeutung.

## 3. Nationales Recht

**19** Der Alltag der Sozialen Arbeit ist durch die Vorschriften des nationalen Rechts bestimmt. Auch das nationale Recht kann unterschiedliche „Gesichter" haben. Folgende „Rechtsgeber" gibt es in der Bundesrepublik Deutschland: Bund, Länder und Kommunen (Städte und Gemeinden) sowie andere Körperschaften des öffentlichen Rechts (zB Krankenkassen oder Hochschulen). Damit lassen sich folgende nationale Rechtsquellen unterscheiden:

1. Verfassung (Grundgesetz), Landesverfassungen
2. Bundes- bzw Landesgesetze
3. Untergesetzliches Recht:
   - Rechtsverordnungen
   - Satzungen
   - Gewohnheitsrecht

## a) Verfassung

**20** Die Verfassung (das **Grundgesetz**) ist die Grundordnung der Bundesrepublik. Sie enthält Regeln zu Aufbau und Organisation des Staates sowie zum Verhältnis zwischen Staat und Bürger, die Grundrechte. Die Verfassung genießt höchsten Rang innerhalb des innerstaatlichen Rechts. Ihre Vorgaben besitzen Vorrang vor allen anderen Normen des Bundes und der Länder. Dies bedeutet, dass alle Gesetze in Einklang mit der Verfassung stehen müssen.

Beispiele: Der bis 1997 vorgesehene Ausschluss des unverheirateten Vaters von der Sorge verstieß gegen sein Elternrecht aus Art. 6 Abs. 2 GG. Die Rechtslage musste daher geändert werden.

Auch der im Rahmen der Kindschaftsrechtsreform 1997 beibehaltene Ausschluss des unverheirateten Vaters von der Sorge gegen den Willen der Mutter ist vom BVerfG für verfassungswidrig erklärt worden. Die Rechtslage musste daher geändert werden.

**21** Ähnliches gilt für die Landesverfassungen der Bundesländer. Auch sie enthalten grundlegende Regeln über Aufbau und Organisation der jeweiligen Länder sowie einzelne Grundrechte. Sie gehen allerdings im Rang dem Grundgesetz nach.

## b) Gesetze

Die Gesetze bilden den Schwerpunkt der geschriebenen Rechtsordnung. **Gesetze** **22** sind Rechtsnormen, die vom verfassungsrechtlich vorgesehenen Organ (Parlament) im verfassungsrechtlich vorgeschriebenen Verfahren beschlossen wurden. Man spricht auch vom Gesetz im formellen Sinn und meint damit dasjenige Recht, das förmlich vom Parlament beschlossen und ordnungsgemäß bekannt gemacht, nämlich verkündet, wurde (Art. 82 GG).

Gesetze sind vom Rang unterhalb der Verfassung angesiedelt. Es gibt Bundesgesetze **23** und Landesgesetze. Bundesgesetze werden vom Bund unmittelbar erlassen. Sie gelten bundesweit.

Beispiele: BGB, SGB VIII, SGB II.

Landesgesetze werden von den einzelnen Bundesländern erlassen. Sie gelten nur in- **24** nerhalb dieses Bundeslandes. Häufig handelt es sich um Gesetze, die Bundesgesetze konkretisieren. Insoweit müssen die Landesgesetze die Bundesgesetze beachten und dürfen nicht gegen sie verstoßen. Man spricht insoweit vom Vorrang des Bundesrechts vor dem Landesrecht.

Beispiele: Kindertagesstättengesetz, Ausführungsgesetz zum Kinder- und Jugendhilfegesetz.

Daneben gibt es Bereiche, die generell die Länder regeln. In diesen Bereichen besitzen die Bundesländer jeweils eigene Gesetze.

Beispiele: Hochschulgesetze, Schulgesetze, Polizeigesetze.

Dadurch kann es dazu kommen, dass die landesrechtlichen Regelungen im Schul- oder Hochschulrecht von Bundesland zu Bundesland variieren.

Beispiel: In einigen Bundesländern werden Studiengebühren erhoben, in anderen hingegen nicht.

## c) Rechtsverordnungen

Das Grundgesetz erlaubt daneben – unter bestimmten Voraussetzungen – den Re- **25** gierungs- und Verwaltungsorganen, Rechtsnormen zu erlassen (Art. 80 GG). Diese Rechtsnormen bezeichnet man als **Rechtsverordnungen**. Auch Rechtsverordnungen sind Rechtsnormen (abstrakt-generelle Regeln). Im Regelfall konkretisieren sie Rechte und Pflichten, die in Gesetzen nicht genau beschrieben werden.

Beispiel: Verordnung zur Berechnung von Einkommen sowie zur Nichtberücksichtigung von Einkommen und Vermögen beim Arbeitslosengeld II/Sozialgeld (Alg II-V).

Der einzige Unterschied zum Gesetz besteht im Normgeber: Rechtsverordnungen werden nicht vom Parlament erlassen, sondern von den Ministerien, also der Regierung. Für den Bürger sind sie als Rechtsnormen ebenso verbindlich, wie die vom offiziellen Gesetzgeber (dem Parlament) erlassenen Gesetze. Im Gegensatz zu formellen Gesetzen sind Rechtsverordnungen aber leichter abzuändern.

Rechtsverordnungen stehen im Rang unterhalb der Gesetze und müssen diese beachten.

### d) Satzungen

**26** **Satzungen** sind die Rechtsvorschriften, die die Kommunen und andere Körperschaften des öffentlichen Rechts im Rahmen der ihnen verliehenen Autonomie erlassen. Satzungen sind ebenfalls Rechtsnormen. Sie gelten daher – wie jedes andere Gesetz auch – allgemein und legen abstrakt die Rechte und Pflichten zwischen dem Satzungsgeber (zB Kommune) und den Satzungsunterworfenen (zB Einwohner) fest. Vom Rang her befinden sich Satzungen innerhalb der Normenhierarchie auf unterster Stufe.

Beispiele:   Benutzungsregeln für öffentliche Einrichtungen; Streupflicht der Bürger.

### e) Gewohnheitsrecht

**27** **Gewohnheitsrecht** ist ungeschriebenes Recht. Es entsteht durch langdauernde Übung, getragen von der Rechtsüberzeugung ihrer Verbindlichkeit durch die Rechtsgemeinschaft. Normgeber sind damit die Rechtsbetroffenen selbst. Die Anerkennung von Gewohnheitsrecht ist umstritten.

Das BVerfG lehnt seine Anerkennung im Grundsatz ab. Nach der von ihm entwickelten Wesentlichkeitstheorie hat der Gesetzgeber nämlich die wesentlichen (dh die Grundrechte berührenden Entscheidungen) selber zu treffen. Damit gibt es nur enge Spielräume für die Anerkennung von Gewohnheitsrecht. Für die Soziale Arbeit besitzt es keine Relevanz.

### f) Richterrecht

**28** Problematisch ist, ob die Entscheidungen der Gerichte Gesetzesqualität besitzen, mithin, ob ein sog **Richterrecht** anzuerkennen ist. Für bestimmte Entscheidungen des BVerfG hat der Gesetzgeber bestimmt, dass diesen Gesetzesqualität zukommt (§ 31 BVerfGG). Aufgabe der Gerichte ist es im Übrigen – im Streitfall – das Recht auszulegen und anzuwenden sowie im Einzelfall eine Entscheidung zu fällen. Der Richter ist damit Rechtsanwender und nicht Rechtssetzer. Im Gegensatz zu einem Gesetz gilt ein Urteil daher auch nicht allgemein, sondern nur zwischen den am Rechtsstreit beteiligten Parteien. Aus diesem Grunde erkennt die herrschende Meinung Richterrecht nicht als Rechtsquelle an.

Gleichwohl kommt richterlichen Entscheidungen in der Praxis große Bedeutung zu. Dies gilt vor allem für die höchstrichterliche Rechtsprechung durch die obersten Bundesgerichte, dem BGH, dem BSG und dem BAG. Deren Entscheidungen haben häufig grundlegende und über den entschiedenen Einzelfall hinausgehende Bedeutung. Dadurch setzen diese Gerichte selber Maßstäbe, wie Recht auszulegen ist bzw was bei Rechtslücken gilt. Auf diese Rechtsprechung werden sich Bürger in ähnlich gelagerten Fällen berufen. Die unteren Gerichtsinstanzen werden die Entscheidungen häufig beachten. Gleichwohl fehlt auch der höchstrichterlichen Rechtsprechung die typische einklagbare Verbindlichkeit eines Gesetzes.

### 4. Ausländisches Recht

**29** Vor allem bei grenzüberschreitenden Sachverhalten kann sich die Frage stellen, ob die Angelegenheit überhaupt nach deutschem Recht beurteilt werden soll.

Beispiel:  Ein Iraner lebt mit seiner iranischen Ehefrau in Deutschland und möchte sich hier von ihr scheiden lassen.

In bestimmten Fällen erlaubt es unser Recht, die Problematik nach ausländischem – hier: iranischem – Recht zu behandeln. Ob ein Sachverhalt nach deutschem oder nach ausländischem Recht beurteilt wird, entscheidet ein eigenes Gesetz, das EGBGB. Dieses regelt für die einzelnen Sachverhalte, ob und wann deutsches oder ausländisches Recht zur Anwendung kommt.

### III. Überblick über die Rechtsordnung – Eine erste Systematisierung

### 1. Überblick und Bedeutung

Die für den Berufsalltag eines Sozialarbeiters relevanten rechtlichen Regeln sind sehr **30** vielfältig. Sie finden sich verstreut in der Verfassung, in vielen Einzelgesetzen und Verordnungen. Für den Studierenden, der sich vor einer erschlagenden Fülle von Recht sieht, ist eine Orientierung innerhalb der Rechtsordnung ebenso notwendig wie schwierig. Einen ersten Überblick verschafft die grundlegende Unterteilung des Rechts in privates und öffentliches Recht.

Die Unterscheidung zwischen öffentlichem und privatem Recht ist für die Praxis von mehrfacher Bedeutung: Zum einen werden Privat- und öffentliches Recht von unterschiedlichen Grundsätzen beherrscht. Mit der Zuordnung zu einem der beiden Rechtsgebiete gelten automatisch bestimmte Maximen, Pflichten und Rechte der Beteiligten. Im Streitfall ist dies etwa wichtig, wenn sich die Frage stellt, wer denn etwas beweisen muss. Zum anderen entscheidet sich an dieser Stelle grundsätzlich, welche Gerichte für den Rechtsstreit zuständig sind.

**31**

| **Privatrecht** | **Öffentliches Recht** |
|---|---|
| Gegenstand: Rechtsbeziehungen zwischen Gleichgestellten – „Jedermannsrecht". | Gegenstand: Rechtsbeziehungen zwischen Staat und Bürger (Gebote, Verbote, Leistungen). |
| Grundsätze: Gleichordnung, Freiräume zur Gestaltung der Verhältnisse. | Grundsätze: Über- und Unterordnung, einseitige staatliche Befehlsgewalt des Staates gegenüber Bürger. |
| Beispiele: Kauf, Miete, Familienrecht. | Beispiele: Verfassungsrecht, Prozessrecht, Strafrecht, Verwaltungsrecht. |
| Hauptregelungsmaterie für die Soziale Arbeit: BGB. | Hauptregelungsmaterie für die Soziale Arbeit: SGB. |

**32**

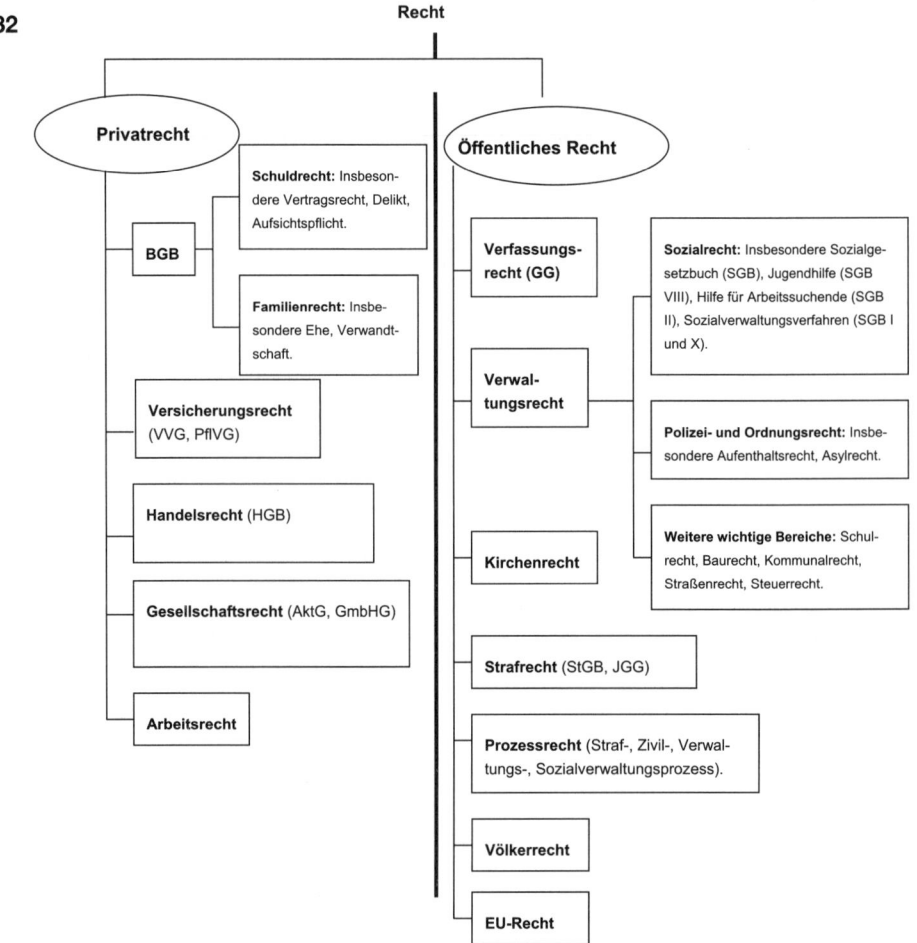

## 2. Privatrecht

**33** Das **Privatrecht** (oder Zivilrecht) ist das sog Jedermannsrecht. Gegenstand des Privatrechts sind die Rechtsbeziehungen zwischen Gleichgestellten, im Regelfall Bürgern. Kennzeichnend ist eine grundsätzliche Gleichordnung der Beteiligten. Diese Gleichordnung wird auch nicht dadurch in Frage gestellt, dass einer der Beteiligten faktisch als die stärkere Partei erscheint.

Beispiel: Der Arbeitgeber ist faktisch (wirtschaftlich betrachtet) gegenüber einem Arbeitnehmer die stärkere Partei. Der zwischen ihnen bestehende Arbeitsvertrag gehört trotzdem zum Privatrecht.

**34** Ein wesentliches Merkmal des Privatrechts sind seine großen Spielräume zur rechtlichen Gestaltung der Lebenswirklichkeit durch die Beteiligten selber. Das Privatrecht soll den Individuen die Freiheit zur freien und eigenverantwortlichen Gestaltung ihrer Lebenswirklichkeit schaffen. Diese Freiheit nennt man **Privatautonomie.** Sie ist beherrschender Grundsatz im Privatrecht. Ausprägungen der Privatautonomie sind die grundsätzliche Vertragsfreiheit, Gestaltungsfreiheit und Formfreiheit. Die Vertragsfreiheit erlaubt dem Bürger, seine privaten Lebensverhältnisse durch Verträge zu gestalten. Die Gestaltungsfreiheit gibt ihm die Freiheit, zu entscheiden, ob, mit wem und mit welchem Inhalt ein Vertrag abgeschlossen wird oder mit wem zB eine Ehe eingegangen wird. Formfreiheit bedeutet, dass für die Gestaltung der Lebensverhältnisse grundsätzlich keine Formen zu wahren sind. Verträge können also grundsätzlich sowohl mündlich als auch schriftlich geschlossen werden. Diese Grundsätze gelten nicht uneingeschränkt. Aus verschiedenen Gründen wird die Privatautonomie in bestimmten Bereichen eingeschränkt, häufig zum Schutz einer schwächeren Partei (zB für Minderjährige). Vor allem im Familienrecht gelten die Grundsätze der Privatautonomie nur eingeschränkt.

Die wichtigste Materie des Privatrechts ist das BGB. Dieses enthält die Grundlagen für **35** die meisten Beziehungen der Bürger untereinander. Weitere Gesetze ergänzen das BGB und regeln spezielle Bereiche.

Beispiele: Handelsrecht für die Rechtsbeziehungen zwischen Kaufleuten (HGB); große Teile des Arbeitsrechts; Gesellschaftsrecht (AktG, GmbHG, HGB); Versicherungsrecht (VVG).

Zuständig für privatrechtliche Streitigkeiten sind die Zivilgerichte. Für arbeitsrechtliche Streitigkeiten sind spezielle Gerichte gebildet worden, die Arbeitsgerichte.

## 3. Öffentliches Recht

Zum **Öffentlichen Recht** zählen zunächst alle Rechtsnormen, die die Organisation und **36** Verwaltung des Staates zum Gegenstand haben. Dazu gehören sämtliche Vorschriften zum Aufbau des Staates und der Verwaltung. Auch das Strafrecht gehört zum öffentlichen Recht sowie das Prozessrecht.

### a) Verwaltungsrecht

Hauptgegenstand des öffentlichen Rechts ist das **Verwaltungsrecht**. Das Verwaltungsrecht regelt vor allem die Rechtsverhältnisse zwischen Staat und Bürger. Kennzeichnend ist ein grundsätzliches Über- und Unterordnungsverhältnis zwischen dem mit besonderer Hoheitsmacht ausgestatteten Staat und seinen Organen einerseits und dem Bürger andererseits. Im Unterschied zum Privatrecht besitzt der Staat gegenüber dem Einzelnen bzw auch einer privaten Institution eine sehr viel größere Rechtsmacht als die im Grundsatz rechtlich gleichgestellten Bürger untereinander. So darf der Staat einseitig Verbote gegenüber dem Bürger aussprechen oder Verpflichtungen des Bürgers begründen und diese auch durchsetzen bzw ist zu besonderen Eingriffen berechtigt. Dies erfordert noch einmal besondere Regeln für das staatliche Handeln zum Schutz des Bürgers.

Beispiele: Straßenverkehrsrecht (StVO, StVG); Polizeirecht (Polizeigesetze der Länder); Steuerrecht; Ausländerrecht (AufenthG).

Auf der anderen Seite treffen den Staat als Hoheitsträger auch besondere Pflichten gegenüber dem Bürger. In dieser Eigenschaft ist der Staat insbesondere selber Adressat von besonderen Leistungsansprüchen durch den Bürger.

Beispiele: Sozialleistungsrecht, insbesondere Recht der Jugendhilfe (SGB VIII); Recht der Unterhaltssicherung für Arbeitsuchende (SGB II); Sozialhilfe (SGB XII); Bundesausbildungsförderung (BAföG); Unterhaltsvorschussrecht (UVG).

**38** Zuständig für öffentlich-rechtliche Rechtsstreitigkeiten sind besondere Gerichte, im Bereich der Sozialen Arbeit sind dies die **Verwaltungs- und Sozialgerichte**.

### b) Strafrecht

**39** Das **Strafrecht** ist ebenfalls Teil des öffentlichen Rechts, denn es regelt Beziehungen hoheitlicher Natur zwischen Bürger und Staat. Das Strafrecht ist derjenige Teil der Rechtsordnung, der bestimmte sozialschädliche Verhaltensweisen bei Strafe verbietet. Es regelt die Voraussetzungen der Strafbarkeit, die einzelnen Merkmale strafwürdigen Verhaltens sowie die Höhe der Strafe. Auf diese Weise sollen elementare Grundwerte des Gemeinschaftslebens gesichert werden und Rechtsfrieden sowie die Einhaltung der sozialen Ordnung gewährleistet werden.

Für den Bürger ist das Strafrecht von hoher Gefährlichkeit: Erlaubt es doch dem Staat ein unmittelbares und einschneidendes Zugreifen auf den Bürger. Dem tragen bestimmte Prinzipien Rechnung, die den Einzelnen im Strafverfahren schützen sollen. Dazu gehören insbesondere rechtsstaatliche Garantien für den Angeklagten.

**40** Das Strafverfahren wird durch besondere Beteiligte geführt: Staatsanwaltschaft, Polizei und Gerichte. Die Staatsanwaltschaft bereitet das Strafverfahren vor. Sie ermittelt den Sachverhalt und prüft, ob Anklage zu erheben ist. Sie wird dabei von der Polizei unterstützt. Über die Strafbarkeit des Angeklagten befinden die Strafgerichte. Mit dem Verhalten Jugendlicher sind noch einmal besondere Gerichtsabteilungen befasst, die Jugendgerichte.

### c) Prozessrecht

**41** Das Prozessrecht enthält diejenigen Regeln zur gerichtlichen Durchsetzung der privat- und öffentlich-rechtlichen Regeln. Das Prozessrecht regelt, welche Gerichte für die einzelnen Angelegenheiten zuständig sind und wie das gerichtliche Verfahren zur Klärung der Rechtslage durchgeführt und beendet wird. Es enthält weiter Aussagen darüber, wie die Gerichtsentscheidungen durchgesetzt werden.

### d) Abgrenzungsfragen

**42** Die **Abgrenzung** zwischen Privatrecht und öffentlichem Recht ist nicht ganz einfach. Ob eine Angelegenheit öffentlich- oder privatrechtlich ist, ist vor allem dann zu entscheiden, wenn sich der Staat auf das Gebiet des Privatrechts begibt: Etwa indem er wie jeder Bürger auch Kaufverträge schließen, Wohnungen anmieten, wirtschaftlich tätig sein möchte oder aber öffentliche Aufgaben in der Form des Privatrechts erfüllen möchte (zB eine Kindertagesstätte führen). Das Verhältnis der Bürger untereinander hingegen richtet sich demgegenüber grundsätzlich nach dem Privatrecht. Die Abgrenzungsfrage hat daher in diesem Rahmen keine Bedeutung und wird nicht weiter behandelt.

Im Fallbeispiel 1 etwa sind folgende Fragen dem Privatrecht zuzuordnen: Die Rechtsverhältnisse innerhalb der Familie, also die Gewaltproblematik (unter dem Aspekt des zivilrechtlichen Schutzes von Frau S gegenüber ihrem Mann); die Frage nach einer etwaigen Trennung und sogar Scheidung von Frau S einschließlich der Anschlussfragen nach der Regelung des Umgangs und der Sorge sowie etwaigen Unterhaltsansprüchen.

Folgende Fragen sind Gegenstand des öffentlichen Rechts: Jugendhilfe für die Kinder (SGB VIII); Unterhaltssicherung für Frau S und die Kinder im Falle der Trennung (SGB II oder XII, Unterhaltsvorschussgesetz) und der Aufenthaltsstatus von Frau S (AufenthG). Daneben stellt sich die Frage, ob ein Strafverfahren wegen der Gewalttaten gegenüber Frau S gegen Herrn S einzuleiten ist. Wird ein (zivil-, straf- oder verwaltungsrechtliches) Gerichtsverfahren eingeleitet, benötigt die Beraterin prozessrechtliche Kenntnisse, wie das Verfahren einzuleiten und durchzuführen ist.

Insofern weist die zur Beratung anstehende Problematik häufig sowohl privatrechtliche als auch öffentlich-rechtliche, straf- und verfahrensrechtliche Komponenten auf.

# Kapitel 2: Grundlagen der Arbeit mit dem Recht

Ziel der Vermittlung von Rechtskenntnissen im Studium der Sozialen Arbeit ist die Befähigung des Studierenden zum eigenverantwortlichen Umgang mit dem Recht. Dies erfordert nicht nur Rechtswissen, sondern auch die Beherrschung des juristischen Handwerkszeugs. Die folgenden Ausführungen sollen dem Studierenden dieses Rüstzeug an die Hand geben.

## I. Grundlegende Begriffe

### 1. Objektives und subjektives Recht

Eine für die Arbeit mit dem Recht grundlegende Unterscheidung ist die Differenzierung **43** zwischen objektivem und subjektivem Recht.

**Objektives Recht** ist der juristische Fachausdruck für das (objektiv) vorhandene Recht als solches. Als objektives Recht wird die Summe der für jedermann geltenden Rechtsnormen bezeichnet, also die Gesetze in ihrer Gesamtheit, das geschriebene Recht sowie das Gewohnheitsrecht. Objektives Recht ist damit ein weiteres Synonym für Recht oder Gesetz oder Norm. Unabhängig davon, ob es sich um EU-Recht, ein nationales Gesetz oder eine Satzung handelt, ob es dem öffentlichen oder dem privaten Recht zuzuordnen ist, gilt: Jedes Recht ist zugleich immer auch objektives Recht.

Für den Einzelnen ist allerdings weniger die bloße Existenz des (objektiven) Rechts **44** interessant, als vielmehr die Frage, was das Recht ihm für Möglichkeiten gibt: Ob das Recht ihm persönlich auch ein Recht gibt, das er einfordern kann. Ist dies der Fall, so spricht man von einem (auch) **subjektiven Recht**.

Erst das subjektive Recht verleiht dem Einzelnen die Macht, die (objektivrechtliche) Regelung der Norm auch gegenüber einem Dritten durchzusetzen. Subjektives Recht muss sich damit immer aus dem objektiven Recht ergeben. Handelt es sich hingegen um eine lediglich objektiv-rechtliche Norm, folgt aus ihr kein einklagbares subjektives Recht. Der Bürger kann dieses Recht nicht durchsetzen, sondern allenfalls hoffen, dass es beachtet wird. Salopp gesprochen steht das Recht „nur auf dem Papier". Der Bürger profitiert von der Norm – wenn sie beachtet wird – lediglich tatsächlich. Sie schützt ihn dann nur als sog Rechtsreflex.

Beispiel für (objektives und) zugleich subjektives Recht: § 433 BGB   § 433 Abs. 1 BGB: „Durch den Kaufvertrag einer Sache wird der Verkäufer verpflichtet, dem Käufer die Sache zu übergeben... „

§ 433 Abs. 2 BGB: „Der Käufer ist verpflichtet, dem Verkäufer den vereinbarten Kaufpreis zu zahlen und die gekaufte Sache abzunehmen."

§ 433 BGB ist zunächst eine objektive Rechtsnorm. Sie regelt den Kauf. Allerdings beschränkt sie sich nicht darauf, den Vorgang des Kaufabschlusses zu beschreiben. Vielmehr räumt sie zugleich den am Kauf beteiligten Parteien ein Recht ein: Das subjektive Recht des Käufers, Übergabe der Sache zu verlangen sowie das subjektive Recht des Verkäufers, dafür auch den Kaufpreis zu verlangen.

Beispiel für bloß objektives Recht: § 11 Abs. 1 SGB VIII

§ 11 Abs. 1 SGB VIII: „Jungen Menschen sind die zur Förderung ihrer Entwicklung erforderlichen Angebote der Jugendarbeit zur Verfügung zu stellen..."

§ 11 Abs. 1 SGB VIII regelt objektiv-rechtlich die Jugendarbeit. Sie besagt, dass entsprechende Angebote zu machen sind. Allerdings räumt sie den interessierten Bürgern – Eltern oder Jugendlichen – kein Recht darauf ein, dass die genannten Angebote tatsächlich auch geschaffen werden. Unterließe eine Gemeinde es, entsprechende Angebote zu etablieren, könnte kein Bürger auf Schaffung eines Angebots der Jugendarbeit klagen. Schafft die Gemeinde hingegen ein – wie auch immer geartetes – Angebot an Jugendarbeit, kommt dies dem Bürger – als Rechtsreflex – mittelbar natürlich zu Gute.

**45** Schwierigkeiten bereitet die Frage, wann aus einem objektiven Recht auch ein subjektives Recht folgt. Die Problematik ist vor allem im öffentlichen Recht von Relevanz und wird daher in diesem Rahmen nicht aufgegriffen. Im Privatrecht hingegen folgen aus dem objektiven Recht überwiegend auch subjektive Ansprüche.


## 2. Absolute und relative Rechte

**46** Subjektive Rechte lassen sich unterscheiden in absolute und relative Rechte.

|  | Absolute Rechte | Relative Rechte |
|---|---|---|
| Bedeutung | Absolute Rechte sind von jedermann zu beachten. | Relative Rechte gelten nur zwischen bestimmten Personen. |
| Arten | ■ Persönlichkeitsrechte (Recht auf Achtung der Integrität der Persönlichkeit): Das Persönlichkeitsrecht selber ist in der Verfassung verankert (Art. 2 Abs. 1 GG). Das Privatrecht schützt einzelne Ausprägungen, etwa Name, Ehre, Freiheit, Leben, Gesundheit.<br>■ Persönliche Familienrechte: Sie schützen gegenüber der Allgemeinheit die personenrechtliche Beziehung zu einer anderen Person. Zu den persönlichen Familienrechten zählen etwa die elterliche Sorge oder die Ehe.<br>■ Herrschaftsrechte: Herrschaftsrechte verleihen ihrem Inhaber eine ausschließliche Bestimmungsbefugnis über einen Gegenstand. Herrschaftsrechte können sowohl an Sachen als auch an nicht-körperlichen Rechtsgütern (Immaterialgüterrechte) bestehen. Zu den Herrschaftsrechten an Sachen zählen etwa das Eigentum und der Besitz. Zu den nichtkörperlichen Rechten gehört insbesondere das geistige Eigentum (geschützt ua durch das Urheber- oder Patentrecht). | ■ Ansprüche: Ein Anspruch ist das Recht, von einem anderen ein Tun oder Unterlassen zu verlangen (§ 194 BGB).<br>■ Gestaltungsrechte: Gestaltungsrechte erlauben einer Person, einseitig auf die Rechtslage einzuwirken, insbesondere fremde Rechte zu vernichten. Ein Anwendungsbeispiel für ein Gestaltungsrecht ist etwa die Kündigung oder die Anfechtung eines Vertrages.<br>■ Gegenrechte: Gegenrechte hindern die Durchsetzung eines Rechts, verwandeln das Recht aber nicht. Zu den Gegenrechten zählen etwa Einreden oder Leistungsverweigerungsrechte. Eine Einrede zB ist die Verjährung. Sie erlaubt nach Ablauf einer bestimmten Frist (im Regelfall 3 Jahre, § 195 BGB), eine eigentlich geschuldete Leistung zu verweigern. Der Anspruch auf Leistung besteht zwar noch, kann jetzt aber nicht mehr durchgesetzt werden. |

## 3. Rechtsverhältnis

Als **Rechtsverhältnis** bezeichnet man die rechtliche Sonderverbindung zwischen zwei **47** oder mehr Personen oder aber zwischen einer Person und einer Sache.

Die für die Soziale Arbeit wichtigsten Sonderverbindungen sind das familienrechtliche Personenverhältnis sowie das Schuldverhältnis auf gesetzlicher oder vertraglicher Grundlage. Als Schuldverhältnis ist ein Rechtsverhältnis zwischen Personen definiert, die gegeneinander Ansprüche haben (§ 241 Abs. 1 BGB).

Beispiel: Eltern sind ihren minderjährigen Kindern zur Leistung von Unterhalt verpflichtet. Sie „schulden" ihnen Unterhalt (vgl §§ 1601 ff BGB).

Die an dem Schuldverhältnis beteiligten Personen werden als Gläubiger und Schuldner bezeichnet. Gläubiger ist diejenige Person, die einen Anspruch besitzt. Schuldner ist diejenige Person, gegen die sich der Anspruch richtet, die also den Anspruch zu erfüllen hat und damit etwas „schuldet".

## 4. Formelles und materielles Recht

Eine weitere wichtige Unterscheidung ist die Differenzierung zwischen formellem und **48** materiellem Recht. Zum **materiellen Recht** gehören alle Rechtsnormen, die inhaltlich die Rechtslage regeln. Das materielle Recht gibt vor, zwischen wem und unter welchen Voraussetzungen welche Rechte gelten. Die Regeln des BGB etwa zählen zum materiellen Recht. Das **formelle Recht** hingegen beinhaltet diejenigen Rechtsregeln, wie das materielle Recht durchgesetzt wird. Hierzu gehören vor allem die Verfahrensvorschriften für den zur Durchsetzung des Rechts zu führenden Gerichtsprozess. Für das Privatrecht sind das die ZPO und das FamFG.

### 5. Nachgiebiges und zwingendes Recht

**49**  Die Unterscheidung in nachgiebiges und zwingendes Recht zielt auf die „Verbindlichkeit" von Gesetzen. Typisch für das Privatrecht ist die Möglichkeit, die Beziehungen anders als gesetzlich vorgegeben zu regeln: Das Privatrecht enthält zwar eine Vielzahl von gesetzlichen Vorgaben für die Ausgestaltung von Rechtsverhältnissen (etwa einen Kaufvertrag). Allerdings können die Parteien im Grundsatz von den gesetzlichen Vorgaben abweichen. Ist dies zulässig, handelt es sich um **„nachgiebiges" (dispositives) Recht**.

**50**  Andere Normen sind unbedingt verbindlich. Sie stehen nicht zur Disposition des Bürgers und können weder verhandelt noch abgeändert werden. Derartige Normen sind sog **„zwingendes" Recht (ius cogens)**. Häufig handelt es sich um Schutznormen zugunsten der faktisch schwächeren Partei. Sie schränken insoweit auch den Grundsatz der Privatautonomie ein.

Beispiel: Auf Unterhaltsansprüche der minderjährigen Kinder kann nicht ohne Weiteres verzichtet werden (§ 1614 Abs. 1 BGB).

### II. Die Struktur eines Rechtssatzes

**51**  Das Recht wird dadurch mit Leben gefüllt, dass die Bürger ihre subjektiven Rechte geltend machen, Ansprüche erheben, die geforderte Leistung verweigern usw. Im Zentrum der Rechtsanwendung steht die Arbeit mit den einschlägigen Normen. Das erfordert an erster Stelle das Wissen um die möglichen Strukturen einer Rechtsnorm. Zu unterscheiden ist zwischen vollständigen und unvollständigen Rechtssätzen.

### 1. Vollständige Rechtssätze

**52**  Ein **vollständiger Rechtssatz** enthält zwingend eine Pflicht einer Person, etwas zu tun oder zu unterlassen, die sog Rechtsfolge (den geltend gemachten Anspruch bzw das gewünschte Recht). Die Rechtsfolge besteht in der Benennung des subjektiven Rechts, das besteht, wenn die Voraussetzungen der Norm vorliegen. Typisch sind Formulierungen wie: „... ist verpflichtet",... hat Anspruch auf ... " oder Ähnliches. Immer geht es darum, dass das Gegenüber etwas tun oder unterlassen muss. Im Zivilrecht werden diese Rechtssätze auch Anspruchsgrundlagen genannt.

Zugleich beschreibt die vollständige Norm abstrakt die Voraussetzungen des geltend gemachten Rechts bzw Anspruchs (sog Tatbestand).

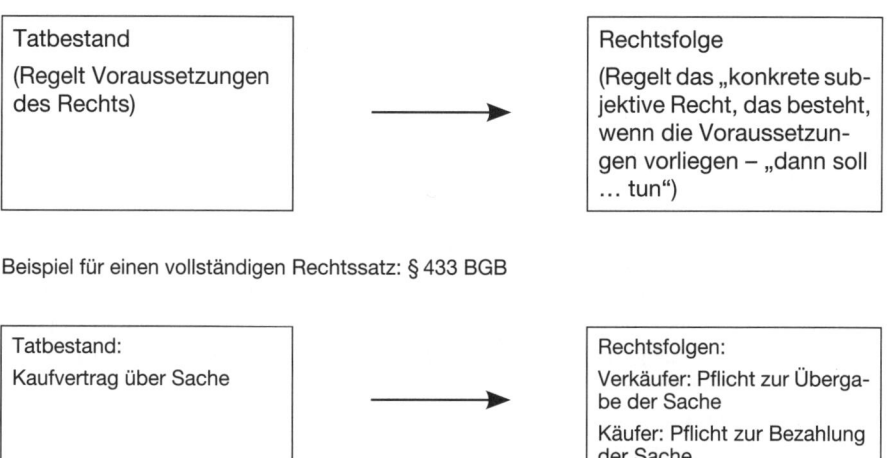

| Tatbestand (Regelt Voraussetzungen des Rechts) | → | Rechtsfolge (Regelt das „konkrete subjektive Recht, das besteht, wenn die Voraussetzungen vorliegen – „dann soll ... tun") |

Beispiel für einen vollständigen Rechtssatz: § 433 BGB

| Tatbestand: Kaufvertrag über Sache | → | Rechtsfolgen: Verkäufer: Pflicht zur Übergabe der Sache Käufer: Pflicht zur Bezahlung der Sache |

Kennzeichen der vollständigen Norm ist eine „Wenn-Dann-Struktur". Am Beispiel des § 433 BGB: *Wenn* ein Kaufvertrag geschlossen wurde (Tatbestand), *dann* hat der Käufer einen Anspruch auf Übereignung der gekauften Sache (Rechtsfolge) und der Verkäufer Anspruch auf Bezahlung (Rechtsfolge).

Für die Geltendmachung eines Rechts bedarf es daher immer einer vollständigen **53** Norm, die sich sowohl über Voraussetzungen verhält, als auch die gewünschte Rechtsfolge beinhaltet. Aus diesem Grund nimmt eine Rechtsprüfung ihren Ausgang immer bei einer vollständigen Norm.

## 2. Unvollständige Rechtssätze

**Unvollständige Rechtssätze** (auch **Hilfsnormen** genannt) enthalten demgegenüber **54** Definitionen, Erklärungen, Ergänzungen oder aber regeln Ausnahmen sowie Sonderfälle bzw Gegenrechte. Sie haben also immer nur Bedeutung im Zusammenhang mit einem vollständigen Rechtssatz und regeln selber nicht den Anspruch. Man braucht sie häufig in Ergänzung zu einer vollständigen Norm.

Beispiele: § 194 BGB: Definition des subjektiven Rechts.
§§ 145 ff BGB: Beschreibung des Zustandekommens von Verträgen.
§§ 1591 –1592 BGB: Definition der Verwandtschaft.
§ 276 Abs. 2 BGB: Definition des Begriffs der Fahrlässigkeit.

Hinweis: Auch unvollständige Normen haben oft eine Wenn-Dann-Struktur. Im Unterschied zu vollständigen Normen regeln sie jedoch nicht auf der Rechtsfolgenseite, was jemand tun oder unterlassen soll, sondern nur was dann gilt oder wie ein Begriff zu verstehen ist.

## III. Die Arbeit mit dem Recht – Das juristische Handwerkszeug

### 1. Die Methode der Rechtsanwendung

Fallbeispiel 2: Der Student Sepp braucht ein neues Auto. Als sein Kommilitone Klaus davon erfährt, bietet er ihm seines zum Kauf an. Sepp ist begeistert und erklärt sich nach Besichtigung des Autos einverstanden, dieses zu dem von Klaus genannten Preis zu kaufen. Der Kommilitone Klaus möchte nun, dass Sepp das Auto abholt und bezahlt. Dazu ist Sepp jedoch nicht mehr bereit, weil er es sich mittlerweile anders überlegt hat und lieber ein Fahrrad benutzen möchte.

**55**  Arbeit mit dem Recht ist immer Rechtsanwendung. Ziel der Rechtsanwendung ist immer die Prüfung der Rechtslage. Dabei geht es darum, herauszufinden, was das Recht für den konkreten Streitfall regelt. Ausgangspunkt ist im Regelfall ein Konflikt über die bestehenden Rechte. Aus diesem Grund wird die Rechtsprüfung mit Blick darauf aufgebaut, ob den Beteiligten die von ihnen gewünschten (subjektiven) Rechte zustehen. Diese Prüfung vollzieht sich in mehreren Schritten:

**56**  **1. Schritt:** Sachverhalt sichten und (bei Bedarf) mit folgender Frage die zu prüfende Fragestellung herausarbeiten: „Wer will was warum (woraus) von wem?" Mithilfe dieser Fragestellung wird der Sachverhalt geordnet und die beteiligten Personen mit ihren Interessen konkretisiert. Diese Ausgangsfrage gibt der Rechtsprüfung ihre Richtung.

Im Fallbeispiel 2 etwa liegt es nahe, zu prüfen, ob der Kommilitone Klaus (wer) von Sepp (von wem) Abnahme des Autos und Zahlung des Kaufpreises (was) aus einem Kaufvertrag (woraus) verlangen kann. In der Beratungspraxis oder auch in der Prüfung ist die Fragestellung uU vorgegeben. Ist dies nicht der Fall, muss sie zunächst konkretisiert werden.

**57**  **2. Schritt:** Wenn eine Person etwas von einer anderen verlangt, benötigt sie ein Gesetz, die ihr das erlaubt, also das geltend gemachte Recht enthält, technisch gesprochen: Die Person braucht eine **Anspruchsgrundlage** (vollständige Norm!). Die Anspruchsgrundlage selber muss sich aus dem Gesetz ergeben. Der zweite Schritt besteht daher in der Suche nach der passenden Anspruchsgrundlage. Die Anspruchsgrundlage wird nach ihrer Rechtsfolge ausgewählt. An dieser Stelle ist noch nicht wichtig, ob sie wirklich passt. Das lässt sich erst am Ende der Rechtsprüfung (Schritte 3 und 4) sagen.

Im Fallbeispiel 2 käme § 433 BGB als mögliche Anspruchsgrundlage in Betracht. Diese enthält nämlich die Klaus interessierende Rechtsfolgen: Recht auf Abnahme des Autos und Recht auf Bezahlung.

Nicht immer genügt eine einzige Norm für die Prüfung. In komplexen Fällen müssen ergänzend weitere Normen (unvollständige Normen) herangezogen werden.

**58**  Das Auffinden der geeigneten Anspruchsgrundlage gehört zu dem schwierigsten Teil der Prüfung. Wer sich hier „verhaut", hat im Prinzip schon an erster Stelle „verloren". Die Vorstellung, aus der Fülle der – noch nicht bekannten – Vorschriften die passgenauen finden zu müssen, ist vor allem zu Beginn des Studiums erschreckend. Doch im Laufe des Studiums werden Sie mit den einzelnen relevanten Rechtsgebieten immer vertrauter. Sie werden dann bereits passende Normen im Blick haben. Recht ist insofern lernbar.

**Wichtig**: Das korrekte Zitieren einer Norm. Die einzelnen Normen können sich in mehrere Absätze aufgliedern. Jeder Absatz hat uU mehrere Sätze. Da Normen sehr lang sein können, muss die konkret genannte Stelle möglichst genau bezeichnet werden. Üblich ist folgende Zitierweise: Norm (Paragraf), Absatz, Satz, Gesetz.

Im Fallbeispiel 2: Die Pflicht des Käufers zur Abnahme und Bezahlung des Kaufpreises folgt aus § 433 Abs. 2 BGB.

**3. Schritt:** Ist eine – möglicherweise passende – Anspruchsgrundlage gefunden, setzt **59** die Rechtsprüfung im eigentlichen Sinn ein. Nun ist die Anspruchsgrundlage im Einzelnen darauf „abzuklopfen", ob sie von ihren Voraussetzungen her wirklich das gewünschte Ergebnis trägt. Man nennt diesen Vorgang „**Subsumtion**": In diesem Rahmen erfolgt zweierlei:

Zum einen wird geprüft, welche Voraussetzungen die Norm aufstellt, zum anderen, ob die Voraussetzungen im konkreten Fall auch vorliegen. Häufig sind die Voraussetzungen der Norm allgemein und unbestimmt formuliert. In diesem Fall kann nicht ohne Weiteres Norminhalt mit Lebenswirklichkeit verglichen werden. Vielmehr muss als Zwischenschritt vor der Subsumtion der Norminhalt konkretisiert bzw definiert werden.

Im Fallbeispiel 2 erfordert § 433 Abs. 2 BGB das Vorliegen eines Kaufvertrages. Daher ist zunächst zu konkretisieren, was mit dem Tatbestandsmerkmal gemeint ist, konkret: Was überhaupt ein Vertrag ist. Dazu muss vorab geklärt werden, wann abstrakt gesehen ein Kaufvertrag vorliegt. Im nächsten Schritt ist dann zu prüfen, ob in dem geschilderten Vorgang zwischen Sepp und Klaus der Abschluss eines Kaufvertrages zu sehen ist. Im geschilderten Sachverhalt lässt sich ein Kaufvertrag unproblematisch annehmen.

**4. Schritt:** Formulierung des Ergebnisses. Am Ende der Subsumtion steht ein Ergeb- **60** nis. Aus der vorangegangenen Prüfung ist somit ein rechtlicher Schluss auf die konkret vorliegende Rechtslage zu ziehen. Dieser Schluss wird in der Rechtssprache **Syllogismus** genannt. Liegen die Voraussetzungen der Tatbestandsmerkmale vor, ist die Norm anwendbar, der Anspruch ist rechtlich begründet. Liegen die Voraussetzungen im Fall hingegen nicht vor, ist der Anspruch nicht von der Anspruchsgrundlage gedeckt, der geltend gemachte Anspruch besteht dann nicht.

Im Fallbeispiel 2 würde das Ergebnis lauten: Die Voraussetzungen des § 433 BGB liegen vor. Klaus kann von Sepp verlangen, dass dieser das Auto abholt und den vereinbarten Kaufpreis bezahlt.

Dieser Schritt wird oft für überflüssig gehalten. Das gilt vor allem in einfach gelagerten Fällen wie dem Beispielsfall. Er ist aber unerlässlich für eine Falllösung, denn er gibt die eigentliche Antwort im Beratungsgespräch auf die gestellte Frage.

**Wichtig:** Die Rechtsprüfung wird umso komplexer, je mehr Tatbestandsmerkmale eine Norm aufstellt. In diesem Fall ist ein Tatbestandsmerkmal nach dem anderen durchzuprüfen. Die Rechtsprüfung ähnelt einem schrittweisen Sich-Herantasten an die Lösung. Die saubere Beachtung der Rechtstechnik diszipliniert das Denken und schützt davor, wichtige Details zu übersehen. Sie strukturiert dabei die Rechtsprüfung und hilft, innerhalb der Falllösung den roten Faden zu behalten.

Nur wenn alle Tatbestandsmerkmale vorliegen, besteht der Anspruch. Fehlt auch nur eines, dann besteht der Anspruch nicht. Die Rechtsprüfung ist auch in diesem Fall nicht notwendig zu Ende. UU gibt es noch weitere in Betracht kommende Anspruchsgrundlagen. Diese sind dann nach dem gleichen Schema, eine nach der anderen zu prüfen.

**5. Schritt: Formulierung des Gesamtergebnisses:** Der letzte Schritt am Ende der **61** Prüfung ist die Formulierung des Gesamtergebnisses. Bei kurzen Fällen, wie im Fallbeispiel 2, ist er nicht erforderlich. Bei komplexen Fällen, in denen der Tatbestand eine

Vielzahl von Voraussetzungen nennt oder sogar mehrere komplexe Anspruchsgrundlagen geprüft werden müssen, hingegen unerlässlich. Durch die Formulierung des Gesamtergebnisses werden die vorangegangenen Überlegungen und Zwischenergebnisse der einzelnen Prüfungsschritte zusammengefasst. Erst dadurch wird die eingangs aufgeworfene Ausgangsfrage beantwortet. Die Festlegung des Gesamtergebnisses dient aber nicht nur der Klarheit, sondern auch der eigenen Kontrolle. Vor allem an dieser Stelle wird deutlich, ob die Rechtsprüfung in sich logisch und nachvollziehbar ist, ob die Studierenden eine in sich widersprüchliche Lösung vertreten, oder ob die Lösung zu der aufgeworfenen Fragestellung überhaupt passt.

**62  Zusammenfassung:** Eine Rechtsprüfung folgt immer folgendem Schema:

1. Rechtsfrage aufwerfen.

2. Mögliche Anspruchsgrundlage nennen.

3. /4. Rechtsprüfung und Formulierung des Ergebnisses nach folgendem Schema:

5. Formulierung des Gesamtergebnisses.

**Wichtig:** Prüfen Sie immer nur die Rechtslage zwischen zwei Personen. Sind mehrere Personen an dem Sachverhalt beteiligt, sortieren Sie den Sachverhalt und prüfen dann jede Rechtsbeziehung separat.

Beispiel – Fallvariante zum Fallbeispiel 2:    Klaus hat das Auto Sepp verkauft. Danach hat auch die hübsche Studentin Henriette bei Klaus angefragt, die das Auto ebenfalls kaufen möchte. Klaus verkauft – geblendet von Henriettes Charme – auch ihr das Auto. Wie ist die Rechtslage?

In diesem Fall muss der Sachverhalt „aufgedröselt" werden in mehrere „Fälle", die nacheinander durchgeprüft werden:

1. Rechtsbeziehungen zwischen Klaus und Sepp. Kann Sepp Übereignung des Autos von Klaus verlangen? (Lösungshinweis: Ein Vertrag liegt vor, Sepp besitzt einen Anspruch auf Übereignung des Autos.)

2. Rechtsbeziehungen zwischen Klaus und Henriette. Kann Henriette von Klaus Übereignung des Autos verlangen? (Lösungshinweis: Auch hier liegt ein Vertrag vor, so dass auch Henriette einen Anspruch auf Übereignung besitzt.)

Die paradoxe Lösung lautet: Klaus hat sein Auto tatsächlich zweimal verkauft. Beide Kaufverträge sind wirksam.

3. Folgefragen: Dieses Ergebnis ist nicht richtig zufriedenstellend. So ist absehbar, dass Klaus nicht beide Kaufverträge wird erfüllen können. Einer der beiden Käufer wird leer ausgehen. In der Praxis würde man an dieser Stelle jetzt ansetzen, um auch diese Problematik zu klären. Im Vordergrund stünde die Frage, ob die Person, die das Auto nicht erhält, Schadensersatzansprüche besitzt. Auch diese Frage würde nach obigem Schema behandelt werden. Vorliegend soll sie nicht vertieft werden.

## 2. Die Problematik der Rechtsfindung

### a) Gesetzesauslegung

Ist ein einschlägiges Gesetz gefunden, so stellt sich unter Umständen die Notwendig- **63** keit, zunächst den Gesetzesinhalt zu klären. Die Formulierungen eines Gesetzes sind nicht immer eindeutig. Dies kann damit zusammenhängen, dass ein ungenauer Begriff verwendet wird. Unter Umständen hat sich aber auch in der Zwischenzeit die Lebenswelt verändert, so dass unklar ist, wie weit ein ursprünglich eindeutiger Begriff zu fassen ist.

Beispiele: 1. § 823 Abs. 1 BGB: „Wer ... *ein sonstiges* Recht ... verletzt, ist ... zum Ersatz des ... Schadens verpflichtet." Fraglich ist, was mit dem Begriff „sonstiges Recht" gemeint sein kann.
2. § 16 Abs. 1 SGB VIII: „*Müttern* und *Vätern* ... sollen Leistungen der allgemeinen Förderung der Erziehung angeboten werden." Es stellt sich die Frage, ob zB auch Stief- oder Pflegeeltern Mütter und Väter iS dieser Norm sein können.
3. § 1 BAföG: „ Auf ... Ausbildungsförderung besteht ... ein Rechtsanspruch, wenn *dem Auszubildenden* die erforderlichen Mittel ... nicht zur Verfügung stehen". Gilt das Gesetz auch für weibliche Auszubildende?

Derartig ungenaue Formulierungen bedürfen der Auslegung, um den Sinn des Geset- **64** zes zu ermitteln. Die wichtigsten Regeln (man spricht auch von Methoden) der **Gesetzesauslegung** sind:

▪ Grammatikalische Auslegung: Bei der grammatikalischen Auslegung wird der Sinn- **65** gehalt einer Formulierung nach der Grammatik und dem allgemeinen Sprachgebrauch ermittelt.

Im Beispiel 3 könnte die grammatikalische Auslegung zu dem Ergebnis führen, dass nur männliche Auszubildende Leistungen des BAföG erhalten können.

▪ Systematische Auslegung: Bei der systematischen Auslegung wird der Bedeu- **66** tungszusammenhang, in dem die Norm steht, berücksichtigt, um festzustellen, welche Fälle sie erfassen soll. Zu der systematischen Auslegung gehört etwa auch die verfassungskonforme Auslegung: Die verfassungskonforme Auslegung berücksichtigt für das Verständnis einer Formulierung die verfassungsrechtlichen Vorgaben.

Im Beispiel 3 wäre aus dem verfassungsrechtlichen Gleichbehandlungsgebot des Art. 3 Abs. 1 GG zu folgern, dass sowohl männliche als auch weibliche Auszubildende von der Norm erfasst sein müssen.

▪ Historische Auslegung: Bei der historischen Auslegung wird vor allem die Entste- **67** hungsgeschichte des Gesetzes berücksichtigt. Aus den Gesetzesentwürfen, Drucksachen und Protokollen lässt sich häufig nachvollziehen, welche Fälle der Gesetzgeber mit einer Norm regeln wollte und welche nicht. UU äußert er sich ausdrücklich selber dazu.

▪ Teleologische Auslegung: Die teleologische Auslegung fragt nach Sinn und Zweck **68** des Gesetzes.

Für das Beispiel 2 gilt zB folgende Überlegung: Sinn und Zweck des SGB VIII ist es, das Kind in allen seinen tatsächlichen erzieherischen Kontexten zu erfassen und zu schützen. Aus der Sicht des Kindes ist es unerheblich, ob es bei seinen leiblichen Eltern, Stief- oder Pflegeeltern lebt. Das spricht dafür, auch Stief- und Pflegeeltern als Mütter und Väter iS dieser Norm anzusehen.

Sinn und Zweck einer Vorschrift lassen sich häufig ebenfalls aus den Materialien zu einem Gesetz entnehmen. Im Regelfall begründet der Gesetzgeber in der jeweiligen Bundestagsdrucksache ausführlich, warum er bestimmte Maßnahmen für erforderlich hält und was damit erreicht werden soll.

**69**  Die verschiedenen Auslegungsmethoden stehen nach herrschender Meinung gleichberechtigt nebeneinander, ohne dass eine bestimmte Rangfolge zu beachten wäre oder einer Methode Priorität vor einer anderen zukäme. Denn welche Theorie im Einzelnen den Ausschlag gibt, ist nicht zuletzt immer auch eine Frage des subjektiven Vorverständnisses des jeweiligen Interpreten.

Das kann dazu führen, dass die jeweiligen Rechtsanwender (Sozialarbeiter, Behörde, Klient, Richter) ein und dieselbe Norm unterschiedlich auslegen. Daher ist an dieser Stelle festzuhalten: Einen wissenschaftlich einwandfrei bestimmbaren Inhalt hat das Recht nicht zwingend. Aus eben diesem Grunde gibt es häufig keine „richtige", sondern nur eine „vertretbare" Lösung. Das schränkt die „Lernbarkeit" von Recht ein. Den Studierenden – vor allem der Anfangssemester – mag das verunsichern. Es kann ihn jedoch auch herausfordern. Denn es ist eben diese gewisse Offenheit des Rechts, die Raum lässt für Argumentation in die eine oder andere Richtung – zugunsten oder auch zu Ungunsten der Klienten.

**70**  In der Praxis stellt sich angesichts der damit verbundenen Rechtsunsicherheit die Frage nach dem Schutz vor Willkür. Rechtssicherheit trotz der unterschiedlichen Möglichkeiten, Recht zu verstehen und zu interpretieren, gibt es im Wesentlichen durch die institutionelle Verwobenheit des Rechts: Die Rechtsprechung setzt durch ihre Entscheidungen Standards, an denen sich Bürger, Anwälte, Behörden und auch andere Gerichte ausrichten. Gerade das Rechtsmittelsystem mit seinen Möglichkeiten, sich vor den Gerichten zu wehren gibt dem Bürger die Möglichkeit, sich gegen bestimmte Rechtsauslegungen zur Wehr zur setzen. Verfahrensrechtliche Standards zwingen Behörden und Gerichte, ihre Entscheidungen zu begründen und ihre Auslegung zumindest transparent zu machen.

## b)  Analogie

**71**  Die Methoden der Gesetzesauslegung implizieren eine gewisse Dehnbarkeit von Gesetzesformulierungen. Eine Gesetzesauslegung ist jedoch nicht unbegrenzt möglich. Sie endet am möglichen Wortlaut einer Aussage.

Beispiel:  § 1360 BGB: „Die *Ehegatten* sind einander verpflichtet, … die Familie angemessen zu unterhalten." Es stellt sich die Frage, ob auch eine Frau, die mit ihrem Freund unverheiratet zusammenlebt, von diesem Unterhalt verlangen kann. Eine nichteheliche Lebensgefährtin ist auch bei Anwendung aller Auslegungsmethoden keine Ehefrau. § 1360 BGB passt nicht.

Daher stellt sich die Frage, ob ein Gesetz trotzdem auf einen Fall angewandt werden kann, den es von seinem Gehalt nicht erfasst. Die Anwendung eines Gesetzes über seinen Wortlaut hinaus auf einen Fall, den es gar nicht regelt, nennt man **Analogie**.

**72**  Mit der Bildung einer Analogie wird der – ohnehin schon weiche – Boden des Gesetzes völlig verlassen. Es besteht die Gefahr, dass Recht beliebig wird. Aus diesem Grunde ist die Bildung einer Analogie nur im Ausnahmefall zulässig. Sie setzt folgendes voraus:

■  Es besteht eine vom Gesetzgeber nicht beabsichtigte Regelungslücke. Wollte der Gesetzgeber hingegen den Fall bewusst nicht regeln, dann ist das Gesetz auch nicht auf ihn anwendbar. Das Schweigen des Gesetzes zu einem Fall kann also auch heißen, dass der Gesetzgeber nichts übersehen hat, sondern bewusst eine Lücke haben wollte. Die Klärung, ob der Gesetzgeber tatsächlich „etwas vergessen" hat, ist nicht immer ganz einfach. Da der Gesetzgeber seine Motive in den Gesetzesunterlagen offen legt, lassen sich dort entsprechende Anhaltspunkte finden.

Mit diesem Argument lehnt die Rechtsprechung die Anwendung der unmittelbar für Verheiratete ausgerichteten Normen des Eherechts auf unverheiratete Partner ab.

■ Zudem muss der nicht geregelte Sachverhalt mit dem geregelten Sachverhalt so **73** vergleichbar sein, dass es angebracht erscheint, ihn unter die Norm zu fassen, obwohl sie ihn eigentlich nicht regelt.

# Teil II: Grundlagen des Zivilrechts

## Kapitel 1: Grundlagen des Bürgerlichen Rechts

### I. Überblick über das BGB

**74** Grundlage für die Rechtsbeziehungen der Bürger im Alltag ist das BGB. Hier finden sich zugleich die für die Soziale Arbeit relevanten zivil- und familienrechtlichen Grundlagen. Ein erster Überblick soll eine grobe Orientierung vermitteln. Das BGB gliedert sich in 5 Bücher:

1. Buch: Grundbegriffe (§§ 1–240 BGB): Das erste Buch enthält allgemeine, quasi vor die Klammer gezogene, Regeln, die (uU mit Modifikationen) für das gesamte BGB gelten. Daneben enthält das 1. Buch wichtige Grundlagen der rechtlichen Interaktion zwischen den Bürgern: Es beantwortet die Fragen, wer überhaupt Rechte haben kann (Rechtsfähigkeit), wie ein Vertrag geschlossen wird (Rechtsgeschäftslehre) und enthält allgemeine Regeln für das Handeln besonders schutzbedürftiger Personen (Geschäftsfähigkeit). Grundlagen für die Fristberechnung finden sich hier ebenso wie die Verjährungsregeln.

2. Buch: Recht der Schuldverhältnisse (§§ 241–853 BGB): Das zweite Buch behandelt die Begründung von Ansprüchen zwischen verschiedenen Personen. Es enthält die wichtigsten Entstehungsgründe für Ansprüche. Schwerpunkt des zweiten Buches ist die Gestaltung des Lebens durch Verträge. Dort finden sich allgemeine Regelungen für häufige Probleme bei Verträgen (zB Schlechtleistung) sowie die Grundregeln für die gängigsten Verträge, etwa den Kauf-, Miet- oder Darlehensvertrag. Daneben regelt dieses Buch auch Ansprüche, die kraft Gesetz entstehen, etwa die unerlaubte Handlung und die Rückabwicklung nichtiger Verträge.

3. Buch: Sachenrecht (§§ 854–1296 BGB): Das dritte Buch hat das Verhältnis zwischen Mensch und Sachen zum Gegenstand. Es regelt die möglichen Rechte an Sachen (Besitz, Eigentum, Pfandrechte, Hypotheken) sowie Entstehung und Folgen dieser Rechte.

4. Buch: Familienrecht (§§ 1297–1921 BGB): Das vierte Buch regelt das Verhältnis zwischen Mitgliedern einer Familie. Hier finden sich die grundlegenden Regelungen über die Eheschließung, Verwandtschaft, die elterliche Sorge, Vormundschaft, Adoption und Betreuung.

5. Buch: Erbrecht (§§ 1922–2385 BGB): Das fünfte Buch enthält Regelungen über das Vermögen einer Person nach deren Tode.

### II. Rechtsfähigkeit – Der Mensch und andere Personen

#### 1. Übungsfall 1

**75** Der friedfertige Herr Rüpel bekommt einen Wutanfall, als die hochschwangere Frau Sorgfältig vor seiner Garageneinfahrt parkt und schlägt sie nieder. Das Kind kommt infolge des Angriffs von Herrn Rüpel geschädigt auf die Welt (Lösungshinweise Rn 111).

## 2. Begriff und Überblick

Im Streitfall geht es immer um die Geltendmachung von (aus dem objektiven Recht **76** folgenden) subjektiven Rechten. Damit wendet sich der Blick dem potenziellen Inhaber subjektiver Rechte und der Frage zu: Welche Personen kennt das BGB, wem können Rechte überhaupt zustehen? Der juristische Fachbegriff für die Fähigkeit, Träger von Rechten und Pflichten zu sein, lautet **Rechtsfähigkeit**. Nur wer rechtsfähig ist, kann ein subjektives Recht überhaupt besitzen. Die Rechtsfähigkeit ist im 1. Buch des BGB, dem allgemeinen Teil, und dort ganz zu Beginn, im 1. Abschnitt geregelt. Hier findet sich eine Beschreibung der Person und ihr wichtigstes Kennzeichen, die Rechtsfähigkeit. Das BGB unterscheidet folgende Personen:

Personen des BGB **77**

| Natürliche Personen | Rechtsfähige Personengesellschaften | Juristische Personen |
|---|---|---|
| (= Mensch) | (= nicht rechtsfähiger Verein, OHG, KG) | (= AG, GmbH, eingetragener Verein) |

**Hinweis:** Die Rechtsfähigkeit und ihre Entstehung ist im BGB nur für das Zivilrecht geregelt. **78** Auch in anderen Gesetzen oder Rechtsgebieten kann sich die Frage stellen, ab wann einer Person ein Recht zusteht, so etwa im öffentlichen Recht, im Straf- oder im Prozessrecht. Insoweit ist zu beachten, dass die unterschiedlichen Rechtsgebiete die Frage eigenständig für sich regeln und zT auch anders als im Zivilrecht beantworten.

Die meisten Gesetze verweisen allerdings auf die zivilrechtlichen Regelungen. Dies gilt vor allem für den Gerichtsprozess, in dem sich die Frage stellt, wer als Kläger bzw Antragsteller ein Recht geltend machen kann und gegen wen ein Verfahren geführt werden kann. Insoweit gilt: Die (zivilrechtliche) Rechtsfähigkeit hat im Prozessrecht ihre Entsprechung in der Parteifähigkeit bzw Beteiligtenfähigkeit. Parteifähigkeit/Beteiligtenfähigkeit bedeutet die Fähigkeit, in einem gerichtlichen Prozess Kläger/Antragsteller oder Beklagter/Antragsgegner zu sein. Hier gilt grundsätzlich die Gleichung: Wer rechtsfähig ist, ist zugleich auch parteifähig/ beteiligtenfähig (§ 50 Abs. 1 ZPO; § 8 FamFG).

## 3. Natürliche Person

Die einzige **natürliche Person** ist der Mensch. Jeder Mensch ist damit ohne weitere **79** Voraussetzungen rechtsfähig. Jedem Menschen können subjektive Rechte zustehen. Es stellt sich allerdings die Frage, ab wann und wie lange der Mensch existiert.

Nicht rechtsfähig sind Tiere. Sie galten bis ins Jahr 1990 noch als Sachen. Seither ist zwar ausdrücklich festgestellt, dass Tiere keine Sachen sind (§ 90a BGB). Allerdings sind die für Sachen geltenden Regeln im Grundsatz auf sie entsprechend anzuwenden.

### a) Beginn der Rechtsfähigkeit

Die **Rechtsfähigkeit des Menschen** beginnt mit Vollendung seiner Geburt (§ 1 BGB). **80** Die Geburt ist im Zeitpunkt der Trennung des Kindes vom Mutterleib vollendet. Unerheblich ist, ob das Kind bereits abgenabelt ist oder ob es lebensfähig ist. Somit kann auch ein nicht lebensfähiges Kind – solange es lebt – rechtsfähig sein und etwa Erbe werden oder sein Vermögen weitervererben und auch Schadensersatzansprüche haben.

**81** Nicht rechtsfähig ist die Leibesfrucht (der sog **nasciturus**) vor ihrer Geburt. Dies bedeutet allerdings nicht, dass das ungeborene Leben völlig schutzlos ist. Der Schutz im BGB ist allerdings nur ein punktueller:

**82** ■ Familienrecht: Bereits vor der Geburt eines nichtehelichen Kindes kann vom mutmaßlichen Kindesvater Unterhalt verlangt werden (§ 247 Abs. 1 FamFG).

**83** ■ Erbrecht: Grundsätzlich kann nur eine – bereits – lebende Person Erbe werden. Für das ungeborene Leben macht das BGB eine Ausnahme. So bestimmt § 1923 Abs. 2 BGB: Wer zur Zeit des Erbfalls noch nicht lebte, aber bereits gezeugt war, gilt als vor dem Erbfall geboren. Aus diesem Grunde kann der nasciturus Erbe werden, auch wenn er im Zeitpunkt des Todes des Erblassers noch nicht lebte.

**84** ■ Vormundschaftsrecht: Grundsätzlich besitzen Eltern das Recht, für den Fall ihres Todes einen Vormund für ihre Kinder zu bestimmen (§ 1777 Abs. 1 BGB). Dieses Recht besitzen sie bereits vor Geburt des Kindes und damit auch für das noch nicht geborene Leben (§ 1777 Abs. 2 BGB, für die Mutter in analoger Anwendung).

**85** ■ Pflegschaft: Bereits vor der Geburt kann für den künftigen Menschen zur Wahrung seiner Rechte ein Pfleger bestellt werden, sofern er keine Eltern haben wird (§ 1912 Abs. 1 BGB).

**86** ■ Deliktsrecht: Wird ein Mensch getötet, so sind die Unterhaltsansprüche seiner Kinder von dem Schädiger als Schaden zu tragen (§ 844 Abs. 2 BGB). Auch die Leibesfrucht ist in diesen Schutz einbezogen. Daher muss der Schädiger auch Unterhalt für Kinder zahlen, die noch nicht geboren, aber schon gezeugt sind (§ 844 Abs. 2 S. 2 BGB).

**87** ■ Auch bei einer deliktischen Schädigung der Leibesfrucht im Mutterleib sind Schadensersatzansprüche denkbar. Die Rechtsprechung behilft sich hier mit einer Analogie: Schadensersatzansprüche (§ 823 Abs. 1 BGB – lesen!) setzen voraus, dass ein anderer geschädigt wurde. Dies führt bei genauer Anwendung des Gesetzes dazu, dass dem bereits gezeugten, aber noch nicht geborenen Kind keine Schadensersatzansprüche zustehen. Denn das Kind war im Zeitpunkt der Schädigung noch kein Mensch iS des BGB. Daher ist kein anderer (Mensch) geschädigt worden. Erlangt das Kind im Zeitpunkt seiner Geburt die Rechtsfähigkeit, ist es zwar ein Mensch, aber eben ein bereits geschädigter Mensch. Die Rechtsprechung und die herrschende Meinung in der Literatur haben dieses Ergebnis als inakzeptabel abgelehnt. Der nasciturus selber ist zwar nicht rechtsfähig, soll aber – das zeigen die oa Normen – nicht bereits deswegen schutzlos sein, wo sein Schutzbedarf durchaus vergleichbar mit dem des geborenen Kindes sein kann. Aus diesem Grunde wendet die Rechtsprechung § 823 Abs. 1 BGB – über seinen Wortlaut hinaus – auch auf den Fall der vorgeburtlichen Schädigung an: Im Deliktsrecht ist daher auch als geschütztes Rechtssubjekt anerkannt, wer zum maßgeblichen Zeitpunkt der Schädigung noch nicht lebte, aber bereits gezeugt war, wenn er später rechtsfähig wird. Stirbt der nasciturus mithin durch die Schädigung noch vor der Geburt, scheiden deliktische Ansprüche auf Schadensersatz aus. Erlangt er hingegen – wenn auch nur kurz – die Rechtsfähigkeit, so besitzt er Schadensersatzansprüche, auch dann, wenn er im Zeitpunkt der Schädigung noch nicht lebte.

## b) Ende der Rechtsfähigkeit

Die Rechtsfähigkeit des Menschen endet mit seinem **Tod**. Insofern besteht eine un- **88** trennbare Verbindung der Rechtsfähigkeit mit dem Leben. Wie zu Beginn des Lebens, gibt es auch für die Zeit nach dem Tod einen punktuellen Schutz des Lebens. So erkennt die Rechtsprechung ein sog postmortales Persönlichkeitsrecht an. Damit ist auch nach dem Tod des Menschen seine Würde in bestimmten Bereichen geschützt, so etwa das Recht am eigenen Bild.

Die medizintechnischen Möglichkeiten werfen die Frage auf, wann ein Mensch tot ist. Streitig ist insofern, ob auf den Herz-Kreislauf-Stillstand oder auf den Gehirntod abzustellen ist. Praktisch relevant ist die Frage vor allem im Bereich der Transplantationsmedizin und wird dort durch das Transplantationsgesetz geregelt. Überwiegend wird auf das irreversible Erlöschen der Hirntätigkeit abgestellt.

Praktische Probleme stellen sich, wenn eine Person über eine längere Zeit **verschol- 89 len** ist und nicht feststellbar ist, ob sie noch lebt. Für diesen Fall kann, nach dem Verschollenheitsgesetz aus dem Jahre 1951, diese Person durch Gerichtsbeschluss für tot erklärt werden. Voraussetzung der Feststellung ist eine tatsächliche Unsicherheit über den Tod einer Person, weil ihr Aufenthalt seit längerer Zeit unbekannt ist und keine Nachricht von ihr vorliegt. Die Feststellung begründet die Vermutung, dass die betroffene Person tot ist. Die Rechtsfähigkeit des Betroffenen allerdings erlischt hierdurch nicht. Daher ist die Vermutung auch widerlegbar. Taucht der Verschollene also wieder auf, so hat der Gerichtsbeschluss keinerlei Wirkung gegen ihn.

## c) Rechtsfähigkeit und Handlungsfähigkeit

Die Rechtsfähigkeit sagt grundsätzlich nur etwas darüber aus, *ob* eine Person über- **90** haupt ein Recht haben kann. Der Begriff verhält sich hingegen nicht zur Frage, *wie* diese Rechte verwirklicht werden, zB ob eine Person ihre Rechte selber geltend machen kann. Die Rechtsfähigkeit ist daher zu unterscheiden von der **Handlungsfähigkeit**. Während die Rechtsfähigkeit darüber entscheidet, ob jemand überhaupt ein Recht besitzen kann, geht es bei der Handlungsfähigkeit um die Frage, ob die Person diese Rechte auch selber wahrnehmen kann.

Beispiel: Ein 1 Jahr altes Kind ist rechtsfähig. Es kann Rechte erwerben und zB Erbe seiner jüngst verstorbenen Großmutter werden. Jedoch ist es aufgrund seines Alters nicht in der Lage, seine Rechte auch selber wahrzunehmen, also zu entscheiden, ob es die Erbschaft annimmt, die Annahme der Erbschaft zu erklären und sie zu verwalten. Das Kind ist nicht handlungsfähig.

Ist eine Person zwar rechtsfähig, aber nicht handlungsfähig, so benötigt sie jemanden, **91** der an ihrer Stelle handelt, einen Vertreter. Für Minderjährige sind das im Regelfall die Eltern, für Erwachsene der Betreuer.

Je nachdem, in welchem Bereich sich eine Person bewegt, ist die Handlungsfähigkeit **92** unterschiedlich benannt und auch geregelt. Die folgende Tabelle erlaubt einen Überblick über die verschiedenen Begriffe. Die Behandlung des Minderjährigen in den verschiedenen Bereichen wird im Zusammenhang mit den jeweiligen Spezialmaterien thematisiert.

| Rechtsfähigkeit | Begriff: Fähigkeit, Träger von Rechten und Pflichten zu sein. |
|---|---|
| Handlungsfähigkeit | Begriff: Fähigkeit zum rechtswirksamen Handeln. <br> ■ Im Rechtsverkehr: Geschäftsfähigkeit. Fähigkeit, wirksame Willenserklärungen im Rechtsverkehr abzugeben (§§ 104 ff BGB). <br> ■ Im Deliktsrecht: Deliktsfähigkeit. Verantwortlichkeit für unerlaubtes Handeln (§§ 827, 828 BGB). <br> ■ Im Eherecht: Ehefähigkeit. Fähigkeit, wirksam eine Ehe einzugehen (§§ 1303, 1304 BGB). <br> ■ Im Erbrecht: Testierfähigkeit. Fähigkeit, wirksam ein Testament zu errichten (§ 2229 BGB). <br> ■ Im Prozessrecht: Prozessfähigkeit/Verfahrensfähigkeit. Fähigkeit, in einem gerichtlichen Verfahren, wirksam Verfahrenshandlungen vorzunehmen (§§ 51, 52 ZPO, § 9 FamFG). |

93 **Hinweis:** Im vorliegenden Kontext werden lediglich die zivilrechtlich relevanten Begriffe vorgestellt. Die Frage nach der Handlungsfähigkeit bzw Verantwortlichkeit insbesondere Minderjähriger stellt sich auch außerhalb des BGB und ist dort in den jeweiligen Spezialgesetzen geregelt: So ist die strafrechtliche Verantwortlichkeit (Strafmündigkeit) im StGB (§§ 19, 20 StGB) sowie im JGG (§ 3 JGG), die Handlungsfähigkeit im Sozialverwaltungsverfahren in den einschlägigen Sozialgesetzen (§ 36 SGB Abs. 1, § 11 SGB X) geregelt.

## 4. Juristische Person

### a) Begriff und Bedeutung

94 Eine **juristische Person** ist eine Personenvereinigung oder die rechtlich verselbstständigte Zusammenfassung von Vermögenswerten, der die Rechtsordnung eigene Rechtsfähigkeit zuerkennt.

Die Anerkennung von juristischen Personen trägt einem praktischen Bedürfnis des Gesellschaftslebens Rechnung: Sie ermöglicht und vereinfacht die Organisation mehrerer Personen oder eines Vermögens in einer Weise, dass nicht mehr die hinter der Organisation stehenden Personen bzw das Vermögen, sondern die geschaffene Organisationseinheit selber der Rechtsträger ist. Ohne die Rechtsfigur der juristischen Person, ist das Handeln als Gruppe oft umständlich und für den Rechtsverkehr mit vielen Unklarheiten behaftet.

Beispiel: Eine Gruppe Studierender der Sozialen Arbeit möchte Migrantinnen, die in ihrer Familie Gewalt erleiden, eine Beratungs- und Zufluchtsstätte schaffen. Zu diesem Zweck soll ein Raum angemietet werden. An der Initiative sollen sich in unterschiedlicher Besetzung freiwillige Helfer beteiligen. Im Rechtsverkehr stellen sich im Konfliktfall sofort eine Reihe von Fragen. Wird zB die Miete nicht gezahlt, stellt sich die Frage: „Wer ist Mieter und wer haftet für die Miete? Sind es die Gründer der Initiative? Sind es alle, die sich in der Initiative engagieren? Auch die Frauen? Gegen wen soll der Vermieter vorgehen? Gegen alle?"

Gemeinschaftliches Handeln zur Erreichung eines gemeinsamen Zwecks ist im BGB grundsätzlich in der Form der Gesellschaft möglich (§§ 705 ff BGB). Die Gesellschaft wird durch einen Vertrag (Gesellschaftsvertrag) ihrer Gründungsmitglieder gegründet.

Da die Gesellschaft sich nicht rechtlich verselbstständigt, bleiben die (alle) Mitglieder der Gesellschaft (sog Gesellschafter) Ansprechpartner für den Rechtsverkehr.

Im Beispielsfall müsste verbindlich festgelegt werden, wer überhaupt Mitglied der Gesellschaft sein soll. Die Mitglieder müssten dann sämtliche Entscheidungen gemeinsam fällen und auch im Rechtsverkehr gemeinsam auftreten. Alle wären Vertragspartner eines geschlossenen Vertrags, zB eines Mietvertrags, und müssten notfalls mit ihrem gesamten Privatvermögen für die gemeinsamen Schulden haften.

Die genannten Schwierigkeiten werden vermieden, wenn eine eigene Rechtspersönlichkeit geschaffen wird, hinter der die Gründer zurücktreten. Dabei verselbstständigt sich die Gesellschaft. Rechtsträger sind nicht mehr die Mitglieder, sondern die von ihnen geschaffene Organisation selber, jetzt als juristische Person.

Mit der Möglichkeit der Verselbstständigung von Organisationseinheiten besteht allerdings für den Rechtsverkehr zugleich das Bedürfnis, Klarheit darüber zu haben, wer konkret der Rechtsträger ist. Dem wird durch zweierlei Rechnung getragen: **95**

■ Publizität: Juristische Personen erlangen ihre Rechtsfähigkeit nur durch ein bestimmtes Verfahren. Dieses richtet sich danach, um welche juristische Person es sich handelt.

   Beispiel: Idealvereine erlangen Rechtsfähigkeit durch Eintragung in das Vereinsregister des zuständigen Amtsgerichts (§ 21 BGB).

■ Typenzwang: Juristische Personen können nicht beliebig geschaffen werden, sondern nur im Rahmen der vom Gesetzgeber vorgesehenen Organisationsmöglichkeiten.

Das Recht unterscheidet zwischen juristischen Personen des Privatrechts und juristischen Personen des öffentlichen Rechts. Das BGB selber kennt nur zwei juristische Personen: Den eingetragenen Verein und die Stiftung. Weitere – vor allem im Wirtschaftsleben – dominierende juristische Personen sind die Aktiengesellschaft und die Gesellschaft mit beschränkter Haftung (GmbH) sowie die (haftungsbeschränkte) Unternehmergesellschaft (UG). **96**

Juristische Personen des Privatrechts

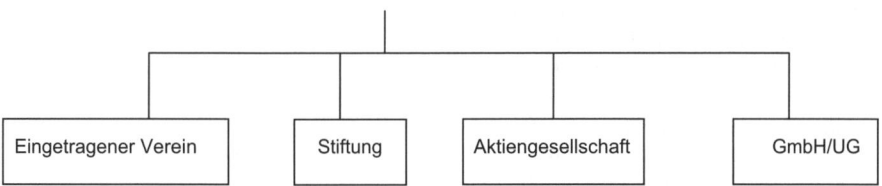

In diesem Buch werden lediglich die juristischen Personen des BGB vorgestellt.

Vor allem im Bereich der juristischen Personen ist die Unterscheidung zwischen Rechtsfähigkeit und Handlungsfähigkeit praktisch relevant. Weil die juristische Person ein künstliches Gebilde ist, kann sie grundsätzlich nicht selber handeln. Sie ist nicht handlungsfähig, sondern benötigt immer einen Vertreter, der für sie handelt. **97**

Beispiel: Ein eingetragener Verein ist rechtsfähig und kann daher Rechte erwerben und zB auch einen Vertrag schließen. Er handelt durch natürliche Personen, die ihn vertreten, konkret: durch seinen Vorstand (§ 26 Abs. 1 S. 2 BGB).

## b) Stiftung

**98** Die **Stiftung** ist eine mit juristischer Persönlichkeit ausgestattete Vermögensmasse zur Verwirklichung eines Stiftungszwecks. Stiftungen werden rechtsfähig durch ein Stiftungsgeschäft und staatliche Genehmigung (§ 80 BGB).

## c) Eingetragener Verein

**99** Ein **Verein** ist eine auf Dauer angelegte Personenvereinigung, deren Bestand vom Mitgliederwechsel unberührt bleibt zur Verwirklichung eines gemeinsamen Zwecks. Zu differenzieren ist zwischen wirtschaftlichen und nichtwirtschaftlichen Vereinen. Abgrenzungskriterium ist der Vereinszweck. Vereine, die einen nicht wirtschaftlichen Zweck verfolgen, werden auch **Idealvereine** genannt. **Wirtschaftsvereine** hingegen verfolgen als Hauptziel einen Geschäftszweck.

**100** Idealvereine entstehen mit Eintragung durch das Amtsgericht ins Vereinsregister (§ 21 BGB). Wirtschaftsvereine entstehen durch staatliche Verleihung (§ 22 BGB). Sie finden sich sehr selten, da der Gesetzgeber für diese Zwecke eine Reihe alternativer Organisationsformen (zB Aktiengesellschaft) zur Verfügung gestellt hat. Verfolgt ein Verein einen nichtwirtschaftlichen Zweck, so wird er auch nicht dadurch zu einem Wirtschaftsverein, dass er eine wirtschaftliche Tätigkeit zur Erzielung der für die Realisierung des Vereinszwecks notwendigen Einnahmen entfaltet.

**101** Für die Praxis Sozialer Arbeit ist die vereinsmäßige Organisationsform von überragender Bedeutung. So sind die freien Träger Sozialer Arbeit häufig in Vereinsform organisiert. Dies gilt auch für die 6 Spitzenverbände der freien Wohlfahrt: Arbeiterwohlfahrt, Deutscher Caritasverband, Paritätischer Wohlfahrtsverband, Deutsches Rotes Kreuz, Diakonisches Werk der Evangelischen Kirche und Zentralwohlfahrtsstelle der Juden in Deutschland.

**102** **Rechtsfähigkeit** erlangt der Verein erst mit seiner Eintragung in das Vereinsregister durch das Amtsgericht. Ohne (vor der) Eintragung ist der Verein, selbst wenn er alle Strukturen eines Vereins enthält, nicht rechtsfähig.

**103** Mit Erlangung der Rechtsfähigkeit wird der Verein zu einem eigenständigen Rechtssubjekt. Er ist jetzt Träger von Rechten und Pflichten. Dadurch haftet der Verein gegenüber Dritten. Konkret bedeutet dies etwa:

- Verträge, die der Vereinsvorstand für den Verein schließt, sind vom Verein zu erfüllen. Entsteht bei der Durchführung des Vertrags ein Schaden, so haftet der Verein dafür. Der Verein haftet dabei auch für die Schäden, die seine haupt- und ehrenamtlichen Mitglieder verursachen.

- Der Verein haftet weiter für Schäden, die der Vorstand oder ein anderer zuständiger Vertreter des Vereins bei Wahrnehmung der Vereinsaufgaben einem Dritten zufügt (§ 31 BGB).

**104** Die Vereinsmitglieder hingegen sind im Regelfall von der Haftung befreit. Allerdings sind Fallkonstellationen denkbar, in denen die Vereinsmitglieder, insbesondere die Vorstandsmitglieder – neben dem Verein – persönlich haften. Zu unterscheiden ist insoweit zwischen einer Haftung des Vorstands gegenüber dem Verein (Haftung im Innenverhältnis) und einer Haftung des Vorstands neben dem Verein gegenüber einem geschädigten Dritten (Haftung im Außenverhältnis). Zur Minderung des Haftungsrisikos besteht allerdings eine Privilegierung ehrenamtlicher Vorstandsmitglieder (§ 31a

BGB). Die Privilegierung gilt für Vorstandsmitglieder, die unentgeltlich tätig sind. Sie gilt auch für Vorstände, die eine Vergütung von weniger als 500 € jährlich erhalten.

▪ Haftung im Innenverhältnis: Für ein Fehlverhalten haftet das handelnde Vorstandsmitglied dem Verein für den entstandenen Schaden (§§ 280 Abs. 1, 27 Abs. 3 BGB). Anwendungsfälle sind etwa das Überschreiten der Grenzen der Vertretungsmacht. Soweit die Haftungsprivilegierung des § 31a BGB greift, tritt die Haftung allerdings nur bei vorsätzlichem oder grob fahrlässigem Handeln ein (§ 31a Abs. 1 BGB).

Beispiele: Der Vorstand geht eine satzungswidrige Verpflichtung ein und belastet den Verein hierdurch mit Forderungen in Höhe von 22.000 €.

Der Vorstand bezahlt eine an den Verein zu Unrecht gerichtete Forderung ohne deren Berechtigung zu prüfen.

▪ Daneben haften die Vorstandsmitglieder Dritten für unerlaubte Handlungen, insbesondere die Verletzung von Verkehrssicherungspflichten, sowie für Steuerschulden neben dem Verein (Außenhaftung). Soweit die Haftungsprivilegierung greift, ist die Haftung gegenüber dem Dritten zwar nicht eingeschränkt. Jedoch besitzt der haftende Vorstand gegenüber dem Verein bei lediglich fahrlässigem Verhalten einen Anspruch auf Freistellung von der Forderung des Dritten.

Beispiele: Der Verein hat ein Gebäude angemietet. Für die Bezahlung der Miete haftet der Verein. Durch unachtsames Verhalten des Vorstandes kommt es zu einem Brand, bei dem das angemietete Objekt sowie auch die Nachbarwohnung beschädigt wird. Auch hierfür haftet der Verein. Zudem haftet der Vorstand persönlich für den von ihm verursachten Schaden.

Bei einer Sportveranstaltung eines Sportvereins auf einem allgemein zugänglichen und nicht besonders abgesicherten Sportplatz wird ein unbeteiligter Dritter durch einen Diskuswurf verletzt.

Der Verein beschäftigt mehrere Angestellte. Er ist verpflichtet, für diese die Sozialversicherungsbeiträge ordnungsgemäß und fristgerecht zu berechnen und abzuführen. Werden Gehälter ausgezahlt, obwohl unsicher ist, ob die Lohnsteuern und Sozialabgaben gezahlt werden können, so haften die Leitungskräfte dafür mit ihrem Privatvermögen.

### d) Rechtsfähige Personengesellschaft

Wird nicht die Rechtsform der juristischen Person gewählt, so kann nur auf der Basis **105** des **Gesellschaftsrechts** gehandelt werden. Rechtsfähig sind also nicht die Vereinigungen (Gesellschaften) als solche, sondern nur die hinter ihnen stehenden Personen. Im Haftungsfall steht nicht das Vermögen der Gesellschaft, sondern das Privatvermögen ihrer Mitglieder dem Zugriff der Gläubiger offen.

Die Gesellschaften können unterschiedlich organisiert sein. Häufig im Alltag der So- **106** zialen Arbeit ist der **nicht rechtsfähige Verein** (§ 54 BGB), eine typische Organisationsform für Parteien und die Gewerkschaften. Dabei hat die Gesellschaft faktisch alle Strukturen eines Vereines, ist aber nicht als Verein eingetragen.

Im Rechtsverkehr ist das Auftreten einer bürgerlich-rechtlichen Gesellschaft reichlich **107** umständlich. Das Gesetz behandelt sie aus diesem Grunde in bestimmten Bereichen wie eine juristische Person. Diese Gleichstellung ermöglicht den nichtrechtsfähigen Vereinigungen – formal – ein Auftreten im Rechtsverkehr wie eine juristische Person. Dies vereinfacht den Rechtsverkehr. Allerdings ist diese Gleichstellung keine inhaltliche Gleichbehandlung. Insoweit bleibt es dabei: Die nicht rechtsfähige Personengesellschaft haftet niemals anstelle seiner Mitglieder. Diese haften immer persönlich.

**108** Für nicht rechtsfähige Vereine bedeutet dies etwa konkret:

- Nach herrschender Meinung in Rechtsprechung und Lehre sind auf den nicht eingetragenen Verein alle Regelungen des Vereinsrechts anzuwenden mit Ausnahme der Vorschriften, die Rechtsfähigkeit voraussetzen.
- Daher haftet jeder, der für den Verein handelt, persönlich mit seinem gesamten Vermögen für eventuelle Folgen seines Handelns, neben der Haftung des Vereinsvermögens (§ 54 Satz 2 BGB). Dies gilt für die Haftung aus dem Abschluss von Rechtsgeschäften, nicht jedoch für die Haftung aus Verursachung eines Schadens. Hier gilt wie beim rechtsfähigen Verein § 31 BGB, so dass der nicht rechtsfähige Verein haftet.
- Zudem wird auch dem nicht eingetragenen Verein für bestimmte Bereiche eine sog partielle Rechtsfähigkeit zugestanden. So steht dem nicht rechtsfähigen Verein die passive Parteifähigkeit zu. Er kann daher unter seinem Namen verklagt werden (§ 50 Abs. 2 ZPO) und hat im Prozess die Stellung eines rechtsfähigen Vereins. Weiter kann er als Verein in das Grundbuch eingetragen werden und ist Träger des Vereinsvermögens.

**109** Das **Handelsrecht** kennt die offene Handelsgesellschaft (OHG) und die Kommanditgesellschaft (KG) als besondere Organisationsformen einer bürgerlich-rechtlichen Gesellschaft. Für die OHG und die KG ist ausdrücklich bestimmt, dass sie unter ihrer Firma Rechte erwerben und Verbindlichkeiten eingehen, Eigentum und andere dingliche Rechte an Grundstücken erwerben, vor Gericht klagen und verklagt werden können (§§ 124 Abs. 1, 161 Abs. 2 HGB).

Auch der bürgerlich-rechtlichen Gesellschaft ist eine **punktuelle Rechtsfähigkeit** von der Rechtsprechung zuerkannt worden. Dies erlaubt ihr, in wesentlichen Bereichen nach außen hin wie eine juristische Person aufzutreten.

**110** Diese Gesellschaften, die zwar eigentlich nicht rechtsfähig sind, trotzdem aber in bestimmten Bereichen wie eine juristische Person behandelt werden, werden als rechtsfähige Personengesellschaften bezeichnet (§ 14 Abs. 2 BGB).

### 5. Lösungshinweise zum Übungsfall 1

**111** Lösungshinweise zum Übungsfall 1 (Fall Rn 75)

1. Fallfrage: Hat das Kind Anspruch auf Schadensersatz gegenüber Rüpel?

2. Anspruchsgrundlage: Ein Anspruch könnte sich aus § 823 Abs. 1 BGB ergeben.

3. Subsumtion/4. Ergebnis:

Nach § 823 Abs. 1 BGB setzt eine Schadensersatzpflicht von Rüpel voraus, dass dieser vorsätzlich oder fahrlässig ua das Leben, den Körper oder die Gesundheit eines anderen widerrechtlich verletzt hat.

- Tatbestandsmerkmal „ein anderer": Dies ist im vorliegenden Fall ein Problem. Denn im Zeitpunkt des Angriffs war das Kind noch nicht geboren. Es fehlte ihm an der Rechtsfähigkeit, so dass im Zeitpunkt der schädigenden Handlung kein „anderer" betroffen war. Jedoch hat das Kind später die Rechtsfähigkeit erlangt. In der Folge ist der Schaden jedenfalls an einem „anderen" eingetreten. In diesem Fall ist 823 Abs. 1 BGB analog anzuwenden. Damit ist ein „anderer" geschädigt.
- Tatbestandsmerkmal „Verletzung eines der genannten Rechtsgüter": Es ist der Körper bzw die Gesundheit des Kindes geschädigt worden.

- Tatbestandsmerkmal „Widerrechtlichkeit": Das Handeln ist immer dann widerrechtlich, wenn keine Rechtfertigungsgründe vorliegen. Rechtfertigungsgründe für das Handeln von Rüpel sind im Sachverhalt nicht erkennbar. Die Widerrechtlichkeit seines Handelns ist daher zu bejahen.
- Tatbestandsmerkmal „Vorsatz oder Fahrlässigkeit": Vorsatz ist gegeben, wenn die Rechtsgutsverletzung wissentlich und willentlich erfolgte. Fahrlässig handelt, wer die im Verkehr erforderliche Sorgfalt außer Acht lässt (§ 276 Abs. 2 BGB). Zumindest im fortgeschrittenen Stadium ist eine Schwangerschaft für einen aufmerksamen Dritten erkennbar. Damit war die mögliche Rechtsgutsverletzung für Rüpel vorherseh- und vermeidbar. Für das Handeln von Rüpel kann Fahrlässigkeit bejaht werden.

Gesamtergebnis: Die Voraussetzungen des § 823 Abs. 1 BGB liegen vor. Rüpel haftet daher für den Schaden, den das Kind erlitten hat.

# Kapitel 2: Das rechtsgeschäftliche Handeln

## I. Übungsfall 2

Im Schaufenster einer Modeboutique ist ein Designerkleid von Gucci auf dem Preisschild mit **112** 10 € ausgezeichnet. Die Studentin Schick betritt die Boutique, nimmt das Kleid vom Ständer und legt es auf den Ladentisch. Die Verkäuferin verlangt 1.000 €. Muss Schick 1.000 € bezahlen? (Lösungshinweise Rn 224).

## II. Überblick und Grundbegriffe der Rechtsgeschäftslehre

## 1. Überblick über die Entstehung schuldrechtlicher Ansprüche

Ansprüche zwischen 2 oder mehreren Personen können verschiedene Entstehungs- **113** gründe haben.

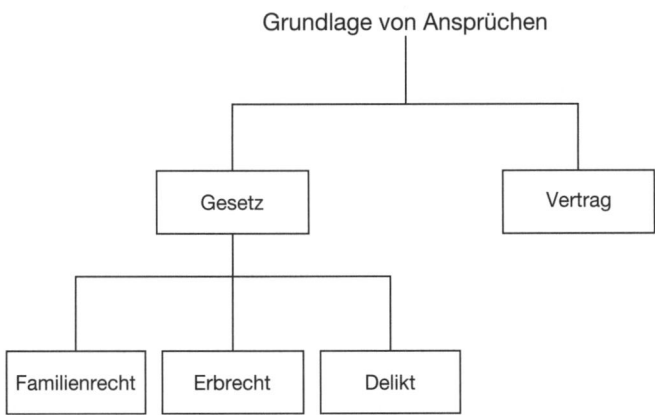

Manche Ansprüche entstehen automatisch kraft Gesetz, sobald die jeweiligen Vor- **114** aussetzungen gegeben sind.

Beispiel: Unterhaltspflicht von Eltern gegenüber ihren minderjährigen Kindern.

Auf der anderen Seite gilt für das BGB die Vertragsfreiheit. Dementsprechend ist die freiwillige Begründung von Ansprüchen durch eigenes Handeln möglich. Die Begründung von Rechtsfolgen, insbesondere von Ansprüchen durch freiwillige (schuldrechtliche) Verpflichtung ist Gegenstand der sog **Rechtsgeschäftslehre**. Im Wirtschaftsleben ist sie die bedeutendste Quelle von Ansprüchen.

## 2. Das Rechtgeschäft

**115** **Rechtsgeschäft** ist der allgemeine Oberbegriff für ein Handeln im Geschäftsverkehr, das rechtliche Folgen erzeugt. Im Zentrum eines jeden Rechtsgeschäfts steht ein zielgerichtetes willentliches Handeln (**Willenserklärung**). Diese Willensäußerung ist zwingender Bestandteil eines jeden Rechtsgeschäftes. Auf der anderen Seite allerdings ist die Willensäußerung nicht notwendig ausreichend, um die jeweilige Rechtsfolge zu setzen. Vielmehr ist nach dem jeweiligen Rechtsgeschäft zu differenzieren: So gelten für die unterschiedlichen Rechtsgeschäfte zT weitere Anforderungen.

Beispiele:   Schriftformerfordernis für die Kündigung eines Arbeits- oder Mietverhältnisses; behördliche Genehmigung für die Aufnahme eines Pflegekindes; Notwendigkeit zweier Willensäußerungen beim Vertrag; Einhaltung von Fristen bei der Kündigung eines Mietverhältnisses.

Rechtsgeschäfte lassen sich grundsätzlich in zwei Kategorien einteilen:          **116**

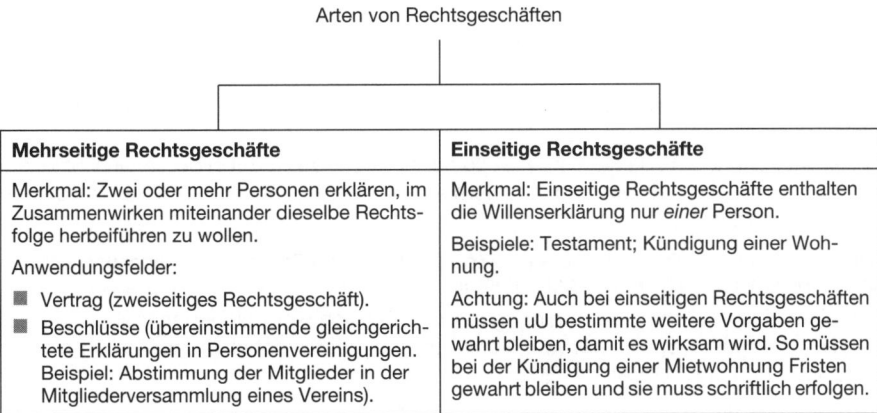

Arten von Rechtsgeschäften

| Mehrseitige Rechtsgeschäfte | Einseitige Rechtsgeschäfte |
|---|---|
| Merkmal: Zwei oder mehr Personen erklären, im Zusammenwirken miteinander dieselbe Rechtsfolge herbeiführen zu wollen.<br><br>Anwendungsfelder:<br><br>■ Vertrag (zweiseitiges Rechtsgeschäft).<br>■ Beschlüsse (übereinstimmende gleichgerichtete Erklärungen in Personenvereinigungen. Beispiel: Abstimmung der Mitglieder in der Mitgliederversammlung eines Vereins). | Merkmal: Einseitige Rechtsgeschäfte enthalten die Willenserklärung nur *einer* Person.<br><br>Beispiele: Testament; Kündigung einer Wohnung.<br><br>Achtung: Auch bei einseitigen Rechtsgeschäften müssen uU bestimmte weitere Vorgaben gewahrt bleiben, damit es wirksam wird. So müssen bei der Kündigung einer Mietwohnung Fristen gewahrt bleiben und sie muss schriftlich erfolgen. |

Die Unterscheidung zwischen ein- und mehrseitigen Rechtsgeschäften ist wichtig, weil für einseitige Rechtsgeschäfte häufig Sonderbestimmungen gelten.

### III. Die Willenserklärung – Das Herz eines Rechtsgeschäfts

### 1. Überblick

Die Willenserklärung ist das Herz eines jeden Rechtsgeschäfts. Eine Willenserklärung   **117** ist eine private Willensäußerung, die auf Erzielung einer Rechtsfolge gerichtet ist. Eine Willenserklärung ist äußerst einfach strukturiert. Wie der Name schon sagt, besteht sie aus einem Willen (subjektiver Tatbestand), der erklärt wird (objektiver Tatbestand). Beide Elemente müssen vorliegen, damit eine Willenserklärung vorliegt.

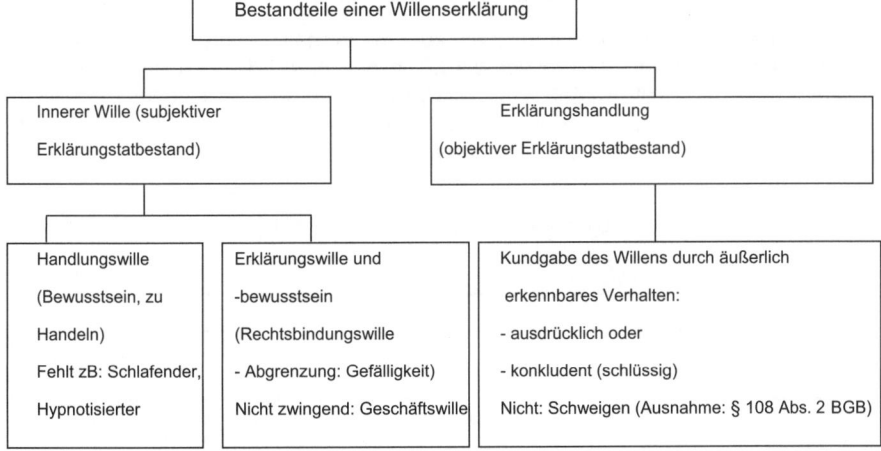

Bestandteile einer Willenserklärung

| Innerer Wille (subjektiver Erklärungstatbestand) | | Erklärungshandlung (objektiver Erklärungstatbestand) |
|---|---|---|
| Handlungswille<br><br>(Bewusstsein, zu<br><br>Handeln)<br><br>Fehlt zB: Schlafender,<br><br>Hypnotisierter | Erklärungswille und<br><br>-bewusstsein<br><br>(Rechtsbindungswille<br><br>- Abgrenzung: Gefälligkeit)<br><br>Nicht zwingend: Geschäftswille | Kundgabe des Willens durch äußerlich<br><br>erkennbares Verhalten:<br><br>- ausdrücklich oder<br><br>- konkludent (schlüssig)<br><br>Nicht: Schweigen (Ausnahme: § 108 Abs. 2 BGB) |

## 2. Der objektive Erklärungstatbestand einer Willenserklärung

**118** Als **objektiver Erklärungstatbestand** einer Willenserklärung wird der tatsächliche Erklärungsakt bezeichnet. Er ist ein äußerlich erkennbares Verhalten, durch den der Wille, etwa sich zu verpflichten, zum Ausdruck gebracht wird. Dies kann ausdrücklich geschehen.

Beispiel: Ein Student betritt die Cafeteria und sagt zu der Bedienung: „Ich möchte ein Brötchen kaufen".

**119** Ein entsprechender Wille kann aber auch **schlüssig (konkludent)** durch ein Verhalten zum Ausdruck gebracht werden, aus dem auf einen entsprechenden Willen geschlossen werden kann.

Beispiele: Ein Mann nimmt am Kiosk eine Zeitschrift aus dem Zeitschriftenständer und legt das abgezählte Geld hin; eine Frau steigt in den Bus ein.

**120** Aus einer Nichtäußerung kann hingegen grundsätzlich nicht auf einen Willen, sich zu verpflichten, geschlossen werden. **Schweigen** scheidet daher grundsätzlich als Erklärungsakt aus (§ 241a Abs. 1 BGB).

Beispiel: Der Student Superschlau erhält von einem Studienverlag unbestellt eine Fachzeitschrift (Preis: 20 €) zugesandt. In dem Anschreiben steht: „Wenn wir innerhalb der nächsten 14 Tage nichts von Ihnen hören, gehört diese wertvolle Studienliteratur Ihnen." Superschlau kümmert sich nicht weiter und benutzt die Zeitschrift auch nicht. Nach drei Wochen erhält er eine Rechnung iHv 20 €.

Im Beispielsfall ist in dem Verhalten von Superschlau daher keine (auch keine konkludente) Willensäußerung zu sehen. Ein Kaufvertrag kann schon deswegen nicht zustande gekommen sein, weil Superschlau keine Willenserklärung abgegeben hat.

Ausnahmsweise kann auch das Schweigen als Willenserklärung gelten. In diesen Fällen hat der Gesetzgeber jedoch ausdrücklich angeordnet, dass dem Schweigen ein bestimmter Erklärungswert zukommt. Entsprechende Regelungen finden sich etwa in § 108 Abs. 2 S. 2 BGB oder § 1366 Abs. 3 S. 2 BGB. Schweigen kann daneben auch dann als Willenserklärung gelten, wenn die Parteien dies vereinbart haben.

## 3. Der subjektive Erklärungstatbestand einer Willenserklärung

**121** Der objektive Erklärungstatbestand ist ein äußeres Verhalten, von dem auf einen bestimmten inneren Willen geschlossen wird. Dieser innere Wille, ein Rechtsgeschäft tätigen zu wollen, wird als **subjektiver Erklärungstatbestand** bezeichnet. Er muss zu dem äußerlich erkennbaren Verhalten hinzutreten, damit eine vollständige Willenserklärung vorliegt. Der innere Wille hat mehrere Aspekte:

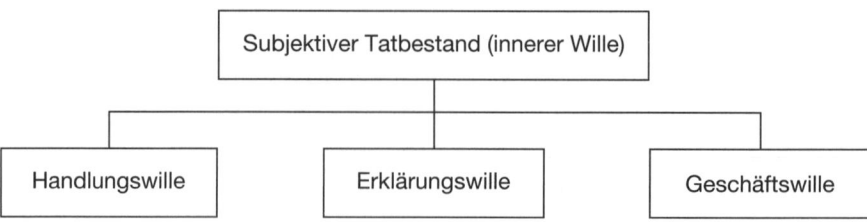

## a) Handlungswille

Zunächst – quasi auf unterster Ebene – setzt jedes willentliche Verhalten das Be- **122** wusstsein voraus, ein wie auch immer geartetes äußeres Verhalten zu zeigen. Dieses Bewusstsein wird als **Handlungswille** bezeichnet. Handlungswillen hat man für jedes bewusste und willentlich gesteuerte Verhalten. Dabei ist unerheblich, ob die Person mit ihrem Handeln irgendwelche Vorstellungen über mögliche Rechtsfolgen ihres Handelns verbindet.

Beispiel: Jemand hebt ein Bierglas hoch, um es auszutrinken. Dies ist eine bewusste, willentlich gesteuerte Handlung. Gleiches gilt, wenn jemand die Hand hebt. In beiden Fällen hat die Person Handlungswillen.

Fehlt dieses Bewusstsein, handelt die Person unbewusst; es fehlt am Handlungswillen. Eine Willenserklärung liegt dann nicht vor. Der Handlungswille wird nur in Ausnahmefällen fehlen. Anwendungsbeispiele wären die Ausübung unwiderstehlicher Gewalt (vis absoluta) oder Äußerungen Schlafender oder Hypnotisierter.

Beispiel: Der Dozent D bietet den Studierenden in der Vorlesung seine hochinteressante antiquarische Fachzeitschriftensammlung zum Kauf an. Student S schläft in der Veranstaltung. Sein Banknachbar B schiebt die Hand von S in die Höhe.

Man könnte in dem Heben der Hand ohne Weiteres den (konkludenten) objektiven Tatbestand einer Willenserklärung seitens S sehen. Allerdings hat S die Hand nicht bewusst gehoben. Damit fehlt der innere (hier: Handlungs-) Wille zu dem von D vorgeschlagenen Geschäft. Eine Willenserklärung von S liegt nicht vor.

## b) Erklärungswille

Auf nächsthöherer Ebene ist der **Erklärungswille** angesiedelt: Als Erklärungswille wird **123** das Bewusstsein um die Rechtserheblichkeit des Verhaltens bezeichnet. Der Handelnde muss wissen, dass sein Handeln eine rechtserhebliche Erklärung darstellt (Erklärungsbewusstsein) und er muss diese Verbindlichkeit auch wollen (Rechtsbindungswille). Der Erklärungswille ist, wie der Handlungswille, notwendiger Bestandteil einer Willenserklärung. Ohne ihn entfällt der subjektive Tatbestand der Willenserklärung, eine Willenserklärung liegt nicht vor.

Beispiel: Der Dozent D bietet den Studierenden in der Vorlesung seine hochinteressante Fachzeitschriftensammlung zum Kauf an. In dem Moment betritt ein Freund von S den Hörsaal. S, der ohnehin nicht auf die Worte von D geachtet hat, hebt grüßend die Hand.

Man könnte in dem Heben der Hand ohne Weiteres einen (konkludenten) objektiven Erklärungstatbestand sehen. Handlungswille liegt ebenfalls vor, weil S die Hand willentlich gehoben hat. Allerdings hatte er dabei nicht die Absicht, sich zu verpflichten. Damit fehlt das Erklärungsbewusstsein. Auch in diesem Fall scheitert der Vertrag daran, dass S keine Willenserklärung abgegeben hat.

Fehlt das Erklärungsbewusstsein, so kann sich die Frage nach der Schutzwürdigkeit **124** des Gegenübers stellen. Dieser hat die Erklärung möglicherweise als verbindlich verstanden. In diesem Fall sind verschiedene Interessen zum Ausgleich zu bringen: Einerseits das Interesse des Erklärenden, selber über die Verbindlichkeit seiner Erklärung zu bestimmen; andererseits das Vertrauen eines Dritten auf die sich verbindlich darstellende Äußerung. Das Dilemma wird nach Schutzwürdigkeit der Beteiligten gelöst:

■ Auch wenn es am Erklärungsbewusstsein fehlt, wird dem Erklärenden seine Willensäußerung ausnahmsweise dann als Erklärung zugerechnet, wenn er erkannt hat oder hätte erkennen können, dass Dritte sein Verhalten als Erklärung auffassen würden. Man spricht dann davon, dass der Erklärende ein sog **potenzielles Erklärungsbewusstsein** hatte. In diesem Fall wird seine Äußerung also als Willenserklärung gewertet, auch wenn der Erklärungswille fehlt.

■ Hat hingegen der Dritte erkannt oder hätte er erkennen können, dass der Erklärende keine verbindliche Erklärung abgeben möchte, ist er nicht schutzwürdig. In diesem Fall bleibt es dabei: Wegen des fehlenden Erklärungsbewusstseins liegt keine Willenserklärung vor. Wie Dritte ein Verhalten verstehen können und dürfen, richtet sich im Wesentlichen nach den jeweiligen Gegebenheiten.

Im obigen Beispielsfall ist für D erkennbar, dass S einen Kommilitonen grüßen will. Er ist daher nicht schutzwürdig in seiner Interpretation von dem Verhalten von S. Hätte sich der Vorfall bei einer Versteigerung abgespielt, müsste sich S hingegen das Heben der Hand als Erklärung zurechnen lassen und hätte damit eine wirksame Willenserklärung abgegeben (die allerdings uU anfechtbar ist, vgl Rn 171 ff).

**125**  Ein für die Soziale Arbeit relevantes Anwendungsfeld fehlenden Erklärungswillens ist die **Gefälligkeit (oder Gefälligkeitsverhältnis)**. Gefälligkeiten sind Entgegenkommen im privat-gesellschaftlichen Bereich, die typischerweise unentgeltlich erbracht werden. Die Abreden beruhen auf Freundschaft, Kollegialität oder Nachbarschaft und damit lediglich auf außerrechtlichen Gründen. Hingegen soll keine Verbindlichkeit begründet werden: Es fehlt der Rechtsbindungswille. Das Versprechen einer Gefälligkeit ist mithin keine Willenserklärung. Eine Verpflichtung zur Leistung wird in der Konsequenz nicht ausgelöst.

Beispiele:  Der Student S lädt ein paar Kommilitonen zu einer privaten Semestereingangsparty ein, vergisst die Einladung aber. Als die Kommilitonen kommen, stehen sie vor verschlossener Tür.

Frau M, Mutter eines 3-jährigen Kindes, bittet eine befreundete Mutter, Frau N, ihr Kind am nächsten Tag mit in die Kindertagesstätte zu nehmen. N sagt ihr das zu, vergisst es aber.

In beiden Fällen liegt der erforderliche äußere Erklärungtatbestand vor. Allerdings korreliert dem nicht ein entsprechender subjektiver Wille. Handlungswillen ist zu bejahen, da sowohl die Äußerungen des Studenten als auch von Frau N willentlich gemacht wurden. Sowohl S als auch N wollten jedoch lediglich eine sog Gefälligkeit erbringen, ohne sich vertraglich zu binden. Damit fehlt es an dem Erklärungswillen. Eine Willenserklärung liegt nicht vor. S war nicht verpflichtet, die Party auch tatsächlich durchzuführen. N war nicht verpflichtet, das Kind in die Kindetagesstätte zu bringen.

**126**  Ob ein Gefälligkeitsverhältnis (ohne Rechtsbindungswillen) vorliegt oder eine Willenserklärung, ist im Einzelfall an Hand der Besonderheiten des Sachverhalts zu entscheiden. Je nach den Umständen kann ein eigentlich dem Bereich der Gefälligkeit zuzurechnendes Verhalten sich als verbindlich darstellen. In diesem Fall liegt ein sog **Gefälligkeitsvertrag** (besser: unentgeltlicher Vertrag) vor. Eine Gefälligkeit scheidet immer dann aus, wenn ein Entgelt für die Leistung verlangt wird. Auf der anderen Seite rechtfertigt die Unentgeltlichkeit nicht zwingend den Schluss auf eine Gefälligkeit. So gibt es unentgeltliche Verträge, etwa die Schenkung (§ 516 BGB), die Leihe (§ 598 BGB) oder den Auftrag (§ 662 BGB). Obgleich es um unentgeltliches Verhalten geht, bestehen hier Leistungspflichten.

**127**  Die Abgrenzung erfolgt im Wesentlichen nach der Bedeutung der Gefälligkeit für die Parteien. Sie ist letztlich das Ergebnis einer Wertung unter Berücksichtigung der Verkehrsauffassung. Liegen Indizien vor, die auf einen Bindungswillen schließen lassen, so spricht dies für eine Willenserklärung. Derartige Indizien können sich aus der Art der Gefälligkeit, ihrem Grund und Zweck sowie ihrer wirtschaftlichen und rechtlichen Bedeutung für die Beteiligten ergeben.

Beispiel für einen Gefälligkeitsvertrag: Die 18-jährige Schülerin Sandra verspricht ihrer Freundin, der Studentin Frieda, täglich von 15.00–19.00 Uhr auf deren Kind aufzupassen, damit Frieda die Nachmittagsveranstaltungen der Hochschule besuchen bzw lernen kann. Ohne diese Abmachung wäre Frieda nicht in der Lage, ihr Studium zu bewältigen.

Dass bei einer Gefälligkeit keine Leistungs- und in der Folge auch keine (quasiver- **128** traglichen) Sorgfaltspflichten bestehen, bedeutet jedoch nicht, dass das Gegenüber völlig ungeschützt wäre. Wird das Gegenüber bei der Erbringung einer Gefälligkeit verletzt, so haftet der Handelnde uU aus Delikt (Rn 282 ff).

Beispiel:
Der Student Sorglos fährt jeden Tag mit dem Auto an die Hochschule und nimmt dabei den Kommilitonen Klever mit. Es handelt sich um eine typische Gefälligkeit. Sorglos ist damit nicht verpflichtet, Klever tatsächlich mitzunehmen. Verursacht Sorglos allerdings fahrlässig einen Unfall, bei dem Klever verletzt wird, haftet Sorglos ihm uU aus § 823 Abs. 1 BGB auf Ersatz seines Schadens.

## c) Geschäftswille

Letztes Element des inneren Tatbestandes ist der sog **Geschäftswille**. Die Erklärung **129** richtet sich im Regelfall auf eine bestimmte Rechtsfolge, ein bestimmtes Geschäft, zB einen Kaufvertrag. Der Willen, eine *bestimmte* Rechtsfolge, zu erreichen, ist der Geschäftswille. Der Geschäftswille ist nicht mehr notwendiger Bestandteil einer Willenserklärung. Fehlt er, so ist die Willenserklärung trotzdem wirksam. Allerdings stellt sich die Frage, was ihr Inhalt (Rn 138 ff) ist und wie in Irrtumsfällen zu verfahren ist (vgl Rn 171 ff).

Beispiel: Der Dozent D bietet den Studierenden in der Vorlesung seine hochinteressante Fachzeitschriftensammlung zum Kauf an. Der sammelfreudige Student S, der nicht richtig zugehört hat, geht davon aus, dass D die Fachzeitschriftensammlung verschenkt und hebt daher die Hand.
In diesem Fall liegen sowohl Handlungswillen (S hat die Hand bewusst „bewegt") als auch Erklärungswillen (S wusste, dass er einen Vertrag schließt und wollte dies auch) vor. Allerdings wollte S die Fachzeitschriften geschenkt und nicht kaufen. Es fehlt ihm der Geschäftswille für den Kauf. Gleichwohl ist seine Willenserklärung wirksam.

## d) Arten von Willenserklärungen

Es gibt verschiedene Arten von Willenserklärungen. Es wird unterschieden zwischen **130** empfangsbedürftigen und nicht empfangsbedürftigen Willenserklärungen:

- **Empfangsbedürftige Willenserklärungen** sind an andere Personen gerichtet. Jemand soll sie zur Kenntnis nehmen. Sie haben also einen sog Erklärungsempfänger.

  Beispiele: Kündigung, Vertragsangebot.

- **Nicht empfangsbedürftige Willenserklärungen** sind nicht an andere Personen gerichtet. Bei diesen ist unerheblich, ob jemand von ihr erfährt.

  Beispiel: Testament.

Die Unterscheidung hat in verschiedenen Bereichen Bedeutung: Bei nicht empfangs- **131** bedürftigen Erklärungen muss sich niemand auf diese einstellen. Es spielen daher nur die Interessen des Erklärenden eine Rolle. Empfangsbedürftige Erklärungen hingegen gehen „nach außen". Hier müssen die Interessen beteiligter Dritter berücksichtigt werden. Dies hat Auswirkungen in folgenden Bereichen:

■ Wirksamwerden der Willenserklärung.

■ Auslegung des Inhalts der Willenserklärung.

### 4. Wirksamwerden einer Willenserklärung

**132** Willenserklärungen müssen „in die Welt gesetzt" werden. Erst mit ihrer Existenz werden sie wirksam und können Rechtsfolgen auslösen. Für die Wirksamkeit wird unterschieden zwischen empfangsbedürftigen und nicht empfangsbedürftigen Willenserklärungen.

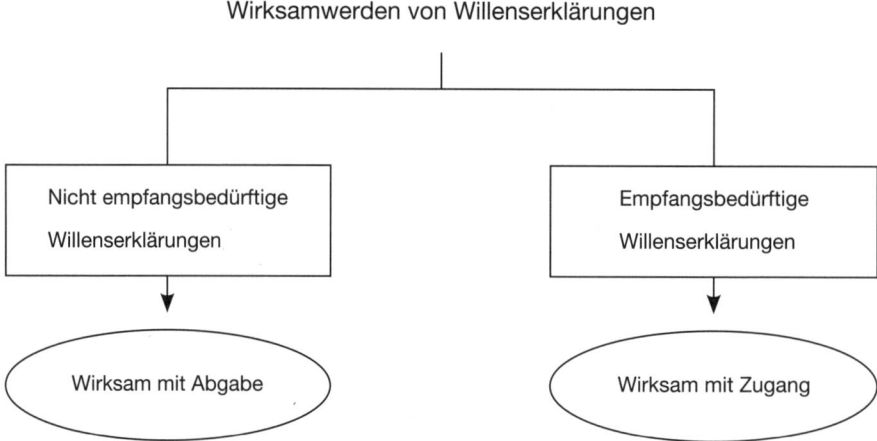

a) **Nicht empfangsbedürftige Willenserklärungen**

**133** Nicht empfangsbedürftige Willenserklärungen werden mit ihrer Abgabe wirksam. Abgegeben sind sie mit ihrer willentlichen endgültigen Entäußerung. Unmaßgeblich ist, ob ein potenzieller Dritter von ihr erfährt.

Beispiel: Testament. Dieses ist wirksam im Zeitpunkt seiner Errichtung. Es ist unerheblich, ob ein Dritter überhaupt davon weiß.

b) **Empfangsbedürftige Willenserklärungen**

**134** Empfangsbedürftige Willenserklärungen richten sich an Dritte.

Beispiele: Vertragsangebot; Kündigung eines Handy-Vertrags oder der Vereinsmitgliedschaft.

Empfangsbedürftige Willenserklärungen müssen daher nicht nur abgegeben werden, sondern auch bei jemandem „ankommen". Daraus resultieren an erster Stelle andere Anforderungen an die **Abgabe**: Eine empfangsbedürftige Willenserklärung ist erst dann abgegeben, wenn der Äußernde sich ihrer willentlich entäußert und so auf den Weg zu dem Erklärungsempfänger gebracht hat, dass normalerweise damit gerechnet werden kann, dass der Dritte auch von ihr Kenntnis nehmen kann.

Beispiele: Einwerfen in den Briefkasten; Absenden einer E-Mail.

Mit Abgabe der Willenserklärung ist sie existent. Damit ist der Erklärende grundsätzlich an sie gebunden. Verstirbt er jetzt oder wird er geschäftsunfähig, so hat das auf die Willenserklärung keinen Einfluss mehr (§ 130 Abs. 2 BGB). Sie bleibt verbindlich in der Welt. Um die Willenserklärung wieder „aus der Welt zu schaffen", muss sie widerrufen werden. Dies ist möglich bis zu dem Zeitpunkt, zu dem sie bei dem Dritten „ankommt" (§ 130 Abs. 1 S. 2 BGB).

Wirksam wird die Willenserklärung nämlich erst in diesem Zeitpunkt. Das Gesetz nennt **135** dies **„Zugang"** (§ 130 Abs. 1 S. 1 BGB). Zugang bedeutet dabei nicht zwingend Kenntnisnahme. Vielmehr genügt es, dass der Empfänger sie wahrscheinlich bekommen hat. Technisch ausgedrückt: Die Willenserklärung muss derart in den sächlichen oder persönlichen Herrschaftsbereich des Empfängers gelangt sein, dass unter normalen Umständen mit einer Kenntnisnahme zu rechnen ist.

■ Sachlicher Herrschaftsbereich: Räumlichkeiten des Empfängers.

> Beispiele: Postfach; Hausbriefkasten; Ankunft in Mailbox; Anruf auf Anrufbeantworter.

■ Persönlicher Herrschaftsbereich: Aushändigung der verkörperten Erklärung an Empfangsboten. Empfangsbote ist jede zur Entgegennahme einer rechtsgeschäftlichen Erklärung geeignete oder nach der Organisation des Empfängers bestimmte Person.

> Beispiele: Privathaushalte: Alle erwachsenen Mitglieder der Familie (Ehegatte, Partner, Mitmieter, Kinder entsprechend Alter und Zuverlässigkeit); Untermieter nach Umständen des Falles.

> Unternehmen: Maßgeblich für die Eignung als Empfangsbote ist die organisatorische Eingliederung. Zu bejahen wäre der Zugang bei Übergabe der Erklärung an die Sekretärin, zu verneinen bei Übergabe an sachlich „außen" stehende Personen, etwa den Gärtner eines Unternehmens.

Für die Frage, ob und wann die Möglichkeit der Kenntnisnahme besteht, ist auf den **136** gewöhnlichen Lauf der Dinge abzustellen. Damit kommen, je nach den Umständen, unterschiedliche Zeitpunkte des Zugangs in Betracht. Im geschäftlichen Verkehr gehen Erklärungen daher nur während der üblichen Öffnungszeiten zu.

**Wichtig:** Der Zeitpunkt des Zugangs ist vor allem dann relevant, wenn eine Frist zu **137** beachten ist. Die bürgerlich-rechtlichen Vorschriften sind auch maßgeblich für Erklärungen von bzw gegenüber Behörden.

In der Praxis steht das Problem des Nachweises im Vordergrund. Der Zugang ist nämlich von demjenigen zu beweisen, der die Willenserklärung abgegeben hat. Erklärt also etwa der Vermieter, er habe das Kündigungsschreiben des Mieters nicht erhalten, so muss der Mieter beweisen, dass sein Schreiben zugegangen ist. Dies ist ihm so gut wie nie möglich. Um Streit über den Zugang auszuschließen wird daher bei wichtigen Willenserklärungen ein Übermittlungsweg gewählt, der den Zugang beweisbar macht: Das Einschreiben mit Rückantwort.

### 5. Der Inhalt der Willenserklärung – Was ist gewollt?

Aus den obigen Ausführungen ist bereits deutlich geworden, dass das eigentlich vom **138** Erklärenden Gewollte einem Dritten nicht unbedingt immer deutlich ist. Es kann zu Missverständnissen kommen.

Beispiel: Der verträumte Student Herr Sorglos bestellt telefonisch bei einem Unternehmen ein Notebook. Er ist der Auffassung, er hätte ein Notenheft bestellt. Das Unternehmen ist der Auffassung, es sei ein Computer bestellt worden.

Ähnlich wie bei Gesetzen (vgl Rn 63 ff) stellt sich auch bei Willenserklärungen die Frage, wie mit Unklarheiten oder Ungenauigkeiten einer Äußerung umzugehen ist. Auch hier gilt: Willenserklärungen sind auszulegen. Folgende Auslegungsmöglichkeiten existieren:

**139** ■ **Erläuternde Auslegung**: Bei der erläuternden Auslegung geht es darum, einen undeutlichen Erklärungssinn einer Willenserklärung zu klären.

**140** ■ **Ergänzende Auslegung**: Demgegenüber geht es bei der ergänzenden Auslegung um die Füllung von bewussten oder unbewussten Lücken in der Erklärung. Die Willenserklärung wird also bei der ergänzenden Auslegung um weitere Inhalte, die sie nicht enthält, erweitert. Lückenhafte Erklärungen lassen sich häufig bereits mithilfe der gesetzlichen Vorschriften schließen (vgl dazu Rn 197).

Beispiel: Ein Student will in seiner Freizeit bei einem freien Träger, der benachteiligte Schüler unterstützt, arbeiten. Es wurde vergessen, über die Bezahlung zu sprechen. Insofern bestimmt § 612 BGB, dass eine (und zwar die übliche) Vergütung dann als vereinbart gilt, wenn die Dienstleistung nur gegen eine Vergütung zu erwarten ist.

Lässt sich die Lücke nicht durch die vorhandenen gesetzlichen Regeln schließen, so kommt eine ergänzende Auslegung in Betracht. Dabei wird die Erklärung um die Punkte ergänzt, die die Parteien mit Rücksicht auf den Vertragszweck redlicherweise gewollt und vereinbart hätten (hypothetischer Parteiwille). Lässt sich ein eindeutiger Wille nicht feststellen, zB weil unklar ist, was die Parteien gewollt hätten, scheidet die ergänzende Auslegung aus. Es stellt sich dann die Frage, ob überhaupt ein Vertrag zustande gekommen ist.

**141** Bei der Auslegung einer Willenserklärung stellt sich der unter Rn 124 bereits angesprochene Interessenkonflikt: Der Erklärende hat ein Interesse daran, dass sein wahrer Wille maßgeblich ist, der Erklärungsempfänger hingegen das Interesse am Schutz seiner Interpretation. Beide Interessen finden sich in einer gesetzgeberischen Auslegungsregel wieder:

**142** ■ **Natürliche Auslegung**: Die sog natürliche Auslegung schützt den Erklärenden. Sie ist in § 133 BGB erfasst. Maßgeblich für die Auslegung einer Willenserklärung ist danach der wirkliche Wille des Erklärenden. Die Auslegung bleibt auch nicht am buchstäblichen Sinn der Erklärung haften, sondern berücksichtigt sämtliche Umstände. Auch eine Falschbezeichnung schadet nicht (falsa demonstratio non nocet).

Beispiele: Im obigen Beispielsfall etwa könnte relevant sein, dass Sorglos ausdrücklich ein Notebook von „Mozart" verlangt, was ein Hinweis darauf wäre, dass er mit dem Ausdruck „Notebook" ein Notenheft meint.

Zwei Dealer unterhalten sich telefonisch über „Schnee", wobei „Schnee" ein Tarnbegriff für Heroin ist. Schließen sie einen Handel über 10 kg Schnee ab, wäre ein Vertrag über eine entsprechende Menge von Heroin geschlossen worden.

**143** ■ **Normative Auslegung**: Bei der normativen Auslegung ist auf das übliche Verständnis Dritter abzustellen. Verträge sind so auszulegen, wie Treu und Glauben mit Rücksicht auf die Verkehrssitte es erfordern (§ 157 BGB). Diese Auslegung orientiert sich am sog objektiven Empfängerhorizont. Sie stellt darauf ab, wie ein umsichtiger und unbefangener Beobachter die Erklärung verstehen würde. Dabei sind die Begleitumstände sowie die Konsequenzen der Erklärung für den Erklärenden zu berücksichtigen.

Ein Student bietet seinen MP3-Player bei e-Bay an und gibt versehentlich statt 15 € als Mindestgebot 1 € als Mindestgebot an. Hier würden Dritte die Erklärung dahin gehend verstehen, dass das Mindestgebot 1 € beträgt.

Welche Auslegungsmethode sich im Einzelfall durchsetzt, richtet sich danach, wem **144** das Risiko für das Missverständnis zuzuweisen ist. Es wird dabei nach der Schutzwürdigkeit der jeweiligen Interessen differenziert:

- Sind keine schutzwürdigen Interessen Dritter erkennbar, ist die natürliche Auslegung maßgeblich. Daher ist die natürliche Auslegung etwa bei Testamenten heranzuziehen.

- Berührt die Erklärung hingegen die Interessen eines Dritten, dann ist die normative Auslegung einschlägig, wenn der Empfänger den wahren Willen des Erklärenden nicht erkennen kann. Schutzwürdige Interessen Dritter kommen immer bei empfangsbedürftigen Erklärungen in Betracht, vor allem beim Abschluss von Verträgen.

Der Erklärungsempfänger hat mithin zunächst eine Pflicht zur Auslegung der Willenserklärung. Kann oder könnte er den wahren Willen des Erklärenden erkennen, so gilt dieser. Hat der Erklärungsempfänger hingegen keine Anhaltspunkte für den wahren Willen des Erklärenden, so gilt das, was ein objektiver Dritter verstehen würde.

Beispiel: Bestellt der Student Sorglos aus dem Eingangsbeispiels das Notebook bei einem Computerunternehmen, dann wird dieses die Bezeichnung „Notebook" als „PC" interpretieren. Wenn und soweit der Verkäufer keine Anhaltspunkte dafür hat, dass Sorglos etwas anderes meinen könnte und den wahren Willen von Sorglos schlechterdings nicht erkennen kann, ist die Willenserklärung normativ auszulegen. Die Auslegung ergäbe, dass Sorglos einen PC bestellt hat. Dass ein entsprechender Geschäftswille fehlt, ist unerheblich (vgl Rn 129).

## 6. Bedingungen und Befristungen – Eine Hintertür für Verbindlichkeiten

Willenserklärungen werden mit Zugang wirksam und sind dann für den Erklärenden **145** bindend. Nicht immer wird der Erklärende allerdings unbedingt und für alle Zeit an seine einmal getätigte Erklärung gebunden sein wollen. Diesem Interesse trägt das BGB Rechnung. Es erlaubt ihm, seine Willenserklärungen an Bedingungen zu knüpfen oder sie zeitlich zu befristen. Damit kann er Einfluss auf die Geltungsdauer seines Handelns nehmen.

Bei einer **Befristung** wird das Rechtsgeschäft mit einer Zeitbestimmung versehen **146** (§ 163 BGB). Durch die Setzung einer Frist kann der Erklärende daher die Lebensdauer eines Rechtsgeschäfts zeitlich begrenzen. Befristungen sind in mehrere Richtungen möglich:

- Es kann entweder ein Anfangstermin für die Wirksamkeit des Rechtsgeschäfts genannt werden. In diesem Fall wird das Rechtsgeschäft erst zum genannten Zeitpunkt wirksam.
- Wird ein Endtermin für das Rechtsgeschäft festgelegt, so wird das Rechtsgeschäft automatisch mit Fristende unwirksam.
- Anfangs- und Endtermin können miteinander verknüpft werden. Das Rechtsgeschäft ist dann nur während des Zeitraumes gültig.

Beispiele: Abschluss eines Mietvertrags *ab* einem bestimmten Datum (Anfangstermin); Kündigung des Arbeitsvertrags *zu* einem bestimmten Termin (Endtermin); befristeter Arbeitsvertrag (Anfangs- und Endtermin).

Bei einer **Bedingung** passiert im Wesentlichen das Gleiche wie bei der Befristung. **147** Anders als bei der Befristung wird das Rechtsgeschäft von dem Eintritt eines künftigen, aber ungewissen Ereignisses abhängig gemacht. In gleicher Weise wie bei der Befristung, regelt auch die Bedingung Beginn, Ende und/oder Zeitdauer eines Rechtsgeschäfts. Wird die Wirksamkeit des Rechtsgeschäfts von dem Eintritt der Bedingung abhängig gemacht (… ist gültig, wenn … passiert), spricht man von einer aufschiebenden Bedingung (§ 158 Abs. 1 BGB). Entscheidet die Bedingung über das Ende des Rechtsgeschäfts (… wird unwirksam, wenn … passiert), spricht man von einer auflösenden Bedingung (§ 158 Abs. 2 BGB). Auch hier können aufschiebende und auflösende Bedingung miteinander gekoppelt werden.

Beispiele:  Die Studentin Sabrina verlobt sich mit ihrem Freund Ferdinand, macht die Eheschließung aber davon abhängig, dass ihr Vater zustimmt (aufschiebende Bedingung).

Die Studentin Verena verpflichtet sich, bei einer Projektstelle der Sozialen Arbeit mitzuarbeiten, allerdings nur, wenn sie die Zwischenprüfung in diesem Semester besteht (aufschiebende Bedingung) und solange bis ihr Studium beendet ist (auflösende Bedingung).

**148**  Auch dieses rechtliche Instrumentarium ist Ausdruck der Privatautonomie. Allerdings kann es mit dem entgegen gerichteten Interesse des Rechtsverkehrs an der Verlässlichkeit einer Erklärung kollidieren. In bestimmten Bereichen wird diesem Interesse Vorrang eingeräumt. Dort sind Bedingungen oder Befristungen nicht zulässig. Dies gilt vor allem im Familienrecht.

## IV.  Der Vertrag

### 1.  Begriff und Überblick

**149**  Der Vertrag ist der Standardfall rechtsgeschäftlichen Handelns. Durch ihn wird ein Schuldverhältnis zwischen den beteiligten Parteien begründet (§ 311 Abs. 1 BGB). Der **Vertrag** ist definiert als Rechtsgeschäft, das aus den Willenserklärungen zweier Personen besteht, die inhaltlich übereinstimmen und mit Bezug aufeinander abgegeben werden. Als Folge tritt eine gegenseitige Bindungswirkung an die Vereinbarung ein. Hauptbestandteil des Vertrages sind zwei Willenserklärungen. Die zeitlich frühere nennt man Angebot oder auch Antrag (§ 145 BGB), die zeitlich spätere Erklärung Annahme (§ 146 BGB). Eine Form ist grundsätzlich nicht zu beachten. Verträge können auch mündlich geschlossen werden, wenn nicht ausnahmsweise gesetzlich eine Form vorgeschrieben ist (zB für den Abschluss eines Ehevertrags).

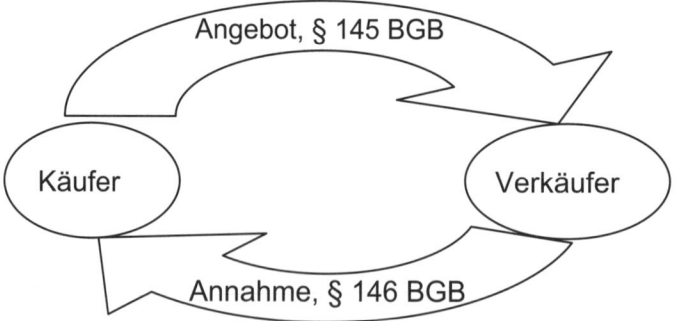

## 2. Angebot

Das **Angebot** ist eine verbindliche Willenserklärung. Mit ihr strukturiert der Erklärende **150** den Vertrag inhaltlich vor und legt sich fest.

Der Vertrag kommt durch bloßes Einverständnis der Gegenseite mit dem Angebot zu- **151** stande. Daher muss das Angebot inhaltlich ausreichend bestimmt sein. Zudem muss es alle wesentlichen Punkte des Vertrages enthalten. Dazu gehören im Regelfall der Vertragsgegenstand (worüber eine Einigung erzielt werden soll) und die Gegenleistung. Die Identität des Vertragspartners kann – je nach Vertragstyp – maßgeblich sein, etwa bei Mietverträgen über Wohnraum. Es ist aber auch denkbar, dass die konkrete Identität des Vertragspartners dem Anbietenden gleichgültig ist und er das Angebot gewissermaßen an die Allgemeinheit richtet.

Beispiel: Automat.

Als (einseitige empfangsbedürftige) Willenserklärung muss das Angebot alle Merkmale **152** einer Willenserklärung erfüllen. Die Qualifikation einer Erklärung als Angebot ist im Alltag nicht immer einfach.

So liegt etwa in dem Preisschild im Ladenfenster oder in der Ankündigung eines Sonderangebotes noch kein Angebot iS des § 145 BGB. Beiden fehlt der Rechtsbindungswille. Würde man sie nämlich bereits als Angebot ansehen, dann käme der Vertrag mit jedem zustande, der den Laden betritt und das Angebot annimmt. Das würde auf einen Zwang zum Vertragsschluss hinauslaufen. Daran hat der Verkäufer ersichtlich kein Interesse. Die Auslegung der Handlungen (Aushängen eines Preisschildes, Ankündigung eines Sonderangebots) ergibt daher, dass es sich lediglich um eine allgemeine, an die Öffentlichkeit gerichtete Aufforderung handelt, ihrerseits an den Ladeninhaber heranzutreten und ihm ein Kaufangebot zu unterbreiten (invitatio ad offerendum), das er dann annehmen oder auch ablehnen kann. Dies gilt auch für Verkaufs- oder Dienstleistungsangebote auf einer Webseite im Internet. Anderes gilt hingegen für Leistungen, die direkt online erworben oder heruntergeladen werden können.

Wirksam wird das Angebot nach den allgemeinen Regeln im Zeitpunkt des Zugangs, **153** wenn nicht die Erklärung vor bzw zeitgleich mit dem Angebot widerrufen wurde (§ 130 Abs. 1 BGB – vgl Rn 134). Mit der Wirksamkeit des Angebots ist der Anbietende an seine Erklärung gebunden, es sei denn, er hat die Bindungswirkung ausgeschlossen (§ 145 BGB).

Auch ein wirksames Angebot „lebt" dabei nicht zeitlich unbegrenzt. Vielmehr gibt es **154** **Fristen**, innerhalb der das Angebot angenommen werden muss (vgl Rn 157). Verstreicht die Frist, erlischt das Angebot (§ 146 BGB). Wird das Angebot erst nach Fristablauf angenommen, ist die verspätete Annahme ein neues Vertragsangebot (§ 150 Abs. 1 BGB, vgl Rn 158). Wird das Angebot abgelehnt, erlischt es ebenfalls (§ 146 BGB).

## 3. Annahme

Der Vertrag kommt durch die **Annahme** zustande. Auch die Annahme ist eine einsei- **155** tige empfangsbedürftige Willenserklärung. Durch sie entsteht die gegenseitige Bindungswirkung und zwar in dem Zeitpunkt, in dem sie der anderen Seite zugeht. Danach kann sich keiner der beiden mehr einseitig ohne besonderen rechtlichen Grund von dem Vertrag distanzieren. Die Annahme kann auch schlüssig erfolgen. Schweigen ist dabei grundsätzlich keine Willenserklärung und lässt sich nicht als Vertragsannahme auslegen.

**156** Als ebenfalls einseitige empfangsbedürftige Willenserklärung muss auch die Annahmeerklärung zugehen. Vom Erfordernis des Zugangs regelt § 151 BGB eine Ausnahme: Eine Willenserklärung muss nicht zugehen, wenn dies im Verkehr nicht erwartet wird. In diesem Fall ist die Willenserklärung bereits im Zeitpunkt ihrer Abgabe wirksam, sofern der Zugang erst später erfolgt.

Beispiel: Die Studentin Sarina bestellt bei einem Versandhandel schriftlich einige Kleider. Das Unternehmen meldet sich darauf nicht. Die bestellten Kleider werden allerdings verpackt und an Sarina gesandt. Die Annahme des Angebots wird schlüssig durch das Verpacken erklärt. Wirksam wird sie eigentlich erst mit Zugang an Sarina, mithin wenn das Paket Sarina zugeht. Im Versandhandel ist die Annahme von Bestellungen allerdings derart üblich, dass eine separate Annahmeerklärung nicht erwartet wird. Aus diesem Grund ist die Annahmeerklärung bereits im Zeitpunkt des Verpackens der Kleidung wirksam. Der Vertrag kommt bereits jetzt zustande, auch wenn Sarina die Kleider erst später erhält.

**157** Die Annahme muss dabei noch „zu Lebzeiten" des Angebots erfolgen. Es ist zwischen folgenden **Annahmefristen** zu unterscheiden:

- Selbst gesetzte Annahmefrist (§ 148 BGB): Annahmefristen können vom Erklärenden bestimmt werden. In diesem Fall hat die Annahme innerhalb dieser Frist zu erfolgen.
- Gesetzliche Annahmefrist (§ 147 BGB): Soweit keine Frist gesetzt wurde, gelten die gesetzlichen Annahmefristen:

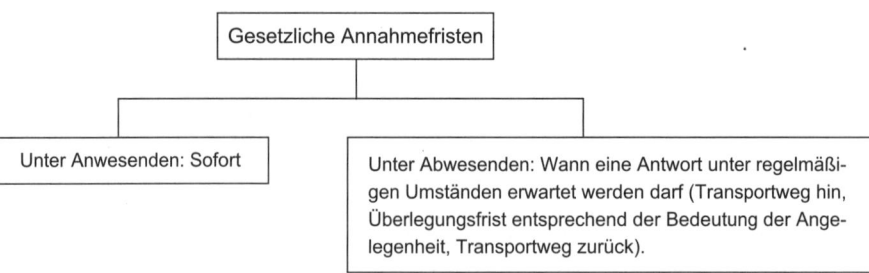

Beispiel: Bei Mietverträgen beträgt die Annahmefrist in der Regel 2–3 Wochen.

**158** Wird das Angebot nicht innerhalb der maßgeblichen Frist angenommen, erlischt es. Die Annahme geht ins Leere (§ 146 BGB), stellt aber ihrerseits jetzt ein neues Angebot dar (§ 150 Abs. 1 BGB). Dieses kann der andere Teil seinerseits – ebenfalls innerhalb der Fristen – annehmen oder ablehnen.

**159** Eine Ausnahme (wirksame Annahme trotz verspäteten Zugangs) regelt § 149 BGB. Die Norm hat den Fall im Blick, dass die Annahmeerklärung zwar rechtzeitig abgesandt worden ist und bei regelmäßiger Beförderung hätte auch rechtzeitig zugehen müssen, gleichwohl aber verspätet zugegangen ist.

Beispiel: Der Student Stefan bietet der Kommilitonin Kerstin seinen Pkw am 1.3. an. Kerstin mailt ihm, dass sie sich in den nächsten Tagen schriftlich bei ihm melden wird. Am 3.3. schickt sie Stefan den unterschriebenen Kaufvertrag zu. Aufgrund eines Streiks bei der Post erhält Stefan den Brief erst vier Wochen später.

Hier besteht ein Interessenkonflikt: Die annehmende Vertragspartei (Kerstin) vertraut darauf, dass der Vertrag zustande gekommen ist; der Anbieter (Stefan) geht davon aus, dass sein Angebot erloschen ist. Der Gesetzgeber löst den Interessenkonflikt in folgender Weise: Ist dem Erklärungsempfänger (also Stefan) die Verzögerung erkennbar, muss er die Verspätung dem Erklärenden unverzüglich (dh ohne schuldhaftes Zögern) anzeigen. Indem er dies tut, beruft er sich gewissermaßen auf den verspäteten Zugang. Der Annehmende (Kerstin) weiß jetzt, dass es ein Problem gibt und kann reagieren, so dass sein Interesse gewahrt ist. Zeigt er die Verspätung hingegen nicht an, so wird das Vertrauen des Annehmenden (Kerstin) geschützt, dass seine Erklärung rechtzeitig zugegangen ist: Die Annahme gilt in diesem Fall als rechtzeitig zugegangen. Im Beispielsfall hätte Stefan stutzig werden müssen, als er von Kerstin gar nichts hört und bei ihr nachfragen müssen. Tut er das nicht, wird er behandelt, als hätte er den Brief rechtzeitig erhalten.

Wird das Angebot abgelehnt, kommt der Vertrag nicht zustande. Auch in diesem Fall **160** erlischt das Angebot (§ 146 BGB). Gleiches gilt, wenn das Angebot verändert wird: Auch die Annahme unter Erweiterungen, Einschränkungen („Ja, aber …") oder sonstigen Änderungen gilt als Ablehnung des Antrags. Allerdings macht der Erklärende auch hierdurch ein neues Vertragsangebot (§ 150 Abs. 2 BGB). Dieses kann die Gegenseite jetzt ablehnen oder annehmen.

Beispiel: Karin bietet Mick ihren Pkw zum Kauf für 500 € bar auf die Hand an. Mick ist grundsätzlich mit Kaufpreis und Pkw einverstanden, möchte das Geld aber in Raten zahlen. Diese Einschränkung durch Mick ist eine Änderung gegenüber Karins Erklärung, mithin eine Ablehnung ihres Angebots. Der Vertrag ist noch nicht zustande gekommen. Zugleich macht Mick Karin ein neues Angebot, nämlich: Pkw, 500 € mit Ratenzahlung. Lehnt Karin ab, ist der Kauf gescheitert. Ist Karin damit einverstanden, kommt der Vertrag zu diesen Modalitäten zustande.

## 4. Inhaltsgleichheit von Angebot und Annahme

Ein Vertrag erfordert die inhaltliche Übereinstimmung von Angebot und Annahme. Erst **161** dann liegt der notwendige und vertragstypische **Konsens** vor.

Auch ein vordergründiges Auseinanderfallen der Erklärungen lässt sich dabei auf erster **162** Stufe über die Auslegung der Willenserklärungen lösen (vgl Rn 138 ff). Lässt sich durch eine Auslegung beiden Äußerungen zumindest formal ein übereinstimmender Inhalt zuweisen, so liegt die notwendige inhaltliche Übereinstimmung vor, auch wenn vielleicht eine der Parteien etwas anderes gewollt hat.

Beispiel: Die Studentin Soraya bestellt im Internet für sich und ihre Kommilitonin Fachbücher. Sie gibt bei der Angabe der Anzahl der bestellten Exemplare versehentlich nicht „2", sondern „20" Exemplare ein. Die Bestellung ist als Angebot zu sehen. Der Inhalt der Willenserklärung ist uneindeutig. Soraya wollte lediglich 2 Exemplare bestellen, hat ausdrücklich aber 20 bestellt. Da ihr wahrer Wille dem Anbieter nicht erkennbar ist, ist ihre Willenserklärung normativ dahin gehend auszulegen, dass Soraya ein Kaufangebot über 20 Exemplare abgegeben hat. Damit kommt – Annahme unterstellt – ein Vertrag über 20 Exemplare zustande.

Erst wenn sich auch mithilfe der Auslegungsmethoden Angebot und Annahme nicht **163** in ihrem objektiven Sinngehalt decken, fehlt es an der erforderlichen Übereinstimmung. Es besteht ein sog **Dissens** zwischen Angebot und Annahme. Ein Dissens kann unterschiedliche Konsequenzen haben. Zu unterscheiden ist, ob sich der Dissens auf – aus Sicht zumindest einer Vertragspartei – wesentliche oder auf Nebenpunkte bezieht sowie danach, ob die Parteien den Dissens bemerkt haben:

**164**

| Dissens über wesentliche Vertragsbestandteile | Dissens über Nebenpunkte | |
|---|---|---|
| Bei einem Dissens über wesentliche Vertragsbestandteile kommt der Grundsatz der Privatautonomie zum Tragen: | Offener Dissens (Parteien ist Dissens bewusst): | Versteckter Dissens (Parteien ist Dissens unbewusst): |
| ↓ | ↓ | ↓ |
| Fehlt es an einer Einigung über einen wesentlichen Punkt, ist der Vertrag nicht zustande gekommen. | Vertrag ist im Zweifel gescheitert, wenn es einer der Parteien auf diesen Punkt ankam (§ 154 Abs. 1 BGB). | Vertrag ist grundsätzlich gültig, wenn der Vertrag mutmaßlich auch ohne diese Bestimmung geschlossen worden wäre (§ 155 BGB). |

Beispiele: Ein Zimmer einer Wohnung wird untervermietet. Untervermieter und Untermieter streiten sich darüber, ob auch die Küche mitvermietet ist oder nicht: Hier besteht ein Dissens über einen wesentlichen Punkt. Daher ist kein Vertrag geschlossen, solange über diesen Punkt keine Einigkeit hergestellt ist.

Eine Pauschalreise wird verbindlich über ein Touristikunternehmen gebucht. Die Lage des Hotels wird nicht besprochen. Es handelt sich um einen Dissens über Nebenpunkte. Es kommt jetzt darauf an, wie wichtig der Punkt der Partei mutmaßlich war. Hat der Reisende sich zB bei der Beratung ausdrücklich nach einer ruhigen Lage erkundigt, so kommt diesem Punkt Bedeutung zu. In der Folge wäre der Vertrag im Zweifel unwirksam.

## V. Willensmängel

### 1. Bewusste Willensmängel und Irrtümer

**165** Willenserklärungen sind nicht immer eindeutig. Wie gezeigt, ist die Gefahr im Geschäftsverkehr groß, dass einer Äußerung ein völlig anderer Sinn beigemessen wird, als der Erklärende eigentlich wollte. Im Rechtsverkehr stellen sich aber noch weitere Quellen für Irrtümer bei und über Erklärungen. Dies wirft die Frage auf, wie mit Willensmängeln im Geschäftsverkehr umgegangen werden kann. Ein **Willensmangel** liegt dabei immer dann vor, wenn die Willenserklärung, wie sie sich nach der Auslegung darstellt, nicht mit dem wahren Willen des Erklärenden übereinstimmt. Für die Behandlung ist zu differenzieren zwischen bewussten und unbewussten Willensmängeln.

## a) Überblick

**166**

| Bewusste Willensmängel | Unbewusste Willensmängel |
|---|---|
| Geheimer Vorbehalt (§ 116 BGB):<br>■ Einseitiger Vorbehalt: Unbeachtlich.<br>■ Erkannter Vorbehalt: Willenserklärung ist nichtig. | ■ Erklärungsirrtum (Erklärender erklärt irrtümlich etwas anderes, als er wollte, § 119 Abs. 1 BGB): Wirksamkeit der Willenserklärung, aber Anfechtungsrecht. |
| Einverständliche Scheinerklärung (§ 117 BGB): Willenserklärung ist nichtig. | Beispiel: Erklärender verspricht oder verschreibt sich. |
| Scherzgeschäft (nicht ernst gemeinte Erklärung, § 118 BGB): Willenserklärung ist nichtig. UU Anspruch auf Ersatz des Vertrauensschadens (§ 122 BGB).<br>Der Vertrauensschaden ist derjenige Schaden, der dadurch entsteht, dass jemand auf die Gültigkeit des Geschäfts vertraut hat. Typischerweise sind das die Aufwendungen zur Vertragsabwicklung. | ■ Inhaltsirrtum (Erklärender irrt über Bedeutung/Tragweite der Erklärung, § 119 Abs. 1 BGB): Wirksamkeit der Willenserklärung, aber Anfechtungsrecht.<br>Beispiel: Abschluss eines Kaufvertrages in der Meinung, es sei eine Schenkung.<br>■ Irrtum über Eigenschaften einer Sache (§ 119 Abs. 2 BGB): Wirksamkeit der Willenserklärung, aber Anfechtungsrecht (allerdings nur wenn sich der Irrtum auf eine verkehrswesentliche Eigenschaft bezieht).<br>Beispiel: Kauf eines Diamantringes in der Annahme, es handele sich um einen echten Diamanten.<br>■ Übermittlungsirrtum (§ 120 BGB): Wirksamkeit der Willenserklärung, aber Anfechtungsrecht. |

## b) Bewusste Willensmängel

Bei den sog **bewussten Willensmängeln** ist dem Erklärenden bewusst, dass er eine **167** fehlerhafte Willenserklärung abgibt.

Bewusste Willensmängel sind der geheime Vorbehalt (§ 116 BGB), das einverständliche Scheingeschäft (§ 117 BGB) und das Scherzgeschäft (§ 118 BGB).

Beim **geheimen Vorbehalt** hat sich der Erklärende insgeheim vorbehalten, das Er- **168** klärte nicht zu wollen (§ 116 BGB). Er gibt also die Erklärung nur zum Schein ab.

Beim **Scheingeschäft** wird eine Willenserklärung mit Einverständnis der anderen Seite **169** nur zum Schein abgegeben (§ 117 BGB). Genaugenommen liegt hier bereits keine Willenserklärung vor, weil es – für die andere Seite – erkennbar am Rechtsbindungswillen fehlt. Scheingeschäfte sind nichtig. Sie verdecken häufig andere Geschäfte. Hauptanwendungsfall ist etwa die Angabe eines zu niedrigen Kaufpreises, um steuerliche Nachteile zu vermeiden.

**170** Beim **Scherzgeschäft** ist die Willenserklärung nicht ernst gemeint, wobei der Erklärende davon ausgeht, dass die andere Seite den Scherzcharakter auch erkennt (§ 118 BGB). UU liegt auch hier bereits keine Willenserklärung vor. Selbst wenn dies der Fall ist, ist die Scherzerklärung nichtig. Gleichwohl kann es sein, dass der Dritte auf die Erklärung vertraut hat. Aus diesem Grunde steht ihm ein Anspruch auf Ersatz des sog Vertrauensschadens zu, falls er wegen seines Vertrauens auf Ernstlichkeit und Bestand der Scherzerklärung einen Schaden erlitten hat (§ 122 Abs. 1 BGB). Fehlt es hingegen an einem schutzwürdigen Vertrauen, vor allem weil er die Nichtigkeit kannte oder hätte kennen können, scheidet ein Schadensersatzanspruch aus (§ 122 Abs. 2 BGB).

**Hinweis:** Der praktische Anwendungsbereich für bewusste Willensmängel ist sehr gering.

### c) Unbewusste Willensmängel

**171** **Unbewusste Willensmängel** sind **Irrtümer**: Das Gewollte und das Erklärte fallen auseinander, ohne dass dies dem Erklärenden bewusst ist. Im Regelfall wird es am Geschäftswillen fehlen, denkbar ist aber auch im Einzelfall ein fehlender Rechtsbindungswille (vgl Rn 124). Grundsätzlich sind die Willenserklärungen wirksam, auch wenn sie nicht dem wahren Willen des Erklärenden entsprechen. Allerdings kann die Willenserklärung unter bestimmten Voraussetzungen mit rückwirkender Kraft angefochten und damit beseitigt werden. Eine Anfechtung wegen Irrtums ist nur bei bestimmten Irrtümern möglich: Anfechtbar sind der Inhalts-, Erklärungs – und Übermittlungsirrtum (§§ 119, 120 BGB).

**172** Die Vorstellungen über die Eigenschaften einer Sache oder Person sind zwar für den Vertragsschluss ausschlaggebend. Sie sind aber im Regelfall selber nicht Erklärungsinhalt, sondern eben nur das – außerhalb der Erklärung liegende – Motiv für den Vertragsschluss.

Beispiele: Ein Arbeitgeber beschäftigt einen Ausländer. Er weiß allerdings nicht, dass der Ausländer keine Aufenthalts- und Arbeitsgenehmigung besitzt und deswegen gar nicht beschäftigt werden darf.

Ein freier Träger, der Jugendarbeit macht, stellt einen Betreuer ein. Es stellt sich später heraus, dass der Betreuer Nichtschwimmer ist.

Derartige Irrtümer sind grundsätzlich unbeachtlich und berechtigen nicht zur Vertragsanfechtung.

**173** Eine Ausnahme macht das Gesetz: Bezieht sich der Irrtum auf eine wesentliche Eigenschaft der Sache oder Person, so ist die Anfechtung zulässig: Irrtümer über verkehrswesentliche Eigenschaften der Person oder Sache gelten als Irrtum über den Inhalt der Erklärung (§ 119 Abs. 2 BGB). Verkehrswesentlich ist eine Eigenschaft dabei immer dann, wenn sie entweder ausdrücklich oder schlüssig vereinbart wurde oder typischerweise vom Verkehr als wesentlich vorausgesetzt wird. Ob dies der Fall ist, ist im Einzelfall nach der Verkehrsauffassung zu entscheiden. Maßgeblich ist daher, ob diese Eigenschaft bei Geschäften dieser Art üblicherweise für wichtig angesehen wird. Das kann von Geschäft zu Geschäft differieren.

Beispiele Fortführung: Der aufenthalts- und arbeitsrechtliche Status eines Arbeitnehmers ist wesentlich für den Arbeitgeber, da er darüber entscheidet, ob der Arbeitnehmer überhaupt beschäftigt werden darf. Daher darf der Arbeitgeber den Arbeitsvertrag anfechten.

Ob der Betreuer Schwimmer oder Nichtschwimmer ist, kann durchaus wichtig sein, wenn zu den typischen Freizeitunternehmungen das Aufsuchen von Schwimmbädern oder Badeseen gehört.

Ist die Eigenschaft unwesentlich, ist der Irrtum unbeachtlich und nicht durch Anfech- **174**
tung korrigierbar. Ebenfalls unbeachtlich sind Irrtümer im Beweggrund für den Vertragsschluss (sog Motivirrtum).

Beispiel: Martin kauft einen Pkw von Hans und geht dabei davon aus, dass er das Geld durch
seinen Nebenjob auch bezahlen kann. Allerdings verliert er den Job und hat nun nicht mehr das
nötige Geld, den Kaufpreis zu bezahlen. Die Fähigkeit, den Kaufpreis auch bezahlen zu können,
ist nicht Gegenstand, sondern nur Motiv des Vertrages und als solches unbeachtlich. Martin ist
nicht zur Anfechtung berechtigt und muss den Vertrag erfüllen.

Der Irrtum allein beeinträchtigt dabei die Wirksamkeit der Willenserklärung nicht. Um **175**
die Willenserklärung zu vernichten, muss sie angefochten werden. Erst die **Anfechtung** vernichtet die Willenserklärung.

Auch die Anfechtung ist eine (einseitige empfangsbedürftige) Willenserklärung und **176**
muss daher allen Anforderungen einer Willenserklärung genügen. Sie ist gegenüber
der anderen Seite zu erklären (§ 143 Abs. 1 BGB). Mit ihrem Zugang wird die ange-
fochtene Willenserklärung rückwirkend vernichtet (§ 142 Abs. 1 BGB). Das Geschäft
ist als von Anfang an nichtig anzusehen.

Die Anfechtung muss dabei unverzüglich, dh ohne schuldhaftes Zögern erklärt werden, sobald der Irrende positiv weiß, dass ein Anfechtungsgrund vorliegt (§ 121
Abs. 1 BGB). Zehn Jahre nach Abgabe der Willenserklärung scheidet eine Anfechtung
aus (§ 121 Abs. 2 BGB). Verzichtet der Irrende auf die Anfechtung, indem er zu erkennen gibt, dass er an dem anfechtbaren Rechtsgeschäft festhalten will (man spricht
insoweit von Bestätigung des Rechtsgeschäfts), scheidet eine Anfechtung ebenfalls
aus (§ 144 BGB).

**Praxishinweis:** In der Praxis stellt sich vor allem eine Beweisproblematik. Danach muss der
Anfechtende darlegen, dass er die Anfechtung unverzüglich erklärt hat. Dies misslingt in aller
Regel. Daher hat die Anfechtung kaum praktische Relevanz.

Die Möglichkeit der Anfechtung trägt dem Interesse des Erklärenden Rechnung, nicht **177**
gegen seinen Willen an einer von ihm nicht gewollten Erklärung festgehalten zu werden. Zugleich hat uU ein Dritter im Vertrauen auf die Gültigkeit der Erklärung Disposi-
tionen getroffen, die er nicht ohne Weiteres rückgängig machen kann. Daher steht ihm,
wenn die Willenserklärung angefochten wird, ein Anspruch auf Ersatz des Schadens
zu, den er dadurch erlitten hat, dass er auf die Gültigkeit der Erklärung vertraut hat
(sog **Vertrauensschaden**, § 122 Abs. 1 BGB). Fehlt es hingegen an einem schutzwürdigen Vertrauen, vor allem weil der Dritte die Anfechtbarkeit der Erklärung kannte oder
hätte kennen können, scheidet der Schadensersatzanspruch aus (§ 122 Abs. 2 BGB).

## 2. Arglistige Täuschung und widerrechtliche Drohung

Sonderregeln gelten, wenn der Willensmangel auf einer aktiven Beeinflussung einer **178**
Willenserklärung beruht. Anwendungsfälle sind die auf einer Täuschung oder Drohung beruhenden Willenserklärungen. Die Besonderheit der **arglistigen Täuschung**
bzw **widerrechtlichen Drohung** liegt darin, dass eine inhaltlich eigentlich nicht gewollte Erklärung von der Gegenseite veranlasst wurde. Eine arglistige Täuschung liegt
vor, wenn durch Vorspiegelung falscher Tatsachen oder die pflichtwidrige Unterdrü-
ckung wahrer Tatsachen bewusst ein Irrtum erregt wird. Bei der widerrechtlichen Drohung wird die Willenserklärung gewissermaßen erzwungen. Eine Drohung ist das In-
Aussicht-Stellen eines künftigen Übels, auf dessen Eintritt der Drohende Einfluss zu
haben vorgibt.

**179** In beiden Fällen ist der Erklärungsempfänger nicht schutzwürdig. Daher ist die auf der Drohung oder Täuschung beruhende Willenserklärung grundsätzlich anfechtbar. Dies gilt bei einer Drohung auch dann, wenn die Willenserklärung einem Dritten gegenüber abgegeben wurde. Anders wird bei einer auf einer Täuschung beruhenden Willenserklärung einem Dritten gegenüber verfahren: War der Dritte arglos, weil er die Täuschung nicht kannte oder nicht kennen musste, so ist die Willenserklärung nicht anfechtbar (§ 123 Abs. 2 BGB).

Für die Anfechtung gilt eine Jahresfrist (§ 124 Abs. 1 BGB). Die Frist beginnt bei der arglistigen Täuschung zu laufen, wenn der Getäuschte die Täuschung erkennt; bei der Drohung, wenn die Zwangslage endet. Nach Ablauf von 10 Jahren seit Abgabe der Willenserklärung scheidet eine Anfechtung aus. Auch hier gilt: Verzichtet der Getäuschte oder Bedrohte auf die Anfechtung, indem er das anfechtbare Rechtsgeschäft bestätigt, scheidet eine Anfechtung aus (§ 144 BGB).

## VI. Ungültige Rechtsgeschäfte – Was nicht vereinbart werden darf

**180** Die grundsätzliche Vertragsfreiheit (Rn 34) erlaubt es den Parteien, Gegenstand und Inhalt ihrer Vereinbarungen frei zu wählen und auszugestalten. Diese Freiheit besteht allerdings nicht unbegrenzt. Die wichtigsten Schranken sind gesetzliche Verbote sowie Sittenwidrigkeit.

### 1. Gesetzliche Verbote

**181** Bestimmte Verhaltensweisen sind gesetzlich verbindlich vorgegeben. Eine gesetzliche Vorgabe kann durch **Verbote** bestimmter Verhaltensweisen (Strafgesetze oder Ordnungswidrigkeiten), verbindliche Vorgaben (zB das Erfordernis der Approbation für Ärzte) oder aber auch gesetzlich vorgeschriebene Genehmigungspflichten von Rechtsgeschäften erfolgen.

Beispiel: Für die Aufnahme eines Pflegekindes ist eine behördliche Erlaubnis (Pflegeerlaubnis) vorgeschrieben (§ 44 SGB VIII).

**182** Damit stellt sich die Frage, was passiert, wenn gesetzliche Vorstellungen über Verhaltensweisen missachtet werden. Die Folgen der Missachtung dieser Vorgaben richten sich nach dem Zweck der gesetzlichen Vorschrift. Soweit die gesetzlichen Vorgaben zwingend sind, darf eine abweichende vertragliche Vereinbarung darüber nicht getroffen werden. Dementsprechend sind Rechtsgeschäfte, die gegen eine solchermaßen zwingende gesetzliche Vorgabe verstoßen, nichtig (§ 134 BGB). Derartige Verbotsgesetze sind insbesondere die Strafvorschriften sowie Verbotsgesetze, die sich an beide Parteien richten.

Es ist aber auch denkbar, dass der Verstoß gegen ein Verbotsgesetz nicht sanktioniert ist oder lediglich zu einem Durchführungsverbot des Vertrages führt. Derartige Verbote sind vor allem Ordnungswidrigkeiten sowie Gesetze, die sich nur an eine Partei richten. Ob das Verbotsgesetz die Nichtigkeit des Rechtsgeschäfts will, hängt von seinem Zweck ab. Dafür ist das Verbotsgesetz auszulegen.

## 2. Sittenwidrigkeit

**Sittenwidrige Geschäfte** sind grundsätzlich nichtig (§ 138 Abs. 1 BGB). Die Sitten- **183** widrigkeit eines Geschäfts lässt sich entweder dem Inhalt der Vereinbarung oder dem Gesamtcharakter des Rechtsgeschäfts entnehmen. Der Charakter eines Rechtsgeschäfts als sittenwidrig ist dabei anhand objektiver Kriterien zu bestimmen. In subjektiver Hinsicht ist erforderlich aber auch ausreichend, dass der Handelnde die Umstände kennt, aus denen sich die Sittenwidrigkeit ergibt.

Beispiele: Ein hochverschuldeter Unternehmer veranlasst seinen 19-jährigen Sohn (Schüler), gegenüber der Bank eine Bürgschaft abzugeben, damit diese ihm einen weiteren Kredit in Höhe von 900.000 € einräumt. Als der Unternehmer die Kreditverbindlichkeiten nicht mehr zurückzahlen kann, nimmt die Bank den Sohn in Anspruch. Die Rechtsprechung hat die Bürgschaft als sittenwidrig angesehen. Zwei Momente begründeten dieses Urteil: Zum einen lag eine krasse Überforderung des Sohnes vor. Zum anderen hatte die Bank sich bei dem Vertrag weniger von wirtschaftlichen Aspekten leiten lassen, sondern die emotionale Verbundenheit zwischen dem Hauptschuldner und seinem Sohn ausgenutzt.

Als sittenwidrig wird zB die Einwilligung der personensorgeberechtigten Eltern zu einer Beschneidung von Mädchen (nicht von Jungen!) angesehen (mit Verweis auf §§ 223 ff StGB).

Ein besonderer Anwendungsfall des sittenwidrigen Geschäfts ist das **wucherische** **184** **Geschäft** (§ 138 Abs. 2 BGB). Danach ist ein Geschäft nichtig, durch das jemand unter Ausbeutung der Zwangslage, der Unerfahrenheit, des Mangels an Urteilsvermögen oder der erheblichen Willensschwäche eines anderen, sich oder einem anderen Dritten für eine Leistung Vermögensvorteile versprechen oder gewähren lässt, die in einem auffälligen Missverhältnis zu der Leistung stehen.

Beispiel: Beschäftigung illegaler Ausländer zu Dumping-Löhnen, die, um „nicht aufzufliegen", keinen Rechtsschutz suchen werden.

## VII. Formvorschriften

Aus dem Grundsatz der Privatautonomie folgt, dass Willenserklärungen und Verträ- **185** ge keiner besonderen Form bedürfen (**Formfreiheit,** vgl Rn 34). Dies gilt jedoch nicht uneingeschränkt. Zum einen können die Parteien selber ein Interesse daran haben, die Vereinbarung in einer bestimmten Form zu fixieren, etwa um Streit zu vermeiden. Daneben gibt es Fallkonstellationen, die zumindest für eine Partei so weitreichend und gefährlich sind, dass der Gesetzgeber zu ihrem Schutz eine bestimmte Form vorgeschrieben hat. Für die Soziale Arbeit relevante Formvorschriften finden sich vor allem im Familienrecht. Ist eine Form für die Abgabe einer Erklärung einzuhalten, so ist dies zwingend. Wird gegen die Formvorschrift verstoßen, ist das Rechtsgeschäft nichtig (§ 125 BGB). Folgende Formvorschriften stellt das BGB zur Verfügung:

- Schriftform (§ 126 Abs. 1 BGB): Ist Schriftform vorgeschrieben, so muss die Urkun- **186** de von dem Aussteller eigenhändig oder mittels notariell beglaubigten Handzeichens unterzeichnet werden. Die schriftliche Form wird – soweit nichts Abweichendes erkennbar – auch durch elektronische Form (Rn 187) oder notarielle Beurkundung gewahrt.

- Elektronische Form (§ 126a BGB): Die elektronische Form ist eine zulässige Alter- **187** native zur Schriftform. Die elektronische Form genügt dem Schriftformerfordernis, wenn der Aussteller dem Dokument seinen Namen hinzufügt und das elektronische Dokument mit einer qualifizierten elektronischen Signatur nach dem Signaturgesetz versieht.

**188** ■ Textform (§ 126b BGB): Verlangt das Gesetz Textform (so zB die Widerrufsbelehrung bei Verbraucherverträgen, § 355 Abs. 2 BGB), so muss die Erklärung in einer Urkunde oder auf andere zur dauerhaften Wiedergabe in Schriftzeichen geeignete Weise abgegeben werden; die Person des Erklärenden muss genannt werden und der Abschluss der Erklärung muss durch Nachbildung der Namensunterschrift oÄ erkennbar gemacht werden.

**189** ■ Notarielle Beurkundung (§ 128 BGB): Die notarielle Beurkundung ist die strengste Form, die das Privatrecht kennt. Bei der notariellen Beurkundung werden die Erklärungen von einem Notar beurkundet. Dazu werden sämtliche Erklärungen der Parteien von dem Notar schriftlich niedergelegt, den Parteien sodann – nach eingehender Belehrung durch den Notar über Tragweite und Bedeutung der Erklärungen – vom Notar vorgelesen und von den Parteien genehmigt. Sowohl die Erklärenden als auch der Notar unterschreiben abschließend das Dokument. Die notarielle Beurkundung wird bei einem gerichtlichen Vergleich durch die Aufnahme der Erklärungen in einem Gerichtsvergleich gewahrt (§ 127a BGB).

Beispiele: Notarielle Beurkundung ist für den Abschluss eines Ehevertrages (§ 1410 BGB) sowie für den Verkauf von Grundstücken vorgeschrieben (§ 311b Abs. 1 BGB).

**190** ■ Öffentliche Beglaubigung (§ 129 BGB): Die öffentliche Beglaubigung soll die Identität des Unterzeichnenden sicherstellen. Dabei muss die Erklärung schriftlich abgefasst sein und die Unterschrift des Erklärenden von einem Notar beglaubigt werden. Durch die Beglaubigung erklärt der Notar, dass die erklärende Person ihre Unterschrift in seiner Anwesenheit abgegeben hat und mit der im Vertrag genannten Person identisch ist.

**191** ■ Öffentliche Beurkundung: Die öffentliche Beurkundung ist bei einer Reihe von Erklärungen im Familienrecht vorgesehen, darunter das Vaterschaftsanerkenntnis (§ 1597 Abs. 1 BGB) oder die Sorgeerklärung (§ 1626d Abs. 1 BGB). Bei der öffentlichen Beurkundung wird die Erklärung nach einer eingehenden Beratung abgegeben, niedergeschrieben, dem Erklärenden vorgelesen, von diesem genehmigt und dann unterschrieben sowie – zuletzt – von der zuständigen Stelle unterzeichnet. Formfehler führen zur Nichtigkeit der Erklärung.

**VIII. Die Durchführung von Verträgen**

**1. Haupt- und Nebenpflichten**

**192** Mit Abschluss des Vertrages muss jeder Vertragspartner die vereinbarte Leistung erbringen. Diese Pflichten nennt man auch Hauptpflichten.

Zugleich entstehen mit Abschluss des Vertrages Nebenpflichten: Danach ist jeder der Vertragspartner verpflichtet, die Leistung ehrlich und fair zu erbringen und auf die Rechte und Interessen des Vertragspartners Rücksicht zu nehmen (§§ 241 Abs. 2, 242 BGB). Vertragspartner müssen also nicht nur die vertraglich vereinbarte Leistung erbringen. Sondern sie müssen dabei auch auf die Interessen der anderen Vertragspartei achten. Die wichtigsten Nebenpflichten sind: Pünktliche und fehlerfreie Erbringung der Leistung sowie die Pflicht, Schäden der anderen Seite zu vermeiden.

## 2. Vertragliche Schadensersatzansprüche

Werden vertragliche Haupt- oder Nebenpflichten verletzt oder wird die Hauptleistung **193** schlecht erbracht, so stehen der verletzten Partei unter bestimmten Voraussetzungen **vertragliche Schadensersatzansprüche** zu (§§ 280, 281 BGB). Die Schadensersatzpflicht tritt dabei nur dann ein, wenn die Partei ein sog **Verschulden** an der Pflichtverletzung trifft. Das ist dann der Fall, wenn die Pflichtverletzung vorsätzlich oder fahrlässig begangen wurde (§ 276 Abs. 1 BGB). Der Begriff der Fahrlässigkeit ist dabei gesetzlich definiert (Legaldefinition): Fahrlässig handelt danach, wer die im Verkehr erforderliche Sorgfalt außer Acht lässt (§ 276 Abs. 2 BGB).

Probleme stellen sich dabei, wenn der Vertragspartner die Leistung nicht in Person **194** erbringt, sondern an Dritte delegiert.

Insoweit gilt:

■ Zunächst muss der Vertragspartner die vertraglichen Haupt- und Nebenpflichten **195** erfüllen. Wenn er die Leistung nicht in Person wahrnimmt, so muss er zumindest durch eine sorgfältige Auswahl derjenigen Personen, die er einsetzt sicherstellen, dass es zu keinem Schaden kommt. Im Übrigen muss er den Ablauf in einer Weise organisieren, dass Schäden vermieden werden.

Beispiele:  Ein Spielgerät einer Kindertagesstätte ist schadhaft. Der Träger muss darauf hinwirken, dass das Gerät repariert oder entfernt wird und bis dahin dafür sorgen, dass Kinder nicht geschädigt werden. Dies kann er etwa dadurch tun, dass er die Erzieherinnen anweist, darauf zu achten, dass die Kinder das Gerät nicht benutzen. Unterlässt er diese Sicherungsmaßnahme, dann haftet der Träger für sein Verschulden.

Bei Personalausfall – etwa infolge von Krankheit – muss für Ersatz gesorgt werden. Ist ein Jugendheim derart personell unterbesetzt, dass die eingesetzten Sozialarbeiter aufgrund der dadurch eintretenden Überforderung nicht in der Lage sind, die ihnen obliegenden Aufsichts- und Kontrollpflichten zu erfüllen, haftet der Träger für diejenigen Schäden, die sich in der Folge realisieren.

In Heimen sind Maßnahmen zu ergreifen, um die jugendlichen Heimbewohner vor aggressiven Mitbewohnern zu schützen.

Die Kindertagesstätte muss für die Kinder gefahrenfrei nutzbar sein. Konkret müssen die Fenster etwa aus bruchsicherem Glas bestehen. Die Türen müssen in einer Weise gesichert sein, die ein eigenmächtiges Verlassen der Kindertagesstätte durch die Kinder verhindert.

■ Weiter haftet der Vertragspartner auch für das Verschulden des von ihm einge- **196** schalteten Dritten (§ 278 BGB). Man nennt diesen Dritten Erfüllungsgehilfen.

Beispiel:  Der Träger einer Kindertagesstätte hat die Erzieherinnen auf die Beschädigung des Geräts hingewiesen. Die Erzieherin Elfriede hat den Hinweis vergessen und lässt ein Kind das beschädigte Gerät benutzen. Der Träger haftet für die fahrlässige Pflichtverletzung der Erzieherin als wäre es seine eigene.

## 3. Gesetzlich geregelte Verträge

### a) Allgemeines

Im BGB gilt der Grundsatz der Gestaltungsfreiheit (man spricht auch von Typenfrei- **197** heit, Rn 34). Dementsprechend regelt § 311 BGB, dass ein Schuldverhältnis durch Vertrag begründet werden kann. Trotz der Möglichkeit, Verträge weitgehend frei auszuhandeln, hat der Gesetzgeber eine Reihe von Verträgen gesetzlich geregelt. Die gesetzgeberischen Regeln legen für eine Reihe häufiger Vertragstypen deren typischen Vertragsinhalt fest und enthalten Vorgaben für die Behandlung häufiger Probleme und

Schwierigkeiten (zB Mängel). Dies befreit die Parteien von dem Zwang, sämtliche Fragen detailgetreu auszuhandeln, uU mit dem Risiko, dass bei Lücken ein Dissens vorliegt, der zur Unwirksamkeit des Vertrags führen könnte. Die gesetzgeberischen Regeln sind zugleich Auslegungsvorgaben für Lücken in der vertraglichen Vereinbarung (ergänzende Auslegung). Allerdings sind die meisten gesetzgeberischen Vorgaben nicht zwingend: Die Parteien können daher auch etwas anderes vereinbaren.

**198** Nicht abbedungen werden können Schutzvorschriften zugunsten einer (vermuteten) schwächeren Partei. Derartige Vorschriften finden sich für Verträge zwischen Verbrauchern und Unternehmern (sog **Verbraucherverträge**). **Verbraucher** ist jede natürliche Person, die ein Rechtsgeschäft zu einem Zweck abschließt, der nicht ihrer gewerblichen oder selbstständigen beruflichen Tätigkeit zugerechnet werden kann (§ 13 BGB). **Unternehmer** ist eine natürliche oder juristische Person oder eine rechtsfähige Personengesellschaft, die bei Abschluss eines Rechtsgeschäfts in Ausübung ihrer gewerblichen oder selbstständigen beruflichen Tätigkeit handelt (§ 14 BGB). Schutzvorschriften in diesem Bereich finden sich zum einen für bestimmte typische Verbraucherverträge. Die wichtigsten Vertragsarten sind der **Verbrauchsgüterkauf** (vgl Rn 202) und das **Verbraucherdarlehen** (vgl Rn 208). Allgemeine Schutzvorschriften finden sich aber auch – unabhängig vom Vertragstyp – für Vertriebsformen, die für den Verbraucher gefährlich sind. Hierzu rechnen die Haustürgeschäfte sowie Fernabsatzverträge.

**199** Die gesetzlich vorgegebenen Vertragsarten sind nicht abschließend. Auch wenn die meisten Vertragsmöglichkeiten gesetzlich vorstrukturiert sind, können die Parteien neue Verträge „erfinden". Häufig verschmelzen dabei Elemente verschiedener Verträge miteinander, zB beim Krankenhausvertrag, Leasingvertrag oder der Partnervermittlung.

### b) Austauschverhältnisse

**200** Austauschverhältnisse sind insbesondere Kauf, Tausch und Schenkung.

**201** Geschäftsinhalt von **Kaufverträgen** ist die Verschaffung von Eigentum und Besitz an einer Sache oder einem Recht gegen einen Kaufpreis in Geld (§§ 433–479 BGB). Das Kaufvertragsrecht regelt insbesondere die Rechte des Käufers bei Mängeln der Kaufsache, wie lange diese Ansprüche geltend gemacht werden können (Verjährung) sowie besondere Kaufarten (Kauf auf Probe, Wiederkauf, Vorkauf und Verbrauchsgüterkauf).

**202** Insbesondere beim Verbrauchsgüterkauf gelten für den Verbraucher günstige Vorschriften. Ein **Verbrauchsgüterkauf** liegt immer dann vor, wenn ein Verbraucher – als privater Dritter – von einem Unternehmer – als gewerblicher Verkäufer – eine bewegliche Sache kauft (§ 474 BGB). Hervorzuheben ist etwa die Beweislastumkehr zugunsten des Verbrauchers: Treten innerhalb von 6 Monaten Mängel auf, so wird vermutet, dass die Sache von vornherein mangelhaft war (§ 476 BGB). Tritt der Mangel später auf, so muss hingegen der Käufer beweisen, dass die Sache mangelhaft war. Dieser Nachweis wird ihm häufig misslingen. Weiter gelten bestimmte Anforderungen an eine Garantieerklärung: Sie muss insbesondere verständlich formuliert sein und dem Verbraucher die zur Geltendmachung seiner garantierten Rechte notwendigen Angaben mitteilen (§ 477 BGB). Einschränkungen der Mängelansprüche des Käufers sind unwirksam (§ 475 Abs. 1 BGB). Vereinbarungen zulasten des Verbrauchers können nur hinsichtlich Schadensersatz getroffen werden (§ 475 Abs. 3 BGB).

Gegenstand des **Tauschvertrags** ist ebenfalls die Verschaffung von Eigentum und **203** Besitz an einer Sache. Allerdings ist als Gegenleistung nicht Geld, sondern ebenfalls die Eigentums- und Besitzverschaffung an einer anderen Sache oder einem Recht geschuldet. Für Tauschverträge gelten die Vorschriften über den Kauf entsprechend (§ 480 BGB).

Geschäftsinhalt der **Schenkung** ist das Versprechen einer Vermögenszuwendung oh- **204** ne Gegenleistung (§ 516 BGB). Für die Schenkung gilt eine Formvorschrift: Sie bedarf der notariellen Beurkundung (§ 518 Abs. 1 BGB). Fehlt sie, ist der Vertrag unwirksam; die Leistung kann nicht verlangt werden. Wird die Schenkung allerdings – trotz des Formmangels – vollzogen, so wird der Formmangel „geheilt". Der Vertrag wird wirksam (§ 518 Abs. 2 BGB).

### c) Überlassung einer Sache

Verträge, die die Überlassung einer Sache zum Gegenstand haben, sind Miete und **205** Pacht, Leihe und das Darlehen.

Durch den **Mietvertrag** wird eine Sache auf Dauer gegen Entgelt überlassen **206** (§§ 535 ff BGB). Bei der Pacht wird nicht nur die Sache überlassen, sondern sie darf auch in einer Weise genutzt werden, dass der Pächter die Nutzungen behalten darf (§ 581 BGB). Bei der Leihe wird der Sachgebrauch unentgeltlich erlaubt (§ 598 BGB).

Beim **Darlehen** werden – ähnlich wie bei Miete und Pacht – ebenfalls Gegenstände **207** zur Nutzung überlassen. Im Regelfall handelt es sich um Geld (§§ 488 ff BGB), es kommen aber auch andere vertretbare Sachen (sog Sachdarlehen, §§ 607 ff BGB) in Betracht. Im Unterschied zur Miete, Pacht oder Leihe wird der konkret entliehene Gegenstand behalten. Die Rückgabepflicht bezieht sich nur auf Sachen gleicher Art und Güte (bei Gelddarlehen auf Geldstücke in gleicher Währung und Höhe).

Ähnlich wie beim Verbrauchsgüterkauf gelten auch besondere Schutzvorschriften zu- **208** gunsten eines Verbrauchers, der von einem Unternehmen ein Darlehen über mehr als 200 € in Anspruch nimmt (sog **Verbraucherdarlehen**, § 491 BGB). Zu den Verbraucherdarlehen zählen etwa Teilzahlungsverkäufe, die Gewährung eines Zahlungsaufschubs, das Finanzierungsleasing sowie Ratenzahlungsverträge. Die wichtigsten Schutzvorschriften sind:

■ Schriftformerfordernis unter Information über den Nettodarlehensbetrag, die Art und Weise der Rückzahlung, den Zinssatz und die Kosten, den effektiven Jahreszins sowie Versicherungskosten (§ 492 Abs. 1 BGB).

■ Voraussetzungsloses **Widerrufsrecht des Verbrauchers** innerhalb von 2 Wochen (§§ 495 Abs. 1, 355 BGB). Über dieses ist der Verbraucher deutlich zu belehren. Die zweiwöchige Frist beginnt erst mit der Belehrung zu laufen. Erfolgt die Belehrung erst nach Vertragsschluss, verlängert sich die Widerrufsfrist auf einen Monat. Der Widerruf selber muss keine Begründung enthalten. Für die Rechtzeitigkeit des Widerrufs genügt die rechtzeitige Absendung an den Unternehmer. Wird das Widerrufsrecht ausgeübt, muss das Darlehen zurückgezahlt werden.

### d) Tätigkeiten für andere

Die wichtigsten Verträge, die Tätigkeiten für andere zum Gegenstand haben, sind der **209** Dienstvertrag, der Werkvertrag, die Geschäftsbesorgung und der Auftrag.

Beim **Dienstvertrag** ist die Erbringung einer Leistung – gegen Entgelt – geschuldet (§ 611 BGB). Hauptanwendungsfall ist der Arbeitsvertrag. Beim **Werkvertrag** ist – im Unterschied zum Dienstvertrag – die Errichtung des versprochenen Werks gegen Entgelt vertraglich vereinbart (§ 631 BGB). Geschuldet ist also nicht nur eine Leistung (Dienstvertrag), sondern der Erfolg. Werkverträge sind etwa Architektenverträge oder der Reparaturvertrag zwischen dem Inhaber einer Werkstätte und einem Kunden. Die Tätigkeit im fremden Interesse (sei es ein Dienst- oder auch ein Werkvertrag) stellt eine Geschäftsbesorgung dar (§ 675 BGB). Wird das Geschäft unentgeltlich besorgt, liegt ein Auftrag vor (§ 662 BGB).

#### 4. Besondere Vertriebsformen

**210** Besonderheiten gelten weiter für Verträge unter Nutzung besonderer Vertriebsformen. Besondere Vertriebsformen sind die sog Haustürgeschäfte und die sog Fernabsatzverträge. Beide Vertriebsformen sind Verbrauchergeschäfte. Sie unterliegen daher bestimmten Vorschriften zum Schutz des Verbrauchers.

**211** Das **Haustürgeschäft** ist dadurch gekennzeichnet, dass der Unternehmer den Verbraucher in einem Kontext kontaktiert, in dem der Verbraucher nicht mit einem entgeltlichen Vertragsangebot rechnet und sich aus diesem überraschenden Kontext ohne die nötige Distanz auf das Geschäft einlässt. Der Verbraucher wird vom Unternehmer also gewissermaßen überrumpelt. Haustürgeschäfte sind in folgenden Kontexten denkbar (§ 312 BGB):

- Der Unternehmer bestimmt den Verbraucher durch mündliche Verhandlungen an seinem Arbeitsplatz oder in seiner Privatwohnung zum Geschäftsabschluss,
- der Unternehmer bestimmt den Verbraucher anlässlich einer vom Unternehmer oder im Interesse des Unternehmers durchgeführten Freizeitveranstaltung (zB Kaffeefahrten) zum Vertragsabschluss oder
- der Unternehmer bestimmt den Verbraucher im Anschluss an ein überraschendes Ansprechen in Verkehrsmitteln oder im Bereich öffentlich zugänglicher Verkehrsflächen zu einem Vertragsschluss.

Bei Haustürgeschäften steht dem Verbraucher ein **Widerrufsrecht** zu (§ 355 BGB). Dies erlaubt es ihm, den Vertrag ohne Angaben von Gründen zu widerrufen. Der Widerruf kann entweder schriftlich erklärt werden oder schlüssig dadurch, dass der gekaufte Gegenstand zurückgesandt wird (§ 355 Abs. 1 BGB). Das Widerrufsrecht ist grundsätzlich zeitlich befristet: Der Widerruf muss zwei Wochen nach Vertragsschluss erfolgen. Es genügt, dass der Widerruf innerhalb von zwei Wochen abgesandt wurde. Die Frist beginnt grundsätzlich erst dann zu laufen, wenn der Unternehmer seine Informationspflichten ausreichend erfüllt hat. Werden Waren geliefert, beginnt die Frist in dem Zeitpunkt, in dem der Verbraucher die Waren erhalten hat. Spätestens 6 Monate nach Vertragsschluss erlischt das Widerrufsrecht.

Über dieses Widerrufsrecht hat der Unternehmer den Verbraucher in Textform (§ 126b BGB) zu informieren (§§ 312 Abs. 2, 360 BGB). Erst mit dieser Belehrung beginnt die Frist für das Widerrufsrecht des Verbrauchers zu laufen (§§ 312 Abs. 2, 355 Abs. 2 BGB). Wurde der Verbraucher zu spät über sein Widerrufsrecht informiert, verlängert sich die Widerrufsfrist grundsätzlich auf einen Monat, wurde er nicht, oder nicht ordnungsgemäß über sein Widerrufsrecht belehrt, gelten keine Fristen für das Widerrufsrecht.

**Fernabsatzverträge** sind Verträge zwischen privatem Verbraucher und Unternehmer **212** über Waren und Dienstleistungen, die über ein organisiertes Vertriebs- bzw Dienstleistungssystem abgeschlossen werden, zB Telefon, Fax oder das Internet (§§ 312b ff BGB). Diese Geschäfte sind für Verbraucher nicht ungefährlich. Zu deren Schutz gelten daher besondere Vorgaben:

■ Besondere Pflichten des Unternehmers (§ 312c BGB iV mit Art. 246 § 1 EGBGB):
  – Den Unternehmer treffen besondere Informationspflichten gegenüber dem Verbraucher. Er muss vor Vertragsabschluss klar und verständlich über die wesentlichen Details des Vertrags informieren. Dazu gehören insbesondere: Die Identität des Unternehmers, der Gesamtpreis der Ware, die wesentlichen Eigenschaften der Ware, Einzelheiten hinsichtlich Zahlung und Erfüllung, spezifische, vom Verbraucher zu tragende Kosten, vertragliche Kündigungsbedingungen sowie der Zugang zu einem außergerichtlichen Rechtsschutzverfahren.
  – Daneben muss der Unternehmer den Verbraucher über seine Rechte belehren, insbesondere dessen Widerrufsrecht (vgl Rn 211, § 312c BGB).
  – Wird der Vertrag elektronisch abgewickelt, treffen den Unternehmer weitere Pflichten. Insbesondere muss der Zugang der Bestellung dem Verbraucher unverzüglich bestätigt werden (§ 312g Abs. 1 Nr 3 BGB).
■ Besondere Rechte des Verbrauchers: Dem Verbraucher steht grundsätzlich ein Widerrufsrecht zu (§§ 312d Abs. 1, 355 BGB, Rn 211).

### IX. Die Vertretung – Handeln für andere

Bei der Vertretung geht es um die Frage, ob und wie eine Person rechtsgeschäftlich **213** handeln kann, ohne selber aufzutreten. **Vertretung** ist rechtsgeschäftliches Handeln für einen anderen (sog Vertretenen) mit Wirkung für diesen (§ 164 Abs. 1 BGB). Der Vertreter gibt dabei eine eigene Willenserklärung ab. Er tut dies aber in fremdem Namen. Die Wirkungen des Geschäfts treffen daher auch nicht ihn, sondern den Vertretenen. Grundsätzlich ist es zulässig, Dritte beim rechtsgeschäftlichen Handeln einzuschalten. Ausnahmen gelten vor allem im Familienrecht.

**214**

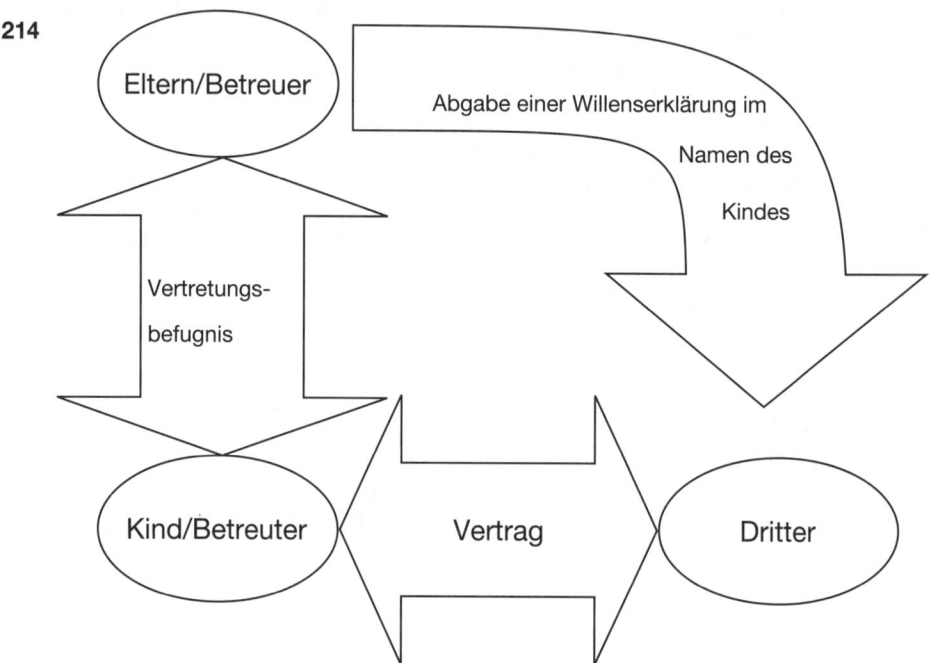

Beispiele: Eltern legen Vermögen ihres Kindes bei der Bank an.
Der Betreuer schließt für den Betreuten einen Mietvertrag.

**215** Stellvertretung ist in verschiedenen Varianten denkbar:

- Aktive Stellvertretung: Der Vertreter gibt eine Willenserklärung in fremdem Namen ab (§ 164 Abs. 1 BGB).
- Passive Stellvertretung: Der Vertreter nimmt eine Willenserklärung in fremdem Namen entgegen (§ 164 Abs. 3 BGB).

**216** Als Konsequenz einer wirksamen Vertretung ist der Vertretene rechtsgeschäftlich in gleicher Weise gebunden, als hätte er selber die Willenserklärung abgegeben. Irrtümer des Vertreters werden dem Vertretenen zugerechnet (§ 166 Abs. 1 BGB).

**217** Der Betroffene wird dabei nur dann verpflichtet, wenn der Vertreter auch in fremdem Namen handeln darf. Er muss also eine entsprechende **Vertretungsmacht** besitzen. Die Vertretungsmacht kann auf unterschiedlichen Gründen beruhen:

**218** - Sie kann dem Vertreter gesetzlich eingeräumt sein. Dies gilt etwa für Eltern, die gesetzliche Vertreter ihrer Kinder sind (§ 1629 Abs. 1 BGB). Als gesetzliche Vertreter kommen weiter Vormünder, Pfleger oder Betreuer in Betracht.

**219** - Vertretungsmacht kann daneben auch rechtsgeschäftlich durch Erteilung einer Vollmacht eingeräumt werden (§ 167 Abs. 1 BGB). Man nennt das gewillkürte Vertretung.

Beispiel: Der Student Marek betreibt nebenbei einen Computerhandel. Er beschäftigt seit neuestem eine Arbeitskraft und räumt dieser eine Vollmacht ein. Die Arbeitskraft kann jetzt im Namen von Marek Computer ankaufen und verkaufen. Alle Verträge, die sie im Namen von Marek schließt, kommen wirksam mit Marek zustande.

Die Vollmacht kann wahlweise gegenüber dem Vertreter sowie dem Dritten einge-räumt werden (§ 167 Abs. 1 BGB). Eine Form muss dafür nicht eingehalten werden (§ 167Abs. 2 BGB). Daher kann eine Vollmacht auch mündlich erteilt werden. Für einseitige Rechtsgeschäfte gilt eine Besonderheit: Grundsätzlich ist hier eine Voll-machtsurkunde vorzulegen. Tut der Vertreter das nicht, hat der Dritte das Recht, das Geschäft unverzüglich zurückzuweisen, es sei denn er weiß, dass eine Voll-macht vorliegt (§ 174 BGB).

Die Vollmacht ist grundsätzlich widerruflich (§ 168 BGB). Für den Zeitpunkt des Er-löschens sind dabei auch die Interessen beteiligter Dritter zu berücksichtigen. Wur-de die Vollmacht einem Dritten gegenüber erteilt, bleibt sie solange wirksam, bis der Vollmachtgeber dem Dritten ihr Erlöschen anzeigt (§ 170 BGB). Wird eine Voll-machtsurkunde erteilt, so bleibt die Vollmacht solange bestehen, bis die Urkunde zurückgegeben oder für kraftlos erklärt wird (Rechtsscheinvollmacht, § 172 Abs. 2 BGB).

Fehlt die Vertretungsmacht, so ist das Rechtsgeschäft zwischen dem Dritten und dem **220** Vertretenen nicht zustande gekommen. Welche Folgen dies hat, hängt davon ab, ob ein einseitiges oder ein mehrseitiges Rechtsgeschäft vorliegt.

- Bei Verträgen hat der Vertretene die Möglichkeit, das Geschäft nachträglich zu ge-nehmigen. Dies kann entweder gegenüber dem Vertreter erfolgen oder aber auch gegenüber dem Geschäftspartner. In diesem Fall wird das Geschäft mit der Ge-nehmigung wirksam. Verweigert der Vertretene hingegen die Genehmigung, so ist das Rechtsgeschäft endgültig unwirksam (§ 177 Abs. 1 BGB). Bis zur Erklärung des Vertretenen über das Geschäft besteht also ein sog Schwebezustand. Aus diesem Grund spricht man auch von der schwebenden Unwirksamkeit eines ohne Vertre-tungsmacht geschlossenen Vertrags. Verweigert der Vertreter die Genehmigung, kommen auf den Vertreter uU Schadensersatzansprüche zu (§ 179 BGB).
- Einseitige Rechtsgeschäfte sind grundsätzlich nicht wirksam zustande gekommen (§ 180 S. 1 BGB). Anderes gilt, wenn der Dritte nicht schutzwürdig ist, weil er etwa von dem fehlenden Vertretungsrecht wusste, oder es nicht beanstandet hat (§ 180 S. 2 BGB). In diesem Fall ist wie bei Verträgen zu verfahren.

## X. Die Verjährung – Ein allgemeines Leistungsverweigerungsrecht

Gegenstand der **Verjährung** ist die Frage, wie lange ein einmal begründeter Anspruch **221** durchgesetzt werden kann. Es gilt:

- Die Lebensdauer eines einmal bestehenden Anspruchs ist im Grundsatz nicht be-grenzt.
- Die Geltendmachung eines Anspruchs ist hingegen begrenzt. Insofern gibt das Ge-setz dem Schuldner eines Anspruchs nach Ablauf bestimmter Fristen das Recht, die Leistung zu verweigern. Beruft der Schuldner sich auf dieses Recht, so kann er – auch wenn der Anspruch besteht – nicht zu der geschuldeten Leistung verurteilt werden. Dieses Leistungsverweigerungsrecht ist die Verjährung. Die Verjährungs-frist variiert je nachdem, was für ein Anspruch im Raum steht. Die regelmäßige Ver-jährungsfrist beträgt 3 Jahre (§ 195 BGB). Ist ein Anspruch hingegen rechtskräftig festgestellt, so verjährt er grundsätzlich erst in 30 Jahren (§ 197 Abs. 1 Nr 3 BGB). Für die einzelnen Vertragstypen bzw bestimmte familienrechtliche Ansprüche gel-ten zT abweichende Verjährungsfristen.

**XI. Die Erfüllung von Verträgen – Verpflichtungs- und Verfügungsgeschäfte**

222 Mit Blick auf die tatsächliche Durchführung eines Rechtsgeschäfts ist eine weitere Differenzierung von Bedeutung. Das Privatrecht unterscheidet insoweit zwischen der schuldrechtlichen Verpflichtung (in der Regel ein Vertrag, sog Verpflichtungsgeschäft) und der Erfüllung dieser Verpflichtung (Verfügungsgeschäft). Beides sind eigenständige Rechtsgeschäfte.

Beispiel: Sepp kauft von Klaus ein Auto. Der Abschluss des Kaufvertrags ist der schuldrechtliche Vertrag. Die Übergabe des Autos (bzw des Geldes), also die Erfüllung des Vertrages, ist ein eigener Geschäftsvorgang.

Dadurch wird jeder Geschäftsvorgang „aufgesplittet" in zwei voneinander unabhängige Rechtsgeschäfte. Diese Aufspaltung in zwei Geschäfte wird als **Abstraktionsprinzip** bezeichnet. Die Konstruktion leuchtet unmittelbar ein, wenn der Vorgang sich in die Länge zieht.

Im Beispiel: Das Auto wird am 1.2. bestellt (Kaufvertrag). Am 28.2. wird das Auto erst geliefert, übergeben und bezahlt (Verfügungsgeschäft). Hier sind die Vorgänge klar zu unterscheiden.

Schwer nachzuvollziehen ist die Konstruktion hingegen dann, wenn sich der Vorgang einheitlich vollzieht.

Beispiel: Der Student S kauft und bezahlt beim Bäcker ein Brötchen, das ihm der Bäcker auch sofort aushändigt.

Beim letzten Beispiel liegt dem Anschein nach ein völlig einheitlicher Vorgang vor. Die Aufsplittung in zwei Geschäfte (den Kaufvertrag und die Übergabe von Brötchen/Geld) mutet jetzt reichlich künstlich an.

Im Rahmen der Rechtsgeschäfte wird lediglich die Begründung einer Verbindlichkeit durch ein Verpflichtungsgeschäft behandelt. Die Erfüllung eines Vertrages durch Übereignung gehört zum Sachenrecht und wird vorliegend nicht thematisiert.

**XII. Prüfschema und Lösungshinweise zum Übungsfall 2**

223 Ist die Wirksamkeit eines Vertrages zu prüfen, empfiehlt es sich, nach folgendem Prüfschema vorzugehen:

1. Liegt ein Angebot vor?
   - Angebotshandlung festlegen (Liegen sämtliche Erfordernisse einer Willenserklärung vor?).
   - Was ist Inhalt des Angebots (Auslegung)?
   - Ist das Angebot zugegangen?
2. Ist das Angebot angenommen worden?
   - Liegt eine Annahmeerklärung vor?
   - Was ist Inhalt der Annahmeerklärung? Gibt es uU einen Dissens und wie ist in diesem Fall zu verfahren?
   - Ist die Annahme (rechtzeitig) zugegangen?
3. Gibt es weitere Probleme?
   - Gibt es Formerfordernisse, die nicht beachtet wurden?
   - Ist der Vertrag nachträglich entfallen durch eine Anfechtung?
     - Liegen Willensmängel vor, die zur Anfechtung berechtigen?
     - Ist die Anfechtung fristgerecht erklärt worden?

Lösungshinweise zum Übungsfall 2 (Rn 112)                          **224**

1. Fallfrage: Anspruch der Verkäuferin auf Bezahlung des Kaufpreises iHv 1.000 €?

2. (Mögliche) Anspruchsgrundlage: Kaufvertrag nach §§ 311 Abs. 1, 433 BGB.

3./4. Rechtsprüfung: Ist zwischen Schick und der Verkäuferin ein Kaufvertrag und worüber abgeschlossen worden? Ein Kaufvertrag setzt zwei übereinstimmende Willenserklärungen (Angebot und Annahme, §§ 145 f BGB) voraus.

a) Prüfpunkt: Angebot

1. Überlegung: Auszeichnung des Kleides in der Auslage als Angebot?

Zumindest genügt sie den Anforderungen einer objektiven Erklärungshandlung.

Problem: Kann daraus auf einen Erklärungswillen geschlossen werden? Würde man das bejahen, so käme der Vertrag mit jedem zustande, der das Geschäft betritt und das Angebot annimmt. Eine derart weitreichende Verpflichtung will der Ladeninhaber nach der Verkehrsauffassung sicher nicht eingehen. Aus diesem Grund lässt sich in der Auszeichnung des Kleides mit Preisschild noch kein verbindliches Kaufangebot sehen. Es handelt sich lediglich um eine unverbindliche invitatio ad offerendum.

2. Überlegung: Kaufangebot dadurch, dass Schick das Kleid auf den Ladentisch legt?

Dies ist eine schlüssige Erklärung, aus der sich ergibt, dass Schick das Kleid kaufen möchte. Schick hat auch Handlungs- und Erklärungswillen, da sie sich zum Kauf des Kleides verpflichten möchte.

Problem: Inhalt der Erklärung, was den Preis anbetrifft. Die Erklärung von Schick ist auszulegen. An dieser Stelle sind jetzt mehrere Möglichkeiten argumentativ vertretbar.

Vertretbares Ergebnis: Inhalt der Willenserklärung ist ein Kaufpreis von 10 € (Argument: die Verkäuferin kann den wahren Willen von Schick erkennen, da sie das Preisschild selber ausgezeichnet hat, sie ist in ihrer Interpretation nicht schutzwürdig).

b) Prüfpunkt: Annahme. Die Verkäuferin verlangt jedoch 1.000 €. Annahme und Angebot entsprechen sich nicht. Ein Vertrag kam daher nicht zustande.

c) Prüfpunkt: neues Angebot

Die Verkäuferin macht ihrerseits ein Vertragsangebot über 1.000 €. Ob der Vertrag zustande kommt, hängt jetzt von Schick ab. Lehnt sie ab, kommt kein Vertrag zustande.

Ergebnis: Schick muss keine 1.000 € zahlen.

**Alternativlösung bei anderer Auslegung.** Alternatives Auslegungsergebnis der Willenserklärung von Schick: Kaufpreis von 1.000 € (Argument: Ein regulär für 10 € ausgezeichnetes Kleid von Gucci ist für Schick offensichtlich fehlerhaft. Ihr Angebot ist dahin gehend zu verstehen, dass sie den regulären Kaufpreis bezahlen möchte).

Prüfpunkt Annahme

Die Verkäuferin hat das Angebot angenommen. Ein Vertrag ist zustande gekommen über 1.000 €. Schick ist verpflichtet, 1.000 € zu bezahlen.

Weitere Überlegung. Es stellt sich jetzt die (Anschluss-)Frage, ob Schick den Vertrag anfechten kann, um von der Verpflichtung, das Kleid für 1.000 € kaufen zu müssen, los zu kommen. Hier läge ein Inhaltsirrtum vor, denn Schick will eine Erklärung mit diesem Inhalt gar nicht abgeben (§ 119 Abs. 1 BGB). Schick kann ihre Erklärung anfechten (§ 143 BGB). Sie muss dies unverzüglich (ohne schuldhaftes Zögern) tun (§ 121 Abs. 1 BGB). In diesem Fall wäre sie nicht (mehr) verpflichtet, den Kaufpreis zu bezahlen, denn durch die berechtigte Anfechtung ist das Rechtsgeschäft als von Anfang an nichtig anzusehen (§ 142 Abs. 1 BGB).

**XIII. Die Geschäftsfähigkeit – Minderjährige und andere „unmündige" Personen**

**1. Begriff und Überblick**

225 Die Möglichkeit, sich durch eigene Willenserklärungen zu verpflichten, setzt ein Mindestmaß an Einsichtsfähigkeit und Urteilsvermögen voraus, um Folgen und Tragweite des eigenen Handelns abschätzen zu können. Diese Fähigkeit, durch eigene Willenserklärungen Rechtsgeschäfte voll wirksam vornehmen zu können, wird als **Geschäftsfähigkeit** bezeichnet. Sie ist eine ungeschriebene Wirksamkeitsvoraussetzung eines jeden Rechtsgeschäfts bzw einer jeden Willenserklärung.

Mit Blick auf die rechtlich weitreichenden Konsequenzen von Willenserklärungen sind Personen, die diese Fähigkeit nicht besitzen, besonders schutzwürdig vor den Folgen ihres eigenen Handelns. Problematisch sind zwei Konstellationen:

■ Individuelle Störungen der Geistestätigkeit bei Erwachsenen.
■ Kinder.

**2. Probleme bei Erwachsenen**

**a) Geschäftsunfähige Erwachsene**

**aa) Geschäftsunfähigkeit**

226 **Geschäftsunfähig** sind Personen, die sich in einem die freie Willensbildung ausschließenden Zustand krankhafter Störung der Geistestätigkeit befinden, sofern der Zustand nicht nur vorübergehend ist (§ 104 Nr 2 BGB). Eine derart beschriebene Störung liegt vor, wenn der Betreffende nicht in der Lage ist, seinen Willen frei und unbeeinflusst von einer Geistesstörung zu bilden oder nach rationaler Einsicht zu handeln.

Anwendungsfelder:   Chronischer Alkoholmissbrauch; Alzheimer im fortgeschrittenen Stadium.

227 Keine Geschäftsunfähigkeit ist hingegen anzunehmen, wenn zwar eine dauerhafte psychische Erkrankung vorliegt, die allerdings nur in akuten Phasen – und damit nur punktuell – die freie Willensbildung ausschließt.

Beispiel:   Bipolare Erkrankungen (manisch Depressive), bei denen in akuten Phasen keine Steuerungsfähigkeit besteht (Kaufrausch in einer manischen Phase).

Hinweis: In der Praxis stellt sich auch in diesem Bereich ein Beweisproblem. Man vermutet im Rechtsverkehr, dass Erwachsene geschäftsfähig sind. Daher muss der Geschäftsunfähige seine fehlende Geschäftsfähigkeit darlegen und nachweisen. Dies wird ihm – wenn nicht bereits eine Betreuung angeordnet ist – nur schwer gelingen.

228 Denkbar ist auch eine sog **partielle Geschäftsunfähigkeit**. Bei der partiellen Geschäftsunfähigkeit ist die Willensstörung auf einen bestimmten, gegenständlich abgegrenzten Bereich beschränkt. In der Konsequenz ist der Erwachsene nur in den betroffenen Bereichen geschäftsunfähig, außerhalb dieser Bereiche hingegen voll geschäftsfähig.

Beispiel: Krankhafte Spielsucht: Geschäftsunfähigkeit besteht nur in Bezug auf das Aufsuchen von Spielhallen und das Schließen entsprechender Geschäfte dort. Außerhalb dieses Bereichs (Arbeit, Wohnungsmiete, Kaufverträge über alle Angelegenheiten, die das tägliche Leben betreffen) hingegen besteht volle Geschäftsfähigkeit.

### bb) Handeln Geschäftsunfähiger im Rechtsverkehr

Geschäftsunfähige können weder Willenserklärungen abgeben, noch welche empfan- **229** gen. Willenserklärungen Geschäftsunfähiger sind nichtig (§ 105 Abs. 1 BGB). Willenserklärungen gegenüber Geschäftsunfähigen werden erst in dem Zeitpunkt wirksam, in dem sie dem gesetzlichen Vertreter des Geschäftsunfähigen zugehen (§ 131 Abs. 1 BGB). Geschäftsunfähige sind im Rechtsverkehr – bildlich gesprochen – taubstumm. Sie können aktiv nicht am Rechtsverkehr teilnehmen.

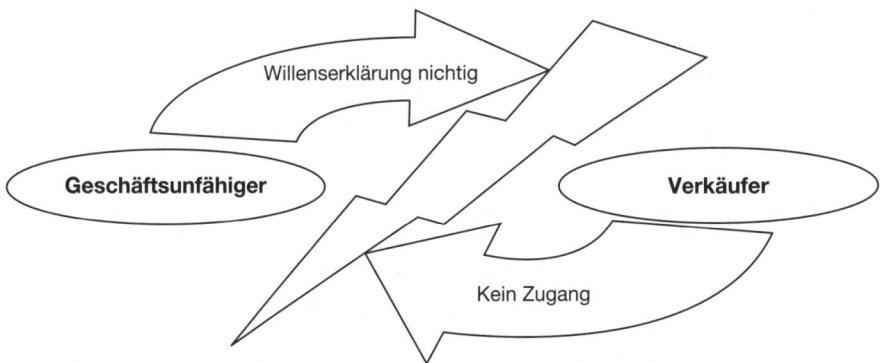

Zwei wichtige Ausnahmen werden gemacht: **230**

■ Geschäfte grundsätzlich geschäftsunfähiger Personen sind wirksam, wenn sie die- **231** se im Zustand einer punktuellen geistigen Klarheit getätigt haben. Hat also ein Geschäftsunfähiger im Zeitpunkt des Vertragsschlusses einen sog „lichten Moment", ist das Geschäft wirksam.

■ Weiter gilt für erwachsene (volljährige!) geschäftsunfähige Personen im Bereich ge- **232** ringfügiger Bargeschäfte eine **„relative Geschäftsfähigkeit"** (§ 105a BGB). Diese Norm ordnet die Wirksamkeit folgender Geschäfte an: Geschäfte des täglichen Lebens, die mit geringwertigen Mitteln bewirkt werden können, sofern der Vertrag auch tatsächlich beiderseitig erfüllt wurde.

Im Einzelnen:

– Geschäfte des täglichen Lebens sind Alltagsgeschäfte, mit denen Gegenstände des **233** täglichen Bedarfs erworben oder einfache Dienstleistungen (Kino, Friseur, Nutzung öffentlicher Verkehrsmittel) in Anspruch genommen werden. Sie werden typischerweise bar bezahlt. Maßgebend ist, ob sie ihrem Gegenstand nach den persönlichen Lebensbedarf betreffen können, unabhängig von der Frage, ob der Bedarf im konkreten Fall tatsächlich besteht. Dies entscheidet sich nach der Verkehrsauffassung. Nicht maßgeblich ist, ob nach den individuellen Verhältnissen der betroffenen Person ein Alltagsgeschäft vorliegt.

– Auch die Frage, ob das Geschäft geringwertige Mittel betrifft, ist generell und nicht **234** individuell zu bemessen. Maßgeblich ist, ob sich das Geschäft, gemessen an den durchschnittlichen Preis- und Einkommensverhältnissen, im überschaubaren Rahmen bewegt.

– Wirksam ist das Geschäft erst in dem Zeitpunkt, in dem beide Teile ihre vertraglichen Pflichten erfüllt haben. Solange der Vertrag noch nicht von beiden Seiten erfüllt wurde, kann sich jede Partei auf seine Nichtigkeit berufen.

235   Zum Schutz des Geschäftsunfähigen greift die Ausnahmeregelung des § 105a BGB allerdings nicht, wenn das Geschäft mit einer erheblichen Gefahr für Person oder Vermögen des Geschäftsunfähigen verbunden ist (§ 105a S. 2 BGB).

Beispiel: Alkoholiker (partielle Geschäftsunfähigkeit) kauft sich Alkohol.

236   Sonderfälle:
- Kreditgeschäfte: Diese sind wegen Gefahr der Verschuldung immer unwirksam. § 105a BGB greift nicht ein.
- Schenkungen durch Geschäftsunfähige sind unwirksam.
- Schenkungen an Geschäftsunfähige sind hingegen wirksam.
- Bei einer Mehrzahl von Geschäften gilt: Die einzelnen Geschäfte sind unabhängig voneinander zu beurteilen. Anderes gilt mit Blick auf den Normzweck des § 105a BGB (Schutz des geistig Behinderten) bei mehreren gleichzeitig mit ein und demselben Vertragspartner getätigten Geschäften. In diesem Fall ist das Geschäft insgesamt nach Art und Umfang zu bewerten.

237  Im Übrigen richtet sich die Geschäftsfähigkeit Erwachsener jedoch nach dem Alles-oder-Nichts-Prinzip. Ist jemand nach diesen Maßstäben grundsätzlich geschäftsfähig, dann gilt das uneingeschränkt. Eine sog relative Geschäfts*un*fähigkeit für bestimmte schwierige Geschäfte – zB für ältere Personen, die sich im Geschäftsverkehr nicht mehr ohne Weiteres zurechtfinden – scheidet aus.

238  Da – und soweit – geschäftsunfähige Personen nicht in der Lage sind, wirksam im Rechtsverkehr aufzutreten, benötigen sie eine Person, die an ihrer Stelle handelt, einen sog gesetzlichen Vertreter. Für geschäftsunfähige Erwachsene ist eine Betreuung anzuordnen, die auch die umfassende Vertretung des Betreuten beinhaltet (§ 1902 BGB). Geschäfte des Betreuten, die nach § 105a BGB wirksam sind, werden davon jedoch nicht berührt, sind also auch bei Anordnung einer Betreuung wirksam.

## b) Punktuelle Störungen der Geistestätigkeit geschäftsfähiger Personen – Der „Aussetzer"

239  Willenserklärungen geschäftsfähiger Personen sind demgegenüber grundsätzlich wirksam. Dies bereitet Probleme bei lediglich punktuellen Störungen der Geistestätigkeit.

Beispiele: Trunkenheit, Drogenkonsum; Kaufrausch in manischer Phase einer bipolaren Erkrankung.

Zwar berühren **punktuelle Störungen** der Geistestätigkeit die Geschäftsfähigkeit des Betroffenen als solche nicht. Gleichwohl fehlt es in diesem Zustand an der notwendigen Einsichtsfähigkeit zum Abschluss eines Rechtsgeschäfts. Dem trägt das Gesetz durch die Anordnung der Nichtigkeit von Willenserklärungen Rechnung, die im Zustand der Bewusstlosigkeit oder der vorübergehenden Störung der Geistestätigkeit abgegeben wurden (§ 105 Abs. 2 BGB). Wirksam bleiben allerdings – wie bei geschäftsunfähigen Erwachsenen auch – Bargeschäfte des täglichen Lebens. Die für Geschäftsunfähige geltende Ausnahmenorm (§ 105a BGB) wird auf diese Fälle analog angewandt.

Im Gegensatz zu geschäftsunfähigen Personen, können dem Betroffenen jedoch auch **240**
in diesem Zustand Willenserklärungen wirksam zugehen. Im Bild: Der nur vorübergehend „Weggetretene" ist stumm, aber nicht taub.

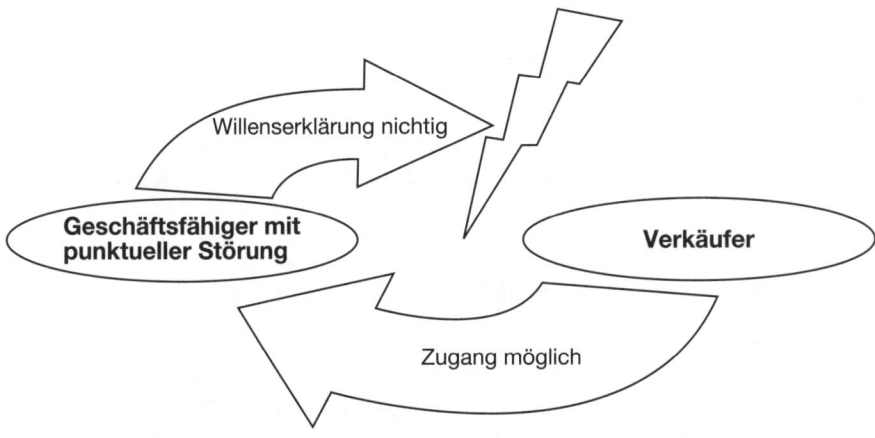

### c)  Geschäftsfähige Erwachsene unter Betreuung

Auch geschäftsfähige Erwachsene können unter **Betreuung** stehen. Durch die An- **241**
ordnung der Betreuung verlieren sie ihre Geschäftsfähigkeit jedoch nicht. Daher kann
in diesen Fällen der Betreute – nach wie vor – voll wirksame Geschäfte abschließen.
Dies birgt die Gefahr widersprüchlicher Handlungen von Betreutem und Betreuer. Dieser Gefahr kann begegnet werden durch die gerichtliche Anordnung eines sog Ein-
willigungsvorbehaltes, der den Betreuten faktisch einem Minderjährigen gleichstellt
(§ 1903 BGB). In der Folge benötigt der Betreute dann grundsätzlich die Einwilligung
des Betreuers für Geschäfte (eingehend Teil III Kapitel 6).

### 3.  Kinder

### a)  Übungsfall 3

Die Großmutter steckt dem 17-jährigen Nick bei einem Besuch heimlich 200 € zu. Von dem Geld **242**
kauft sich Nick ein Handy für 1 €, gekoppelt an einen Handyvertrag mit einer monatlichen Grund-
gebühr von 10 € und 30 Freiminuten monatlich zuzüglich nutzungsabhängiger Telefonkosten ab
der 31. Gesprächsminute. Bereits nach 2 Monaten belaufen sich die Nutzungskosten auf 150 €.
Nach 5 Monaten erhält Nick eine Zahlungsaufforderung in Höhe von insgesamt 400 €. Nick hat
die Beträge 2 Monate lang bezahlt. Muss er den restlichen Betrag zahlen (Lösungshinweise
Rn 272)?

### b)  Geschäftsunfähigkeit

Geschäftsunfähig sind auch Kinder, die das 7. Lebensjahr noch nicht vollendet haben **243**
(§ 104 Nr 1 BGB). Die Geschäftsunfähigkeit endet mit dem 7. Geburtstag um 0.00 Uhr.
Kinder unter 7 Jahren können nicht am Rechtsverkehr teilnehmen. Ihre Willenserklärungen sind nichtig. Ein Zugang kann wirksam nur zu dessen gesetzlichen Vertretern

erfolgen. Sie handeln ausschließlich durch ihre gesetzlichen Vertreter, im Regelfall die Eltern. Die Ausnahmevorschrift des § 105a BGB kann nicht – auch nicht analog – angewandt werden.

### c) Beschränkte Geschäftsfähigkeit

### aa) Begriff

**244** Minderjährige sind ab Vollendung des 7. bis zur Vollendung des 18. Lebensjahres (§ 2 BGB) in der **Geschäftsfähigkeit beschränkt**. Für sie gelten die Sonderregeln der §§ 106–113 BGB.

### bb) Handeln beschränkt Geschäftsfähiger im Rechtsverkehr

### (1) Grundsatz

**245** Grundsätzlich darf ein Minderjähriger im Rechtsverkehr nur mit Einwilligung seines gesetzlichen Vertreters Willenserklärungen abgeben (§ 107 BGB). Dadurch wird das Handeln Minderjähriger umfassend kontrollierbar. Gleiches gilt für den Zugang von Willenserklärungen: Diese werden erst in dem Moment wirksam, in dem sie dem gesetzlichen Vertreter zugehen (§ 131 Abs. 2, 1 BGB). Gesetzliche Vertreter sind grundsätzlich die personensorgeberechtigten Eltern (§ 1629 Abs. 1 BGB).

### (2) Ausnahme: Rechtlich vorteilhafte Geschäfte

**246** Eine Ausnahme gilt für **lediglich rechtlich vorteilhafte Geschäfte**. Diese können vom Minderjährigen auch ohne Wissen und Willen der Eltern getätigt werden. Willenserklärungen ihm gegenüber können ihm gleichermaßen wirksam zugehen, soweit sie rechtlich nur vorteilhaft sind (§ 131 Abs. 2 BGB).

Ein Geschäft ist dabei bereits schon dann lediglich rechtlich vorteilhaft, wenn es keine Nachteile für den Minderjährigen aufweist. Aus diesem Grunde werden rechtlich neutrale (sog indifferente Geschäfte), die zwar keinen Vorteil, aber auch keinen Nachteil für den Minderjährigen beinhalten, als lediglich rechtlich vorteilhaft behandelt. Ein (rechtlicher) Nachteil in diesem Sinne liegt vor, wenn den Minderjährigen als Folge seiner Willenserklärung Pflichten treffen. Die Pflichten können unmittelbar aus dem Rechtsgeschäft folgen (zB die Pflicht zur Zahlung des Kaufpreises) oder kraft Gesetzes eintreten (zB Steuern). Allerdings begründen unmittelbar an das Rechtsgeschäft anknüpfende gesetzliche Pflichten nach (in der Literatur umstrittener) Ansicht des BGH dann keinen rechtlichen Nachteil, wenn diese typischerweise nur ein ganz unerhebliches Gefährdungspotenzial für den Minderjährigen bergen. Dazu zählen etwa die mit dem Rechtsgeschäft verbundenen Steuern, die Tierhalterhaftung oder etwaige Rückgewährpflichten nach § 812 BGB (Rn 274). Damit bestimmt der BGH das Bestehen eines Nachteils durch gesetzliche Pflichten nicht rein rechtlich, sondern aufgrund einer Gesamtbetrachtung unter Berücksichtigung auch wirtschaftlicher Kriterien[1].

Verträge mit wechselseitigen Pflichten sind hingegen generell nachteilig und können vom Minderjährigen nur mit Einwilligung der Eltern geschlossen werden. Einseitig verpflichtende Geschäfte (Schenkung) sind vorteilhaft, wenn der Minderjährige nicht ver-

---

1 BGH, NJW 2005, 415.

pflichtet ist, und sich auch keine Pflichten für ihn ergeben. Unerheblich ist hingegen, ob das Geschäft für den Minderjährigen wirtschaftlich vorteilhaft oder nachteilig ist.

Beispiele: Nachteilig: Schenkung an Minderjährigen unter der Auflage einer bestimmten Verwendung des Geschenks; Tauschverträge; Leihverträge; Mietverträge; Schenkung aus dem Vermögen des Minderjährigen; Schenkung einer Eigentumswohnung an einen Minderjährigen (Nachteil: Minderjähriger wird dadurch Mitglied der Wohnungseigentümergemeinschaft und haftet für diese Pflichten persönlich).

Lediglich rechtlich vorteilhaft: Schenkung an einen Minderjährigen; Übergabe eines Rings an eine dritte Person durch Minderjährigen (indifferentes Geschäft).

Für die Schenkung von Tieren an Minderjährige gelten die Besonderheiten des Tierschutzgesetzes. Danach dürfen Wirbeltiere an Minderjährige unter 16 Jahren nur mit Einwilligung der personensorgeberechtigten Eltern abgegeben werden (§ 11c TierSchG).

## (3) Die Einwilligung der Eltern

Die **Einwilligung** ist die vorherige Zustimmung zu einem Rechtsgeschäft (§ 183 BGB). **247** Sie kann sowohl dem Kind gegenüber, als auch gegenüber dem Geschäftspartner erklärt werden (§ 182 Abs. 1 BGB) und bis zur Vornahme des Geschäfts auch frei widerrufen werden (§ 183 BGB). Sie kann sowohl ausdrücklich als auch konkludent erteilt werden.

Beispiel: Das 8-jährige Kind fragt seinen Vater, ob es sich eine CD beim Media-Markt kaufen gehen darf. Der Vater nickt.

Formal betrachtet ist die Einwilligung eine einseitige empfangsbedürftige Willenser- **248** klärung. Als solche ist sie bei Bedarf auszulegen. Auslegungsmaßstab ist dabei der (mutmaßliche) Wille der Personensorgeberechtigten.

Die Einwilligung kann sich auf ein konkretes Geschäft oder auch auf einen Kreis nicht näher bestimmter Geschäfte beziehen (Generaleinwilligung oder Generalkonsens). Sie erfasst allerdings im Zweifelsfall nicht Folgegeschäfte eines zulässigen Geschäftes.

Beispiele:
Die Einwilligung zum Kauf einer CD beinhaltet im Zweifel nicht zugleich die Erlaubnis, diese CD weiter zu verkaufen.

Die Zustimmung zu einer Lehre beinhaltet nicht die Erlaubnis zum Abschluss eines Mietvertrages einer eigenen Wohnung.

Die Zustimmung zum Erwerb eines Handys beinhaltet nicht die Zustimmung für Verträge über Mehrwertdienstleistungen wie Klingeltöne oder Internetzugang.

Einen Sonderfall der elterlichen Einwilligung regelt der sog „Taschengeldparagraf" **249** (§ 110 BGB). Dieser ordnet die Wirksamkeit eines ohne Einwilligung des gesetzlichen Vertreters geschlossenen Vertrags an, wenn der Minderjährige die geschuldete Leistung mit Mitteln bewirkt hat, die ihm der gesetzliche Vertreter oder – mit Zustimmung des gesetzlichen Vertreters – ein Dritter zur freien Verfügung überlassen hat. Rechtstechnisch handelt es sich dabei um die gesetzliche Fiktion einer **konkludenten elterlichen Einwilligung** in sämtliche Geschäfte, die der Minderjährige mit diesen, zur freien Verfügung stehenden, Mitteln bewirkt (Generalkonsens). Ein auf der Basis einer konkludenten Einwilligung nach § 110 BGB geschlossener Vertrag ist auch dann wirksam, wenn die Personensorgeberechtigten nicht von ihm wussten. Erforderlich sind zwei Voraussetzungen (die beide vorliegen müssen):

■ **„Freie Mittel"**: Eine konkludente Einwilligung lässt sich nur annehmen, wenn der **250** Minderjährige frei über die von ihm eingesetzten Mittel verfügen kann. Diese „Freischaltung" der Mittel muss zwingend über die Personensorgeberechtigten erfolgen, sei es, dass diese dem Minderjährigen die Mittel selber – zu diesem Zweck oder zur freien Verfügung – überlassen, sei es, dass sie damit einverstanden sind, dass Dritte dies tun. Wissen die Eltern zB daher nicht von den Mitteln, stehen diese generell nicht zur freien Verfügung des Minderjährigen.

Beispiel:  Die Großmutter steckt dem 9-jährigen Enkel ohne Wissen der Eltern 20 € zu. Diese Mittel stehen dem Enkel nicht zur freien Verfügung.

Gleiches gilt für Mittel, die die Eltern mit einer Einschränkung oder Zweckbindung versehen haben.

Beispiel:  Die Großmutter steckt dem 9-jährigen Enkel mit Wissen der Eltern 20 € zu. Die Eltern wünschen, dass ihr Kind das Geld auf das Sparbuch bringt bzw sie sind jedenfalls nicht damit einverstanden, dass es sich davon Süßigkeiten kauft. Im ersten Fall würde das Geld dem Minderjährigen gar nicht zur Verfügung stehen, im zweiten Fall jedenfalls nicht für den Kauf von Süßigkeiten.

Als Mittel, über die der Minderjährige verfügen kann, kommen etwa folgende Positionen in Betracht: Taschengeld; Einkommen, das die Eltern ihm zur Verfügung überlassen (Geldgeschenke Dritter; Lohn aus Ferienarbeit; Geld, das die Eltern dem Minderjährigen geben, damit er sich etwas kaufen kann); eigene Sachen des Minderjährigen im Rahmen der elterlichen Zweckbindung; die eigene Arbeitskraft, ebenfalls nur im Rahmen der elterlichen Zweckbestimmung.

251 ▪ **Tatsächliches Bewirken der Leistung**: Der Vertrag wird erst in dem Moment wirksam, in dem der Minderjährige seine Leistung auch tatsächlich erbracht hat. Solange er den Vertrag noch nicht vollständig erfüllt hat, ist er (noch) nicht wirksam (zu den Folgen vgl Rn 255). Aus diesem Grunde werden zB Kreditgeschäfte erst mit Zahlung der letzten Rate wirksam. Bei teilbaren Leistungen hingegen kann eine Teilerfüllung zur Teilwirksamkeit des Vertrages führen.

Beispiele:  Mietvertrag; Handy mit Netzvertrag.

Allerdings können Eltern auch insoweit bereits bei der Mittelüberlassung bestimmen, dass das Geschäft bereits mit Abschluss und nicht erst mit Erfüllung des Vertrages wirksam werden soll. In diesem Fall wird der Vertrag bereits bei seinem Abschluss wirksam.

### (4) Rechtsgeschäfte mit Einwilligung

252 Liegt eine nach den og Grundsätzen erteilte Einwilligung vor, ist das Rechtsgeschäft grundsätzlich wirksam. **Besonderheiten** gelten allerdings für **einseitige Rechtsgeschäfte**. Bei diesen muss der Minderjährige dem Geschäftspartner die Einwilligung des gesetzlichen Vertreters in schriftlicher Form nachweisen. Wird der schriftliche Nachweis nicht geführt, hat der Geschäftspartner das Recht zur Zurückweisung des Geschäfts. Tut er dies unverzüglich, so ist das einseitige Rechtsgeschäft unwirksam. Weist der Geschäftspartner das Geschäft hingegen nicht zurück, ist es wirksam zustande gekommen. Ein Zurückweisungsrecht hat er auch dann nicht, wenn die Eltern dem Geschäftspartner ihre Einwilligung mitgeteilt haben (§ 111 S. 2, 3 BGB).

### (5) Geschäfte ohne Einwilligung

253 Problematisch ist die Konstellation, dass die Eltern sich nicht zu einem einwilligungsbedürftigen Geschäft geäußert haben. Hinsichtlich der Folgen einer fehlenden Einwilligung ist zu differenzieren:

■ Einseitige Rechtsgeschäfte (Kündigung eines Abo-Vertrags) sind unwirksam (§ 111 **254** S. 1 BGB).

■ Verträge: Bei zweiseitigen Geschäften tritt ein **Schwebezustand** ein. Der Vertrag **255** ist schwebend unwirksam (§ 108 Abs. 1 BGB). Sein Schicksal hängt jetzt von der Reaktion der Eltern bzw des Geschäftspartners ab.

Reaktionsmöglichkeiten der Eltern: Grundsätzlich können die Eltern ihre Zustim- **256** mung auch noch nachträglich erteilen. Die nachträgliche Zustimmung wird (im Gegensatz zur Einwilligung als vorherige Zustimmung) als Genehmigung bezeichnet (§ 184 Abs. 1 BGB). Die Genehmigung kann sowohl dem Minderjährigen als auch dem Geschäftspartner erteilt werden (§ 182 Abs. 1 BGB). Hat der Geschäftspartner die Eltern zu einer Genehmigung aufgefordert, so kann die Genehmigung nur noch ihm gegenüber erklärt werden (§ 108 Abs. 2 BGB). Mit Erteilung der Genehmigung wird der Vertrag wirksam (§ 108 Abs. 1 BGB). Wird die Genehmigung verweigert, wird der Vertrag endgültig unwirksam.

Reaktionsmöglichkeiten des Geschäftspartners: Auch der Geschäftspartner hat ein **257** Klärungsinteresse. Diesem wird in mehrfacher Weise Rechnung getragen.

Zunächst kann der Geschäftspartner seinerseits auf die Klärung der Rechtslage hinwirken, indem er die Eltern zur Erklärung über ihre **Genehmigung auffordert** (§ 108 Abs. 2 BGB). In diesem Fall können (und müssen) die Eltern sich ihm gegenüber äußern. Eine etwa erteilte vorherige Genehmigung gegenüber dem Minderjährigen ist in diesem Fall nicht mehr bindend. Verweigern sie daher dem Dritten gegenüber die Genehmigung, ist der Vertrag auch dann unwirksam, wenn sie dem Kind gegenüber zuvor ihre Zustimmung erteilt haben. Die Eltern *müssen* sich nach der Aufforderung innerhalb einer Frist von zwei Wochen äußern. Tun sie dies nicht, so gilt die Genehmigung als verweigert (§ 108 Abs. 2 BGB). Damit legt § 108 Abs. 2 BGB ausnahmsweise einem Schweigen Erklärungswert bei.

Zum anderen kann sich der Geschäftspartner grundsätzlich von dem Geschäft distanzieren. Er besitzt während des Schwebezustandes ein **Widerrufsrecht**: Bis zur Genehmigung kann er das Geschäft jederzeit widerrufen. Dies gilt nicht, wenn er nicht schutzwürdig ist, weil er um die Minderjährigkeit seines Vertragspartners wusste. Kannte der Vertragspartner die Minderjährigkeit, kann er daher nur widerrufen, wenn der Minderjährige ihn über das Vorliegen der elterlichen Einwilligung getäuscht hat (§ 109 Abs. 2 BGB).

Greift keiner der Mechanismen, so bleibt das Geschäft schwebend unwirksam, im **258** Extremfall bis zur Volljährigkeit des Minderjährigen. Dann ist es Angelegenheit des „Kindes", über die Wirksamkeit des Geschäfts zu entscheiden. Daher steht ihm nunmehr das Recht zur Genehmigung (oder auch zur Verweigerung der Genehmigung) zu (§ 108 Abs. 3 BGB). Diese Genehmigung kann insbesondere (konkludent) dadurch erteilt werden, dass der jetzt Volljährige die vertragliche Leistung weiter in Anspruch nimmt.

Beispiel: Der Minderjährige hat einen (schwebend unwirksamen) Handyvertrag abgeschlossen. Nach Erreichen der Volljährigkeit nutzt er das Handy. Dadurch genehmigt er schlüssig den Vertrag.

#### (6) Versagung der Einwilligung

Verweigern die Eltern ihre Einwilligung (ausdrücklich oder konkludent), so ist das **259** Rechtsgeschäft von Anfang an unwirksam. In diesem Fall ist weder für die Anwendung des § 110 BGB noch für eine nachträgliche Genehmigung (§ 108 Abs. 1 BGB) Raum. Gleiches gilt wenn der nunmehr Volljährige seine Genehmigung verweigert (§ 108 Abs. 3 BGB).

**(7) Zusammenfassung**

260

Notwendigkeit der Einwilligung (§§ 2, 106, 107 BGB)

Einwilligung liegt vor/nicht notwendig (lediglich rechtlicher Vorteil, § 107 BGB)
(Achtung: § 110 als Sonderfall der Einwilligung)

Einwilligung liegt nicht vor

Geschäft noch genehmigungsfähig

Geschäft nicht mehr genehmigungsfähig (Geschäftspartner hat widerrufen/einseitiges Geschäft, § 111/Eltern haben Einwilligung versagt)

Schwebende Unwirksamkeit (§ 108 I)

Erteilung der Genehmigung ggü. Geschäftspartner o. Kind/ Genehmigung durch vollj. Kind

Versagung der Genehmigung/ Schweigen auf Genehmigungsauf- forderung d. Geschäftspartners

Wirksamkeit des Geschäfts

Endgültige Unwirksamkeit des Geschäfts

**Hinweis:** In der Praxis stellen sich schwerwiegende Beweisprobleme. Gerade bei alltäglichen Geschäften wird davon auszugehen sein, dass die Eltern ihre Einwilligung erteilt haben. In diesem Bereich werden die Eltern sich daher kaum mit Erfolg darauf berufen können, dass sie keine Einwilligung erteilt haben.

#### cc) Teilgeschäftsfähigkeit

**(1) Überblick**

261  Die Geschäftsfähigkeit eines beschränkt geschäftsfähigen Minderjährigen ist durch die Handels- und Arbeitsmündigkeit partiell erweitert (§§ 112, 113 BGB). Für die betref- fenden Geschäfte besitzt der Minderjährige die volle Geschäftsfähigkeit. Die prakti-

sche Relevanz der Teilgeschäftsfähigkeit Minderjähriger ist allerdings wegen der Herabsetzung des Volljährigkeitsalters auf 18 Jahre gering. Nicht in den Anwendungsbereich der §§ 112 und 113 BGB fallen dabei Berufsausbildungs- und Ausbildungsverhältnisse, da hier nicht die Arbeit, sondern die Ausbildung im Mittelpunkt steht.

## (2) Handelsmündigkeit

Die **Handelsmündigkeit** (§ 112 BGB) erlaubt dem Minderjährigen den selbstständigen **262** Betrieb eines Erwerbsgeschäfts mit sämtlichen dazu gehörenden Geschäften (Abschluss von Arbeitsverträgen mit Arbeitnehmern, Erwerbs- und Verkaufsgeschäfte, etc).

Lediglich Geschäfte, die sein gesetzlicher Vertreter nicht für den Minderjährigen tätigen dürfte, sind nicht zulässig (§ 112 Abs. 1 S. 2 BGB, vgl dazu Rn 564 ff). Insoweit endet auch die Geschäftsfähigkeit des Minderjährigen.

Beispiel: Kreditaufnahme. Hierfür würden die Eltern die Genehmigung des Familiengerichts benötigen. Daher sind diesbezügliche Geschäfte nicht in der Handelsmündigkeit enthalten.

Die Handelsmündigkeit erlangt der Minderjährige durch Ermächtigung des gesetzlichen Vertreters mit Genehmigung des Familiengerichts. Sie endet mit Rücknahme der Ermächtigung durch den gesetzlichen Vertreter (§ 112 Abs. 2 BGB). Auch hierfür benötigen die Eltern die Genehmigung des Familiengerichts.

## (3) Arbeitsmündigkeit

Die **Arbeitsmündigkeit** verleiht dem Minderjährigen die unbeschränkte Geschäftsfä- **263** higkeit für die Eingehung und Aufhebung eines Dienst- oder Arbeitsverhältnisses. Sie beinhaltet darüber hinaus die Geschäftsfähigkeit für alle Geschäfte, die das Dienstoder Arbeitsverhältnis mit sich bringt.

Beispiele: Eröffnung eines Gehaltskontos; Vornahme einer Barabhebung; Kündigung des Arbeitsverhältnisses; Beitritt zur Gewerkschaft.

Es gilt die gleiche Einschränkung wie bei der Handelsmündigkeit: Geschäfte, die der gesetzliche Vertreter nur mit Genehmigung des Familiengerichts tätigen darf, sind nicht in der Arbeitsmündigkeit enthalten.

Außerhalb des Arbeitsverhältnisses gelten die allgemeinen Regeln: Der Minderjährige **264** darf daher ohne Zustimmung seiner Eltern über sein Arbeitsentgelt nur verfügen, soweit er Verträge aus dem Arbeits- oder Dienstverhältnis erfüllt (Fahrgeld für öffentliche Verkehrsmittel, Gewerkschaftsbeiträge). Im Übrigen muss der Lohn beim gesetzlichen Vertreter abgeliefert werden bzw von diesem zur freien Verfügung freigeschaltet werden (vgl Rn 249 ff). Damit tritt die paradoxe Situation ein, dass ein Minderjähriger mit Erlaubnis seiner Eltern seinen Unterhalt alleine verdienen kann, jedoch – zu seinem Schutz – nicht ohne Einwilligung (und sei es in Form einer konkludenten Einwilligung seiner Eltern nach § 110 BGB) über seinen Arbeitsverdienst verfügen kann.

Die Arbeitsmündigkeit erlangt der Minderjährige durch einfache Ermächtigung seines **265** gesetzlichen Vertreters (§ 113 Abs. 1 BGB). Die Ermächtigung ist eine formfreie, an den Minderjährigen zu richtende Willenserklärung. Sie kann auch schlüssig erteilt werden. Dass die Eltern das Verhalten des Kindes „resignierend dulden" genügt allerdings nicht. Dabei gilt die Auslegungsregel: Eine einmal erteilte Ermächtigung gilt im Zweifelsfall als allgemeine Ermächtigung zur Eingehung von Verhältnissen derselben Art (§ 113 Abs. 4 BGB).

Beispiel: Die Eltern erlauben dem 15-jährigen Sohn Siegbert, sein Taschengeld durch Zeitungs-austragen zu verbessern. Siegbert dürfte in diesem Zusammenhang den Vertrag auch eigen-mächtig kündigen sowie einen Vertrag mit einem anderen Zustelldienst eingehen. Hingegen wäre Siegbert – ohne ausdrückliche Erlaubnis – nicht befugt, einen Job als Kellner anzunehmen.

### dd) Handeln von Kindern im Rechtsverkehr

**266** Mit Blick auf ihre eingeschränkten rechtlichen Handlungsmöglichkeiten sind auch be-schränkt geschäftsfähige Minderjährige im Regelfall auf das Handeln ihrer sorgebe-rechtigten Eltern angewiesen. Diese besitzen mehrere Handlungsoptionen:

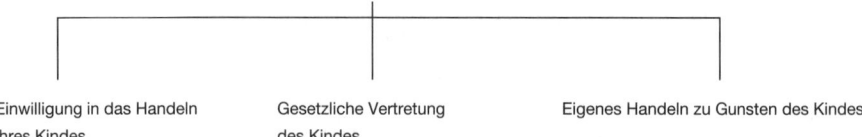

Einwilligung in das Handeln          Gesetzliche Vertretung          Eigenes Handeln zu Gunsten des Kindes
ihres Kindes                         des Kindes

**267** Außerhalb der Regeln der §§ 107 ff BGB sind Minderjährige in der Regel darauf ange-wiesen, dass ihre Eltern die für sie notwendigen Geschäfte abschließen, für sie Ver-mögen erwerben und verwalten und sie in Schule und Vereinen an- und abmelden. Dies kann in zweifacher Weise geschehen:

- ▪ Vertretung des Kindes.
- ▪ Eigenes Handeln der Personensorgeberechtigten.

**268** Die elterliche Sorge beinhaltet das gesetzliche Vertretungsrecht für das Kind (§ 1629 Abs. 1 S. 1 BGB). Eltern sind daher in der Lage, im Namen des Kindes und mit Wirkung für dieses Geschäfte abzuschließen, aus denen das Kind berechtigt und verpflichtet wird. Sie können im Namen des Kindes vor Gericht Klage erheben und auch verklagt werden. Die Rechtsfolgen des Geschäfts treffen in diesem Fall das Kind, nicht jedoch die Eltern.

Beispiel: Anlage von Kindesvermögen.

**269** Verträge, die Minderjährige betreffen, müssen nicht notwendig als Vertretungsge-schäfte konzipiert sein. Eltern können gleichermaßen eigene Verträge zugunsten ihres Kindes abschließen (§ 328 BGB). In diesem Fall sind die Eltern die Vertragspartner und leistungsverpflichtet. Das Kind kann aus einem derartigen Vertrag leistungsberechtigt sein, ist jedoch – da nicht Vertragspartner – nicht leistungsverpflichtet.

### d) Haftungsbeschränkungen – Der Schutz des Kindes vor seinen Eltern

**270** Die verschiedenen rechtlichen Möglichkeiten der Partizipation am Rechtsverkehr er-möglichen weitreichende Verpflichtungen des Minderjährigen. Dies birgt die Gefahr, dass Minderjährige bereits hoch verschuldet in die Volljährigkeit eintreten. Zum Schutz Minderjähriger enthält § 1629a BGB eine **Haftungsbeschränkung**. Sie trägt dem Ge-danken Rechnung, dass Kinder nicht mit untragbaren und ihnen nicht zuzurechnenden Schulden in die Volljährigkeit entlassen werden dürfen. § 1629a BGB beschränkt die Haftung des Minderjährigen für Verpflichtungen, die während seiner Minderjährigkeit begründet wurden auf das bei Eintritt in die Volljährigkeit vorhandene Kindesvermögen (§ 1629a Abs. 1 BGB). Unerheblich ist dabei, wie die Verpflichtung zustande gekom-men ist. Sie kann auf einer wirksamen Vertretung beruhen, ebenso aber auch auf der

Zustimmung der Eltern zu Rechtsgeschäften des Kindes. Ausgeschlossen von der Haftungsprivilegierung sind jedoch Geschäfte, die der handelsmündige Minderjährige (§ 112 BGB) im Rahmen eines von ihm selber betriebenen Erwerbsgeschäfts getätigt hat sowie Rechtsgeschäfte, die allein der Befriedigung persönlicher Bedürfnisse dienen (§ 1629a Abs. 2 BGB). Hierzu werden eine Reihe Geschäfte beschränkt Geschäftsfähiger zählen. Dies beträfe etwa den Abschluss von Abonnements, Handy-Verträgen oder den Kauf von Bekleidung. Da in diesem zentralen Bereich die Haftungsbeschränkung nicht greift, ist eine Überschuldung Minderjähriger in vielen Fällen häufig nicht zu verhindern.

### e) Prüfschema und Lösungshinweise zum Übungsfall 3

Ist die Wirksamkeit eines Vertrages, an dem ein beschränkt Geschäftsfähiger beteiligt **271** war, zu prüfen, empfiehlt es sich, nach folgendem Schema vorzugehen:

I. Prüfung (soweit keine Probleme ersichtlich sind: oberflächlich), ob ein Vertrag und zwischen wem geschlossen wurde.

II. Ist ein Minderjähriger Vertragspartner, so ist weiter zu prüfen, ob dieser wirksam handeln kann:
  1. Feststellung: Abgabe einer Willenserklärung durch einen beschränkt Geschäftsfähigen, §§ 2, 106 BGB.
  2. Prüfung: Erfordernis einer Einwilligung.
    Keine Einwilligung ist erforderlich bei:
    – Voller Geschäftsfähigkeit nach §§ 112, 113 BGB.
    – Lediglich rechtlichem Vorteil, § 107 BGB.
  3. Ist die Einwilligung erforderlich, ist weiter zu prüfen: Ist die Einwilligung durch den gesetzlichen Vertreter wirksam erteilt oder versagt worden?
    – Ausdrückliche/konkludente Einwilligung oder Versagung der Einwilligung?
    – Wenn keine Willenserklärung der Eltern vorliegt: Konkludente Einwilligung nach § 110 BGB?
  4. Fehlt die Einwilligung, ist zu prüfen: Ist eine nachträgliche Genehmigung erteilt worden?
    – Ist das Geschäft überhaupt noch genehmigungsfähig, §§ 108 Abs. 2 S. 2, 109, 111?
    – Liegt eine taugliche Genehmigungserklärung vor?
    – Genehmigung nach Eintritt der Volljährigkeit, § 108 Abs. 3 BGB?

Denkbare Ergebnisse der Prüfung: Wirksamkeit des Geschäfts, Unwirksamkeit des Geschäfts, schwebende Unwirksamkeit des Geschäfts.

Lösungshinweise zum Übungsfall 3 (Rn 242): **272**

1. Fallfrage: Muss Nick die Handy-Rechnung bezahlen?

2. Anspruchsgrundlage: Handy-Nutzungsvertrag.

3./4. Subsumtion/Ergebnis: Zu prüfen ist, ob Nick aus einem entsprechenden Vertrag wirksam verpflichtet ist.

a) Der Abschluss eines Handy-Vertrags lässt sich unproblematisch bejahen.

b) Probleme wirft aber das Alter von Nick auf: Nick ist erst 17 Jahre alt und damit beschränkt geschäftsfähig, §§ 2, 106 BGB.

Er benötigt damit für Rechtsgeschäfte, die nicht lediglich rechtlich vorteilhaft sind nach § 107 BGB die Einwilligung seiner gesetzlichen Vertreter. Der Handy-Vertrag ist nicht lediglich rechtlich vorteilhaft, denn aus dem Vertrag ergeben sich Gegenleistungspflichten für Nick. Zum einen muss er das Handy bezahlen. Zum anderen ist der Handy-Kauf an einen weiteren Vertrag gekoppelt, der Nick zu einer wiederkehrenden Leistung von monatlich mindestens 10 € verpflichtet. Damit benötigt Nick für den Vertragsschluss die Einwilligung der Eltern.

Die Einwilligung der Eltern lag nicht vor. Möglicherweise lässt sich jedoch eine konkludente Einwilligung nach § 110 BGB annehmen. Eine solche läge vor, wenn der Vertrag mit Mitteln bewirkt wurde, die Nick von seinen Eltern oder mit deren Wissen von Dritten zur freien Verfügung erhalten hat. An beidem fehlt es im vorliegenden Fall. Zum einen stehen die 200 €, die Nick zur Bezahlung des Vertrags bereits aufgewendet hat, ihm nicht zur freien Verfügung. Dafür hätten die Eltern von den Mitteln wissen müssen. Zum anderen wäre selbst in diesem Fall der Vertrag erst in dem Moment wirksam, in dem Nick die ihm obliegende Leistung vollständig erbracht hat. Dies lässt sich allenfalls abschnittsweise annehmen, soweit die monatlichen Entgelte bezahlt wurden. Aus diesem Grunde ist § 110 BGB nicht einschlägig. Für den Vertrag kann keine Einwilligung der Eltern fingiert werden.

Der Vertrag ist damit schwebend unwirksam (§ 108 Abs. 1 BGB). Ein Zahlungsanspruch besteht daher derzeit nicht. Allerdings kann der Vertrag noch sowohl in die eine Richtung (Wirksamkeit) als auch in die andere Richtung (Unwirksamkeit) „umschlagen". Dies hängt von dem – jetzt noch nicht absehbaren – Verhalten der Eltern ab. Denn der schwebend unwirksame Vertrag kann noch durch die Eltern genehmigt werden. Die Genehmigung der Eltern können sie entweder Nick oder dem Vertragspartner gegenüber erklären. Fordert der Vertragspartner die Eltern zur Genehmigung auf, müssen sie sich ihm gegenüber innerhalb von 2 Wochen erklären. Tun sie dies nicht, gilt die Genehmigung als verweigert (§ 108 Abs. 2 BGB). Daneben kann auch Nick, wenn er 18 Jahre alt wird, den Vertrag genehmigen (§ 108 Abs. 3 BGB). Benutzt er das Handy danach weiter, so müsste man dies als eine konkludente Genehmigung auslegen. Die Erteilung der Genehmigung würde zur Wirksamkeit des Vertrages führen. Nur in diesem Fall müsste Nick die noch ausstehenden Entgelte bezahlen.

### XIV. Die Rückabwicklung fehlgeschlagener Verträge

**273**  Rechtsgeschäfte und Verträge können aus den unterschiedlichsten Gründen scheitern: Sei es, weil eine Formvorschrift nicht beachtet wurde, sei es, weil eine Willenserklärung zu Unrecht angenommen wurde oder aber später durch Anfechtung wieder entfallen ist. Ist der Vertrag ordnungsgemäß erfüllt worden (der Kaufpreis wurde gezahlt/die Kaufsache übergeben), fehlte aber ein wirksamer Vertrag oder entfällt dieser später (etwa weil wegen arglistiger Täuschung angefochten wurde), so stellt sich das Problem, wie der eigentlich unrechtmäßige Leistungsaustausch rückgängig gemacht werden kann (Rückabwicklung).

Beispiel:  Der 17-jährige Beat hat sich gegen den Willen seiner Eltern einen Fernseher gekauft. Der Vertrag ist unwirksam. Der Verkäufer wird seinen Fernseher wieder haben wollen und Beat sein Geld.

**274**  Der maßgebliche Korrekturmechanismus für die Rückabwicklung nichtiger Verträge findet sich in § 812 BGB. § 812 Abs. 1 BGB gibt in verschiedenen Fallkonstellationen einen Herausgabeanspruch. Hauptanwendungsfall für die Rückabwicklung gescheiterter Verträge ist die sog **Leistungskondiktion** (§ 812 Abs. 1 S. 1 BGB): Danach hat jeder, der durch die Leistung eines anderen einen Rechtsvorteil erlangt hat, für den es keinen Rechtsgrund, zB einen gültigen Vertrag, gibt, diesen wieder herauszugeben.

Erlangt sein kann zB ein Vermögensvorteil oder das Eigentum an einer Sache. Eine **275** Leistung liegt immer dann vor, wenn das Erlangte Ergebnis einer zielgerichteten Vermögensmehrung ist. Auf Kosten eines anderen ist die Bereicherung immer dann erfolgt, wenn der Bereicherung auf Seiten des Leistungsempfängers beim Leistenden eine Vermögensminderung korreliert. Der rechtliche Grund fehlt, wenn keine rechtliche Basis, etwa ein Vertrag, für die Vermögensveränderung vorhanden ist oder wenn diese Basis (zB durch Anfechtung) nachträglich entfallen ist.

Beispiel: Im Beispiel hat Beat durch die Leistung des Verkäufers einen Fernseher erlangt. Dies geschah auf Kosten des Verkäufers, dessen Vermögen sich um den Fernseher vermindert hat (mit dem Entgelt wird nicht gegengerechnet!). Diese Vermögensverschiebung hat keinen rechtlichen Grund, denn der Vertrag ist unwirksam.

Liegen die Voraussetzungen des § 812 Abs. 1 S. 1 BGB vor, so ist der Empfänger ver- **276** pflichtet, das Erlangte herauszugeben. Herauszugeben sind auch die Nutzungen sowie – soweit der erlangte Gegenstand beschädigt oder zerstört wurde – der Ersatz dafür (sog Surrogat, § 818 Abs. 1 BGB).

Beispiele: Beats Freund hat den Fernseher zerstört. Der Fernseher kann nicht mehr herausgegeben werden. Wenn die Haftpflichtversicherung allerdings den Schaden ersetzt, dann kann dieser Ersatz als Surrogat herausgegeben werden.

Beat hat den Fernseher weiterverkauft. Der Kaufpreis ist – als Ersatz (Surrogat) – für den Gegenstand herauszugeben.

Der Bereicherungsanspruch stößt jedoch auf eine wichtige Grenze: Soweit der Emp- **277** fänger nicht mehr bereichert ist – etwa weil der Gegenstand in keiner Weise mehr in seinem Vermögen vorhanden ist – besteht kein Herausgabeanspruch mehr (sog Entreicherung, § 818 Abs. 3 BGB).

Beispiel: Beat hat den Fernseher in einem Wutanfall selber zerstört. Der Fernseher ist im Vermögen von Beat nicht mehr enthalten. Es kann nichts herausgegeben werden. Der Verkäufer hat in diesem Fall Pech gehabt. Das ist auch vom Gesetzgeber so gewollt, denn in diesem Fall hat der Minderjährigenschutz gegriffen.

Der Entreicherungseinwand greift nicht, wenn der Leistungsempfänger nicht schutz- **278** würdig ist. Die Schutzwürdigkeit fehlt bei Bösgläubigkeit des Bereicherten oder bei Rechtshängigkeit des Anspruchs (Einreichung einer Klage, § 819 BGB): Weiß der Empfänger von dem fehlenden rechtlichen Grund, ist er nicht schutzwürdig. Er kann sich dann ebenfalls nicht darauf berufen, dass er entreichert ist.

# Kapitel 3: Die unerlaubte Handlung

## I. Überblick

Das Recht der unerlaubten Handlung behandelt die Haftung für den Schaden, der **279** durch eigenes oder fremdes Handeln verursacht wurde. Die einschlägigen Vorschriften finden sich in den §§ 823 ff BGB, sind also noch Bestandteil des im 2. Buch des BGB geregelten Schuldrechts. Das BGB enthält im Wesentlichen drei Grundtatbestände der deliktischen Haftung für eigenes Handeln:

- Verletzung bestimmter Rechte (§ 823 Abs. 1 BGB).
- Verstoß gegen Schutzgesetze (§ 823 Abs. 2 BGB).
- Vorsätzliche sittenwidrige Schädigung (§ 826 BGB).

Im Rahmen des vorliegenden Lehrbuches wird schwerpunktmäßig der für die Soziale Arbeit relevante Haftungsgrundtatbestand des § 823 Abs. 1 BGB besprochen. Neben den genannten Tatbeständen existieren weitere Haftungsgrundlagen, die nicht an ein Verschulden des Handelnden anknüpfen, sondern an die Ausübung gefährlicher Tätigkeiten. Sie spielen im Rahmen der Sozialen Arbeit eine untergeordnete Rolle und werden daher im Rahmen des vorliegenden Buches nicht besprochen. Die wichtigsten Tatbestände der Gefährdungshaftung sind:

- Haftung eines Kfz-Halters (§ 7 StVG).
- Haftung des Herstellers fehlerhafter Produkte (Produkthaftungsgesetz).
- Haftung des Tierhalters (§ 833 BGB) und des Tieraufsehers (§ 834 BGB).

**280** Daneben kommt der Haftung für fremdes Handeln große Bedeutung zu. Dazu zählen insbesondere die folgenden Bereiche:

- Haftung für den Verrichtungsgehilfen (§ 831 BGB).
- Haftung des Aufsichtspflichtigen (§ 832 BGB).
- Amtspflichtverletzung (§ 839 BGB iV mit Art. 34 GG).

**281** **Hinweis:** Besteht zwischen Geschädigtem und Schädiger ein Vertrag, kommt der deliktischen Haftung in der Praxis keine praktische Bedeutung zu. Der Geschädigte hat insoweit die Möglichkeit, Schadensersatz wegen Vertragsverletzung geltend zu machen (Rn 193 ff). Dieser Anspruch ist bedeutend einfacher darzulegen und durchzusetzen als ein deliktischer Schadensersatzanspruch. Die deliktsrechtliche Haftung hat daher vor allem in Konstellationen Bedeutung, in denen zwischen Schädiger und Geschädigtem keine vertraglichen Beziehungen bestehen.

## II. Haftung aus unerlaubter Handlung

### 1. Übungsfall 4

**282** Das 3-jährige Kind Karli besucht die Kindertagesstätte. Als ihm das „Programm" zu langweilig wird, verlässt er die Kindertagesstätte. Dies ist ihm deswegen möglich, weil die Türsicherung, die eigentlich ein eigenmächtiges Verlassen der Kindertagesstätte durch die Kinder verhindern soll, derzeit kaputt ist. Zwar sind die Erzieherinnen angehalten, die Tür bis zur Reparatur der Sicherung abzusperren. Allerdings hat die verantwortliche Erzieherin dies versehentlich unterlassen. Karli wird beim Überqueren der an die Kindertagesstätte angrenzenden Straße an dem – gut einsichtigen – Fußgängerübergang von dem 17-jährigen Fahrradfahrer Friedrich, angefahren und behandlungsbedürftig verletzt. Friedrich hatte Karli übersehen, weil er einem hübschen Mädchen mit einem Kunststück auf dem Fahrrad imponieren wollte, wobei er ihr Kusshändchen zuwarf. Haftet der Fahrradfahrer für den Schaden von Karli (Lösungshinweise Rn 339)?

### 2. Überblick

**283** Die Prüfung der Schadensersatzpflicht aus unerlaubter Handlung nach § 823 Abs. 1 BGB erfolgt in mehreren Schritten:

- Objektiver Tatbestand: Ursächliche Verletzung eines geschützten Rechts, die ihrerseits ursächlich zu einem Schaden geführt haben muss.
- Rechtswidrigkeit.
- Verantwortlichkeit.

## 3. Objektiver Tatbestand der unerlaubten Handlung

### a) Rechtsgutsverletzung

Der objektive Tatbestand des § 823 Abs. 1 BGB erfordert an erster Stelle eine **Verlet-** **284** **zung bestimmter Rechtsgüter**. Folgende Rechte sind ausdrücklich benannt: Leben, Körper, Gesundheit, Freiheit, Eigentum. Daneben kann auch die Verletzung eines „sonstigen Rechts" Schadensersatzansprüche auslösen.

Das Leben wird verletzt bei der Tötung einer Person. Eine Körperverletzung liegt bei **285** äußeren Eingriffen in die körperliche Unversehrtheit vor.

Beispiel: Ein Autofahrer fährt ein Kind an.

Eine Gesundheitsverletzung ist hingegen anzunehmen, wenn die inneren Lebensvorgänge gestört werden.

Beispiele: Die Mutter des im obigen Beispiel angefahrenen Kindes erleidet einen Nervenzusammenbruch.

HIV-Infektion vor Ausbruch der Krankheit.

Die Abgrenzung zwischen einer Körper- und Gesundheitsverletzung ist im Einzelfall schwierig. Nachdem in beiden Fällen ein Schadensersatzanspruch besteht, ist eine trennscharfe Zuweisung auch nicht immer erforderlich.

Eine Freiheitsverletzung liegt in jeder Beeinträchtigung der körperlichen Bewegungs- **286** freiheit. Notwendig ist eine objektive Freiheitsberaubung.

Beispiel: Einsperren. Nicht hingegen das Aussperren.

Nicht ausreichend ist die Beeinträchtigung der Willens- und Entschlussfreiheit.

Beispiel: Drohung mit Gewalt, um eine Person am Verlassen eines Raumes zu hindern.

Eigentum ist das Vollrecht an einer Sache (§ 903 BGB). Dieses vermittelt dem Eigen- **287** tümer das Recht, nach Belieben mit einer Sache zu verfahren und jeden anderen von einer Einwirkung auszuschließen. Eine Eigentumsverletzung kann unterschiedliche Gesichter haben: Einwirkung auf die Substanz einer Sache (Zerstörung, Beschädigung, Verunstaltung), dauerndes oder zeitweiliges Entziehen einer Sache oder Beeinträchtigung des Gebrauchs (zB durch Lärm- oder Schmutzimmissionen). Nicht dem Eigentumsschutz unterfallen Forderungen.

Welche Rechte als **„sonstige Rechte"** geschützt sind, erschließt sich demgegenüber **288** nicht auf den ersten Blick. Insoweit gilt: Geschützt sind nur absolute Rechte, nicht hingegen relative Rechte (vgl Rn 46). Zu den geschützten sonstigen Rechten zählt zunächst das allgemeine Persönlichkeitsrecht. Dazu gehört auch die Privatsphäre als besonders schutzwürdiger Bereich der Selbstbestimmung und Selbstverwirklichung.

Beispiele für eine Verletzung der Privatsphäre: Heimliches Abhören von Telefongesprächen; Überwachung des Nachbarn mit Videokameras; heimliche Aufnahmen im privaten Bereich; unbefugtes Öffnen fremder Post; Tonbandaufnahmen ohne Zustimmung des Betroffenen; Erhebung und Speicherung von Daten aus dem persönlichen Bereich (informationelles Selbstbestimmungsrecht).

Der Grad des Schutzes der Privatsphäre ist unterschiedlich, je nachdem, ob die Person sich in einem – weitgehend einsichtigen – öffentlichen (Aufnahmen beim Geldabheben durch Bankinstitut) oder privaten Bereich bewegt.

Weiter ist als sonstiges Recht der berechtigte Besitz an einer Sache geschützt. Besitz ist (im Gegensatz zum Eigentum als Vollrecht an einer Sache) die tatsächliche Sachherrschaft über eine Sache. Nicht geschützt ist das Vermögen als solches.

Schließlich zählen die absoluten Familienrechte zu den geschützten sonstigen Rechten, so etwa die elterliche Sorge oder das Recht auf Schutz der ehelichen Lebensgemeinschaft.

Beispiele für eine Verletzung absoluter Familienrechte:  Entzug eines Kindes; Störung des räumlich-gegenständlichen Bereichs der Ehewohnung durch den Einzug der Geliebten des Ehemannes in die Ehewohnung.

### b) Schaden

**289** Die deliktische Haftung setzt weiter denknotwendig die Entstehung eines Schadens voraus. **Schaden** ist jeder Nachteil, den jemand an seinem Vermögen oder an seinen sonstigen rechtlich geschützten Gütern erleidet (eingehend dazu Rn 328 ff).

Beispiel:  Behandlungskosten einer Körperverletzung.

Daneben ist aber auch ein immaterieller Schaden denkbar, der als Schmerzensgeld geltend gemacht werden kann (vgl Rn 332).

### c) Geschützter Personenkreis

**290** Schadensersatz kann nur verlangt werden, wenn „**ein anderer**" geschädigt ist. Die Schadensersatzpflicht setzt insoweit voraus, dass eine rechtsfähige Person betroffen ist. Dies wirft Probleme auf, wenn das ungeborene Leben im Mutterleib geschädigt wurde. Die genaue Anwendung des Gesetzes müsste daher dazu führen, dass dem bereits gezeugten, aber noch nicht geborenen Kind keine Schadensersatzansprüche zustehen. Denn das Kind war im Zeitpunkt der Schädigung noch kein Mensch iS des BGB. Die Rechtsprechung behilft sich mit einer Analogie: Geschützt ist auch, wer zum maßgeblichen Zeitpunkt der Schädigung noch nicht lebte, aber bereits gezeugt war, wenn er später rechtsfähig wird (vgl Rn 87).

### d) Verletzungshandlung

**291** An dritter Stelle erfordert die Erfüllung des objektiven Tatbestandes eine Verletzungshandlung. Als **Verletzungshandlung** kommt jedes menschliche Verhalten in Betracht, sofern es vom Willen beherrschbar ist. Zu unterscheiden sind folgende Handlungsmodalitäten:

**292** ■ Aktives (sog positives) Handeln des Schädigers.

**293** ■ **Unterlassen.** Beim Unterlassen wird eine Haftung für „Nichtstun" ausgelöst. Insoweit gilt: Nichtstun führt grundsätzlich nicht zu einer Haftung. Nur wenn eine Rechtspflicht zum Handeln bestand, ist Unterlassen dem aktiven Tun gleichgestellt. Die wichtigsten Handlungspflichten sind:

**294**    – Vorangegangenes gefährliches Tun: Hinter dieser Konstellation steht die Überlegung, dass derjenige, der durch sein Verhalten eine gefährliche Situation schafft, die Pflicht zur Abwendung des Schadens hat, der sich infolge seines Verhaltens realisiert.

**295**    – Gesetzliche Handlungspflichten: Zu den gesetzlichen Handlungspflichten zählt insbesondere die **Aufsichtspflicht** der Eltern, Vormünder und Betreuer. Diese

sind verpflichtet, die notwendigen Maßnahmen zu ergreifen, um den Aufsichtsbedürftigen vor Schaden zu behüten.

Beispiel: Ein 3-jähriges Kind klettert auf einen Baum und stürzt von diesem herab. Weder
die Mutter des Kindes, noch ein zufällig vorbeikommender Spaziergänger greifen ein.
Beide haben nichts getan. Anders als beim Spaziergänger traf die Mutter eine Handlungspflicht. Sie kann sich nicht darauf berufen, „nichts" getan zu haben.

– Vertragliche oder tatsächliche Pflichtenübernahme: Schutz- und Handlungs- **296**
pflichten aufgrund vertraglicher Betreuungsübernahme bestehen etwa für das
Betreuungspersonal in Horten, Kindertagesstätten sowie für Begleiter bei Ju-
gendfahrten. Wie die Eltern müssen auch sie für die Unverletztheit der Kinder
einstehen und notfalls eingreifen, wenn dem Kind ein Schaden droht. Auch wenn
keine vertragliche Delegation der Handlungspflicht erfolgt ist, kann aus der tatsächlichen Verantwortungsübernahme ebenfalls eine Handlungspflicht resultieren.

– Verkehrspflichten (auch Verkehrssicherungspflichten genannt): Die Verkehrs- **297**
pflicht trifft denjenigen, der eine Gefahrenquelle schafft oder eröffnet. Sie verpflichtet ihn, die notwendigen und zumutbaren Vorkehrungen zu treffen, um
Schäden anderer, die bestimmungs- oder erwartungsgemäß mit dem Gefah-
renherd in Kontakt kommen, zu verhindern.

Anwendungsfelder: Wer Grund und Boden dem Verkehr für Menschen eröffnet, hat ihn
in gefahrlosem Zustand zu halten (Beleuchtung, Streupflicht, Kaufhäuser).
Wer auf seinem Grundstück einen Teich hat, muss Sicherungsmaßnahmen etwa mit Blick
auf Nachbarskinder treffen, die in den Teich fallen können.

– Überwachungs- und Organisationspflichten: Verkehrs- oder Aufsichtspflichten **298**
müssen nicht zwingend persönlich wahrgenommen werden, sondern können
auch an Dritte delegiert werden. Durch die Delegation endet die Verkehrssicherungspflicht nicht. Sie wandelt sich aber in eine Aufsichts- und Überwachungs-
pflicht des Dritten um. Der Handlungspflichtige muss die dritte Person sorgfältig
auswählen und überwachen. Verletzt er diese Pflicht, so haftet er.

Die Verletzung von **Organisationspflichten** ist überall dort relevant, wo eine
Dienstleistung nicht von einer einzelnen Person, sondern von einer Einrichtung,
zB einem Träger der Sozialen Arbeit, erbracht wird. Für diese stellt sich auf der
Ebene des objektiven Tatbestands die Problematik, dass die Einrichtung in
Schadensfällen meistens nicht aktiv gehandelt hat, sondern „geschlampt", also
etwas unterlassen hat. Insoweit gilt: Die Verkehrs- und Aufsichtspflichten stellen
sich für Träger von Einrichtungen und Betrieben in Form von Organisationspflichten. Der Träger muss durch seine Organisation dafür Sorge tragen, dass
die notwendigen Schutzvorkehrungen zugunsten Dritter getroffen werden.

**Achtung:** Eine deliktsrechtliche Haftung eines Trägers ist immer nur bei Schäden gegenüber **299**
Außenstehenden relevant. Wird infolge eines Organisationsverschuldens jemand verletzt, der
in vertraglicher Beziehung zu dem Träger steht, haftet der Träger aus Vertragsverletzung (vgl
Rn 193). Verletzt also ein Jugendlicher in dem Heim einen anderen Heimbewohner oder verletzt
sich der Jugendliche in dem Heim durch ein Verschulden des Trägers, so haftet der Träger dem
verletzten Jugendlichen aus vertraglicher Pflichtverletzung.

**Allgemeiner Hinweis:** Im Rahmen der Rechtsprüfung ist an dieser Stelle lediglich zu prüfen, ob
im Grundsatz eine Handlungspflicht bestand. Da diese ausreicht, um das Unterlassen dem
Handeln gleichzustellen, genügt an dieser Stelle die Feststellung, dass den Betreffenden eine

– und welche – Handlungspflicht traf. Ob die Handlungspflicht tatsächlich auch verletzt wurde, wird erst im Rahmen der Kausalität geprüft (vgl Rn 300 ff).

### e) Kausalität

**300** Bei dem Merkmal der Kausalität geht es um die Verknüpfung zwischen Verletzungshandlung und Verletzungserfolg. Schadensersatz kann nur von demjenigen verlangt werden, der Rechtsgutsverletzung und Schaden **verursacht** hat. Das Handeln (oder Unterlassen) muss dabei ursächlich sowohl für die Verletzung des geschützten Rechtsguts als auch für den dadurch entstandenen Schaden sein. Dies erfordert eine doppelte Kausalitätsprüfung:

- Kausalzusammenhang zwischen Handlung und Verletzung (sog **haftungsbegründende Kausalität**).
- Kausalzusammenhang zwischen Rechtsgutsverletzung und Schaden (sog **haftungsausfüllende Kausalität**).

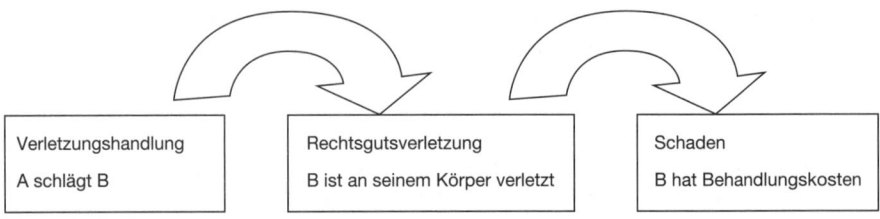

| Verletzungshandlung | Rechtsgutsverletzung | Schaden |
|---|---|---|
| A schlägt B | B ist an seinem Körper verletzt | B hat Behandlungskosten |

Die Funktion der Kausalitätsprüfung liegt im Wesentlichen darin, unwahrscheinliche Geschehensabläufe sowie Schäden auszusondern, die von § 823 Abs. 1 BGB nicht geschützt sind, weil sie dem allgemeinen Lebensrisiko zuzurechnen sind. Die (sowohl haftungsbegründende als auch haftungsausfüllende) Kausalitätsprüfung erfolgt in mehreren Schritten:

**301** An erster Stelle erfolgt eine Zurechnung über die sog **Äquivalenztheorie**. Eine Handlung ist danach bereits immer dann kausal für Verletzungserfolg und Schaden, wenn sie nicht hinweg gedacht werden kann, ohne dass zwingend der Erfolg entfiele. Anders ausgedrückt: Die Handlung ist immer dann ursächlich, wenn sie zwingende Vorbedingung für die Verletzung des Rechtsguts sowie des Schadens ist („Hätte das Kind den Hund nicht geschubst, wäre er nicht in den Brunnen gefallen").

Da hierdurch ein sehr weiter Ursachenzusammenhang eröffnet wird (hätte die Mutter das Kind nicht geschimpft, wäre es nicht weggelaufen und draußen vom Blitz erschlagen worden), besteht die Notwendigkeit der Einschränkung. Diese erfolgt nach folgenden Kriterien:

**302** ■ **Adäquanztheorie**: Eine Verletzung bzw ein Schaden ist nur dann dem Handelnden zuzurechnen, wenn die gesetzte Bedingung im Allgemeinen – und nicht nur bei einem ganz ungewöhnlichen Schadensverlauf – geeignet ist, die Rechtsgutsverletzung und den Schaden herbeizuführen. Hierdurch werden unwahrscheinliche oder gar nicht beherrschbare Kausalverläufe ausgesondert.

**303** ■ **Schutzzweck der Norm**: Nur Schäden, vor denen der Verletzte durch § 823 Abs. 1 BGB geschützt werden soll, sind dem Schädiger auch zuzurechnen. Verletzungen und Schäden, die demgegenüber dem allgemeinen Lebensrisiko zuzurechnen sind, fallen aus dem Schutzzweck des § 823 Abs. 1 BGB heraus und werden nicht ersetzt.

Beispiel: Ein Jugendlicher wird bestohlen. Er verfolgt den Dieb und verletzt sich dabei. Verletzung und Schaden des Jugendlichen sind dem Dieb dann zuzurechnen, wenn sich hier nicht das allgemeine Lebensrisiko, sondern ein spezifisches Verfolgerrisiko realisiert. Maßstab ist, ob und inwieweit sich der Jugendliche zur Verfolgung herausgefordert fühlen durfte. Dies hängt nicht zuletzt von der Gefährlichkeit der Verfolgungssituation ab. Läuft der Jugendliche etwa bei der Verfolgung unter Missachtung eines Ampelsignals über eine Straße und wird infolgedessen angefahren, so realisiert sich hier eine Eigengefährdung und nicht mehr das Verfolgerrisiko. Anders wäre zu entscheiden, wenn der Jugendliche bei der Verfolgung stürzt.

■ Besonderheiten gelten schließlich bei mittelbaren Schäden, die an weiteren Rechts-   **304** gütern eintreten sowie bei der Verletzung durch Unterlassen. Beim Unterlassen verletzt der Schädiger das Rechtsgut nicht aktiv. Mittelbare Schäden sind solche, die sich erst später infolge der Verletzung ergeben.

Beispiel: Ein Jugendlicher wird von einem Schulkameraden gestoßen und zieht sich infolgedessen eine behandlungsbedürftige Verletzung zu. Die Verletzung muss im Krankenhaus operiert werden. Infolge von Komplikationen bei der Operation erblindet der Jugendliche. Er erkrankt zudem an einem Krankenhausvirus. Zuletzt wird ihm dort seine Brille gestohlen. Während der Erkrankung kann er seinem Nebenjob nicht mehr nachgehen und erleidet dadurch einen Gewinnausfall. Zwei Jahre später erleidet er infolge der damaligen Verletzung einen weiteren Sturz mit erheblichen Behandlungskosten.

In beiden Fällen wird dem Schädiger der Verletzungserfolg nur dann zugerechnet, wenn sich der Schädiger pflichtwidrig verhalten hat.

Hinweis: Steht eine Haftung für eine Verletzung einer Handlungspflicht – etwa der Aufsichtspflicht – im Raum, wäre an dieser Stelle jetzt eine Konkretisierung der Handlungspflicht dahin gehend vorzunehmen, welche Anforderungen sich im konkreten Fall ergeben und ob diese beachtet wurden. Nur bei Verletzung der Handlungspflicht wird dem potenziellen Schädiger Verletzung und Schaden auch zugerechnet. Ist die Handlungspflicht hingegen nicht verletzt worden, entfällt die Haftung aus § 823 Abs. 1 BGB. Gleiches gilt, wenn eine Haftung aus Organisationsverschulden oder der Verletzung von Verkehrspflichten zu prüfen ist.

Eine Verletzung der Organisationspflicht einer juristischen Person kann etwa darin bestehen, dass Betriebsabläufe nicht ausreichend organisiert und überwacht werden oder für naheliegende und vorhersehbare Probleme keine (ausreichenden) Vorkehrungen getroffen wurden. Sodann trifft die Einrichtung die Pflicht zur Auswahl und Überwachung des Personals. In diesem Rahmen ist sie etwa zur Weitergabe relevanter Informationen, ggf auch zur Durchführung von Schulungen verpflichtet. Der Einsatz unqualifizierter Betreuer in einer Jugendhilfeeinrichtung würde etwa einen Verstoß gegen die Organisationspflichten darstellen und – im Schadensfall – zu einer Haftung des Trägers aus Organisationsverschulden führen. Zu Inhalt und Anforderungen der Aufsichtspflicht vgl eingehend Rn 348 ff.

Beispiele: Bei Personalausfall – etwa infolge von Krankheit – muss für Ersatz gesorgt werden. Ist ein Jugendheim mit stark verhaltensauffälligen Kindern derart personell unterbesetzt, dass die eingesetzten Sozialarbeiter aufgrund der dadurch eintretenden Überforderung nicht in der Lage sind, die ihnen obliegenden Aufsichts- und Kontrollpflichten zu erfüllen, haftet der Träger für diejenigen Schäden, die sich in der Folge realisieren, etwa wenn ein Jugendlicher ausbricht und bei einem Dritten einen Schaden anrichtet.

Trotz der genannten Einschränkungen eröffnet die Kausalität eine weite Zurechnung   **305** von Verletzungshandlungen und Schäden. Vor allem mittelbare Schäden, die erst aus der Verletzung selber resultieren, sind noch von der Haftung umfasst. Auch das Fehlverhalten Dritter unterbricht nicht notwendig den Kausalzusammenhang.

## 4. Rechtswidrigkeit

**306** Die Haftung nach § 823 Abs. 1 BGB setzt eine **widerrechtliche** Verletzung eines der geschützten Rechtsgüter voraus. Dabei lässt allein die Verwirklichung des objektiven Tatbestands vermuten, dass das Verhalten auch rechtswidrig ist. Man spricht in diesem Rahmen auch davon, dass die Realisierung des objektiven Tatbestands die Rechtswidrigkeit der Rechtsgutsverletzung indiziert. Die Rechtswidrigkeit entfällt nur beim Vorliegen von Rechtfertigungsgründen. Die wichtigsten Rechtfertigungsgründe sind: Notwehr, Notstand, Selbsthilfe sowie die Einwilligung des Verletzten.

### a) Notwehr

**307** Liegen die Voraussetzungen einer Notwehrhandlung vor, ist die Handlung nicht rechtswidrig (§ 227 Abs. 1 BGB). **Notwehr** ist diejenige Verteidigung, die erforderlich ist, um einen gegenwärtigen rechtswidrigen Angriff von sich oder einem anderen abzuwenden (§ 227 Abs. 2 BGB).

Der Angriff kann sich gegen jedes beliebige rechtlich geschützte Interesse richten. Ein Angriff liegt dabei nur dann vor, wenn die Einwirkung noch gegenwärtig ist. Dafür muss sie bereits begonnen haben und noch andauern. Ausreichend ist, dass der Angriff unmittelbar bevorsteht. Davon ist etwa auszugehen, wenn ein Verhalten jederzeit in einen Angriff umschlagen kann. Ist der Angriff hingegen im Zeitpunkt der Notwehrhandlung bereits beendet, liegt keine Notwehrsituation mehr vor. Der Angriff muss zudem rechtswidrig sein. Notwehr gegen Notwehr ist daher nicht zulässig.

Beispiel: Der aggressive Jugendliche Josef bedroht den Schüler Mehmet mit dem Messer, um ihm sein Handy abzunehmen. Mehmet wehrt sich mit einem gezielten Tritt. Mehmets Gegenwehr ist durch Notwehr gerechtfertigt. Josef (der auf Mehmets Reaktion nur gewartet hat) darf sich nicht hiergegen zur Wehr setzen. Wehrt sich Josef jetzt gegen den Tritt, indem er Mehmet mit dem Messer verletzt, so ist dieses Handeln nicht durch Notwehr gedeckt und damit rechtswidrig.

Gerechtfertigt sind dabei nur objektiv erforderliche Verteidigungshandlungen. Daher ist bei mehreren gleich geeigneten Mitteln das mildere zu wählen. Wird hingegen stärker als nötig in die Rechtsposition des Angreifers eingegriffen, ist die Handlung – weil nicht mehr erforderlich – rechtswidrig.

Weiter muss die Verteidigung auch (subjektiv) vom Verteidigungswillen getragen sein. Hingegen erfolgt eine Abwägung der kollidierenden Rechtsgüter nicht.

### b) Notstand

**308** Im Gegensatz zur Notwehrsituation wird beim Notstand nicht auf eine Person, sondern auf eine Sache eingewirkt. Zu unterscheiden ist zwischen defensivem (§ 228 BGB) und aggressivem Notstand (§ 904 BGB).

**309** Beim sog **defensiven Notstand** (man spricht auch vom Verteidigungsnotstand) geht die Gefahr – im Unterschied zur Notwehr – von einer Sache oder einem Tier aus, gegen die sich der Handelnde schützt.

Beispiel: Ein Hund greift den Spaziergänger S an. Dieser verteidigt sich, indem er mit seinem Stock auf das Tier einschlägt.

Beim Verteidigungsnotstand gilt: Wer eine fremde Sache beschädigt oder zerstört, um eine durch sie drohende Gefahr von sich oder einem anderen abzuwenden, handelt nicht widerrechtlich, wenn die Beschädigung oder Zerstörung zur Abwendung der

Gefahr erforderlich ist und der Schaden nicht außer Verhältnis zur Gefahr steht (§ 228 BGB).

Die Voraussetzungen des Notstandes ähneln damit weitgehend denen der Notwehr. Im Unterschied zu dieser erfolgt beim Verteidigungsnotstand allerdings eine Abwägung der betroffenen Güter: Der Schaden an der Sache darf nicht außer Verhältnis zur Gefahr stehen. Eine im Vergleich zum geschützten Interesse unverhältnismäßige Beeinträchtigung der Sache ist mithin nicht mehr gerechtfertigt.

Beispiel:  Der – wertvolle – Terrier des Nachbarn wird getötet, um einen (wertlosen) Tennisball, in den sich der Hund verbissen hat, zu schützen (Eigentum). In diesem Fall ist die Verletzung des Hundes nicht mehr durch defensiven Notstand gedeckt.

Unabhängig davon besteht uU eine Schadensersatzpflicht des Handelnden, wenn er die Gefahr selber verschuldet hat.

Beim **aggressiven Notstand** (sog Angriffsnotstand) wird zur Abwendung einer Gefahr **310** auf eine dritte Sache eingewirkt, von der selber keine Gefahr ausgeht.

Beispiel:  Ein Rottweiler greift das Kind des Spaziergängers S an. Zur Verteidigung ergreift S den Stock eines Passanten, mit dem er auf den Hund einschlägt. Der Stock wird dabei beschädigt.

Beim aggressiven Notstand gilt: Der Eigentümer der Sache muss den Eingriff in sein Eigentum hinnehmen und darf sein Eigentum nicht seinerseits verteidigen (keine Notwehr gegen die Wegnahme des Stockes zulässig). Die Duldungspflicht besteht allerdings nur, wenn die Einwirkung zur Abwendung einer gegenwärtigen Gefahr notwendig und der ohne den Eingriff drohende Schaden unverhältnismäßig groß ist. Der aggressive Notstand hat mithin eine engere Grenze als der Verteidigungsnotstand: Der drohende Schaden (im Beispielsfall: Leben/Körper eines Menschen) muss unverhältnismäßig größer sein, als der Schaden, der dem Dritten durch den Eingriff in dessen Eigentum (Beschädigung des Stockes) entsteht. Unabhängig von der Frage, ob der Eingriff in das fremde Eigentum rechtmäßig (und damit vom Eigentümer zu dulden) ist, kann der Eigentümer der beeinträchtigten Sache von dem Handelnden Ersatz des Schadens verlangen (§ 904 BGB).

## c) Selbsthilfe

Die Durchsetzung eigener Rechte erfolgt in einem Rechtsstaat grundsätzlich mit staat- **311** licher Hilfe nach Durchführung eines gerichtlichen Verfahrens in einem staatlichen Vollstreckungsverfahren. Die eigenmächtige Durchsetzung eigener Rechte (Selbsthilfe) ist grundsätzlich unzulässig. Eine Ausnahme davon enthalten die §§ 229, 230 BGB: **Selbsthilfe** ist danach in engen Grenzen zulässig, wenn obrigkeitliche Hilfe nicht rechtzeitig zu erlangen ist und ohne sofortiges Eingreifen die Gefahr besteht, dass die Verwirklichung des Anspruchs vereitelt oder wesentlich erschwert wird. Zulässige Selbsthilfehandlungen sind:

- Wegnahme, Zerstörung oder Beschädigung einer Sache.
- Festnahme eines der Flucht Verdächtigen.
- Beseitigung des Widerstandes gegen eine Handlung.

## d) Einwilligung des Verletzten

Eine Rechtsgutsverletzung ist grundsätzlich dann nicht rechtswidrig, wenn sie mit **312** **Einwilligung** des Verletzten erfolgt.

Beispiele:   Stechen eines Piercing auf Wunsch eines Kunden; Vornahme einer Operation; Schwangerschaftsabbruch.

Dieser Rechtfertigungsgrund ist gesetzlich nicht geregelt. Folgende Anforderungen stellt die Rechtsprechung auf: Die Einwilligung muss freiwillig erteilt sein. Zudem muss der Einwilligende die notwendige geistige und sittliche Reife besitzen, um die Reichweite seiner Erklärung, insbesondere die Folgen des Rechtsgutsverzichts, einschätzen zu können (Einwilligungsfähigkeit). Bei ärztlichen Eingriffen erfordert dies grundsätzlich eine Aufklärung des Arztes über Bedeutung, Tragweite und Risiken des Eingriffs. Ist die Aufklärung nicht, unvollständig oder fehlerhaft erfolgt, ist die Einwilligung nicht wirksam. Einwilligungsfähigkeit setzt grundsätzlich Geschäftsfähigkeit voraus.

313 Bei Minderjährigen ist zu differenzieren:

- Grundsätzlich müssen die Personensorgeberechtigten in die Rechtsgutsverletzung des Minderjährigen einwilligen.

- Daneben stellt sich die Frage, ob nicht auch der Minderjährige in die Rechtsgutsverletzung einwilligen muss. Die Rechtsprechung nimmt dies grundsätzlich an, wenn er eine entsprechende **Einsichtsfähigkeit** besitzt, die es ihm erlaubt, Bedeutung und Tragweite des Eingriffs zu erkennen (eingehend Rn 581).

Beispiel:   Ein Schwangerschaftsabbruch bei einer Minderjährigen ist nur mit Einwilligung der Eltern der Minderjährigen zulässig. Ist die Minderjährige einsichtsfähig, dann muss auch sie einwilligen. Fehlt ihre Einwilligung, ist der Eingriff rechtswidrig.

314 Ist eine Einwilligung nicht zu erlangen, etwa wenn ein Patient physisch oder psychisch nicht in der Lage ist, einem Aufklärungsgespräch zu folgen und eine eigenständige Entscheidung zu treffen, kann uU eine mutmaßliche Einwilligung angenommen werden, die dann ebenfalls die Rechtswidrigkeit eines Eingriffs entfallen lässt. Bei der mutmaßlichen Einwilligung kommt es darauf an, ob der Eingriff dem mutmaßlichen Willen des Patienten entspricht.

#### e)  Das elterliche Züchtigungsrecht

315 Rechtsgutsverletzungen von Kindern durch ihre erziehungsberechtigten Eltern wurden früher als von einem eigenständigen Rechtfertigungsgrund gedeckt angesehen: Das sog elterliche Züchtigungsrecht. Eingriffe in Leib, Gesundheit, Freiheit und Eigentum eines Kindes, die den Zweck verfolgten, den „erzieherischen Standpunkt" plausibel zu machen, waren dementsprechend bis zur Grenze entwürdigender Behandlungen grundsätzlich zulässig. Dieser Rechtfertigungsgrund gehört mittlerweile der Vergangenheit an: § 1631 Abs. 2 BGB normiert ausdrücklich das Recht eines Kindes auf gewaltfreie Erziehung. Es gilt insoweit ein absolutes Gewaltverbot in der Erziehung. Ein elterliches Züchtigungsrecht scheidet als Rechtfertigungsgrund aus.

#### 5.  Verantwortlichkeit

316 Haftung aus unerlaubter Handlung ist immer vorwerfbares Handeln. Aus diesem Grund steht an letzter Stelle der Prüfung die Verantwortlichkeit des Schädigers. Zu unterscheiden ist dabei zwischen:

- Verschulden und
- Verschuldensfähigkeit.

## a) Verschulden

Die Haftung aus § 823 Abs. 1 BGB setzt Verschulden voraus. Dementsprechend wird **317** nur für eine vorsätzliche oder fahrlässige Tatbegehung gehaftet.

**Vorsätzlich** handelt, wer den Verletzungserfolg herbeiführen will. Vorsatz ist in verschiedenen Varianten möglich: Die wissentliche Rechtsgutverletzung erfolgt ebenso vorsätzlich wie eine absichtliche Rechtsgutverletzung. Ausreichend ist sogar, dass der Handelnde eine Rechtsgutverletzung für möglich hält und sie billigend in Kauf nimmt.

Demgegenüber handelt **fahrlässig**, wer die im Verkehr erforderliche Sorgfalt außer **318** Acht lässt (§ 276 Abs. 2 BGB). Dies ist immer dann anzunehmen, wenn der Handelnde den Erfolg hätte voraussehen und bei Beachtung der notwendigen Sorgfalt vermeiden können. Die für den Fahrlässigkeitsvorwurf notwendige Sorgfaltswidrigkeit wird dabei nicht nach individuellen Maßstäben, sondern an Hand eines objektiven Maßstabs beurteilt. Daher ist unerheblich, ob der Handelnde, gemessen an seinen individuellen Verhältnissen, die notwendige Sorgfalt aufgewandt hat. Abzustellen ist vielmehr darauf, wie sich ein besonnener und gewissenhafter Angehöriger des in Betracht kommenden Verkehrskreises verhalten hätte. Bei der Anlegung objektiver Maßstäbe werden allerdings keine absoluten Kriterien aufgestellt. Vielmehr werden – je nach Kontext – Verkehrsgruppen gebildet, für die dann jeweils bestimmte Standards gelten. Typische Verkehrskreise sind etwa:

- Berufsstände müssen die Standards ihrer Berufsgruppe erfüllen. **319**
- Teilnehmer am Straßenverkehr müssen die Straßenverkehrsregeln einhalten.
- Bei Kindern kommt es darauf an, ob ein durchschnittliches Kind dieser Altersgruppe das Gefährliche seines Tuns hätte voraussehen können und dieser Einsicht gemäß hätte handeln können und müssen.

Fahrlässigkeit kann unterschiedliche Ausprägungen aufweisen: Lässt der Handelnde **320** selbst einfachste und naheliegende Vorsichtsmaßnahmen außer Acht, liegt grobe Fahrlässigkeit vor. Wendet der Handelnde zwar eine gewisse, jedoch nicht die ausreichende Sorgfalt an, spricht man von leichter Fahrlässigkeit. Eine genaue Differenzierung ist jedoch nur dann erforderlich, wenn die Haftung eine besondere Form der Fahrlässigkeit verlangt. Ein besonderer Haftungsmaßstab gilt etwa für Eltern gegenüber ihren Kindern: Diese haben nämlich bei der Ausübung der Sorge nur für diejenige Sorgfalt einzustehen, die sie in eigenen Angelegenheiten anzuwenden pflegen (§ 1664 Abs. 1 BGB). Eltern haften daher ihren Kindern gegenüber nicht, wenn nur einfache Fahrlässigkeit vorliegt. Keine Anwendung findet die Haftungserleichterung des § 1664 BGB dabei auf Handlungen, die in keinem Zusammenhang mit der elterlichen Sorge stehen. Steht die fragliche Handlung hingegen noch in einem inneren Zusammenhang zur Sorge, so etwa bei Schäden, die im Straßenverkehr entstehen, ist die Anwendbarkeit des Haftungsprivilegs streitig.

Lässt sich ein Verhalten nicht einmal als fahrlässig einstufen, entfällt die Schadenser- **321** satzpflicht.

## b) Verschuldensfähigkeit

Eine Haftung für verschuldete Rechtsgutverletzungen impliziert Vorwerfbarkeit des **322** Handelns. In gleicher Weise wie bei der Geschäftsfähigkeit existieren daher auch für die deliktische Haftung Sonderregeln für diejenigen Fälle, in denen verantwortliches –

und damit vorwerfbares – Handeln aufgrund des psychisch-geistigen Zustandes nicht
möglich ist. Der Fachbegriff für die Handlungsfähigkeit im Bereich des Deliktsrechts
ist Verschuldensfähigkeit oder **Deliktsfähigkeit**. Ähnlich wie im Rahmen der Geschäftsfähigkeit werden auch hier Fallgruppen gebildet:

- Bewusstseinsstörungen (§ 827 BGB).
- Minderjährige (§ 828 BGB).

### aa) Bewusstseinsstörungen

**323** Nicht für einen Schaden verantwortlich ist zunächst, wer im Zustand der Bewusstlosigkeit oder in einem die freie Willensbestimmung ausschließenden Zustand krankhafter Störung der Geistestätigkeit gehandelt hat (§ 827 BGB).

Beispiele: Unfallschock; Drogenkonsum mit völligem Wahrnehmungsverlust; Geisteskrankhei-
ten.

**324** Bei – vorübergehenden – Rauschzuständen kommt es darauf an, ob der Zustand verschuldet ist. Grundsätzlich gilt insoweit: Hat sich der Schädiger durch Alkohol- oder
Drogenkonsum in einen vorübergehenden Zustand der Bewusstseinsstörung versetzt,
ist er auch für sein Handeln in diesem Zustand verantwortlich. Zugleich hat dies Auswirkungen auf den Verschuldensmaßstab: Der Täter haftet insoweit lediglich wegen
fahrlässigen Verhaltens. Anderes gilt nur, wenn der Schädiger unverschuldet in diesen
Zustand geraten ist. In diesem Fall scheidet – mangels Verantwortlichkeit – jegliche
Haftung aus (§ 827 S. 2 BGB).

### bb) Kinder

**325** Für Kinder findet sich eine abgestufte Differenzierung:

- Bis zum vollendeten 7. Lebensjahr sind Kinder nicht für den Schaden, den sie einem
  anderen zufügen, verantwortlich (§ 828 Abs. 1 BGB).

**326** ■ Ab Vollendung des 7. bis zum vollendeten 18. Lebensjahr hängt die Deliktsfähigkeit
davon ab, ob der Minderjährige bei Tatbegehung die erforderliche **Einsichtsfähigkeit** besitzt (§ 828 Abs. 3 BGB). Die Einsichtsfähigkeit liegt vor, wenn der Minderjährige in der Lage ist, das Gefährliche seines Tuns zu erkennen und sich der Verantwortung für sein Tun bewusst ist. Davon ist auszugehen, wenn er intellektuell
das Unrecht seiner Handlung einsehen kann und eine Verpflichtung erkennt, für die
Folgen in irgendeiner Weise einstehen zu müssen. Nicht erforderlich ist hingegen,
dass der Minderjährige die Fähigkeit besitzt, sich entsprechend dieser Erkenntnis
zu verhalten (dies ist allerdings für die Bejahung des Fahrlässigkeitsvorwurfs erforderlich, vgl Rn 319). Anders als im Bereich des Verschuldens wird die Deliktsfähigkeit Minderjähriger nicht abstrakt, sondern individuell nach den jeweiligen intellek-
tuellen Fähigkeiten des konkreten Minderjährigen bestimmt. Nach der sprachlichen
Fassung des Absatzes wird das Vorliegen der Verschuldensfähigkeit eines Minderjährigen nach Vollendung des 7. Lebensjahres vermutet. Im Prozess müsste der
Minderjährige daher darlegen und beweisen, dass er nicht deliktsfähig war. Liegen
mithin keine besonderen Anhaltspunkte für das Fehlen der erforderlichen Einsichtsfähigkeit vor, ist von der Deliktsfähigkeit eines Minderjährigen auszugehen.

**327** ■ Besondere Altersgrenzen gelten für Verkehrsunfälle, an denen Minderjährige beteiligt sind (§ 828 Abs. 2 BGB). Hier beginnt die Deliktsfähigkeit für fahrlässig herbei-

geführte Schäden erst mit Vollendung des 10. Lebensjahres. Dies betrifft nur Schäden, die ein Minderjähriger bei einem Unfall mit einem Kraftfahrzeug, einer Schienenbahn oder einer Schwebebahn herbeiführt. Hingegen greift die Privilegierung nicht bei Unfällen mit nicht motorisierten Fahrzeugen, etwa dem Fahrrad, Skateboard oder Inlinern.

Weiter ist die Privilegierung auf fahrlässig verursachte Schäden beschränkt. Bei vorsätzlich herbeigeführten Unfällen bleibt es beim regulären Verschuldensmaßstab für Minderjährige.

Beispiel: Ein 9-jähriges Kind bewirft Autos mit Steinen.

## 6. Schaden

Liegen die Voraussetzungen der unerlaubten Handlung vor, so ist derjenige Schaden **328** zu ersetzen, der kausal infolge der og Rechtsgutsverletzung entstanden ist. **Schaden** ist jeder Nachteil, den jemand an seinem Vermögen oder an seinen sonstigen rechtlich geschützten Gütern erleidet. Die Schadensersatzpflicht umfasst folgende Positionen:

| Vermögensschaden | Nichtvermögensschaden | Sonstiger Schaden |

### a) Vermögensschaden

Soweit ein **Vermögensschaden** entstanden ist, gilt: Es ist der Zustand herzustellen, **329** der ohne das schädigende Ereignis bestehen würde (Grundsatz der Naturalrestitution, § 249 Abs. 1 BGB). Zu ersetzen ist auch der entgangene Gewinn (§ 252 BGB). Als entgangen gilt dabei der Gewinn, der nach dem gewöhnlichen Lauf der Dinge mit Wahrscheinlichkeit erwartet werden konnte (§ 252 S. 2 BGB).

Schadensersatz in Geld kann subsidiär in zwei Fällen verlangt werden:                    **330**

■ Die Herstellung des Zustandes vor der Schädigung ist nicht möglich bzw nicht ausreichend (§ 251 Abs. 1 BGB).
■ Die Herstellung ist nur mit unverhältnismäßigem Aufwand möglich (§ 251 Abs. 2 BGB).

Typische Schadenspositionen bei Personenschäden: Heilungskosten (Arzt, Medikamente, Pflegepersonal, Kurkosten, Fahrt Angehöriger für Krankenbesuche) unter Anrechnung von ersparten häuslichen Verpflegungskosten.

Die Schadensersatzpflicht umfasst weiter folgende Positionen:                            **331**

■ Richtet sich die Handlung gegen eine Person, so beinhaltet die Schadensersatzpflicht alle Nachteile, die die Handlung für den Erwerb und das Fortkommen des Geschädigten mit sich bringt (sog Erwerbsschaden, § 842 BGB).
■ Wurde die Erwerbsfähigkeit des Geschädigten durch eine Körper- oder Gesundheitsverletzung gemindert oder aufgehoben oder ist er infolgedessen gesteigert bedürftig, so ist Schadensersatz in Form von einer Rente zu leisten (§ 843 Abs. 1 BGB). Die Geldrente kann aus wichtigem Grund durch eine einmalige Abfindung ersetzt werden (§ 843 Abs. 3 BGB).

## b) Nichtvermögensschaden

**332** Für Nichtvermögensschäden (sog immaterielle Schäden) kann Geldersatz nur verlangt werden, wenn es gesetzlich besonders angeordnet ist (§ 253 Abs. 1 BGB). Eine derartige Öffnung findet sich für Verletzungen des Körpers, der Gesundheit, Freiheit oder sexuellen Selbstbestimmung (§ 253 Abs. 2 BGB).

Beispiele: Schwere psychische Störung als Folge der Verletzung; Schmerzhaftigkeit der Verletzung; weitere belastende Folgen der Verletzung zB Entstellung durch Verletzungsnarben.

In diesen Fällen kann eine sog „billige" Entschädigung (sog **Schmerzensgeld**) gefordert werden. Die Höhe ist unter Berücksichtigung der Ausgleichsfunktion sowie von Genugtuungsüberlegungen vom Gericht zu schätzen. So kann ein Faktor für die Entschädigung sein, dass der Verletzte über das notwendige Geld verfügt, sich selber Ausgleich zu schaffen. In der Rechtsprechung haben sich dazu Schmerzensgeldtabellen entwickelt, die eine Schätzung der zu erwartenden Beträge erlauben.

## c) Sonstiger Schaden

**333** Folgende Schäden, die Dritten infolge der unerlaubten Handlung entstanden sind, sind zu ersetzen:

- Übernahme der Beerdigungskosten: Ist eine Person getötet worden, sind die Beerdigungskosten zu ersetzen (§ 844 Abs. 1 BGB).
- Übernahme der Unterhaltspflicht: War die getötete Person einer anderen unterhaltspflichtig (nasciturus genügt) und verliert diese nunmehr ihren Unterhaltsschuldner, so umfasst die Schadensersatzpflicht auch die Übernahme dieser Unterhaltspflicht in Form einer Geldrente (§ 844 Abs. 2 BGB).

Beispiel: Tötung eines Familienvaters, der seiner Ehefrau und seinen minderjährigen Kindern unterhaltspflichtig war.

- Ersatz für entgangene Dienste: Bei Tötung, einer Körper- oder Gesundheitsverletzung bzw Freiheitsverletzung einer Person, die aufgrund gesetzlicher Vorschriften einem Dritten zu entgeltlichen Leistungen in dessen Hauswesen oder Gewerbe verpflichtet war, ist dem Dritten Ersatz für die ihm infolgedessen entgangenen Dienste des Opfers zu leisten (§ 845 BGB). Diese Norm hat allerdings kaum praktische Bedeutung.

## d) Schadensersatz und Ansprüche aus Sozialversicherung

**334** Wird durch eine unerlaubte Handlung die Gesundheit verletzt, so entsteht dem Geschädigten meist kein unmittelbarer Schaden. Die Heilungskosten (Arztkosten, Medikamente uÄ) werden zumeist von der Krankenkasse – so der Geschädigte versichert ist – erstattet. Für Schäden im Rahmen von Kindertagesstätten oder Schulen besteht ein gesetzlicher Unfallversicherungsschutz (§ 2 Abs. 1 Nr 8 SGB VII). Dies würde zu einer ungerechtfertigten Freistellung des Schädigers führen. Für den Fall, dass ein Schaden nur deswegen nicht entsteht, weil ein Sozialversicherungsträger den Schaden auffängt, ist daher ein Mechanismus vorgesehen, der dem Sozialversicherungsträger – an Stelle des Geschädigten – einen Zugriff auf den Schädiger ermöglicht.

Es gilt: Hat ein Sozialversicherungsträger aufgrund des Schadensereignisses eigene Leistungen zu erbringen, die der Behebung des Schadens dieser Art dienen und sich auf denselben Zeitraum wie der vom Schädiger zu leistende Schadensersatz beziehen, so geht der Schadensersatzanspruch des Geschädigten gegen den Schädiger nach § 823 BGB automatisch auf den Sozialversicherungsträger über (Legalzession, § 116 SGB X).

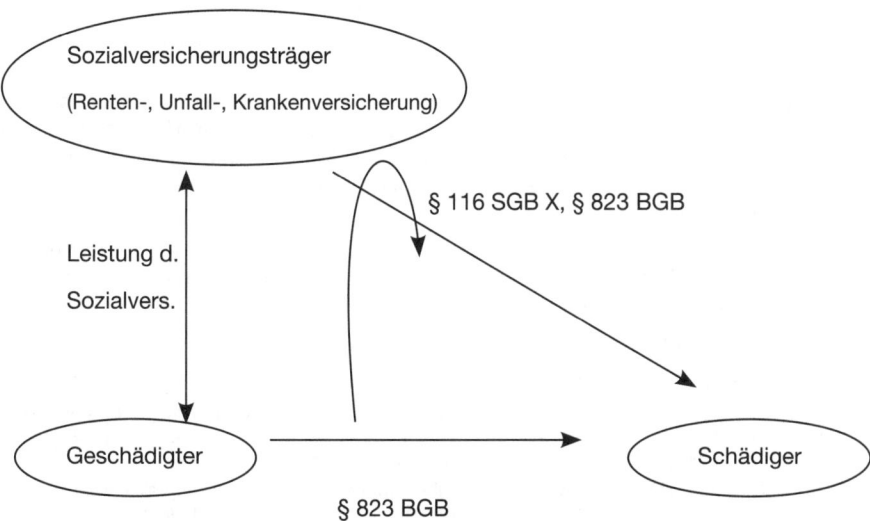

Der Geschädigte verliert dadurch seine Forderung gegenüber dem Schädiger. Der **335** Sozialversicherungsträger erhält sie. Der Schädiger kann schuldbefreiend nur noch an den Sozialversicherungsträger leisten. Die folgende Tabelle erlaubt einen Überblick über die wichtigsten von dem Übergang erfassten Schadenspositionen:

| Ersatzfähiger Schaden | Sozialversicherungsleistung |
|---|---|
| Schadensersatz wegen Erwerbsnachteilen (entgangener Gewinn). | Sozialversicherungsleistungen mit Lohnersatzfunktion (Arbeitslosengeld, berufsfördernde Leistungen zur Rehabilitation, Krankengeld). |
| Schadensersatz wegen Minderung der Erwerbsfähigkeit. | Kinderzuschläge zur Rente. |
| Anspruch wegen entgangener Betreuungsleistung. | Waisenrente. |
| Heilungskosten. | Ärztliche Behandlung, Arzneimittel, sonstige Heilmittel. |
| Sachschaden (Reparatur). | Erstattung der Aufwendungen für Sachschaden. |
| Verdienstausfallschaden. | Vorgezogenes Altersruhegeld. |

Hingegen gehen Schmerzensgeldansprüche nicht über, da die Versicherungen keine dahin gehenden Leistungen gewähren. Insoweit sieht sich der Schädiger uU mehreren Gläubigern gegenüber, dem Geschädigten (Schmerzensgeld) und einem Sozialversicherungsträger.

### 7. Mitverschulden

**336** Beim **Mitverschulden** geht es darum, das Verhalten des Opfers, das uU bei der Rechtsgutsverletzung und/oder Schadensentstehung ebenfalls eine Rolle gespielt haben kann, angemessen zu berücksichtigen. Ist ein Mitverschulden anzunehmen, so mindert sich der Umfang der Schadensersatzpflicht entsprechend dem Verschuldensanteil des Verletzten.

Mitverschulden ist der Verstoß gegen die eigenen Interessen, eine Art „Verschulden" gegen sich selbst. Es muss sich allerdings nicht um eine vorwerfbare Pflichtwidrigkeit handeln. Zwei Formen des Mitverschuldens sind relevant:

■ Mitverschulden bei der Schadensentstehung (§ 254 Abs. 1 BGB).

   Beispiele: Patient befolgt Empfehlung des Arztes nicht.

   Der 15-jährige Jan unternimmt eine Spritzfahrt mit dem Auto des Nachbarn, der den Schlüssel stecken gelassen hat. Jan verursacht einen Unfall, bei dem das Auto beschädigt wird. Den Nachbarn trifft ein Mitverschulden an dem Schaden.

   Eine Inline-Skaterin fährt auf der Mitte des linken Fahrstreifens. Ein entgegenkommender Roller verletzt sie. Die Skaterin besitzt im Grundsatz einen Schadensersatzanspruch, allerdings trifft sie erhebliches Mitverschulden.

■ Mitverschulden bei der Schadenshöhe. Dies ist anzunehmen, wenn der Beschädigte es unterlassen hat, den Schädiger auf die Gefahr eines ungewöhnlich hohen Schadens aufmerksam zu machen oder aber es unterlassen hat, den Schaden abzuwenden oder zu mildern (§ 254 Abs. 2 BGB).

**337** Problematisch ist, inwieweit bei geschädigten Kindern von einem Mitverschulden auszugehen ist. Insoweit wird § 828 BGB entsprechend angewandt: Kindern unter 7 Jahren kann mithin kein Mitverschulden zugerechnet werden. Bei älteren Kindern ist es Frage des Einzelfalles, inwieweit sie ihre Interessen einschätzen konnten. UU ist Minderjährigen allerdings ein Mitverschulden des gesetzlichen Vertreters zuzurechnen.

### 8. Prüfschema und Lösungshinweise zum Übungsfall 4

**338** Die Haftung aus § 823 Abs. 1 BGB wird in folgender Reihenfolge geprüft:

I.  Verwirklichung des objektiven Tatbestandes:
    a) Feststellung des verletzten Rechtsguts.
    b) Feststellung eines Schadens.
    c) Feststellung der Handlung. Bei Unterlassen muss zusätzlich festgestellt werden, ob eine Handlungspflicht bestand.
    d) Kausalität zwischen Handlung und Verletzung des Rechtsguts anhand von Äquivalenz- und Adäquanztheorie bzw Aspekten des Schutzzwecks der Norm. Bei Unterlassen ist an dieser Stelle zu prüfen, ob die Handlungspflicht verletzt wurde.
    e) Kausalität zwischen Rechtsgutsverletzung und Schaden nach den gleichen Maßstäben.

II. Rechtswidrigkeit: Rechtswidrigkeit ist immer zu bejahen, wenn kein Rechtfertigungsgrund vorliegt: Notwehr, Notstand, Einwilligung, Selbsthilfe.

III. Verschulden:
a) Verschuldensfähigkeit.
b) Verschuldensform: Vorsatz oder Fahrlässigkeit.

IV. Minderung der Schadensersatzpflicht durch ein Mitverschulden des Geschädigten.

Lösungshinweise zum Übungsfall 4 (Fall bei Rn 282):                    **339**

Haftung von Friedrich: Mögliche Anspruchsgrundlage: § 823 Abs. 1 BGB.

1. Objektiver Tatbestand:

a) Rechtsgutverletzung und Schaden: Beide Merkmale liegen offensichtlich vor: Karli hat eine Körperverletzung erlitten. Infolgedessen sind Behandlungskosten entstanden.

b) Verletzungshandlung: Die erforderliche Verletzungshandlung von Friedrich ist darin zu sehen, dass er Karli angefahren hat.

c) Kausalität: Diese Handlung ist eine notwendige Bedingung für die Verletzung von Karli und somit eine äquivalent kausale Ursache für seine Rechtsgutverletzung. Anhaltspunkte für eine Einschränkung der Haftung mithilfe der Adäquanztheorie oder dem Schutzzweck der Norm liegen nicht vor.

Zwischenfazit: Der objektive Tatbestand ist durch Friedrich erfüllt.

2. Rechtswidrigkeit:

Rechtfertigungsgründe für das Handeln von Friedrich sind vorliegend nicht ersichtlich. Damit war das Handeln von Friedrich auch widerrechtlich.

3. Verschulden:

a) Verschuldensfähigkeit: An dieser Stelle ist Friedrichs Minderjährigkeit zu problematisieren. Friedrich ist aufgrund seines Alters (17 Jahre) minderjährig. Dies stellt seine Deliktsfähigkeit in Frage. Einschlägig ist insoweit § 828 Abs. 3 BGB. Danach ist er für einen von ihm verursachten Schaden dann nicht verantwortlich, wenn er das Gefährliche seines Tuns nicht erkennen konnte. Die fehlende Einsichtsfähigkeit wäre von Friedrich darzulegen und zu beweisen. Da im vorliegenden Fall keine Anhaltspunkte für das Fehlen der Einsichtsfähigkeit erkennbar sind, ist von ihr auszugehen.

b) Als Verschuldensform kommt Fahrlässigkeit in Betracht. Dies lässt sich hier annehmen: Fahrlässig handelt dabei, wer die im Verkehr erforderliche Sorgfalt außer Acht lässt (§ 276 Abs. 2 BGB). Dies wirft die Frage auf, welche Sorgfaltsanforderungen an einen durchschnittlichen 17-jährigen Verkehrsteilnehmer zu stellen sind. Zu diesen gehört sicherlich die ausreichende Konzentration auf das Verkehrsgeschehen sowie verkehrsgerechtes Fahren. Hiergegen hat Friedrich verstoßen, indem er seine Aufmerksamkeit auf einen außerhalb des Verkehrsgeschehens liegenden Vorgang gerichtet hat. Zudem ist das Durchführen von Kunststücken auf dem Fahrrad im laufenden Verkehr als nicht verkehrsgerechtes Verhalten ebenfalls ein Sorgfaltsverstoß. Es sind auch mit Blick auf die Minderjährigkeit von Friedrich keine niedrigeren Anforderungen an sein Verkehrsverhalten zu stellen.

4. Mitverschulden: Ein schadensminderndes Mitverschulden von Karli scheidet in analoger Anwendung von § 828 Abs. 1 BGB aus.

Fazit: Friedrich haftet für den von ihm verursachten Schaden aus § 823 Abs. 1 BGB.

## III. Verletzung eines Schutzgesetzes

**340** Schadensersatzpflichtig macht sich auch, wer gegen ein **Schutzgesetz** verstößt (§ 823 Abs. 2 BGB). Diese Norm hat eine wichtige Funktion als Auffangtatbestand, wenn § 823 Abs. 1 BGB nicht greift, weil im konkreten Fall kein geschütztes Rechtsgut betroffen ist.

Beispiel: Betrug. Hier wird nicht das Eigentum, sondern lediglich das – von § 823 Abs. 1 BGB nicht geschützte – Vermögen geschädigt.

Schutzgesetz ist dabei jede Norm, die dem Schutz eines anderen dient. Kein Schutzgesetz liegt vor, wenn die Norm lediglich Interessen der Allgemeinheit schützen will. Zu den Schutzgesetzen zählen insbesondere die strafrechtlichen Vorschriften sowie die Verkehrsvorschriften.

Die weiteren Haftungsvoraussetzungen ähneln weitgehend denjenigen der unerlaubten Handlung. Zu prüfen ist, ob ein Verstoß gegen das Schutzgesetz vorliegt und infolgedessen kausal ein Schaden verursacht wurde. Auch in diesem Bereich ist – so das Schutzgesetz dieses nicht bereits seinerseits voraussetzt – Rechtswidrigkeit und Verschulden Voraussetzung für die Haftung.

## IV. Vorsätzliche sittenwidrige Schädigung

**341** Die Haftung für eine **sittenwidrige Schädigung** knüpft an ein missbilligenswertes Verhalten an. Danach ist zum Schadensersatz verpflichtet, wer in einer gegen die guten Sitten verstoßenden Weise einem anderen vorsätzlich Schaden zufügt (§ 826 BGB).

## V. Haftung für den Verrichtungsgehilfen

**342** Die **Haftung für** den sog **Verrichtungsgehilfen** ist eine Haftung für fremdes Handeln. Sie tritt neben die Haftung für eigenes Verschulden aus § 823 Abs. 1 BGB. Typischer Anwendungsfall wäre die Haftung des Trägers – neben seiner eigenen Haftung etwa für die Verletzung von Organisationspflichten – für das Handeln seines Mitarbeiters – neben dessen eigener Haftung.

Haftungsgrundlage ist § 831 Abs. 1 BGB: Danach ist derjenige (sog Geschäftsherr), der einen anderen zu einer Verrichtung bestellt (sog Verrichtungsgehilfe), zum Ersatz desjenigen Schadens verpflichtet, den der andere einem Dritten widerrechtlich zufügt. Die Haftung tritt nicht ein, wenn der Geschäftsherr bei der Auswahl der bestellten Person bzw bei Beschaffung oder Leitung die im Verkehr erforderliche Sorgfalt beachtet hat. Die Haftung tritt ebenfalls dann nicht ein, wenn der Schaden auch bei Anwendung der erforderlichen Sorgfalt entstanden wäre. Zu prüfen ist danach:

**343** ■ Verrichtungsgehilfe: **Verrichtungsgehilfe** ist, wem vom Geschäftsherrn in dessen Interesse eine Tätigkeit übertragen worden ist. Maßstab ist die Abhängigkeit von Weisungen des Geschäftsherrn.

Beispiele: Die in einer sozialpädagogischen Einrichtung beschäftigte Putzhilfe oder Köchin. Auch die mit der Durchführung der Aufsichtspflicht betrauten Heimleiter, Erzieher und Sozialpädagogen sind Verrichtungsgehilfen der Einrichtung.

**344** ■ Widerrechtliche deliktische Handlung durch Verrichtungsgehilfen: Voraussetzung der Haftung des Geschäftsherrn ist somit, dass der Verrichtungsgehilfe eine Tat nach § 823 Abs. 1 BGB begangen hat. Dazu muss er rechtswidrig den objektiven

Tatbestand des § 823 Abs. 1 BGB verwirklicht haben. Unerheblich ist hingegen, ob der Verrichtungsgehilfe schuldhaft gehandelt hat. Es ist also denkbar, dass der Verrichtungsgehilfe selber gar nicht haftet, weil er unverschuldet (nicht einmal fahrlässig) gehandelt hat.

- Entstehung des Schadens „in Ausführung der Verrichtung": Erforderlich ist an dritter Stelle ein **innerer Zusammenhang zwischen Schaden und Verrichtung**. Der Schaden muss „in Ausführung der Verrichtung" entstanden sein. Dieser Zusammenhang würde fehlen, wenn der Verrichtungsgehilfe die Tat „bei Gelegenheit" begangen hätte, die mit seiner eigenen Aufgabe nichts zu tun hat. **345**

    Beispiel für einen fehlenden Zusammenhang: Die in einer sozialpädagogischen Einrichtung beschäftigte Erzieherin stiehlt einem Besucher der Einrichtung seinen Geldbeutel.

Liegen die Voraussetzungen vor, ist der Geschäftsherr zum Ersatz des Schadens verpflichtet. Er hat zwei Möglichkeiten, sich zu entlasten. Für beide Einwände ist er allerdings darlegungs- und beweispflichtig. **346**

- Beobachtung der erforderlichen Sorgfalt bei Auswahl des Verrichtungsgehilfen, Beschaffung von Vorrichtungen und Gerätschaften oder Leitung der Ausführung.
- Der Schaden wäre auch bei Anwendung der erforderlichen Sorgfalt entstanden. Welche Sorgfaltsanforderungen im Einzelnen zu stellen sind, ist Ergebnis einer Abwägung. Es gilt die Faustformel: Je wahrscheinlicher die Gefahr eines Schadens, desto höher die Anforderungen an die Sorgfaltspflicht. Eine komplette Überwachung und Kontrolle wird dabei häufig gar nicht möglich sein und ist auch nicht verlangt. Es reicht insoweit aus, dass der Geschäftsherr eine sorgfältige Organisation des eigenen Betriebs und die Überwachung der zur Auswahl und Überwachung bestellten Zwischenpersonen nachweisen kann (dezentralisierter Entlastungsbeweis).

## VI. Haftung des Aufsichtspflichtigen

## 1. Inhalt und Bedeutung der Aufsichtspflicht

### a) Überblick

Die Aufsichtspflicht entfaltet eine zweifache **Schutzrichtung**: **347**

- Sie schützt zum einen den Aufsichtsbedürftigen, zB das Kind. Insoweit beinhaltet sie die Pflicht zB der Eltern, das Kind vor Schäden zu schützen.
- Daneben besteht die Aufsichtspflicht zugleich mit Blick auf Dritte: Diese sind *vor* dem Aufsichtsbedürftigen zu schützen.

Verletzungen der Aufsichtspflicht können weitreichende – auch rechtliche – Konsequenzen mit sich bringen: Im vorliegenden Kontext steht die Haftung für Schäden im Vordergrund. Daneben kann sich ein Aufsichtspflichtiger uU auch strafbar machen; für die Beschäftigten der Einrichtungen stellt sich weiter die Gefahr dienst- bzw arbeitsrechtlicher Konsequenzen, die hier allerdings nicht behandelt werden.

**Aufsichtsbedürftig** sind folgende Personen:

- Minderjährige. Dies gilt generell, ungeachtet des Alters. Allerdings variieren die konkreten Anforderungen an die Aufsichtspflicht je nach Alter des Kindes.
- Sonstige Personen, die wegen ihres geistigen oder körperlichen Zustands aufsichtsbedürftig sind. Dazu zählen etwa Behinderte, Epileptiker, Geistesgestörte, Blinde.

### b) Anforderungen der Aufsichtspflicht

### aa) Überblick

**348** Die Maßstäbe für **Inhalt und Umfang der Aufsichtspflicht** sind nicht ausdrücklich gesetzlich geregelt, sondern im Wesentlichen von der Rechtsprechung entwickelt worden. Ihre Anforderungen richten sich danach, welche Schäden nach den individuellen und persönlichen Besonderheiten des Aufsichtspflichtigen, Aufsichtsbedürftigen sowie den sonstigen situativen Umständen hätten vorhergesehen und mit zumutbaren Maßnahmen vermieden werden können. Ob die Aufsichtspflicht verletzt wurde, ist dementsprechend immer das Ergebnis einer konkreten Einzelfallwürdigung und lässt sich nicht generalisierend festlegen. Häufig stellt sie einen Kompromiss zwischen den Interessen Dritter an Schadensfreiheit und der pädagogischen Notwendigkeit, dem Aufsichtsbedürftigen Freiräume zum Einüben selbstständigen Handelns zu eröffnen, dar. Zu berücksichtigen sind insbesondere:

- Die persönlichen Verhältnisse und Eigenschaften des Aufsichtsbedürftigen (des konkret betroffenen Kindes).
- Die objektiven Gegebenheiten (in der konkreten Situation und Zeit).
- Die persönlichen Verhältnisse des Aufsichtspflichtigen (des konkret betroffenen Betreuers).

### bb) Persönliche Verhältnisse des Aufsichtsbedürftigen

**349** Zu den **persönlichen Verhältnissen von Kindern** zählen insbesondere Alter, Charakter und persönliche Eigenarten. Jüngere Kinder bedürfen dementsprechend einer intensiveren Aufsicht als etwa Kinder im bereits schulpflichtigen Alter. Allerdings ist auch bei kleineren Kindern keine Überwachung auf Schritt und Tritt gefordert.

Beispiele: Schon gegenüber einem 4-jährigen muss keine jederzeitige Eingriffsmöglichkeit gewährleistet sein.

Ein 6-jähriges Kind darf allein nach draußen, wenn es sich allein dort bewegen kann, auch wenn es nur gelegentlich beobachtet werden kann.

Normal entwickelten Kindern im Alter von 7 ½ Jahren ist im Allgemeinen das Spielen im Freien auch ohne Aufsicht gestattet, wenn die Eltern sich über deren Tun in groben Zügen einen Überblick verschaffen.

Ein 8-jähriges Kind darf allein im Freien spielen auch wenn keine permanente Aufsicht möglich ist, wenn es nicht zu üblen Streichen neigt.

Ein 11-jähriger kann in der Wohnung allein gelassen werden.

Für Jugendliche und geschäftsunfähige Volljährige besteht eine erhöhte Aufsichtspflicht nur bei bestimmtem Anlass.

**350** Mit Blick darauf, dass bestimmte Sachen einen besonderen Reiz auf Kinder ausüben (Autos, Waffen und Feuer), besteht insoweit die Pflicht, nachhaltig den Zugang zur Gefahrenquelle zu sichern.

Beispiele: Gegenüber älteren Kindern sind Kfzs besonders zu sichern; bei spielenden Kleinkindern genügen Kontrollen von ½ Stunde.

Schusswaffen sind sicher aufzubewahren.

Streichhölzer und Feuerzeuge sind sicher aufzubewahren. Bei kleinen Kindern ist nachhaltig zu verhindern, dass sie Zugang zu Streichhölzern haben. Hohe Anforderungen gelten bei Zündelneigung. So darf ein 10-Jähriger mit Zündelneigung nicht unbeaufsichtigt gelassen werden.

Weiter zu berücksichtigen sind Reife und Erziehungsstand des Kindes sowie das Bestehen von Verhaltensauffälligkeiten und Krankheiten. Anhaltspunkte bietet das bisherige Verhalten des Kindes (Gehorsam oder Neigung zu Streichen). Auch ein potenziell anderes Gruppenverhalten ist zu berücksichtigen.

### cc) Objektive Gegebenheiten

Zu den **objektiven Gegebenheiten** zählen etwa: **351**

■ Die Art der Beschäftigung: Spiele oder Spielgeräte (zB Ausflüge, Wettkämpfe, Besichtigung).

  Beispiel: Geräte auf einem Spielplatz müssen auf eine gefahrlose Benutzungsmöglichkeit geprüft werden, notfalls ist das Spiel zu untersagen.

■ Regionale Besonderheiten (Gebirge, Meeresküste).

  Beispiel: Bei Ferienfreizeiten mit Radtouren in gebirgigem Gelände gelten erhöhte Schutzpflichten.

■ Örtliche und situationsbezogene Umstände.

  Beispiele: Spielplatz; Gefahrenquellen in der Nähe wie verkehrsreiche Straßen, Bahngleise, reißende Bäche, Steinbrüche, Gewässer; örtliche Gegebenheiten (Großstadt oder Dorf). In Betracht kommen auch Gefahrenherde im Haus (niedrige Fensterbänke, zu große Lücken auf einer Treppe in der Kindertagesstätte).

### dd) Verhältnisse des Betreuers

Für die konkreten Anforderungen der Aufsichtspflicht sind zudem die **Fähigkeiten und** **352** **Fertigkeiten des Betreuers** ausschlaggebend. Zu berücksichtigen ist etwa, ob es sich um einen Anfänger handelt, oder ob bereits ausreichend Erfahrung vorliegt, ob es sich um einen ehrenamtlichen Helfer oder um eine pädagogische Fachkraft handelt.

In diesem Bereich ist auch das Verhältnis zwischen Erzieher und Minderjährigem zu berücksichtigen. Dazu gehört auch die Gruppengröße sowie der Umstand, wie gut sich Erzieher und Minderjährige kennen und wie vertraut ihr Umgang miteinander ist.

### c) Mögliche Maßnahmen des Aufsichtspflichtigen

Gefordert sind immer nur zumutbare Maßnahmen zur Schadensverhütung. Die Recht- **353** sprechung verfährt insoweit nach folgender Formel: Was würden vernünftige Eltern/ Aufsichtspflichtige in der konkreten Situation tun, um vorhersehbare Schädigungen Dritter durch das Kind zu verhindern? Haften Eltern ihrem Kind gegenüber, so findet die Haftungserleichterung des § 1664 Abs. 1 BGB (Haftung nur für die in eigenen Angelegenheiten übliche Sorgfalt, Rn 320) Anwendung (str).

Nicht zwingend verlangt die Erfüllung der Aufsichtspflicht eine persönliche Beaufsich- **354** tigung des Kindes rund um die Uhr. Dies lässt Raum für die Berücksichtigung pädagogischer Belange.

Die Aufsichtspflicht kann in diesem Rahmen auch delegiert werden, allerdings muss dabei eine sorgfältige Auswahl getroffen werden. Wird die Aufsicht zB an eine erkennbar ungeeignete oder nicht betreuungsbereite Person delegiert, so liegt unter dem Gesichtspunkt des Auswahlverschuldens eine Aufsichtspflichtverletzung vor.

**355** Zum **Standard** gehören:

■ Umfassende Eigeninformation des Aufsichtspflichtigen über die Individualität des Kindes und die in Rede stehende Situation.

■ Umfassende Informationspflichten gegenüber Minderjährigen, Eltern, Kollegen.

■ Die tatsächliche Führung der Aufsicht (Belehrung, Ermahnungen, Warnung, Ge-/Verbote und Überwachung).

■ Vergewisserung, dass Aufsichtsbedürftige eine Belehrung verstanden haben. Falsche Belehrungen oder missverständliche Anweisungen stellen eine Verletzung der Aufsichtspflicht dar.

■ Das Ergreifen von Konsequenzen und unmittelbares Handeln (Durchsetzen von Verboten, Wegschließen von Streichhölzern).

■ Gefahrenpunkte müssen festgestellt und entschärft werden.

## 2. Die Haftung des Aufsichtspflichtigen

### a) Übungsfall 5

**356** Fallfortführung von Übungsfall 4: Friedrich ist bei dem Zusammenstoß ebenfalls vom Fahrrad gestürzt und hat sich behandlungsbedürftig verletzt. Außerdem ist sein Fahrrad beschädigt worden. Wer haftet für seine Schäden (Lösungshinweise Rn 371)?

### b) Überblick

**357** Die doppelte Schutzrichtung der Aufsichtspflicht gegenüber Kind und Dritten hat auch **haftungsrechtliche Konsequenzen**:

■ Für Schäden, die dem Aufsichtsbedürftigen entstehen, haftet der Aufsichtspflichtige zunächst unmittelbar für sein eigenes Verhalten aus § 823 Abs. 1 BGB.

■ Für Schäden, die der Aufsichtsbedürftige bei Dritten anrichtet, haftet der Aufsichtspflichtige neben dem Aufsichtsbedürftigen ebenfalls. Dabei gibt es zwei denkbare Haftungsgrundlagen:
  – Haftung für eigenes Verschulden (zB Verletzung der Verkehrssicherungspflicht, § 823 Abs. 1 BGB).
  – Haftung für das fremde Verschulden des Kindes (§ 832 BGB). Ebenso wie bei der Haftung für die Schäden, die der Verrichtungsgehilfe anrichtet, haften auch Aufsichtspflichtige für die Schäden, die das Kind anrichtet, also für fremdes Verschulden. Diese wird nachfolgend unter d) eingehend behandelt. Diese Haftung tritt neben eine mögliche Haftung des Aufsichtspflichtigen sowie des Aufsichtsbedürftigen für das eigene Verschulden an dem einem Dritten entstandenen Schaden.

**Hinweis:** In der Klausur prüft man an erster Stelle eine Haftung des Aufsichtsbedürftigen (Kindes) aus § 823 Abs. 1 BGB. An zweiter Stelle wird eine Haftung des Aufsichtspflichtigen geprüft. Bei der Haftung des Aufsichtspflichtigen wird zunächst § 832 BGB und erst an zweiter Stelle eine Haftung für eigenes Verschulden aus § 823 BGB geprüft.

## c) Die Haftung des Aufsichtspflichtigen für Schäden beim Aufsichtsbedürftigen

Haftungsgrundlage für Schäden, die dem Aufsichtsbedürftigen selber entstehen, ist **358** zunächst § 823 Abs. 1 BGB. Aufsichtspflichtverletzungen spielen immer dann eine Rolle, wenn die Rechtsgutsverletzung des Kindes auf ein Nichthandeln des Aufsichtspflichtigen zurückzuführen ist. Im Rahmen des objektiven Tatbestands ist zunächst das Bestehen einer Handlungspflicht als solche aufgrund der Aufsichtspflicht festzustellen. Im Rahmen der Kausalitätsprüfung (wurde das Rechtsgut *infolge* des Unterlassens verletzt?) hat dann eine Auseinandersetzung mit den konkreten Anforderungen aus der Aufsichtspflicht zu erfolgen. Nur wenn im konkreten Fall die Aufsichtspflicht verletzt wurde, kommt eine Haftung in Betracht. Für die Prüfung der Rechtswidrigkeit gelten keine Besonderheiten. Im Rahmen der Verantwortlichkeit ist vor allem die Haftungsprivilegierung für Eltern (§ 1664 BGB) zu beachten.

## d) Die Haftung des Aufsichtspflichtigen für Schäden bei Dritten

### aa) Überblick

Haftungsgrundlage für das Eintreten für das fremde Verschulden des Kindes ist § 832 **359** BGB. Diese Haftung des Aufsichtspflichtigen tritt neben die eigene Haftung des Kindes aus § 823 Abs. 1 BGB. Sie hat folgende Voraussetzungen:

- Aufsichtsbedürftiger.
- Aufsichtspflichtiger.
- Der Aufsichtsbedürftige hat einem Dritten widerrechtlich einen Schaden zugefügt.
- Aufsichtspflichtverletzung.
- Kausalität zwischen Aufsichtspflichtverletzung und Schaden.

Sind die ersten drei Punkte erfüllt, so gilt zulasten des Aufsichtspflichtigen eine doppelte Vermutung:

- Vermutung, dass der Aufsichtspflichtige seine Aufsicht unzulänglich geführt hat und
- Vermutung, dass dadurch der Schaden verursacht wurde.

Diese Konstruktion ist günstig für den Geschädigten. Er muss im Prozess lediglich nachweisen, dass ein Aufsichtsbedürftiger widerrechtlich einen Schaden verursacht hat. Nunmehr ist es am Aufsichtspflichtigen, nachzuweisen, dass er seiner Aufsichtspflicht Genüge getan hat (Widerlegung der Verschuldensvermutung) und/oder dass der Schaden zumindest nicht das Ergebnis seiner Aufsichtspflichtverletzung war (Widerlegung der Ursächlichkeitsvermutung), will er seine Haftung ausschließen. Kann er die Vermutung widerlegen (man spricht insoweit auch davon, dass er sich „exkulpieren" kann), scheidet eine Haftung aus.

### bb) Aufsichtsbedürftiger

**Aufsichtsbedürftig** sind folgende Personen: **360**

- Minderjährige. Dies gilt generell, ungeachtet des Alters. Allerdings variieren die konkreten Anforderungen an die Aufsichtspflicht je nach Alter des Kindes.
- Sonstige Personen, die wegen ihres geistigen oder körperlichen Zustands aufsichtsbedürftig sind. Dazu zählen etwa Behinderte, Epileptiker, Geistesgestörte, Blinde.

## cc) Bestehen einer Aufsichtspflicht

**361** Die **Aufsichtspflicht** kann sich aus Gesetz (§ 832 Abs. 1 BGB) oder aus Vertrag (§ 832 Abs. 2 BGB) ergeben. Kraft Gesetz sind folgende Personen Inhaber der Aufsichtspflicht:

■ Personensorgeberechtigte Eltern über ihre Kinder (§ 1631 Abs. 1 BGB).
■ Vormünder (§ 1800) und Pfleger über das Mündel (§ 1915 Abs. 1 BGB).
■ Betreuer, soweit ihr Aufgabenkreis auch die Beaufsichtigung beinhaltet, über den Betreuten (§ 1896 Abs. 1 BGB).

**362** Eine Haftung besteht auch für diejenigen, die eine Aufsichtspflicht vertraglich übernommen haben (§ 832 Abs. 2 BGB). Solche sog Aufsichtsverträge sind häufig im Bereich der Kinder- und Jugendarbeit anzutreffen.

Beispiele: Anmeldung des Kindes in der Kindertagesstätte, bei einer Ferienfreizeit oder auch nur die Teilnahme an Jugendgruppen.

An die vertragliche Begründung einer Aufsichtspflicht sind dabei keine hohen Anforderungen zu stellen. Ausreichend ist etwa, dass der Minderjährige mit Wissen der Eltern regelmäßig eine Jugendeinrichtung besucht.

**363** Eine vertraglich begründete Aufsichtspflicht bedeutet weiter nicht unbedingt, dass die Aufsichtspflicht auch von dem Vertragspartner in Person wahrgenommen werden muss. So wird insbesondere bei Trägern sozialpädagogischer Einrichtungen angenommen, dass diese ihre Aufsichtspflicht weiter an Dritte delegieren können (Heimleiter, Erzieher, Gruppenleiter, Ehrenamtliche, Praktikanten, etc). Auch diese Personen sind vertraglich zur Führung der Aufsicht verpflichtet.

**364** Keine vertragliche Delegation der Aufsichtspflicht liegt hingegen vor, wenn die Übernahme der Betreuung eine Gefälligkeit ist (vgl Rn 125). In diesem Fall kommt auch eine Haftung lediglich auf der Basis des § 823 Abs. 1 BGB, nicht aber aus § 832 Abs. 2 BGB in Betracht.

Beispiele: Gelegentliche Betreuung durch Großeltern oder Nachbarn; Besuch bei Freunden.

## dd) Widerrechtliche Schadenszufügung des Aufsichtsbedürftigen bei Drittem

**365** Die Haftung des Aufsichtspflichtigen setzt ein rechtswidriges Handeln des Aufsichtsbedürftigen voraus. Zu prüfen ist daher, ob der Aufsichtsbedürftige rechtswidrig einen Schaden bei einem Dritten verursacht hat. Unerheblich ist, ob ihn an dem Schaden auch ein Verschulden trifft. Haftet der Minderjährige zB nicht für einen von ihm angerichteten Schaden aus § 823 Abs. 1 BGB, weil er verschuldensunfähig ist, so können gleichwohl seine Eltern aus § 832 Abs. 1 BGB haften, wenn der Minderjährige rechtswidrig den objektiven Tatbestand des § 823 Abs. 1 BGB verwirklicht hat. Haftet der Minderjährige hingegen deswegen nicht weil ein Rechtfertigungsgrund vorlag, so scheidet auch eine Haftung seiner Eltern aus.

## ee) Aufsichtspflichtverletzung

**366** Zu prüfen ist an dieser Stelle, unter Würdigung des Sachverhaltes, welche Pflichten den Aufsichtspflichtigen hier konkret getroffen haben und ob er diese erfüllt hat.

### ff) Kausalität zwischen Aufsichtspflichtverletzung und Schaden

Eine Haftung des Aufsichtspflichtigen scheidet an letzter Stelle auch dann aus, wenn **367** zwar eine Aufsichtspflichtverletzung vorlag, diese aber nicht kausal für die Rechtsgutsverletzung war.

Übungsfrage: Auf der Baustelle steht ein Schild mit der Aufschrift „Eltern haften für ihre Kinder". **368** Welche rechtliche Bedeutung kommt dem zu?

Lösungshinweis: Im Prinzip keine. Probleme stellen sich in der Praxis in zwei Konstellationen:

I. Ein Kind betritt die Baustelle unerlaubterweise und verletzt sich dort.

Zu prüfen ist die Haftung für den Schaden des Kindes.

1. Bauträger: Haftungsgrundlage für den Schaden des Kindes ist § 823 Abs. 1 BGB. Im Bereich des objektiven Tatbestands stellt sich die Problematik der schädigenden Handlung. Der Bauträger hat das Kind nicht unmittelbar geschädigt. Daher steht eine Schädigung durch Unterlassen im Raum. Dies wirft die Frage nach der Handlungspflicht des Bauträgers auf. Insoweit gilt: Baustellen sind als gefahrenträchtige Orte gegen Dritte, die vorhersehbar mit ihr in Kontakt kommen, zu sichern (Verkehrssicherungspflicht). Es besteht daher eine Handlungspflicht (hier: Verkehrssicherungspflicht). Ist diese verletzt worden, wäre die Verletzung des Kindes dem Bauträger kausal zuzurechnen. Gerade bei Kindern ist damit zu rechnen, dass sie die Baustelle unerlaubterweise betreten. Daher müssen entsprechende Sicherungsmaßnahmen ergriffen werden (Bauzaun. Das Aufstellen des Schildes genügt nicht). Hat der Bauträger entsprechende Maßnahmen getroffen, wäre die Verletzung des Kindes nicht kausal auf sein Verhalten zurückzuführen. Hat er hingegen keine oder keine ausreichenden Vorkehrungen gegen ein unerlaubtes Betreten getroffen, wäre die Verletzung des Kindes von ihm zurechenbar verursacht. Rechtfertigungsgründe sind keine ersichtlich. Von der Verschuldensform läge bei einer Verletzung der Verkehrssicherungspflicht Fahrlässigkeit vor. Insoweit impliziert die Verletzung der Verkehrssicherungspflicht automatisch den Vorwurf der Fahrlässigkeit (Außerachtlassung der im Verkehr erforderlichen Sorgfalt).

2. Die Eltern haften dem Kind gegenüber uU auch (ebenfalls aus § 823 Abs. 1 BGB). Allerdings mit einem weniger harten Verschuldensmaßstab (§ 1664 BGB). Ihre etwaige Haftung würde den Bauträger allerdings in keiner Weise entlasten.

II. Ein Kind betritt die Baustelle und richtet einen Schaden an:

1. An erster Stelle wäre eine Haftung des Kindes aus § 823 Abs. 1 BGB zu prüfen. In der Praxis ist die Haftung des Kindes uninteressant, weil das Kind im Regelfall nicht das Geld hat, um den Schaden zu bezahlen.

2. An zweiter Stelle wäre eine Haftung der Eltern aus § 832 Abs. 1 BGB für den Schaden, den das Kind angerichtet hat, zu prüfen. Diese haften für den von dem Kind widerrechtlich angerichteten Schaden, wenn sie ihre Aufsichtspflicht verletzt haben. Dabei müssen die Eltern beweisen, dass sie ihre Aufsichtspflicht erfüllt haben. Wenn sie sie erfüllt haben, scheidet eine Haftung aus. Ob sie ihre Aufsichtspflicht erfüllt haben, hängt von den Umständen des Einzelfalles ab. Hat der Bauträger überdies keine Sicherungsmaßnahmen gegen das Betreten der Baustelle ergriffen, würde ihn ggf ein Mitverschulden treffen, das seinen Schadensersatzanspruch ebenfalls einschränken würde.

Fazit: Das Aufstellen des Schildes beeinflusst die gesetzliche Haftung der Eltern daher in keiner Weise. Eltern haften nach den gesetzlichen Vorgaben insbesondere nur dann für den vom Kind angerichteten Schaden, wenn sie ihre Aufsichtspflicht verletzt haben. Daneben kann der Bauträger sich allein durch das Aufstellen des Schildes nicht von seiner eigenen Haftung befreien. Auch diese richtet sich nach den gesetzlichen Vorschriften.

### e)  Übersicht, Prüfschema und Lösungshinweise zum Übungsfall 5

### aa)  Übersicht über mögliche Haftungstatbestände bei Schäden am Kind und Dritten:

**369**

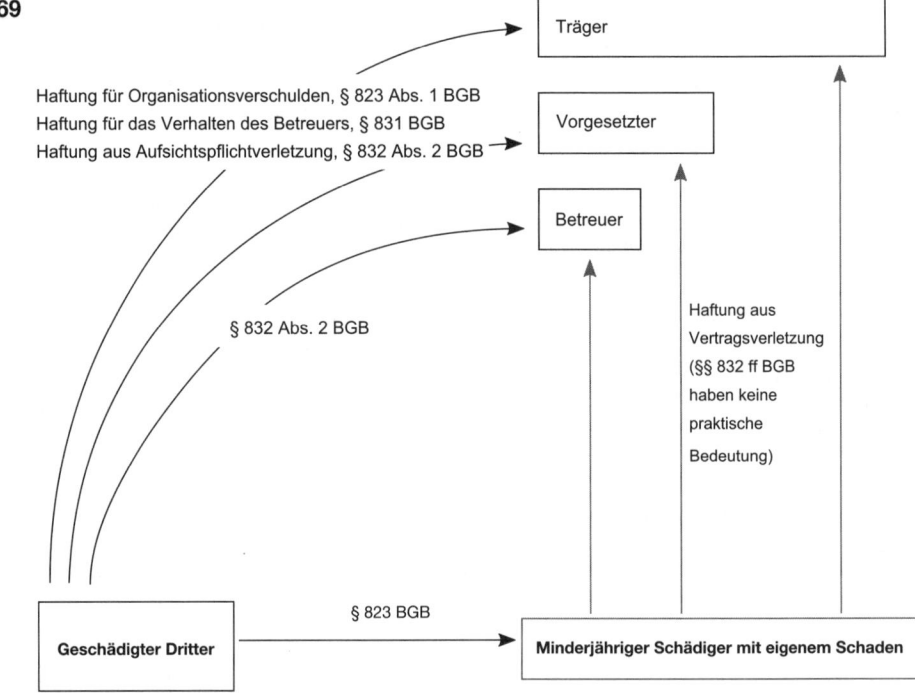

### bb)  Prüfungsgliederung bei mehreren denkbaren Haftungsgrundlagen

**370**  Ist die Haftung für den Schaden, den ein Kind verursacht hat, zu prüfen, empfiehlt es sich, nach folgender Reihenfolge vorzugehen:

1.  Haftung des Kindes für eigenes Verschulden: § 823 Abs. 1 BGB (immer mit dem Schadensnächsten beginnen!).
2.  Haftung des Aufsichtspflichtigen (Erzieher/Eltern) für den vom Kind verursachten Schaden: § 832 BGB.
3.  Haftung des Aufsichtspflichtigen aus eigenem Verschulden (zB Verkehrssicherungspflichten): § 823 Abs. 1 BGB.

### cc)  Prüfschema für die Haftung aus Aufsichtspflichtverletzung, § 832 BGB:

1.  Feststellung eines Aufsichtsbedürftigen.
2.  Feststellung eines Aufsichtspflichtigen (kraft Gesetz oder Vertrag).
3.  Hat der Aufsichtsbedürftige rechtswidrig (nicht schuldhaft!) bei einem Dritten einen Schaden verursacht (Prüfung § 823 Abs. 1 BGB)?
4.  Kann sich der Aufsichtspflichtige exkulpieren?

– Hat er seine Aufsichtspflicht erfüllt?

– War eine etwaige Aufsichtspflichtverletzung nicht kausal für den Schaden?

### dd) Lösungshinweise zum Übungsfall 5

Lösungshinweise zum Übungsfall 5 (Fall Rn 356)                                     **371**

I. Haftung von Karli: Mögliche Anspruchsgrundlage: § 823 Abs. 1 BGB.

1. Objektiver Tatbestand: Der objektive Tatbestand ist durch Karli unproblematisch realisiert worden: Es liegen zwei Rechtsgutsverletzungen vor: Körper und Eigentum. Karli hat gehandelt, indem er auf die Straße gelaufen ist. Diese Handlung hat auch äquivalent kausal beide Rechtsgutsverletzungen verursacht. Anhaltspunkte für eine Einschränkung der Zurechnung sind nicht ersichtlich. In gleicher Weise sind ihm die durch sein Verhalten verursachten Schäden (Sachschaden am Fahrrad und Behandlungskosten) zuzurechnen.

2. Rechtswidrigkeit: Anhaltspunkte für Rechtfertigungsgründe fehlen. Das Verhalten ist damit widerrechtlich.

3. Verantwortlichkeit: Karli ist jedoch nicht deliktsfähig, denn er hat noch nicht das 7. Lebensjahr vollendet, § 828 Abs. 1 BGB.

Fazit: Karli haftet nicht aus § 823 Abs. 1 BGB.

II. Haftung der Erzieherin: Mögliche Haftungsgrundlage: § 832 Abs. 2 BGB.

1. Aufsichtsbedürftiger: Karli ist aufgrund seines Alters grundsätzlich aufsichtsbedürftig.

2. Aufsichtspflichtiger: Die Erzieherin besitzt kraft vertraglicher Delegation die Aufsichtspflicht für Karli. Der Vertrag zwischen der Kindertagesstätte und den personensorgeberechtigten Eltern beinhaltet insoweit regelmäßig die Delegation der Aufsichtspflicht für das Kind an die Tagesstätte. Diese wurde an die angestellte Erzieherin durch den Träger weiterdelegiert.

3. Rechtswidrige Schadensverursachung bei Drittem: Karli hat Friedrich rechtswidrig an Körper sowie Eigentum verletzt.

4. Aufsichtspflichtverletzung/Kausalität: Die Erzieherin kann sich im vorliegenden Fall nicht exkulpieren, denn es liegt eine Aufsichtspflichtverletzung vor: Die Erzieherin ist insoweit verpflichtet, Dritte vor Schäden durch Karli zu bewahren. In diesem Rahmen ist sie dafür verantwortlich, dass die ihr anvertrauten Kinder nicht ohne ihr Wissen die Tagesstätte verlassen. Die dafür erforderliche Sicherungsmaßnahme (Abschließen der Tür) hat sie nicht ergriffen, obgleich ihr bekannt war, dass diese Sicherungsmaßnahme notwendig war und ihr dies auch zumutbar war. Der Schaden wäre auch bei Erfüllung der Aufsichtspflicht mit Sicherheit vermieden worden.

5. Mitverschulden: Die Schadensersatzpflicht der Erzieherin wird im vorliegenden Fall durch das Mitverschulden von Friedrich gemildert. Friedrich hat seinerseits in erheblichem Maße die – auch im eigenen Interesse – zu beachtende Sorgfalt missachtet: Sein Verhalten war nämlich grob verkehrswidrig und hat den Schaden mit verursacht. Hätte er sich verkehrsgerecht verhalten, so wäre ihm das Kind aufgefallen und er hätte rechtzeitig bremsen können.

III. Haftung des Trägers

Mögliche Haftungsgrundlage: § 832 Abs. 2 BGB: Die Prüfung folgt dem gleichen Schema wie II. Allerdings wäre im vorliegenden Fall eine Haftung zu verneinen, da bzw wenn keine Aufsichtspflichtverletzung vorliegt (etwa durch den Einsatz einer ungeeigneten Betreuungsperson oder das Öffnen der Einrichtung, obwohl aufgrund eines hohen Krankenstandes zu wenige

Erzieherinnen anwesend waren. Im Sachverhalt finden sich dazu keine Anhaltspunkte. Daher genügt es, Kriterien zu benennen und die Lösung im Übrigen offen zu lassen).

## VII. Haftung aus Amtspflichtverletzung

**372** Bei der Haftung wegen einer **Amtspflichtverletzung** geht es um die Haftung des Staates bzw der betroffenen öffentlich-rechtlichen Körperschaft für das Handeln der von ihm eingesetzten Ausführenden. Die Haftung ist in Art. 34 GG iV mit § 839 BGB geregelt.

Die Staatshaftung setzt voraus, dass jemand in Ausübung eines öffentlichen Amtes die ihm oder einem Dritten obliegende Amtspflicht verletzt hat.

Die Ersatzpflicht des Hoheitsträgers kommt für jeden in Betracht, der hoheitliche Aufgaben wahrnimmt. Sie greift nicht nur bei Beamten, sondern auch bei Angestellten im öffentlichen Dienst (sog Beamter im haftungsrechtlichen Sinn). Dieser muss eine Amtspflicht verletzt haben, die auch im Interesse des Dritten besteht. Derartige Amtspflichten sind etwa die Erteilung richtiger Auskünfte oder die korrekte und zeitnahe Behandlung des Sachverhalts. Die Amtspflichtverletzung muss ursächlich (nach der Äquivalenz- und Adäquanztheorie) einen Schaden bewirkt haben. Ungeschriebenes Tatbestandsmerkmal ist weiter die Rechtswidrigkeit der Amtspflichtverletzung. Der Täter muss schließlich schuldhaft (vorsätzlich oder fahrlässig gehandelt haben). Die Haftung des Staates bei bloß fahrlässigem Verhalten ist allerdings begrenzt: Die Anstellungskörperschaft haftet bei bloß fahrlässigem Handeln nur dann, wenn der Geschädigte keinen anderen Ersatz erlangen kann (§ 839 Abs. 1 BGB). Ersatzfähig ist jeder Schaden, der eine adäquate Folge der Verletzungshandlung ist. Hat der Geschädigte es allerdings unterlassen, den Schaden durch Gebrauch eines Rechtsmittels abzuwenden, so ist die Schadensersatzpflicht ausgeschlossen (§ 839 Abs. 3 BGB).

**373** Der Handelnde selber haftet uU neben dem Anstellungsträger. Ist er Beamter im staatsrechtlichen Sinne, richtet sich seine Haftung nach § 839 BGB. Für Angestellte im öffentlichen Dienst ist § 823 BGB einschlägig.

Anwendungsbeispiel: Eine Pflegefamilie betreut ein Kind. Dieses kommt durch eine Unachtsamkeit der Pflegefamilie zu Schaden. Neben der Haftung der Pflegeeltern (aus § 823 Abs. 1 BGB) und des zuständigen Jugendamtsmitarbeiters (ebenfalls aus § 823 Abs. 1 BGB) kommt auch eine Haftung der Stadt (als Anstellungsträger, jetzt aus Art. 34 GG iV mit § 839 BGB) in Betracht. Das Jugendamt hat insoweit eine besondere Aufgabe zum Schutz des Kindes in Pflege. Wenn das Jugendamt zB eine ungeeignete Pflegefamilie ausgewählt hätte, käme eine Haftung der Stadt für das Verschulden des zuständigen Jugendamtsmitarbeiters in Betracht.

## VIII. Probleme der Schädigermehrheit

**374** Existieren mehrere Schädiger, so stellt sich die Frage nach deren **Haftungsrang** gegenüber dem Geschädigten (im Außenverhältnis) und untereinander (im Innenverhältnis). Es gilt:

| Haftung im Außenverhältnis | Haftung im Innenverhältnis |
|---|---|
| Gegenüber dem Geschädigten sind alle Schädiger gleichermaßen verantwortlich. Sie haften als Gesamtschuldner (§ 840 Abs. 1 BGB). Das bedeutet: Alle Schädiger können vom Geschädigten gleichermaßen in Anspruch genommen werden, allerdings darf der Geschädigte die Schadenssumme nur insgesamt einmal erhalten (§ 421 BGB). | Für die Verteilung der Schadenslast unter den Schädigern gilt: Es besteht ein Vorrang der Haftung für eigenes Verschulden (§ 823 BGB) vor der Haftung für fremdes Verschulden (§ 831 oder § 832 BGB, § 840 Abs. 2 BGB). Haften mehrere aus demselben Tatbestand (etwa der Minderjährige neben dem Träger, beide aus § 823 BGB), so haben sie im Zweifel den Schaden zu gleichen Teilen zu tragen (§ 426 Abs. 1 BGB). |

## IX. Unterlassung

### 1. Bedeutung

Die §§ 823 ff BGB geben dem Geschädigten lediglich einen nachträglichen Schadens- **375** ersatzanspruch. Ist die Rechtsgutsverletzung vorhersehbar hat dabei das Opfer ein Interesse, die schädigende Handlung präventiv abzuwehren. Dies erlaubt ihm ein eigener Unterlassungsanspruch (§ 1004 BGB): Ausdrücklich gesetzlich sind die Fälle befürchteter Namensverletzung (§ 12 BGB) oder bevorstehender Eigentumsverletzung geregelt. Was die restlichen in § 823 Abs. 1 BGB genannten Rechtsgüter (Gesundheit, Freiheit, Leben) anbetrifft, so enthält das Gesetz keine ausdrücklichen **Unterlassungsansprüche**. Allerdings besteht in diesen Fällen das gleiche Schutzbedürfnis, wie etwa bei einer drohenden Eigentumsbeeinträchtigung. Aus diesem Grunde wird der – auf den Schutz des Eigentums zielende – § 1004 BGB in allen Fällen analog angewandt, in denen eine rechtswidrige Verletzung eines durch § 823 Abs. 1 BGB geschützten Rechts droht.

### 2. Voraussetzungen des Unterlassungsanspruchs

Der Unterlassungsanspruch hat folgende Voraussetzungen:                                **376**

■ Schutzgut: Eigentum oder eines der von § 823 Abs. 1 BGB erfassten Rechtsgüter (Leben, Gesundheit, Freiheit, sonstiges absolutes Recht).

■ Wiederholungs-/Erstbegehungsgefahr: Eine Wiederholungsgefahr lässt sich immer annehmen, wenn weitere Störungen oder Beeinträchtigungen des geschützten Rechtsguts zu besorgen sind. Ist es bereits zu einer Beeinträchtigung gekommen, wird die Wiederholungsgefahr vermutet. Der Störer kann die Vermutung widerlegen, allerdings gelten dabei hohe Anforderungen. Daher kann der Störer die Vermutung einer Wiederholung nicht bereits durch das Versprechen, sich künftig rechtmäßig zu verhalten, widerlegen. Daneben kann auch bei drohender Erstverletzung ein Unterlassungsanspruch bestehen.

■ Rechtswidrigkeit des Störerhandelns: Der Unterlassungsanspruch besteht nur, wenn die drohende Beeinträchtigung auch rechtswidrig ist. Liegen Rechtfertigungsgründe für das Handeln des Störers vor, scheidet ein Unterlassungsanspruch naturgemäß aus. Der Anspruch ist auch dann ausgeschlossen, wenn das Verhalten rechtlich erlaubt ist, etwa weil privat- oder öffentlich-rechtliche Normen dem Geschädigten eine Duldungspflicht auferlegen.

■ Verschulden: Verschulden ist für den Unterlassungsanspruch hingegen nicht erforderlich.

# Kapitel 4: Gewalt im sozialen Nahraum

## I. Überblick

**377**  Das Phänomen der Gewalt innerhalb der Familie bzw innerhalb des sozialen Nahraums ist so verbreitet, wie tabuisiert, bei hoher Gefährlichkeit der Gewalthandlungen. In sämtlichen Rechtsbereichen finden sind Mechanismen zum Schutz des Opfers:

- Strafrecht.
- Polizeirecht.
- Zivilrecht.

Schwerpunkt der Darstellung im Rahmen dieses Lehrbuches ist der zivilrechtliche Opferschutz. Die anderen Schutzmechanismen werden nur überblicksartig skizziert.

## II. Der strafrechtliche Schutz

**378**  Viele der im Rahmen sog „häuslicher Gewalt" begangenen Handlungen sind strafbar. Die wichtigsten **Straftatbestände** sind: Hausfriedensbruch (§ 123 StGB), Beleidigung (§ 185 StGB), Sexuelle Nötigung bzw Vergewaltigung (§§ 177 ff StGB), sonstige Nötigung (§ 240 StGB), Bedrohung (§ 241 StGB), Körperverletzung (§§ 223 f StGB) und Tötung (§§ 211 f StGB), daneben Freiheitsberaubung (§ 239 StGB) und Nachstellung (sog Stalking, § 238 StGB).

**379**  Der strafrechtliche Schutz erfolgt im Wesentlichen durch eine Einwirkung auf den Täter. Ziel des Strafverfahrens ist die Bestrafung des Täters nach einer rechtskräftigen Verurteilung. Aber auch das Strafverfahren selber gibt Möglichkeiten, auf den Täter einzuwirken, etwa ihm Auflagen oder Weisungen zu erteilen:

- Steht lediglich ein Vergehen im Raum (Straftaten, die im Mindestmaß mit einer Freiheitsstrafe unter einem Jahr oder Geldstrafe bedroht sind, § 12 Abs. 2 StGB), kann die Staatsanwaltschaft von der Erhebung der Klage absehen und zugleich dem Beschuldigten Auflagen und Weisungen erteilen, wenn diese geeignet sind, das öffentliche Interesse an der Strafverfolgung zu beseitigen und die Schwere der Tat nicht entgegensteht (§ 153a Abs. 1 StPO).
- Gleiches gilt, wenn Klage bereits erhoben ist. In diesem Fall kann – wenn die og Voraussetzungen vorliegen – das Gericht mit Zustimmung der Staatsanwaltschaft und des Angeschuldigten das Verfahren vorläufig einstellen und zugleich dem Angeschuldigten Auflagen und Weisungen erteilen (§ 153a Abs. 2 StPO). Die wichtigste Weisung in diesem Zusammenhang ist die Verpflichtung des Täters zur Teilnahme an Anti-Aggressionsmaßnahmen.

**380**  Allerdings besitzt das Opfer an entscheidenden Stellen Möglichkeiten, auf Einleitung und Gang des Strafverfahrens einzuwirken. Dies relativiert faktisch häufig seinen Schutz:

- Eine Vielzahl der Straftaten im Rahmen häuslicher Gewalt sind Antragsdelikte. Das Strafverfahren wird bei Antragsdelikten grundsätzlich nur dann eingeleitet, wenn das Opfer auch einen Antrag stellt (§ 77 Abs. 1 StGB, § 158 Abs. 2 StPO). Antragsdelikte sind: Hausfriedensbruch (§ 123 Abs. 2 StGB), Beleidigung (§ 194 Abs. 1 StGB), die vorsätzliche einfache Körperverletzung (§ 230 Abs. 1 StGB) sowie das Stalking (§ 238 Abs. 4 StGB). Sowohl bei der einfachen Körperverletzung als auch beim Stalking kann die Staatsanwaltschaft auch ohne einen Antrag das Strafverfahren einleiten, wenn ein besonderes öffentliches Interesse vorliegt, das die Verfolgung auch von Amts wegen geboten erscheinen lässt.

■ Die übrigen Delikte werden auch ohne Antrag des Opfers, von Amts wegen, durch die Staatsanwaltschaft verfolgt, wenn und sobald sie von der Tat erfährt, im Regelfall durch eine Anzeige (§ 158 Abs. 1 StPO). Unterlässt das Opfer diese Anzeige und wird die Tat auch nicht von dritter Seite angezeigt, wird ein Strafverfahren bereits aus diesem Grund unterbleiben.

■ Eine Klage wird nur dann erhoben werden, wenn zur Überzeugung der Staatsanwaltschaft die Tat dem Täter nachweisbar ist (§ 170 Abs. 1 StPO). In gleicher Weise, wird der Täter auch nur dann verurteilt, wenn zur Überzeugung des Gerichts feststeht, dass er die ihm vorgeworfene Tat begangen hat (§§ 260, 261 StPO). Verbleiben nach der Beweisaufnahme noch Zweifel, so muss der Angeklagte – und sei es aus Mangel an Beweisen – freigesprochen werden. Dies bereitet faktisch in all denjenigen Fällen Probleme, in denen das Opfer als einziger Zeuge gegen den Täter zur Verfügung steht. Die Verurteilung des Täters hängt dann davon ab, dass das Opfer gegen ihn aussagt. Häufig ziehen die Opfer allerdings ihre Aussagebereitschaft während des Verfahrens wieder zurück und entziehen so dem Strafverfahren den Boden.

## III. Der polizeirechtliche Schutz

Die **Polizei** nimmt beim Schutz eines Opfers von Gewalt im sozialen Nahraum eine 381
Doppelrolle ein:

■ **Unterstützung des Strafverfahrens**: Zum einen kommt der Polizei eine entschei- 382
dende Bedeutung im Rahmen des Strafverfahrens zu. Sie fungiert als Hilfsapparat der Staatsanwaltschaft und wird in diesem Rahmen – sobald eine Straftat angezeigt wird – den Sachverhalt ermitteln und die für die Durchführung des Strafverfahrens notwendigen Beweise zusammentragen (§ 163 StPO).

■ **Unmittelbarer Schutz des Opfers**: Die zweite wichtige Funktion der Polizei ist die 383
Abwehr von Gefahren und Störungen der öffentlichen Sicherheit und Ordnung. Eine Gefahr für die öffentliche Sicherheit und Ordnung kann dabei immer dann angenommen werden, wenn wichtige Rechtsgüter einer Person bedroht sind. Gewalt – auch im sozialen Nahraum – ist damit immer eine Störung der öffentlichen Sicherheit. Bei der Abwehr dieser Gefahr handelt die Polizei auf der Grundlage der jeweiligen Polizeigesetze der Länder. In diesem Rahmen besitzt sie wichtige Befugnisse zum unmittelbaren Schutz des Opfers. Speziell mit Blick auf Gewalthandlungen zwischen Familienangehörigen oder sonstigen nahestehenden Personen enthalten alle Polizeigesetze der Bundesländer besondere Handlungsbefugnisse für die Polizei:

– Platzverweis: Danach können die allgemeinen Ordnungsbehörden und die Polizei zur Abwehr einer Gefahr eine Person zeitlich befristet von einem Ort verweisen und ihr zeitlich befristet das Betreten eines Ortes verbieten.

– Wohnungswegweisung: In diesem Rahmen kann eine Person auch – zeitlich befristet – aus ihrer Wohnung gewiesen werden bzw ein Betretensverbot der Wohnung ausgesprochen werden.

– Flankierende Schutzanordnungen: Besteht eine gegenwärtige Gefahr für Leib, Leben oder Freiheit einer Person oder auch für bedeutende Sach- und Vermögenswerte, so kann die Polizei flankierend weitere Verbote aussprechen.

Beispiele: Verbot des Aufenthalts innerhalb eines bestimmten Umkreises der Wohnung der betroffenen Person; Verbot der Kontaktaufnahme zum Opfer.

Bei den genannten Maßnahmen handelt es sich ausnahmslos um ad hoc Maßnahmen zur Abwendung einer gegenwärtigen Gefahr. Das Eingreifen der Polizei ist daher zwingend ein punktuelles. Alle Maßnahmen sind zu befristen. Üblich ist eine Frist von mehreren Tagen, die von der Ordnungsbehörde verlängert werden kann, üblicherweise auf 10–14 Tage. Einen langfristigen Schutz kann das Opfer vor dem Täter auf diesem Wege daher nicht erreichen.

**Hinweis:** Auf den polizeilichen Schutz kann das Opfer nicht ohne Weiteres verzichten. Haben herbeigerufene Polizeibeamte in einer eindeutigen Gefahrensituation für das Opfer (mehrfaches Schlagen des Opfers mit der Faust ins Gesicht, deutliche Verletzungssymptome beim Opfer, geständiger Täter, 8-jähriges Kind, das die Tathandlungen miterlebt hat), den Täter der Wohnung verwiesen, so wird die polizeiliche Schutzanordnung auch dann aufrecht erhalten, wenn das Opfer die Rückkehr des Täters in die Wohnung wünscht (hier: wegen des bevorstehenden Weihnachtsfestes).

## IV. Der zivilrechtliche Schutz

### 1. Übungsfall 6

**384** Die Eheleute Moder haben zwei Kinder, 5 und 7 Jahre alt. Frau Moder arbeitet als Friseurin in einem Salon. Dort lernt sie einen Mann kennen, ein Kunde von ihr, zu dem sie alsbald ein intimes Verhältnis aufnimmt. Als Frau Moder ihrem Mann die neue Beziehung mitteilt und ihn bittet, aus der gemeinsamen Ehewohnung auszuziehen, spitzt sich die Situation zu. Herr Moder kommt unregelmäßig abends bzw mitten in der Nacht, zT angetrunken, nach Hause. Dann zerrt er seine Frau aus dem Bett, beschimpft sie, schlägt sie zT auch. UA hat er ihr verschiedene Male ein Messer bzw eine Pistole, von der Frau Moder nicht weiß, ob sie echt bzw geladen ist, an den Hals gehalten und gebrüllt „er wisse im Moment leider nicht so genau, was er tue". Die Kinder, die die Szenen zT schreckenstarr von der Tür aus verfolgt haben, reagieren mit Verhaltensauffälligkeiten. Das jüngere der beiden kotet ein.

Frage: Welche zivilrechtlichen Möglichkeiten gibt es zum Schutz von Frau Moder und ihren Kindern? Unterstellen Sie dabei, dass Herr Moder Alleineigentümer der Wohnung ist (Lösungshinweise Rn 439).

### 2. Überblick

**385** Das Zivilrecht enthält verschiedene Schutzmechanismen für Opfer von Gewalt im sozialen Nahraum:

- Gewaltschutzgesetz.
- Allgemeiner zivilrechtlicher Schutz (§§ 823, 1004 BGB).
- Eherechtlicher Schutz (§ 1361b BGB).

### 3. Der Schutz des Gewaltschutzgesetzes

### a) Überblick und Anwendungsbereich

**386** Das Gewaltschutzgesetz erfasst das Opfer in verschiedenen Kontexten. Sein Ziel ist, dem Opfer nach einmal erfolgter oder auch nur angedrohter Gewalt einen wirksamen und schnell durchsetzbaren Schutz anzubieten. Seine Maxime lautet: Der Täter geht, das Opfer bleibt. Sein Schutzansatz basiert auf der Eröffnung von Schutzzonen, innerhalb derer sich das Opfer ungefährdet bewegen kann:

- Wohnung (§ 2 GewSchG).
- Weitere Schutzräume jenseits der Wohnung (§ 1 GewSchG).

Der Gewaltschutz erfolgt dabei im Wesentlichen durch ein Maßnahmenbündel.    **387**

| Gerichtliche Schutzanordnungen | Wohnraumüberlassung |
|---|---|
| **Schutzmechanismus:** | **Schutzmechanismus:** |
| Bessere Durchsetzung bestehender Ansprüche aus § 823 BGB. | Anspruch auf Wohnungsüberlassung. |
| Schutzmaßnahme: | Schutzmaßnahme: |
| Gerichtliche Schutzanordnungen (§ 1 GewSchG) als spezielle Folge eines deliktischen Handelns. | Zuweisung der gemeinsamen Wohnung zur alleinigen Benutzung (§ 2 GewSchG). |
| | Flankiert durch Wohlverhaltenspflicht in Abs. 4. |

| Gerichtliche Schutzanordnungen | Wohnraumüberlassung |
|---|---|
| Voraussetzungen (Prüfschema!): | Voraussetzungen (Prüfschema!): |
| ■ Vorsätzliche, widerrechtliche Freiheits-, Körper- oder Gesundheitsverletzung (§ 1 Abs. 1 GewSchG) <u>oder</u><br>■ Drohung mit einer solchen (§ 1 Abs. 2 Nr 1 GewSchG) <u>oder</u><br>■ widerrechtliches und vorsätzliches Eindringen in das befriedete Besitztum (§ 1 Abs. 2 Nr 2 lit. a GewSchG) <u>oder</u><br>■ widerrechtliches und vorsätzliches unzumutbares Belästigen (§ 1 Abs. 2 Nr 2 lit. b GewSchG) <u>und</u><br>■ Wiederholungsgefahr. | ■ Verwirklichung eines Schutzanordnungsgrundes gem § 1 Abs. 1, Abs. 2 Nr 1 GewSchG (s. linke Spalte) <u>oder</u><br>■ Drohung bei unbilliger Härte <u>und</u><br>■ auf Dauer angelegter, gemeinsamer Haushalt. |
| Nicht erforderlich: | Nicht erforderlich: |
| ■ Verschulden (§ 1 Abs. 3 GewSchG).<br>■ Beschränkung der Tat auf häuslichen Bereich. | Verschulden (§ 2 Abs. 1 iV mit § 1 Abs. 3 GewSchG). |
| Ausschluss/Berücksichtigung: | Ausschluss (§ 2 Abs. 3 GewSchG): |
| Berechtigte Täterinteressen (§ 1 Abs. 1 S. 3 GewSchG). | ■ Keine Wiederholungsgefahr.<br>■ Kein fristgerechtes schriftliches Überlassungsverlangen.<br>■ Berechtigte Täterinteressen. |
| Achtung: | Achtung: |
| ■ Anordnung ist zu befristen.<br>■ Sanktionierung von Verstößen gegen die gerichtliche Anordnung: Strafbarkeit (§ 4 GewSchG). | ■ UU Befristung der Anordnung (§ 2 Abs. 2 GewSchG).<br>■ UU Nutzungsvergütung (§ 2 Abs. 5 GewSchG). |

**388** Das Gewaltschutzgesetz ist im Grundsatz auf sämtliche denkbaren Zusammenhänge von Gewalt anwendbar. Sein Schutz setzt insbesondere keine Ehe voraus. Er gilt damit auch für nicht formalisierte (gleich- oder verschiedengeschlechtliche) Lebensgemeinschaften. Nicht anwendbar ist das Gewaltschutzgesetz auf **Gewalt von Eltern gegenüber ihren eigenen Kindern** (§ 3 Abs. 1 GewSchG). Der Schutz des Kindes vor seinen sorgeberechtigten Eltern ist nur über einen Eingriff in die elterliche Sorge auf der Basis des § 1666 BGB möglich. Anwendbar ist der Gewaltschutz hingegen auf Gewalt von Stiefeltern gegenüber den Kindern des Partners oder aber auf Gewalthandlungen von Kindern gegen ihre Eltern.

### b) Die Wohnungsüberlassung

**389** § 2 GewSchG räumt dem Gewaltopfer einen Anspruch auf **Überlassung der gemeinsam genutzten Wohnung** ein. Damit kann das Opfer, zumindest für eine bestimmte Zeit, die gemeinsame Wohnung alleine nutzen.

### aa) Tatbestandsvoraussetzungen – Die „Gewalttat"

**390** Die Wohnungszuweisung hat folgende Tatbestandsvoraussetzungen, die alle vorliegen müssen, damit der Anspruch gegeben ist:

**391** ■ Zunächst muss eine **Gewalttat** vorliegen: Gewalttat ist jede vorsätzliche und widerrechtliche Verletzung des Körpers, der Gesundheit oder der Freiheit einer anderen Person (§§ 2 Abs. 1, 1 Abs. 1 S. 1 GewSchG).
Nicht erfasst sind Handlungen psychischer Gewalt, die ein weites Spektrum umfassen, beginnend mit Beleidigungen über Kränkungen und Bedrohungen bis hin zu körperlichen Verletzungen, die auch psychisch wirken. Schutz kann das Opfer nur dann finden, wenn sich die Verletzungshandlung in den Kanon eines der genannten Rechtsgüter einordnen lässt. Die psychische Integrität kann insbesondere unter dem Aspekt der Gesundheitsverletzung geschützt sein, wenn die psychisch vermittelte Beeinträchtigung Krankheitswert besitzt.
Ebenfalls nicht geschützt ist das Opfer vor Verletzungen seines allgemeinen Persönlichkeitsrechts. Keine Gewalthandlung im Sinne des Gesetzes ist daneben das Aussperren des Opfers aus der gemeinsamen Wohnung, wohl aber das Einsperren darin (Freiheit). Geschützt sind nur Vorsatztaten, nicht hingegen fahrlässige Beeinträchtigungen.

**392** Ausreichend ist, dass der Täter dem Opfer mit einer solchen Tat **gedroht** hat. In diesem Fall muss jedoch – als weiteres Tatbestandsmerkmal – die Wohnungsüberlassung zur Vermeidung einer unbilligen Härte erforderlich sein (§§ 2 Abs. 6, 1 Abs. 2 Nr 1 GewSchG). Eine unbillige Härte kann vor allem dann gegeben sein, wenn im Haushalt lebende Kinder beeinträchtigt sind (§ 2 Abs. 6 S. 2 GewSchG).

Beispiel: Miterleben tätlicher Auseinandersetzungen zwischen den Eltern.

Die Ursachen des Konflikts sind unerheblich. Damit ist es nicht möglich, den Gewaltschutz dadurch zu relativieren, dass man ihn in Bezug setzt zu einem etwaigen gewaltauslösenden Verhalten.

Beispiel: Der Mann rechtfertigt seine Tätlichkeiten gegenüber seiner Frau damit, dass er von Frau und Kindern aus der Familie ausgegrenzt und beleidigt worden sei.

■ Was die **Verschuldensfähigkeit** des Täters anbetrifft, so ist zu differenzieren: Un- 393
erheblich ist grundsätzlich eine „selbstverschuldete" vorübergehende Verschul-
densunfähigkeit. Ist der Täter verschuldensunfähig, weil er sich durch geistige Ge-
tränke oder ähnliche Mittel in einen solchen Zustand versetzt hat, ist eine Wohnungszuweisung möglich (§ 2 Abs. 1 iV mit § 1 Abs. 3 GewSchG). Anderes gilt hingegen, wenn der Täter aufgrund einer geistigen Krankheit dauerhaft schuldunfähig
ist. In diesem Fall ist weder § 2, noch § 1 GewSchG anwendbar.

■ Zum Zeitpunkt der Tat muss der Täter mit der verletzten Person einen auf Dauer 394
angelegten **gemeinsamen Haushalt** geführt haben (§ 2 Abs. 1 GewSchG). Ein solcher Hausstand ist immer anzunehmen, wenn zwischen Täter und Opfer eine Lebensgemeinschaft besteht, die auf Dauer angelegt ist, keine weiteren Bindungen
gleicher Art zulässt und sich durch innere Bindungen auszeichnet, die ein gegenseitiges Füreinandereinstehen begründet und über eine reine Wohn- und Wirtschaftsgemeinschaft hinausgeht. Im Regelfall wird es sich um eine eheliche oder
eheähnliche Gemeinschaft handeln. Trennungsabsicht ist nicht erforderlich. Jedoch
ist der Schutz des Gewaltschutzgesetzes nicht auf geschlechtliche Beziehungen
beschränkt. Denkbar ist etwa auch der Gewaltschutz bei einer Alters-WG. Abzugrenzen ist der gemeinsame Hausstand vom bloßen Mitwohnen ohne Übernahme
von Verantwortung für die Erledigung der rechtlichen/tatsächlichen Angelegenheiten des Hausstandes (Studenten-WG).

Nicht mehr geschützt ist das Opfer vor Gewalthandlungen, die *nach* der Aufhebung
des gemeinsamen Haushaltes ausgeübt werden. Für Eheleute lässt sich ein Schutz
uU auf der Basis des § 1361b BGB erzielen (vgl Rn 413 ff).

Die Eigentumsverhältnisse bzw die Nutzungsberechtigung an der Wohnung ist in die- 395
sem Rahmen zunächst nicht unmittelbar relevant. Eine Wohnungszuweisung ist auch
dann denkbar, wenn der Täter Alleinmieter oder Alleineigentümer ist. Die Frage wirkt
sich aber aus bei den Modalitäten der Wohnungszuweisung, ist also von Bedeutung
für die Frage, wie lange die Wohnung zu überlassen ist und ob ein Nutzungsentgelt
gezahlt werden muss (vgl Rn 400 f).

**bb) Ausschluss des Anspruchs**

Der Anspruch auf Überlassung der Wohnung ist in folgenden Fällen ausgeschlossen: 396

■ Eine **Wiederholungsgefahr fehlt** (§ 2 Abs. 3 Nr 1 GewSchG): Ist es bereits zu einer
Rechtsgutsverletzung gekommen, wird die Wiederholungsgefahr vermutet. Die Regelvermutung greift auch nach einem erfolgten Platzverweis durch die Polizei. Diese
Vermutung muss der Täter widerlegen. Auch wenn eine Wiederholungsgefahr nicht
besteht, kann gleichwohl die Wohnungszuweisung erfolgen, wenn es dem Opfer
wegen der Schwere oder der Art des Delikts nicht zuzumuten ist, sich die Wohnung
weiter mit dem Täter zu teilen.

Beispiele:   Schwere Körperverletzung; Vergewaltigung; Tötungsversuch.

■ **Ausschlussfristen** (§ 2 Abs. 3 Nr 2 GewSchG): Die Wohnungsüberlassung muss 397
innerhalb von drei Monaten nach Tatbegehung (bzw der Drohung) schriftlich vom
Täter verlangt werden. Der Anspruch kann damit auch von außen geltend gemacht
werden, zB nachdem die Frau sich in ein Frauenhaus geflüchtet hat. Wird er nicht
innerhalb dieser Frist geltend gemacht, erlischt er. Gewaltschutz ist in diesem Fall
erst nach einer erneuten „Gewalttat" zu erlangen.

**398** ▪ Schutz der **Täterinteressen** (§ 2 Abs. 3 Nr 3 GewSchG): Der Anspruch kann zuletzt ausgeschlossen sein wegen überwiegender entgegenstehender Belange des Täters.

Beispiele: Angewiesensein des Täters auf die Wohnung wegen schwerer Behinderung oder Erkrankung; Kinder des Täters, für die das Opfer kein Sorgerecht hat, leben im Haushalt; Täter betreibt sein selbstständiges Unternehmen von der Wohnung aus.

### cc) Das Wohlverhaltensgebot

**399** Flankierend zu dem Anspruch auf Wohnraumüberlassung existiert ein sog **Wohlverhaltensgebot** (§ 2 Abs. 4 GewSchG): Soweit die Wohnung dem Opfer zur Alleinbenutzung zugewiesen wurde, hat der Täter alles zu unterlassen, was dem Opfer die Nutzung der Wohnung vereiteln oder erschweren kann.

Beispiele: Kündigung; Abriss; Verkauf der Wohnung.

### dd) Modalitäten der Nutzung

**400** Für die Frage, wie lange und zu welchen Konditionen die Wohnung dem Opfer zugewiesen werden kann, gilt:

▪ **Dauer der Nutzungsbefugnis/Befristung** (§ 2 Abs. 2 GewSchG): Ein dauerhaftes Bleiberecht ist dem Opfer nur dann gesichert, wenn es allein an der Wohnung berechtigt ist, also alleinige Mietpartei oder Alleineigentümer ist. Andernfalls (bei Mitberechtigung des Täters) ist die Überlassung zu befristen. Ist der Täter allein an der Wohnung berechtigt (Alleineigentümer oder Alleinmieter), ist die Überlassung der Wohnung auf 6 Monate zu befristen. Eine Verlängerung der Zuweisung ist in diesem Fall um weitere 6 Monate möglich, wenn die verletzte Person nicht in der Lage war, sich innerhalb dieser Frist angemessenen Wohnraum zu verschaffen (§ 2 Abs. 2 S. 2, 3 GewSchG).

**401** ▪ **Vergütung** (§ 2 Abs. 5 GewSchG): Ein Vergütungsanspruch kann dem der Wohnung verwiesenen Täter nach Billigkeit zugesprochen werden. Daran ist insbesondere zu denken, wenn der Täter mit- oder sogar alleinberechtigt an der Wohnung ist.

### c) Schutzanordnungen

### aa) Schutzmaßnahmen

**402** Die alleinige Nutzung der Wohnung gehört sicherlich zu einer der wichtigsten Schutzmaßnahmen für ein Opfer häuslicher Gewalt. Allerdings bedeutet die Entfernung des zu Gewalt und Drohungen neigenden Partners aus der Wohnung nicht die Sicherheit vor weiteren Übergriffen, nachdem der Aufenthalt des Opfers bekannt ist. Auch dieses Interesse greift das Gewaltschutzgesetz auf. Die Gerichte können zum Schutz des Opfers **Schutzanordnungen** erlassen. § 1 GewSchG listet dabei exemplarisch die wichtigsten Anordnungen auf:

▪ Verbot, die Wohnung zu betreten (§ 1 Abs. 1 S. 3 Nr 1 GewSchG).
▪ Näherungsverbot (Verbot, sich in einem bestimmten Umkreis der Wohnung der verletzten Person aufzuhalten, § 1 Abs. 1 S. 3 Nr 2 GewSchG).

■ Verbot, bestimmte Orte aufzusuchen, an denen sich die verletzte Person regelmäßig aufhält (§ 1 Abs. 1 S. 3 Nr 3 GewSchG).

Beispiele: Arbeitsplatz; Ladengeschäfte; Freizeiteinrichtungen; Kindertagesstätte; Schule; Kneipen.

■ Kontaktverbot (Verbot, Verbindung zur verletzten Person aufzunehmen, auch unter Verwendung von Fernkommunikationsmitteln, § 1 Abs. 1 S. 3 Nr 4 GewSchG).

Beispiele: Fax; E-Mails; SMS; Telefonanrufe, Facebook.

■ Verbot, Zusammentreffen mit der verletzten Person herbeizuführen (§ 1 Abs. 1 S. 3 Nr 5 GewSchG). Bei einem zufälligen Zusammentreffen hat der Täter die Pflicht, sich unverzüglich zu entfernen.

Die Aufzählung ist nicht abschließend. Es können also auch weitere, nicht explizit genannte, Maßnahmen gerichtlich angeordnet werden.

### bb) Tatbestandsvoraussetzungen

Auslöser einer Schutzanordnung ist das Vorliegen einer **Gewalttat** iS des Gewalt- **403** schutzgesetzes. Insoweit gilt die Gleichung: Eine Gewalttat, die eine Wohnraumüberlassung möglich macht, genügt auch für den Erlass einer Schutzanordnung und umgekehrt. Erforderlich ist eine vorsätzliche und widerrechtliche Verletzung des Körpers, der Gesundheit oder der Freiheit einer anderen Person (§ 1 Abs. 1 S. 1 GewSchG). Eine Drohung mit einer Gewalttat ist ausreichend (§ 1 Abs. 2 Nr 1 GewSchG). Anders als bei der Wohnungszuweisung ist nicht erforderlich, dass Täter und Opfer zusammenleben. Damit kommt eine Schutzanordnung gerade auch dann in Betracht, wenn sich Täter und Opfer bereits getrennt haben.

Auch eine Schutzanordnung kann nur unter Wahrung der berechtigten Interessen des **404** Täters ausgesprochen werden (§ 1 Abs. 1 S. 3 GewSchG). Bei dieser müssen entsprechende Belange des Täters berücksichtigt werden.

Beispiele: Sorge- und Umgangsrecht des Täters für gemeinsame Kinder; Täter arbeitet im selben Betrieb wie das Opfer.

Über den Anwendungsbereich von Gewalttaten hinaus sind Schutzanordnungen auch **405** bei bestimmten schwerwiegenden Belästigungen möglich, unabhängig davon, ob es sich hierbei um eine Gewalttat iS des Gewaltschutzgesetzes handelt (§ 1 Abs. 2 Nr 2 GewSchG). Folgende Verhaltensweisen können eine Schutzanordnung auslösen:

■ Hausfriedensbruch (Verletzung des Hausrechts, § 1 Abs. 2 Nr 2 lit a GewSchG).
■ Andere unzumutbare Belästigungen gegen den erklärten Willen des Opfers („Wiederholtes Nachstellen oder Verfolgung unter Verwendung von Fernkommunikationsmitteln", § 1 Abs. 2 Nr 2 lit b GewSchG).

Beispiele: Dauernde Überwachung und Beobachtung des Opfers; ständige demonstrative Anwesenheit in der Nähe des Opfers; unerwünschte Annäherungen und Kontaktversuche; Psychoterror durch Telefonate, Faxe, E-Mails, uÄ.

Bei einer Schutzanordnung handelt es sich um eine verfahrensrechtliche Ausprägung **406** des allgemeinen zivilrechtlichen Unterlassungsanspruchs. Daher müssen auch deren weiteren Voraussetzungen ebenfalls vorliegen, insbesondere eine **Wiederholungsgefahr** (vgl Rn 376).

Auch für eine Schutzanordnung ist eine vorübergehende selbstverschuldete **Ver- 407 schuldensfähigkeit** des Täters **irrelevant**. Eine Schutzanordnung kann daher auch dann ausgesprochen werden, wenn dem Täter sein Tun nicht bewusst war, etwa weil er alkoholisiert war (§ 1 Abs. 3 GewSchG). Anderes gilt für eine dauerhafte Schuldunfähigkeit des Täters, zB aufgrund einer geistigen Erkrankung. In diesem Fall ist § 1 GewSchG nicht anwendbar.

Beispiel: Ein aufgrund einer geistigen Erkrankung unzurechnungsfähiger Täter „stalkt" sein Opfer. In diesem Fall scheidet eine Schutzanordnung aus.

### cc) Modalitäten der Schutzanordnung

**408** Wie bei der Wohnungsüberlassung stellt sich auch bei dem Erlass einer Schutzanordnung die Frage nach der möglichen **Dauer**. Es gilt: Auch Schutzanordnungen bieten keine dauerhafte Lösung. Die Anordnungen sollen befristet werden. Die Frist kann allerdings (auch mehrmals) verlängert werden soweit die Voraussetzungen für ihren Erlass weiter vorliegen (§ 1 Abs. 1 S. 2 GewSchG).

### dd) Besonderheit: Die Strafbarkeit der Missachtung einer Schutzanordnung

**409** Die gerichtlichen Schutzanordnungen sind **strafbewehrt** (§ 4 GewSchG): Der Verstoß des Täters gegen eine vollstreckbare gerichtliche Schutzanordnung ist eine Straftat. Diese Straftat tritt neben weitere mögliche Straftaten (vorsätzliche Körperverletzung, Nötigung, Hausfriedensbruch, Stalking).

Diese Vorschrift ermöglicht zwar keine unmittelbare Durchsetzung einer gerichtlichen Schutzanordnung. Sie entfaltet aber ein nicht unbedeutendes Drohpotenzial. Sie ist daher geeignet, einer richterlichen Schutzanordnung Respekt zu verschaffen. Das Opfer wird dadurch ebenfalls entlastet: Es ist für die Durchsetzung nicht allein auf die Vollstreckung der Schutzanordnung verwiesen (vgl Rn 436).

**410** Hinweis: Die Strafandrohung gilt nur bei Verstoß gegen die gerichtliche Schutzanordnung, nicht bei bloßer Zuwiderhandlung gegen die Zuweisung der Wohnung. Es ist daher darauf zu achten, neben einem Antrag auf Wohnungszuweisung zugleich immer auch eine Schutzanordnung, also ein Näherungs-, Kontakt- oder sonstiges Verbot zu beantragen.

**411** Voraussetzung der Strafbarkeit ist die Rechtmäßigkeit der Schutzanordnung. Daher ist von der Staatsanwaltschaft zu überprüfen, ob die Anordnung zu Recht ergangen ist. Hätte sie nicht ergehen dürfen, ist der Tatbestand des § 4 GewSchG nicht erfüllt.

Hauptproblem in der Praxis ist die Wiederaufnahme des Täters in die Wohnung: Verstößt der Täter mit „Einwilligung" des Opfers gegen die Schutzanordnung, entfällt die Rechtswidrigkeit seines Verhaltens. Auch dann macht er sich nicht strafbar.

### 4. Der allgemeine zivilrechtliche Schutz

**412** Bei Gewalthandlungen innerhalb des sozialen Nahraums stehen dem Opfer neben den Ansprüchen des Gewaltschutzgesetzes die regulären zivilrechtlichen **(deliktsrechtlichen) Ansprüche** offen (§ 3 Abs. 2 GewSchG). Dies ist vor allem dann von Bedeutung, wenn nicht vom Gewaltschutzgesetz erfasste Rechtsgüter (Eigentum, Persönlichkeitsrecht) verletzt wurden.

Bei auch nur fahrlässiger oder unverschuldeter Verletzung von Körper, Gesundheit und Freiheit oder anderer Güter, wie zB das Eigentum, besteht ein Schadensersatz- sowie uU Schmerzensgeldanspruch (§ 823 BGB). Daneben kann in analoger Anwendung von § 1004 BGB Unterlassung künftiger Beeinträchtigungen verlangt werden, wenn eine Erstbegehungs- oder Wiederholungsgefahr droht.

Keinen Schutz bietet allerdings auch das Deliktsrecht bei der Verletzung nicht genannter Rechtsgüter, insbesondere bei psychischer Gewalt, Beschimpfungen und Demütigungen des Opfers, die unterhalb der Schwelle der Gesundheitsbeeinträchtigung liegen.

### 5. Der eherechtliche Schutz

#### a) Der Schutzmechanismus

Für trennungswillige **Gewaltopfer innerhalb einer Ehe** bzw eingetragenen Lebens-  **413** partnerschaft bietet § 1361b BGB/§ 14 LPartG eine eigenständige Grundlage für die Wohnraumüberlassung.

Inhaltlich ist der Anspruch – wie § 2 GewSchG – auf Überlassung der Wohnung gerichtet. Der Erlass von Schutzanordnungen ist hingegen nur eingeschränkt möglich. Zwar kann das Gericht im Rahmen der Wohnungszuweisung Anordnungen treffen. Zulässig sind allerdings nur „wohnungsbezogene" Anordnungen, etwa das Verbot, die Wohnung zu betreten bzw sich der Wohnung zu nähern (§ 209 Abs. 1 FamFG). Nicht zulässig sind demgegenüber nicht wohnungsbezogene Anordnungen wie sie die Schutzanordnungen nach § 1 GewSchG ermöglichen.

Der eherechtliche Gewaltschutz ist neben dem Gewaltschutzgesetz anwendbar (§ 3  **414** Abs. 2 GewSchG). Die folgende Tabelle erlaubt einen Überblick über Gemeinsamkeiten und Unterschiede der beiden Schutzmöglichkeiten:

| Eherecht (§ 1361b BGB) | Gewaltschutzgesetz (§ 2 GewSchG) |
|---|---|
| Anwendungsbereich: | Anwendungsbereich: |
| Getrennt lebender bzw trennungswilliger Ehe- /Lebenspartner. | ■ Ehepartner vor Partnergewalt.<br>■ Nichtehelicher Lebensgefährte vor Partnergewalt. |
| Voraussetzungen:<br>■ Ehe,<br>■ Trennung/Trennungswille <u>und</u><br>■ unbillige Härte.<br>■ Ausschluss: Überlassungsvermutung (§ 1361b Abs. 4 BGB). | ■ Andere Frauen/Männer vor Gewalt, Belästigungen, Zudringlichkeiten des ehemaligen Partners oder Dritter.<br>■ Nicht: Kinder gegenüber ihren sorgeberechtigten Eltern. |
| | Voraussetzungen:<br>■ Gemeinsamer Hausstand,<br>■ Gewalttat oder Drohung (bei unbilliger Härte) <u>und</u><br>■ kein Ausschluss des Anspruchs. |
| Mechanismen:<br>■ Wohnraumüberlassung.<br>■ Wohnungsbezogene Anordnungen. | Mechanismen:<br>■ Wohnraumüberlassung.<br>■ Flankierend Schutzanordnungen unter den Voraussetzungen des § 1 GewSchG. |

### b) Tatbestandsvoraussetzungen

**415** Der **eherechtliche Gewaltschutz** gilt nur für Ehegatten, nicht jedoch für nichteheliche Lebensgemeinschaften. Für eingetragene Lebenspartner besteht ein inhaltsgleicher Anspruch in § 14 LPartG. Im Folgenden stehen die Regelungen des Eherechts im Fokus. Der Anspruch ist auf Überlassung der Wohnung gerichtet. Er hat folgende Voraussetzungen.

**416** ■ Der Anspruch ist zunächst denknotwendig auf die Dauer der **Trennung** begrenzt. Er setzt daher eine Trennung der Ehepartner voraus, wobei der Wille zur Trennung ausreicht. Will sich hingegen ein Ehegatte nur vor dem anderen schützen, ohne auf eine Trennung hin zu steuern, ist der Anspruch ausgeschlossen. Auch nach der Scheidung besteht er nicht mehr. Die Zuteilung der Wohnung nach Scheidung ist nach § 1568a BGB zu regeln.

**417** ■ Die Überlassung muss notwendig sein, um eine **unbillige Härte** zu vermeiden. Der Begriff der unbilligen Härte ist unbestimmt und im Rahmen einer Abwägung zu konkretisieren.

Erfasst werden vor allem Fälle von Gewalt zwischen den Ehepartnern im Rahmen der Trennung. Aus diesem Grunde ist die Überlassung der Ehewohnung zur alleinigen Benutzung im Regelfall vorgesehen, wenn der Ehegatte, gegen den sich der Antrag richtet, den antragstellenden Ehegatten widerrechtlich und vorsätzlich am Körper, der Gesundheit oder der Freiheit verletzt bzw mit einer Verletzung eines dieser Rechtsgüter oder des Lebens gedroht hat (§ 1361b Abs. 2 S. 1 BGB). Der Anspruch ist in diesem Fall nur dann ausgeschlossen, wenn keine Wiederholungsgefahr besteht. Dies ist von dem Antragsgegner darzulegen.

Problematisch ist die Behandlung **einmaliger Übergriffe**: Fehlt eine Wiederho- **418** lungsgefahr, ist der Anspruch grundsätzlich ausgeschlossen. Insoweit begründet allerdings bereits auch die erste Gewaltanwendung die (widerlegliche) Vermutung einer Wiederholungsgefahr. Auch wenn keine Wiederholungsgefahr droht, bleibt der Anspruch bei einmaligen Vorkommnissen allerdings dann bestehen, wenn der Übergriff so schwer ist, dass dem verletzten Ehegatten das weitere Zusammenleben unzumutbar ist (§ 1361b Abs. 2 S. 2 BGB).

Eine unbillige Härte kann weiter darin liegen, dass das **Wohl** der im Haushalt le- **419** benden **Kinder** beeinträchtigt ist (§ 1361b Abs. 1 S. 2 BGB). Davon ist auszugehen, wenn das Maß der ehelichen Auseinandersetzungen von den Kindern miterlebt wird und diese beeinträchtigt.

Im Übrigen liegt eine unbillige Härte immer dann vor, wenn das Zusammenleben **420** innerhalb der Wohnung dem Anspruchsteller unzumutbar ist und die Wohnungszuweisung mithin dringend erforderlich ist, um eine unerträgliche Belastung durch den anderen Ehegatten abzuwenden. Das lässt sich erst dann annehmen, wenn das Verhalten eines der Ehepartner die häusliche Gemeinschaft tiefgreifend stört. Nicht ausreichend sind trennungstypische Spannungen, die üblicherweise im Rahmen einer Eheauflösung auftreten.

Beispiele (unbillige Härte bejaht): Aufnahme eines neuen Partners in die Ehewohnung; besondere Belastung durch eine psychische Erkrankung des Ehepartners, der die Familie terrorisiert; Ängstigungen durch massive und ernsthafte Bedrohungen; ständiges Randalieren; ständige laute Musik; Ignorieren der vereinbarten Aufteilung der Wohnung.

Die Schwelle für die Wohnungsüberlassung ist damit niedriger als in § 2 GewSchG, der Anwendungsbereich größer: Auch bei Demütigungen, Erniedrigungen, Schikanen oder Psychoterror, wo § 2 GewSchG nicht greift, kann § 1361b BGB anwendbar sein.

Bei der Würdigung, ob eine unbillige Härte vorliegt, sind auch die entgegenstehen- **421** den **Belange des** anderen **Ehegatten** angemessen zu berücksichtigen. Entgegenstehende Belange sind etwa: Alter und Gesundheitszustand des anderen Ehegatten, Angewiesensein auf die Wohnung für dessen Berufstätigkeit, Dauer des Auszugs (vgl insoweit auch die Vermutung des Abs. 4) sowie die Eigentums- und Rechtsverhältnisse an der Wohnung.

### c) Zeitliche Fristen für die Geltendmachung des Anspruchs

Während der Trennung ist lediglich die Konstellation problematisch, dass einer der **422** Ehegatten die Ehewohnung verlässt und nunmehr – von außen – den Anspruch auf Überlassung der Wohnung geltend macht. Gegen diesen Ehegatten spricht sechs Monate nach seinem Auszug die **unwiderlegliche Vermutung,** dass er dem in der Ehewohnung verbleibenden Ehegatten die Wohnung zur alleinigen Nutzung überlassen hat (§ 1361b Abs. 4 BGB). Die Vermutung greift nur dann nicht, wenn der Ehegatte innerhalb dieser Frist gegenüber dem in der Wohnung verbliebenen Ehegatten ernsthafte Rückkehrabsichten bekundet hat.

### d) Modalitäten der Zuweisung

Ist die Wohnung einem der Ehegatten überlassen worden, so gilt für den verwiesenen Ehegatten folgendes:

423 ■ **Wohlverhaltenspflicht** (§ 1361b Abs. 3 S. 1 BGB): Den der Ehewohnung verwiesenen Ehepartner trifft zunächst eine Wohlverhaltenspflicht. Er hat insoweit alles zu unterlassen, was das Nutzungsrecht des „verbleibenden" Ehepartners beeinträchtigen würde. Die Wohlverhaltenspflicht kann gerichtlich konkretisiert werden, etwa durch die Anordnung eines Verbotes, die Wohnung zu kündigen oder zu veräußern bzw anderweitig zu vermieten (§ 209 Abs. 1 FamFG).

424 ■ **Nutzungsentgelt** (§ 1361b Abs. 3 S. 2 BGB): Wenn es der Billigkeit entspricht kann der der Wohnung verwiesene Ehegatte von dem anderen eine Nutzungsentschädigung verlangen. Daran ist etwa zu denken, wenn der der Wohnung verwiesene Ehegatte an dieser als Alleinmieter oder Alleineigentümer berechtigt ist. Der Vergütungsanspruch besteht dabei nicht nur für den Fall der richterlichen Zuweisung der Ehewohnung, sondern auch dann, wenn der Ehegatte freiwillig auszieht.

425 ■ Für die **Dauer** der Zuweisung gilt: Eine Befristung ist nicht vorgesehen. Die gerichtliche Entscheidung gilt automatisch bis zur Rechtskraft des Scheidungsurteils für die gesamte Dauer des Getrenntlebens.

### 6. Verfahren und Durchsetzung einer gerichtlichen Entscheidung

426 Die Effektivität des Schutzes von Opfern häuslicher Gewalt bestimmt sich – neben der grundsätzlichen Eignung der Schutzmechanismen – im Wesentlichen danach, wie schnell und einfach das Opfer zu seinem Recht kommt. Dies ist zum einen eine Frage des Verfahrens, zum anderen eine Frage der Durchsetzung der gerichtlichen Entscheidung.

### a) Das Verfahren

427 Verfahren nach dem Gewaltschutzgesetz sind ebenso wie das Verfahren nach § 1361b BGB Familiensachen (§§ 111 Nrn 5 und 6, §§ 200 Abs. 1 Nr 1, 210 FamFG). Die Zuständigkeit liegt bei den Familiengerichten (§ 23b Abs. 1 GVG), unabhängig davon ob eine Ehe vorliegt oder nicht. Die **örtliche Zuständigkeit** eröffnet dem Opfer Wahlmöglichkeiten zwischen folgenden Optionen:

■ Ort der Tatbegehung (§ 211 Nr 1 FamFG),

■ Ort, an dem sich die gemeinsame Wohnung der Beteiligten befindet oder befand (211 Nr 2 FamFG) oder

■ Gewöhnlicher Aufenthalt des Antragsgegners (§ 211 Nr 3 FamFG).

428 Das Verfahren wird durch einen Antrag eingeleitet.

Besonderheiten für die Zuständigkeit gelten für das Verfahren nach § 1361b BGB (vgl § 201 FamFG). Hier ist die örtliche Zuständigkeit zwingend vorgegeben, ohne dass eine Wahlmöglichkeit besteht. Es gilt folgende Reihenfolge:

■ Gericht der Ehesache, wenn eine Ehesache anhängig ist.

■ Ort, an dem sich die Ehewohnung befindet.

■ Gewöhnlicher Aufenthalt des Antragsgegners.

■ Gewöhnlicher Aufenthalt des Antragstellers.

## b) Die Nachweisproblematik

Im Übrigen gelten die allgemeinen Regeln des FamFG auch für das Gewaltschutzver- **429** fahren. Damit gilt insbesondere der Amtsermittlungsgrundsatz (§ 26 FamFG, vgl im Einzelnen Teil III Kapitel 2 Abschnitt XIV). Danach ist es Aufgabe des Gerichtes, die entscheidungserheblichen Tatsachen zu ermitteln. In diesem Rahmen obliegt es dem Gericht vor allem, das Vorliegen einer Gewalttat zu klären.

Der **Nachweis einer Gewalttat** stellt sich in der Praxis häufig alles andere als einfach **430** dar. Die Gewalttat als solche – Kern des Gewaltschutzes – ist häufig nicht hinreichend sicher aufzuklären. Dies hängt vor allem damit zusammen, dass das Opfer im Regelfall der einzige Zeuge für das Vorliegen der behaupteten Gewalttat ist. Liegen gegenläufige Aussagen vor (etwa weil der Antragsgegner seinerseits behauptet, Opfer einer Gewalttat – nämlich der Antragstellerin – geworden zu sein) oder streitet der Täter die Gewalt ab, so ist die Gewalttat selber eben nicht nachgewiesen. Selbst der ärztliche Nachweis einer Verletzung des Antragstellers beweist nur das Vorhandensein der Verletzung, lässt hingegen nicht mit hinreichender Gewissheit auf das Vorliegen einer Gewalthandlung durch den Antragsgegner schließen. Gleiches gilt für das Vorliegen einer polizeilichen Schutzanordnung. Eine solche kann nämlich durchaus auch dann verhängt werden, wenn die Polizisten nicht unmittelbar Zeuge der Gewalt geworden sind. Dies ist etwa der Fall, wenn die unmittelbare Gewalthandlung bereits beendet ist und daher beim Eintreffen der Beamten alles „ruhig" wirkt. Der Anschein der Gefahrenlage genügt für die Polizeibeamten, einen Platzverweis auszusprechen. Da die Polizeibeamten jedoch selber nicht Zeugen der Gewalttat waren, stehen sie weder als Zeugen zur Verfügung, noch kann aus der Existenz des Platzverweises auf eine tatsächlich begangene Gewalttat durch den Antragsgegner geschlossen werden.

Die beantragte Maßnahme wird das Gericht jedoch nur dann ergreifen, wenn die Gewalttat zu seiner Überzeugung auch begangen wurde. Verbleiben Zweifel, muss der Antrag abgewiesen werden. Vor diesem Hintergrund sind Beschlüsse zum Gewaltschutz eine Seltenheit. Häufig enden Gewaltschutzverfahren durch einen gerichtlichen Vergleich.

## c) Verfahrensrechtliche Besonderheiten

Einbeziehung des **Jugendamtes**: Lebt ein Kind im Haushalt, ist das Jugendamt auf **431** seinen Antrag zu beteiligen (§§ 204 Abs. 2, 212 FamFG). Unabhängig davon besitzt es in diesen Fällen ein Anhörungsrecht (§§ 205 Abs. 1, 213 Abs. 1 FamFG). Die Entscheidungen sind ihm mitzuteilen. Das Jugendamt besitzt ein Beschwerderecht gegen die Gerichtsentscheidung (§§ 205 Abs. 2, 213 Abs. 2 FamFG).

**Wirksamkeit**: Die Entscheidung wird erst mit Rechtskraft wirksam. Das Gericht soll **432** allerdings die sofortige Wirksamkeit anordnen (§§ 209 Abs. 2, 216 Abs. 1 FamFG). Mit der Anordnung der sofortigen Wirksamkeit kann auch angeordnet werden, dass die Vollstreckung vor der Zustellung an den Antragsgegner erfolgt. In diesem Fall wird die Entscheidung wirksam, wenn das Gericht sie der Geschäftsstelle zur Bekanntmachung übergibt (§§ 209 Abs. 3, 216 Abs. 2 FamFG).

**Schneller Schutz**: Im Regelfall wird ein reguläres Verfahren für die Bedürfnisse des **433** Opfers zu lang dauern. Es können allerdings bei besonderer Eilbedürftigkeit einstweilige Anordnungen erlassen werden (§ 49 Abs. 1 FamFG). Die besondere Dringlichkeit, die für den Erlass einer einstweiligen Anordnung Voraussetzung ist, wird bei Taten nach dem Gewaltschutzgesetz vermutet (§ 214 FamFG).

**434 Information anderer Behörden:** Anordnungen nach dem Gewaltschutzgesetz sowie Änderungen teilt das Gericht der zuständigen Polizeibehörde und anderen involvierten Behörden mit (§ 216a FamFG).

### d) Die Durchsetzung der gerichtlichen Entscheidung

**435** Die Vollstreckung einer Entscheidung ist gerichtlich gesondert anzuordnen. Dies kann aber bereits in dem Beschluss, der die begehrte Schutzanordnung enthält, erfolgen. Dabei kann die Vollstreckung vor Zustellung der einstweiligen Anordnung an den Beteiligten für zulässig erklärt werden (§ 53 Abs. 2 FamFG). Inhaltlich richtet sich die Vollstreckung zT nach den Vorschriften der ZPO (§ 95 FamFG). Daneben gelten die folgenden Besonderheiten:

**436** ■ Vollstreckung von **Schutzanordnungen** nach § 1 GewSchG (§ 96 Abs. 1 FamFG): Die verletzte Person kann bei einer Zuwiderhandlung gegen eine Schutzanordnung einen Gerichtsvollzieher hinzuziehen. Dieser ist auch zur **Gewaltanwendung** befugt und kann auch die Polizei hinzuziehen. Der Einsatz kommt allerdings nicht bei jedem Verstoß gegen eine Schutzanordnung in Betracht, sondern erst bei längerdauernden Verstößen. Ein kurzfristiges Zusammentreffen ist sicherlich nicht gewaltsam zu beenden – das ist auch nicht besonders realitätsgerecht – wohl aber zB der stundenlange Aufenthalt an Orten, an denen sich der Täter nicht aufhalten darf.

**437** ■ **Wohnraumüberlassung** (§ 95 Abs. 1 FamFG iV mit § 885 ZPO): Die Vollstreckung erfolgt dadurch, dass der Gerichtsvollzieher den Täter – notfalls unter Gewaltanwendung **– aus der Wohnung weist**. Die Vollziehung kann mehrfach erfolgen, auch wiederholt, ohne dass erneut ein entsprechender Beschluss gefasst ist bzw dem Täter zugestellt wird (§ 96 Abs. 2 FamFG).Verschafft sich die aus der Wohnung gewiesene Partei erneut Zutritt, kann sich das Opfer daher ohne Weiteres unmittelbar an den Gerichtsvollzieher wenden, der den Täter – notfalls unter Gewaltanwendung – erneut aus der Wohnung „entfernt". Relevanz kann die Möglichkeit insbesondere auch dann erlangen, wenn das Opfer den Täter in die Wohnung wieder aufgenommen hat und es erneut zu Gewalttaten kommt.

**438** ■ Daneben kann gegen den Täter ein Ordnungsgeld sowie Ordnungshaft verhängt werden (§ 96 Abs. 1 S. 3 FamFG, §§ 890, 891 ZPO).

### 7. Lösungshinweise zum Übungsfall 6

**439** Lösungshinweise zum Übungsfall 6 (Fall Rn 384)

Ist eine Gewaltproblematik zu prüfen, bietet es sich an, alle denkbaren Schutzmechanismen „abzuklopfen" und nicht aufzuhören, wenn die erste trägt. Im Einzelnen:

I. Überlassung der Wohnung:

1. Anspruch auf Wohnungsüberlassung auf der Basis des eherechtlichen Schutzes: § 1361b BGB kommt grundsätzlich in Betracht, nachdem Herr und Frau Moder miteinander verheiratet sind. Voraussetzung der Wohnungszuweisung ist zum einen das Vorliegen einer Trennung bzw zumindest einer Trennungsabsicht. Diese scheint vorhanden zu sein. Weiter muss die Zuweisung der Wohnung erforderlich sein, um eine unbillige Härte zu vermeiden (§ 1361b Abs. 1 S. 2 BGB). Eine unbillige Härte kann dabei auch darin liegen, dass das Wohl der im Haushalt le-

benden Kinder beeinträchtigt ist. Der Sachverhalt gibt mehrere Anhaltspunkte für das Vorliegen einer unbilligen Härte:

- Herr Moder hat seine Frau mehrfach geschlagen. In diesem Fall ist die Wohnungszuweisung bereits als Regelfall vorgesehen, § 1361b Abs. 2 BGB. In dem Verhalten von Herrn Moder (Pistole) liegt zudem eine Bedrohung ihres Lebens.

- Die Kinder reagieren mit deutlichen Verhaltensauffälligkeiten auf die erlebte Auseinandersetzung zwischen den Eltern. Die damit einhergehende Beeinträchtigung des Kindeswohles begründet ebenfalls eine unbillige Härte, § 1361b Abs. 1 S. 2 BGB.

Entgegenstehende Belange von Herrn Moder sind nicht ersichtlich. Eine Wohnungsüberlassung ist auf der Basis von § 1361b BGB aussichtsreich. In diesem Rahmen können zugleich wohnungsbezogene Anordnungen, etwa ein Betretensverbot der Wohnung, angestrebt werden.

2. Anspruch auf Überlassung der Wohnung auf der Basis des Gewaltschutzgesetzes: Anspruchsgrundlage ist § 2 GewSchG iV mit § 1 GewSchG:

Die Voraussetzungen einer Gewalttat sind unproblematisch gegeben:

- Es liegt sowohl eine vorsätzliche Gewalttat (Herr Moder schlägt Frau Moder) vor, §§ 2 Abs. 1, 1 Abs. 1 GewSchG, als auch eine Bedrohung von Frau Moder (§ 2 Abs. 6 GewSchG). Die im Fall der Bedrohung weiter erforderliche unbillige Härte lässt sich sowohl mit der Art der Bedrohung als auch mit den Auswirkungen auf die Kinder begründen.

- Weiter haben die Eheleute Moder im Zeitpunkt der Tat auch einen gemeinsamen Haushalt geführt.

Problem: Trunkenheit Herr Moder. Es ist zu überlegen, ob die Schuldfähigkeit fehlt. Allerdings bestimmt § 2 Abs. 1 iV mit § 1 Abs. 3 GewSchG insoweit, dass dies unerheblich wäre.

Ausschlussgründe nach § 2 Abs. 3 GewSchG sind nicht ersichtlich:

- Die Wiederholungsgefahr wird vermutet.

- Schwerwiegende Interessen des Täters, die der Wohnungszuweisung entgegenstehen, sind nicht ersichtlich. Die Eigentumsverhältnisse sind insoweit irrelevant. Allerdings ist die Wohnungszuweisung auf 6 Monate zu befristen, da Herr Moder an der Wohnung allein berechtigt ist. UU muss Frau Moder ein Nutzungsentgelt entrichten (§ 2 Abs. 2 GewSchG).

- Im Verfahren selber ist darauf zu achten, dass Frau Moder die Wohnungsüberlassung innerhalb von drei Monaten nach Tatbegehung von ihrem Mann schriftlich verlangen muss, will sie den Anspruch nicht verlieren.

II. Schutzanordnungen: § 1 GewSchG

Die Voraussetzungen liegen vor (vgl o): Sowohl eine Tat, als auch eine Bedrohung mit einer Tat sind im Sachverhalt gegeben. Als Täterinteressen sind zu berücksichtigen: Das Sorgerecht von Herrn Moder sowie sein Umgangsrecht. In diesem Rahmen sind Kontakte zwischen Herrn und Frau Moder nicht ausgeschlossen.

# Teil III: Grundlagen des Familienrechts

**440** Gegenstand des Familienrechts im BGB sind die für Ehe und Verwandtschaft gelten-den Rechtsregeln sowie die Rechtsinstitute Vormundschaft und Betreuung. Die ein-schlägigen Regeln finden sich im 4. Buch des BGB.

# Kapitel 1: Abstammungsrecht

## I. Übungsfall 7

**441** Alma Alander hat sich vor einem Jahr von ihrem Ehemann Otto getrennt und lebt seither mit ihrem neuen Freund Ramazotti zusammen. Das neue Liebesglück ist durch die kürzlich erfolgte Geburt der gemeinsamen Tochter Iris besiegelt worden.

Fragen:

1. Wie ist Iris mit Almas Schwester verwandt?

2. Wer ist Vater von Iris?

3. Welche Möglichkeiten sehen Sie, die Zuordnung zu ändern?

4. Welchen Rat würden Sie Alma Alander und Ramazotti erteilen, die Sie während der Schwan-gerschaft aufgesucht haben, um sich beraten zu lassen?

(Lösungshinweise Rn 524)

## II. Begriffe und Bedeutung

**442** Wer mit wem verwandt ist, ist Gegenstand des Abstammungsrechts. Zu unterscheiden ist dabei zwischen Verwandtschaft in gerader Linie und Verwandtschaft in der Seiten-linie. **Verwandte in gerader Linie** stammen unmittelbar voneinander ab (§ 1589 S. 1 BGB). Die Verwandten der absteigenden Linie werden dabei als Abkömmlinge be-zeichnet.

Beispiel: Ein Kind ist in gerader Linie mit folgenden Personen verwandt: In absteigender Linie mit seinen eigenen Kindern und deren Kindern (Abkömmlinge); in aufsteigender Linie mit seinen Eltern, Großeltern, Urgroßeltern, usw.

**Verwandte in der Seitenlinie** stammen hingegen von derselben dritten Person ab (§ 1589 S. 2 BGB).

Beispiel: Ein Kind ist in der Seitenlinie mit folgenden Personen verwandt: Seinen Geschwistern und deren Abkömmlingen; in aufsteigender Linie mit den Geschwistern seiner Eltern und deren Abkömmlingen, den Geschwistern seiner Großeltern und deren Abkömmlingen usw.

**443** Der **Grad der Verwandtschaft** bestimmt sich dabei durch die Zahl der sie vermitteln-den Geburten (§ 1589 S. 3 BGB). Dazu sind jeweils die Geburten in der geraden Linie zu zählen. Sind Personen im Seitengrad miteinander verwandt, so werden die Gebur-ten in der geraden Linie bis zum gemeinsamen Ahn „nach oben" und von dort aus wieder „nach unten" zu der anderen Person gezählt.

Beispiele: Ein Kind und seine Eltern sind in gerader Linie im 1. Grad miteinander verwandt. Ein Kind ist mit seinen Großeltern in gerader Linie im 2. Grad verwandt.

Mit seinen Geschwistern ist es hingegen in der Seitenlinie im 2. Grad verwandt. Mit seiner Tante ist es in der Seitenlinie im 3. Grad verwandt.

Beispiel ausgehend von „Frau":

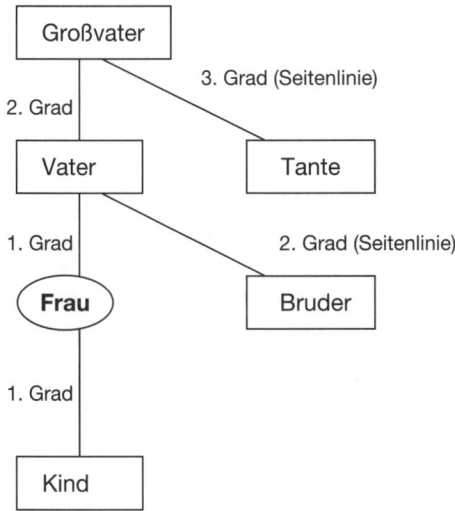

Die Verwandtschaft ist in verschiedener Hinsicht von **Bedeutung**. **444**

- ■ Zwischen Verwandten in gerader Line bestehen Unterhaltsansprüche (§§ 1601 ff BGB).
- ■ Verwandte sind – neben dem Ehepartner – gesetzlich vorgesehene Erben (§§ 1924 ff BGB).
- ■ Im Bereich der Vormundschaft nehmen Verwandte eine wichtige Rolle ein.
- ■ Nahe Verwandtschaft begründet Eheverbote (§ 1307 BGB).
- ■ Außerhalb des Familienrechts ist die Verwandtschaft im Zivil- und Strafprozess von Bedeutung (Zeugnisverweigerungsrechte), im Sozialleistungsrecht sowie im Ausländerrecht (Staatsangehörigkeit).

Zu den Verwandten des Ehegatten wird lediglich eine Schwägerschaft begründet, die **445** allerdings nur noch marginale Bedeutung besitzt (§ 1590 BGB).

Die gesetzliche Definition von Verwandtschaft erweckt den Eindruck, dass Verwandt- **446** schaft eine rein biologische Angelegenheit ist. Dies ist im Grundsatz zutreffend, allerdings mit einigen bedeutsamen Modifikationen für die Zuweisung des Kindes zu seinen Eltern, vor allem seinem Vater: Die biologische Verwandtschaft – vor allem zwischen einem Kind und seinem Vater – ist nämlich nicht immer ohne Weiteres sicher. Aus diesem Grund arbeitet das Gesetz mit Vermutungen, durch die ein Kind seinen Eltern zugerechnet wird. Soweit eine Zurechnung einschlägig ist, ist das Kind vor dem Gesetz das Kind *dieser* Eltern und zwar auch dann, wenn dies nicht den biologischen Tatsachen entspricht. Diese – sog rechtliche – Verwandtschaft überlagert die biologische Verwandtschaft und ist maßgeblich für die Bestimmung der Verwandtschaft und deren Folgen, etwa auch Unterhaltsansprüche.

Die **rechtliche Verwandtschaft**, insbesondere die rechtliche Vaterschaft, muss daher nicht der tatsächlichen biologischen Abstammung entsprechen. Sie kann allerdings unter bestimmten Voraussetzungen, so sie unzutreffend ist, korrigiert werden. Die Korrektur erfolgt durch eine Anfechtung der Vaterschaft in einem gerichtlichen Verfahren (Anfechtungsverfahren). Bis zu dieser Korrektur bzw ohne diese Korrektur bleibt das Kind rechtlich mit allen Konsequenzen einem Mann, von dem es nicht biologisch abstammt, als dessen Kind zugeordnet.

**447** Sonderregeln gelten, soweit ein Verwandtschaftsverhältnis durch Adoption begründet wurde (vgl Kapitel 5).

## III. Mutterschaft

**448** Die Zurechnung des Kindes zu seiner Mutter erfolgt über den Anschein: **Mutter** ist, wer das Kind geboren hat (§ 1591 BGB). Diese Zurechnung entspricht im Regelfall auch der biologischen Abstammung. Probleme gibt es in diesem Bereich hauptsächlich durch die künstliche Fortpflanzungstechnik: Rechtliche und genetische Mutterschaft können etwa bei der Eispende, einer Embryonenspende oder im Falle der (in Deutschland unzulässigen) Leihmutterschaft auseinanderfallen.

In allen diesen Fällen ist die Gebärende rechtlich die Mutter des Kindes. Diese Zurechnung ist abschließend. Ein Korrekturmechanismus bei einer falschen Zurechnung des Kindes ist nicht vorgesehen.

## IV. Vaterschaft

### 1. Überblick

**449** Das BGB kennt drei **Vaterschaftszurechnungen**:
- Ehemann der Mutter (§ 1592 Nr 1 BGB).
- Vaterschaftsanerkenntnis durch einen nicht mit der Mutter verheirateten Mann (§ 1592 Nr 2 BGB).
- Gerichtliche Vaterschaftsfeststellung (§ 1592 Nr 3 BGB). Bei diesem Statustatbestand sind zwei Fälle zu unterscheiden:
  - Gerichtliche Feststellung der Vaterschaft eines vaterlosen Kindes. Diese ist möglich, wenn das Kind einem Mann nicht aufgrund dessen freiwilliger Anerkennung zugeordnet werden kann.
  - Anfechtung der Vaterschaft durch den leiblichen Vater: Der zweite Fall betrifft die Konstellation, dass ein Kind einem „falschen" Vater zugeordnet wurde. Der leibliche Vater hat – unter bestimmten Voraussetzungen – die Möglichkeit, die Vaterschaft eines anderen Mannes anzufechten und hierdurch eine Zuordnungsveränderung zu seinen Gunsten zu erreichen. Ist seine Anfechtung erfolgreich, wird ihm das Kind zugerechnet.

**450** Im Verhältnis der Zurechnungstatbestände untereinander gilt folgendes **Rangverhältnis**: Eine Vaterschaft aufgrund der Ehe mit der Kindesmutter sperrt jede andere Zuordnung. Bei der Vaterschaft durch Anerkennung oder gerichtliche Feststellung gilt das Prioritätsprinzip: Die zeitlich frühere Vaterschaft sperrt – solange sie besteht – eine anderweitige Anerkennung oder gerichtliche Feststellung.

**451** Eine einmal begründete **Zurechnung** ist immer **exklusiv**: Solange eine rechtliche Vaterschaft zugunsten eines Mannes besteht, ist jeder andere Mann daran gehindert, dessen Vaterschaft zu bestreiten oder sie für sich in Anspruch zu nehmen. Eine unzutreffende Zuordnung muss zunächst beseitigt werden, im Regelfall durch gerichtliche Anfechtung der Vaterschaft (§ 1599 Abs. 1 BGB). Erst danach ist eine anderweitige Zuordnung des Kindes möglich.

Die folgende Tabelle erlaubt einen Überblick über Anfechtungstatbestände und deren Voraussetzungen. Diese werden jeweils bei den einzelnen Zurechnungstatbeständen erläutert.

**452**

| Anfechtungs-berechtigter | Allgemeine Voraussetzung | Frist (§ 1600b BGB), beginnend mit Anfangsverdacht | Formale Anforderungen (§ 1600a BGB) | Besondere Voraussetzungen |
|---|---|---|---|---|
| Scheinvater (§ 1600 Abs. 1 Nr 1 BGB) | Tatsachen-gestützter Anfangsverdacht | 2 Jahre | Höchstpersönlich (auch mj Väter) | Keine |
| Mutter (§ 1600 Abs. 1 Nr 3 BGB) | Tatsachen-gestützter Anfangsverdacht | 2 Jahre | Höchstpersönlich (auch mj Mütter) | Keine |
| Leiblicher Vater (§ 1600 Abs. 1 Nr 2 BGB) | Tatsachen-gestützter Anfangsverdacht | 2 Jahre | Höchstpersönlich (auch mj Väter) | ■ Glaubhaftmachung der Vaterschaft <u>und</u> <br> ■ Fehlen einer sozial-familiären Beziehung zwischen Scheinvater und Kind <u>und</u> <br> ■ Vaterschaft des Anfechtenden. |
| Minderjähriges Kind (§ 1600 Abs. 1 Nr 4 BGB) | Tatsachen-gestützter Anfangsverdacht | 2 Jahre | Nur durch gesetzlichen Vertreter (Ergänzungspfleger) | Kindeswohldienlichkeit der Anfechtung. |
| Volljähriges Kind (§ 1600 Abs. 1 Nr 4 BGB) | Tatsachen-gestützter Anfangsverdacht | Zwei Anfechtungsfristen: <br> ■ 2-Jahres-Frist, beginnend mit Anfangsverdacht und Volljährigkeit <br> ■ 2-Jahres-Frist, beginnend mit Kenntnis von Umständen, die Vaterschaft unzumutbar werden lassen | Höchstpersönlich (§ 1600b Abs. 4 BGB). | Keine |
| Zuständige Behörde (§ 1600 Abs. 1 Nr 5 BGB) <br> <u>Nur bei Vaterschaft durch Anerkennung</u> | Tatsachen-gestützter Anfangsverdacht | 1 Jahr <br> Ausschluss: 5 Jahre nach Wirksamkeit/ Einreise des Kindes | | ■ Fehlen einer sozial-familiären Beziehung zwischen Scheinvater und Kind <u>und</u> <br> ■ Rechtsmissbräuchliche Anerkennung zur Schaffung eines Aufenthaltstitels. |

## 2. Vaterschaft kraft Ehe

### a) Die Zurechnung des Kindes zum Ehemann der Mutter

**453** Das Bestehen einer **Ehe** zum Zeitpunkt der Geburt führt zur automatischen Vaterschaft des Ehemannes der Kindesmutter (§ 1592 Nr 1 BGB). Unerheblich ist, ob die Abstammung möglich oder auch nur wahrscheinlich bzw korrekt ist. Unmaßgeblich ist auch der Zeugungszeitpunkt.

Beispiele für die Vaterschaft eines Ehemannes: Die Mutter lebt bereits seit mehreren Jahren von ihrem Ehemann getrennt (ohne geschieden zu sein), als sie ein Kind auf die Welt bringt.

Der Ehemann ist zeugungsunfähig.

Das Kind wurde vor der Ehe gezeugt und kommt kurz nach der Eheschließung auf die Welt.

Von dieser gesetzlichen Regelvermutung gibt es zwei **Ausnahmen**:

**454** ■ Zurechnung des Kindes zu dem bei Geburt **verstorbenen Ehemann** der Mutter (§ 1593 BGB): Ein Kind, das nach dem Tod des Ehemannes seiner Mutter geboren wird, wird diesem noch als sein Kind zugerechnet, wenn seine Zeugung noch innerhalb der Ehe möglich war. Das Gesetz verlangt dementsprechend, dass das Kind innerhalb von 300 Tagen nach dem Tod des Mannes geboren wurde, als längst möglicher Schwangerschaft. Wird es später geboren, wird es dem Ehemann noch zugerechnet, wenn nachgewiesen wurde, dass eine längere Schwangerschaft vorlag.

Ist die Mutter zum Zeitpunkt der Geburt bereits erneut verheiratet, stellt sich das Problem der Doppelvaterschaft. In diesem Fall greift neben der eben genannten Zurechnung auch die reguläre Zurechnung des § 1592 Nr 1 BGB, wonach der Ehemann der Mutter Vater des Kindes ist. Das Gesetz löst den Zurechnungskonflikt zugunsten des lebenden Mannes (§ 1593 S. 3 BGB): Als Vater des Kindes gilt der neue Ehemann der Mutter. Auch diese Zuordnung ist nicht abschließend. So kann auch die Vaterschaft des Ehemannes angefochten werden. Wird in diesem Verfahren festgestellt, dass er tatsächlich nicht der Vater des Kindes ist, so greift die Zurechnung des Kindes zu dem vormaligen verstorbenen Ehemann der Mutter (§ 1593 S. 4 BGB).

**455** ■ Zurechnung zu einem anderen Mann trotz bestehender Ehe zwischen Scheinvater und Kindesmutter (§ 1599 Abs. 2 BGB): Wird das **Kind während eines laufenden Scheidungsverfahrens** geboren, führt die starre gesetzliche Vermutung des § 1592 Nr 1 BGB zur Vaterschaft des Ehemannes, auch wenn diese Zurechnung nicht mehr sehr wahrscheinlich ist. Um hier ein aufwändiges Anfechtungsverfahren mit anschließender Neuzuordnung zu vermeiden, ermöglicht § 1599 Abs. 2 BGB einen „fliegenden" Vaterwechsel durch dreiseitige Erklärung des Scheinvaters, des künftigen Vaters und der Mutter (vgl Rn 516 f).

**456** Wiederholungsfragen: Herr und Frau Wien sind verheiratet. Kürzlich ist Frau Wien Mutter geworden. Allerdings stammt das Kind nicht von Herrn Wien, sondern ist einer Affäre mit einer Fastnachtsbekanntschaft entsprungen.

1. Wer ist Vater des Kindes?

2. Wer wäre Vater, wenn Herr Wien kurz vor der Geburt verstorben wäre?

3. Wer wäre Vater, wenn Herr Wien 5 Monate vor der Geburt verstorben wäre und Frau Wien bei Geburt erneut verheiratet wäre?

## b) Die Korrektur der Vaterschaftszurechnung

Die einzige Möglichkeit, die Vaterschaftszurechnung aufzuheben, ist die **gerichtliche** 457 **Anfechtung** der Vaterschaft.

### aa) Überblick

Ein Anfechtungsverfahren gegen den Ehemann der Mutter kann nicht von jedem be- 458 trieben werden. Ein **Anfechtungsrecht** besitzen folgende Personen:

- Scheinvater (§ 1600 Abs. 1 Nr 1 BGB).
- Mutter (§ 1600 Abs. 1 Nr 3 BGB).
- Kind (§ 1600 Abs. 1 Nr 4 BGB).
- Leiblicher Vater (§ 1600 Abs. 1 Nr 2 BGB).

Kein Anfechtungsrecht besitzen die Eltern des Scheinvaters oder leiblichen Vaters.

Die Erhebung eines Anfechtungsantrags hat verschiedene Voraussetzungen. Diese 459 variieren zT für die jeweiligen Anfechtungsberechtigten. Im Folgenden werden die allgemeinen Anforderungen einer Vaterschaftsanfechtung dargestellt. Soweit für die jeweiligen Anfechtungsberechtigten Besonderheiten gelten, werden sie gesondert behandelt.

### bb) Anfangsverdacht

Eine Anfechtung setzt einen sog **Anfangsverdacht**, dass die Vaterschaft unzutreffend 460 ist, voraus. Ohne einen derartigen begründeten Verdacht ist der Anfechtungsantrag unzulässig. Dieses Erfordernis ergibt sich nicht aus dem Gesetz, sondern basiert auf der Rechtsprechung.

Ein Anfangsverdacht wird begründet durch konkrete Umstände, aus denen sich die nicht ganz fernliegende Möglichkeit einer anderweitigen Vaterschaft ergibt. Nicht ausreichend sind hingegen bloße Vermutungen, insbesondere etwa aufgrund von Gerüchten.

Beispiele: Anfangsverdacht denkbar: behaupteter Mehrverkehr der Mutter; Mutter lebte während Empfängniszeit für mehrere Wochen in der Wohnung eines anderen Mannes; Mutter ging der Prostitution nach (auch wenn sie verhütete); Wissen des Vaters um eigene Zeugungsunfähigkeit.

Kein Anfangsverdacht: Gerüchte über Untreue der Mutter; Verdacht der Untreue; früher Geburtstermin (7. Monat) eines voll ausgereiften Kindes; mangelnde Ähnlichkeit des Kindes mit Vater.

Ein ausreichender Anfangsverdacht kann allerdings nicht durch die heimliche Einho- 461 lung eines Abstammungstests begründet werden. Derartige **heimliche Vaterschaftstests** sind rechtswidrig und können daher im Anfechtungsverfahren nicht herangezogen werden, um den notwendigen Verdacht darzulegen.

Jedoch besteht ein – verdachtsunabhängiges – **Recht auf Klärung der Vaterschaft** 462 (§ 1598a BGB). Diese Klärung der Vaterschaft hat keine Auswirkungen auf die rechtliche Zuweisung des Kindes zu dem Vater. Eine Änderung der Zuweisung des Kindes kann allein durch die Anfechtung der Vaterschaft nach den allgemeinen Regeln erfolgen. Das Klärungsverfahren kann jedoch den für die Anfechtung notwendigen Anfangsverdacht einer unzutreffenden Vaterschaftszuordnung begründen.

**463** Der Anspruch aus § 1598a Abs. 1 BGB umfasst folgende Komponenten:

■ Anspruch auf Einwilligung in eine genetische Abstammungsuntersuchung. Das Abstammungsgutachten selber wird nicht vom Gericht eingeholt. Vielmehr bleibt es dem Klärungsberechtigten überlassen, bei welchem Institut er das Gutachten einholt.

■ Anspruch auf Duldung der Entnahme einer genetischen Probe.

**464** Der Anspruch steht zu:

■ Dem Vater (§ 1598a Abs. 1 Nr 1 BGB): Er richtet sich gegen Mutter und Kind.

■ Der Mutter (§ 1598a Abs. 1 Nr 2 BGB): Er richtet sich gegen Vater und Kind.

■ Dem Kind selber (§ 1598a Abs. 1 Nr 3 BGB): Er richtet sich gegen beide Elternteile. Für das Kind kann der Antrag nur durch einen Ergänzungspfleger gestellt werden. Die Vertretung durch die Eltern ist hingegen ausgeschlossen (§ 1629 Abs. 2a BGB).

Nicht Anspruchsinhaber ist der mögliche leibliche Vater. Sein Interesse an der Klärung seiner Vaterschaft kann er nur im Wege der gerichtlichen Anfechtung bzw – wenn das Kind keinem anderen Mann zugewiesen ist – im Wege der gerichtlichen Vaterschaftsfeststellung verfolgen. In beiden Fällen wird ihm das Kind auch rechtlich zugewiesen. Auf diese Weise ist im Interesse des Kindes sichergestellt, dass der biologische Vater auch rechtlich die Verantwortung übernimmt. Eine „unverbindliche", folgenlose Klärung seiner Vaterschaft, ohne dass er bereit ist, die Vaterschaft zu übernehmen, ist ihm hingegen nicht möglich.

**465** Die zur Untersuchung Verpflichteten haben im Gegenzug einen **Anspruch auf Information** über das Ergebnis der Abstammungsuntersuchung durch Einsicht in das Abstammungsgutachten oder Aushändigung einer Abschrift davon (§ 1598a Abs. 4 BGB).

**466** Die Klärung der leiblichen Abstammung kann das **Kindeswohl beeinträchtigen**. In diesem Fall muss das Gericht abwägen zwischen dem Klärungsinteresse des Anspruchstellers (zumeist der rechtliche Vater) und dem Kindeswohl. Dabei hat der Gesetzgeber dem Klärungsinteresse grundsätzlich Vorrang vor einem etwa entgegenstehenden Kindesinteresse eingeräumt. Lediglich in besonderen Ausnahmesituationen ist ein entgegenstehendes Kindesinteresse beachtlich: Liegt eine erhebliche Beeinträchtigung des Wohles des minderjährigen Kindes vor, die die Klärung für das Kind ausnahmsweise unzumutbar macht, dann ist das Verfahren auszusetzen (§ 1598a Abs. 3 BGB). Durch die Aussetzung des Verfahrens wird dabei der Anspruch des Klärungsberechtigten nicht ausgeschlossen, sondern es wird nur eine gerichtliche Entscheidung „zur Unzeit" verhindert.

Eine erhebliche Beeinträchtigung ergibt sich dabei nicht bereits aus der allgemeinen Härte, die die Verunsicherung des Kindes über seine wahre Abstammung mit sich bringt. Vielmehr soll die Klärung nur in besonderen Ausnahmesituationen ausgeschlossen sein, in denen das Abstammungsgutachten aufgrund außergewöhnlicher Umstände atypische und besonders schwere Folgen für das Kind auslöst. Dies können sowohl psychische, als auch physische Gründe sein, etwa eine Suizidgefahr oder die Gefahr einer gravierenden Verschlechterung einer bereits bestehenden schweren Krankheit.

**467** Über die Klärung der Vaterschaft entscheidet das **Familiengericht**. Es wird auf Antrag tätig und kann sowohl die Einwilligung zur Vornahme der genetischen Abstammungsuntersuchung ersetzen als auch anordnen, dass eine Probeentnahme zu dulden ist (§ 1598a Abs. 2 BGB, § 178 Abs. 1 FamFG). Der Anspruch auf Ersetzung der Einwilligung in eine genetische Abstammungsuntersuchung sowie die Anordnung, eine Probeentnahme zu dulden, ist eine Abstammungssache (§ 169 Nr 2 FamFG). Das Verfahren wird als Verfahren der freiwilligen Gerichtsbarkeit geführt (vgl Teil III Kapitel 2 XIV). Weiter ist folgendes zu beachten:

■ **Anhörungen:** Vor einer Entscheidung soll das Familiengericht beide Elternteile an- **468** hören. Kinder sollen ab Vollendung des 14. Lebensjahres angehört werden. Die Anhörung eines jüngeren Kindes ist fakultativ (§ 175 Abs. 2 FamFG). Das Jugendamt kann ebenfalls angehört werden (§ 176 Abs. 2 FamFG).

■ **Besonderheiten bei der Vollstreckung:** Die Vollstreckung des Anspruchs auf Duldung der Entnahme einer genetischen Probe ist ausgeschlossen, wenn die Art der Probeentnahme unzumutbar ist (§ 96a FamFG).

### cc) Anfechtungsfrist

Die Anfechtung hat innerhalb einer **Frist von zwei Jahren** zu erfolgen. Die Frist beginnt **469** mit dem Anfangsverdacht, nicht jedoch vor der Geburt des Kindes (§ 1600b Abs. 1 BGB).

Insbesondere die Klärung der Vaterschaft durch ein Abstammungsgutachten nach § 1598a BGB kann die Frist in Gang setzen. Läuft die Frist hingegen bereits und soll das Klärungsverfahren zunächst die endgültige Gewissheit bringen, so besteht die Gefahr, dass bei Abschluss des Klärungsverfahrens die Anfechtungsfrist verstrichen ist. Um das zu vermeiden, ist während des Klärungsverfahrens die Zwei-Jahres-Frist für die Anfechtung gehemmt (§ 1600b Abs. 5 BGB). Die Hemmung endet erst 6 Monate nach der rechtskräftigen Entscheidung oder anderweitigen Beendigung des Klärungsverfahrens. Damit muss eine Vaterschaftsanfechtung „zeitnah" zum Abschluss des Klärungsverfahrens erfolgen.

Im Übrigen gelten keine Besonderheiten. Dies gilt insbesondere für den Fall, dass die Anfechtungsfrist zu dem Zeitpunkt, in dem das Abstammungsgutachten eingeholt wird, bereits abgelaufen ist. In diesem Fall kann ein Anfechtungsantrag nicht mehr erhoben werden. Auch ein neuer Fristenlauf ab Erlangung der Kenntnis ist aus Gründen der Rechtssicherheit ausgeschlossen. Das Wissen kann allenfalls von dem Kind in seinem eigenen Anfechtungsverfahren nach Erreichen der Volljährigkeit verwertet werden, nicht mehr jedoch von den Eltern.

### dd) Höchstpersönlichkeit der Anfechtung

In formaler Hinsicht gilt: Die Anfechtung muss grundsätzlich **höchstpersönlich** erfol- **470** gen (§ 1600a Abs. 1 BGB). Eine Vertretung ist unzulässig. Dies gilt auch dann, wenn ein (geschäftsfähiger) Elternteil unter Betreuung steht (§ 1600a Abs. 5 BGB). Die Erteilung der Prozessvollmacht ist aber möglich.

Probleme stellen sich nur, soweit ein Anfechtungsberechtigter nicht (voll) geschäfts- **471** fähig ist. Insoweit gilt:

■ **Minderjähriger Elternteil:** Auch beschränkt Geschäftsfähige müssen das Anfechtungsverfahren höchstpersönlich betreiben. Die Zustimmung des gesetzlichen Vertreters ist nicht erforderlich (§ 1600a Abs. 2 BGB).

■ **Geschäftsunfähiger Elternteil:** Eine Anfechtung kann nur durch den gesetzlichen Vertreter erfolgen (§ 1600a Abs. 3 BGB). Dies ist der Betreuer.

### ee) Besonderheiten bei der Anfechtung der Vaterschaft durch Scheinvater und Mutter

**472** Sowohl für den Scheinvater als auch für die Mutter gelten keine weiteren Voraussetzungen als das Bestehen eines Anfangsverdachts und die Einhaltung der Frist für die Anfechtung. Insbesondere ist bei ihnen unerheblich, ob die Anfechtung dem Kindeswohl dient. Eine Anfechtung ist lediglich ausgeschlossen, wenn das Kind durch künstliche Befruchtung oder Samenspende gezeugt wurde (§ 1600 Abs. 5 BGB).

### ff) Besonderheiten bei der Anfechtung der Vaterschaft durch den leiblichen Vater

**473** Auch der **biologische Vater** besitzt ein Anfechtungsrecht und kann so eine Zuordnungsänderung bewirken. Für seine Anfechtung gelten aber verschiedene Besonderheiten. Zum einen enthält der der Anfechtung stattgebende Beschluss Wirkungen, die über die Wirkungen einer üblichen Anfechtung hinausgehen. Zum anderen bestehen weitere besondere Voraussetzungen für das Anfechtungsrecht des leiblichen Vaters (§ 1600 Abs. 1 Nr 2, Abs. 2, Abs. 4 BGB):

**474** ■ Eidesstattliche Versicherung des anfechtenden Mannes, der Mutter während der Empfängniszeit beigewohnt zu haben: Um eine Anfechtung ins Blaue hinein zu vermeiden, muss der Anfechtende an Eides statt versichern, dass er der Mutter des Kindes während der Empfängniszeit beigewohnt hat (§ 1600 Abs. 1 Nr 2 BGB). Durch die Bezugnahme der Versicherung auf den Umstand der Beiwohnung ist eine Anfechtung durch den Samenspender nach einer künstlichen Befruchtung ausgeschlossen.

**475** ■ **Leibliche Vaterschaft** des Anfechtenden: Das Anfechtungsrecht eines außerhalb der rechtlichen Familie stehenden Mannes steht nur dem leiblichen Vater zu (§ 1600 Abs. 2 BGB). Dessen Verwandtschaft mit dem Kind ist mithin zwingend Prüfungsgegenstand des Anfechtungsverfahrens und Grundlage für die besondere positive Feststellungswirkung des Beschlusses hinsichtlich seiner Vaterschaft: Kann die Vaterschaft des Anfechtenden nicht nachgewiesen werden, ist der Anfechtungsantrag als unbegründet abzuweisen. Ist er hingegen leiblicher Vater des Kindes, so wird ihm das Kind zugleich auch zugeordnet (§ 182 Abs. 1 FamFG).

**476** ■ **Fehlen einer sozial-familiären Beziehung zwischen rechtlichem Vater und Kind**: Das Anfechtungsrecht des leiblichen Vaters erlaubt diesem uU, in eine vorhandene und funktionierende Familie „einzubrechen" und das Kind rechtlich aus dem Familienverband zu entfernen. Das ist nicht unproblematisch. Kann es doch sein, dass Ehemann (Scheinvater) und Mutter von der falschen Zurechnung wissen, sie akzeptieren und ein tatsächliches Eltern-Kind-Verhältnis zwischen Scheinvater und Kind besteht. Das Interesse des leiblichen Vaters kollidiert insoweit uU mit dem Interesse der rechtlichen Familie. Dies erfordert eine Abwägung beider Belange. Der Gesetzgeber hat den Konflikt zugunsten der gelebten Familienrealität gelöst: Das Anfechtungsrecht des leiblichen Vaters steht daher unter dem Vorbehalt, dass zwischen rechtlichem Vater und Kind eine sozial-familiäre Beziehung fehlt (§ 1600 Abs. 2 BGB). Besteht eine sozial-familiäre Beziehung zwischen Scheinvater und Kind im Zeitpunkt der Anfechtung, ist eine Anfechtung auch für die Zukunft ausgeschlossen und lebt auch dann nicht wieder auf, wenn die sozial-familiäre Beziehung später entfällt. Der unbestimmte Begriff der sozial-familiären Beziehung ist selber in § 1600 Abs. 4 BGB durch das Merkmal einer tatsächlichen Verantwortungsübernahme des rechtlichen Vaters für das Kind präzisiert. Eine solche wird in zwei Fällen widerleglich vermutet: Das Bestehen einer Ehe zwischen Mutter und rechtlichem Vater sowie ein längeres Zusammenleben zwischen rechtlichem Vater und Kind in häuslicher Gemeinschaft. Diese Vermutung kann allerdings widerlegt werden, etwa wenn die Eltern des Kindes getrennt leben. Eine Anfechtung ist dem leiblichen Vater damit nur dann möglich, wenn zwischen dem Kind und seinem Scheinvater keine relevante tatsächliche Beziehung besteht.

■ Wahrung der **zweijährigen Anfechtungsfrist**: Die Anfechtung durch den leiblichen **477** Vater ist der regulären Zwei-Jahres-Frist unterworfen (§ 1600b Abs. 1 BGB), beginnend mit dem Zeitpunkt, zu dem der Berechtigte den notwendigen Anfangsverdacht schöpft. Die Frist läuft insbesondere auch während des Bestehens einer sozial-familiären Beziehung und kann damit verstreichen, ohne dass der leibliche Vater sein Anfechtungsrecht wahrnehmen kann.

### gg) Besonderheiten bei der Anfechtung durch das Kind

### (1) Bedeutung

Das (scheineheliche) Kind selber besitzt ein eigenes Anfechtungsrecht. Dieses kann **478** es allerdings während seiner Minderjährigkeit nicht selber geltend machen. Insoweit ist zu unterscheiden, ob das minderjährige oder das volljährige Kind die Vaterschaft seines Vaters anficht.

Denknotwendig setzt die Anfechtung der Vaterschaft durch das Kind voraus, dass es **479** um seine Abstammungsverhältnisse weiß bzw sie klären kann. Das BVerfG geht insoweit davon aus, dass das Kind aus seinem Persönlichkeitsrecht (Art. 2 Abs. 1 GG iV mit Art. 1 Abs. 1 GG) ein **Recht auf Kenntnis der eigenen Abstammung** besitzt[2]. Ist doch das Wissen um die eigenen Wurzeln ein bedeutsamer Aspekt der Selbstfindung des Kindes. Aus diesem Persönlichkeitsrecht leitet es einen (gesetzlich nicht fixierten) grundsätzlichen Anspruch des Kindes gegen die Mutter auf Benennung des Vaters ab. Der Anspruch verlangt von der Mutter eine Offenbarung ihrer Intimverhältnisse und wendet sich daher zugleich gegen ihr Persönlichkeitsrecht: Auch die Mutter hat nämlich insoweit ein – ebenfalls von ihrem Persönlichkeitsrecht (Art. 2 Abs. 1 GG) geschütztes – Interesse, hier: an der Geheimhaltung ihrer Privatsphäre. Ob ein Anspruch des Kindes besteht, ist daher immer Ergebnis einer Interessenabwägung: Der Interessen des Kindes auf der einen Seite auf Kenntnis seiner wahren Abstammung sowie der Interessen der Mutter auf Geheimhaltung ihrer Intimsphäre[3]. Dabei tritt im Regelfall allerdings das Interesse der Mutter zurück. Damit kann das Kind im Regelfall von seiner Mutter die Benennung seines möglichen Erzeugers verlangen. Das Interesse des Kindes an der Kenntnis seiner genetischen Wurzeln setzt sich auch gegen das Anonymitätsinteresse des leiblichen Vaters durch. Daher kann das Kind auch bei einer anonymen Samenspende vom behandelnden Arzt Auskunft über seinen Erzeuger verlangen[4].

---

2 BVerfG, NJW 1988, 3010; NJW 1989, 891.
3 BVerfG, NJW 1997, 1769.
4 OLG Hamm, NJW 2013, 1167.

**(2) Anfechtung durch das minderjährige Kind.**

**480** Der Grundsatz der **Höchstpersönlichkeit** gilt für die Anfechtung der Vaterschaft durch das noch minderjährige Kind nicht. Soll das Kind selber die Anfechtung der Vaterschaft betreiben, so muss es insoweit durch seinen gesetzlichen Vertreter vertreten werden (§ 1600a Abs. 3 BGB). Diese Aufgabe können allerdings die sorgeberechtigten Eltern nicht wahrnehmen. Denn das Verfahren, das sie führen sollen, würde sich notwendig gegen einen von ihnen richten. Aufgrund dieses (formalen) Interessenkonflikts sind sie insofern von der Vertretung des Kindes ausgeschlossen (eingehend Rn 567 ff). An Stelle der Eltern ist für diese Aufgabe ein sog Ergänzungspfleger zu bestellen, der das Verfahren im Namen des Kindes gegen den Vater führt.

**481** Da dieser nicht aus eigenem Recht, sondern für das Kind handelt, ist das Anfechtungsrecht durch eine weitere Voraussetzung ergänzt: Die Anfechtung muss dem **Kindeswohl** dienen (§ 1600a Abs. 4 BGB). Daran fehlt es etwa, wenn der einzige Zweck der Anfechtung darin besteht, das Kind vaterlos zu stellen.

**482** Die reguläre **Anfechtungsfrist** von zwei Jahren gilt auch für die Anfechtung des Kindes. Maßgeblich ist, ob der gesetzliche Vertreter Kenntnis von dem Anfechtungsgrund besitzt. Diese Kenntnis wird dem Kind zugerechnet.

**(3) Anfechtung durch das volljährige Kind.**

**483** Das **volljährige Kind** kann die Vaterschaft selber anfechten. Relevant wird diese Konstellation, wenn die Eltern selber nicht die Anfechtung betrieben haben. Für das volljährige Kind gelten dabei **besondere Fristen** für seine Anfechtung:

■ Mit Volljährigkeit des Kindes wird eine eigenständige Frist in Gang gesetzt. Die Frist beginnt allerdings erst in dem Zeitpunkt, in dem das Kind Kenntnis von dem Anfechtungsgrund erlangt (§ 1600b Abs. 3 BGB). Hat es diese bereits vor seinem 18. Lebensjahr, beginnt die Frist mit seiner Volljährigkeit zu laufen. Erlangt es hingegen die maßgebliche Kenntnis erst später, beginnt die Frist erst in diesem Zeitpunkt zu laufen.

■ Hat das Kind – etwa mit Blick auf das Verhältnis zu seinem Scheinvater – von seinem Anfechtungsrecht keinen Gebrauch gemacht, kann das mittlerweile verfristete Anfechtungsrecht erneut aufleben: Erlangt das Kind nämlich nach Fristablauf Kenntnis von Umständen, die die Vaterschaft für es unzumutbar werden lassen, beginnt die 2-jährige Frist erneut zu laufen (§ 1600b Abs. 6 BGB).

Beispiele: Die Mutter heiratet den wahren Erzeuger; schwere Verfehlungen des Scheinvaters gegen Kind oder seine Mutter.

**hh) Anfechtungsverfahren**

**484** Abstammungsangelegenheiten sind Familiensachen (§§ 111 Nr 3, 169 Nr 1 FamFG). Die Anfechtung wird durch Erhebung eines Antrags eingeleitet. Zuständig sind die Familiengerichte (§ 23 b Abs. 1 S. 2 Nr 12 GVG). Örtlich zuständig ist das Gericht am gewöhnlichen Aufenthalt des Kindes. Hilfsweise ist der gewöhnliche Aufenthalt der Mutter, notfalls der des Vaters ausschlaggebend. Lässt sich auch dieser nicht feststellen, ist das Amtsgericht Berlin-Schöneberg zuständig (§ 170 FamFG).

**485** Für das Verfahren gilt: Auch die minderjährigen Eltern sind beteiligtenfähig (§ 9 Abs. 1 Nr 3 FamFG), nicht jedoch das scheineheliche minderjährige Kind, das durch einen

Ergänzungspfleger vertreten werden muss. Für das Abstammungsverfahren gelten gegenüber sonstigen Familiensachen vor allem die folgenden Besonderheiten:

■ In folgenden Fällen ist das **Jugendamt** anzuhören (§ 176 Abs. 1 FamFG):   **486**
  – Anfechtung der Vaterschaft durch den leiblichen Vater.
  – Anfechtung durch das minderjährige Kind. Für dieses ist ein Ergänzungspfleger zu bestellen. Eine Vertretung durch seine Eltern ist insoweit ausgeschlossen.
  – Fakultativ: Minderjährigkeit eines Beteiligten.
  Ist das Jugendamt anzuhören, so ist ihm auch die Entscheidung mitzuteilen (§ 176 Abs. 1 FamFG). Gegen den Beschluss ist das Jugendamt – neben den anderen Beteiligten – beschwerdeberechtigt.

■ Zu **beteiligen** sind (§ 172 FamFG):                                          **487**
  – Das Kind. Für dieses ist ein Ergänzungspfleger zu bestellen.
  – Die Eltern des Kindes.
  – Das Jugendamt kann – soweit ihm ein Anhörungsrecht zusteht – einen Antrag auf Beteiligung stellen.
  – Ein Verfahrensbeistand für einen minderjährigen Beteiligten, soweit dies zur Wahrnehmung seiner Interessen erforderlich ist (§ 174 FamFG).

■ Vor einer Beweisaufnahme soll das Gericht die Angelegenheit mit den Beteiligten **488** erörtern. Dazu sind die Beteiligten persönlich anzuhören (§ 175 Abs. 1 FamFG).

■ Es gilt der **Amtsermittlungsgrundsatz**: Die Abstammung ist daher im Regelfall **489** durch Einholung eines Sachverständigengutachtens zu klären. Dadurch lässt sich in der Regel eine fehlende biologische Beziehung zwischen Scheinvater und Kind nachweisen. Nur subsidiär – wenn sich die Vaterschaft auf diesem Wege nicht feststellen lässt (etwa weil dieser im Ausland weilt) – gilt die Vermutung des § 1600c Abs. 1 BGB (Ehemann der Mutter ist Vater), die dann von diesem widerlegt werden muss. Die Vaterschaftsvermutung des § 1600c Abs. 1 BGB kommt insoweit praktisch kaum zum Tragen. Der Amtsermittlungsgrundsatz ist allerdings eingeschränkt durch § 177 Abs. 1 FamFG: Nicht von den beteiligten Personen vorgebrachte Tatsachen darf der Richter nur in zwei Fällen berücksichtigen: Entweder dienen sie der Aufrechterhaltung der Vaterschaft oder aber der Anfechtende widerspricht nicht.

■ Die Entscheidung des Familiengerichts in Abstammungssachen wird erst mit **490** Rechtskraft wirksam (§ 184 Abs. 1 FamFG).

**Anwaltszwang** besteht nur vor dem BGH, nicht aber im erst- und zweitinstanzlichen **491** Verfahren vor dem Amtsgericht und dem Oberlandesgericht (§ 114 Abs. 2 FamFG).

Der Anfechtungsantrag wird Erfolg haben, wenn zur Überzeugung des Gerichts fest- **492** steht, dass der Mann, dem das Kind zugerechnet wird, <u>nicht</u> der Vater ist. Hingegen muss nicht positiv ein anderer als Vater festgestellt werden.

Ist die Anfechtung erfolgreich, so hat die **gerichtliche Entscheidung folgende Wir-** **493** **kungen**:

■ Rückwirkende Beseitigung der Vaterschaft.
■ Rückwirkendes Entfallen aller Rechtswirkungen, die mit der Vaterschaft verbunden waren (Unterhaltspflicht oder etwa uU die Staatsangehörigkeit).
■ Widerlegung der Ehevermutung des § 1592 Nr 1 BGB (§ 1599 Abs. 1 BGB).
■ Wirkung für und gegen alle (§ 184 Abs. 2 FamFG).

Bei einer Anfechtung durch den leiblichen Vater hat die Entscheidung weitere Wirkungen: Da Ziel der Anfechtung eine Neuzuordnung ist, beschränkt sich die Wirkung des der Anfechtung stattgebenden Beschlusses nicht auf die Beseitigung der bisherigen rechtlichen Vaterschaft, sondern enthält zudem die ausdrückliche – und von Amts wegen auszusprechende – Feststellung der Vaterschaft des Anfechtenden (§ 182 Abs. 1 FamFG).

**494** Wiederholungsfragen: Herr Wien ist mit Frau Wien verheiratet. Während der Ehe wurde das Kind Kevin geboren. Erzeuger ist – was Herr Wien damals nicht wusste – eine Fastnachtsbekanntschaft von Frau Wien. Herr Wien erfährt 4 Jahre nach der Geburt des Kindes nach einer Untersuchung, dass er zeugungsunfähig ist und schöpft Verdacht, dass das Kind nicht von ihm stammt.

1. Wie kann sich Herr Wien von der Vaterschaft lösen?

2. Könnte sich Kevin, wenn er ca 20 Jahre später von den Umständen erfährt, von der Vaterschaft lösen?

3. Könnte auch die Fastnachtsbekanntschaft die Vaterschaft anfechten?

4. Wer wird in was für einem Verfahren über die Klärung der Vaterschaft entscheiden?

## 3. Vaterschaft kraft Anerkennung

### a) Wirksamkeitsvoraussetzungen der Anerkennung

**495** Die Vaterschaft kraft Anerkennung beruht auf einem einseitigen, zustimmungs- und formbedürftigen Rechtsgeschäft (§ 1592 Nr 2 BGB). Sie setzt voraus:
- „Freies" Kind,
- Anerkennungserklärung eines Mannes.
- Zustimmung der Mutter.

### aa) „Freies Kind"

**496** Eine Anerkennung setzt denknotwendig voraus, dass das **Kind keinem Vater zugeordnet** ist, also gewissermaßen „frei" ist. Sie kommt in folgenden Fällen in Betracht:
- Die Mutter des Kindes ist im Zeitpunkt der Geburt nicht verheiratet.
- Eine anderweitige Vaterschaft (etwa des Ehemannes der Mutter) ist nach einer gerichtlichen Anfechtung der Vaterschaft erloschen.

Umgekehrt bedeutet dies: Solange für das Kind eine anderweitige Vaterschaftszurechnung greift, kann eine Anerkennung für ein Kind nicht wirksam werden (§ 1594 Abs. 1, 2 BGB). Eine gleichwohl abgegebene Anerkennung ist nur schwebend unwirksam und wird automatisch wirksam, wenn die andere Vaterschaft wegfällt.

### bb) Anerkennungserklärung

**497** Die **Vaterschaftserklärung** ist die Anerkennung im eigentlichen Sinn. Sie ist eine einseitige, nicht empfangs-, aber formbedürftige Willenserklärung eines Mannes mit dem Inhalt, Vater des in Rede stehenden Kindes zu sein.

Die Anerkennungserklärung unterliegt – mit Blick auf ihre weitreichenden Folgen – folgenden inhaltlichen und formalen Anforderungen:

■ Die Erklärung ist unbedingt und unbefristet abzugeben (§ 1594 Abs. 3 BGB). Zu- **498**
lässig sind allerdings sog Rechtsbedingungen. Bei einer Rechtsbedingung wird die
Wirksamkeit der Erklärung von dem Vorliegen der gesetzlichen Voraussetzungen
abhängig gemacht.

Beispiele: Unschädliche Bedingung: Anerkennung der Vaterschaft für ein eheliches Kind,
unter der Bedingung, dass eine noch bestehende anderweitige Vaterschaft entfällt.

Schädliche (unwirksame) Bedingung: Anerkennung der Vaterschaft für den Fall, dass keine
Unterhaltszahlungen verlangt werden.

■ Die Anerkennung muss **öffentlich beurkundet** werden (§ 1597 Abs. 1 BGB, vgl **499**
Rn 191). Befugt zur Vornahme der Beurkundung sind der Notar (§ 20 BNotO), das
Standesamt (§ 44 Abs. 1 PStG), das Gericht sowie das Jugendamt (§ 59 Abs. 1
Nr 1 SGB VIII).

■ Die Erklärung ist **höchstpersönlich** abzugeben (§ 1596 Abs. 1 S. 1 BGB). Eine Be- **500**
vollmächtigung ist unzulässig (§ 1596 Abs. 4 BGB).

Auch der **minderjährige Vater** muss die Erklärung persönlich abgeben und kann
dabei nicht durch seine Eltern vertreten werden (§ 1596 Abs. 1 S. 1 BGB). Jedoch
benötigt er für seine Erklärung die Zustimmung seines gesetzlichen Vertreters.

Geschäftsunfähige Väter hingegen können kein Anerkenntnis abgeben. In diesem
Fall muss die Anerkennung durch den gesetzlichen Vertreter des Geschäftsunfähigen erfolgen. Für geschäftsunfähige Erwachsene ist dies der mit diesem Aufgabenkreis bestellte Betreuer. Dieser benötigt dafür zusätzlich die Genehmigung des
Betreuungsgerichts (§ 1596 Abs. 1 S. 3 BGB). Demgegenüber können geschäftsfähige Betreute die Vaterschaft nur selber anerkennen; ein Einwilligungsvorbehalt
ist allerdings möglich (§ 1903 Abs. 2 BGB).

Ein **Zeitpunkt**, zu dem die Erklärung abgegeben werden muss, ist nicht bestimmt. Sie **501**
kann frühestens vor der Geburt, nicht jedoch vor der Zeugung des Kindes abgegeben
werden (§§ 1594 Abs. 4 BGB). Ein spätester Zeitpunkt ist hingegen nicht vorgesehen.
Damit kann auch für ein bereits volljähriges Kind die Vaterschaft anerkannt werden.

Die **inhaltliche Richtigkeit** der abgegebenen Erklärung ist **unbeachtlich**. Auch be- **502**
wusst unrichtige Erklärungen sind wirksam und müssen ggf in einem Anfechtungsverfahren korrigiert werden. Ebenso unbeachtlich sind etwaige Willensmängel (§§ 118,
116, 117, 123 BGB). Die Anerkennung ist insofern den allgemeinen Regeln der Anfechtung von Willenserklärungen entzogen. Auch ein erpresstes aber richtiges Anerkenntnis ist damit gültig: Der Vater kann seine Erklärung nicht einfach anfechten und
auch ein Vaterschaftsanfechtungsverfahren wird nicht erfolgreich sein, wenn er der
Erzeuger des Kindes ist.

Eine einzige Möglichkeit der einseitigen Loslösung von dem Anerkenntnis (neben einer **503**
gerichtlichen Anfechtung der Vaterschaft) existiert: Ist die Anerkennung ein Jahr nach
ihrer Beurkundung noch nicht wirksam geworden (etwa weil die Zustimmung der Mutter noch nicht vorliegt), kann der Vater sein Anerkenntnis **widerrufen** (und zwar unter
den gleichen Voraussetzungen wie das Anerkenntnis [öffentliche Beurkundung,
höchstpersönlich, unbedingt, § 1597 Abs. 3 S. 2 BGB]).

### cc) Zustimmung der Mutter

Die Anerkennung des Mannes bedarf zu ihrer Wirksamkeit der **Zustimmung durch** **504**
**die Mutter** (§ 1595 Abs. 1 BGB). Die Mutter erteilt die Zustimmung dabei aus eigenem

Recht. Verweigert sie die Zustimmung, ist es nicht möglich, ihr dieses Recht zu ent-ziehen und auf einen Dritten zu übertragen, der dann an Stelle der Mutter seine Zu-stimmung erklärt. Die Vaterschaft muss in diesem Fall gerichtlich festgestellt werden.

**505** Eine Frist für die Zustimmung ist nicht vorgesehen. Die Zustimmung kann also der Anerkennung durch den Mann zeitlich vor- oder auch nachgelagert sein. Sie kann auch bereits vor der Geburt, nicht jedoch vor der Zeugung des Kindes erklärt werden.

**506** Für die Zustimmung gelten die gleichen **formalen Erfordernisse** wie für die Anerken-nungserklärung des Mannes (§§ 1595 Abs. 3, 1594 Abs. 3,1596 Abs. 1 S. 1, S. 4, Abs. 4, 1597 Abs. 1 BGB). In gleicher Weise wie bei der Erklärung des Vaters, ist die inhaltliche Richtigkeit der Zustimmung oder das Vorliegen von Willensmängeln unbe-achtlich. In diesem Rahmen können bewusst unrichtige Vaterschaftszurechnungen geschaffen werden.

### dd) Weitere Zustimmungserfordernisse

**507** Die **Zustimmung des Kindes** zu der Vaterschaftsanerkennung ist nur in dem beson-deren Fall erforderlich, dass der Mutter die Sorge insoweit nicht zusteht (§ 1595 Abs. 2 BGB).

Beispiele: Minderjährige Mutter; volljähriges Kind; Sorgerechtsentzug der Mutter.

Der Sorgerechtsentzug gewinnt an Bedeutung in dem Fall, dass die Mutter der Aner-kennung eines falschen Vaters wider besseren Wissens zustimmt. In diesem Fall kann der Mutter die Sorge entzogen werden. Der Sorgerechtsentzug nimmt der Mutter zwar nicht ihr eigenes Zustimmungsrecht. Aber er aktualisiert das Zustimmungsrecht des Kindes, das dann – vertreten durch einen Pfleger – die Zustimmung nun verweigern und eine falsche Anerkennung blockieren kann.

Ab 14 Jahren stimmt das Kind – mit Zustimmung des gesetzlichen Vertreters – selber zu. Jüngere oder geschäftsunfähige Kinder stimmen durch ihren gesetzlichen Vertreter zu (§ 1596 Abs. 2 BGB).

### ee) Fehlerfolgen

**508** Entspricht die Erklärung nicht den genannten formalen Anforderungen, ist sie unwirk-sam. Allerdings gibt es eine **Heilungsmöglichkeit**. Wenn seit Eintragung der Vater-schaft in ein deutsches Personenstandsregister fünf Jahre verstrichen sind, werden die Fehler geheilt und sind dann unbeachtlich (§ 1598 Abs. 2 BGB).

**509** Wiederholungsfragen: Die 18-jährige ledige Juliane ist Mutter geworden. Erzeuger ist ihr Freund, der 17-jährige Roman.

1. Wie kann Roman rechtlich Vater des Kindes werden?

2. Was für Folgen hat seine Minderjährigkeit?

3. Wie wäre die Rechtslage, wenn Juliane mit der Vaterschaft nicht einverstanden wäre? Hat sie eine Möglichkeit, sich gegen die Vaterschaft von Roman zur Wehr zu setzen?

4. Wie wäre die Rechtslage, wenn Juliane Roman dazu motiviert hätte, die Vaterschaft anzu-erkennen, indem sie ihm bewusst wahrheitswidrig versichert hat, er sei der Vater?

5. Wer würde hierüber in was für einem Verfahren und mit welchen Erfolgsaussichten entscheiden?

6. Was könnte der wahre, biologische Vater, unternehmen, wenn er die Wahrheit erführe?

## b) Besonderheiten bei der Korrektur der Vaterschaft

### aa) Grundsätze

Soweit ein Widerruf seiner Anerkennung nicht möglich ist, kann sich der Vater, der zu **510** Unrecht die Vaterschaft anerkannt hat, nur dadurch von seiner Vaterschaft lösen, dass er sie gerichtlich anficht. Gleiches gilt für Mutter, Kind oder sogar den leiblichen Vater. Insoweit gelten keine Besonderheiten – was Anfechtungsberechtigung, Fristen und Verfahren betrifft – gegenüber der Anfechtung des Ehemannes.

### bb) Das behördliche Anfechtungsrecht

Bei der Vaterschaft durch Anerkenntnis hat auch die zuständige Behörde ein Anfech- **511** tungsrecht. Hintergrund des im Jahre 2008 eingeführten Anfechtungsrechts ist die Verhinderung rechtsmissbräuchlicher Vaterschaftsanerkennungen durch ausländische Väter bzw Mütter, um einem der Beteiligten ein Aufenthaltsrecht zu verschaffen.

Das **Anfechtungsrecht der zuständigen Behörde** ist in § 1600 Abs. 1 Nr 5 BGB geregelt. Es bezieht sich dabei nur auf die Vaterschaft kraft Anerkenntnis. Die wissentliche Zuweisung des falschen Kindes zu dem Ehemann (der kurz vor der Geburt des Kindes die Kindsmutter ehelicht) wird nicht in Frage gestellt. Ein Eindringen in die eheliche Familie ist dem Staat verwehrt. Wer zuständige Behörde ist, wird durch Landesrecht bestimmt (§ 1600 Abs. 6 BGB).

Mit Blick auf die Schwere des Eingriffs in die Privatsphäre der Familie, ist das Anfechtungsrecht der Behörde allerdings an bestimmte Voraussetzungen geknüpft (§ 1600 Abs. 3 BGB):

■ Eine Anfechtung der Vaterschaft durch die öffentliche Hand ist nur möglich in Fällen, **512** in denen **zwischen Kind und dem Anerkennenden keine sozial-familiäre Beziehung** besteht bzw im Zeitpunkt zumindest der Anerkennung – falls der Vater verstorben ist – zu diesem Zeitpunkt bestanden hat.

Eine sozial-familiäre Beziehung ist – wie bei der Anfechtung durch den leiblichen Vater – anzunehmen, wenn der Vater tatsächlich Verantwortung für das Kind übernimmt. Sie wird vermutet, wenn eine häusliche Gemeinschaft zwischen Vater und Kind besteht (§ 1600 Abs. 3, 4 BGB). Die Übernahme tatsächlicher Verantwortung kann sich aber auch aus anderen Umständen ergeben, etwa – vor der Geburt – durch eine hinreichend intensive Teilnahme an Schwangerschaft und Geburt oder – bei einer Trennung der Eltern – durch die tatsächliche Wahrnehmung typischer Elternpflichten. Dazu zählen der regelmäßige Umgang mit dem Kind, seine Betreuung und Erziehung sowie die Leistung von Unterhalt.

■ Das Anfechtungsrecht der Behörde setzt weiter voraus, dass durch die Anerken- **513** nung die **rechtlichen Voraussetzungen für ein Aufenthaltsrecht** oder eine erlaubte Einreise geschaffen werden.

Anwendungsfälle: Ein deutscher Mann erkennt die Vaterschaft für das Kind einer unverheirateten ausländischen Mutter an. Das Kind erlangt dadurch die deutsche Staatsangehörigkeit.

Für die Mutter wird die Voraussetzung der Einreise geschaffen, da sie jetzt als Angehörige eines deutschen Kindes ein Recht zum Zuzug nach Deutschland besitzt. Gleiches gilt für einen ausländischen Mann mit gesichertem Aufenthaltsstatus, der dem Kind entweder die deutsche Staatsangehörigkeit oder zumindest ein Aufenthaltsrecht vermitteln kann.

Ein ausländischer Mann ohne gesicherten Aufenthaltsstatus erkennt die Vaterschaft für das Kind einer Deutschen oder einer Ausländerin mit gesichertem Aufenthaltsstatus an und erhält hierdurch einen Anspruch auf Erteilung einer Aufenthaltserlaubnis.

**514**    Damit scheidet das Anfechtungsrecht der öffentlichen Hand in folgenden Fällen aus:

– Das bewusst unrichtige Vaterschaftsanerkenntnis, an dem lediglich Deutsche beteiligt sind oder Ausländer, die bereits einen gesicherten Aufenthaltsstatus besitzen.

– Das bewusst unrichtige Vaterschaftsanerkenntnis, um einen Aufenthaltstitel zu erhalten, wenn die tatsächliche Vaterverantwortung gelebt wird. Besteht eine soziale Familie, so ist diese – bereits verfassungsrechtlich über Art. 6 Abs. 1 GG – geschützt. Ein Eindringen in diese ist dem Staat auch dann verwehrt, wenn das Anerkenntnis objektiv unrichtig ist. Damit ist die missbräuchliche Herstellung einer rechtlichen Vaterbeziehung durch einen Ausländer, um einen Aufenthaltstitel zu erlangen, nicht völlig ausgeschlossen.

**515**  ■ Fristen: Die Vaterschaftsanfechtung muss binnen **Jahresfrist** erfolgen (§ 1600b Abs. 1a BGB).

Die Frist beginnt in dem Zeitpunkt, in dem die anfechtungsberechtigte Behörde Kenntnis von Tatsachen erlangt, die die Annahme rechtfertigen, dass die Voraussetzungen für die Anfechtung vorliegen. Sie endet spätestens fünf Jahre nach Wirksamwerden des Anerkenntnisses (wenn das Kind in Deutschland geboren ist). Ist das Kind im Ausland geboren und soll ihm durch das Anerkenntnis die Einreise ermöglicht werden, fünf Jahre nach seiner Einreise.


### cc) Der „fliegende Vaterschaftswechsel" im Scheidungsverfahren

**516**  Als weitere Besonderheit ist im Bereich der Vaterschaft kraft Anerkennung eine Änderung der Vaterschaftszuordnung ohne gerichtliche Anfechtung möglich. Der „**fliegende Vaterwechsel**" betrifft die besondere Konstellation, dass ein Kind während eines laufenden Scheidungsverfahrens geboren wird (§ 1599 Abs. 2 BGB). In diesem Fall greift zwar nach wie vor die Vaterschaftsvermutung zugunsten des Ehemannes der Mutter. Allerdings ist seine Vaterschaft höchst unwahrscheinlich. Aus diesem Grund ermöglicht das Gesetz in diesem Fall einen vergleichsweise unbürokratischen Zuordnungswechsel ohne eine vorherige gerichtliche Anfechtung. Voraussetzungen der Neuzuordnung sind:

■ Geburt des Kindes nach Anhängigkeit eines Scheidungsantrags (anhängig ist der Scheidungsantrag, wenn er bei Gericht eingereicht wird).

■ Anerkennung eines anderen Mannes. Dieses setzt zu seiner Wirksamkeit voraus:
   – Die eigene Erklärung des Mannes (höchstpersönlich, formbedürftig und bedingungslos – eventuell mit Zustimmung des gesetzlichen Vertreters).
   – Die Zustimmung der Mutter (höchstpersönlich, ggf mit Zustimmung ihrer Eltern, formbedürftig und unbedingt).

■ Zustimmung des Ehemannes (höchstpersönlich, ggf mit Zustimmung seiner Eltern, formbedürftig und unbedingt).

■ Zeitlicher Rahmen: Der Vorgang muss bis spätestens ein Jahr nach Rechtskraft der **517** Scheidung abgeschlossen sein. Dafür müssen Anerkennung, Zustimmung der Mutter und des Ehemannes zu diesem Zeitpunkt vorliegen. Ist dies der Fall, wird das Kind automatisch Kind des anerkennenden Mannes.

Wiederholungsfragen: Frau Sommer ist seit fünf Jahren mit Herrn Sommer verheiratet, lebt **518** aber seit zwei Jahren nicht mehr in der ehelichen Wohnung, sondern mit ihrem neuen Freund, Herrn Winter, zusammen. Als Frau Sommer schwanger wird, reicht sie die Scheidung ein. Kurz vor dem Scheidungstermin kommt ihr Kind auf die Welt.

1. Wer ist Vater des Kindes?

2. Welche Möglichkeiten gibt es, die Zuordnung zu verändern?

### 4. Vaterschaft kraft gerichtlicher Feststellung

Liegt keine Anerkennung vor, eröffnet § 1592 Nr 3 Alt 1 BGB als letzte Alternative einer **519** Vaterschaftszurechnung zu dem bislang vaterlosen Kind die Möglichkeit einer **gerichtlichen Feststellung der Vaterschaft**.

Antragsbefugt sind sowohl der mögliche Vater, als auch das Kind. Fraglich ist, ob auch **520** die Mutter (aus eigenem Recht) das Verfahren betreiben kann. Auch das Jugendamt kann uU ein Verfahren betreiben. Dieses kann zum einen auf Antrag eines Elternteils Beistand des Kindes werden und dann im Namen des Kindes die gerichtliche Feststellung der Vaterschaft verfolgen (§ 1712 Abs. 1 Nr 1 BGB, vgl Rn 689). Daneben ist ein Tätigwerden des Jugendamtes (im Namen des Kindes) denkbar, wenn der Mutter die Sorge entzogen wurde. Praktischer Anwendungsfall ist, dass sie einer unzutreffenden Vaterschaft zustimmen will. Hingegen kann der Mutter nicht die Sorge entzogen werden, die sich nicht um die Feststellung der Vaterschaft kümmert (§ 1629 Abs. 2 S. 3 Hs 2 BGB). Auch insoweit ist es nicht möglich, der Mutter einen Vater „aufzuzwingen".

Verfahrensgegenstand ist die Vaterschaft des betreffenden Mannes. Der Vaterschafts- **521** nachweis ist von Amts wegen durch unmittelbaren Nachweis zu führen. Da der Amtsermittlungsgrundsatz gilt (§ 26 FamFG), muss das Gericht zunächst die Vaterschaft von sich aus mittels Sachverständigengutachten klären. Kann auf dieser Basis die Vaterschaft erwiesen werden, wird sie festgestellt. Soweit das Gutachten nicht die erforderliche Feststellung trägt, kommen die Vermutungen des § 1600d Abs. 2 BGB zum Tragen, die quasi eine Beweislastumkehr zulasten des Vaters enthalten.

Als Vater wird danach vermutet, wer der Frau in der Empfängniszeit beigewohnt hat. Als Empfängniszeitraum gilt ein Zeitraum von 300–181 Tagen vor Geburt des Kindes, es sei denn das Kind wurde außerhalb dieses Zeitraumes geboren, dann gilt der tatsächliche Zeitraum. Kommt die Vermutung zum Tragen, muss der mutmaßliche Vater sie widerlegen, will er nicht als Vater festgestellt werden. Die Vermutung gilt nicht, wenn gleichwohl schwerwiegende Zweifel an der Vaterschaft bestehen (zB „Dirneneinwand"). Mit Blick auf die biologisch-technischen Möglichkeiten der Abstammungsklärung kommt der Vermutung des § 1600d BGB kaum mehr praktische Bedeutung zu.

Der Beschluss des Familiengerichts, der die Vaterschaft feststellt, ist statusbegrün- **522** dend: Er wirkt für und gegen alle, unabhängig davon, ob sie am Verfahren teilgenommen haben oder nicht (§ 184 Abs. 2 FamFG). Er ist Grundlage für die Geltendmachung aller Rechtswirkungen des Eltern-Kind-Verhältnisses (zB Unterhaltsansprüche) für die Zukunft und für die Vergangenheit.

### V. Prüfschema und Lösungshinweise zum Übungsfall 7

**523** Ist eine abstammungsrechtliche Frage zu prüfen, empfiehlt es sich wie folgt zu strukturieren:

1. Feststellung, ob das Kind – und wem es als Vater – zugewiesen wurde:
   a) Ehe im Zeitpunkt der Geburt des Kindes?
   b) Falls keine Zuweisung über die Ehe: Wirksames Anerkenntnis: War das Kind "frei"? Hat der Vater anerkannt? Hat die Mutter zugestimmt? Brauchte man noch weitere Zustimmungen (des Kindes oder der Eltern des minderjährigen Vaters oder der Mutter)?
2. Ist die Vaterschaftszurechnung unzutreffend, sind Überlegungen zur Abänderung der Zuordnung durch Anfechtung zu machen:
   a) Ist die Person anfechtungsberechtigt (Scheinvater, Mutter, Kind, leiblicher Vater, bei Anerkenntnis auch die zuständige Behörde)?
   b) Besteht ein hinreichender Anfangsverdacht, dass die Vaterschaft unzutreffend ist? Wenn nicht, lässt sich der Anfangsverdacht über das Klärungsverfahren des § 1598a BGB schaffen (klärungsberechtigt nur Scheinvater, Mutter und Kind)?
   c) Sind ggf besondere Voraussetzungen zu beachten (bei Anfechtung durch leiblichen Vater und Behörde: Fehlen einer sozial-familiären Beziehung zwischen Scheinvater und Kind)?
   d) Ist die Zwei-Jahres-Frist gewahrt?
      – Wann begann sie?
      – Wann ist sie abgelaufen?
      – Bei Anfechtung durch das Kind: Können weitere Fristen laufen?
      – Bei Anfechtung durch die zuständige Behörde: Ist das Anfechtungsrecht erloschen?

**524** Lösungshinweise zum Übungsfall 7 (Fall Rn 441)

Frage 1: Iris ist mit ihrer Tante im 3. Grad Seitenlinie verwandt.

Frage 2: Iris ist das Kind von Otto (§ 1592 Nr 1 BGB), da es während der Ehe auf die Welt gekommen ist.

Frage 3: Eine Zuordnung zu Ramazotti kommt erst in Betracht, wenn die Zuordnung zu Otto aufgehoben wurde. Dies kann grundsätzlich nur durch gerichtliche Anfechtung der Vaterschaft erfolgen (§ 1599 Abs. 1 BGB). Uneingeschränkt anfechtungsberechtigt sind Otto, Iris (vertreten durch einen Ergänzungspfleger) und Alma (§ 1600 Abs. 1 Nrn 1,3 und 4 BGB). Ramazotti besitzt ebenfalls ein Anfechtungsrecht (§ 1600 Abs. 1 Nr 2 BGB). Allerdings steht ihm dieses nur unter der Voraussetzung zu, dass es an einer sozial-familiären Beziehung zwischen rechtlichem Vater (Otto) und Iris fehlt (§ 1600 Abs. 2 BGB). Eine solche Beziehung ist durch das Element tatsächlicher Verantwortungsübernahme (§ 1600 Abs. 4 BGB) geprägt. Diese wird vermutet bei Bestehen einer Ehe zwischen Scheinvater und Kindesmutter. Im vorliegenden Fall besteht eine derartige Ehe, so dass eine sozial-familiäre Beziehung zu vermuten ist. Jedoch ist diese Vermutung widerleglich. Im vorliegenden Fall etwa leben die Eheleute nicht nur nicht zusammen, sondern Iris ist in die Beziehung von Alma und Ramazotti „hineingeboren". Auch Ramazotti steht daher ein Anfechtungsrecht zu. Der Anfechtungsantrag muss innerhalb von

2 Jahren erhoben werden. Die Frist wird durch einen Anfangsverdacht in Gang gesetzt. Dieser wird durch die Kenntnis von Umständen begründet, die für einen Laien den nicht ganz fernliegenden Verdacht begründen, dass die Zuordnung des Kindes unzutreffend ist. Die Frist wird daher im Fall bereits durch die Geburt von Iris in Gang gesetzt. Durch die erfolgreiche Anfechtung wird die Zuordnung des Kindes zu Otto beseitigt. Ob und wie das Kind Ramazotti zuzuordnen ist, hängt davon ab, wer das Vaterschaftsanfechtungsverfahren betreibt:

Nur, wenn Ramazotti das Verfahren betreibt, wird ihm das Kind auch unmittelbar durch den der Anfechtung stattgebenden Beschluss zugeordnet (§ 182 Abs. 1 FamFG). In den übrigen Fällen wird lediglich die Vaterschaft von Otto beseitigt. In diesen Fällen bedarf es eines eigenen Zuordnungsakts von Iris zu Ramazotti: Es liegt nahe, dass Ramazotti (mit Zustimmung von Alma) die Vaterschaft für Iris anerkennt.

Frage 4: Ausgangspunkt ist die obige Feststellung, dass Ramazotti rechtlich nicht der Vater des Kindes sein wird und erst nach einer Anfechtung (und ggf Anerkennung der Vaterschaft) in diese Position einrücken kann. Die Möglichkeiten zur Zuordnungsänderung wurden bereits beschrieben. Solange das Kind noch nicht geboren ist, ist zudem an die vereinfachte Möglichkeit der Zuordnungsänderung des § 1599 Abs. 2 BGB zu denken: Bei Geburt während eines anhängigen Scheidungsverfahrens kann eine erleichterte Zuordnung des Kindes zum neuen Vater erfolgen durch jeweils öffentlich beurkundete Erklärungen aller Beteiligten (Otto, Ramazotti, Alma. In der Klausur wären die weiteren Voraussetzungen der Zuordnungsabänderung kurz darzustellen). Es ist daher daran zu denken, ein Scheidungsverfahren einzuleiten. Sollte die Scheidung noch vor Geburt des Kindes ausgesprochen werden, wäre Iris ohnehin nichtehelich und könnte ganz unproblematisch Ramazotti durch einfaches Anerkenntnis zugeordnet werden. Würde Iris in das laufende Verfahren „hineingeboren" werden, wäre eine vereinfachte Zuordnungsänderung möglich, ohne dass ein aufwändiges Vaterschaftsverfahren betrieben werden müsste.

# Kapitel 2: Elterliche Sorge

## I. Allgemeines

Gegenstand der elterlichen Sorge ist das Rechtsverhältnis zwischen Eltern und ihren **525** Kindern. Das Kind ist verfassungsrechtlich seinen Eltern zugewiesen (Art. 6 Abs. 2 GG). Ihre Rechtsstellung wird einfachgesetzlich in §§ 1626 ff BGB umgesetzt und ausgestaltet. Die Zuständigkeit der Eltern ist damit verbindlich festgelegt. Eltern im Sinne des BGB sind dabei diejenigen, deren Elternschaft nach §§ 1591 ff BGB besteht. Ob diese zutreffend ist, ist unerheblich, solange die Zuweisung als solche nicht korrigiert wurde.

Die Zuweisung der Sorge an die „Eltern" bedingt im Grundsatz „Doppelsorge" beider **526** Elternteile. Eine solche ist allerdings einfachgesetzlich nicht in dieser umfassenden Automatik vorgesehen. Vielmehr ist zu differenzieren:

- ■ Miteinander verheiratete Eltern: Soweit die Eltern miteinander verheiratet sind, besitzen beide Eltern automatisch die umfassende elterliche Sorge.
- ■ Nicht miteinander verheiratete Eltern: Bei nicht miteinander verheirateten Eltern ist die Ausgangssituation eine grundsätzlich andere: Die Mutter ist a priori Alleininhaberin der Sorge. Jedoch kann die Mutter den nicht mit ihr verheirateten Vater des Kindes rechtlich an der Sorge beteiligen. Zudem kann der Vater auch gegen den

Willen der Mutter aufgrund einer gerichtlichen Entscheidung an der Sorge beteiligt werden bzw sie uU sogar komplett zugewiesen erhalten.

Im Folgenden wird das Bestehen der gemeinsamen Sorge vorausgesetzt. Die Problematik, dass Eltern sich trennen oder – weil nicht miteinander verheiratet – keine gemeinsame Sorge haben, wird in einem eigenen Abschnitt (VII) behandelt.

**527** Die sorgerechtliche Zuständigkeit beginnt grundsätzlich im Zeitpunkt der Rechtsfähigkeit des Kindes. Ihr Ende kann unterschiedliche Ursachen haben:

- Volljährigkeit des Kindes.
- Tod der Eltern.
- Aufhebung der elterlichen Sorge durch gerichtliche Entscheidung, etwa
  - Aufhebung der gemeinsamen Sorge (§ 1671 Abs. 1 BGB),
  - Übertragung der Sorge von einem Elternteil auf den anderen (§ 1671 Abs. 2 BGB) oder
  - Eingriff in die elterliche Sorge (§ 1666 BGB).

**528** Elterliche Sorge ist **unübertragbar, unverzichtbar und unvererblich.** Auch im Falle der schlechten Ausübung der Pflicht behalten Eltern daher ihre Elternrolle. Dieser können sich Eltern grundsätzlich nicht selber entledigen. Dies bedeutet jedoch auf der anderen Seite nicht, dass die Eltern alle Aufgaben selbst wahrnehmen müssen. Vielmehr können sie die konkrete Ausübung ohne Weiteres an Dritte delegieren.

Beispiele:  Kindertagesstätte; Internat; Fußballclub; Kind in Pflegefamilie.

Die Delegation an Dritte erfolgt durch einen Vertrag eigener Art: Vertragsparteien sind die sorgeberechtigten Eltern und der Dritte. Das Kind ist als Begünstigter nicht selbst Vertragspartei. Die Delegation an Dritte erlaubt diesen lediglich die Ausübung elterlicher Befugnisse. Die sorgerechtlichen Befugnisse der Eltern bleiben unberührt.

Trotz der eben beschriebenen grundsätzlichen Unübertragbarkeit elterlicher Sorge lässt das Gesetz in gewissem Umfang kontrollierte Dispositionsakte zu. Hauptanwendungsbeispiel ist die Möglichkeit der Adoption, daneben die einverständliche Sorgerechtsübertragung auf einen Elternteil (§ 1671 Abs. 1 Nr 1 BGB) oder auf eine Pflegeperson (§ 1630 Abs. 3 BGB).

## II. Inhalt und Gegenstand der elterlichen Sorge

### 1. Überblick

**529**

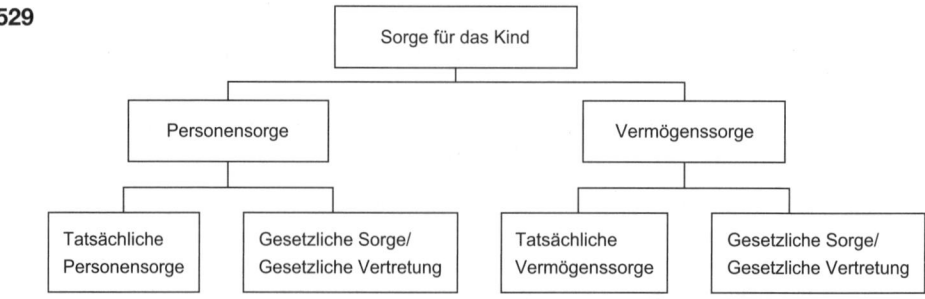

## 2. Inhalt der elterlichen Sorge

### a) Überblick

Elterliche Sorge begründet eine umfassende Zuständigkeit für die körperlichen, see- **530** lischen, wirtschaftlichen und sonstigen Belange des Kindes. Inhaltlich wird unterschieden zwischen der Sorge für die Person des Kindes, der sog Personensorge, sowie der Sorge für das Vermögen des Kindes, der sog Vermögenssorge (§ 1626 Abs. 1 S. 2 BGB). Im Zentrum der Praxis Sozialer Arbeit steht die Personensorge, die nachfolgend schwerpunktmäßig behandelt wird.

### b) Personensorge

Die Gegenstände der **Personensorge** sind in § 1631 Abs. 1 BGB näher aufgeschlüs- **531** selt: Sie beinhaltet insbesondere die Pflicht und das Recht, das Kind zu pflegen, zu erziehen, es zu beaufsichtigen und seinen Aufenthalt zu bestimmen (§ 1631 Abs. 1 BGB). Im Einzelnen:

- Pflege („materielle" Leistungen): Sorge um das leibliche Wohl und eine gesunde äußere Entwicklung des Kindes. Dazu gehören sämtliche Schutz- und Fürsorgemaßnahmen für das Kind, ebenso die Maßnahmen der täglichen Pflege sowie sonstige Entscheidungen über Kleidung, Nahrung oder der Gesundheitsfürsorge für das Kind.
- Erziehung („immaterielle" Leistungen): Förderung der geistigen, seelischen und sozialen Entwicklung. Dazu gehören die Wahl und die Förderung von Schul- und Berufsausbildung sowie die religiöse Erziehung.
- Aufsicht: Die elterliche Aufsicht ist eine Pflicht der Eltern (und Recht des Kindes). Verletzungen können zu deliktsrechtlichen Haftungsansprüchen führen.
- Aufenthaltsbestimmung: Das Aufenthaltsbestimmungsrecht beinhaltet das Recht, festzulegen, an welchem Ort und in welcher Wohnstätte das Kind dauernd oder vorübergehend weilen soll und darf.

Beispiel: Entscheidung, das Kind in ein Heim, Internat oder zu einer Pflegefamilie zu geben.

Diese Aufzählung ist nicht abschließend. Zur Personensorge gehören etwa auch fol- **532** gende – nicht ausdrücklich genannte – Bereiche:

- Umgangsbestimmungsrecht.
- Recht zur Wahl des Vor- und Geburtsnamens des Kindes.
- Erteilung der Zustimmung zu rechtsgeschäftlichem Handeln des Kindes.
- Beteiligung an der Eheschließung des Kindes.
- Einwilligung in ärztliche Behandlungen.
- Geltendmachung von Rechtsansprüchen des Kindes.
- Festlegung des Wohnsitzes.

Die Unterhaltspflicht als solche sowie die Bestimmung über Art und Weise der Ge- **533** währung gehört nicht zur Personensorge. Vielmehr handelt es sich dabei um eine eigenständige Pflicht der Eltern. Die Geltendmachung der Unterhaltsansprüche des Kindes ist demgegenüber Teil der Personensorge.

## c) Vermögenssorge

**534** Die Gegenstände der **Vermögenssorge** sind gesetzlich nicht weiter konkretisiert. Zur Vermögenssorge gehören alle Maßnahmen zur Erhaltung, Vermehrung und Verwaltung des Kindesvermögens.

Beispiele: Erwerb von Vermögen; Verfügung über Vermögensgegenstände (Verkauf/Vermietung von Grundstücken); Kontoeröffnung; Anlage von Vermögen.

## d) Struktur der elterlichen Sorge

**535** Sowohl Personen- als auch Vermögenssorge sind weiter auszudifferenzieren in Angelegenheiten der tatsächlichen sowie Angelegenheiten der gesetzlichen Sorge.

| Tatsächliche Sorge | Gesetzliche Sorge/Gesetzliche Vertretung |
|---|---|
| Faktisches erzieherisches und pflegendes Handeln gegenüber dem Kind. Zur tatsächlichen Sorge gehören:<br>■ Entscheidungen über Aufwachsbedingungen.<br>■ Tägliche Fürsorge, fortlaufende Begegnung.<br>■ Zustimmung zu Willenserklärungen des Kindes (§ 107 BGB). | Rechtliches Handeln der Eltern für das Kind nach außen: Die gesetzliche Vertretung des Kindes durch die Eltern (§ 1629 Abs. 1 BGB). Diese erlaubt den Eltern, ihre Entscheidungen rechtswirksam nach außen umzusetzen und für das Kind im Rechtsverkehr zu handeln. Synonym für den Begriff „gesetzliche Sorge" wird auch der Begriff der „gesetzlichen Vertretung" verwendet. |

## 3. Reichweite der elterlichen Befugnisse

**536** Die elterliche Bestimmungsbefugnis ist als absolutes Recht von Jedermann zu beachten. In der Konsequenz beinhaltet sie zunächst – im Innenverhältnis (vgl dazu III) – eine Bestimmungsbefugnis der Eltern gegenüber dem Kind. Sodann enthält sie – im Außenverhältnis – eine Bestimmungsbefugnis gegenüber Dritten (vgl dazu IV).

Von ihrer Reichweite ist sie im Grundsatz umfassend angelegt. Aus diesem Grunde dürfen die Eltern sämtliche Entscheidungen für ihr Kind treffen und diese auch rechtlich nach außen gegenüber Dritten umsetzen, wenn und soweit ihnen die Sorge zusteht. Nur in bestimmten Bereichen ist die Sorge der Eltern punktuell einer Kontrolle unterworfen bzw eingeschränkt (vgl dazu V).

**537**

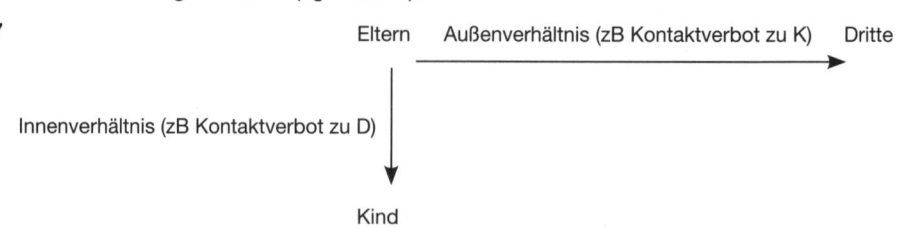

## III. Die Erziehung durch die Eltern (Befugnisse im Innenverhältnis)

### 1. Übungsfall 8

Die Eltern von Marina sind nicht ganz zufrieden mit dem Ergebnis der Erziehung ihres Kindes: **538** Marina – inzwischen 14 – war ein Wunschkind und wurde dementsprechend schon früh verzogen. Zurzeit kommen die Eltern immer schlechter mit Marina zurecht. Kürzlich sah sich Marinas Vater veranlasst, Marina eine Ohrfeige zu verpassen sowie einen mehrtägigen Hausarrest zu verhängen, als Marina ihm auf seine Bitte, doch die Hausaufgaben nicht zu vergessen, einen „alten, fetten, senilen und total verblödeten Spießer" titulierte. Streit gibt es im Moment über Marinas Zukunft. Marinas aktueller Berufswunsch ist es, Model zu werden. Die Eltern lehnen das ab und möchten, dass Marina zunächst ihren Realschulabschluss und danach eine Lehre macht.

Bitte bewerten Sie die elterlichen Erziehungsmaßnahmen (Lösungshinweise Rn 550)!

### 2. Leitungsautorität

Im **Innenverhältnis** gegenüber dem Kind besitzen die Eltern eine sog **Leitungsauto-** **539** **rität.** Die Bestimmungsbefugnis der Eltern gegenüber ihrem minderjährigen Kind reicht von grundlegenden Statusfragen (Name, Aufenthalt, Wohnsitz) bis hin zu alltäglichen Entscheidungen, etwa die erzieherische Ausrichtung und deren konkrete Umsetzung, den Umgang des Kindes, die konkrete Pflege des Kindes einschließlich der gesetzlichen Vertretungsmacht zur Umsetzung der Entscheidung nach außen.

### 3. Vorgaben für die Erziehung

#### a) Allgemeines

Die Grundlinien der Erziehung sind durch die verfassungsrechtlichen Bestimmungen **540** vorgegeben. Das Elternrecht gewährt den Eltern einen weiten Spielraum bei der konkreten Wahrnehmung der elterlichen Sorge: Grundsätzlich entscheiden die Eltern, wie sie ihr Kind erziehen. Verfassungsrechtlich vorgegeben ist lediglich die Richtung der Erziehung: Sie soll dem Kindeswohl dienen. Allerdings steht den Eltern bei der Konkretisierung der Kindeswohldienlichkeit – ebenfalls verfassungsrechtlich vorgegeben – die Definitionsmacht darüber zu, was im konkreten Fall das Kindeswohl verlangt. Daher wählen die Eltern Erziehungsziel und Erziehungsmittel aus.

Dementsprechend normiert der Gesetzgeber keine erzieherischen Vorgaben, sondern beschränkt sich darauf, punktuell essenzielle **Eckpunkte der Erziehung** bzw Grenzen der Erziehung zu regeln. Diese Vorgaben sind echte Rechtsnormen und damit für die Eltern verbindlich. Allerdings sind für Verletzungen dieser Vorgaben keine Sanktionen vorgesehen. Begrenzbar ist die elterliche Erziehungshoheit erst in dem Zeitpunkt, in dem sie das Kindeswohl gefährdet. Erst dann aktualisiert sich das Wächteramt des Staates, das ihm Eingriffe in die elterliche Sorge erlaubt. Der Eingriff erfolgt durch die Familiengerichte auf der Basis des § 1666 BGB.

Allerdings sollte aus der **Sanktionslosigkeit** nicht auf die Überflüssigkeit der Normen geschlossen werden. Zum einen geht allein von der Festschreibung erzieherischer Standards eine Signalwirkung für Eltern aus. Sodann kommt den Normen eine mittelbare Bedeutung zu, wenn im Rahmen einer gerichtlichen Entscheidung das Kindeswohl zu konkretisieren ist.

## b) Das Wohl des Kindes als Richtschnur der Erziehung

**541** Die Ausrichtung der Erziehung am **Kindeswohl** ist einfachgesetzlich in § 1627 BGB aufgenommen. Als besonderer Kindeswohlbelang ist daneben der Respekt vor den persönlichen Bindungen des Kindes gesetzlich geregelt (§ 1626 Abs. 3 BGB). Zum Kindeswohl gehört danach in der Regel der Umgang mit folgenden Personen:

- Eltern.
- Personen, zu denen das Kind Bindungen besitzt, wenn der Kontakt der Entwicklung des Kindes förderlich ist.

## c) Erziehungsziel

**542** In der verfassungsrechtlichen Grundstruktur ist als **Erziehungsziel**, die Entwicklung des Minderjährigen zu einer autonomen und selbstständigen Persönlichkeit angelegt. Dies beinhaltet etwa folgende Aspekte:

- Wirtschaftliche Selbstständigkeit.
- Befähigung zu einem eigenständigen sozialen Leben.
- Entwicklung von Verantwortungsbewusstsein und Autonomie.
- Einfachgesetzlich ist dieses Erziehungsziel implizit in § 1626 Abs. 2 BGB enthalten.

## d) Leitlinien für die Erziehung

**543** Die elterliche Verantwortung gibt den Eltern die Freiheit, das Kindeswohl zu bestimmen. In diesem Rahmen entscheiden die Eltern auch über den grundsätzlichen **Erziehungsstil**, der verfassungsrechtlich nicht vorgegeben ist. Ein behütender Erziehungsstil ist verfassungsrechtlich ebenso geschützt wie ein autoritärer Erziehungsstil. Mit Blick auf die Rechtsstellung des Kindes implizieren die verfassungsrechtlichen Vorgaben gleichwohl einige Maßstäbe für den Erziehungsstil, die ebenfalls vom Gesetzgeber aufgenommen wurden:

## aa) Berücksichtigung eigenständiger Autonomiebestrebungen des Kindes

**544** Da Ziel der Erziehung die volle rechtliche und wirtschaftliche Selbstständigkeit des Kindes ist, sollen Eltern nach Auffassung des Gesetzgebers mit zunehmendem Alter des Kindes auch dessen Streben nach Selbstständigkeit und Autonomie Rechnung tragen. Dies impliziert **demokratische Elemente in der Erziehung**, insbesondere die Einbeziehung des Kindes in den Erziehungsprozess sowie in elterliche Entscheidungen. Der Gesetzgeber hat dies in § 1626 Abs. 2 BGB ausdrücklich festgeschrieben:

- Eltern berücksichtigen danach die wachsende Fähigkeit des Kindes zu selbstständigem Handeln.
- Fragen der elterlichen Sorge sind entsprechend dem Entwicklungsstand mit dem Kind zu besprechen.
- Einvernehmen in Fragen der elterlichen Sorge mit dem Kind ist anzustreben. Die Vorgabe bedeutet dabei nicht einen Vorrang des Kindeswillens vor der elterlichen Entscheidung. Vielmehr behalten die Eltern die Entscheidungsbefugnis in der Sache.

  Dem **Kindeswillen** wird besondere Bedeutung im Bereich der eigenen Ausbildung eingeräumt (§ 1631a BGB). Danach müssen die Eltern in Angelegenheiten der Ausbildung und des Berufs auf Eignung und Neigung des Kindes Rücksicht nehmen. Dies verbietet den Eltern, das Kind in einen ungeliebten Beruf zu drängen. Auf der anderen Seite entbindet die Norm die Eltern nicht von ihrer elterlichen Verantwortung. Eltern müssen die kindliche Entscheidung etwa dann nicht berücksichtigen, wenn das Kind seine eigenen Fähigkeiten grob verkennt. In Zweifelsfällen sollen sich Eltern den Rat eines Lehrers oder einer anderen geeigneten Person holen (§ 1631a S. 2 BGB).

### bb) Erziehungsmittel

Es gilt in der Erziehung ein grundlegendes, mittlerweile ausnahmsloses und umfas- **545** sendes **Gewaltverbot** (§ 1631 Abs. 2 BGB): Kinder haben ein Recht auf gewaltfreie Erziehung. Körperliche Bestrafungen, seelische Verletzungen und andere entwürdigende Maßnahmen sind unzulässig.

Körperliche Bestrafungen sind demnach ausnahmslos unzulässig. Dies erfasst das **546** Schlagen (von der Tracht Prügel bis zum „Klaps"), aber auch das Treten, heftige Schütteln, Schubsen oder Stoßen des Kindes. Das Gewaltverbot steht dabei nicht jeder körperlichen Einwirkung auf das Kind entgegen. Vor allem im Bereich der Gefahrenabwehr für das Kind sind körperliche Einwirkungen zulässig, wenn und solange sie zum Schutz des Kindes erforderlich sind und keine Bestrafung darstellen.

Beispiele: Gewaltsames Festhalten oder Zurückreißen des Kindes, um es am Überqueren einer Straße zu hindern.

Seelische Verletzungen sind etwa Grausamkeiten oder Verletzungen des Kindes ohne körperliche Einwirkungen, zB durch ein Verhalten, das das Kind dem Gespött preisgibt. Eine seelische Verletzung kann etwa auch darin liegen, dass ein Elternteil den anderen vor den Augen des Kindes misshandelt.

Entwürdigende Erziehungsmaßnahmen liegen immer dann vor, wenn sie mit dem Erziehungsziel nicht zu vereinbaren sind.

Das Gewaltverbot nimmt den Eltern damit nicht die Möglichkeit der Bestrafung ihres **547** Kindes. Allerdings können die ergriffenen Maßnahmen (Kürzen des Taschengeldes, Hausarrest, Computersperre) in krassen Übermaßfällen unzulässig sein.

Nicht Gegenstand des Gewaltverbotes und damit nicht Regelungsgegenstand von § 1631 Abs. 2 BGB sind sonstige elterliche Maßnahmen, etwa die Einwilligung in eine medizinische Behandlung. Diese unterliegen grundsätzlich ohne Einschränkungen der elterlichen Bestimmungsbefugnis.

### 4. Durchsetzung gegenüber dem Kind

Es stellt sich die Frage, wie die Eltern – etwa aufgrund des Widerstandes eines älteren **548** Kindes – ihre Kompetenz gegenüber dem Kind auch durchsetzen können. Praktisch ist der Eltern-Kind-Konflikt tendenziell ein Problem der inneren Autorität der Eltern, weniger ein Rechtsproblem. Gerichtliche Entscheidungen zu diesem Themenkomplex sind dementsprechend eine Rarität.

Rechtlich ist der Konflikt (gleichwohl) in § 1631 Abs. 3 BGB aufgegriffen. Danach hat das Familiengericht die sorgeberechtigten Eltern auf Antrag in geeigneten Fällen bei der Ausübung der Personensorge zu unterstützen. **Denkbare Maßnahmen des Gerichts** sind etwa Ermahnungen, Verwarnungen (in der Hoffnung, das Kind durch den amtlichen Charakter der Handlung zu beeindrucken), Verweise, die Vorladung zu einer Besprechung sowie die Anordnung, in das elterliche Haus zurückzukehren.

**549** Zwangsmaßnahmen wären nur unter der Voraussetzung zulässig, dass und soweit die Gewaltanwendung nicht dem Wohl und Reifegrad des jungen Menschen zuwider läuft und mildere Mittel gescheitert oder aussichtslos sind. Unzulässig ist die Anordnung einer Freiheitsentziehung.

Denkbare Anwendungsfelder:  Rückführung des Kindes, das aus dem Elternhaus entwichen ist; Verbringung des Kindes ins Internat.

Streitig ist die Vollstreckbarkeit gerichtlicher Anordnungen, konkret: Ob die gerichtliche Anordnung an den Minderjährigen, nach Hause zurückzukehren, unter Gewaltanwendung gegenüber dem Minderjährigen zwangsweise durchgesetzt werden darf.

## 5.  Lösungshinweise zum Übungsfall 8

**550** Lösungshinweise zum Übungsfall 8 (Fall Rn 538)

Herauszuarbeiten sind zunächst die theoretischen Grundlagen für die Erziehung, auf deren Grundlage dann der Sachverhalt zu würdigen ist.

Zu erwähnen ist die grundsätzliche Erziehungsvorgabe der Kindeswohlorientierung als Richtschnur, § 1627 BGB, die allerdings die grundsätzliche freie und umfassende Bestimmungsbefugnis der Eltern enthält. Auch bei der Festlegung des Kindeswohles im konkreten Fall kommt den Eltern ein Interpretations- und Bestimmungsspielraum zu. Vor diesem Hintergrund muss auch ein verwöhnender Erziehungsstil grundsätzlich als zulässig angesehen werden.

Mit Blick auf den Erziehungsstil sind zu nennen: Die Notwendigkeit der Berücksichtigung eigenständiger Autonomiebestrebungen des Kindes, was sich in einem grundsätzlich „partnerschaftlichen Erziehungsstil" niederschlägt (Entscheidungen sind mit dem Kind zu besprechen, Einvernehmen anzustreben, § 1626 Abs. 2 BGB) sowie das Gewaltverbot (§ 1631 Abs. 2 BGB).

Vorliegend sind zu bewerten: Das Verhalten des Vaters (Hausarrest und Ohrfeige) sowie die Haltung der Eltern mit Blick auf die Berufswahl von Marina:

- ■ Hausarrest: Diese Maßnahme ist mit Blick auf das Gewaltverbot zu diskutieren. Als Freiheitsentziehung lässt sich die Maßnahme sicher nicht einstufen. Wenn sie aus erzieherischer Sicht sinnvoll (Hausarrest, um das Kind zu den Hausarbeiten „zu zwingen") ist, spricht vieles für ihre Zulässigkeit. Anderes gälte, wenn sich der Elternteil lediglich an dem Kind „abreagiert". Im vorliegenden Fall spricht vieles für die Zulässigkeit der Maßnahme.
- ■ Ohrfeige: Es gilt das absolute Gewaltverbot, § 1631 Abs. 2 BGB. Danach sind entwürdigende Maßnahmen, körperliche Bestrafungen und seelische Verletzungen unzulässig. Die Ohrfeige ist rechtswidrig.
- ■ Berufswunsch: Insoweit existiert eine eindeutige Vorgabe in § 1631a BGB, die neben die Vorgabe des § 1626 Abs. 2 BGB tritt. Danach muss die Meinung von Marina angemessen berücksichtigt werden. Es kommt im Wesentlichen auf die – hier nicht ersichtlichen – Begleitumstände an, etwa die Vorgeschichte, etwaige Begabungen, die Nachhaltigkeit von Marinas Berufswunsch sowie die elterlichen Hintergrundüberlegungen. Mit Blick auf Marinas Alter scheint die elterliche Entscheidung, dass Marina zunächst ihren Realschulabschluss macht, rechtmäßig.

Wichtig: Auch wenn die Entscheidung der Eltern als rechtswidrig eingeschätzt wird, sind die getroffenen Maßnahmen grundsätzlich wirksam. Sanktionen gegen die Eltern können erst bei Vorliegen einer konkreten Kindeswohlgefährdung ergriffen werden, für die allerdings im vorliegenden Sachverhalte die Anhaltspunkte fehlen.

## IV. Die Bestimmungsbefugnis im Außenverhältnis

### 1. Überblick und Bedeutung

Die elterliche Sorge ist auch für außenstehende Dritte verbindlich. Das Elternrecht ist **551** daher auch gegenüber Dritten geschützt: Von Bedeutung sind vor allem folgende Bereiche:

■ Anerkennung der elterlichen Sorge als absolutes Recht (§ 823 Abs. 1 BGB).
■ Herausgabeanspruch (§ 1632 Abs. 1 BGB).
■ Umgangsbestimmungsrecht (§ 1632 Abs. 2 BGB).

### 2. Das Elternrecht als absolutes Recht

Elterliche Sorge ist ein sonstiges „**absolutes**" **Recht** iS des § 823 Abs. 1 BGB. Wider- **552** rechtliche Verletzungen können daher deliktische Ansprüche (Schadensersatz, Unterlassung) auslösen. Als absolutes Recht gilt es auch zwischen den Eltern und ist von ihnen zu beachten.

Beispiel: Die widerrechtliche Entführung des Kindes – auch durch einen Elternteil – kann Schadensersatzansprüche begründen, etwa: Kostenersatz für die Wiedererlangung des Kindes (Detektivkosten, Verfolgungskosten, Rückführungskosten inklusive einem Begleiter des beeinträchtigten Elternteils).

### 3. Der Herausgabeanspruch

#### a) Übungsfall 9

Die 14-jährige Marina hat sich – nachdem die Frage über ihre berufliche Zukunft mit ihren Eltern **553** nicht in ihrem Sinne geklärt werden konnte – entschieden, sich eigenständig zu machen und ist zu diesem Zweck zu ihrer Freundin, der 19-jährigen Janina, gezogen. Können die Eltern von Marina bzw von Janina die Rückkehr von Marina in den elterlichen Haushalt verlangen und ggf auch erzwingen (Lösungshinweise Rn 561)?

#### b) Bedeutung und Voraussetzungen

Das Aufenthaltsbestimmungsrecht (§ 1631 Abs. 1 BGB) beinhaltet das Recht, festzu- **554** legen, an welchem Ort und in welcher Wohnstätte das Kind dauernd oder vorübergehend weilen soll und darf. Die Aufenthaltsbestimmung ist für Dritte verbindlich. Dementsprechend besitzen Eltern das Recht, ihr Aufenthaltsbestimmungsrecht nicht nur gegenüber dem Kind (im Innenverhältnis) auszuüben, sondern auch gegenüber Dritten durchzusetzen. § 1632 Abs. 1 BGB normiert das Recht des Personensorgeberechtigten, das Kind von jedem (uU auch von dem anderen Elternteil) herauszuverlangen.

Der **Herausgabeanspruch** nach § 1632 Abs. 1 BGB hat folgende Voraussetzungen (Prüfschema!):

■ Anspruchsberechtigter: Personensorgeberechtigter,
■ Vorenthalten des Kindes durch Dritten <u>und</u>
■ Widerrechtlichkeit des Verhaltens des Dritten.

Im Einzelnen:

■ **Anspruchsinhaber** sind die Eltern als Personensorgeberechtigte. Ist den Eltern die **555** Sorge entzogen, so ist Personensorgeberechtigter der Vormund bzw Pfleger. Der

Anspruch kann sich auch gegen den anderen Elternteil richten, etwa dann, wenn dieser nicht sorgeberechtigt ist oder (im Falle der Kindesentführung) einer zuvor einverständlich getroffenen Einigung über den Lebensmittelpunkt des Kindes zuwider handelt.

556 ■ Ein **Vorenthalten** liegt immer dann vor, wenn sich das Kind im Einflussbereich eines Dritten befindet und dieser die Durchsetzung des Aufenthaltsbestimmungsrechts der Eltern erschwert oder vereitelt. Das Vorenthalten kann in der Verheimlichung des Kindesaufenthaltes, in der Verweigerung des Zutritts zu dem Kind, in der Weigerung zur Herausgabe des Kindes sowie in der nachhaltigen Beeinflussung des Kindes liegen, mit der die Rückkehr zum personensorgeberechtigten Elternteil unterbunden werden soll.

Problematisch ist die Konstellation, dass sich nicht ein Dritter, sondern das Kind selber der elterlichen Entscheidung widersetzt.

Beispiel: Die Eltern sind nicht damit einverstanden, dass ihre 16-jährige Tochter bei ihrem Freund und dessen Eltern wohnt.

Es stellt sich die Frage, ob das Verhalten des Dritten (hier: der Eltern des Freundes) noch ein „Vorenthalten" ist, oder ob nicht letztlich die Tochter selber sich gegen das Aufenthaltsbestimmungsrecht stellt. Nur dann, wenn man die Missachtung der elterlichen Bestimmung dem Dritten zurechnen kann, ist ein Herausgabeanspruch gegen ihn begründet. Rechnet man die Missachtung hingegen dem Kind zu, stehen den Eltern gegen den Dritten keine Ansprüche zu, sondern nur gegenüber dem Kind (zur Durchsetzung elterlicher Entscheidungen gegenüber dem Kind, vgl Rn 548). Duldet der Dritte insoweit lediglich den Aufenthalt des Kindes bei sich, bleibt aber ansonsten passiv, kann nicht von einem Vorenthalten gesprochen werden. Ausschlaggebend ist, ob und inwieweit der Wille des Kindes beachtlich ist. Die Rechtsprechung differenziert wie folgt:
 – Bei Kindern unter 14 Jahren ist kein beachtlicher Wille anzunehmen. Gewähren Dritte dem Kind ohne den Willen der Eltern Unterkunft, so ist die Missachtung des elterlichen Erziehungsrechts dem Dritten zuzurechnen; sein Verhalten stellt ein Vorenthalten dar. Herausgabeansprüche der Eltern gegen ihn kommen in Betracht.
 – Bei älteren Kindern kann hingegen durchaus ein beachtlicher Wille anzunehmen sein. Daher ist in diesen Fällen eine Einzelfallprüfung vorzunehmen, ob die Entscheidung dem Kind zuzurechnen ist. Übt der Dritte auf den Minderjährigen physischen oder psychischen Druck aus, so ist auch bei älteren Minderjährigen ein Vorenthalten denkbar.

557 ■ Ein Herausgabeanspruch der Eltern gegenüber dem Dritten ist nur dann gegeben, wenn das Vorenthalten auch **widerrechtlich** ist. Dieses ist grundsätzlich widerrechtlich, wenn kein Rechtfertigungsgrund vorliegt. An der Widerrechtlichkeit fehlt es daher immer dann, wenn die Eltern in den Aufenthalt des Kindes beim Dritten eingewilligt haben. Da die Einwilligung von den Eltern allerdings jederzeit frei widerrufen werden kann, muss das Kind ab diesem Zeitpunkt an die Eltern herausgegeben werden.

Der Wille des Personensorgeberechtigten ist ausnahmsweise dann unmaßgeblich, wenn das Herausgabeverlangen ein Sorgerechtsmissbrauch ist und das Kindeswohl unmittelbar gefährdet. In diesem Fall ist das Vorenthalten nicht widerrechtlich. Eine Herausgabe darf verweigert werden.

Besonders geregelt ist der Fall, dass die Eltern ihr Kind von den **Pflegeeltern** he- 558
rausverlangen (§ 1632 Abs. 4 BGB). Gerade dann, wenn ein Kind längere Zeit bei
einer anderen Familie gelebt hat, kann das Verlangen der Eltern für das Kind schädlich sein. In diesem Fall kann das Gericht – zum Schutz des Kindes – anordnen,
dass das Kind in der Pflegefamilie verbleibt (vgl Abschnitt XII).

Weitere Rechtfertigungsgründe für das „Behalten" des Kindes gegen den Willen der 559
Eltern sind öffentlich-rechtliche Regeln, zB die Schulpflicht, jugendgerichtliche
Maßnahmen oder andere das Aufenthaltsbestimmungsrecht der Eltern beschrän-
kende Maßnahmen, wie zB eine gerichtliche Verbleibensanordnung.

### c) Die Durchsetzung des Herausgabeanspruchs

Der Herausgabeanspruch ist **gerichtlich durchsetzbar**. Auf Antrag eines Elternteils 560
entscheidet das Familiengericht (§ 1632 Abs. 3 BGB). Die Entscheidung kann gegen
den Dritten mit Ordnungsmitteln durchgesetzt werden (Einzelheiten des Verfahrens vgl
Abschnitt XIV).

### d) Lösungshinweise zum Übungsfall 9

Lösungshinweise zum Übungsfall 9 (Fall Rn 553) **561**

Zu differenzieren ist zwischen den zwei verschiedenen Adressaten der elterlichen Maßnahmen:

- Gegenüber Marina ist das elterliche Bestimmungsrecht Grundlage, um von ihr die Rückkehr
  in den elterlichen Haushalt zu verlangen (§ 1631 Abs. 1 BGB). Die Maßnahme selber stellt
  sich nicht als rechtswidrig dar (gemessen am Maßstab der §§ 1626 f BGB). Notfalls können
  die Eltern sich gerichtlich gegenüber Marina unterstützen lassen (§ 1631 Abs. 3 BGB).
- Gegenüber Janina hingegen ist als Anspruchsgrundlage für die Herausgabe von Marina
  § 1632 Abs. 1 BGB heranzuziehen, der ggf auch gerichtlich verfolgt werden kann (§ 1632
  Abs. 3 BGB). Der Anspruch erfordert ein rechtswidriges Vorenthalten von Marina durch Janina gegenüber den Personensorgeberechtigten. Die Eltern sind insoweit als Personensorgeberechtigte grundsätzlich Inhaber des Anspruchs. Problematisch ist, ob Janina ihnen
  Marina vorenthält. Ein Vorenthalten kann nämlich immer nur dann angenommen werden,
  wenn der Dritte (hier: Janina) sich durch ein eigenes Handeln oder Unterlassen gegen den
  Willen der Eltern stellt. Dies ist problematisch, weil sich hier Marina selber gegen ihre Eltern
  stellt. Es kommt in diesem Zusammenhang maßgeblich darauf an, ob die Entscheidung
  Marina selber zuzurechnen ist oder inwieweit Janina uU auf Marina einwirkt, so dass letztlich sie hinter Marinas Entscheidung steht. In vorliegenden Fall spricht viel dafür, anzunehmen, dass letztlich Marina selber die treibende Kraft ist. In diesem Fall enthält Janina ihren
  Eltern ihr Kind nicht vor. Ihr lediglich passives Dulden des Aufenthalts von Marina in ihrer
  Wohnung kann in diesem Fall nicht als Vorenthalten angesehen werden. Ein Anspruch wäre
  damit nicht gegeben.

### 4. Das Umgangsbestimmungsrecht

Das **Umgangsbestimmungsrecht** beinhaltet – als Teil der Personensorge – das Recht 562
der Eltern, den Umgang ihres Kindes gegenüber dem Kind (§ 1631 Abs. 1 BGB) auch
mit Wirkung für und gegen Dritte zu bestimmen (§ 1632 Abs. 2 BGB). Festsetzungen

der Eltern, etwa mit wem das Kind persönlichen oder telefonischen Kontakt aufnehmen und unterhalten darf und soll, sind daher für Dritte verbindlich. In diesem Rahmen können die Eltern auch Kontaktverbote gegenüber Dritten aussprechen.

Während die Durchsetzung gegenüber dem Kind eher ein Problem der inneren Autorität als ein Rechtsproblem ist (Durchsetzungsmechanismus: § 1631 Abs. 3 BGB), können die Eltern ihre Entscheidungen gegenüber Dritten auch gerichtlich durchsetzen (§ 1632 Abs. 3 BGB).

**Umgangsrechte Dritter** bilden eine Schranke für das Umgangsbestimmungsrecht der Eltern. Sie schränken die elterliche Sorge ein, mit der Folge, dass ihnen gegenüber Umgangsverbote auf der Basis des § 1632 Abs. 2 BGB nicht zulässig sind. Probleme wirft das Umgangsrecht vor allem bei der Trennung der Eltern auf. Ihm ist daher ein eigener Abschnitt (VIII) gewidmet, in dem die Einzelheiten behandelt werden.

## V. Grenzen elterlicher Sorge

### 1. Grundsatz

**563**  Die elterliche Sorge ist im Grundsatz umfassend angelegt. Aus diesem Grunde dürfen die Eltern sämtliche Entscheidungen für ihr Kind treffen und diese auch rechtlich nach außen gegenüber Dritten umsetzen. Die gesetzliche Vertretungsbefugnis setzt lediglich elterliche Sorge voraus. Hingegen ist es unerheblich, ob die Maßnahme als solche im Innenverhältnis gegenüber dem Kind auch kindeswohldienlich ist.

Bestimmte Bereiche sind den Eltern jedoch entzogen bzw werden kontrolliert. Die erfassten Konstellationen sind unterschiedlich. Zum Teil geht es um den Schutz des Kindes bei Interessenkollisionen mit den Eltern. In anderen Bereichen steht die Berücksichtigung der eigenständigen höchstpersönlichen Rechtsposition des Kindes den elterlichen Befugnissen entgegen.

Außerhalb dieser Bereiche ist die gesetzliche Vertretungsmacht der Eltern nicht beschränkt. Insbesondere existiert keine Einschränkung auf kindeswohldienliche Geschäfte. Daher sind auch Maßnahmen der Eltern, deren Kindeswohldienlichkeit fraglich ist oder gar fehlt, formal vom Vertretungsrecht der Eltern gedeckt und damit wirksam. Eine Einschränkung der Eltern, um das Kind vor dem kindeswohlgefährdenden Verhalten seiner Eltern zu schützen, ist insoweit nur möglich durch einen gerichtlichen Eingriff in die elterliche Sorge, die diesen die Sorge entzieht (§ 1666 BGB, vgl eingehend Abschnitt XI).

Beispiele: Eltern lassen ihren einjährigen Sohn beschneiden. Für den behandelnden Arzt kommt es allein darauf an, ob die Eltern Inhaber der Sorge sind. Sind sie es, ist der Vertrag bzw die Einwilligung in die Maßnahme wirksam. Für eine Kontrolle der elterlichen Entscheidung durch den Arzt, ob sie auch kindeswohldienlich ist, ist kein Raum.

Eltern heben das Geld des Kindes von seinem Sparbuch ab und verspielen es. Das rechtliche Handeln der Eltern ist – da vom Vertretungsrecht gedeckt – wirksam.

## 2. Beschränkung der gesetzlichen Vertretungsmacht im Geschäftsverkehr

### a) Überblick

**564**  Im Bereich der Rechtsgeschäfte bestehen **Einschränkungen der gesetzlichen Vertretungsbefugnis** der Eltern. Die wichtigsten Bereiche sind:

■ Genehmigungsbedürftige Geschäfte.
■ Vertretungsverbote.
■ Schenkungen im Namen des Kindes.

## b) Genehmigungsbedürftige Geschäfte

Folgende Geschäfte dürfen Eltern nur mit **Genehmigung des Familiengerichts** für **565** das Kind tätigen (§ 1643 Abs. 1 iV mit §§ 1821 und 1822 Nrn 1, 3, 5, 8–11 BGB): Verfügungen über ein Grundstück des Kindes; Verfügungen über das Vermögen des Kindes im Ganzen; Mietverträge, durch die der Minderjährige zu laufenden Leistungen verpflichtet wird, wenn der Vertrag länger als ein Jahr nach dem Eintritt seiner Volljährigkeit fortdauern soll sowie bestimmte für den Minderjährigen riskante Geschäfte, darunter die Geldaufnahme auf Kredit des Minderjährigen und die Eingehung einer Bürgschaft.

Gleiches gilt für die Ausschlagung einer Erbschaft oder eines Vermächtnisses sowie für den Verzicht auf einen Pflichtteil (§ 1643 Abs. 2 BGB).

Die genannten Geschäfte bedürfen zu ihrer Wirksamkeit der Genehmigung durch das **566** Familiengericht. Verträge, die ohne die notwendige familiengerichtliche Genehmigung geschlossen wurden, sind schwebend unwirksam bis zur Genehmigungserteilung durch das Familiengericht gegenüber den Eltern (nicht dem Geschäftspartner!).

## c) Vertretungsverbote

Bestimmte weitere Geschäfte sind den Eltern entzogen (§ 1629 Abs. 2 S. 1 iV mit **567** § 1795 BGB). Den Eltern ist in diesem Bereich die Vertretung ihres Kindes gesetzlich verboten. Sie können daher in den betroffenen Bereichen nicht wirksam für ihr Kind handeln. Das **Vertretungsverbot** greift bereits dann, wenn nur für einen der Elternteile ein Ausschlussgrund vorliegt. Es handelt sich um folgende Geschäfte:

■ **In-Sich-Geschäfte** (§§ 1795 Abs. 2, 181 BGB): Rechtsgeschäfte, bei denen der **568** gesetzliche Vertreter sowohl als Vertragspartner als auch als Vertreter des Minderjährigen auf beiden Seiten des Vertrags beteiligt ist.

■ **Formale Interessenkollisionen** zwischen Eltern und Kind (§ 1795 Abs. 1 BGB): Es **569** handelt sich dabei um Rechtsgeschäfte, bei denen – bei formaler Betrachtungsweise – eine ähnliche Verquickung der Interessen wie beim In-Sich-Geschäft besteht. Dies ist der Fall bei Verträgen zwischen Kind einerseits und Personen, die zu dem gesetzlichen Vertreter ein besonderes Näheverhältnis aufweisen, konkret: seinem Ehegatten bzw Lebenspartner oder einem seiner Verwandten in gerader Linie. Das Vertretungsverbot erstreckt sich auch auf die Führung von Rechtsstreitigkeiten zwischen den genannten Personen (§ 1795 Abs. 1 Nr 3 BGB).

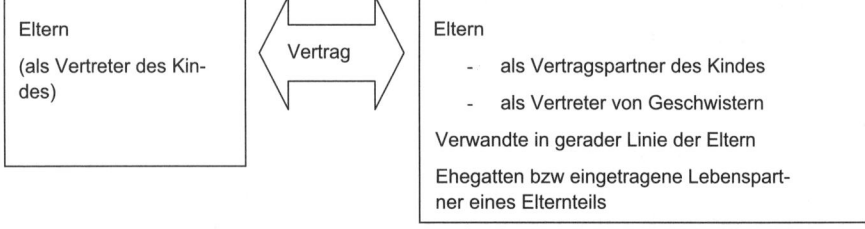

Die Interessenkollision lässt sich bereits ganz formal daraus ersehen, dass auf beiden Seiten des Rechtsgeschäfts entweder die Eltern oder entsprechend nahe Verwandte von ihnen auftreten. Es handelt sich dabei um einen abstrakten Gefährdungstatbestand. Bei den genannten Geschäften vermutet der Gesetzgeber, dass die Eltern nicht zur unparteilichen Wahrnehmung der Geschäfte ihres Kindes in der Lage sind. Ob im konkreten Fall tatsächlich eine Interessenkollision zwischen Eltern und Kind vorliegt, ist unerheblich.

Neben den genannten Geschäften besteht das Vertretungsverbot auch für Rechtsgeschäfte und Verfügungen, bei denen eine (persönlich oder dinglich gesicherte) Forderung des Kindes gegen seine Eltern übertragen oder belastet werden soll bzw die Sicherheit gemindert oder aufgehoben werden soll (§ 1795 Abs. 1 Nr 2 BGB). Auch dieses Vertretungsverbot erstreckt sich auf die Führung eines Rechtsstreits vor Gericht über ein derartiges Geschäft.

570 Da die Eltern nicht für ihr Kind handeln können, muss das Familiengericht einen **Ergänzungspfleger** bestellen, der anstelle der Eltern das Rechtsgeschäft führt. Tätigen die Eltern entgegen des Vertretungsverbots ein Rechtsgeschäft, ist dieses schwebend unwirksam. Es muss auch hier vom Familiengericht ein Pfleger bestellt werden, der die Möglichkeit hat, das Geschäft zu genehmigen (oder aber auch die Genehmigung zu verweigern).

571 Folgende **Ausnahmen** gibt es für das Vertretungsverbot:

- ▪ Geltendmachung von Unterhaltsansprüchen des Kindes durch einen Elternteil gegen den anderen (§ 1629 Abs. 2 S. 2, Abs. 3 BGB): Leben die Eltern getrennt voneinander, so kann der Elternteil, bei dem das Kind lebt, das Kind bei der Geltendmachung seiner Unterhaltsansprüche – auch gegen den anderen Elternteil – vertreten.

- ▪ Rechtshandlungen in Erfüllung der Verbindlichkeit gegenüber Kindern. Damit ist die *Erfüllung* von Verträgen von sowie gegenüber Kindern über die Eltern rechtlich zulässig.

- ▪ Lediglich rechtlich vorteilhafte Geschäfte für ein Kind, etwa der Erlass von Forderungen oder Schenkungen. In diesem Fall droht dem Kind keine Gefahr. Daher wird der Rechtsgedanke des § 107 BGB analog angewandt.

  Beispiel: Die Großmutter möchte dem 5-jährigen Enkel zum Geburtstag ein Fahrrad schenken. Rein rechtlich ist der Enkel nicht handlungsfähig, da er geschäftsunfähig nach § 104 Nr 1 BGB ist. Der Schenkungsvertrag zwischen ihm und der Großmutter kann also nur in der Weise geschlossen werden, dass die Eltern ihn vertreten. Dabei kommt es aber genau zu der oben beschriebenen formalen Interessenkollision. § 107 BGB ist nicht anwendbar, da er sich nicht auf geschäftsunfähige Kinder bezieht. Jedoch ist die von § 107 BGB geregelte Situation dieser vergleichbar. Zudem ist kein Schutzbedarf des Kindes erkennbar. Daher wird der Rechtsgedanke des § 107 BGB analog auf die beschriebene Konstellation angewandt. Aus diesem Grund kann die Schenkung wirksam zustande kommen, ohne dass vom Familiengericht ein Pfleger bestellt wird, der an Stelle der Eltern den Schenkungsvertrag vornimmt, eine

Konstruktion, die mit Blick auf den Lebensalltag von Familien auch reichlich absonderlich anmuten würde.

Ein weiteres Vertretungsverbot gilt im Abstammungsrecht für den Anspruch des Kindes auf Klärung seiner Abstammung (§ 1598a BGB). In diesem Verfahren können die Eltern ihr Kind ebenfalls nicht vertreten (§ 1629 Abs. 2a BGB). Auch insoweit ist ein Ergänzungspfleger zu bestellen, der das Verfahren für das Kind führt bzw in diesem Verfahren für das Kind handelt.

### d) Sonstige Interessenkollisionen

Auch außerhalb der genannten Konstellationen kann im Einzelfall eine **Interessenkol-** 572 **lision** zwischen den Eltern und dem Kind bestehen.

Beispiele: Der Vater leiht seinem Bruder, in Vertretung des Kindes, Geld des Kindes; die Eltern melden das Kind in einem Verein an, obwohl das Kind das nicht möchte.

Allerdings führt der Interessenkonflikt als solcher nicht automatisch zu einem Vertretungsverbot. Jedoch ist es möglich, dem gesetzlichen Vertreter die Vertretungsmacht zu entziehen, wenn ein erheblicher Interessengegensatz zwischen Vertreter und Vertretenem besteht (§§ 1629 Abs. 2 S. 3, 1796 BGB). Ob ein derartiger Interessenkonflikt vorliegt, ist im Einzelnen festzustellen. Ist davon auszugehen, wird das Familiengericht den Eltern punktuell die Angelegenheit bzw den betroffenen Kreis entziehen und einem Pfleger übertragen, der anstelle der Eltern die Entscheidung treffen kann. Unzulässig ist allerdings die Einschaltung eines Pflegers bei der Feststellung der Vaterschaft (§ 1629 Abs. 2 S. 3 BGB, vgl Rn 520): Betreibt die Mutter kein Vaterschaftsfeststellungsverfahren, so darf ihr nicht automatisch die Sorge entzogen werden, um das Verfahren durch einen Pfleger zu betreiben.

### e) Schenkungen aus dem Vermögen des Kindes

**Schenkungen** in Vertretung des Kindes an Dritte sind verboten (§ 1641 BGB). Aus- 573 genommen sind Anstandsschenkungen oder Schenkungen, mit denen einer sittlichen Pflicht entsprochen wird.

### f) Der Schutz des Kindes „vor" seinen Eltern

Die verschiedenen rechtlichen Möglichkeiten der Partizipation des Minderjährigen am 574 Rechtsverkehr ermöglichen weitreichende Verpflichtungen des Minderjährigen. Dies birgt die Gefahr, dass Minderjährige bereits hoch verschuldet in die Volljährigkeit eintreten. Zum Schutz Minderjähriger enthält § 1629a BGB eine **Haftungsbeschränkung** (vgl Rn 270). Im Übrigen erfolgt der Schutz des Minderjährigen vor einer nicht mehr kindeswohlgerechten Bestimmung nur qua Randkorrektur durch einen Eingriff in die elterliche Sorge durch die Familiengerichte (§ 1666 BGB).

### 3. Vorgezogene Teilmündigkeit des Minderjährigen

In bestimmten Bereichen ist der Minderjährige mit Erreichen einer bestimmten Alters- 575 grenze selber in der Lage, bestimmte Rechtsgeschäfte bzw Handlungen vorzunehmen. In diesen Bereichen kann der Minderjährige grundsätzlich nur selber handeln.

Die Eltern sind unterschiedlich beteiligt, bis hin zum Ausschluss von der Vertretung des Kindes.

### a) Wirtschaftliche Teilmündigkeit des Minderjährigen

576 Soweit das Gesetz dem Minderjährigen **eigenständiges Handeln im Geschäftsverkehr** eröffnet, ist kein Raum mehr für elterliche Vertretung. Derartige Normen finden sich für den Bereich lediglich vorteilhafter Rechtsgeschäfte, die selbstständige sowie die unselbstständige Erwerbstätigkeit (§§ 106 ff BGB, §§ 112, 113 BGB).

### b) Religiöses Bekenntnis

577 Für Entscheidungen mit Bezug auf das **religiöse Bekenntnis** finden sich Sondervorschriften im Gesetz über die religiöse Kindererziehung. Es wird wie folgt gestuft:
- Ab 12 Jahren kann das Kind nicht mehr gegen seinen Willen in einem anderen Bekenntnis als bisher erzogen werden (§ 5 S. 2 RKEG).
- Ab 14 Jahren besitzt der Minderjährige ein eigenes Entscheidungsrecht über sein religiöses Bekenntnis (§ 5 S. 1 RKEG).

### c) Testierfähigkeit

578 Minderjährige können mit Vollendung des 16. Lebensjahres wirksam und ohne Zustimmung ihres gesetzlichen Vertreters ein **Testament** errichten (§ 2229 BGB).

### d) Höchstpersönliche Rechtsgeschäfte

579 Zu den **höchstpersönlichen Rechtsgeschäften** zählen insbesondere die Eheschließung, die Anerkennung der Vaterschaft, die Abgabe von Sorgeerklärungen und die Einwilligung des beschränkt Geschäftsfähigen in seine Adoption. In diesen Bereichen folgen Handlungsfähigkeit des Minderjährigen sowie die sorgerechtlichen Befugnisse der Eltern Sonderregeln (vgl im Einzelnen die Ausführungen bei den jeweiligen Abschnitten). Der Minderjährige ist insoweit im Grundsatz selber handlungsfähig. Die Eltern sind im Regelfall (wenn überhaupt) nur noch mittelbar durch Zustimmungs- oder Anhörungserfordernisse, eingebunden.

### e) Verheiratete Minderjährige

580 Mit der **Eheschließung eines Minderjährigen** enden Teile der elterlichen Sorge (§ 1633 BGB). Dies gilt auch dann, wenn die Ehe durch Tod, Scheidung oder Aufhebung wieder entfällt.
- Die Personensorge in persönlichen Angelegenheiten (zB Umgangsbestimmung, Aufenthaltsbestimmung) der Eltern entfällt und steht nunmehr dem Minderjährigen (Achtung: nicht seinem Ehegatten!) selber zu.

  Die Personensorge der Eltern beschränkt sich auf die Vertretung des Kindes in persönlichen Angelegenheiten. Ihre Vertretungsbefugnis nach außen bleibt also bestehen.

In der Konsequenz kann ein Minderjähriger in seinen persönlichen Angelegenheiten zwar die (vormals den Eltern zustehende) Entscheidung selber treffen. Jedoch ist er nach wie vor nicht in der Lage, sie rechtlich verbindlich nach außen umzusetzen.

Beispiel: Der Einzug in die Wohnung des Ehegatten ist vom Minderjährigen allein zu entscheiden. Hingegen wäre der Minderjährige nicht in der Lage, einen Mietvertrag zu schließen.

■ Die Vermögenssorge bleibt bei den Eltern.

## f) Einsichtsfähige Minderjährige

Die Vertretungsmacht der Eltern umfasst grundsätzlich auch die Einwilligung in eine **581** Rechtsgutsverletzung des Minderjährigen. Hauptanwendungsfall ist die Einwilligung in einen körperlichen Eingriff, sei es im Rahmen einer Heilbehandlung, sei es in eine medizinisch nicht indizierte Maßnahme, die in die körperliche Unversehrtheit eingreift.

Beispiel: Stechen eines Ohrrings.

Mit zunehmendem Alter des Minderjährigen kann die elterliche Entscheidung allerdings mit dessen Selbstbestimmungsrecht kollidieren. Die Problematik aktualisiert sich, wenn die Eltern gegen den Willen des Minderjährigen in einen Eingriff einwilligen wollen oder wenn der Minderjährige ohne oder gegen den Willen der Eltern einen Eingriff in seine Rechte oder seine körperliche Integrität vornehmen lassen möchte.

Beispiele: Entbindung des Arztes oder beratenden Sozialberaters von seiner Schweigepflicht durch den Minderjährigen.

Gesundheitsbehandlung gegen den Willen des Minderjährigen.

Mit Blick auf diese Problematik ist von der Rechtsprechung die Rechtsfigur des **einsichtsfähigen Minderjährigen** entwickelt worden. Die Rechtsprechung geht insoweit davon aus, dass bei Vorliegen einer entsprechenden Einsichts- und Urteilsfähigkeit des Minderjährigen dieser an der Entscheidung beteiligt werden muss. Ob die notwendige Einsichtsfähigkeit vorliegt, ist im Einzelfall nach dem konkreten Entwicklungsstand des Minderjährigen zu beurteilen. Ausschlaggebend ist, ob er die notwendige Urteils- und Einsichtsfähigkeit besitzt, um die Tragweite seiner Entscheidung (im Beispielsfall: Rechtsgutsverzicht) abschätzen zu können (beginnend mit dem 14. Lebensjahr).

Für die Entscheidung über einen Rechtsgutsverzicht ist insoweit wie folgt zu differen- **582** zieren:

■ Ist der Minderjährige nicht einsichts- und urteilsfähig, so entscheiden die Eltern allein über den Rechtsgutseingriff. Soweit die elterliche Entscheidung sich als kindeswohlgefährdend darstellt, kann die elterliche Entscheidung nur durch einen Eingriff in die elterliche Sorge (§ 1666 BGB) verhindert werden.

Für die elterliche Entscheidung zur Beschneidung ihres Sohnes ist dies in der klarstellenden Vorschrift § 1631d BGB festgehalten: Danach umfasst die Personensorge auch das Recht, in eine medizinisch nicht erforderliche Beschneidung des nicht einsichts- und urteilsfähigen männlichen Kindes einzuwilligen, sofern der Eingriff nach den Regeln der Kunst durchgeführt werden soll. Die Gefährdung des Kindeswohles ist eine Grenze für die elterliche Einwilligung.

■ Ist der Minderjährige hingegen einsichts- und urteilsfähig, so ist grundsätzlich für einen Eingriff auch die Einwilligung des Minderjährigen – neben der Einwilligung der Eltern – erforderlich.

Gegen den Willen des Minderjährigen setzen sich die Eltern nur dann durch, wenn ohne die Maßnahme nachhaltige gesundheitliche Schäden drohen. In diesem Fall besteht ein Vorrang der elterlichen Entscheidung vor dem Willen des Minderjährigen. Drohen hingegen keine gesundheitlichen Schäden können die Eltern gegen den Willen des einsichts- und urteilsfähigen Kindes nicht in die Maßnahme einwilligen.

Beispiele: Zur Beschneidung eines männlichen einsichts- und urteilsfähigen Kindes ist auch die Einwilligung des Kindes notwendig (nicht von § 1631d BGB erfasste Konstellation).

Eltern können nicht grundsätzlich gegen den Willen ihrer einsichts- und urteilsfähigen Tochter in einen Schwangerschaftsabbruch einwilligen.

#### g) Verfahrensrechte

**583** Minderjährige besitzen in verschiedenen Verfahren eine eigene Rechtsstellung. Dort können sie völlig eigenständig auftreten. Dies gilt für folgende Bereiche:

- Familiengerichtsverfahren in Angelegenheiten, die Fragen der elterlichen Sorge im weitesten Sinne betreffen:
  - **Anhörungsrechte** (§ 159 Abs. 1, 2 FamFG): Das Gericht hat das Kind persönlich anzuhören, wenn Neigung, Bindung oder Wille des Kindes für die Entscheidung von Bedeutung ist bzw wenn es zur Feststellung des Sachverhalts angezeigt erscheint, dass sich das Gericht einen unmittelbaren Eindruck vom Kind verschafft. Ab 14 Jahren ist in Angelegenheiten der Personensorge das Kind stets zu hören; in Angelegenheiten der Vermögenssorge soll es gehört werden, wenn dies nach Art der Angelegenheit angezeigt erscheint.
  - **Beschwerderecht** (§ 60 FamFG): Der Minderjährige besitzt ein selbstständiges Beschwerderecht ab Vollendung des 14. Lebensjahres in allen seine Person betreffenden Angelegenheiten. Damit kann er sich eigenständig gegen eine die elterliche Sorge betreffende familiengerichtliche Entscheidung wehren.
  - **Verfahrensfähigkeit im familiengerichtlichen Verfahren:** Mit Vollendung des 14. Lebensjahres können Minderjährige die ihnen nach dem BGB zustehenden Rechte selber geltend machen (§ 9 Abs. 1 Nr 3 FamFG). Das gleiche gilt, soweit beschränkt Geschäftsfähige für den Verfahrensgegenstand als geschäftsfähig anerkannt worden sind (§ 9 Abs. 1 Nr 2 FamFG).
- **Sozialrechtliche Handlungsfähigkeit** (§ 36 SGB I): Mit Vollendung des 15. Lebensjahres besitzen Minderjährige ein selbstständiges Recht, Anträge auf Sozialleistungen zu stellen und zu verfolgen. Allerdings können die Eltern die Handlungsfähigkeit durch schriftliche Erklärung gegenüber dem Sozialleistungsträger wieder einschränken und so Entscheidungs- und Handlungsbefugnis an sich ziehen.

#### 4. Besonders schwerwiegende Maßnahmen für das Kind

#### a) Freiheitsentziehende Unterbringung

**584** Das Aufenthaltsbestimmungsrecht (§ 1631 Abs. 1 BGB) beinhaltet das Recht, festzulegen, an welchem Ort und in welcher Wohnstätte das Kind dauernd oder vorübergehend weilen soll und darf. Beschränkt wird das Bestimmungsrecht der Eltern bei der Entscheidung über **eine freiheitsentziehende Unterbringung des Kindes** (§ 1631b BGB). Ein Freiheitsentzug liegt dabei immer dann vor, wenn der Minderjährige gegen seinen Willen in einem bestimmten beschränkten Raum festgehalten wird, sein Aufenthalt ständig überwacht wird und die Aufnahme eines Kontaktes mit Personen außerhalb dieses Raumes mit Sicherungsmaßnahmen verbunden ist.

Beispiele: Unterbringung in einem geschlossenen Heim der Kinder- und Jugendhilfe, einem geschlossenen psychiatrischen Krankenhaus oder einer solchen Entziehungsanstalt.

Keine geschlossene Unterbringung: Internat; offene oder halboffene Heime (trotz Ausgehverbot und kurzzeitiger Hausarreste); Krankenanstalt.

Eine solche Unterbringung können die sorgeberechtigten Eltern grundsätzlich nicht **585** allein, sondern nur mit **Genehmigung des Familiengerichts** veranlassen (§ 1631b BGB). Dabei darf das Familiengericht die Genehmigung nur dann erteilen, wenn die Unterbringung für das Wohl des Kindes, insbesondere zur Abwendung einer erheblichen Selbst- oder Fremdgefährdung erforderlich ist, und der Gefahr nicht auf andere Weise – auch nicht durch andere öffentliche Hilfen – begegnet werden kann.

Beispiel: Kind nimmt Drogen, verweigert den Schulbesuch, ist aggressiv, aber nicht in Behandlung.

Durch diese Formulierung wird zugleich klargestellt, dass eine geschlossene Unterbringung subsidiär zu einschlägigen Leistungen der Kinder- und Jugendhilfe ist. Eine Unterbringung ist danach immer ausgeschlossen, wenn eine erfolgversprechende Maßnahme der öffentlichen Jugendhilfe in Betracht kommt (und darf dann vom Familiengericht nicht genehmigt werden). Weigert sich das Kind hingegen im obigen Beispielsfall, an einer entsprechenden Maßnahme teilzunehmen, so kommt eine Unterbringung in Betracht.

Ohne die erforderliche familiengerichtliche Genehmigung dürfen die Eltern ihr Kind nur **586** dann in einer geschlossenen Einrichtung unterbringen, wenn der zeitliche Aufschub infolge der Durchführung des Verfahrens mit einer Gefahr für den Minderjährigen verbunden ist. Allerdings ist dann die Genehmigung unverzüglich nachzuholen.

Beispiel: Einweisung in eine geschlossene Anstalt nach Suizidversuch oder bei akuter psychischer Erkrankung.

Ist die Unterbringung nicht mehr für das Kindeswohl erforderlich, so ist die Genehmi- **587** gung des Gerichts zurückzunehmen (vgl zu den Besonderheiten des Verfahrens Rn 782). Es ist in diesem Rahmen Aufgabe des Jugendamtes, die Eltern auf deren Wunsch dabei zu unterstützen, dass der Minderjährige untergebracht wird (§ 167 Abs. 5 FamFG).

Hinweis: Im Verfahren über die Genehmigung der Unterbringung stellt sich das Problem, dass **588** der Minderjährige angehört und auch untersucht werden muss, um zu klären, ob die Voraussetzungen der Genehmigung vorliegen. Probleme stellen sich vor allem dann, wenn der Minderjährige sich weigert, an der Anhörung oder der Untersuchung teilzunehmen. Insoweit besteht die Möglichkeit der zwangsweisen Vorführung des Minderjährigen und zwangsweisen vorläufigen Unterbringung des Minderjährigen für die Untersuchung (§§ 322, 283, 284 FamFG).

### b) Sterilisation/Organlebendspende

Über eine **Sterilisation des Kindes** können weder die Eltern noch das Kind selber **589** verfügen. Eine Einwilligung ist ausgeschlossen (§ 1631c BGB). Auch eine Organlebendspende eines minderjährigen Kindes ist ausgeschlossen und damit einer Einwilligung der Eltern nicht zugänglich (§ 8 Abs. 1 TPG).

## 5. Öffentlich-rechtliche Beschränkungen

**590** Weitere Einschränkungen der elterlichen Sorge können sich aus öffentlich-rechtlichen Bestimmungen ergeben. Die wichtigsten sind: Die **Schulpflicht**, der Impfzwang, die Strafhaft sowie etwa Kontrollaufgaben des Jugendamtes im Rahmen der Kinder- und Jugendhilfe.

## VI. Sonstige Rechtswirkungen des Eltern-Kind-Verhältnisses

### 1. Der Kindesname

#### a) Der Name des Kindes

**591** Zu differenzieren ist zwischen Vor- und Familienname des Kindes. Der **Vorname** unterliegt der Bestimmungsbefugnis der Eltern. Der **Familienname** (Nachname) richtet sich nach dem Familiennamen der Eltern. Da insoweit verschiedene Varianten möglich sind, ist auch für den Familiennamen des Kindes zu differenzieren.

**592** Sind die **Eltern miteinander verheiratet**, gilt für den Familiennamen des Kindes:

- Gemeinsamer Ehename der Eltern: Der Ehename der Eltern wird Familienname der Kinder (§ 1616 BGB).
- Eltern führen keinen gemeinsamen Ehenamen: Die Eltern müssen sich in diesem Fall innerhalb eines Monats nach der Geburt des Kindes auf einen Nachnamen des Kindes einigen und eine entsprechende Bestimmung durch Erklärung gegenüber dem Standesbeamten treffen (§ 1617 Abs. 1 BGB). Probleme können sich dadurch ergeben, dass die Eltern keine Namensbestimmung treffen, etwa weil sie sich nicht auf einen Namen einigen können. Für diesen Fall ist folgender Mechanismus vorgesehen (§ 1617 Abs. 2 BGB): Das Familiengericht wird das Bestimmungsrecht einem Elternteil übertragen – eventuell unter Fristsetzung. Nimmt dieser auch keine Namensbestimmung vor, so erhält das Kind nach Ablauf der Frist automatisch den Namen des bestimmungsbefugten Elternteils. Dieser Name gilt dann auch für alle weiteren Kinder (§ 1617 Abs. 2 S. 2, Abs. 1 BGB). Von der fehlenden Namenswahl erfährt das Gericht automatisch durch eine Mitteilung des Standesbeamten darüber, dass eine Namensbestimmung für das Kind noch nicht erfolgt ist (§ 168a Abs. 2 FamFG, § 68 Abs. 1 PStG, § 57 Abs. 1 Nr 6 PStV).

**593** Sind die **Eltern nicht miteinander verheiratet**, gilt für den Familiennamen des Kindes:

- Soweit gemeinsame Sorge besteht, wird verfahren wie bei ehelichen Eltern, die keinen gemeinsamen Ehenamen haben.
- Besitzt die Mutter die originäre Alleinsorge, so erhält das Kind automatisch den Namen der Mutter (§ 1617a Abs. 1 BGB). Durch Erklärung der Mutter gegenüber dem Standesbeamten kann sie dem Kind den Familiennamen des nicht sorgeberechtigten Vaters erteilen (§ 1617a Abs. 2 BGB). Die Namensänderung setzt weiter voraus, dass der andere Elternteil zustimmt. Ist das Kind älter als 5 Jahre, muss es ebenfalls zustimmen. Ab 14 Jahren kann das Kind die Zustimmung nur selber abgeben.

#### b) Namensänderungen

**594** Die Frage nach einer **Änderung des Familiennamens** des Kindes stellt sich immer dann, wenn sich die familiäre Konstellation, in der das Kind aufwächst, ändert. Hauptanwendungsfall ist eine nachträgliche Begründung gemeinsamer Sorge bei unverheirateten Eltern (etwa durch Eheschließung) sowie die Scheidung der Eltern. Es gilt:

■ Sowie eine gemeinsame Sorge begründet wird (etwa wenn die unverheiratete Mutter den Vater des Kindes heiratet), kann innerhalb von drei Monaten der Name des Kindes neu bestimmt werden (§ 1617b Abs. 1 BGB).

■ Schwieriger ist die – in der Praxis häufige – Konstellation, dass ein Elternteil nach der Scheidung seinen Geburtsnamen wieder annimmt und das Kind „namensmäßig mitnehmen" möchte. Es gilt: Eine Namensänderung des Kindes in analoger Anwendung des § 1618 BGB ist mittlerweile vom BVerfG abgelehnt worden. Eine Änderung des Kindesnamens kann daher nicht durch einfache Erklärung gegenüber dem Standesbeamten erfolgen. Vielmehr bedarf es einer öffentlich-rechtlichen Namensänderung nach dem Namensänderungsgesetz, die nur in Ausnahmefällen zu erhalten ist (dringende Kindeswohlgründe).

## 2. Der Wohnsitz des Kindes

„Wohnsitz" ist der Ort, an dem sich der räumliche Schwerpunkt der Lebensinteressen **595** eines Menschen befindet. Der Wohnsitz muss nicht notwendig mit dem Aufenthaltsort übereinstimmen. Es besteht insbesondere keine Identität mit Wohnsitz des öffentlichen Rechts (die „Meldung", die etwa für die Steuerpflicht, die Schulpflicht oder das Wahlrecht von Bedeutung ist).

Der **Wohnsitz** wird an dem Ort begründet, an dem sich jemand ständig niederlässt mit einem entsprechenden Willen, einen Wohnsitz zu begründen (§ 7 Abs. 1 BGB). Voraussetzung ist Geschäftsfähigkeit (§ 8 Abs. 1 BGB). Einen eigenen Wohnsitz kann ein Minderjähriger nur begründen, wenn die Eltern zustimmen (§ 8 Abs. 1 BGB). Gleiches gilt, wenn er verheiratet ist (§ 8 Abs. 2 BGB). Im Übrigen teilt er den Wohnsitz seiner sorgeberechtigten Eltern (§ 11 S. 1 BGB). Halten sich die sorgeberechtigten Eltern – zB nach einer Trennung – an unterschiedlichen Aufenthaltsorten auf, hat das Kind doppelten Wohnsitz bei beiden Eltern.

Hinweis: Der Wohnsitz hat an Bedeutung verloren. Früher war er Anknüpfungspunkt für die **596** Zuständigkeit des Gerichts. Heute wird überwiegend auf den **gewöhnlichen Aufenthalt** abgestellt. Diesen hat eine Person immer an dem Ort, an dem sie sich unter Umständen aufhält, die darauf schließen lassen, dass der Aufenthalt nicht nur vorübergehend ist (§ 30 SGB I).

## 3. Allgemeine Rechtswirkungen des Eltern-Kind-Verhältnisses

### a) Beistand und Rücksicht

Eine gegenseitige **Beistands- und Rücksichtnahmepflicht** ist in § 1618a BGB fest- **597** geschrieben. Die Norm hat vor allem Leitbildfunktion. Sie soll den partnerschaftlichen Charakter des Eltern-Kind-Verhältnisses sowie die gegenseitige Solidarität verdeutlichen. Hingegen ist die Norm weder Grundlage für konkrete Leistungspflichten noch für Schadensersatzansprüche. Ihre Bedeutung ist eher eine mittelbare. So wird die darin enthaltene Wertung herangezogen zur Begründung oder Fundierung anderer Rechte. Hauptanwendungsfall ist der Anspruch des Kindes auf Kenntnis seiner Abstammung (vgl Rn 479).

## b) Dienstleistungspflicht des Kindes

**598** Eine einseitige **Dienstleistungspflicht** der Kinder ist in § 1619 BGB festgeschrieben. Danach sind Kinder verpflichtet, in einer ihren Kräften und Lebensstellung entsprechenden Weise den Eltern in ihrem Hauswesen und Geschäft Dienste zu leisten. Die Pflicht des Kindes stellt ein gewisses Äquivalent für die Erziehungs- und Unterhaltsleistung der Eltern dar. Sie trifft nur die Kinder und zwar diejenigen Kinder, die dem elterlichen Hausstand angehören und von den Eltern erzogen bzw von diesen unterhalten werden. Der Begriff des Kindes umfasst die Abkömmlinge der Eltern. Hingegen ist die Pflicht nicht auf minderjährige Kinder beschränkt. Dem elterlichen Haushalt gehört ein Kind in diesem Sinne an, wenn es dort seinen Lebensmittelpunkt hat. Es muss dabei nicht notwendig bei seinen Eltern wohnen (Student).

Von ihrem Umfang her, richtet sich die Dienstleistungspflicht nach den körperlichen und geistigen Fähigkeiten des Kindes, seinem Alter, seiner Erziehung und Lebensstellung. Sind die Eltern beide berufstätig, so besteht eine erhöhte Mitwirkungspflicht. Konkrete Pflichten sind etwa die Mithilfe im Haushalt sowie die Dienstleistungspflicht des Kindes im elterlichen Erwerbsbetrieb.

Eine Vergütung kann das Kind nicht für seine Dienste verlangen. § 1619 BGB begründet eine rein familienrechtliche Pflicht. Für die in diesem Rahmen erbrachten Leistungen hat das Kind daher keinen Vergütungsanspruch.

**599** Eine **Durchsetzung** der Pflicht gegenüber dem Kind ist nur schwer realisierbar: Die Gemeinschaft mit erwachsenen Kindern kann jederzeit beendet werden. Gegenüber dem minderjährigen Kind kann die Dienstleistungspflicht allenfalls nach den allgemeinen Regeln (§ 1631 Abs. 3 BGB) durchgesetzt werden.

**600** In der Praxis können sich Abgrenzungsschwierigkeiten zu vertraglichen Pflichten stellen. So können Eltern mit ihren Kindern auch einen Vertrag – etwa über die Mithilfe im elterlichen Betrieb – schließen. Dieser würde dann das rein familienrechtliche Dienstleistungsverhältnis überlagern oder sogar ersetzen. Abgrenzungskriterium ist der Wille der Beteiligten. Indizien für das Vorliegen eines Vertrags sind: Die Abführung von Lohnsteuer oder die Anmeldung zur Sozialversicherung.

## 4. Die Haftung der Eltern

**601** Eltern haften ihren Kindern für die Verletzung ihrer Rechtsgüter im Grundsatz nach den allgemeinen Grundlagen, insbesondere § 823 Abs. 1 BGB. Dabei enthält § 1664 Abs. 1 BGB eine **Haftungserleichterung** für den Verschuldensmaßstab (Haftung nur für die in eigenen Angelegenheiten übliche Sorgfalt, Rn 320).

Nach herrschender Meinung ist § 1664 Abs. 1 BGB zudem eigene Anspruchsgrundlage für das Kind gegen seine Eltern: Eltern sind aus § 1664 Abs. 1 BGB ihren Kindern zum Ersatz derjenigen Schäden verpflichtet, die sie ihnen durch pflichtwidriges Handeln zugefügt haben; dabei haben sie nur nach dem Haftungsmaßstab des § 1664 Abs. 1 BGB (übliche Sorgfalt in eigenen Angelegenheiten) einzustehen. Denkbarer Anwendungsfall ist etwa eine sehr nachlässige Ausübung der Vermögenssorge mit dem Ergebnis, dass ein vorhandenes Vermögen des Kindes bei Erreichen der Volljährigkeit verschleudert wurde. § 1664 Abs. 1 BGB findet auch Anwendung für eine Haftung der Eltern für einen Schaden, den ihr Kind wegen einer Aufsichtspflichtverletzung erlitten hat. Dies gilt auch dann, wenn das Kind am Straßenverkehr teilgenommen hat.

Beispiel: Die Eltern lassen ihre 3 und 7 Jahre alten Kinder unbeaufsichtigt den Spielplatz besuchen. Die Kinder verlassen den Spielplatz eigenmächtig und werden beim anschließenden Überqueren der Straße angefahren.

Keine Anwendung findet die Haftungserleichterung in folgenden Fällen:					**602**

■ Haftung aus Aufsichtspflichtverletzung gegenüber Dritten: Dem durch das Kind geschädigten Dritten haften Eltern daher für den Schaden, den ihr Kind angerichtet hat, nach § 832 Abs. 1 BGB.
■ Handlungen, die in keinem Zusammenhang mit der elterlichen Sorge stehen.
■ Verträge zwischen Eltern und Kindern. Hier gelten die allgemeinen Vertragsregeln.

## VII. Die Inhaber der elterlichen Sorge

### 1. Überblick

Die Zuweisung der Sorge an die „Eltern" bedingt im Grundsatz „Doppelsorge" beider **603** Eltern. Eine solche ist allerdings einfachgesetzlich nicht in dieser umfassenden Automatik vorgesehen. Vielmehr ist zu differenzieren:

■ Miteinander verheiratete Eltern: Soweit die Eltern miteinander verheiratet sind, besitzen beide Eltern automatisch die umfassende elterliche Sorge. Dies wird vom Gesetzgeber als derart selbstverständlich vorausgesetzt, dass es nicht einmal in einer Vorschrift erwähnt wird. Eine Trennung oder Scheidung der Eltern ist nicht automatisch oder gar zwingend mit dem Verlust der Sorge verbunden. Allerdings hat sie Auswirkungen auf die Ausgestaltung der elterlichen Sorge.
■ Nicht miteinander verheiratete Eltern: Bei nicht miteinander verheirateten Eltern ist die Ausgangssituation eine grundsätzlich andere: Die Mutter ist a priori Alleininhaberin der Sorge. Für die Beteiligung des mit der Mutter nicht verheirateten Vaters an der Sorge gibt es drei Möglichkeiten:
  – Eheschließung.
  – Abgabe einer Sorgeerklärung.
  – Übertragung der gemeinsamen oder der alleinigen Sorge durch das Familiengericht.

## 2. Gemeinsame Sorge – Das Problem der Koordination zweier Sorgerechte

### a) Übungsfall 10

Die miteinander verheirateten Eltern der mittlerweile 16-jährigen Marina leben seit 2 Jahren ge- **604** trennt. Marina lebt im Einverständnis der Eltern bei ihrer Mutter. Marina möchte in den Ferien allein mit ihrem Freund nach London verreisen und hat bereits – mit Einverständnis der Mutter – den Flug gebucht. Als Marinas Vater davon erfährt, verbietet er ihr die Reise, weil er Angst vor Terroranschlägen hat.

Wie ist die Rechtslage (Lösungshinweise Rn 624)?

### b) Überblick

Soweit sich – miteinander verheiratete oder unverheiratete – Eltern die Sorge teilen, **605** stellt sich die Notwendigkeit der Koordinierung zweier Sorgerechte. Das Gesetz unterscheidet dabei verschiedene Konstellationen:

■ Zusammenlebende Eltern.
■ Getrennt lebende Eltern.

### c) Zusammenlebende Eltern

**606** Die doppelte Zuständigkeit der Eltern hat notwendig Auswirkungen auf die Wahrnehmung der Sorge. Zu unterscheiden ist dabei zwischen der Ausübung der tatsächlichen Sorge und der Wahrnehmung der gesetzlichen Vertretung.

### aa) Tatsächliche Sorge

**607** Die Sorgerechte beider Eltern sind völlig gleichwertig. Dies bedingt die Notwendigkeit der gemeinschaftlichen und übereinstimmenden Wahrnehmung (§ 1627 BGB): **Elterliche Sorge ist einvernehmlich** auszuüben. Bei Meinungsverschiedenheiten müssen die Eltern versuchen, sich zu einigen.

Eine etwaige Funktionsteilung (zB bei einer Hausfrauenehe) lässt den gemeinsamen Charakter der Gesamtverantwortung für das Kindeswohl unberührt. Allerdings können die Eltern intern eine Entscheidungsbefugnis eines Elternteils in gewissen Angelegenheiten schaffen.

Beispiel: Die nicht erwerbstätige Mutter entscheidet über Fragen der Kleidung und Ernährung der Kinder.

Derartige Abreden sind jedoch jederzeit widerruflich. Bindungen an diese können sich nur aus dem Gebot der Rücksichtnahme (bei einer Ehe aus § 1353 Abs. 1 BGB) und dem Kindeswohl ergeben.

**608** Soweit die von § 1627 BGB geforderte Einigung nicht erzielt werden kann, besteht die Möglichkeit der **gerichtlichen Übertragung der Alleinentscheidungsbefugnis** auf einen der Elternteile (§ 1628 BGB). Das Familiengericht wird nur in den folgenden Fällen eine Entscheidung nach § 1628 BGB treffen:

■ Mangelnde Einigkeit der Eltern in einer *einzelnen Angelegenheit* (Wahl des Vornamens, Einschulung) bzw *einer bestimmten Art von Angelegenheiten*. Gerichtliche Entscheidungen sind damit auf lediglich punktuelle Unstimmigkeiten zwischen den Eltern beschränkt. Hingegen scheidet ein Vorgehen nach § 1628 BGB bei grundlegenden Differenzen (Erziehung des Kindes) aus.
■ Erheblichkeit der Angelegenheit für das Kind. Die Frage, ob eine Angelegenheit für das Kind von erheblicher Bedeutung ist, bestimmt sich nach den Auswirkungen auf das Kind. Über „unwichtige" Fragen kann ein Gerichtsverfahren nicht geführt werden. In der Konsequenz müssen diese – mangels Einigkeit der Eltern – unentschieden bleiben.

Beispiele für erhebliche Bedeutung: Schul- und Berufsausbildung; Wahl des Vornamens; Religionsbekenntnis; ärztliche Behandlungen (Wahl der Behandlungsmethode, Entscheidung über eine Operation); Anlegung größeren Kindesvermögens. Zweifelhaft hingegen die Auslandsreise mit mehrstündigem Flug.

**609** **Wichtig:** Das Familiengericht wird im Rahmen des § 1628 BGB die Entscheidungsbefugnis einem der Elternteile zuweisen. Hingegen wird es nicht selber in der Sache entscheiden. Die Entscheidung verbleibt damit inhaltlich bei dem begünstigten Elternteil. Diesem steht es nach wie vor frei, im Sinne des anderen Elternteils oder gar nicht zu entscheiden. Die Entscheidungsbefugnis wird demjenigen Elternteil zugewiesen werden, bei dem das Familiengericht die für das Kindeswohl bessere Entscheidung erwartet. Vor diesem Hintergrund erfolgt durchaus eine inhaltliche „Vorbewertung" des Streits. In diesem Rahmen kommen zugleich auch die gesetzlich nicht sanktionierten Erziehungsvorgaben der §§ 1626f BGB zum Tragen.

**Hinweis:** In der Praxis haben Verfahren nach § 1628 BGB bei zusammenlebenden Eltern kaum Relevanz. Das ändert sich, wenn Eltern sich getrennt haben, aber sich für die betreffenden Bereiche die Sorge teilen.

## bb) Gesetzliche Vertretung

Der Grundsatz der Gemeinschaftlichkeit schlägt sich auch im Bereich der gesetzlichen **610** Sorge nieder: Grundsätzlich **vertreten die Eltern das Kind gemeinschaftlich** (§ 1629 Abs. 1 BGB).

Willenserklärungen im Namen des Kindes müssen daher von beiden Eltern abgegeben werden (beide Unterschriften unter einen Vertrag!). Handelt nur einer der Elternteile, ist das Geschäft schwebend unwirksam bis zur Genehmigung durch den anderen Elternteil. Ein Elternteil kann jedoch den anderen bevollmächtigen, in bestimmten Angelegenheiten, zugleich als sein Unterbevollmächtigter aufzutreten. Die Beauftragung kann auch schlüssig erfolgen. Dies wird häufig der Fall sein bei einer bestimmten Aufgabenteilung für Angelegenheiten des täglichen Lebens.

In folgenden Ausnahmefällen kann **ein Elternteil allein handeln**:

- Hat das Familiengericht nach § 1628 BGB das Entscheidungsrecht in einer be- **611** stimmten Angelegenheit auf einen Elternteil übertragen, so besitzt dieser Elternteil auch die alleinige Vertretungsbefugnis und kann mithin wirksam allein für das Kind handeln (§ 1629 Abs. 1 S. 3 BGB).
- Bei Gefahr im Verzug ist jeder Elternteil berechtigt, die notwendigen Rechtshandlungen allein vorzunehmen (§ 1629 Abs. 1 S. 4 BGB). Gefahr ist immer dann im Verzug, wenn eine Gefahr für wichtige Rechtsgüter des Kindes besteht und diese Gefahr nur durch unverzügliches Handeln abzuwenden ist, so dass eine Rücksprache mit dem anderen Elternteil nicht abgewartet werden kann. Allerdings muss der andere Elternteil unverzüglich informiert werden.

  Anwendungsbereich: Kurzfristiges und dringend notwendiges ärztliches Handeln, zB bei einem Unfall des Kindes.

- Erklärungen gegenüber dem Kind sind wirksam, wenn sie bereits einem Elternteil **612** zugehen (§ 1629 Abs. 1 S. 2 BGB).

  Beispiel: Schulverweis.

- Geltendmachung von Unterhaltsansprüchen: Für die Geltendmachung von Unter- **613** haltsansprüchen des Kindes durch einen verheirateten Elternteil gegen den anderen gilt § 1629 Abs. 3 BGB: Während einer Trennung und Durchführung des Scheidungsverfahrens besitzt derjenige Elternteil, der das Kind tatsächlich betreut eine gesetzliche Prozessstandschaft. Dadurch kann er die Unterhaltsansprüche des Kindes im eigenen Namen geltend machen. Im Übrigen (nach Scheidung, getrennt lebende unverheiratete Elternteile) vertritt der betreuende Elternteil das Kind in Unterhaltsangelegenheiten gegenüber dem anderen Elternteil auch dann allein, wenn gemeinsame Sorge besteht (§ 1629 Abs. 2 S. 2 BGB). Das Vertretungsverbot der §§ 1629 Abs. 2 S. 1, 1795 BGB greift insoweit nicht (vgl Rn 567 ff).

**d) Getrennt lebende Eltern**

**aa) Das Sorgerechtsmodell getrennt lebender Eltern (mit gemeinsamer Sorge)**

**614** **Trennung** und **Scheidung** sind **sorgerechtlich** betrachtet **neutral.** Beide Eltern bleiben Inhaber der Sorge. Dies ist nicht unproblematisch. Ist doch die Situation getrennt lebender Eltern uU konfliktträchtig, so dass es für die Eltern schwierig sein könnte, in sämtlichen das Kind betreffenden Angelegenheiten den von § 1627 erwarteten und geforderten Konsens zu finden. Mit Blick darauf hat der Gesetzgeber für diesen Fall die Ausgestaltung der gemeinsamen Sorge modifiziert (§ 1687 BGB).

Gemeinsame Sorge nach Trennung

| Gemeinsame Zuständigkeit: Angelegenheiten von erheblicher Bedeutung. | Alleinzuständigkeit des betreuenden Elternteils: Angelegenheiten des täglichen Lebens. |
|---|---|

**615** Leben Eltern, die sich die Sorge teilen, getrennt, so besteht die gemeinsame Zuständigkeit nur noch für Fragen, die für das Kind von erheblicher Bedeutung sind (§ 1687 Abs. 1 S. 1 BGB). In Angelegenheiten des täglichen Lebens hingegen, hat der betreuende Elternteil das umfassende Alleinentscheidungsrecht einschließlich der gesetzlichen Vertretung (§ 1687 Abs. 1 S. 2 BGB). Dies gilt auch dann, wenn die Eltern nie zusammengelebt haben. Dies ist etwa bei unverheirateten Eltern denkbar.

**616** Der Begriff der „Angelegenheiten des täglichen Lebens" ist in § 1687 Abs. 1 S. 3 BGB gesetzlich definiert (sog Legaldefinition): Alltagsentscheidungen sind danach Angelegenheiten, die häufig vorkommen und keine schwer abzuändernden Auswirkungen auf das Kind haben.

Die Definition erlaubt nicht in allen Fällen eine trennscharfe Einordnung der Angelegenheit. Insoweit kann auf das Unterscheidungskriterium aus § 1628 BGB zurückgegriffen werden. Die folgende Tabelle erlaubt einen Überblick über die Einordnung häufiger Streitigkeiten:

**617**

| Erhebliche Bedeutung | Alltagsangelegenheit |
|---|---|
| ■ Alles, was nach § 1628 BGB vom Familiengericht entschieden würde.<br>■ Entscheidung über „Ob" des Umgangs.<br>■ Wahl der Erziehungsmaximen.<br>■ Namensgebung.<br>■ Besuch einer Regelschule (zB Waldorfschule).<br>■ Schulfindung und Schulwechsel.<br>■ Wechsel auf eine weiterführende Schule.<br>■ Beginn einer Berufsausbildung.<br>■ Internatsaufenthalt.<br>■ Gravierende ärztliche Behandlungen.<br>■ Auswanderung.<br>■ Religiöse Erziehung (Taufe, Kommunion, Konfirmation, Abmeldung aus dem Religionsunterricht, Kirchenaustritt).<br>■ Änderung des Familiennamens.<br>■ Umzugsbedingter Schulwechsel des Kindes.<br>■ Längere oder gefahrenträchtige Reisen.<br>■ Inanspruchnahme von Hilfen zur Erziehung. | ■ Aufenthalt bei Umzug um die Ecke.<br>■ Bestimmung des Umgangs mit Dritten im Einzelnen (die Grundsatzentscheidung „Ob" oder „Ob nicht" hat erhebliche Bedeutung).<br>■ Gewöhnliche medizinische und zahnmedizinische Versorgung.<br>■ Verwaltung kleinerer Geldgeschenke.<br>■ Auswahl der Grundschule.<br>■ Aufnahme von Hobbies und Eintritt in Sportvereine.<br>■ Wahl oder Abwahl eines Unterrichtsfachs.<br>■ Nachhilfeunterricht.<br>■ Gestaltung von Urlaubsreisen in die nähere Umgebung. |

Im Übrigen ist ein alleiniges Handeln des betreuenden Elternteils nach den allgemeinen **618** Grundsätzen zulässig:

■ Notvertretungsrecht (§§ 1629 Abs. 1 S. 4, 1687 Abs. 1, 5 BGB).
■ Entgegennahme von gegenüber dem Kind abgegebenen Willenserklärungen.

Weitere Befugnisse besitzt der betreuende Elternteil nur aufgrund einer Übertragung **619** einzelner Teile der Sorge gem § 1628 BGB. Diese Norm wird vor allem im Trennungskontext bedeutsam: Die Eltern müssen sich nach wie vor über die „wichtigen" Angelegenheiten des Kindes einigen. Gerade im Trennungskontext können (oder wollen) sie aber nicht mehr miteinander reden, auch nicht über die Belange des Kindes. Können sie sich nicht einigen, bleibt die Angelegenheit in der Konsequenz unentschieden.

Beispiel: Können sich die getrennt lebenden Eltern nicht darüber einigen, ob das gemeinsame Kind die Realschule oder das Gymnasium besucht, so ist eine Anmeldung weder auf der Realschule, noch am Gymnasium möglich, da in dieser Angelegenheit beide Eltern handeln müssen.

In diesen Fällen kann jeder Elternteil jetzt beim Familiengericht einen Antrag darauf stellen, dass die Entscheidungsbefugnis auf ihn übertragen wird. Liegen die Voraussetzungen vor (einzelne Angelegenheit von erheblicher Bedeutung), so wird das Familiengericht die Entscheidungsbefugnis für diese Angelegenheit (im Beispielsfall nur für die Wahl der weiterführenden Schule) demjenigen Elternteil übertragen, der das Kindeswohl aus Sicht des Gerichts besser berücksichtigt. Dies kann der Vater oder

die Mutter sein. Welche Entscheidung der ausgewählte Elternteil trifft, wird nicht entschieden. Es ist daher denkbar, dass auch jetzt noch eine Einigung der Eltern erfolgt
oder der entscheidungsbefugte Elternteil im Sinne des anderen Elternteils entscheidet.

**620** Im familiengerichtlichen Verfahren ist zu klären, bei wem die Entscheidung „besser
aufgehoben" ist (§ 1697a BGB). In diesem Rahmen sind Eltern, Kinder und Jugendamt
anzuhören. Dies vermittelt dem Familiengericht die nötige Entscheidungsgrundlage
(vgl eingehend Abschnitt XIV).


### bb) Voraussetzungen

**621** Das „gesplittete" Sorgerecht entsteht automatisch, wenn folgende Voraussetzungen
erfüllt sind:

- Nicht nur vorübergehende **Trennung** der Eltern. Erforderlich ist eine Trennung iS
von § 1567 Abs. 1 BGB (vgl Rn 861f). Ein versöhnungsbedingtes Zusammenleben
hebt die Trennung auf, mit der Folge, dass die umfängliche Sorge beider Eltern
inklusive des Einigungszwangs wieder auflebt. Nicht nur vorübergehend ist eine
Trennung immer dann, wenn sie auf Dauer oder zumindest unabsehbare Zeit angelegt ist.

- **„Grundkonsens"** über **Aufenthalt des Kindes**: Die Alleinentscheidungsbefugnis
des betreuenden Elternteils nach § 1687 BGB setzt voraus, dass die Grundsatzfra-
ge, wo das Kind lebt, verbindlich geklärt ist. Dies kann etwa dadurch erfolgen, dass
die Eltern sich einig darüber sind, bei welchem Elternteil das Kind lebt. Ausreichend
ist aber auch, dass ein Elternteil das Aufenthaltsbestimmungsrecht nach § 1628
oder § 1671 BGB erhalten hat. Solange die Grundsatzentscheidung über den Aufenthalt des Kindes nicht geklärt ist, bleibt es bei der umfänglichen gemeinsamen
sorgerechtlichen Zuständigkeit beider Eltern.

  Fraglich ist, ob das Modell nach § 1687 BGB auch dann Anwendung finden kann,
  wenn sich die Eltern trennen, aber die Betreuung des Kindes zwischen sich aufteilen
  (Wechselmodell). Bislang geht die Rechtsprechung von der Anwendbarkeit des
  Modells aus, solange ein betreuungsmäßiges Übergewicht bei einem der Elternteile
  besteht. Bei gleichen Betreuungsanteilen (Kind lebt von Montag-Mittwoch beim
  Vater, von Donnerstag – Samstag, bei der Mutter und verbringt jeden zweiten
  Sonntag bei einem anderen Elternteil) ist § 1687 nicht mehr anwendbar.


### cc) Modifikationen des Sorgemodells

**622** Das Sorgemodell des § 1687 BGB kann **gerichtlich verändert** werden. Gerichtliche
Regelungen können jedoch lediglich zugunsten der gemeinsamen Zuständigkeit vorgenommen werden: Die Alleinsorge in Angelegenheiten des täglichen Lebens kann
eingeschränkt oder sogar ausgeschlossen werden, wenn dies zum Wohl des Kindes
erforderlich ist (§ 1687 Abs. 2 BGB). Hingegen ist eine Erweiterung der Alleinzustän-
digkeit gerichtlich nicht möglich. Eine solche kann nur durch die gerichtliche Aufhebung der gemeinsamen Sorge erfolgen (§ 1671 BGB).

### dd) Befugnisse des nicht betreuenden Elternteils

Der nicht betreuende Elternteil hat folgende **Befugnisse im Rahmen des Umgangs** 623
mit dem Kind:

- Alleinentscheidungsbefugnis in Angelegenheiten der tatsächlichen Betreuung (nicht Rechtsgeschäfte) wenn das Kind sich bei diesem aufhält (§ 1687 Abs. 1 S. 4 BGB).
- Notvertretungsrecht (§§ 1687 Abs. 1 S. 5 iV mit § 1629 Abs. 1 S. 4 BGB).

### e) Lösungshinweise zum Übungsfall 10

Lösungshinweise zum Übungsfall 10 (Fall Rn 604)                                    624

Die Frage, ob Marina mit ihrem Freund verreisen kann ist – gleichermaßen wie die Zustimmung zu einem von ihr geschlossenen Vertrag – eine Angelegenheit der tatsächlichen elterlichen Personensorge. Diese steht beiden Eltern gemeinsam zu, allerdings, da sie getrennt leben und Marina in beiderseitigem Einverständnis bei der Mutter wohnt, nach dem Modus des § 1687 BGB. Danach steht der Mutter die alleinige tatsächliche und gesetzliche Sorge zu, soweit es sich um eine Alltagsangelegenheit handelt. Alltagsangelegenheiten sind nach der Legaldefinition des § 1687 Abs. 1 S. 3 BGB solche, die häufig vorkommen und keine schwer abzuändernden Wirkungen entfalten. Soweit die Norm keine trennscharfe Abgrenzung erlaubt, kann auch als Kriterium herangezogen werden, welche Auswirkungen die Entscheidung auf das Kindeswohl hat. Dies ist im vorliegenden Fall zu würdigen: Beide Abgrenzungsmaßstäbe legen es dabei nahe, die Frage, ob eine Minderjährige mit ihrem Freund per Flugzeug in ein uU vor Terroranschlägen gefährdetes Land fliegt, als Angelegenheit von erheblicher Bedeutung einzustufen. Damit besitzt Marinas Mutter insoweit keine Alleinentscheidungsbefugnis. Vielmehr ist die Entscheidung von beiden Eltern gemeinsam zu treffen. Solange Marinas Vater nicht sein Einverständnis gibt, darf Marina nicht wie geplant in den Urlaub fliegen. Allerdings könnte Marinas Mutter versuchen, sich insoweit die Alleinentscheidungsbefugnis in dieser Angelegenheit gerichtlich übertragen zu lassen (§ 1628 BGB).

### 3. Die Aufhebung der gemeinsamen Sorge

### a) Übungsfall 11

Fallfortführung von Fall 10:                                                       625

Um weitere Streitigkeiten zu vermeiden, würde Marinas Mutter gerne das alleinige Sorgerecht erlangen. Es ist davon auszugehen, dass Marinas Vater dies nicht wünscht. Wie schätzen Sie ihre Möglichkeiten ein, ihren Wunsch zu realisieren (Lösungshinweise Rn 639)?

### b) Überblick

Trennung und Scheidung sind sorgerechtsneutral. Die elterliche Sorge ist grundsätz- 626
lich unabhängig von der Existenz einer Ehe oder nichtehelichen Lebensgemeinschaft zwischen den Eltern. Allerdings besteht mit Trennung der Eltern die Möglichkeit, die gemeinsame Sorge gerichtlich aufheben und einem Elternteil zuweisen zu lassen (§ 1671 BGB). Soweit die gemeinsame Sorge aufgehoben wird, konzentriert sich die (tatsächliche und gesetzliche) elterliche Sorge unter Ausschluss des anderen Teils nur noch bei einem Elternteil. Diesem verbleibt insoweit lediglich das Umgangsrecht (vgl VIII).

**Aufhebung der gemeinsamen Sorge (Prüfschema!)**

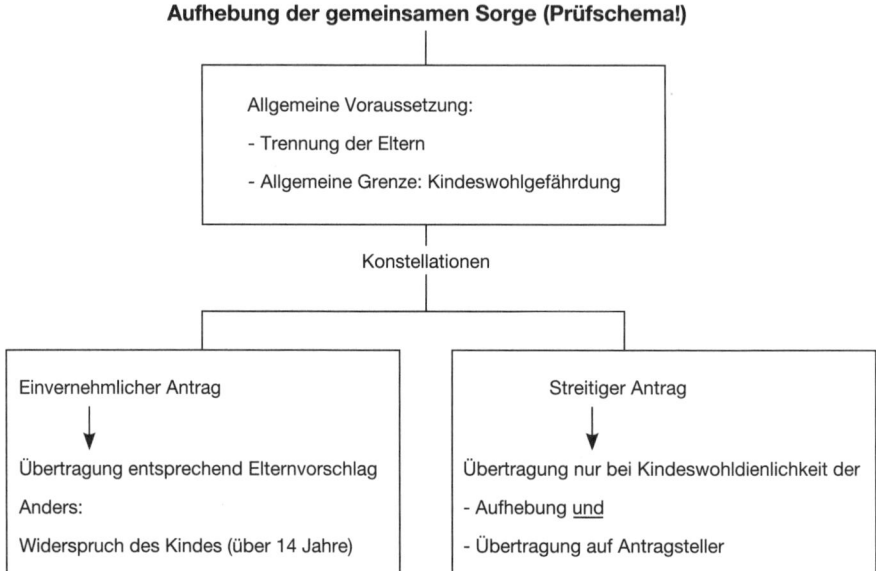

Allgemeine Voraussetzung:

- Trennung der Eltern

- Allgemeine Grenze: Kindeswohlgefährdung

Konstellationen

| Einvernehmlicher Antrag | Streitiger Antrag |
|---|---|
| ↓ | ↓ |
| Übertragung entsprechend Elternvorschlag | Übertragung nur bei Kindeswohldienlichkeit der |
| Anders: | - Aufhebung <u>und</u> |
| Widerspruch des Kindes (über 14 Jahre) | - Übertragung auf Antragsteller |

**627** Die Aufhebung der gemeinsamen Sorge muss sich dabei nicht notwendig auf alle Bestandteile der Sorge beziehen. Denkbar ist auch, dass nur Teile der elterlichen Sorge (etwa das Aufenthaltsbestimmungsrecht) aufgehoben und einem Elternteil allein zugewiesen werden, während es im Übrigen bei der gemeinsamen Sorge verbleibt.

**c) Allgemeine Voraussetzungen der Aufhebung der gemeinsamen Sorge**

**628** Die Aufhebung der gemeinsamen Sorge setzt eine nicht nur vorübergehende Trennung der Eltern voraus (§ 1567 Abs. 1 BGB; vgl Rn 861 f).

Die Übertragung der Alleinsorge stößt weiter an die Grenze der Kindeswohlgefährdung (§ 1671 Abs. 4 BGB): Einem Antrag auf Übertragung der Alleinsorge ist danach nicht statt zu geben, wenn die Sorge anderweitig geregelt werden muss. Davon ist auszugehen, wenn ein Fall der Kindeswohlgefährdung vorliegt. In diesem Fall haben die Gerichte eine Entscheidung nach § 1666 BGB zu treffen.

Beispiel: Arrangement der Eltern zulasten des Kindes: Erziehungsungeeignete Mutter soll das Kind bekommen und verzichtet dafür auf eigenen Unterhalt.

**d) Besondere Voraussetzungen der Sorgerechtsübertragung**

**aa) Bedeutung und Überblick**

**629** Bei der Sorgerechtsübertragung sind zwei Konstellationen denkbar:

■ Einverständliche Sorgerechtsübertragung (§ 1671 Abs. 1 Nr 1 BGB). In diesem Fall sind die Eltern sich einig über die Verteilung der Sorge.
■ Streitige Sorgerechtsübertragung (§ 1671 Abs. 1 Nr 2 BGB). In diesem Fall besteht Uneinigkeit zwischen den Eltern darüber, ob die gemeinsame Sorge überhaupt aufgehoben werden soll und uU auch darüber, wer künftig die Alleinsorge erhält.

## bb) Sorgerechtsübertragung bei Einigkeit der Eltern

Sind sich die Eltern einig über die Übertragung der Sorge, so ist die das Gericht an die **630** einvernehmliche Entscheidung der Eltern gebunden. Beantragt ein Elternteil die Übertragung der Sorge auf sich und stimmt der andere dem zu, ist die Sorge wie beantragt zu übertragen (§ 1671 Abs. 1 Nr 1 BGB). Dies ist Ausdruck der – auch insoweit den Eltern zustehenden und verfassungsrechtlich garantierten – Erziehungshoheit.

Die elterliche Entscheidungsbefugnis ist allerdings in folgenden Fällen begrenzt:

- Kindeswohlgefährdender Vorschlag (§ 1671 Abs. 4 BGB).
- Widerspruch des über 14 Jahre alten Kindes. Dieser verhindert allerdings nicht als solcher eine gerichtliche Entscheidung. Vielmehr ist das Gericht jetzt nicht mehr an den Elternvorschlag gebunden, sondern hat in eine inhaltliche Prüfung einzutreten, ob der Vorschlag der Eltern dem Kindeswohl entspricht sowie die vom Kindeswohl geforderte Entscheidung zu treffen.

**Hinweis:** Im Verfahren hat das Familiengericht sowohl Eltern (§ 160 FamFG) als auch das Kind (§ 159 FamFG) und das Jugendamt (§ 162 FamFG) anzuhören. In diesem Rahmen kann sich herausstellen, dass eine andere Regelungsnotwendigkeit besteht, etwa wenn beide Eltern erziehungsungeeignet sind. Zugleich ist dadurch Raum für einen etwaigen Widerspruch des Minderjährigen gegen den Elternvorschlag.

## cc) Uneinigkeit der Eltern

Die weitaus häufigere Konstellation ist die, dass sich die Eltern „um das Kind streiten". **631** In diesem Fall wird die Alleinsorge nur nach einer **doppelten Kindeswohlprüfung** übertragen (§ 1671 Abs. 1 Nr 2 BGB): Sowohl die Aufhebung der gemeinsamen Sorge *als auch* die Übertragung auf den Antragsteller muss dem Wohl des Kindes am besten entsprechen. Ist einer der beiden Punkte zu verneinen, ist der Antrag auf Aufhebung der Sorge zurückzuweisen, so dass es – trotz der Konflikte zwischen den Eltern – bei der gemeinsamen Sorge (nach dem Modell des § 1687 BGB) verbleibt. Erforderlich ist mithin eine kumulative Prüfung.

## (1) Kindeswohldienlichkeit der Aufhebung der gemeinsamen Sorge

An erster Stelle ist zu prüfen, ob die **Aufhebung der gemeinsamen Sorge kindes-** **632** **wohldienlich** ist. Davon ist immer dann auszugehen, wenn sie vom Kindeswohl aus betrachtet besser für das Kind als die Beibehaltung der gemeinsamen Sorge ist. In folgenden Fällen trifft das zu:

- Ein Elternteil hat sich als erziehungsungeeignet erwiesen. **633**

  Beispiele: Misshandlungen des Kindes durch den anderen Elternteil; fehlende Bindungstoleranz: Vereitelung des Umgangsrechts des anderen Elternteils; eigenmächtige Mitnahme des Kindes ohne Rücksprache mit dem anderen Elternteil.

- Die für die Ausübung der gemeinsamen Sorge denknotwendig erforderliche objek- **634** tive Kooperationsfähigkeit und/oder subjektive Kooperationsbereitschaft der Eltern ist nicht vorhanden, so dass ein kindeswohldienliches Zusammenwirken der Eltern nicht zu erwarten ist. Hintergrund ist die Überlegung, dass ein kindeswohldienliches Zusammenwirken der Eltern nicht mehr möglich ist, wenn die Eltern nicht mehr die Basis für einen Konsens besitzen. Dieser Aspekt ist immer dann von Bedeutung, wenn Eltern vortragen, sie können (oder wollen) sich nicht mit dem anderen über die Angelegenheiten des Kindes verständigen. In der Praxis ist das Kriterium problematisch, weil ein Elternteil durch die bloße (uU kränkungsbedingte) Weigerung, mit dem anderen zu sprechen, es in der Hand hätte, die gemeinsame Sorge zu torpedieren. Es stellt sich daher immer wieder die Frage, ob und inwieweit von den Eltern verlangt werden kann, sich – um des Kindes willen – zu einigen. Der BGH geht dabei davon aus, dass sich gemeinsame Sorge gegen den erklärten Willen der Eltern nicht „verordnen" lässt. Gleichwohl legen einige Gerichte durchaus hohe Maßstäbe an den Grad der gestörten Kommunikation an und heben dementsprechend erst bei gravierenden Kommunikationsdefiziten in wichtigen Kindeswohlbelangen die gemeinsame Sorge auf.

Besteht ein Grundkonsens und bezieht sich der Streit nur auf bestimmte Fragen der elterlichen Sorge, kommt eine **Teilaufhebung der Sorge** in Betracht. Hauptanwendungsfall ist die Zuweisung lediglich des Aufenthaltsbestimmungsrechts zu einem Elternteil unter Beibehaltung der gemeinsamen elterlichen Sorge im Übrigen.

Beispiele: Aufhebung abgelehnt:
– Erbitterte Auseinandersetzungen (bloßer Vortrag).
– Erheblicher Streit zwischen Eltern.
– Bloße Zerstrittenheit, wenn keine negativen Auswirkungen auf die Entwicklung des betroffenen Kindes ersichtlich sind.
– Alltägliche Schwierigkeiten hinsichtlich der Erreichbarkeit eines Elternteils bei großer räumlicher Distanz.
Aufhebung bejaht:
– Fehlen jeglicher Kommunikationsfähigkeit zwischen den Eltern, beruhend auf einem hasserfüllten Verhalten des Vaters.
– Starke psychische Belastung der Mutter durch die Kommunikation mit dem Vater bei schwerwiegender Partnergewalt.
– Wechselseitige Strafanzeigen; völliges Auseinandergehen von Erziehungsvorstellungen wobei auch im Ansatz keine Einigungsmöglichkeit in einer wichtigen Frage bestand.
– Objektiv und subjektiv schwer gestörte Kommunikation.
– Kooperationsbereitschaft fehlt, weil Mutter sie ohne Gründe einseitig ablehnt.
Problematisch: Auswanderungsabsicht des das Kind betreuenden Elternteils.

635 ■ Andere Gründe erfordern die Aufhebung der gemeinsamen Sorge.

Beispiele: Eltern waren bereits in der Vergangenheit nicht fähig, für das Kindeswohl zusammenzuarbeiten; hochgradige Verfeindung der Eltern; tiefverwurzelte Abneigung des Kindes gegenüber einem Elternteil.

#### (2) Kindeswohldienlichkeit der Übertragung auf den Antragsteller

636 Erst an zweiter Stelle stellt sich die Frage, ob die **Übertragung der Sorge** auf den Antragsteller **kindeswohldienlich** ist. Haben beide Eltern einen Antrag auf Übertragung der Sorge auf sich gestellt, so muss – bei gleicher Erziehungseignung der Eltern – eine Abwägung erfolgen. Ist ein Elternteil hingegen erziehungsungeeignet, so wird er die Sorge nicht übertragen erhalten.

Problemfall: Umgangsvereitelung ist Ausdruck fehlender Bindungstoleranz und stellt uU bereits die Erziehungseignung in Frage. Anders wird bei Kleinkindern verfahren, die von der Mutter bislang allein versorgt wurden.

637 Bei der Abwägung, welcher Elternteil der „Bessere" ist, sind folgende Prinzipien heranzuziehen:

■ **Förderprinzip**: In diesem Rahmen ist zu prüfen, welcher Elternteil dem Kind bessere Entwicklungsmöglichkeiten eröffnet bzw besser zur Erziehung des Kindes befähigt ist.

Beispiele: Positiv: Unterbringung des Kindes; Möglichkeit und Bereitschaft zur persönlichen Betreuung.

Negativ: Alkohol-, Drogensucht; neuer Partner, der das Kind ablehnt; unüberwindliche feindselige Haltung des Kindes.

Neutral: Schuld an Scheidung (soweit darin nicht Rücksichtslosigkeit gegenüber dem Kind lag); neuer Partner; Wohnsitzwechsel ins Ausland; Transsexualität; Homosexualität.

- **Bindungstoleranz**: Inhaltlich eng mit dem Förderprinzip verbunden ist der Aspekt der Bindungstoleranz. Bei diesem Kriterium wird darauf abgestellt, ob der antragstellende Elternteil den erforderlichen Respekt vor den Bindungen des Kindes aufweist. Lebt das Kind zB bei der Mutter und vereitelt diese den Umgang mit dem Vater, so spricht der Aspekt der Bindungstoleranz gegen sie.
- **Bindungen** des Kindes an Eltern und Geschwister: In diesem Rahmen wird darauf abgestellt, zu welchem Elternteil das Kind die engere Bindung aufweist. In diesem Rahmen kann es auch von Bedeutung sein, ob bei diesem Geschwister verbleiben, zu dem das Kind ebenfalls Bindungen besitzt.
- **Kontinuitätsprinzip**: Das Kontinuitätsprinzip steht in engem inhaltlichem Zusammenhang zu dem Gedanken, die Bindungen des Kindes bestmöglich zu berücksichtigen. In diesem Rahmen kommt es darauf an, bei welchem Elternteil der Erhalt der gewachsenen Beziehungen des Kindes am besten sichergestellt ist. Dies spricht häufig für denjenigen Elternteil, bei dem das Kind seine gewohnte Umgebung (Freunde, Schule, Kindertagesstätte) behalten kann.
- **Wille** des Kindes.

Zwischen diesen Prinzipien besteht keine Priorität. Vielmehr ist im Einzelfall unter Heranziehung aller Prinzipien und nach Gewichtung und Abwägung der unterschiedlichen Interessen zu entscheiden, welchem Kriterium das maßgebliche Gewicht zukommen soll. Häufig wird die Sorge demjenigen Elternteil übertragen, der in der Vergangenheit die größeren Erziehungsanteile wahrgenommen hat. Je älter das Kind ist, umso größere Bedeutung kommt dem Willen des Kindes zu. Hingegen wird der Wille des Kindes tendenziell zu vernachlässigen sein, wenn sich das Kind in einem massiven Loyalitätskonflikt zwischen den Eltern befindet und nicht in der Lage ist, seine Wünsche losgelöst von diesem Konflikt zu äußern.

### e) Weitere Sorgewechsel

Eine einmal ergangene gerichtliche Sorgerechtsentscheidung kann gerichtlich abgeändert werden. Voraussetzung ist allerdings, dass triftige, das Kindeswohl nachhaltig berührende Gründe vorliegen (§ 1696 Abs. 1 BGB). Das Familiengericht wird seine Entscheidung unter Abwägung aller Interessen am Kindeswohl ausrichten (§ 1697a BGB). **638**

### f) Lösungshinweise zum Übungsfall 11

Lösungshinweise zum Übungsfall 11 (Fall Rn 625) **639**

Eine Sorgerechtsübertragung kann nur nach Maßgabe des § 1671 Abs. 1 Nr 2 BGB erfolgen. Das allgemeine Kriterium des § 1671 Abs. 1 BGB (Trennung der Eltern) ist erfüllt. Anhaltspunkte für ein anderweitiges Regelungsbedürfnis fehlen, § 1671 Abs. 4 BGB. Daher kommt eine Sorgerechtsübertragung nur dann in Betracht, wenn sowohl Aufhebung der gemeinsamen Sorge als auch die Übertragung der Alleinsorge auf die Mutter kindeswohldienlich ist. Problematisch wird im vorliegenden Fall das erste Kriterium sein: Eine Aufhebung der gemeinsamen Sorge kommt nur dann in Betracht, wenn ein Elternteil erziehungsungeeignet ist oder den Eltern die notwendige Basis für die Kommunikation über die Belange des Kindes fehlt, weil sie nicht in der Lage oder nicht willens hierzu sind. Dafür genügen allerdings Meinungsverschiedenheiten in einzelnen Angelegenheiten noch nicht (die sich über § 1628 BGB regeln lassen). Im vorliegenden Fall haben die Eltern die gemeinsame Sorge offenbar über 2 Jahre problemlos ausgeübt. Anhaltspunkte für eine tiefgreifend gestörte Kommunikation fehlen. Damit fehlt es an der Kindeswohldienlichkeit der Aufhebung der gemeinsamen Sorge. Ein Sorgerechtsantrag wird nicht erfolgreich sein.

## 4. Unverheiratete Eltern

### a) Die Sorgeverteilung innerhalb der Familie

**640** Kennzeichnend für die sorgerechtliche Situation ist zunächst die unbeschränkte **Alleinsorge der unverheirateten Mutter** unter primärem sorgerechtlichem Ausschluss des Vaters (§ 1626a Abs. 3 BGB). In sorgerechtlicher Hinsicht steht daher im Mittelpunkt die Frage nach den Möglichkeiten der Sorgerechtspartizipation des Vaters.

Folgende Möglichkeiten zur Wahrnehmung elterlicher Sorge besitzt der nicht mit der Mutter verheiratete Vater:

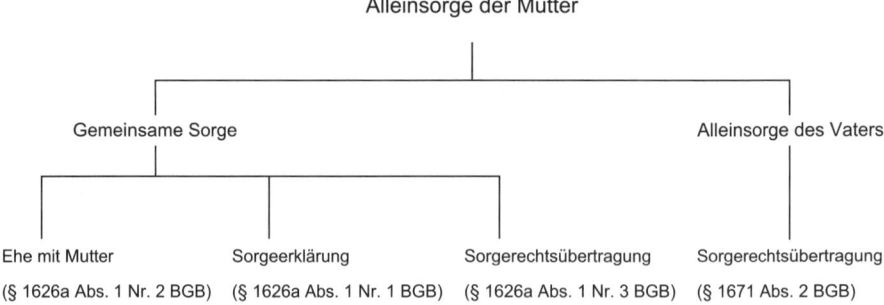

Außerhalb der genannten Fälle kann der Vater allenfalls bei einem Sorgerechtsausfall der Mutter die Sorge übernehmen (vgl Kapitel XIII).

**641** Eine Partizipation an der Sorge ist dabei nur dem rechtlichen Vater des Kindes eröffnet. Dies setzt voraus, dass das Kind dem Mann auch rechtlich als sein Kind zugewiesen ist, im Regelfall durch ein Anerkenntnis (vgl Rn 495 ff).

Mit der Begründung gemeinsamer Sorge gelten auch für unverheiratete Eltern die allgemeinen Regeln: Leben sie zusammen, müssen sie in allen Bereichen elterlicher Sorge einen Konsens erzielen (§§ 1627, 1628 BGB). Leben sie getrennt, so folgt die Sorge dem Modell des § 1687 BGB. Eine Aufhebung der gemeinsamen Sorge ist nur durch gerichtliche Entscheidung (§ 1671 BGB) möglich.

Eine Rückwirkung auf zuvor getroffene Entscheidungen und getätigte Geschäfte der Mutter für das Kind hat die nachträgliche Begründung der gemeinsamen Sorge jedoch nicht.

Ein besonderer **Nachweis für die Existenz** gemeinsamer Sorge ist für unverheiratete Eltern nicht vorgesehen. Vielmehr wird ihr Bestehen von Gesetzes wegen vermutet. Demgegenüber kann – negativ – das Nichtbestehen gemeinsamer Sorge nachgewiesen werden: Die Mutter kann vom Jugendamt die Bestätigung verlangen, dass *keine* gemeinsame Sorge begründet wurde (§ 58a Abs. 2 SGB VIII). Eine solche Auskunft hat allerdings zeitlich eine höchst begrenzte Aussagekraft, da sich diese Situation jederzeit ändern kann.

### b) Gemeinsame Sorge durch Eheschließung mit der Mutter

Die **Eheschließung** der Eltern eines Kindes vermittelt dem Vater automatisch die volle **642** Sorge neben der Mutter (§ 1626a Abs. 1 Nr 2 BGB). Auch in diesem Fall wird das Kind nicht automatisch dem Ehemann zugewiesen: Denn es wurde gerade nicht in eine Ehe hineingeboren (§ 1592 Nr 1 BGB). Zu der Eheschließung muss daher noch die rechtliche Zuweisung des Kindes an den jetzigen Ehemann der Mutter über ein Vaterschaftsanerkenntnis hinzu treten.

### c) Gemeinsame Sorge durch Sorgeerklärung

Gemeinsame Sorge nicht miteinander verheirateter Eltern kann sodann durch die Ab- **643** gabe von Sorgeerklärungen begründet werden (§ 1626a Abs. 1 Nr 1 BGB).

### aa) Formale Vorgaben

Für das Entstehen der gemeinsamen Sorge müssen zwei übereinstimmende **Sorge-** **644** **erklärungen** abgegeben werden, mit dem Inhalt, gemeinsam die Sorge für ein bestimmtes Kind übernehmen zu wollen. Die Erklärungen müssen dabei nicht zeitgleich abgegeben werden. Vielmehr ist denkbar, dass zB zunächst der Vater die Erklärung abgibt und die Mutter – nach einer Bedenkzeit – ebenfalls eine Sorgeerklärung abgibt. Weitere formale Vorgaben sind:

■ Eine Sorgeerklärung kann nicht unter einer **Bedingung** oder **Zeitbestimmung** ab- **645** gegeben werden (§ 1626b Abs. 1 BGB). Wird die Sorgeerklärung gleichwohl mit einer Bedingung oder Zeitbestimmung versehen, ist sie unwirksam (§ 1626e BGB).

Beispiel: Abgabe der Sorgeerklärung unter der Bedingung, dass sich der Vater auch um das Kind kümmert oder Unterhalt bezahlt.

Zeitlich kann die Erklärung bereits vor der Geburt, nicht jedoch vor der Zeugung des Kindes erfolgen (§ 1626b Abs. 2 BGB). Nach „hinten" sind keine Grenzen fixiert. Eine Sorgeerklärung kann mithin jederzeit bis zur Volljährigkeit des Kindes abgegeben werden.

■ **Höchstpersönlichkeit** der Erklärung (§ 1626c Abs. 1 BGB): Damit ist – wie beim **646** Vaterschaftsanerkenntnis auch – eine Stellvertretung ausgeschlossen.

Besonderheiten gelten für minderjährige Eltern: Diese können die Sorgeerklärung zwar nur selber abgeben, benötigen hierfür jedoch die Zustimmung ihrer gesetzlichen Vertreter (§ 1626c Abs. 2 BGB). Verweigern die Eltern des minderjährigen Elternteils ihre Zustimmung, so kann sie durch das Familiengericht ersetzt werden, wenn die Sorgeerklärung dem Wohl des Kindes nicht widerspricht.

■ **Form:** Öffentliche Beurkundung (§ 1626d Abs. 1 BGB, vgl Rn 499). Zuständig zur **647** Vornahme der Beurkundung sind der Notar (§ 20 Abs. 1 BNotO), das Jugendamt (§ 59 Abs. 1 Nr 8 SGB VIII – kostenfrei) und das Standesamt (§ 29a PStG). Die beurkundende Stelle hat dem Jugendamt entsprechende Mitteilung zu machen, dies ist jedoch nicht Wirksamkeitsvoraussetzung der Sorgeerklärung (§ 1626d Abs. 2 BGB). Die Sorgeerklärungen (bzw etwa erforderliche Zustimmungen) können daneben im Rahmen eines gerichtlichen Verfahrens in einem gerichtlichen Erörterungstermin abgegeben werden. Die Abgabe der Erklärung zur Niederschrift des Gerichts ersetzt insoweit die öffentliche Beurkundung (§ 155a Abs. 5 FamFG).

### bb) Inhaltliche Vorgaben

**648** Die Begründung gemeinsamer Sorge allein durch Erklärung der Eltern ist ausschließlich für die Konstellation der primär alleinsorgeberechtigten unverheirateten Mutter, die sich mit dem Vater die Sorge teilen möchte, vorgesehen (§ 1626a Abs. 1 BGB). Haben sich (verheiratete oder unverheiratete) Eltern bereits die Sorge geteilt, oder wurde die Sorge zuvor auf den Vater übertragen, so kann eine gemeinsame Sorge nicht mehr durch einfache Erklärung der Eltern begründet werden. In diesem Fall steht vielmehr bereits eine gerichtliche Entscheidung im Raum, die dann nur – im Rahmen eines weiteren Gerichtsverfahrens – abgeändert werden kann (§ 1626b Abs. 3 BGB).

Der Mutter muss die Sorge zustehen. Ist ihr die Sorge etwa ganz oder teilweise entzogen, so ist eine Sorgeerklärung ihr nicht möglich[5]. Zulässig ist jedoch die Abgabe einer Sorgeerklärung durch eine minderjährige Mutter.

Weitere Voraussetzungen für die Begründung gemeinsamer Sorge durch eine übereinstimmende Sorgeerklärung sind nicht vorgesehen, etwa die Kindeswohldienlichkeit der gemeinsamen Sorge, die Freiwilligkeit der Erklärung oder ein Zusammenleben der Eltern. Dementsprechend findet keine inhaltliche Prüfung der Erklärungen statt, etwa auf ihre Kindeswohldienlichkeit oder Realisierbarkeit.

### cc) Die Korrektur von Fehlern und Fehlerfolgen

**649** In gleicher Weise wie beim Vaterschaftsanerkenntnis sind lediglich Verstöße gegen die formalen Vorgaben relevant: Sie führen zur Unwirksamkeit der Erklärungen (§ 1626e BGB). Sonstige Mängel der Willenserklärung sind hingegen irrelevant.

Beispiel: Die Mutter gibt auf die Drohung des Vaters, ihrem Kind „könnte etwas passieren", wenn er keine Sorge erhält, eine Sorgeerklärung ab.

Insoweit verdrängen auch diese Bestimmungen die allgemeinen rechtsgeschäftlichen Regeln. Leidet eine der Sorgeerklärungen an einem **Willensmangel**, kann sich der Betroffene nicht durch einfache Anfechtung von ihr lösen, sondern nur dadurch, dass er ein gerichtliches Verfahren zur Aufhebung der gemeinsamen Sorge und Übertragung der Alleinsorge nach § 1671 BGB anstrengt, mit allen damit verbundenen Risiken, uU auch dem des Verlusts des Sorgerechts.

### d) Gemeinsame Sorge durch gerichtliche Sorgerechtsübertragung

**650** § 1626a Abs. 1 Nr 3 BGB ermöglicht daneben die Begründung gemeinsamer Sorge durch gerichtliche **Sorgerechtsübertragung**. Diese Möglichkeit besteht alternativ zur Abgabe einer Sorgeerklärung. Eine gerichtliche Sorgerechtsübertragung kann also

---

5 BGH, NJW 2005, 2456.

auch anstelle einer Sorgeerklärung angestrebt werden. Anders als bei der Sorgeerklärung, kann sich eine gerichtliche Sorgeübertragung auch nur auf Teilbereiche der Sorge, zB das Aufenthaltsbestimmungsrecht beziehen.

Maßstab für die richterliche Entscheidung ist das Kindeswohl. Der Richter wird daher **651** gemeinsame Sorge begründen, wenn sie dem Kindeswohl nicht widerspricht (negative Kindeswohlprüfung, § 1626a Abs. 2 BGB).

Mit Blick auf die mit der gemeinsamen Sorge verbundene Notwendigkeit der Kooperation kommen vor allem kommunikative Störungen zwischen den Eltern als Grund in Betracht, die gemeinsame Sorge abzulehnen[6]. Demgegenüber sieht der Gesetzgeber die Eltern in der Pflicht zur Kommunikation: Allein die Ablehnung der gemeinsamen Sorge durch die Mutter genügt nach der Gesetzesbegründung nicht, um eine gemeinsame Sorge abzulehnen[7].

Das Gesetz geht dabei zugleich von der Vermutung aus, dass die Sorge durch beide Eltern dem Kindeswohl am besten entspricht. So formuliert § 1626a Abs. 2 BGB ausdrücklich: Trägt der andere Elternteil keine Gründe vor, die der Übertragung widersprechen und sind solche Gründe auch nicht ersichtlich, so wird vermutet, dass die gemeinsame Sorge dem Kindeswohl nicht widerspricht. Dieser Mechanismus ist auch verfahrensrechtlich von einer Sonderregelung flankiert: In diesem Fall soll der Richter im Regelfall im schriftlichen Verfahren und ohne persönliche Anhörung des Jugendamtes und der Eltern entscheiden (§ 155a FamFG).

Das gerichtliche Verfahren wird durch einen Antrag eingeleitet. Im Regelfall wird der **652** Vater diesen Antrag stellen, der Antrag kann aber auch von der Mutter gestellt werden, die einen unwilligen Vater in die gemeinsame Sorge „zwingen" möchte. Zuständig sind die Familiengerichte. Die Entscheidung, ob das vereinfachte schriftliche Verfahren (§ 155a FamFG) oder das reguläre Kindschaftsverfahren gewählt wird, entscheidet sich – wenn keine anderen Anhaltspunkte vorliegen – auf der Basis der Stellungnahme der Mutter. Für diese ist eine Frist vorzusehen, die frühestens 6 Wochen nach der Geburt des Kindes enden darf (§ 155a FamFG).

Die Durchführung des schriftlichen Verfahrens (und daran gekoppelt die gerichtliche Begründung gemeinsamer Sorge) kommt vor allem dann in Betracht, wenn die Mutter überhaupt keine Stellungnahme abgibt oder wenn sie keine beachtlichen Gründe vorträgt, die der Übertragung der gemeinsamen Sorge entgegenstehen könnten. Trägt die Mutter hingegen beachtliche Gründe vor, die gegen die Einräumung der gemeinsamen Sorge sprechen, wird das Gericht im Rahmen des regulären Kindschaftsverfahrens unter persönlicher Anhörung der Beteiligten und des Jugendamtes von Amts wegen ermitteln.

### e) Der Wechsel von mütterlicher Alleinsorge zu väterlicher Alleinsorge

§ 1671 Abs. 2 BGB räumt dem unverheirateten Vater die Möglichkeit der gerichtlichen **653** **Übertragung der Alleinsorge** auf ihn ein. Die Norm hat ausschließlich die Konstellation der Übertragung der Alleinsorge der Mutter auf den Vater im Blick und findet daher keine Anwendung, wenn sich die unverheirateten Eltern die Sorge bereits teilen, sei es durch eine Sorgeerklärung, sei es durch gerichtliche Entscheidung.

---

6 BVerfG, NJW 2003, 955.
7 BT-Drs. 17/11048, S. 23.

Von den Voraussetzungen ist der Wechsel ganz ähnlich wie die Aufhebung gemeinsamer Sorge konzipiert.

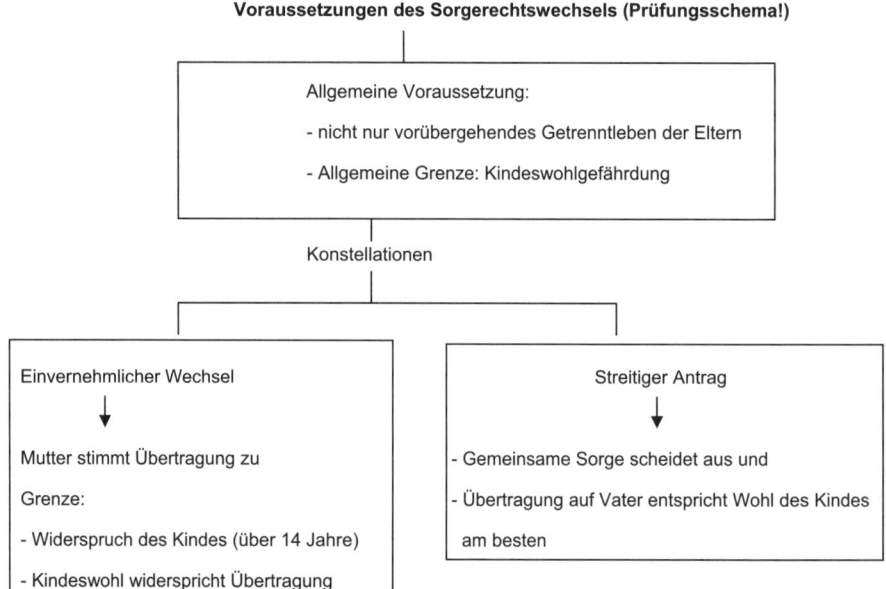

**Voraussetzungen des Sorgerechtswechsels (Prüfungsschema!)**

Allgemeine Voraussetzung:

- nicht nur vorübergehendes Getrenntleben der Eltern

- Allgemeine Grenze: Kindeswohlgefährdung

Konstellationen

Einvernehmlicher Wechsel

Mutter stimmt Übertragung zu

Grenze:

- Widerspruch des Kindes (über 14 Jahre)

- Kindeswohl widerspricht Übertragung

Streitiger Antrag

- Gemeinsame Sorge scheidet aus und

- Übertragung auf Vater entspricht Wohl des Kindes

am besten

**654** Folgende Besonderheiten gelten:

- Einvernehmlicher Sorgerechtswechsel: Anders als bei der einverständlichen *Aufhebung* gemeinsamer Sorge ist beim Wechsel von Alleinsorge zu Alleinsorge eine
  Kindeswohlprüfung vorgesehen. Es gilt allerdings ein niedrigschwelliger Prüfungs-
  modus. Nur entgegenstehende Kindeswohlbelange (negative Kindeswohlprüfung)
  hindern die Übertragung.

- Streitiger Sorgerechtswechsel: Ein Sorgerechtswechsel ist auch gegen den Willen
  der Mutter möglich. Scheidet eine gemeinsame Sorge aus – etwa mit Blick auf die
  Blockadehaltung der Mutter – kann so gewährleistet werden, dass der am besten
  geeignete Elternteil die Sorge für das Kind erhält.

**655** Weitere Sorgerechtswechsel nach der Übertragung der Alleinsorge von der Mutter auf
den Vater sind nur aufgrund gerichtlicher Entscheidung gem § 1696 Abs. 1 S. 1 BGB
möglich.

Beispiele: Die Sorge soll der Mutter zurückübertragen werden; die Eltern möchten nunmehr doch
eine gemeinsame Sorge begründen.

### f) Das Rechtsverhältnis nicht miteinander verheirateter Eltern

**656** Im Zusammenhang mit der Geburt des Kindes bestehen uU Unterhaltsansprüche der
Mutter gegenüber dem Vater des Kindes (vgl dazu eingehend Rn 1000). Im Übrigen ist
das Verhältnis nicht miteinander verheirateter Eltern – jenseits sorgerechtlicher Fragen
– nicht geregelt.

Wiederholungsfragen: **657**

1. Welche Möglichkeiten stellt das Recht dem nicht mit der Mutter verheirateten Vater zur Verfügung, sorgerechtliche Befugnisse zu erlangen?

2. Welche Möglichkeiten gibt es, diese Entscheidungen wieder zu ändern?

## 5. Prüfhinweise

Prüfungen im familienrechtlichen Kontext sind sehr komplex. Es empfiehlt sich, wie **658** folgt vorzugehen:

1. Analyse der sorgerechtlichen Situation. GGf chronologisch beginnen:
   a) Wer hatte die Sorge bei Geburt des Kindes (verheiratete Eltern oder unverheiratete Eltern?)
   b) Gab es dann Änderungen und – wenn ja – welche:
      – Bei unverheirateten Eltern: Ist gemeinsame Sorge (durch Sorgeerklärung oder gerichtliche Sorgerechtsübertragung) begründet worden?
      – Bei gemeinsamer Sorge: Haben die Eltern sich getrennt? Oder wurde gar die gemeinsame Sorge aufgehoben?
2. Ist der sorgerechtliche Status Quo geklärt, lassen sich die aufgeworfenen Fragen bedeutend einfacher klären:
   a) Um was für eine Angelegenheit handelt es sich: Tatsächliche Sorge oder gesetzliche Vertretung, Alltags- oder bedeutsame Angelegenheit?
   b) Wer darf die anstehende Frage entscheiden?

## VIII. Das Umgangsrecht

### 1. Übungsfall 12

Die miteinander verheirateten Eltern der 16-jährigen Marina leben seit 2 Jahren getrennt. Marina **659** lebt im Einverständnis der Eltern bei ihrer Mutter. Marinas Mutter möchte weitere Kontakte zwischen ihrem Ehemann und Marina vermeiden. Dieser lebt zwischenzeitlich mit einer Freundin zusammen. Marinas Mutter wünscht nicht, dass Marina mit dieser in Kontakt kommt. Wie ist die Rechtslage (Lösungshinweise Rn 677)?

### 2. Überblick und Bedeutung

**Umgangsrechte Dritter** bilden eine Schranke für das Umgangsbestimmungsrecht **660** der Eltern. Das Umgangsrecht schränkt insofern die elterliche Sorge ein mit der Folge, dass ihnen gegenüber Umgangsverbote auf der Basis des § 1632 Abs. 2 BGB nicht zulässig sind. Zugleich besitzen die Umgangsberechtigten die Möglichkeit, ihren Anspruch auf Umgang gegenüber den Eltern gerichtlich zu verfolgen und durchzusetzen (§§ 1684 Abs. 3, 1685 Abs. 3, 1686a BGB).

Folgende Personen besitzen ein Umgangsrecht:

- Elternteile mit ihrem Kind (§ 1684 Abs. 1 BGB).
- Kinder mit ihren Eltern (§ 1684 Abs. 1 BGB).
- Großeltern und Geschwister mit dem Kind (§ 1685 Abs. 1 BGB).
- Bezugspersonen des Kindes, die für dieses tatsächlich Verantwortung tragen oder getragen haben (§ 1685 Abs. 2 BGB).
- Der leibliche (aber nicht rechtliche) Vater des Kindes (§ 1686a BGB).

### 3. Das Umgangsrecht der Eltern

#### a) Voraussetzungen des Umgangsrechts

**661** **Eltern** haben ein voraussetzungsloses **Umgangsrecht** mit ihrem Kind (§ 1684 Abs. 1 BGB). Das Recht steht jedem Elternteil, ungeachtet der sorgerechtlichen Situation, zu. Ein Umgangsrecht besteht daher insbesondere in folgenden Konstellationen:

- Ein Elternteil besitzt die Alleinsorge/das alleinige Aufenthaltsbestimmungsrecht, der andere Elternteil wünscht Umgang.
- Kind lebt bei Pflegeeltern.
- Beiden Eltern ist die Sorge entzogen.
- Kein Umgangsrecht nach § 1684 BGB besitzt hingegen der eingetragene Lebenspartner eines Elternteils, und zwar auch dann nicht, wenn das Kind in die Lebenspartnerschaft hineingeboren ist. Dem Lebenspartner kann lediglich ein Umgangsrecht aus § 1685 BGB zustehen.

#### b) Gerichtliche Regelungen des Umgangs

**662** Gerichtliche Regelungen im Rahmen des Umgangsrechts sind auf verschiedenen Ebenen möglich. Zu unterscheiden sind Regelungen des Umgangs einerseits sowie Einschränkungen bzw der Ausschluss des Umgangs andererseits.

**663** ■ **Regelungen:** Das Familiengericht besitzt die Befugnis, die konkrete Ausgestaltung des Umgangs zu regeln (§ 1684 Abs. 3 BGB). In diesem Rahmen kann es etwa anordnen, zu welchen Zeiten und in welcher Form der Umgang stattfindet. In diese Regelungen können auch Dritte einbezogen werden und etwa die Frage entschieden werden, ob bei den Umgangskontakten auch der neue Lebenspartner des umgangsbegehrenden Elternteils präsent sein darf.

Hinweis: Der Dritte (zB der neue Lebensgefährte des umgangsberechtigten Elternteils) hat kein eigenständiges Umgangsrecht aus § 1684 Abs. 3 BGB. Er partizipiert über diese Regelung allenfalls an dem Umgangsrecht des Elternteils. Eigene Umgangsrechte können sich uU aus § 1685 Abs. 2 BGB ergeben.

Die Gerichte orientieren ihre Regelungen an den jeweiligen Umständen des Einzelfalls. Dabei sind die Gegebenheiten vor Ort, insbesondere das Alter und die Wünsche des Kindes nach Möglichkeit zu berücksichtigen.

**664** ■ **Einschränkungen:** Von einer gerichtlichen Regelung des Umgangs nach § 1684 Abs. 3 BGB zu unterscheiden ist eine gerichtliche Einschränkung des Umgangs nach § 1684 Abs. 4 BGB. Während bei der gerichtlichen Regelung nach § 1684 Abs. 3 BGB der Umgang als solcher nicht in Frage gestellt wird, sondern lediglich die konkrete Ausgestaltung gerichtlich ausgefüllt wird, wird bei einer einschränkenden Regelung nach § 1684 Abs. 4 BGB der Umgang deutlich unterhalb der üblichen Standards zugemessen. Anwendungsfall ist etwa die Anordnung eines begleiteten oder beschützten Umgangs unter Anwesenheit eines Dritten bei den Umgangskontakten (§ 1684 Abs. 4 S. 3 BGB). Die Differenzierung zwischen einer Einschränkung sowie einer regelnden Anordnung ist nicht immer einfach, da auch eine Regelung des Umgangs mit einer Beeinträchtigung des Umgangswunsches verbunden ist.

Eine Begrenzung des Umgangsrechts kommt immer dann in Betracht, wenn der Umgang als solcher nachteilig für das Kind wäre. Sie setzt voraus, dass sie für das

Wohl des Kindes erforderlich ist. Längerfristige Beschränkungen sind nur zulässig, wenn eine Kindeswohlgefährdung vorliegt.

Eine Begrenzung des Umgangs ist in zwei Formen möglich: **665**
- Einschränkung des Umgangsrechts.
- Ausschluss des Umgangsrechts.

Anwendungsfälle für eine Begrenzung (im Regelfall Beschränkung, nur im Ausnahmefall Ausschluss) des Umgangs:
- Gefährdungssituation für das Kind.
- Vorausgegangene/drohende Entführung des Kindes.
- Bei Verdacht auf sexuellen Missbrauch sind zumindest Gefahrensituationen zu vermeiden.
- Bei festgestellten pädophilen Neigungen des umgangsberechtigten Elternteils kommt ein kontrolliertes Umgangsrecht in Betracht.
- Gefahr von Drogendelikten.
- Geistig retardierte oder psychisch kranke Elternteile.
- Jahrelang unterbrochene Umgangskontakte.
- Strafhaft des Umgangsberechtigten. Allerdings sind uU Umgangskontakte in der Strafvollzugsanstalt denkbar.
- Gewalt zwischen den Eltern: Kontaktausschluss, wenn Kind aufgrund seiner derzeitigen Verfassung und Einstellung nicht in der Lage ist, die Konfliktsituation, der es durch Besuchskontakte ausgesetzt wäre, zu bewältigen.

Problemfälle:
- Psychische Störungen des Kindes im Zusammenhang mit Elternbesuchen.
- Ablehnung des Umgangs durch das Kind: Der Kindeswille ist – als Teil des Kindeswohles – grundsätzlich eine beachtliche Größe. Schwierigkeiten bereitet vor allem die Frage, ob die ablehnende Einstellung auf subjektiv beachtlichen und verständlichen Gründen beruht (dann wird Umgang uU versagt) oder ob die Ablehnung weniger von dem Kind als von einem Elternteil herrührt und von dem Kind transportiert wird. Derartige Entscheidungen sind – so verständlich sie mit Blick auf den kontaktsuchenden Elternteil sind – aus Sicht des Kindeswohles problematisch: Denn auch bei einem beeinflussten Kind wird ein – als nicht beachtlich angesehener – Wille gebrochen. Grundsätzlich spielt für die Beachtlichkeit des Kindeswillens sein Alter eine entscheidende Rolle: Bei älteren (ab 10 bzw 12 Jahren) Kindern ist ein dem Umgang entgegenstehender Wille tendenziell beachtlich.
- Angst des Kindes vor dem anderen Elternteil, selbst dann, wenn diese auf einer starken Beeinflussung des anderen Elternteils beruht.

Keine Gründe für eine Begrenzung des Umgangsrechts:
- Unzuverlässigkeit des umgangsbegehrenden Elternteils.
- Streit der Eltern.
- Wunsch eines Elternteils zur störungsfreien Integration des Kindes in eine neue Familie.
- Inhaftierung des Vaters ua wegen Körperverletzung gegenüber der Mutter in der Vergangenheit.
- Erfolgter Kontaktverlust.

Häufig wird bei Zweifeln ein begleiteter Umgang angeordnet. Diese Möglichkeit ist ausdrücklich in § 1684 Abs. 4 S. 3 BGB ausgeführt. Danach kann das Familiengericht insbesondere anordnen, dass der Umgang nur stattfinden darf, wenn ein mitwirkungsbereiter Dritter anwesend ist. Geeignete Dritte sind insbesondere die Jugendämter. Denkbar ist aber auch eine Delegation an einen Verein, häufig der Kinderschutzbund.

Anwendungsfelder: Kontaktanbahnung bei langer Unterbrechung des Kontakts; Vorbeugung bei starker psychischer Belastung des Kindes; Schutz des Kindes vor Kindeswohlgefährdungen (zB Misshandlungen); eingeschränkte Fähigkeit des Umgangsberechtigten zu einem belastungsfreien Umgang mit dem Kind.

## c) Die Wohlverhaltenspflicht

**666** Das Umgangsrecht ist flankiert durch eine sog **Wohlverhaltenspflicht**, die für beide Eltern gilt (§ 1684 Abs. 2 BGB). Diese verpflichtet die Eltern darauf, alles zu unterlassen, was das Verhältnis des Kindes zum jeweils anderen Elternteil beeinträchtigt oder die Erziehung erschwert. Dahinter steht die Idee, dass jeder Elternteil sich gegenüber dem anderen loyal verhalten soll.

Anwendungsfelder für die Verletzung der Wohlverhaltenspflicht:

- Der umgangsberechtigte Elternteil „wiegelt" das Kind gegen den betreuenden Elternteil auf oder stellt dessen Erziehungsautorität in Frage.
- Der betreuende Elternteil macht den umgangsberechtigten Elternteil schlecht.
- Der betreuende Elternteil verhindert Umgangskontakte.
- Anlässlich der Umgangskontakte kommt es zu Auseinandersetzungen zwischen den Eltern.
- Die Mutter „leidet" jedes Mal wenn der Vater das Kind abholen will, weint etwa vor den Kontakten oder macht dem Kind ein schlechtes Gewissen, weil es sie „alleine lässt".

Die Wohlverhaltenspflicht erfordert dabei auch ein aktives Verhalten, um den Umgang kindeswohldienlich zu gestalten. Hierzu gehört etwa die Pflicht, den Umgangskontakt so spannungsfrei wie möglich zu gestalten. Eltern trifft im Rahmen ihrer Erziehungsaufgabe zudem die Pflicht, den Kindern die Kontakte positiv zu vermitteln und erleben zu lassen. Lehnt das (insoweit unbeeinflusste) Kind von sich aus die Kontakte ab, so wird im Rahmen der Wohlverhaltenspflicht auch von den Eltern verlangt, auf das Kind einzuwirken, um dessen psychische Widerstände abzubauen. Die Wohlverhaltenspflicht ist gerichtlich durch Anordnungen konkretisier- und auch erzwingbar. Unzulässig sind in diesem Rahmen allerdings Anordnungen, die in das Persönlichkeitsrecht der Eltern eingreifen. Aus diesem Grund kann weder die Inanspruchnahme einer Mediation, noch einer Familientherapie oder einer psychologisch-pädagogischen Beratung angeordnet werden.

**667** In der Praxis bereitet die Ausübung des Umgangs in hochstreitigen Fällen Probleme, wenn der Elternteil, bei dem das Kind lebt, den **Umgang vereitelt**. Das Spektrum möglicher Reaktionen auf die Verletzung der Wohlverhaltenspflicht ist weit: Es reicht von der Akzeptanz der elterlichen Entscheidung, über die Abänderung der elterlichen Sorgeentscheidung bis hin zu einem punktuellen Sorgerechtsentzug. § 1684 Abs. 3 S. 3 BGB führt insoweit eine konkrete gerichtliche Maßnahme zum Schutz des umgangsberechtigten Elternteils auf: Danach kann bei dauerhafter oder wiederholter erheblicher Verletzung der Wohlverhaltenspflicht eine Pflegschaft für die Durchführung des Umgangs angeordnet werden (Umgangspflegschaft). Diese umfasst das Recht des dann einzusetzenden Umgangspflegers, die Herausgabe des Kindes zur Durchführung des Umgangs zu verlangen und auch für die Dauer des Umgangs den Aufenthalt des Kindes zu bestimmen. In diesem Fall ist die Herausgabe des Kindes auch mit unmittelbarem Zwang gegen das Kind durchsetzbar.

Die Gerichte stehen häufig vor dem Dilemma, dass die Durchsetzung des Umgangsrechts gegen den betreuenden Elternteil immer negative Implikationen für das Kindeswohl mit sich bringt. Da dieses den Ausschlag bildet, kann es passieren, dass sich der umgangsverweigernde Elternteil faktisch durchsetzt.

## d) Der Auskunftsanspruch

**668** Ergänzend zum Umgangsrecht gibt § 1686 BGB demjenigen Elternteil, bei dem das Kind nicht lebt, einen Anspruch gegenüber dem anderen Elternteil auf **Auskunft über die Belange des Kindes**. Der Auskunftsanspruch besteht nur:

■ bei berechtigtem Interesse dieses Elternteils,
■ soweit die Auskunft dem Wohl des Kindes nicht widerspricht und
■ über die persönlichen Verhältnisse des Kindes.

Über Streitigkeiten entscheidet das Familiengericht.

### e) Befugnisse und Pflichten während des Umgangs

Für die Dauer des Umgangs besitzt auch der nicht sorgeberechtigte Elternteil die not- **669** wendigen Entscheidungsbefugnisse in Bezug auf das Kind (§ 1687a BGB). Dies beinhaltet:

■ Alleinentscheidungsbefugnis in Angelegenheiten der tatsächlichen Betreuung (§ 1687a BGB iV mit § 1687 Abs. 1 S. 4 BGB).
■ Notvertretungsrecht (§ 1687a BGB iV mit § 1687 Abs. 1 S. 5 BGB).

Diese Befugnisse können durch das Familiengericht eingeschränkt werden, wenn das Kindeswohl dies erfordert (§§ 1687a, 1687 Abs. 2 BGB).

### f) Verfahrensrechtliche Hinweise

Umgangsrechtsverfahren sind Familiensachen (§ 111 Nr 2, § 151 Nr 2 FamFG). Zu- **670** ständig ist das Familiengericht am gewöhnlichen Aufenthaltsort des Kindes (§ 152 Abs. 2 FamFG). Ist eine Ehesache zwischen den Eltern anhängig (Scheidung), ist das Ehegericht zuständig (§ 152 Abs. 1 FamFG). Gegenüber dem regulären Kindschaftsverfahren (Abschnitt XIV) gelten folgende Besonderheiten:

■ Das Verfahren kann auf Antrag oder von Amts wegen eingeleitet werden (§ 1684 Abs. 3, 4 BGB).
■ In Umgangssachen soll bei verfahrensbedingten Verzögerungen (Begutachtung, Teilnahme an einer Beratung) immer eine **einstweilige Anordnung** erlassen werden (§ 156 Abs. 3 FamFG).
■ Ein **Verfahrensbeistand** ist zu bestellen, wenn ein Ausschluss oder eine wesentliche Beschränkung des Umgangsrechts in Betracht kommt (§ 158 Abs. 2 Nr 5 FamFG).
■ Neben dem gerichtlich gebilligten Umgangsvergleich ist in Umgangsstreitsachen als Besonderheit zwischen Entscheidung und Vollstreckung das nachgehende **Vermittlungsverfahren** vorgesehen (§ 165 FamFG):
    Hält sich ein Elternteil nicht an die gerichtliche Umgangsregelung bzw den Umgangsvergleich, wird die gerichtliche Entscheidung nicht unmittelbar vollstreckt, sondern zunächst ein gerichtliches Vermittlungsverfahren zwischen den Eltern durchgeführt. In diesem vermittelt das Gericht (auf Antrag oder von Amts wegen) zwischen den Eltern (§ 165 Abs. 1 FamFG), in geeigneten Fällen unter Beteiligung des Jugendamtes (§ 165 Abs. 2 FamFG). Zweck des Vermittlungsverfahrens ist es, den Eltern die Bedeutung des Umgangsrechts für das Kind zu verdeutlichen und auf die Konsequenzen der Hintertreibung des Umgangsrechts hinzuweisen (Verhängung von Ordnungsmitteln, Entzug der elterlichen Sorge, Einrichtung einer Umgangspflegschaft, § 165 Abs. 3 FamFG). Ziel des Vermittlungsverfahrens ist es, eine einvernehmliche Regelung über das Umgangsrecht zwischen den Eltern herzustellen (§ 165 Abs. 4 FamFG). Bleibt das Vermittlungsverfahren erfolglos, stellt das Gericht das durch Beschluss fest und prüft die Verhängung von Ordnungsmitteln bzw

sonstiger Maßnahmen, etwa eine Änderung der Umgangsregelung oder sorgerechtliche Maßnahmen.

■ Vollstreckung einer Entscheidung: Grundsätzlich ist bei Zuwiderhandlungen gegen eine Anordnung zur Regelung des Umgangs Ordnungsgeld zu verhängen (§ 89 Abs. 1 FamFG). Verspricht dies keinen Erfolg, soll Ordnungshaft angeordnet werden (§ 89 Abs. 1 FamFG). Die Anordnung von **unmittelbarem Zwang gegen das Kind ist unzulässig**, um die Herausgabe des Kindes zur Durchführung des Umgangsrechts durchzusetzen (§ 90 Abs. 2 FamFG). Dadurch kann der das Umgangsrecht vereitelnde Elternteil durchaus den Umgang des anderen faktisch torpedieren. Zulässig ist allerdings die Vollstreckung der Herausgabe des Kindes mit unmittelbar gegen das Kind gerichtetem Zwang, wenn eine Umgangspflegschaft angeordnet wurde.

Hinweis: Die Vollstreckung einer gerichtlichen Umgangsentscheidung ist in der Praxis sehr selten.

## 4. Das Umgangsrecht des Kindes

**671** § 1684 Abs. 1 BGB formuliert den Umgang aus kindlicher Perspektive auch als **Recht des Kindes auf Umgang** mit jedem Elternteil. Mittlerweile ist anerkannt, dass diese Formulierung nicht nur symbolisch gemeint ist, sondern dem Kind ein gerichtlich auch durchsetzbares Umgangsrecht gegen seine Eltern einräumt. Probleme stellen sich, wenn der Elternteil selber den Umgang ablehnt. In diesem Fall kann – in Anwendung der oben dargestellten Grundsätze – ein Umgang beschränkt bzw ausgeschlossen werden, wenn im konkreten Fall davon auszugehen wäre, dass der Kontakt selber kindeswohlschädlich wäre, etwa weil der Elternteil das Kind bei dem Kontakt ignorieren würde.

## 5. Das Umgangsrecht naher Verwandter und von Bezugspersonen des Kindes

**672** **Umgangsrechte** für nahe Verwandte und sonstige Bezugspersonen werden in § 1685 BGB geregelt. Diese Rechte gelten allerdings nur einseitig für die begünstigten Dritten, ohne dem Kind ein Recht auf Umgang mit diesen Personen einzuräumen. Folgende Personen können ein Umgangsrecht besitzen:

■ Geschwister und Großeltern des Kindes (§ 1685 Abs. 1 BGB).

■ Bezugspersonen des Kindes, wenn sie für das Kind tatsächlich Verantwortung getragen haben oder tragen (sozial-familiäre Beziehung, § 1685 Abs. 2 BGB). Eine tatsächliche Verantwortungsübernahme ist in der Regel anzunehmen, wenn die Person mit dem Kind längere Zeit (6 Monate) in häuslicher Gemeinschaft zusammengelebt hat. Begünstigt wären etwa Stiefeltern, Pflegeeltern oder etwa der (vormalige) nichteheliche Lebensgefährte des Elternteils (etwa der Mutter). Auch der leibliche Vater des Kindes, der nicht in die Stellung als rechtlicher Vater eingerückt ist, kommt grundsätzlich als Umgangsberechtigter in Betracht, wenn er für das Kind tatsächlich Verantwortung trägt oder getragen hat. Nicht zuletzt kommt das Umgangsrecht für den gleichgeschlechtlichen Lebenspartner eines Elternteils, mit dem dieser in einer eingetragenen Lebenspartnerschaft lebt, in Betracht.

**673** Das Umgangsrecht der genannten Verwandten und Bezugspersonen besteht – anders als das Umgangsrecht der Eltern – nicht voraussetzungslos, sondern nur dann, wenn der Umgang selber dem Kindeswohl dient. Für die Frage, ob der Umgang im konkreten Fall dienlich ist, gilt dabei eine Einschätzungsprärogative des Erziehungsberechtigten unter Beachtung der Vermutung des § 1626 Abs. 3 BGB (vgl Rn 541). Es gibt dabei jedoch keine generelle Vermutung, dass der Umgang mit den genannten Personen dem Kindeswohl dient. Es muss daher im konkreten Fall positiv festgestellt werden, dass der Umgang für das Kindeswohl vorteilhaft ist. Ist das nicht möglich (etwa weil Zweifel an der Kindeswohldienlichkeit des Umgangs verbleiben), besteht das Umgangsrecht nicht.

Beispiel: Die Mutter wünscht den Kontakt zu den Großeltern des Kindes nicht, weil sich diese gegenüber dem Kind permanent negativ über sie und ihre Erziehung äußern. In diesem Fall wird sich die Mutter auch dann durchsetzen, wenn der Kontakt als solcher für das Kind positiv wäre.

Was die Modalitäten des Umgangs anbetrifft, gelten im Grundsatz die gleichen Regeln wie beim Umgang zwischen Eltern und Kind. Das Gericht kann einen zugesprochenen Umgang (so seine Voraussetzungen vorliegen) regeln (§ 1685 Abs. 3 iV mit § 1684 Abs. 3 BGB) oder einschränken (§ 1685 Abs. 3 iV mit § 1684 Abs. 4 BGB). Auch die Eltern und die umgangsberechtigten Personen trifft eine Wohlverhaltenspflicht (§ 1685 Abs. 3 iV mit § 1684 Abs. 2 BGB). Bei hartnäckiger Umgangsvereitelung durch die Eltern kann ebenfalls eine Umgangspflegschaft angeordnet werden. Allerdings ist die Hürde dafür beim Umgang sonstiger Bezugspersonen höher als beim Umgang eines Elternteils: Eine Umgangspflegschaft kann danach nur dann angeordnet werden, wenn die Voraussetzungen einer Kindeswohlgefährdung gegeben sind.

## 6. Das Umgangsrecht des leiblichen Vaters

Anlässlich einer Entscheidung des EGMR[8] zur rechtlichen Stellung des leiblichen Vaters gegenüber dem Kind, hat der Gesetzgeber dem biologischen Vater, der nicht rechtlich Vater des Kindes ist, ein eigenes Umgangsrecht eingeräumt (§ 1686a BGB). **674**

### a) Voraussetzungen des Umgangsrechts

Das **Umgangsrecht des leiblichen Vaters** hat folgende Voraussetzungen, die sämtlich vorliegen müssen: **675**

- Das Bestehen einer anderweitigen rechtlichen Vaterschaft. Begünstigt ist der bloß biologische Vater also nur dann, wenn das Kind einen rechtlichen Vater hat. In diesem Fall kann der biologische Vater – neben dem rechtlichen Vater – ein Umgangsrecht mit dem Kind geltend machen. Damit tritt das Umgangsrecht des leiblichen Vaters immer neben das Recht eines rechtlichen Vaters. Das Kind hat insoweit salopp gesagt zwingend zwei „Väter".

Beispiel: Der Erzeuger des Kindes steht außerhalb der rechtlichen Familie. Die Mutter des Kindes ist verheiratet. Der Ehemann der Mutter weiß von dem Fehltritt seiner Frau und ficht seine Vaterschaft aber nicht an. In diesem Fall kann der leibliche Vater mit dem Kind Umgang suchen.

Hat das Kind hingegen keinen rechtlichen Vater, so soll der bloß biologische Vater sich nicht auf das Umgangsrecht mit dem Kind zurückziehen dürfen. In diesem Fall kann er ohne Weiteres über ein Anerkenntnis oder eine gerichtliche Feststellung

---

8 EGMR, FamRZ 2011, 1363.

(§ 1592 Nrn 2 und 3 BGB) in die Stellung als rechtlicher Vater einrücken und in der Folge das voraussetzungslose Umgangsrecht des § 1684 BGB erlangen. Problematisch ist insoweit lediglich die Konstellation, dass das Kind zwar einen rechtlichen Vater hat, der biologische Vater durch eine Anfechtung der Vaterschaft in dessen Stellung einrücken könnte:

Beispiel: Der Erzeuger des Kindes lebt mit der Mutter des Kindes, die allerdings anderweitig verheiratet ist, zusammen. In diesem Fall könnte der Erzeuger des Kindes ohne Weiteres in die Vaterstellung durch eine Anfechtung der Vaterschaft einrücken.

Der Gesetzgeber hat sich insoweit allerdings – verständlicher- aber nicht konsequenterweise – dagegen entschieden, den bloß biologischen Vater zu einer Anfechtung der Vaterschaft zu zwingen. Gibt es einen rechtlichen Vater, so ist der biologische Vater nicht gezwungen, sich die rechtliche Vaterstellung zu erstreiten. Er kann sich mit dem Umgangsrecht des § 1686a BGB begnügen. Neben dem biologischen Vater hat auch der rechtliche Vater, zB der Ehemann der Mutter, sein voraussetzungsloses Umgangsrecht aus § 1684 BGB.

■ Der leibliche Vater hat ernsthaftes Interesse an dem Kind gezeigt. Dieses Erfordernis ist von den Gerichten zu überprüfen. Dafür ist im konkreten Einzelfall zu prüfen, ob ein ausreichendes Interesse durch den Erzeuger an dem Kind manifest geworden ist.

Beispiele: Begleitung der Mutter zu den Vorsorgeuntersuchungen; Wunsch, die Mutter zur Entbindung zu begleiten; Interesse am Ergebnis der ärztlichen Untersuchung; Wunsch, das Kind zügig kennenzulernen; Bemühungen um weiteren Kontakt mit dem Kind; nachhaltiger Umgangswunsch; Bekenntnis zum Kind vor und nach der Geburt; Bereitschaft, Verantwortung für das Kind – ggf auch finanziell – zu übernehmen.

■ Die biologische Verwandtschaft zwischen leiblichem Vater und Kind steht fest. Das Recht auf Umgang steht nur dem wirklichen Erzeuger des Kindes zu. Aus diesem Grunde ist im Rahmen des Umgangsverfahrens inzidenter (bei Gelegenheit) die Abstammung zu prüfen (§ 167a FamFG). Die biologische Verwandtschaft ist Voraussetzung des Umgangsrechts, hat allerdings weiter keine Konsequenzen. Der biologische Vater kann nur nach den allgemeinen Regeln – und müsste das auch tun – durch eine Anfechtung der Vaterschaft eines anderen Mannes, in die Vaterstellung einrücken. Auch steht dem biologischen Vater nicht das Recht auf Klärung seiner Verwandtschaft nach § 1598a BGB zu.

■ Der Umgang selber muss dem Kindeswohl dienen. In diesem Rahmen ist zu prüfen, ob und ggf inwieweit Umgangskontakte mit einem gewissermaßen „zweiten" Vater für das Kind eine seelische Belastung darstellen, ob das Kind dadurch relevant verunsichert wird, inwieweit die Kindesmutter und der biologische Vater ggf ihre Konflikte nach der Trennung begrenzen können und wie der Umgang im Interesse einer gesunden Persönlichkeitsentwicklung und der Identitätsfindung des Kindes zu bewerten ist.

## b) Sonstiges

676 Daneben hat der biologische Vater ein Recht auf Auskunft von jedem Elternteil über die persönlichen Verhältnisse des Kindes. Er muss dafür ein persönliches Interesse darlegen. Zudem darf die Auskunft dem Wohl des Kindes nicht widersprechen.

Was Einschränkung des Umgangsrechts und die Anordnung der Umgangspflegschaft betrifft, gelten die gleichen Regeln wie beim Umgangsrecht von Bezugspersonen

(§ 1686a Abs. 2 BGB). Eine Umgangspflegschaft kann insbesondere nur dann angeordnet werden, wenn eine Kindeswohlgefährdung vorliegt.

## 7. Lösungshinweise zum Übungsfall 12

Lösungshinweise zum Übungsfall 12 (Fall Rn 659)                                    **677**

Ein Kontaktverbot in Bezug auf den Vater steht vor dem Problem, dass diesem ein voraussetzungsloses Umgangsrecht mit seiner Tochter zusteht (§ 1684 Abs. 1 BGB). Besteht Streit über die Ausübung (wann, wo, wie lange, wie, wie oft), so kann eine gerichtliche Regelung hierüber erfolgen, die die Modalitäten des Umgangs festlegt (§ 1684 Abs. 3 BGB). Hingegen wäre eine Einschränkung oder gar ein Ausschluss des Umgangs – wie hier beabsichtigt – nur denkbar, wenn dies aus Gründen des Kindeswohles erforderlich ist (§ 1684 Abs. 4 BGB). Da derartige Gründe nicht ersichtlich sind (insbesondere eine ablehnende Haltung von Marina könnte einen solchen Grund darstellen), kommt ein Ausschluss des Umgangs nicht in Betracht.

Für die Frage, ob Marinas Mutter die neue Lebensgefährtin ihres Mannes von ihrer Tochter fernhalten kann, gilt: Die Lebensgefährtin hat kein eigenes Umgangsrecht mit dem Kind. Marinas Mutter kann ihr allerdings gleichwohl nicht den Umgang mit ihrer Tochter (auf der Basis des § 1632 Abs. 2 BGB) verbieten. Auch insoweit gilt: Sie teilt sich die Sorge mit ihrem Ehemann. Die Frage nach Umgangskontakten mit Dritten ist eine Angelegenheit von erheblicher Bedeutung und kann nicht von ihr alleine entschieden werden (§ 1687 BGB).

Anderes gälte allerdings dann, wenn der Mutter insoweit die Alleinsorge zustünde. In diesem Fall müsste die Problematik unter dem Aspekt der Beeinträchtigung des Umgangsrechts des Vaters gesehen werden: Die Anwesenheit eines Dritten bei Kontakten zwischen Vater und Tochter ist nämlich eine Frage des „Wie" des Umgangs. Daher kann – im Rahmen einer Entscheidung über die Ausgestaltung des Umgangs von Vater und Tochter – ausdrücklich gerichtlich festgehalten werden, dass die neue Lebensgefährtin von Marinas Vater während der Kontakte anwesend sein darf (§ 1684 Abs. 3 S. 1 BGB). Soweit keine Anhaltspunkte dafür vorliegen, dass die Anwesenheit der Lebensgefährtin mit einer Einschränkung oder gar Gefahr für das Kindeswohl verbunden ist, wird deren Präsenz geduldet.

## IX. Die neue Familie

### 1. Überblick

Trennung bzw Scheidung der Eltern sind häufig nur eine Zwischenetappe auf dem Weg     **678**
zu einer neuen Partnerschaft der Eltern. Das Gesetz hat insoweit nur punktuelle Regelungen für den Fall getroffen, dass ein kindbetreuender Elternteil eine neue Ehe (oder eingetragene Lebenspartnerschaft) eingeht (Stieffamilie). Keine Auswirkungen hat demgegenüber das bloße Zusammenleben eines Elternteils mit einem neuen Lebensgefährten.

Für die Stieffamilie existieren in folgenden Bereichen Regelungen:

- ■ Das äußere Erscheinungsbild der Stieffamilie: Einbenennung.
- ■ Die innere Konstitution der neuen Familie: Sorgerechtliche Befugnisse.

Geht die neue Familie auseinander, existiert uU ein Umgangsrecht zwischen sozialem Elternteil und Kind.

## 2. Das äußere Erscheinungsbild der Stieffamilie – Die Einbenennung

**679** Die **Einbenennung** ermöglicht bei einer (erneuten) Eheschließung eines Elternteils mit Kind ein namensmäßig einheitliches Auftreten der neuen Familie. Der verheiratete Elternteil kann den Namen des neuen Ehegatten annehmen (§ 1355 Abs. 1, 2 BGB). Durch die Einbenennung kann auch das Kind, das in die neue Familie aufgenommen wird, den Namen des Stiefelternteils erhalten (§ 1618 BGB, § 9 Abs. 5 LPartG).

Beispiel: Frau und Herr Maus sind geschiedene Eheleute und Eltern des Kindes Sina Maus. Sina lebt bei Frau Maus, die auch allein sorgeberechtigt ist. Frau Maus heiratet erneut und nimmt den Namen ihres Ehemannes – Katz – an. Im Wege der Einbenennung kann auch Sina den Familiennamen „Katz" erhalten. Sie kann diesen Namen auch ihrem alten Namen voranstellen oder zufügen (Katz-Maus/ Maus-Katz).

**680** Sorgerechtliche Folgen sind mit der Einbenennung nicht verbunden. Vielmehr bleiben die bisher Beteiligten wie zuvor Inhaber der Sorge. Insbesondere ist mit der Einbenennung keine Adoption des Kindes verbunden.

**681** Die Einbenennung erfordert ein Mitwirken aller Beteiligten. Dies sind:

- Erklärung des das Kind betreuenden Elternteils und des (neuen) Ehegatten.
- Die Einwilligung des anderen Elternteils ist in folgenden Fällen erforderlich:
  - Er ist sorgeberechtigt.
  - Das Kind führt seinen Namen.

  Die Einwilligung des anderen Elternteils kann durch das Familiengericht ersetzt werden. Voraussetzung ist, dass die Namensänderung zum Wohl des Kindes erforderlich ist.
- Die Zustimmung des Kindes ist erforderlich, wenn es das 5. Lebensjahr vollendet hat.

Die Erklärungen bedürfen der öffentlichen Beglaubigung.

## 3. Die interne Gestaltung der Stieffamilie – Sorgerechtliche Befugnisse des Stiefelternteils

**682** Der neue Stiefelternteil ist grundsätzlich nicht Sorgerechtsinhaber. Der Gesetzgeber hat allerdings dem nur sozialen neuen Elternteil das sog **kleine Sorgerecht** eingeräumt. Dabei handelt es sich um eine Mitentscheidungsbefugnis in Angelegenheiten des täglichen Lebens, das dem Ehegatten oder eingetragenen Lebenspartner von dem sorgeberechtigten Elternteil eingeräumt werden kann (§ 1687b Abs. 1 BGB, § 9 Abs. 1 LPartG). Keine sorgerechtlichen Befugnisse können hingegen dem neuen nichtehelichen Lebensgefährten des Elternteils eingeräumt werden. Dieser ist und bleibt sorgerechtlich aus der Familie ausgeschlossen.

**683** Vom Umfang her sind die sorgerechtlichen Befugnisse auf eine **Mitentscheidungsbefugnis in täglichen Angelegenheiten** beschränkt. Die Mitentscheidungsbefugnis umfasst die tatsächliche Sorge sowie die gesetzliche Vertretung. Inhaltlich ist sie auf den Bereich der tatsächlichen Sorge in Alltagsangelegenheiten beschränkt. Zudem besteht ein Notvertretungsrecht bei Gefahr im Verzug (§ 1687b Abs. 2 BGB). Allerdings muss der Handelnde den sorgeberechtigten Elternteil unverzüglich unterrichten.

Beispiel: Das Kind ist bei einem Unfall verletzt worden. Der Stiefelternteil kann es ins Krankenhaus bringen und eine notwendige Operation genehmigen.

**684** Das kleine Sorgerecht entsteht nicht automatisch, sondern nur im Einvernehmen mit dem alleinsorgeberechtigten Elternteil. Das erforderliche Einvernehmen ist keine Sorgerechtsübertragung, sondern vielmehr Ausdruck des Willens, den Stiefelternteil an der Sorge zu beteiligen. Dieses Einvernehmen kann auch konkludent hergestellt werden, etwa dadurch dass der Elternteil ihn in Entscheidungen einbindet. Fehlt das erforderliche Einvernehmen, etwa weil eine sorgerechtliche Beteiligung nicht gewünscht ist, entsteht das kleine Sorgerecht nicht.

Die Befugnis zur Einräumung des kleinen Sorgerechts besitzt dabei nur ein alleinsorgeberechtigter Elternteil. Steht die Sorge für das Kind beiden Elternteilen hingegen noch gemeinsam zu (§ 1687 BGB), so ist kein Raum für sorgerechtliche Befugnisse des Stiefelternteils. **685**

Die Befugnisse des Stiefelternteils können familiengerichtlich eingeschränkt oder ausgeschlossen werden, wenn dies zum Wohl des Kindes erforderlich ist (§ 1687b Abs. 3 BGB). Sie enden automatisch mit einer nicht nur vorübergehenden Trennung der Ehegatten (§ 1687b Abs. 4 BGB). **686**

## X. Exkurs: Der Schutz des Kindeswohles im Kontext familienrechtlicher Konflikte zwischen den Eltern

### 1. Überblick

Das Aufziehen eines Kindes außerhalb der Ehe, aber auch Trennung und Scheidung stellt die Familie uU vor große persönliche und emotionale Herausforderungen. Gelingt es den Eltern nicht, die Situation zum Wohl des Kindes zu regeln, geht von ihr eine Gefahr für die gedeihliche kindliche Entwicklung aus. Daher hat der Gesetzgeber Unterstützungsangebote für die Eltern geschaffen. Sämtliche Angebote sind **jugendhilferechtliche Leistungen**. Sie sind daher dem öffentlichen Recht, nicht dem Privatrecht zuzurechnen. Im Folgenden wird daher nur ein grober Überblick über das Leistungsspektrum gegeben. **687**

| Problem | Familienrechtliche Lösung | Jugendhilferechtliche Unterstützung |
|---|---|---|
| Fehlende Einigkeit zwischen Eltern in einzelnen Angelegenheiten der Sorge während des Zusammenlebens. | ▪ § 1627 BGB: Zwang zur Einigkeit.<br>▪ § 1628 BGB: Bei erheblicher Bedeutung der Angelegenheit: Möglichkeit der familiengerichtlichen Zuweisung der Entscheidungskompetenz zu einem Elternteil. | Leistung zur Unterstützung der Eltern: § 17 Abs. 1 SGB VIII (Partnerberatung). |
| Differenzen über die Erziehung des Kindes bei Trennung der Eltern. | ▪ § 1687 BGB: Alleinentscheidungskompetenz des betreuenden Elternteils bei alltäglichen Angelegenheiten, ansonsten Zwang zur Einigung.<br>▪ § 1628 BGB: Möglichkeit der familiengerichtlichen Zuweisung der Entscheidungskompetenz zu einem Elternteil. | Leistungen zur Unterstützung des tatsächlich allein betreuenden Elternteils:<br>§ 18 Abs. 1 Nr 1 SGB VIII: Unterstützung und Beratung des alleinerziehenden Elternteils in allen Angelegenheiten des Kindes. |

| Problem | Familienrechtliche Lösung | Jugendhilferechtliche Unterstützung |
|---|---|---|
| Differenzen getrennt lebender Eltern über gemeinsame Sorge. | Aufhebung der gemeinsamen Sorge nach dem Modell des § 1671 Abs. 1 BGB:<br>■ Einvernehmlich, § 1671 Abs. 1 Nr 1 BGB.<br>■ Streitig, § 1671 Abs. 1 Nr 2 BGB. | Unterstützung der Eltern bei der Suche nach einvernehmlichen Konzepten, § 17 Abs. 2 SGB VIII. |
| Außereheliche Geburt. | Feststellung der Vaterschaft, § 1592 Nrn 2, 3 BGB. | Unterstützung bei Vaterschaftsfeststellung:<br>■ Beratung der Mutter, § 52a SGB VIII.<br>■ Beistandschaft, § 55 Abs. 1 SGB VIII, § 1712 BGB. |
| Unverheiratete Eltern: Sorgerechtliche Beteiligung des Vaters. | Partizipation des Vaters an Sorge:<br>■ Ehe/Sorgeerklärung/gerichtliche Begründung gemeinsamer Sorge, § 1626a Abs. 1 BGB.<br>■ Alleinsorge, § 1671 Abs. 2 BGB. | ■ Beratung über Möglichkeiten der Begründung gemeinsamer Sorge, § 18 Abs. 2 SGB VIII. |
| Spezielles Trennungsproblem: „Umgang". | Umgangsrechte von Eltern und Bezugspersonen, §§ 1684, 1685, 1686a BGB. | Leistungen zur Verwirklichung des Umgangsrechts:<br>■ Beratung der Umgangsberechtigten, § 18 Abs. 3 SGB VIII.<br>■ Unterstützung bei der Durchführung von Umgangskontakten, § 18 Abs. 3 SGB VIII (begleiteter Umgang). |

| Problem | Familienrechtliche Lösung | Jugendhilferechtliche Unterstützung |
|---|---|---|
| Spezielles Trennungsproblem: „Unterhalt". | Unterhaltsansprüche, insbesondere §§ 1601 ff BGB. | Leistungen zur Unterstützung des tatsächlich allein betreuenden Elternteils:<br><br>■ § 18 Abs. 1 Nr 1 SGB VIII: Unterstützung und Beratung des alleinerziehenden Elternteils bei Geltendmachung von Unterhaltsansprüchen.<br>■ §§ 1712 ff BGB: Geltendmachung der Unterhaltsansprüche des Kindes (Beistandschaft).<br>■ § 18 Abs. 1 Nr 2 SGB VIII: Beratung der <u>unverheirateten</u> Mutter über ihre Unterhaltsansprüche (sog kleine Beistandschaft). |

## 2. Die Beistandschaft

### a) Bedeutung

Die **Beistandschaft** zählt zu den Aufgaben der Jugendhilfe (§ 55 Abs. 1 SGB VIII) und **688** unterfällt auch den gleichen öffentlich-rechtlichen Regeln wie diese. Sie ist gleichwohl im BGB geregelt (§§ 1712 ff BGB). Das hat vor allem historische Gründe. Im Folgenden werden Voraussetzungen und Folgen kurz gesondert behandelt.

Die Beistandschaft ist eine besondere Unterstützung für Elternteile, denen die elterliche Sorge tatsächlich allein zusteht. Ihr Mechanismus liegt darin, dem Kind das Jugendamt als gesetzlichen Vertreter (sog Beistand) neben dem sorgeberechtigten Elternteil in bestimmten Angelegenheiten zuzuordnen, der die Belange des Kindes eigenständig gegenüber dem anderen Elternteil geltend machen und auch gerichtlich verfolgen kann. Für den Elternteil ist dies von Vorteil, weil die Beistandschaft kostenfrei ist.

### b) Gegenstand

Folgende Belange sind **Gegenstand der Beistandschaft** (§ 1712 Abs. 1 BGB):    ·    **689**

■ Feststellung der Vaterschaft (Bedeutung nur beim nichtehelichen Kind).
■ Geltendmachung und Durchsetzung von Unterhaltsansprüchen des Kindes gegen den anderen Elternteil.

## c) Begründung

**690** Die Beistandschaft wird begründet durch einen Antrag eines allein erziehenden Elternteils (§ 1713 Abs. 1 BGB). Der Antrag ist schriftlich zu stellen, bedarf aber keiner inhaltlichen Begründung. Mit Zugang des Antrags beim Jugendamt wird dieses automatisch Beistand des Kindes in den genannten Angelegenheiten (§ 1714 BGB).

**Antragsbefugt** ist jeder Elternteil, der die Sorge innehat und das Kind allein betreut. Begünstigt ist sowohl der alleinsorgeberechtigte Elternteil, als auch der Elternteil, der sich die Sorge mit dem anderen Elternteil teilt, jedoch das Kind allein betreut. Keine Beistandschaft ist hingegen möglich, wenn sich die Eltern die Sorge teilen und nach ihrer Trennung ein Wechselmodell praktizieren, bei der kein Übergewicht bei einem der Eltern besteht.

**691** Bereits vor der Geburt kann der Antrag gestellt werden, wenn dem Elternteil bei Geburt die Alleinsorge zustehen wird. Dies erlaubt der werdenden unverheirateten Mutter eine frühzeitige Beauftragung des Jugendamtes. Auch eine minderjährige oder geschäftsunfähige unverheiratete werdende Mutter, deren Sorge bei Geburt des Kindes ganz oder partiell ruhen wird (§ 1673 Abs. 2 BGB), kann bereits vor Geburt des Kindes eine Beistandschaft beantragen (§ 1713 Abs. 2 BGB). Minderjährige werdende Mütter können den Antrag dabei alleine stellen, geschäftsunfähige werdende Mütter werden von ihrem gesetzlichen Vertreter vertreten (§ 1713 Abs. 2 S. 3 BGB).

## d) Wirkungen

**692** Das Jugendamt wird in den betreffenden Belangen Vertreter des Kindes und kann in dessen Namen seine Ansprüche geltend machen und auch gerichtlich verfolgen.

Die Beistandschaft ist – als Unterstützungsangebot – mit keinem Eingriff in die elterliche Stellung verbunden (§ 1716 BGB). Der unterstützte Elternteil ist in seiner Sorge nicht beeinträchtigt. Er bleibt neben dem Beistand ebenfalls handlungsfähig und ist befugt, die Ansprüche des Kindes neben dem Beistand geltend zu machen. Ausgeschlossen ist allein eine doppelte Prozessführung. Insoweit besitzt das Handeln des Beistands Vorrang: Hat dieser ein gerichtliches Verfahren im Namen des Kindes initiiert, ist der Elternteil von der parallelen gerichtlichen Verfahrensführung ausgeschlossen (§ 234 FamFG für den Unterhaltsprozess; § 173 FamFG für den Abstammungsprozess).

**693** Die Beistandschaft ist in ihrem Bestand streng vom Willen des Elternteils abhängig. Dieser kann die Beistandschaft jederzeit und ohne Angabe von Gründen gegenüber dem Jugendamt durch schriftliche Erklärung, beenden (§ 1715 Abs. 1 BGB). Eine Beendigung ist auch während des gerichtlichen Verfahrens möglich.

## e) Ende der Beistandschaft

**694** Für die Beendigung der Beistandschaft sind zwei Fallkonstellationen denkbar:

- Schriftliches Verlangen des Antragstellers (§ 1715 Abs. 1 BGB) *oder*
- Entfallen der Voraussetzungen der Beistandschaft (§ 1715 Abs. 2 BGB).

  Beispiel: Die sorgeberechtigten Eltern leben nach einer Versöhnung wieder zusammen.

## XI.  Die „schlechten" Eltern – Eingriffe in die elterliche Sorge

### 1.  Überblick

Der Schutz des Kindes *vor* seinen Eltern erfolgt durch einen **gerichtlichen Eingriff in**  **695** **die elterliche Sorge**. Zentralnorm des zivilrechtlichen Kindesschutzes ist § 1666 BGB. Dieser stellt zwei Erfordernisse für gerichtliche Eingriffe auf, die kumulativ vorliegen müssen, um einen Eingriff zu erlauben:

- Kindeswohlgefährdung.
- Untätigkeit der Eltern.

Beide Voraussetzungen implizieren eine hohe Hürde für ein gerichtliches Eingreifen. Der Schutz des Kindes greift damit zwingend erst spät und auch nur dann, wenn andere Maßnahmen nicht erfolgversprechend sind. Damit ist der zivilrechtliche Kindesschutz Randkorrektur einer nicht mehr tragbaren Erziehung, nicht hingegen Schutz des Kindes in seinem Interesse an einer bestmöglichen Erziehung.

### 2.  Voraussetzungen des Eingriffs

#### a)  Kindeswohlgefährdung

Eine **Kindeswohlgefährdung** liegt vor, wenn eine gegenwärtige, konkrete Gefährdung  **696** des körperlichen, geistigen oder seelischen Wohls des Kindes gegeben ist. Nicht jeder Verstoß gegen das Kindeswohl begründet dabei bereits eine Kindeswohlgefährdung im Sinne von § 1666 Abs. 1 BGB. Sie ist erst bei einer Situation zu bejahen, die mit ziemlicher Sicherheit eine erhebliche Schädigung des Wohles des Kindes erwarten lässt.

Erforderlich ist dafür zunächst eine gewisse Qualität der Verletzung des Kindeswohls.  **697** Diese ist nicht bereits dann erreicht, wenn die Erziehung das Kindeswohl nicht (optimal) verwirklicht. Gerade in diesem Bereich kommt das Erziehungsprimat der Eltern zum Tragen: Es erlaubt ihnen die Definition des Kindeswohles sowie die Entscheidung über die Mittel zu seiner Verwirklichung. Irrtümer und Fehleinschätzungen der Eltern sind grundsätzlich hinzunehmen. Damit kann ein Eingriff erst dann erfolgen, wenn die Entwicklungsziele oder auch nur eines davon völlig verfehlt wird, mithin das Kind, als Mensch mit seiner eigenständigen Würde grob missachtet wird.

Gleichermaßen hohe Anforderungen werden an die Aktualität der Gefahrenlage ge-  **698** stellt. Nicht ausreichend ist daher, dass die Erziehung auf eine Gefahrenlage zusteuert, solange diese nicht zumindest unmittelbar bevorsteht. Realisiert haben muss sie sich hingegen noch nicht.

Beispiel: Ein geistig behindertes Kind wächst bei einer schizophrenen Mutter in einer absolut sexualisierten Welt auf. Das lässt Aggressionssteigerungen in der Pubertät erwarten. Da diese jetzt aber noch nicht zu erkennen sind, können nur Hilfen zur Erziehung angeboten werden, gerichtliche Eingriffe sind hingegen jetzt noch nicht möglich.

Unmaßgeblich ist, wo diese Gefährdung herrührt. Es genügt, dass sie sich aus der sozialen, psychosozialen oder individuellen Lebenssituation des Kindes ergibt. Sie muss auch nicht unbedingt auf einem elterlichen Erziehungsverhalten oder gar -versagen beruhen.

In der Praxis dominieren zumeist eindeutige Fälle:                                      **699**

- Gesundheitsgefährdung: Körperliche Misshandlungen; Vernachlässigung (Hungernlassen, völlig unter- oder fehlernährte Kinder).

- Verwahrlosung: Alleinlassen; Einsperren; Windeln seit Wochen nicht gewechselt; Kinder sind kaum bekleidet.
- Seelische Misshandlung: Das Kind erfährt Ablehnung, wird terrorisiert oder isoliert und in der Entwicklung des Selbstwertgefühls beeinträchtigt oder eingeschüchtert.
- Sexueller Missbrauch.
- Anleitung zu Kriminalität und Prostitution; Kinder werden zum Betteln geschickt; Eltern weigern sich, ihre Kinder in die Schule zu schicken.

Jenseits dieser Fälle allerdings tut sich eine Grauzone auf, die zeigt, wie schwer es ist, den unbestimmten Begriff des Kindeswohls zu handhaben. Eine Annäherung erlaubt auch hier die verfassungsrechtliche Ausgangsüberlegung: Das Kindeswohl ist Ausdruck des dem Kind zustehenden eigenständigen Persönlichkeitsrechts. Minderjährige haben Anspruch auf freie Entfaltung der Persönlichkeit – und zwar auch gegenüber den Eltern. Ziel der vom Gesetzgeber nur in Eckpunkten vorgegebenen Erziehung ist die Entwicklung des Kindes in leiblicher, geistiger und seelischer Hinsicht zu einer selbstständigen und gemeinschaftsfähigen Persönlichkeit. Eine Kindeswohlgefährdung kann vor diesem Hintergrund Grundlage in zweierlei Konstellationen haben:

- Gefährdung des Kindes durch Verfehlung des vom Gesetzgeber vorgesehenen Erziehungsziels (vgl §§ 1626 ff BGB, zB durch einen überbehütenden oder demütigenden Erziehungsstil).

   Beispiele: Extreme Überbehütung; symbiotische Fesselung der Kinder an einen Elternteil (Vater schläft mit 16-Jähriger noch im gleichen Bett).

- Verletzung des Kindes in seinem Persönlichkeitsrecht.

   Beispiele: Verweigerung des Umgangs; Missachtung des Kindes in seinen wachsenden Autonomiebedürfnissen.

## b) Untätigkeit der Eltern

**700** Als zweites Erfordernis muss zu der Kindeswohlgefährdung eine **Untätigkeit** der Eltern hinzutreten. Hierdurch wird dem – verfassungsrechtlich vorgegebenen – Vorrang des Elternrechts Rechnung getragen und deutlich gemacht, dass die Zuständigkeit des Staates lediglich eine subsidiäre sein kann. Diese aktualisiert sich nämlich erst dann, wenn die Eltern die drohende Gefahr nicht abwenden, weil sie dazu nicht willens oder nicht fähig sind.

Auf diese Weise ist sichergestellt, dass eine Gefährdung des Kindes durch Dritte (Stiefelternteil misshandelt das Kind, Dritter gefährdet das Kind durch Drogengabe), nicht unmittelbar einen Eingriff in das Elternrecht zur Konsequenz hat. Vielmehr konkretisiert sich jetzt zunächst die Verantwortlichkeit der Eltern für die Sicherung des Kindeswohles. Erst wenn sie die Chance nicht nutzen, kommt – als ultima ratio – ein Sorgerechtseingriff in Betracht. Umgekehrt gewendet bedeutet dies, dass der Staat vor einem Eingriff zuerst – quasi als „Recht des ersten Zugriffs" – den Eltern die Möglichkeit geben muss, die Gefahr ihrerseits zu bannen. In der Praxis können die Eltern oftmals durch Inanspruchnahme einer Hilfe zur Erziehung gem §§ 27 ff SGB VIII die Gefahr selber abwenden und dadurch einen Eingriff in ihre Sorge vermeiden.

## 3. Folgen einer Kindeswohlgefährdung

### a) Die Entscheidung des Familiengerichts

Befugt zum Eingriff ist das Familiengericht: Die Vorgabe an das Familiengericht lautet: **701** Es trifft die „zur Abwendung der Gefahr erforderlichen Maßnahmen" (§ 1666 Abs. 1 BGB). Die Maßnahmen des Familiengerichts sind zukunftsgerichtet. Hingegen ist ein rückwirkender Sorgerechtsentzug nicht möglich. In der Sache ist den Familiengerichten ein weiter Spielraum eröffnet, flexibel auf die Erfordernisse des Einzelfalles zu reagieren. § 1666 Abs. 3 BGB konkretisiert – ohne abschließend aufzuzählen – denkbare gerichtliche Maßnahmen zur Abwendung der Kindeswohlgefährdung. Die wichtigsten Maßnahmen sind:

| Nichttrennende Maßnahmen | Trennende Maßnahmen |
|---|---|
| ■ Rat, eine Erziehungsstelle aufzusuchen.<br>■ Ermahnungen, Verwarnungen.<br>■ Auflagen: Eltern werden verpflichtet, Maßnahmen der Jugendhilfe oder Gesundheitsfürsorge in Anspruch zu nehmen (§ 1666 Abs. 3 Nr 1 BGB).<br>■ Gebot, für die Einhaltung der Schulpflicht zu sorgen (§ 1666 Abs. 3 Nr 2 BGB).<br>■ Ersetzung von elterlichen Erklärungen (§ 1666 Abs. 3 Nr 5 BGB). | ■ Verbot, die Familienwohnung zu nutzen bzw sich an einem bestimmten Ort/Umkreis zu der Wohnung aufzuhalten (§ 1666 Abs. 3 Nr 3 BGB).<br>■ Kontaktverbot mit dem Kind (§ 1666 Abs. 3 Nr 4 BGB).<br>■ Entzug der Sorge oder Teile davon (§ 1666 Abs. 3 Nr 6 BGB), zB Entzug des Aufenthaltsbestimmungsrechts und Übertragung auf Jugendamt, das eine außerfamiliäre Unterbringung einleiten kann; Entzug des Rechts, Hilfen zur Erziehung in Anspruch zu nehmen; Entzug der Personensorge; Entzug der kompletten elterlichen Sorge. |

Die gerichtliche Entscheidung muss sich dabei nicht notwendig gegen die Eltern wenden, sondern kann sich auch gegen Dritte richten (§ 1666 Abs. 4 BGB).

Beispiel: Der Lebensgefährte der Mutter misshandelt das Kind. Das Gericht könnte den Lebensgefährten der Wohnung verweisen (sog Go-Order).

Nicht befugt ist das Familiengericht allerdings dazu, den Träger der Jugendhilfe zur **702** Durchführung bestimmter Maßnahmen zu verpflichten. Insbesondere wird dieser Fall nicht von § 1666 Abs. 4 BGB erfasst. Hält das Familiengericht daher eine jugendhilferechtliche Maßnahme für erforderlich, können nur die Eltern verpflichtet werden, mit dem Jugendamt einen dahin gehenden Kontakt herzustellen. Ebenfalls nicht von § 1666 BGB gedeckt sind Maßnahmen, die in das Persönlichkeitsrecht der Eltern eingreifen. Daher ist eine familiengerichtliche Anordnung an die Eltern, eine Psychotherapie zu beginnen oder fortzusetzen, unzulässig[9].

Die **Auswahl der konkreten Maßnahme** richtet sich nach dem Grundsatz der Ver- **703** hältnismäßigkeit. Dieser Grundsatz ist ein allgemeines rechtsstaatliches Erfordernis, das von den Gerichten zu beachten ist. Er erfordert dreierlei:

---

9 BVerfG, FamRZ 2011, 179.

**704** ■ Geeignetheit: Die Maßnahme muss geeignet sein, um das Kindeswohl zu sichern. Ungeeignete Maßnahmen dürfen nicht angeordnet werden und wären rechtswidrig.

Beispiel: Ungeeignet ist die Verhängung einer Auflage an die Eltern, etwa Hilfen zur Erziehung in Anspruch zu nehmen, nachdem in der Vergangenheit die Hilfeplangespräche immer wieder von den Eltern abgebrochen wurden.

**705** ■ Erforderlichkeit: Unter mehreren geeigneten Maßnahmen ist diejenige auszuwählen, die das Elternrecht am wenigsten beeinträchtigt. Wird gleichwohl die einschneidendere Maßnahme ergriffen, so ist die Entscheidung des Gerichts – weil nicht erforderlich – rechtswidrig und kann erfolgreich mit Rechtsmitteln angegriffen werden.

Beispiel: Wird das Kindeswohl dadurch gefährdet, dass die Mutter den Umgang des Vaters vereitelt (etwa durch massive Beeinflussung des Kindes), dürfen die Familiengerichte nur das mildeste Mittel wählen. Ein milderes Mittel gegenüber der Entziehung des gesamten Aufenthaltsbestimmungsrechts ist insbesondere die Anordnung einer Umgangspflegschaft.

Ausdrücklich ist der Grundsatz der Erforderlichkeit für Maßnahmen, die eine Trennung von Eltern und Kind implizieren, geregelt: Die Wegnahme des Kindes und die Wegweisung eines Elternteils aus der Wohnung sind ultima ratio und kommen nur dann in Betracht wenn andere Maßnahmen, etwa öffentliche Hilfen, versagen (§ 1666a Abs. 1 BGB). Bevor das Familiengericht eine derart weitgehende Maßnahme treffen darf, muss es daher der Familie Gelegenheit geben unter Einbeziehung des Jugendamtes mögliche Alternativen, insbesondere Hilfen zur Erziehung, abzuklären und zu beantragen. Erst wenn diese nicht greifen oder die Eltern sie nicht annehmen bzw abbrechen, ist die Anordnung einer trennenden Maßnahme durch das Familiengericht zulässig.

Der Entzug der gesamten Personensorge schließlich ist nur dann zulässig, wenn andere Maßnahmen erfolglos geblieben sind oder anzunehmen ist, dass sie nicht ausreichen, um das Kind zu schützen (§ 1666a Abs. 2 BGB). Zur Durchführung einer Hilfe zur Erziehung genügt es etwa, das Recht, die Hilfe zu beantragen zu entziehen; soll das Kind fremd untergebracht werden, ist zudem das Aufenthaltsbestimmungsrecht zu entziehen. Weitergehende Anordnungen sind – da nicht erforderlich – unzulässig. Überwiegend werden daher nur Teile der Personensorge entzogen.

**706** ■ Verhältnismäßigkeit: Eine Maßnahme ist immer dann unverhältnismäßig, wenn der mit ihr beabsichtigte Erfolg außer Verhältnis zu dem Eingriff steht (es wird mit Kanonen auf Spatzen geschossen).

Beispiel: Unverhältnismäßig wäre es, den Eltern, die sich nicht über den Aufenthalt des gemeinsamen Kindes und ein Erziehungskonzept einigen können, das Aufenthaltsbestimmungsrecht zu entziehen und auf das Jugendamt als Pfleger zu übertragen, der das Kind in einem Heim unterbringt. Auch wenn diese Maßnahme geeignet und erforderlich ist, ist sie als unverhältnismäßig anzusehen, da sie anderweitige Beeinträchtigungen des Kindeswohles mit sich bringt und nicht zu einer Verbesserung der Gesamtsituation des Kindes führt.

### b) Konsequenzen eines Eingriffs

**707** Die **Konsequenzen eines Sorgerechtseingriffs** hängen von der Art der gerichtlich angeordneten Maßnahme ab. Soweit die Gerichte Teile der elterlichen Sorge entzogen haben, stellt sich die Notwendigkeit, an Stelle des zuständigen Elternteils eine Ersatzzuständigkeit zu schaffen. Insoweit ist zu differenzieren:

■ Wird die komplette Personensorge entzogen, so ist an Stelle der Eltern ein Vormund zu bestellen (§ 1773 Abs. 1 BGB), der die Aufgabe hat, für die Person und das Vermögen des Mündels zu sorgen (§ 1793 Abs. 1 BGB).

■ Werden nur Teile der Personensorge entzogen, so muss nur für die betroffenen Teile eine Ersatzzuständigkeit geschaffen werden. Man spricht in diesem Fall von einem Pfleger (§ 1909 Abs. 1 BGB). Dieser entscheidet in diesem Bereich an Stelle der insoweit nicht mehr sorgeberechtigten Eltern (§ 1630 Abs. 1 BGB).

Soweit das Familiengericht nur punktuell eingreift, etwa indem es Erklärungen der Eltern ersetzt oder diesen nur Auflagen erteilt, bleibt die Sorge der Eltern im Übrigen unberührt, so dass weitere Maßnahmen nicht erforderlich sind.

**Hinweis** zu den Begriffen/Abgrenzung:                                            **708**

Beistand: Der Beistand nimmt Teile der elterlichen Sorge wahr. Insoweit kommt ihm eine dem Pfleger vergleichbare Stellung zu. Im Gegensatz zum Pfleger erhält er aber nicht die Befugnisse *anstelle* eines Elternteils sondern *neben* diesem. Die elterliche Sorge wird nicht beeinträchtigt (§§ 1712 ff BGB).

Verfahrensbeistand: Der Verfahrensbeistand ist ein Instrument der Sicherung kindlicher Interessen in Verfahren, die seine Person betreffen. Er ist kein gesetzlicher Vertreter des Kindes (§ 158 FamFG).

### c) Und dann? – Die nachgehende Überprüfung gerichtlicher Entscheidungen

Wird eine Maßnahme nach §§ 1666 f BGB getroffen, so hat das Gericht seine Anord-  **709** nung in regelmäßigen Abständen auf ihre Aktualität zu überprüfen. Anlass zu einer Überprüfung ist zum einen das Vorliegen triftiger, das Kindeswohl nachhaltig berührender Gründe (§ 1696 Abs. 1 BGB, § 166 Abs. 1 FamFG). Ohne Anhaltspunkte hat das Familiengericht bei länger dauernden Maßnahmen von sich aus eine **Überprüfung seiner Entscheidung** in angemessenen Abständen – in der Regel nach einem Zeitraum von 3 Monaten – vorzunehmen (§ 166 Abs. 3 FamFG). Bei Bedarf kann eine spätere oder frühere Überprüfung erfolgen.

Besteht die Gefahr für das Kindeswohl nicht mehr oder ist der Eingriff nicht mehr erforderlich, ist die gerichtliche Anordnung aufzuheben (§ 1696 Abs. 2 BGB). Dies ist vor allem dann der Fall, wenn sich die Erziehungssituation in der Herkunftsfamilie wesentlich gebessert hat. Lebt das Kind in der Folge eines sorgerechtlichen Eingriffs bei einer anderen Familie, so stellt sich uU die Problematik der kindeswohlgerechten Rückführung des Kindes in seine Herkunftsfamilie (vgl Rn 733).

Auch die Ablehnung einer Maßnahme muss regelmäßig in angemessenen Zeitabstän-  **710** den (in der Regel 3 Monate) überprüft werden (§ 166 Abs. 3 FamFG). Dadurch soll der Gefahr begegnet werden, dass sich jetzt das Kindeswohl verschlechtert, weil die Eltern – „bestärkt" durch das Familiengericht – ihre Kooperation mit dem Jugendamt einstellen. Allerdings birgt die Norm die Gefahr einer gerichtlichen Dauerkontrolle der Familie. Sie soll nach den Vorstellungen des Gesetzgebers daher vor allem dann in Betracht kommen, wenn die Schwelle der Kindeswohlgefährdung noch nicht überschritten wurde, oder aber das Verfahren ohne Entscheidung auf konkrete Zusagen der Eltern hin eingestellt wurde. Das Familiengericht kann in diesem Fall etwa seine Entscheidung überprüfen, indem es das Jugendamt um Mitteilung der Ergebnisse der Hilfeplangespräche bittet, oder aber Eltern und Kind erneut anhört.

#### d) Verfahrensrechtliche Hinweise

**711** Das Verfahren richtet sich nach den Vorschriften des FamFG (konkret: § 151 Nr 1 FamFG). Zuständig ist das Familiengericht (§ 1666 BGB; §§ 23a, 23b GVG) am gewöhnlichen Aufenthaltsort des Kindes (§ 152 Abs. 2 FamFG). Das Verfahren wird von Amts wegen eingeleitet. Ein Antrag ist nicht erforderlich.

**712** Daneben gelten folgende Besonderheiten:

- **Anhörung der Eltern**: Nach § 160 Abs. 1 FamFG soll das Gericht die Eltern anhören. Die Anhörung dient hauptsächlich zur Klärung des Sachverhalts. Das Gespräch kann – und soll – aber auch bereits dazu genutzt werden, um auf die Eltern einzuwirken, die notwendigen erzieherischen Maßnahmen zu ergreifen.

- **„Erörterung der Kindeswohlgefährdung"** (§ 157 Abs. 1 FamFG): Durch diesen verfahrensrechtlichen Mechanismus sollen alle Beteiligten gemeinsam an einen Tisch gebracht werden, um eine effektive Sicherung des Kindeswohles sicherzustellen.

  Dies sind vor allem die Eltern, deren Erscheinen auch persönlich angeordnet werden soll, sowie das Kind (§ 157 Abs. 1, 2 FamFG). Zu den Eltern gehört auch ein nichtsorgeberechtigter Elternteil, also auch zB der nichtsorgeberechtigte Vater eines nichtehelichen Kindes. Die Präsenz des Kindes kann etwa sinnvoll sein bei Drogensucht oder wiederholter Straffälligkeit des Kindes. Das Jugendamt – als sozialpädagogische Fachbehörde und Leistungsträger etwaiger Jugendhilfemaßnahmen – ist ebenfalls zu diesem Termin zu laden (§ 157 Abs. 1 S. 2 FamFG). Die Mitwirkung des Jugendamtes ist von wesentlicher Bedeutung, um die Möglichkeiten einer effektiven Gefahrenabwehr zu erörtern, den Hilfebedarf abzuschätzen und die Geeignetheit und Erforderlichkeit einer Hilfe zu beurteilen.

- Vorrangige Behandlung und **Beschleunigung des Verfahrens** (§ 155 FamFG): Verfahren wegen Kindeswohlgefährdung sind grundsätzlich eilbedürftig und daher beschleunigt und vorrangig durchzuführen. Das Gericht hat dafür spätestens einen Monat nach Verfahrensbeginn einen Termin zur mündlichen Anhörung festzusetzen, bei dem die verfahrensfähigen Beteiligten und das Jugendamt anzuhören sind (§ 155 Abs. 2 FamFG). Das persönliche Erscheinen der Beteiligten ist anzuordnen (§ 155 Abs. 3 FamFG).

- Bei Verfahren wegen Kindeswohlgefährdung ist zudem immer auch der Erlass einer einstweiligen Anordnung zu prüfen (§ 157 Abs. 3 FamFG).

- Dem Kind ist daneben stets ein **Verfahrensbeistand** zu bestellen (§ 158 Abs. 2 Nr 2 FamFG).


#### 4. Exkurs: Die Rolle der Kinder- und Jugendhilfe

**713** Dem Jugendamt kommt im Bereich der Kindeswohlgefährdung eine Schlüsselrolle beim Schutz des Kindes zu. Folgende Befugnisse fließen zusammen:

- **Hilfen zur Erziehung** als Maßnahmen zur Abwendung einer Kindeswohlgefährdung: Die Leistungspalette der Hilfen zur Erziehung in §§ 27 ff SGB VIII enthält Maßnahmen, mit denen sich eine Kindeswohlgefährdung vermeiden lässt. Die Leistungen des Jugendamtes können – soweit sie geeignet sind – im Grundsatz dazu beitragen, Eingriffe in das Sorgerecht der Eltern zu vermeiden. Sie setzen allerdings voraus, dass die Eltern die – freiwilligen – Leistungen in Anspruch nehmen.

- Initiierung des Verfahrens/**Beteiligter des Verfahrens**:
  - § 8a Abs. 2 SGB VIII: Hält das Jugendamt zur Abwendung einer Gefährdung des Kindeswohls das Tätigwerden des Gerichts für erforderlich, so hat es das Gericht anzurufen. Davon ist insbesondere auszugehen, wenn die Eltern bei der Gefahrenabschätzung nicht mitwirken oder angebotene Hilfen zur Erziehung nicht annehmen.
  - § 50 Abs. 1 Nr 1 SGB VIII: Das Jugendamt unterstützt das Familiengericht bei allen Maßnahmen, die die Sorge von Minderjährigen betreffen. Es hat in den Verfahren vor dem Familiengericht mitzuwirken. Diese Pflicht besteht unabhängig von und neben seinem Anhörungsrecht im Verfahren. In diesem Rahmen unterrichtet das Jugendamt das Familiengericht über die von ihm angebotenen und erbrachten Leistungen. Sodann bringt es erzieherische und soziale Gesichtspunkte zur Entwicklung des Minderjährigen ein und weist auf weitere Möglichkeiten der Hilfe hin (§ 50 Abs. 2 SGB VIII). Durch diese fachpädagogische Stellungnahme nimmt das Jugendamt inhaltlich Einfluss auf die Entscheidung des Gerichts.
- Unmittelbarer Schutz des Kindes: **Inobhutnahme** (§§ 8a Abs. 2, 42 SGB VIII).
- Jugendamt als potenzieller **Pfleger/Vormund**: Soweit das Familiengericht den Eltern sorgerechtliche Befugnisse entzieht, sind diese auf einen Pfleger bzw Vormund zu übertragen, der anstelle der Eltern, die Sorge erhält. Im Regelfall wird das Jugendamt als Pfleger bzw Vormund ausgewählt.

Vor allem dieser Zusammenhang zwischen Kindeswohlgefährdung und Hilfen zur Erziehung in Verbindung mit der Pflicht des Jugendamtes, notfalls ein gerichtliches Verfahren gem § 1666 BGB zu initiierten und in der Folge sogar sorgerechtliche Befugnisse als Vormund/Pfleger an sich zu ziehen, kann dem Jugendamt ein gewisses „Drohpotenzial" gegenüber Eltern vermitteln, um diese zur Inanspruchnahme einer Hilfe zur Erziehung zu „motivieren". Das Jugendamt befindet sich insoweit in einer Doppelrolle, als Helfer einerseits sowie Kontrollorgan andererseits.

Wiederholungsfragen:                                                                                    **714**

1. Unter welchen Voraussetzungen kann in die elterliche Sorge eingegriffen werden?

2. Welche Maßnahmen können in diesem Rahmen ergriffen werden?

3. Wer ist für den Eingriff zuständig?

4. Welche Aufgaben und Befugnisse kommen dem Jugendamt insoweit zu?

### XII. Die Beteiligung Dritter an der elterlichen Sorge

#### 1. Übungsfall 13

Marina (17 Jahre) lebt im Einvernehmen mit ihren (nach wie vor getrennt lebenden) Eltern bei ihrer   **715**
Großtante Thekla. Um sich größere Wünsche zu erfüllen, möchte Marina einen Job aufnehmen. Außerdem plant sie eine Bewerbung bei einer Casting-Show. Da das Verhältnis zwischen Marina und ihren Eltern weiterhin sehr belastet ist, möchte Marina nicht, dass ihre Eltern davon erfahren.

Auch der Kontakt zu Marinas Mutter hat sich weiter verschlechtert. Marina möchte vor allem mit ihrer Mutter keinen Kontakt mehr halten. Diese hat Marina darauf hin gedroht, Unterhaltszahlungen einzustellen.

Fragen:

1. Muss das Jugendamt wissen, dass Marina bei ihrer Großtante lebt?

Unterstellen Sie bei der Beantwortung der folgenden Fragen, dass das Jugendamt die erforderliche Kenntnis hat:

2. Darf Thekla Marina bei der Realisierung ihrer Pläne unter Ausschluss der Eltern unterstützen?

3. Kann Thekla Marinas Unterhaltsansprüche gegen die Eltern geltend machen?

4. Kann Thekla den Eltern den Umgang mit Marina untersagen? Würde sich daran etwas ändern, wenn Marinas Eltern die Sorge entzogen wäre?

5. Unterstellen Sie, Marinas Eltern möchten, dass Marina in den mütterlichen Haushalt zurückkehrt. Kann Thekla das verhindern?

(Lösungshinweise Rn 744).


## 2. Überblick

**716** Kinder können (und werden zumeist), müssen aber nicht bei ihren Eltern aufwachsen. Elterliche Sorge ist auch insoweit delegierbar, dass Kinder auf Dauer oder vorübergehend bei anderen Personen oder in einer Einrichtung leben – etwa in einem Internat oder bei nahen Verwandten. In der Praxis der Sozialen Arbeit steht häufig eine außerfamiliäre Unterbringung des Kindes im Zusammenhang mit einer Kindeswohlgefährdung: Die Kinder werden (mit Einwilligung der Eltern zum Schutz des Kindes oder nach einem Sorgerechtseingriff) außerhalb des Elternhauses untergebracht, weil deren Erziehung zu Hause gefährdet ist.

In all diesen Konstellationen stellen sich Fragen auf verschiedenen Ebenen:

■ Mit Blick auf die „Ersatzeltern" stellt sich die Frage nach deren Verhältnis gegenüber den natürlichen Eltern. Von der Warte des Kindes aus stellt sich die Frage nach den Befugnissen der Pflegeperson. Die Antworten hierauf finden sich im bürgerlichen Recht. Zu unterscheiden ist dabei zwischen der Unterbringung des Kindes bei einer anderen Familie bzw Person einerseits und in einer Institution andererseits.

■ Mit Blick auf die Belange des Kindes stellt sich die Frage nach seinem Schutz in einem außerfamiliären Kontext. Der Schutz des außerhalb des Elternhauses aufwachsenden Kindes ist Angelegenheit der Jugendhilfe und wird nachfolgend nur oberflächlich angerissen.


## 3. Die Beteiligung von Pflegeeltern

### a) Rechtliche Grundlagen für die Erziehung eines fremden Kindes

### aa) Begründung eines Pflegeverhältnisses

**717** Die regelmäßige Betreuung oder Unterkunftgewährung außerhalb des Elternhauses bei einer anderen Person wird als **Pflege** bezeichnet. Lebt das Kind nur unter Tags bei jemand anderem spricht man von Tagespflege. Lebt das Kind Tag und Nacht dort, liegt eine sog Vollzeitpflege vor (§ 44 Abs. 1 SGB VIII). Nur diese wird im Folgenden in den Blick genommen.

Das (auch nur zeitweilige) Leben des Kindes in einer anderen Familie ist ein Anwendungsfall der Delegation elterlicher Sorge. Gegenüber dem Kind machen die Eltern von ihrem Bestimmungsrecht Gebrauch, indem sie seinen Aufenthalt bestimmen. Mit den Pflegeeltern wird ein bürgerlich-rechtlicher Vertrag geschlossen, in dem die Eltern den Pflegeeltern die erforderlichen Befugnisse einräumen. Dies gilt auch, wenn das

Kind nach einem Sorgerechtsentzug bei Pflegeeltern untergebracht ist. In diesem Fall können allerdings nicht mehr die Eltern den Vertrag schließen, da ihnen insoweit die Sorge nicht mehr zusteht. Der Vertrag muss vielmehr durch den zuständigen Vormund bzw Pfleger geschlossen werden.

### bb) Genehmigungserfordernisse

Leben Kinder außerhalb des Elternhauses, so stellt sich noch einmal in ganz anderer **718** Weise die Notwendigkeit, sicher zu stellen, dass deren Wohl gewahrt ist. Der Schutz des außerhalb des Elternhauses aufwachsenden Kindes ist Angelegenheit der Jugendhilfe. Er erfolgt vor allem durch eine Kontrolle der betreuenden Person, die Pflegeerlaubnis (§ 44 SGB VIII).

Die Aufnahme eines Kindes über Tag und Nacht in den eigenen Haushalt ist Gegenstand von § 44 SGB VIII. Grundsätzlich ist die Vollzeitpflege erlaubnispflichtig. Maßstab für die Erteilung der Erlaubnis ist, dass das Kindeswohl in der Pflegestelle gewährleistet ist (§ 44 Abs. 2 SGB VIII). Dies wird im Rahmen einer Einzelfallprüfung entschieden.

Keine Pflegeerlaubnis ist in folgenden Konstellationen erforderlich: **719**

- Die Vollzeitpflege wird als Hilfe zur Erziehung (§§ 27, 33 SGB VIII) gewährt (§ 44 Abs. 1 S. 2 Nr 1 SGB VIII). Hier ist die Prüfung, ob das Wohl des Kindes bei der Person gewährleistet ist, bereits im Rahmen des Verwaltungsverfahrens über die Hilfe zur Erziehung erfolgt.
- Die Pflegeperson ist der Vormund oder Pfleger des Kindes im Rahmen seines Wirkungskreises (§ 44 Abs. 1 S. 2 Nr 2 SGB VIII).
- Die Pflegeperson ist mit dem Kind bis zum 3. Grad verwandt oder verschwägert (§ 44 Abs. 1 S. 2 Nr 3 SGB VIII).
- Kurzzeitpflege: Die Pflege dauert maximal 8 Wochen (§ 44 Abs. 1 S. 2 Nr 4 SGB VIII).
- Schüler- oder Jugendaustausche (§ 44 Abs. 1 S. 2 Nr 5 SGB VIII).
- Adoptionspflege (§ 44 Abs. 1 S. 2 Nr 6 SGB VIII).

Nach überwiegender Auffassung handelt es sich bei der Pflegeerlaubnis um eine öf- **720** fentlich-rechtliche Genehmigung für den privatrechtlichen Pflegevertrag. Fehlt sie, so ist der Pflegevertrag unwirksam.

### cc) Beendigung eines Pflegeverhältnisses

Das Pflegeverhältnis wird dadurch beendet, dass der Pflegevertrag wieder gekündigt **721** wird. Es endet auch, wenn die Pflegeerlaubnis zurückgenommen oder widerrufen wird.

### b) Erzieherische Befugnisse der Pflegeeltern

### aa) Vertraglich delegierte Befugnisse

Die **Befugnisse des „Ersatzelternteils"** gegenüber dem Kind richten sich zunächst **722** nach dem zwischen ihm und den Eltern geschlossenen **Vertrag**. In diesem sind – schriftlich, mündlich oder konkludent – sorgerechtliche Befugnisse der Eltern delegiert.

**bb) Gesetzliche Befugnisse für erlaubnispflichtige Pflege**

**723** Weitere **Befugnisse außerhalb der vertraglichen Regelung** stehen kraft Gesetz den Pflegepersonen zu, wenn es sich um eine längerdauernde Familienpflege handelt (§ 1688 Abs. 1 BGB).

**724** Familienpflege im Sinne dieser Norm ist die Unterbringung des Kindes außer Haus bei einer anderen Person oder Familie. Erfasst ist dabei sowohl die Vollzeitpflege als Hilfe zur Erziehung (§ 33 SGB VIII) als auch eine sonstige erlaubnispflichtige Pflege. Hingegen gilt die Privilegierung nicht für die Tagespflege sowie eine nicht erlaubnispflichtige Vollzeitpflege außerhalb einer Hilfe zur Erziehung.

Beispiel: Kind wird bei seinen Großeltern untergebracht.

**725** Die Frage, ab wann von einer „**längeren Zeit**" gesprochen werden kann, hängt von den Umständen des Einzelfalles ab:

■ Grundsätzlich ist auf die Zielvorstellungen der Eltern abzustellen. Von einer längeren Dauer ist in diesem Fall jedenfalls dann auszugehen, wenn das Pflegeverhältnis zeitlich auf unbestimmte Dauer angelegt ist. Nicht ausreichend ist ein Pflegeverhältnis bis 8 Wochen (sog Kurzzeitpflege).

■ Auch eine zunächst nicht auf Dauer angelegte Unterbringung in diesem Sinn kann aufgrund des tatsächlichen Zeitablaufs in eine „längerdauernde" Pflege umschlagen. Maßstab ist, ob aus Sicht des Kindes eine gewachsene Beziehung anzunehmen ist. Dies richtet sich nach dem Alter des Kindes. Für ein Kleinkind lässt sich das bereits bei einer Unterbringung von 7 ½ Monaten annehmen. Bei einer 16-jährigen Jugendlichen wurde eine 14 Monate dauernde Pflege als länger angesehen.

**726** In den genannten Fällen besitzen Pflegepersonen folgende **erzieherische Befugnisse außerhalb des Pflegevertrags** (§ 1688 Abs. 1 BGB):

■ Entscheidungen in Angelegenheiten des täglichen Lebens sowie die *Vertretung des Sorgeberechtigten* in diesen Angelegenheiten. Der Begriff der Angelegenheiten des täglichen Lebens ist identisch mit dem Verständnis des § 1687 Abs. 1 S. 2 BGB. Dazu gehören der Abschluss von Kaufverträgen, Unterrichtsverträgen oder die Teilnahme an Elternabenden.

■ Verwaltung des Arbeitsverdienstes des Kindes sowie die Geltendmachung von Unterhalts-, Versorgungs-, Versicherungs- und sonstigen Sozialleistungen. Pflegeeltern können auf dieser Basis etwa die Unterhaltsansprüche des Kindes gegen Dritte geltend machen. Praktischer Anwendungsfall ist der Unterhaltsanspruch des Kindes gegen das Jugendamt im Rahmen der Hilfe zur Erziehung (§§ 27, 39 SGB VIII). Hingegen können nicht die leiblichen Eltern auf Unterhalt verklagt werden, da § 1688 Abs. 1 BGB den Pflegeeltern das Recht zur Vertretung der Eltern einräumt und sich naturgemäß nicht gegen diese richtet.

■ Notvertretungsrecht: Bei Gefahr im Verzug besitzen Pflegepersonen die Berechtigung zur Vornahme der im Kindeswohl erforderlichen Rechtshandlungen. Die Eltern sind unverzüglich zu benachrichtigen (§§ 1688 Abs. 1 S. 3, 1629 Abs. 1 S. 4 BGB).

**727** Die genannten Befugnisse verleihen der betreuenden bzw pflegenden Personen keine sorgerechtliche Stellung. Diese liegt nach wie vor bei den Eltern, die daher die in § 1688 Abs. 1 BGB genannten Rechte der Pflegeeltern jederzeit beschränken können (§ 1688 Abs. 3 BGB).

**728** Daneben können die Befugnisse der Pflegeperson – neben den Eltern – durch das Familiengericht modifiziert werden: Dieses kann die Rechte aus § 1688 Abs. 1 BGB einschränken oder ausschließen. Voraussetzung ist, dass dies für das Wohl des Kindes erforderlich ist. Eine Erweiterung der Befugnisse der Pflegepersonen ist hingegen auch familiengerichtlich nicht möglich. Eine solche kann sich nur aus dem Pflegevertrag mit den Eltern oder einer Sorgerechtsübertragung ergeben (vgl Rn 730).

### c) Die Stellung der Pflegeeltern gegenüber den Eltern

Da die Pflegeeltern sorgerechtliche Befugnisse nur delegiert erhalten, besitzen sie kein **729** Sorgerecht. Dieses verbleibt bei den Eltern, wurde den Eltern die Sorge insoweit entzogen, bei dem Vormund oder Pfleger. Die Begründung des Pflegeverhältnisses tangiert die **sorgerechtliche Stellung der Eltern** bzw des Pflegers/Vormunds in keiner Weise. Sie können daher jederzeit die Entscheidungshoheit wieder an sich ziehen, etwa indem sie den Pflegeeltern erzieherische Vorgaben machen (§ 1688 Abs. 3 BGB) oder aber den Aufenthalt des Kindes bei diesen beenden. Der betreuende Dritte ist an diese Entscheidung gebunden und muss ihr im Grundsatz Folge leisten.

Eine Ausnahme gilt allein dann, wenn der Verbleib des Kindes in der fremden Familie nicht mehr auf dem Willen der Eltern beruht, sondern auf einer gerichtlichen Verbleibensanordnung (§ 1632 Abs. 4 BGB, vgl dazu Rn 733 ff).

Ungeachtet der Frage, ob die Eltern das Sorgerecht noch besitzen, steht den Eltern das voraussetzungslose Umgangsrecht zu (§ 1684 Abs. 1 BGB). Dieses kann nur gerichtlich zum Wohl des Kindes eingeschränkt werden (§ 1684 Abs. 4 BGB). Die Pflegeeltern besitzen hingegen keine Befugnis, den Eltern den Umgang zu gestatten oder zu versagen.

### d) Sorgerecht für Pflegeeltern

Eigene sorgerechtliche Befugnisse können Pflegeeltern durch eine **Sorgerechtsüber-** **730** **tragung** erlangen (§ 1630 Abs. 3 BGB). Dabei werden einzelne Angelegenheiten der elterlichen Sorge durch das Familiengericht auf die Pflegeeltern übertragen. Dadurch erlangen die Pflegeeltern die gleiche Stellung wie ein Pfleger (§ 1630 Abs. 3 S. 3 BGB).

Soweit die Sorge auf die Pflegeeltern übertragen wird, besitzen diese ein eigenes Entscheidungsrecht (tatsächliche Sorge) sowie ein eigenes und echtes Vertretungsrecht des Kindes unter Ausschluss der Eltern (§§ 1909, 1915, 1793 Abs. 1, 1800 BGB). Die Eltern sind insoweit nicht mehr zuständig und haben auch keine Befugnisse mehr. Bei Meinungsverschiedenheiten in überschneidenden Bereichen entscheidet das Familiengericht (§ 1630 Abs. 2 BGB).

Denkbare Anwendungsfelder für eine Sorgerechtsübertragung wären etwa: Die Aufenthaltsbestimmung, das Umgangsrecht, Angelegenheiten der Gesundheitsfürsorge, Schul- und Ausbildungsangelegenheiten, aber auch die gesamte Personensorge.

Voraussetzung der Sorgerechtsübertragung ist die **längere Unterbringung** (vgl **731** Rn 725) des Kindes in einer Familienpflege.

Befugt zu dieser weitreichenden Delegation sind ausschließlich die sorgeberechtigten Eltern. Hingegen kann die Sorgerechtsübertragung nicht von einem Pfleger oder Vormund beantragt werden, etwa nachdem den Eltern die Sorge insoweit entzogen wurde. Dementsprechend ist eine Sorgerechtsübertragung auch streng an deren Willen gebunden. Der Antrag kann sowohl von den Eltern als auch von den Pflegeeltern gestellt werden. Stellen die Pflegeltern den Antrag, müssen die Eltern diesem zustimmen.

Gegen den Willen der sorgeberechtigten Eltern ist eine Sorgerechtsübertragung an die Pflegeeltern ausgeschlossen.

**732** Die Entscheidung des Familiengerichts richtet sich am Wohl des Kindes aus (§ 1697a BGB). Das Familiengericht kann dem Antrag daher nur teilweise stattgeben oder ihn auch ablehnen, wenn Kindeswohlaspekte dagegen sprechen. Endet das Pflegeverhältnis, ist die Sorgerechtsübertragung wieder rückgängig zu machen.

Beispiele:   Tod der Pflegeperson; Wechsel des Kindes zu einer anderen Pflegefamilie.

Gleiches gilt, wenn die Pflegeeltern oder die Eltern die Aufhebung der Übertragung beantragen. In der Praxis hat die freiwillige Sorgerechtsübertragung kaum Relevanz.

### e)  Der Schutz des Pflegeverhältnisses – Die Verbleibensanordnung

### aa)  Überblick

**733** Solange Eltern die Sorge besitzen, können sie jederzeit das Pflegeverhältnis beenden und die **Herausgabe des Kindes** verlangen (§ 1632 Abs. 1 BGB). Ihr Verlangen bewirkt faktisch die Kündigung des Pflegevertrags. Enthalten die Pflegeeltern das Kind seinen Eltern jetzt vor, machen sie sich uU schadensersatzpflichtig.

Probleme wirft diese Logik bei länger dauernden Familienpflegeverhältnissen auf. Hier hat das (vor allem kleine) Kind uU Bindungen zu seinen Pflegeeltern entwickelt und sich von seinen leiblichen Eltern weitgehend entfremdet. Das Herausgabeverlangen kann daher das Kind beeinträchtigen. Dies erfordert einen Schutz des Kindes vor einer kindeswohlgefährdenden Beendigung des Pflegeverhältnisses.

Zu diesem Zweck ist es möglich, den Verbleib des Kindes bei der Pflegefamilie gerichtlich anzuordnen (sog **Verbleibensanordnung**, § 1632 Abs. 4 BGB). Gegenüber einem Eingriff in die elterliche Sorge nach § 1666 BGB ist § 1632 Abs. 4 BGB eine verfahrensrechtliche Sonderregel. Sie ermöglicht einen Eingriff in das Elternrecht, ohne dass ein Sorgerechtsentzug erforderlich ist.

### bb)  Voraussetzungen der Verbleibensanordnung

**734** Eine Verbleibensanordnung kann unter folgenden Voraussetzungen ergehen:
- Das Kind hat längere Zeit in der Pflegefamilie gelebt,
- die Eltern möchten das Kind wegnehmen und
- dies gefährdet das Kindeswohl.

**735** Eine Verbleibensanordnung bedeutet einen schweren Eingriff in das Elternrecht. Sie ist daher nur zulässig bei dringenden Kindeswohlgründen. Ob das Kindeswohl gefährdet ist, ist im Rahmen einer Gesamtabwägung zwischen Kindesinteressen und Elternrecht festzustellen. Der an die Gefährdung des Kindeswohles anzulegende Maßstab entspricht dabei dem des § 1666 BGB. In die Waagschale sind vor allem folgende Aspekte zu werfen:
- Dauer der Familienpflege: Hat ein Pflegeverhältnis 8 oder gar 11 Jahre gedauert, so kann zwischen Kind und Pflegeeltern eine faktische Eltern-Kind-Beziehung gewachsen sein. Diese allein kann bereits eine Kindeswohlgefährdung durch die Herausnahme indizieren. Die Herauslösung des Kindes aus der Pflegefamilie wird in diesem Fall nur bei besonders triftigen Gründen in Betracht kommen (etwa bei einer Vernachlässigung des Kindes in der Pflegestelle).

Allerdings ist auch bei längerer Pflegezeit eine Rückkehr dann zumutbar, wenn der Kontakt zu den Eltern aufrechterhalten wurde. In diesem Fall wird eine schrittweise Rückführung zu den Eltern vorbereitet, bei der zunächst die Besuchsrechte der Eltern ausgedehnt werden, um das Kind allmählich wieder an seine Ursprungsfamilie zu gewöhnen. Die Dauer der Familienpflege sowie – damit einhergehend – der Grad der Verwurzelung des Kindes in dieser ist mithin abzuwägen mit der Entfremdung zu den eigenen Eltern.

- Persönlichkeit und Wille des Kindes: Im Zentrum steht die Frage, inwieweit das Kind aufgrund seiner körperlichen und seelischen Verfassung die langfristige Verlagerung seiner Beziehungen psychisch verkraften kann. Allein der Wille – auch eines älteren (15-jährigen) – Kindes reicht auch dann nicht für das Ergehen oder die Aufrechterhaltung einer Verbleibensanordnung aus, wenn es bereits viele Jahre in der Pflegefamilie lebt.

- Persönliche Defizite der Eltern: Drohende Misshandlungen durch die Eltern bzw den Stiefvater oder eine Überforderung durch die Erziehung bzw psychische Probleme der Eltern können der Beendigung der Pflege und Rückkehr des Kindes in seine Herkunftsfamilie entgegenstehen.

- Anlass der Familienpflege: Standen Misshandlungen im Raum oder berufliche Gründe oder erfolgte die Inpflegegabe des Kindes aus Gleichgültigkeit dem Kind gegenüber?

- Ziel der Herausgabeverlangens: Wollen die Eltern die Erziehung wieder selber übernehmen, so kommt es – neben der psychischen Stabilität des Kindes – maßgeblich auf die Perspektive für das Kind an. Lebt das Kind in einer Pflegefamilie, um einen Sorgerechtseingriff bei den Eltern zu vermeiden, kommt es wesentlich darauf an, ob sich die Erziehungsbedingungen bei den leiblichen Eltern wesentlich gebessert haben, oder das Wohl in der Pflegefamilie nicht mehr hinreichend gefördert werden kann. Beabsichtigen die Eltern hingegen lediglich einen Wechsel der Pflegestelle, wird das Herausgabeverlangen nur dann erfolgreich sein, wenn mit hinreichender Sicherheit eine Gefährdung des körperlichen und seelischen Wohls des Kindes ausgeschlossen werden kann. So ist davon auszugehen, dass drohende Mehrfachwechsel des Zuhauses und der unmittelbaren Bezugspersonen das Kindeswohl grundsätzlich in erheblichem Maße beeinträchtigen.

Das Familiengericht trifft eine – am Wohl des Kindes ausgerichtete (§ 1697a BGB) – **736** **Ermessensentscheidung**. Dabei ist der Grundsatz der Verhältnismäßigkeit zu beachten. Insoweit ist zu berücksichtigen, dass die Verbleibensanordnung selber eine weitere Entfremdung zu den Eltern sowie eine zunehmende Verwurzelung des Kindes bei den Pflegeeltern mit sich bringen und damit eine endgültige Trennung des Kindes von seinen Eltern befördern kann. Mit Blick auf die besondere Bedeutung des Elternrechts soll eine Verbleibensanordnung grundsätzlich keine dauerhafte Zuordnung zu den Pflegeeltern beinhalten. Sie intendiert vielmehr den Schutz des Kindes vor der Beendigung der Pflege „zur Unzeit". Ziel sollte es sein, das Kind wieder – in kindeswohlgerechter Weise – seinen Eltern zuzuführen. Typischerweise ist die Verbleibensanordnung mit einer Besuchsregelung zugunsten der Eltern zu verbinden, mit deren Hilfe die Grundlage für eine Beziehung zu den Eltern gelegt werden kann.

## cc) Die Konsequenzen einer Verbleibensanordnung

**737** Mit Erlass einer Verbleibensanordnung erhält die Pflegeperson die **Entscheidungs-befugnis und Vertretungsmacht** in allen Angelegenheiten des täglichen Lebens für das Kind (§ 1688 Abs. 4 BGB). Dies bedeutet:

- § 1688 Abs. 1 BGB gilt. Dies gibt den Pflegeeltern die nötige Handlungsmacht auch außerhalb des (nunmehr nicht mehr bestehenden) Pflegevertrages.
- Einschränkungen ihrer Befugnisse können nicht mehr durch die Eltern, sondern nur durch das Familiengericht erfolgen. Dies schützt das Pflegeverhältnis davor, dass die Eltern die Verbleibensanordnung durch gegengerichtete Entscheidungen torpedieren.

## dd) Verfahrensrechtliche Hinweise

**738** Für das **Verfahren** gelten besondere Bestimmungen:

- Einleitung des Verfahrens: Das Verfahren kann sowohl von den Pflegeeltern auf deren Antrag eingeleitet werden als auch von Amts wegen durch das Familiengericht.
- Beteiligte: Die Pflegeeltern können als Beteiligte hinzugezogen werden (§ 161 Abs. 1 FamFG).
- Anhörungsrecht der Pflegeeltern: Lebt das Kind seit längerer Zeit in Familienpflege, ist die Pflegeperson – unabhängig davon, ob sie als Beteiligter zum Verfahren hinzugezogen worden ist – anzuhören (§ 161 Abs. 2 FamFG).
- Bestellung eines Verfahrensbeistands: Die Bestellung eines Verfahrensbeistands ist zwingend (§ 158 Abs. 2 Nr 4 FamFG).

## f) Öffentlich-rechtlicher Kindesschutz

**739** Unabhängig von der Erteilung der Pflegeerlaubnis besitzt das **Jugendamt** folgende Möglichkeiten, das Wohlergehen des Kindes in der Pflegefamilie sicherzustellen:

- **Kontrollbefugnisse:** Das Schwergewicht liegt zwar auf der Unterstützung und Beratung der Pflegeeltern. Bei Anhaltspunkten für eine Gefährdung des Kindeswohles kann eine Überprüfung der Pflegeeltern erfolgen (§ 44 Abs. 3 SGB VIII). Im Regelfall wird es dafür erforderlich sein, dass sich das Jugendamt im Rahmen eines Hausbesuchs einen Eindruck verschafft (§ 8a Abs. 2 S. 2 SGB VIII).
- Unmittelbarer Schutz des Kindes: **Inobhutnahme** durch das Jugendamt (§§ 8a Abs. 2, 42 SGB VIII).
- Die Pflegeeltern unterliegen ihrerseits einer **Meldepflicht** über wichtige Ereignisse, die sie dem Jugendamt anzuzeigen haben (§ 44 Abs. 4 SGB VIII iV mit den Landesausführungsgesetzen). Weitere Auskunftspflichten folgen aus den Landesgesetzen.

## 4. Die Heimerziehung

### a) Begründung und Beendigung

**740** Die Erziehung in einem **Heim** oder Internat richtet sich im Grundsatz nach den gleichen Maßstäben wie die Unterbringung bei einer Pflegefamilie. Grundlage ist ein Vertrag zwischen Eltern (bei Sorgerechtsentzug des Vormunds/Pflegers) mit dem Träger der Institution. Beendet wird das Verhältnis durch Kündigung des Vertrags.

## b) Erzieherische Befugnisse der Einrichtung

Die **erzieherischen Befugnisse einer Einrichtung** richten sich grundsätzlich nach **741** dem mit den Sorgeberechtigten geschlossenen Vertrag. Die besonderen Befugnisse des § 1688 BGB außerhalb des Vertrages kommen nur für Einrichtungen in Betracht, in denen eine Hilfe zur Erziehung nach §§ 27 f SGB VIII (§§ 34, 35 oder 35a SGB VIII) geleistet wird (§ 1688 Abs. 2 BGB). Lebt das Kind hingegen lediglich in einem Internat, finden die Befugnisse des § 1688 BGB keine Anwendung. In diesem Fall können sich erzieherische Befugnisse ausschließlich auf den Vertrag mit den Eltern stützen. Anderes gilt nur, wenn das Kind im Rahmen einer Hilfe zur Erziehung in dem Internat untergebracht ist, dann besitzen die dort tätigen Pflegepersonen ebenfalls die og Befugnisse.

Pflegeperson in einem Heim ist, wer die Betreuung und Erziehung des Minderjährigen übernommen hat. Ausreichend ist die faktische Erfüllung von Erziehungsaufgaben aufgrund eines Auftrags.

Beispiele: Gruppenerzieher; Nachtwache in Notfällen; nicht: Jahrespraktikant.

Für **Einschränkungen** gelten die gleichen Maßstäbe wie bei einer Pflegefamilie: So- **742** wohl Eltern als auch Familiengericht können die Befugnisse des § 1688 BGB beschränken (§ 1688 Abs. 3 BGB). Anders als bei der Unterbringung in einer Pflegefamilie allerdings besteht keine Möglichkeit, sorgerechtliche Befugnisse gem § 1630 Abs. 3 BGB auf die Einrichtung zu übertragen. Ebenso wenig kann eine Verbleibensanordnung nach § 1632 Abs. 4 BGB ergehen.

## c) Öffentlich-rechtlicher Kindesschutz

Der Betrieb eines Heimes ist nur mit **Erlaubnis** zulässig (sog Betriebserlaubnis, § 45 **743** Abs. 1 SGB VIII). Ähnlich wie bei der Pflegeerlaubnis richtet sich die Erteilung der Erlaubnis danach, ob das Wohl der Kinder/Jugendlichen in der Einrichtung gewährleistet ist (§ 45 Abs. 2 SGB VIII).

Zum Schutz des Kindes oder Jugendlichen besitzt die Jugendhilfe folgende Kompetenzen:

- **Kontrollen** (§ 46 SGB VIII): Dabei besteht im Grundsatz keine generelle Heimaufsicht mehr.
- Als weitere Möglichkeit kann ein **Tätigkeitsverbot** für den Leiter oder Mitarbeiter ausgesprochen werden, wenn ihm die für die jeweilige Funktion vorausgesetzte Eignung fehlt (§ 48 SGB VIII).

Der Heimträger ist seinerseits **meldepflichtig** über wesentliche Ereignisse (§ 47 SGB VIII).

## 5. Lösungshinweise zum Übungsfall 13

Lösungshinweise zum Übungsfall 13 (Fall Rn 715) **744**

Frage 1: Die dauernde Unterbringung von Marina bei ihrer Großtante ist eine Pflege. Diese ist gemäß § 44 Abs. 1 SGB VIII erlaubnispflichtig. Denn Marina ist mit ihrer Großtante im 4. Grad (Seitenlinie) verwandt. Das Privileg des § 44 Abs. 1 Nr 3 SGB VIII ist insoweit nicht anwendbar. Daher muss das Jugendamt von der Inpflegegabe von Marina unterrichtet werden. Nach herrschender Meinung ist ein ohne die erforderliche Pflegeerlaubnis geschlossener Pflegevertrag nichtig.

Frage 2: Die Frage zielt auf die Befugnisse von Thekla. Diese können ihre Grundlage in zweierlei haben:

- ■  Dem mit Marinas Eltern geschlossenen Vertrag. Angaben hierzu fehlen im Sachverhalt.
- ■  § 1688 Abs. 1 BGB. Diese Norm ist nur anwendbar, wenn eine erlaubnispflichtige Pflege, die auf längere Dauer angelegt ist, vorliegt. Die Pflege ist erlaubnispflichtig (§ 44 Abs. 1 Nr 3 SGB VIII). Damit kommt es darauf an, ob sie auf längere Dauer angelegt ist. Dies anzunehmen liegt nahe, da die Pflege zumindest auf unbestimmte Zeit hin angelegt ist.

In der Konsequenz besitzt Thekla die Befugnisse aus § 1688 Abs. 1 BGB. Diese umfassen insbesondere eine Entscheidungsbefugnis (tatsächliche Sorge) im Bereich von Alltagsangelegenheiten inklusive einem Vertretungsrecht der sorgeberechtigten Eltern insoweit. Soweit die von Marina angedachten Geschäfte von § 1688 BGB erfasst sind, dürfte Thekla den von Marina geschlossenen Verträgen die Zustimmung erteilen bzw entsprechende Verträge für Marina schließen, ohne mit Marinas Eltern Rücksprache zu halten. Für Angelegenheiten von erheblicher Bedeutung bleiben die Eltern zuständig. Damit ist zu klären, ob die von Marina angedachten Bereiche als alltägliche Angelegenheiten anzusehen sind.

Als Abgrenzungsmaßstab lässt sich der Maßstab des § 1687 Abs. 1 S. 3 BGB heranziehen. Es spricht im vorliegenden Kontext viel dafür, die Aufnahme eines kleineren Jobs als Alltagsangelegenheit zu qualifizieren, hingegen die Teilnahme an der Castingshow als von erheblicher Angelegenheit einzuordnen. In der Konsequenz kann Thekla dem Arbeitsvertrag zustimmen, hingegen müsste die Teilnahme an der Casting-Show mit den Eltern abgestimmt werden. Die Befugnisse greifen allerdings dann nicht mehr, wenn Marinas Eltern etwas anderes erklären und insoweit die Befugnisse von Thekla einschränken, § 1688 Abs. 3 BGB.

Frage 3: Die bloßen zivilrechtlichen Unterhaltsansprüche des Kindes können nicht gegen die Eltern geltend gemacht werden. § 1688 Abs. 1 BGB verleiht der Pflegeperson ein Recht zur Vertretung der Eltern und kann sich daher naturgemäß nicht gegen diese richten.

Frage 4: Zur Untersagung des Umgangs ist Thekla nicht befugt. Dieses ist ein persönliches Recht der Eltern, dessen Grundlage § 1684 Abs. 1 BGB ist. Entscheidungsbefugnisse, die den Umgang der Eltern mit Marina betreffen, sind nicht von § 1688 BGB erfasst. Der Umgang kann nur gerichtlich eingeschränkt werden, § 1684 Abs. 4 BGB. Da nach den Angaben des Sachverhaltes Anhaltspunkte für eine derartige Entscheidung fehlen, ist davon auszugehen, dass auch keine gerichtliche Einschränkung erfolgt ist. Marinas Mutter besitzt daher ein uneingeschränktes Recht auf Umgang mit Marina.

Frage 5: Solange die Eltern die Sorge besitzen, haben diese das Recht, Marina jederzeit wieder heraus zu verlangen, § 1632 Abs. 1 BGB. Wäre die Herausgabe kindeswohlgefährdend, käme ein Vorgehen nach § 1632 Abs. 4 BGB in Betracht. Hierfür fehlen allerdings Anhaltspunkte im Sachverhalt. Ein Vorgehen nach § 1632 Abs. 4 BGB scheidet daher aus.

## XIII.  Der Ausfall eines Elternteils

### 1.  Übungsfall 14

**745**   Marina (17 Jahre alt, unverheiratet) hat kürzlich das Kind Ferdinand auf die Welt gebracht.

1. Bitte stellen Sie die sorgerechtliche Situation für Ferdinand dar.

2. Hätte der – mit Marina nicht verheiratete und auch nicht an der Sorge beteiligte – Vater von Ferdinand die Möglichkeit, die Sorge zu übernehmen?

(Lösungshinweise Rn 769).

## 2. Überblick

Gegenstand des folgenden Kapitels sind die Konsequenzen eines Ausfalls eines Elternteils. Die zentrale Frage lautet: Wie wirkt sich der Ausfall eines Elternteils auf seine Sorge bzw die Sorge des anderen Elternteils aus? Die Auswirkungen eines **Sorgerechtsausfalls** eines Elternteils sind an unterschiedlicher Stelle geregelt, so dass es schwierig ist, sich einen Überblick zu verschaffen. Zu differenzieren ist insoweit zwischen den Ausfallgründen sowie sorgerechtlichen Konstellationen.

## 3. Ausfallgründe

### a) Überblick

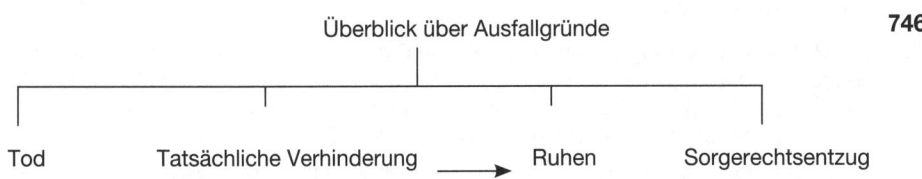

Überblick über Ausfallgründe **746**

Tod · Tatsächliche Verhinderung ⟶ Ruhen · Sorgerechtsentzug

### b) Tod

Mit dem **Tod** endet die elterliche Sorge. Gleiches gilt für den für tot erklärten Elternteil **747** (§ 1677 BGB).

### c) Tatsächliche Verhinderung

Eine **tatsächliche Verhinderung** liegt vor, wenn ein Elternteil aus Gründen, die seine **748** Person betreffen, tatsächlich nicht in der Lage ist, die Sorge oder auch nur Bestandteile auszuüben.

Denkbare Anwendungsfälle: Krankheit; Haft; Auslandsreise (wobei es auf die Verbindungsmöglichkeit ankommt); Kriegsgefangenschaft; gesperrte Grenzen; Auswanderung. Bei Elternteilen mit einer geistigen oder psychischen Behinderung ist eine tatsächliche Verhinderung (auch ohne Vorliegen einer Geschäftsunfähigkeit) denkbar, wenn die Behinderung derart erheblich ist, dass der Elternteil zumindest in Teilbereichen Elternfunktionen nicht mehr wahrnehmen kann.

Das elterliche Sorgerecht des tatsächlich verhinderten Elternteils bleibt unangetastet. Allerdings ist er solange er verhindert ist, faktisch nicht zur Ausübung in der Lage. Bei Wegfall des Hindernisses lebt seine Berechtigung daher ohne Weiteres wieder auf.

Beispiel: Der Vater ist inhaftiert. Es ist eine eilige Entscheidung über eine medizinische Behandlung des Kindes zu treffen. Der Vater kann kurzfristig nicht kontaktiert werden. Er ist insoweit tatsächlich verhindert. Langfristig planbare Entscheidungen, etwa ein Schulwechsel oder eine Heimunterbringung des Kindes, können mit ihm besprochen werden. Insoweit liegt keine tatsächliche Verhinderung vor (str).

#### d) Ruhen der elterlichen Sorge

##### aa) Bedeutung

**749** Das **Ruhen** ist ein rechtlicher Verhinderungsgrund zur Ausübung der Sorge. Im Gegensatz zur tatsächlichen Verhinderung (hier kann der Elternteil faktisch die Sorge nicht ausüben), *darf* der Elternteil dessen Sorge ruht, seine Sorge nicht ausüben. Die Sorge ist suspendiert (§ 1675 BGB). Die elterliche Sorge ruht in folgenden Fällen:

- Gerichtliche Anordnung des Ruhens (§ 1674 Abs. 1 BGB).
- Gesetzliche Ruhensgründe: Geschäftsunfähigkeit (§ 1673 Abs. 1 BGB) und beschränkte Geschäftsfähigkeit (§ 1673 Abs. 2 BGB).

##### bb) Ruhensanordnung

**750** Die **Ruhensanordnung** ist eine gerichtliche Entscheidung. In dieser stellt das Familiengericht fest, dass die elterliche Sorge tatsächlich für längere Zeit nicht ausgeübt werden kann (sog Ruhensbeschluss). Zuständig zur Anordnung ist nicht der Familienrichter, sondern der Rechtspfleger (§ 3 Nr 2a RPflG).

Durch die Ruhensanordnung kann auf die Problematik reagiert werden, dass ein Elternteil – ohne in seiner Sorge rechtlich eingeschränkt zu sein – diese tatsächlich länger nicht ausüben kann. Durch den Ruhensbeschluss wird der tatsächlich verhinderte Elternteil auch rechtlich an der Ausübung der Sorge gehindert:

Das zunächst lediglich tatsächliche Hindernis schlägt durch die Ruhensanordnung in ein rechtliches um. Der verhinderte Elternteil kann nicht nur die Sorge nicht ausüben, er darf es auch nicht. Im Gegensatz zur tatsächlichen Verhinderung lebt die Sorge nicht automatisch mit dem Wegfall des Hindernisses auf. Die Suspension der Sorge ist unabhängig von dem tatsächlichen Hindernis. Damit die Sorge wieder im ursprünglichen Umfang auflebt, muss die gerichtliche Ruhensanordnung aufgehoben werden (§ 1674 Abs. 2 BGB). Erst dann ist der andere Elternteil wieder zur Ausübung der Sorge befugt.

Dies schafft Rechtssicherheit für die Dauer der Abwesenheit des verhinderten Elternteils.

Beispiel: Die alleinsorgeberechtigte Mutter befindet sich in Strafhaft. Soweit ein Kontakt möglich ist, kann und darf sie sorgerechtliche Entscheidungen treffen. Allerdings sind die Kontakte sehr punktuell. Mit Blick darauf, besteht die Notwendigkeit, eine dauerhafte Entscheidungsbefugnis für die gesamte Dauer der Abwesenheit der Mutter zu schaffen. Dafür kann das Ruhen der Sorge angeordnet werden. Ergeht der Ruhensbeschluss – und erst dann – darf die Mutter ihre Sorge nicht mehr ausüben, solange der Beschluss existiert. Wird jetzt wieder Kontakt hergestellt, lebt die Sorge der Mutter nicht mehr automatisch auf. Erst wenn der Ruhensbeschluss selber aufgehoben wird, erlangt die Mutter ihre sorgerechtliche Position wieder. Davon ist auszugehen, wenn die Mutter aus der Strafhaft entlassen ist.

Für die Dauer des Ruhens der Sorge kann jetzt eine Ersatzzuständigkeit für das Kind geschaffen werden, sei es dass uU der andere Elternteil die Sorge übernimmt, sei es dass ein Vormund bestellt wird.

**751** Die Ruhensanordnung darf dabei nur dann ergehen, wenn die tatsächliche Verhinderung länger andauert. Dies ist bei mehrjähriger Strafhaft anzunehmen, oder zumindest dann, wenn das Hindernis auf unabsehbare Zeit besteht.

Fällt der Ruhensgrund weg, so stellt das Familiengericht fest, dass die tatsächliche Verhinderung nicht mehr besteht und hebt den Ruhensbeschluss auf. Eine weitere inhaltliche Prüfung (etwa des Kindeswohls) findet nicht statt.

### cc) Das Ruhen der Sorge von Gesetz wegen

Ein rechtliches Hindernis zur Ausübung der Sorge besteht von vornherein in zwei Fäl- **752** len: Geschäftsunfähigkeit und Minderjährigkeit. In beiden Fällen endet das Ruhen automatisch in dem Moment, in dem der Ruhensgrund wieder wegfällt. Eine gerichtliche Entscheidung ist nicht notwendig.

Ist ein **Elternteil geschäftsunfähig**, so ruht seine elterliche Sorge (§ 1673 Abs. 1 BGB). **753** Hingegen lässt die Anordnung einer Betreuung als solche die Sorge unberührt, wenn der Betreute geschäftsfähig ist.

Für **minderjährige Eltern** ordnet § 1673 Abs. 2 S. 1 BGB ein sog **partielles Ruhen** der **754** elterlichen Sorge an. Dies bedeutet folgendes:

■ Dem minderjährigen Elternteil steht die **gesetzliche Vertretung** für das Kind nicht zu. Er besitzt kein Vertretungsrecht, dh keine Handlungsbefugnis für sein Kind nach außen.

■ Die **tatsächliche Personensorge** bleibt dem minderjährigen Elternteil uneingeschränkt erhalten (§ 1673 Abs. 2 S. 2 BGB). Damit tritt der minderjährige Elternteil im Bereich der tatsächlichen Sorge neben den gesetzlichen Vertreter des Kindes.

Mit Erreichen der Volljährigkeit rückt der minderjährige Elternteil automatisch und umfassend in die ihm zustehende sorgerechtliche Position ein.

### 4. Konsequenzen eines Sorgeausfalls

### a) Überblick

Für die Folgen eines Sorgerechtsausfalls ist zu differenzieren. Lebt noch ein zweiter **755** Elternteil, so ist zu überlegen, ob dieser im Grundsatz die Sorge übernehmen kann. Das Gesetz differenziert insoweit danach, ob gemeinsame Sorge oder Alleinsorge vorliegt. Kommt eine Übertragung auf den anderen Elternteil nicht in Betracht, ist ein Vormund zu bestellen (§ 1773 Abs. 1 BGB).

| Sorgeform | Gemeinsame Sorge | Alleinsorge |
|---|---|---|
| Konsequenzen eines Sorgeausfalls | Automatische Alleinsorge des anderen Elternteils. | Übertragung der Sorge durch gerichtliche Entscheidung (Kindeswohlschädlichkeit ist Grenze). |
| Anwendungsfelder | | |
| Tod | § 1680 Abs. 1 BGB | § 1680 Abs. 2 BGB |
| Sorgerechtsentzug | § 1680 Abs. 3 BGB | § 1680 Abs. 3 BGB |
| Tatsächliche Verhinderung | § 1678 Abs. 1 BGB | Nicht geregelt. Beteiligung des anderen Elternteils über folgenden Mechanismus: Bei triftigen Gründen Abänderung der sorgerechtlichen Entscheidung möglich, § 1696 Abs. 1 BGB. |

| Ruhen | § 1678 Abs. 1 BGB | Sorgerechtsübertragung nach Kindeswohlprüfung. Voraussetzung: Es besteht keine Aussicht, dass Ruhensgrund wegfällt, § 1678 Abs. 2 BGB. |
|---|---|---|

## b) Gemeinsame Sorge

**756** Soweit die Eltern sich die Sorge teilen, erhält – mit dem Ausfall eines Elternteils – der andere Elternteil automatisch die Sorge allein.

## c) Alleinsorge

**757**

### aa) Maßstäbe für Sorgerechtsübertragung

Besitzt ein Elternteil die Alleinsorge, scheidet ein automatischer Sorgerechtswechsel aus. Der andere Elternteil kann allerdings grundsätzlich aufgrund gerichtlicher Entscheidung die Sorge übertragen erhalten, wenn dies mit dem Kindeswohl vereinbar ist.

Zugunsten des Elternteils wird dabei vermutet, dass die Übernahme der Sorge kindeswohldienlich ist. Daher ist dem anderen Elternteil die Sorge grundsätzlich zu übertragen. Nur wenn konkrete Kindeswohlbelange der Übertragung entgegenstehen, scheidet eine Übertragung aus (negative Kindeswohlprüfung).

Allerdings ist eine Sorgeübertragung nicht in jedem Fall möglich. Dies gilt vor allem für lediglich vorübergehende Sorgerechtsausfälle, dem Ruhen der elterlichen Sorge und der tatsächlichen Verhinderung: In diesen Fällen kommt eine Sorgerechtsübertragung nur dann in Betracht, wenn keine Aussicht besteht, dass der Ruhensgrund wieder wegfällt (§ 1678 Abs. 2 BGB).

### bb) Zwischen- und Alternativlösungen

**758** Muss die Sorge zunächst noch übertragen werden, so stellt sich die Notwendigkeit, in der Zwischenzeit eine rechtliche Zuständigkeit für das Kind zu schaffen. Gleiches gilt, wenn eine Sorgerechtsübertragung auf den anderen Elternteil ausscheidet. Diese Regelungen trifft das Familiengericht. Zu differenzieren ist zwischen kurzfristigen und langfristigen **Regelungsnotwendigkeiten:**

- ■ Kurzfristige Lösungen: Familiengericht trifft die erforderlichen Maßnahmen (§ 1693 BGB).
- ■ Soweit weitreichendere Maßnahmen oder langfristige Lösungen benötigt werden, ist ein Vormund zu bestellen (§§ 1773 Abs. 1, 1774 BGB). Dies ist etwa der Fall, wenn kein Ersatzelternteil zur Verfügung steht, etwa weil eine Sorgerechtsübertragung auf den anderen Elternteil aus Kindeswohlgründen ausscheidet oder ein solcher nicht vorhanden ist.

#### d) Minderjährige Eltern

Das **partielle Ruhen** der Sorge **minderjähriger Eltern** hat noch einmal besondere 759 Auswirkungen. Es stellt sich hier die doppelte Problematik: Einmal die Schaffung einer Zuständigkeit für die dem minderjährigen Elternteil nicht zustehende Vertretung des Kindes, sodann die Frage der Koordinierung des Sorgerechts des minderjährigen Elternteils mit dem gesetzlichen Vertreter des Kindes.

#### aa) Die gesetzliche Vertretung für das Kind eines minderjährigen Elternteils

Da dem minderjährigen Elternteil die **gesetzliche Sorge** für das Kind nicht zusteht, 760 benötigt das Kind in jedem Fall neben dem minderjährigen Elternteil einen gesetzlichen Vertreter. Als solcher kommt zum einen der andere Elternteil – so er volljährig ist – in Betracht. Dies gilt uneingeschränkt bei einer doppelten Sorgeberechtigung beider Eltern.

Anwendungsfelder: Der minderjährige Vater ist mit der volljährigen Mutter verheiratet. Die Mutter ist in ihrer Sorge nicht eingeschränkt und besitzt eine umfassende Sorge. Der minderjährige Vater besitzt lediglich die tatsächliche Personensorge, die gesetzliche Vertretungsbefugnis ruht bei ihm.

Der minderjährige Elternteil ist nicht verheiratet, teilt sich aber nach Abgabe einer Sorgeerklärung mit dem anderen volljährigen Elternteil die Sorge.

In diesem Fall gehen die dem minderjährigen Elternteil nicht zustehenden sorgerechtlichen Elemente automatisch auf den anderen Elternteil über (§ 1678 Abs. 1 BGB).

Ist der minderjährige Elternteil alleinsorgeberechtigt, so kommt eine Sorgerechtsüber- 761 tragung auf den anderen Elternteil im Grundsatz nicht in Betracht.

Anwendungsfeld: Die minderjährige unverheiratete Mutter.

Denn das Gesetz erlaubt die Sorgerechtsübertragung auf diesen nur, wenn keine Aussicht besteht, dass der Grund des Ruhens wegfällt (§ 1678 Abs. 2 BGB). Demgegenüber ist bei der minderjährigen Mutter absehbar, dass und wann (nämlich mit Erreichen der Volljährigkeit) der Ruhensgrund entfällt. Daher hat der mit der Mutter nicht verheiratete Vater in dieser Konstellation keine zusätzliche Möglichkeit, die Sorge zu übernehmen. Zugleich besteht von Geburt des Kindes an ein voraussehbares Vertretungsbedürfnis. Dies wirft zugleich den besonderen Regelungsbedarf bei der minderjährigen unverheirateten Mutter auf. Das Gesetz ordnet daher in diesem Fall ein automatisches Eintreten einer Amtsvormundschaft durch das Jugendamt an (§ 1791c BGB).

Die dargestellten Regeln berühren nicht die Möglichkeiten des unverheirateten Vaters 762 zur Partizipation an der Sorge durch Abgabe einer Sorgeerklärung oder eine gerichtliche Regelung nach den allgemeinen Regeln (§ 1626a BGB).

#### bb) Die Koordinierung der Sorgerechte bei Beteiligung eines minderjährigen Elternteils

Bei minderjährigen Elternteilen stehen sich zwingend zwei sorgerechtliche Instanzen 763 gegenüber: Zum einen der Minderjährige mit seiner tatsächlichen Personensorge, die dem minderjährigen Elternteil uneingeschränkt erhalten bleibt (§ 1673 Abs. 2 S. 2 BGB), sodann der gesetzliche Vertreter, der wegen des sorgerechtlichen Defizits zwingend notwendig ist. Damit tritt der minderjährige Elternteil im Bereich der tatsächlichen Sorge neben den gesetzlichen Vertreter des Kindes.

Dies wirft die Frage auf, welches Gewicht die Meinung des minderjährigen Elternteils im Innenverhältnis besitzt. Insoweit gilt: Die tatsächliche Sorge steht dem minderjährigen Elternteil uneingeschränkt zu. Ihr kommt Gleichrang neben der Meinung eines anderen sorgeberechtigten Elternteils zu. Diese müssen sich nach § 1627 BGB umfänglich in allen Angelegenheiten der tatsächlichen Sorge einigen. Können sie sich nicht einigen, ist in Angelegenheiten von erheblicher Bedeutung, eine Übertragung der Alleinentscheidungsbefugnis gem § 1628 BGB anzustreben.

Steht – mangels eines anderen sorgeberechtigten Elternteils – ein Vormund an der Seite des minderjährigen Elternteils – so genießt die Entscheidung des minderjährigen Elternteils Vorrang vor der Meinung des Vormunds (§ 1673 Abs. 2 S. 3 BGB).

Beispiel: Die minderjährige unverheiratete Mutter möchte ihr Kind bei sich aufwachsen lassen. Der Amtsvormund (Jugendamt) ist der Meinung, dass das Kind bei einer Pflegefamilie aufwachsen soll. In dieser Angelegenheit kommt der mütterlichen Entscheidung der Vorrang vor dem Vormund zu. Das Jugendamt ist daher nicht berechtigt, das Kind in Pflege zu geben und einen entsprechenden Vertrag zu schließen.

### 5. Der Schutz des Kindes in seinen sozialen Beziehungen – Die Verbleibensanordnung

#### a) Voraussetzungen der Verbleibensanordnung

**764** Hat nach einem Sorgeausfall ein zuvor nicht sorgeberechtigter Elternteil die Sorge für das Kind erlangt, besitzt er das Recht, das Kind an sich heraus zu verlangen (§ 1632 Abs. 1 BGB). Das kann mit dem Kindeswohl kollidieren, wenn das Kind in einem anderen sozialen Kontext verwurzelt ist.

Beispiel: Die alleinsorgeberechtigte Mutter hat jahrelang mit dem Kind und einem neuen Ehemann zusammengelebt. Sie ist nunmehr verstorben. Der Vater des Kindes hat die Sorge übertragen erhalten und verlangt nun das Kind vom Stiefvater an sich heraus.

Um das Kind insoweit zu schützen, kann das Familiengericht in bestimmten Konstellationen den Verbleib des Kindes anordnen, wenn und solange das Kindeswohl durch die Herausnahme gefährdet würde (§ 1682 BGB, **Verbleibensanordnung**).

**765** Geschützt sind folgende Lebensbeziehungen des Kindes:

■ Das Kind lebt seit längerer Zeit mit einem Elternteil und Stiefelternteil in einem Haushalt.

■ Das Kind lebt seit längerem mit einem Elternteil und einer volljährigen umgangsberechtigten Person (§ 1685 Abs. 1 BGB) in einem Haushalt, also mit seinen Geschwistern oder Großeltern. Begünstigt von der Verbleibensanordnung sind nur die Umgangsberechtigten nach § 1685 Abs. 1 BGB, nicht jedoch die Umgangsberechtigten nach § 1685 Abs. 2 BGB oder der leibliche Vater (§ 1686a BGB). Daher ist eine Verbleibensanordnung nicht möglich zugunsten des nichtehelichen Lebensgefährten des verstorbenen Elternteils. Eine Verbleibensanordnung zugunsten von Pflegeeltern ist auf der Basis des § 1632 Abs. 4 BGB möglich.

**766** Voraussetzung der Verbleibensanordnung ist, dass das Kind seit längerer Zeit mit einem Elternteil und der geschützten Bezugsperson in einem Haushalt gelebt hat und der andere Elternteil nunmehr das alleinige Sorge- bzw Aufenthaltsbestimmungsrecht erlangt.

Die Verbleibensanordnung setzt weiter voraus, dass das Kindeswohl durch die Herausnahme gefährdet würde. Insoweit sind ähnliche Maßstäbe anzulegen wie bei der Verbleibensanordnung zugunsten einer Pflegefamilie: Es kommt maßgeblich auf die

Verwurzelung des Kindes in seiner sozialen Familie und dessen körperliche und seelische Verfassung an, die mit den Interessen des leiblichen Elternteils in Abwägung zu bringen sind.

Ergeht die Verbleibensanordnung, so erhält die Person, bei der das Kind bleibt die **767** Entscheidungsbefugnis und Vertretungsmacht in allen Angelegenheiten des täglichen Lebens (§ 1688 Abs. 4 BGB), ohne dass der Sorgerechtsinhaber dem widersprechen könnte.

### b) Verfahrensrechtliche Hinweise

Das Familiengericht kann das Verfahren sowohl auf Antrag als auch von Amts wegen **768** aufnehmen.

Im Verfahren ist die Bezugsperson anzuhören (§ 161 Abs. 2 FamFG). Das Kind kann keinen Antrag stellen. Ihm ist jedoch ein Verfahrensbeistand zu bestellen (§ 158 Abs. 2 Nr 4 FamFG).

### 6. Lösungshinweise zum Übungsfall 14

Allgemeine Hinweise: **769**

1. Auch bei Fragen im Rahmen eines Sorgerechtsausfalls empfiehlt es sich, an erster Stelle die sorgerechtliche Situation zu klären. Und auch hier ist es sinnvoll, chronologisch vorzugehen: Wer hatte die Sorge bei Geburt des Kindes? Welche Veränderungen gab es?

2. Auf dieser Basis kann dann der Sorgerechtsausfall qualifiziert werden: Wie ist der Status quo jetzt?

3. Soweit ein „sorgerechtliches Loch" entsteht (alleinsorgeberechtigte Mutter ist zB ausgefallen), ist es notwendig zu prüfen, ob eine Sorgerechtsübertragung auf den anderen Elternteil möglich ist.

4. An letzter Stelle können uU auftretende weitere Probleme (Verbleibensanordnung) thematisiert werden.

Lösungshinweise zum Übungsfall 14 (Fall Rn 745)

Frage 1: Marina ist in der Geschäftsfähigkeit beschränkt (§§ 106, 2 BGB). Ihre Sorge ruht daher partiell (§ 1673 Abs. 2 BGB). Da sich Marina nicht die Sorge mit dem Vater bei Geburt teilt, ist für ihr Kind bei dessen Geburt automatisch das Jugendamt Amtsvormund geworden (§ 1791c Abs. 1 BGB). Mit diesem teilt sich Marina die tatsächliche Sorge, wobei ihrer Meinung allerdings Vorrang zukommt. Die Vertretung von Ferdinand steht dem Jugendamt allein zu. Mit Erreichen der Volljährigkeit endet die Amtsvormundschaft automatisch (§ 1882 BGB). Marina steht dann die Sorge umfänglich allein zu (§ 1626a Abs. 3 BGB).

Frage 2: Die Folgen des Ruhens der elterlichen Sorge für den anderen Elternteil ist Gegenstand des § 1678 BGB. Voraussetzung ist insoweit, dass der Erzeuger von Ferdinand auch rechtlich Vater ist, er also die Vaterschaft anerkannt hat oder sie gerichtlich festgestellt wurde (§ 1592 Nrn 2 oder 3 BGB). Die Folgen des Ruhens der Sorge eines Elternteils richten sich nach § 1678 Abs. 2 BGB. Danach kann der Vater die Sorge durch eine gerichtliche Entscheidung übertragen erhalten. Voraussetzung ist jedoch, dass keine Aussicht besteht, dass der Grund des Ruhens wieder wegfällt. Dem ist nicht so. Im Gegenteil: Mit Erreichen der Volljährigkeit wird Marina automatisch die volle Alleinsorge erlangen. Damit ist eine Sorgerechtsübertragung auf den Vater des Kindes auf der Basis dieser Norm ausgeschlossen.

Jedoch steht Ferdinand die Möglichkeit zu, eine gemeinsame Sorgerechtsübertragung auf sich und Marina gem § 1626a Abs. 1 Nr 3, Abs. 2 BGB anzustreben. Trägt Marina keine triftigen Gründe vor, die der gemeinsamen Sorge entgegenstehen, wird (mangels sonstiger Anhaltspunkte für eine Kindeswohlschädlichkeit der gemeinsamen Sorge) der Richter eine gemeinsame Sorge begründen.

## XIV. Das Kindschaftsverfahren

### 1. Verfahrensordnung

770 Das **Verfahren in familienrechtlichen Angelegenheiten** ist im Gesetz über das Verfahren in Familiensachen und in den Angelegenheiten der freiwilligen Gerichtsbarkeit (FamFG) geregelt. Dieses stellt allgemeine Regeln für die Einleitung, Durchführung des Verfahrens, die Entscheidung sowie den Rechtsschutz zur Verfügung. Es enthält auch Aussagen darüber, wer am Verfahren beteiligt ist. Das FamFG enthält zunächst allgemeine Regeln bereit für die Führung eines gerichtlichen Verfahrens. Für bestimmte Verfahren, die Rechtsfragen der Familie betreffen (sog Familiensachen), gelten darüber hinaus Besonderheiten.

Kindschaftssachen sind insbesondere folgende Verfahren: Elterliche Sorge bei Trennung und Scheidung sowie Eingriffe in die elterliche Sorge; Umgangsrecht; Kindesherausgabe, Vormundschaft, Pflegschaft, freiheitsentziehende Unterbringung und Aufgaben nach dem JGG (§§ 111 Nr 2, 151 FamFG).

### 2. Einleitung des Verfahrens

771 Es gibt zwei Möglichkeiten der **Verfahrenseinleitung**. Wie im konkreten Fall eingeleitet wird, richtet sich nach den Regeln des BGB.

■ Antragsverfahren: In diesem Fall kommt das Verfahren nur dadurch zustande, dass ein Antrag gestellt wird.

Anwendungsfälle: Herausgabeanspruch (§ 1632 Abs. 1 BGB); Sorgerechtsübertragung (§ 1671 Abs. 1, 2 BGB); Übertragung einzelner sorgerechtlicher Entscheidungsbefugnisse (§ 1628 BGB).

■ Amtswegiges Verfahren: In diesem Fall kann das Familiengericht von sich aus das Verfahren einleiten, sobald es von den erforderlichen Umständen Kenntnis erlangt.

Anwendungsfälle: Umgangsrecht (§ 1684 Abs. 1, 4 BGB); Kindeswohlgefährdung (§ 1666); Verbleibensanordnung (§ 1632 Abs. 4 BGB).

772 Grundsätzlich ist **örtlich zuständig** das Familiengericht am gewöhnlichen Aufenthaltsort des Kindes (§ 152 Abs. 2 FamFG). Ist eine Ehesache (Scheidung) anhängig, ist das zuständige Ehegericht auch für die Kindschaftssache zuständig (§ 152 Abs. 1 FamFG). Ist die Kindschaftssache bereits anderweitig anhängig, ist mit Anhängigkeit der Ehesache, die Kindschaftssache an das Ehegericht abzugeben (§ 153 FamFG).

## 3. Die Verfahrensbeteiligten

Regelmäßig sind die Eltern (§ 7 Abs. 1 oder 2 FamFG) **Verfahrensbeteiligte**. Das Kind **773** ist über § 7 Abs. 2 Nr 1 FamFG zwingend als Beteiligter hinzuzuziehen.[10] Allerdings ist es im Regelfall aufgrund seines Alters schutzbedürftig, was die Wahrung seiner Interessen anbetrifft. Häufig wird das Kind noch gar nicht verfahrensfähig sein (§ 9 FamFG) und schon aus diesem Grunde nicht in der Lage sein, seine Rechte eigenständig zur Geltung zu bringen. Aus diesem Grunde sind in Kindschaftsverfahren noch weitere Beteiligte in das Verfahren eingeschaltet. Diese entfalten eine wichtige Schutzfunktion für das Kind und sollen verhindern, dass das Kind zum Verfahrensgegenstand der – nicht unbedingt immer am Kindeswohl ausgerichteten – Auseinandersetzung der Eltern wird. Zu nennen sind:

- **Das Jugendamt.** Dieses hat ein Anhörungsrecht in allen Kindschaftsverfahren, das **774** es jedoch nicht automatisch zum Beteiligten macht (§ 162 Abs. 1 FamFG). Es besitzt jedoch ein Recht auf Einräumung der Beteiligtenstellung. Aufgrund seines Antrags ist es dementsprechend gem § 162 Abs. 2 FamFG am Verfahren zu beteiligen. Eine Pflicht zur Mitwirkung im gerichtlichen Verfahren resultiert hieraus jedoch nicht. Eine solche ergibt sich allerdings aus den Vorschriften des SGB VIII. Dort statuiert § 50 Abs. 1 S. 2 Nr 1 SGB VIII eine Mitwirkungspflicht ua in Kindschaftssachen.

  Auch die Beratungsangebote des Jugendamtes zur Förderung einer einvernehmlichen Regelung im Elternstreit stehen im Kontext der Mitwirkungspflicht des Jugendamtes: So informiert das Jugendamt das Gericht in dem frühen ersten Termin über den Stand des Beratungsprozesses (§ 50 Abs. 2 SGB VIII).

- Der **Verfahrensbeistand**: Dieser ist eine Institution zum Schutz der Kindesinteressen (näher Rn 780). Er nimmt allerdings nicht automatisch am Verfahren teil, sondern muss vom Gericht eingeschaltet werden. Mit seiner Bestellung ist er Verfahrensbeteiligter (§ 158 Abs. 3 S. 2 FamFG), jedoch ohne dass er gesetzlicher Vertreter des Kindes wird (§ 158 Abs. 4 S. 6 FamFG).

## 4. Die Durchführung des Verfahrens

Das Verfahren wird im Wesentlichen von folgenden Grundsätzen beherrscht: **775**

- **Amtsermittlungsgrundsatz**: Das Gericht hat von Amts wegen die zur Feststellung der entscheidungserheblichen Tatsachen erforderlichen Ermittlungen durchzuführen (§ 26 FamFG). Dies weist dem Gericht die Verantwortlichkeit für die Ermittlung des Sachverhaltes und die Auswahl der Beweismittel zu. Es ist nicht an den Vortrag der Beteiligten gebunden, sondern unabhängig von diesem.
- **Mitwirkungsobliegenheiten**: Es bestehen Mitwirkungsobliegenheiten der Beteiligten (§ 27 FamFG). Diese sollen bei der Ermittlung des Sachverhaltes mitwirken und ihre Erklärungen über tatsächliche Umstände vollständig und wahrheitsgemäß abgeben.
- **Anhörungsvorschriften**: Die persönliche Anhörung der Beteiligten (§ 155 Abs. 2, 3 FamFG) sowie weiterer Personen ist zwingend vorgeschrieben. Konkret betrifft das:
  - **Eltern** (§ 160 FamFG): Grundsätzlich sollen die Eltern in derartigen Verfahren (besonders noch einmal bei Kindeswohlgefährdung) persönlich angehört werden (§ 160 Abs. 1 FamFG). Von der Anhörung darf nur aus schwerwiegenden Gründen abgesehen werden. Besteht die Gefahr eines Gewaltverhältnisses zwischen

---

10  BGH, FamRZ 2011, 1789.

den Eltern, ist eine getrennte Anhörung zum Schutz des Gewaltopfers möglich (§ 157 Abs. 2 S. 2 FamFG).

- **Kind**: Ab 14 Jahren ist das Kind zwingend anzuhören. Ausnahmen gelten lediglich für vermögensrechtliche Angelegenheiten (§ 159 Abs. 1 FamFG). Unter 14 Jahren ist das Kind anzuhören, wenn seine Neigungen, Bindungen oder sein Wille für die Entscheidung von Bedeutung sind (§ 159 Abs. 2 FamFG). Davon ist in den meisten kindschaftsrechtlichen Verfahren auszugehen, in deren Zentrum die Beziehung des Kindes zu seinen Eltern steht. Daher sind auch Kleinkinder anzuhören (entschieden für 3- und 4-jährige Kinder). Von einer persönlichen Anhörung darf der Richter daher nur aus schwerwiegenden Gründen absehen (§ 159 Abs. 3 FamFG).

- **Jugendamt**: In Verfahren, die das Kind betreffen, ist das Jugendamt anzuhören (§ 162 Abs. 1 FamFG).

**776** Grundsätzliche Abweichungen gegenüber dem regulären Verfahren gelten für das Verfahren zur Einräumung gemeinsamer Sorge bei unverheirateten Eltern nach § 1626a Abs. 1 Nr 3, Abs. 2 BGB. Das Verfahren wird im Regelfall als schriftliches Verfahren geführt (§ 155a FamFG). Eine persönliche Anhörung der Eltern, insbesondere des die gemeinsame Sorge ablehnenden Elternteils, und des Jugendamtes, entfällt im Regelfall.


### 5. Schlichtungsmechanismen

**777** Eine der Hauptaufgaben des Richters liegt in der **Unterstützung einvernehmlicher Regelungen** zwischen den Eltern. Hintergrund ist die Erkenntnis, dass der Streit zwischen den Eltern, in dessen Mittelpunkt regelmäßig das Kind steht, die besondere Gefahr birgt, dass das Kind in Loyalitätskonflikte gestürzt wird und sein Kindeswohl nachhaltig negativ durch das Verfahren beeinträchtigt wird. Das FamFG sieht dementsprechend eine Reihe von Mechanismen vor, um ein Einvernehmen zwischen den Eltern zu fördern.

- Zunächst hat das Gericht einen Auftrag, in Kindschaftssachen, die die elterliche Sorge bei Trennung/Scheidung, den Aufenthalt des Kindes, das Umgangsrecht oder die Herausgabe des Kindes betreffen, in jeder Lage des Verfahrens auf ein Einvernehmen der Beteiligten hinzuwirken (§ 156 Abs. 1 FamFG). In diesem Rahmen weist es auch auf die Möglichkeiten der Beratung durch die Beratungsstellen der Kinder- und Jugendhilfe hin. Die Teilnahme an einer derartigen Beratung kann angeordnet werden, ist aber nicht mit Zwangsmitteln durchsetzbar (§ 156 Abs. 1 FamFG).

- In geeigneten Fällen soll das Gericht auf die Möglichkeit der **Mediation** oder der sonstigen außergerichtlichen Streitbeilegung hinweisen (§ 156 Abs. 1 FamFG). In Verfahren über das Umgangsrecht und die Herausgabe des Kindes gibt es die Möglichkeit – bei Einvernehmen – eines Vergleichs, der dann auch Grundlage einer Vollstreckung sein kann. Das Gericht billigt den Vergleich, wenn er nicht dem Kindeswohl widerspricht (§ 156 Abs. 2 FamFG).

- Wird ein Sachverständigengutachten angeordnet, so kann dieser Auftrag auch die Pflicht des Sachverständigen beinhalten, auf ein Einvernehmen zwischen den Beteiligten hinzuwirken (§ 163 Abs. 2 FamFG).

- Bei der Bestellung des Verfahrenspflegers kann das Gericht im Rahmen der Konkretisierung seines Aufgabenbereichs ihn ua auch mit der Aufgabe betrauen, Gespräche mit den Eltern und weiteren Bezugspersonen des Kindes zu führen sowie am Zustandekommen einer einvernehmlichen Regelung über den Verfahrensgegenstand mitzuwirken (§ 158 Abs. 4 S. 3 FamFG).

## 6. Schutzmechanismen für das Kind

Die besondere Gefährdetheit des Kindeswohls im und durch das Verfahren im Eltern- **778** streit macht weitere Schutzmechanismen für das Kind notwendig.

### a) Beschleunigung und Schutz vor Verfahrensverzögerung

Ein wichtiger Baustein des Kindeswohles ist die **Beschleunigung** des Verfahrens. Das **779** Verfahren ist zum einen selber belastend. Zum anderen besteht die Gefahr, dass aufgrund der Dauer des Verfahrens Fakten geschaffen werden. Es gilt daher das Gebot vorrangiger und beschleunigter Bearbeitung und Entscheidung in Angelegenheiten, die den Aufenthalt, das Umgangsrecht, die Herausgabe des Kindes oder eine Kindeswohlgefährdung betreffen (§ 155 Abs. 1 FamFG). Das Beschleunigungsgebot umfasst insbesondere folgende Elemente:

- ■ Spätestens einen Monat nach Beginn des Verfahrens hat das Gericht einen Erörterungstermin mit sämtlichen Beteiligten (auch dem Jugendamt!) festzusetzen (§ 155 Abs. 2 FamFG). Ziel des Termins ist es ua eine einvernehmliche Lösung herzustellen.
- ■ Lässt sich eine solche nicht erzielen, hat das Gericht mit den Beteiligten und dem Jugendamt den Erlass einer einstweiligen Anordnung zu erörtern (§ 156 Abs. 3 FamFG).
- ■ Wird ein Sachverständigengutachten erforderlich, ist eine Frist zur Anfertigung des Gutachtens zu setzen (§ 163 Abs. 1 FamFG).

### b) Besondere Sachwalter des Kindeswohles

Es ist eine Besonderheit von Kindschaftssachen, dass weitere pädagogisch sachver- **780** ständige Institutionen zu beteiligen sind. Dazu zählen:

- ■ Generell das Jugendamt (§ 162 FamFG), das immer zu hören ist und auf Antrag auch die Stellung als Verfahrensbeteiligter erlangen kann.
- ■ UU ein Sachverständiger (§ 163 FamFG).
- ■ Der Verfahrensbeistand (§ 158 FamFG). Aufgabe des Verfahrensbeistands ist es, die Interessen des Kindes festzustellen und im gerichtlichen Verfahren zur Geltung zu bringen sowie das Kind über das Verfahren zu informieren. Weitere Aufgaben – etwa Vermittlungs- oder Schlichtungsfunktionen – können ihm vom Gericht übertragen werden (§ 158 Abs. 4 FamFG). Ein Verfahrensbeistand ist zu bestellen, wenn er zur Wahrnehmung der Kindesinteressen erforderlich ist (§ 158 Abs. 1 FamFG). § 158 Abs. 2 FamFG enthält einen (nicht abschließenden) Katalog von Fällen, in denen in der Regel eine Bestellung notwendig ist:
  - – Interessengegensatz zwischen Eltern und Kind.
  - – Verfahren wegen Kindeswohlgefährdung.
  - – Obhutswechsel des Kindes.
  - – Verbleibensanordnung.
  - – Ausschluss/Beschränkung des Umgangsrechts.

**781** **Hinweis:** Sorgerechts- und Umgangsstreitigkeiten sind mit einer großen Belastung vor allem für das Kind verbunden. In der Praxis haben sich mit Blick darauf vor Ort unterschiedliche Praxen entwickelt, die alle darauf abzielen, das Konfliktpotenzial zwischen den Eltern zu entschärfen und eine einvernehmliche Regelung zu unterstützen. Das bekannteste Kooperationsmodell ist das Cochemer Modell. Kern ist jeweils eine enge Kooperation zwischen den am Verfahren beteiligten Institutionen und Beratungsstellen, konkret: Familienrichter, Anwälte der Parteien, Jugendamt sowie Beratungsstellen, uU auch unter Beteiligung des Verfahrenspflegers. Ziel ist es, die Eltern in die Lage zu versetzen, ihrer Elternverantwortung nachzukommen sowie den Kontakt zum anderen Elternteil zu erhalten. Dafür arbeiten die einzelnen Institutionen eng und vertrauensvoll zusammen.

Vom Ablauf her ähneln sich die in den einzelnen Städten praktizierten Modelle: Im Vordergrund steht zunächst eine starke Beschleunigung der Verfahren (wie nunmehr auch im FamFG vorgegeben). Sodann werden alle Möglichkeiten einer Einigung zwischen den Eltern ausgelotet. Die Anwälte selber üben sich in Zurückhaltung, um nicht durch ihre Schriftsätze für weiteren Streitstoff zu sorgen: Sie stellen zwar für ihre Partei einen Antrag bei Gericht, halten diesen aber so knapp wie möglich und bleiben uneingeschränkt sachlich. Im Gerichtsverfahren werden die Möglichkeiten einer Einigung ausgelotet. Sowohl Richter, als auch Jugendamt sehen ihre Hauptaufgabe darin, eine Einigung zwischen den Eltern zu erzielen. Eltern werden verpflichtet, Beratungsstellen aufzusuchen.

### c) Sonderfall „freiheitsentziehende Unterbringung"

**782** Die **freiheitsentziehende Unterbringung** des Minderjährigen ist ein besonders schwerer Eingriff in dessen Rechtsstellung. Dies schlägt sich verfahrensrechtlich in besonderer Weise nieder. Das Verfahren richtet sich nach dem für Erwachsene geltenden Unterbringungsverfahren (§§ 151 Nr 6, 167 Abs. 1, 312 ff FamFG). Konkret bedeutet dies insbesondere:

- Der Minderjährige ist mit Vollendung des 14. Lebensjahres verfahrensfähig (§ 167 Abs. 3 FamFG).
- Das Gericht hat den Minderjährigen persönlich anzuhören, um sich einen persönlichen Eindruck von ihm zu verschaffen (§ 319 FamFG). Weigert sich der Minderjährige, an der Anhörung teilzunehmen, so kann das Gericht den Jugendlichen durch die zuständige Behörde vorführen lassen (Polizei, auf Wunsch der Eltern mit Unterstützung des Jugendamtes, § 167 Abs. 5 FamFG).
- Es ist ein Sachverständiger einzuschalten (§ 167 Abs. 6 FamFG). Auch hier kann sich das Problem stellen, dass sich der Jugendliche weigert, zum Untersuchungstermin zu erscheinen. In diesen Fällen kann das Gericht anordnen, dass der Minderjährige zur Untersuchung zwangsweise vorgeführt wird (§ 322 iV mit § 283 FamFG). Ist es für die Erstellung des Gutachtens notwendig, kann das Gericht weiter anordnen, dass der Jugendliche bereits zur Vorbereitung des Sachverständigengutachtens vorläufig untergebracht wird (§ 322 iV mit § 284 FamFG). Die maximale Dauer der vorläufigen Unterbringung beträgt 6 Wochen (§ 284 Abs. 2 FamFG). Sowohl die Vorführung, als auch die vorläufige Unterbringung des Jugendlichen sind mit Gewalt durchsetzbar. In diesem Rahmen hat das Jugendamt das Recht, den Minderjährigen (uU mithilfe der Polizei) festzunehmen, um ihn zur Untersuchung zu bringen.
- Auch die Eltern sind persönlich anzuhören (§ 167 Abs. 4 FamFG). Diese müssen konkrete Tatsachen vortragen, aus denen sich ergibt, dass die Voraussetzungen der Unterbringung vorliegen.

■ Die Unterbringung selber darf für maximal ein Jahr angeordnet werden (§ 329 Abs. 1 FamFG). Dann muss über eine Verlängerung entschieden werden (§ 329 Abs. 2 FamFG).

■ Ist die Genehmigung voraussichtlich zu erteilen und besteht ein dringendes Bedürfnis für ein sofortiges Tätigwerden, kann die vorläufige Unterbringung im Wege der einstweiligen Anordnung geregelt werden (§ 331 FamFG). Die einstweilige Anordnung darf maximal für 6 Wochen eine Regelung treffen und danach für maximal 3 Monate verlängert werden (§ 333 FamFG).

## 7. Die Entscheidung

Entschieden wird generell durch **Beschluss** (§§ 38 Abs. 1, 116, 142 FamFG). In Kind- **783** schaftssachen wird der Beschluss grundsätzlich bereits mit Bekanntgabe an die Beteiligten wirksam (§ 40 Abs. 1 FamFG). Mit Ablauf der Rechtsmittelfrist wird der Beschluss rechtskräftig.

Soweit ein Minderjähriger beschwerdeberechtigt ist (so vor allem in Kindschaftssachen), ist die Entscheidung auch ihm bekannt zu geben (§ 164 FamFG).

## 8. Die Vollstreckung der Entscheidung

Die Vollstreckung einer Herausgabe- oder Sorgerechtsentscheidung richtet sich nach **784** den §§ 88–94 FamFG. Vollstreckt werden können insbesondere:

■ Gerichtliche Beschlüsse.

■ Gerichtlich gebilligte Vergleiche (etwa in Umgangsrechtsverfahren).

Grundsätzlich bestimmt das Gericht die für den Fall der Zuwiderhandlung gegen den Vollstreckungstitel zu ergreifende Vollstreckungsmaßnahme.

Vollstreckungsmittel sind Ordnungsgeld (§ 89 Abs. 1 FamFG), Ordnungshaft (§ 89 Abs. 1 FamFG) und hilfsweise unmittelbarer Zwang (§ 90 FamFG). Die Anordnung von **unmittelbarem Zwang gegen das Kind ist unzulässig**, um die Herausgabe des Kindes zur Durchführung des Umgangsrechts durchzusetzen (§ 90 Abs. 2 FamFG). Zulässig ist allerdings die Vollstreckung der Herausgabe des Kindes unter unmittelbarer Gewaltanwendung, wenn eine Umgangspflegschaft angeordnet wurde. Uneingeschränkt zulässig ist die Durchsetzung einer Entscheidung unter Einsatz gegen das Kind gerichteter unmittelbarer Gewaltanwendung, wenn es um die Herausgabe des Kindes geht.

## 9. Der einstweilige Rechtsschutz

Kann das Verfahrensergebnis nicht abgewartet werden, kann eine sog **einstweilige** **785** **Anordnung** erwirkt werden (§§ 49 f FamFG). Diese regelt die Rechtsverhältnisse vorläufig bzw sichert einen bereits bestehenden Zustand. Dadurch wird verhindert, dass während des (uU länger dauernden Verfahrens) Gefahren bestehen bleiben oder Fakten geschaffen werden, die die Rechte eines der Beteiligten aushebeln.

Die **Einleitung** eines Verfahrens zum vorläufigen Rechtsschutz folgt den Regeln für das Hauptsacheverfahren: Kann das Hauptsacheverfahren etwa nur durch einen Antrag eines Beteiligten in Gang gesetzt werden, so kann eine einstweilige Anordnung ebenfalls nur auf Antrag erlassen werden (§ 51 Abs. 1 FamFG). In amtswegigen Verfahren hingegen prüft das Gericht von sich aus den Erlass einer einstweiligen Anordnung.

Auch im Übrigen richtet sich das Verfahren nach den Regeln, die für das Hauptsacheverfahren gelten. Besonderheiten gelten für die Gewissheit, die sich das Gericht verschaffen muss: Gegenüber dem Hauptsacheverfahren ist das einstweilige Rechtsschutzverfahren ein summarisches Verfahren, so dass geringere Anforderungen an die Beweisführung gestellt werden: Es genügt, dass der Sachverhalt glaubwürdig ist.

Aufgrund der Eilbedürftigkeit kann insbesondere auch eine Entscheidung ohne vorherige mündliche Anhörung der Beteiligten ergehen. Jedoch ist eine mündliche Verhandlung erzwingbar (§ 54 Abs. 2 FamFG).

Grundsätzlich sind einstweilige Anordnungen in Familiensachen nicht anfechtbar. Anfechtbar sind nur Entscheidungen der 1. Instanz in bestimmten Angelegenheiten und auch nur dann, wenn das Gericht aufgrund einer mündlichen Erörterung entschieden hat. Dies betrifft Angelegenheiten der elterlichen Sorge (§ 57 Nr 1 FamFG) sowie die Herausgabe eines Kindes an den anderen Elternteil (§ 57 Nr 2 FamFG), daneben die Verbleibensanordnung (§ 57 Nr 3 FamFG). Nicht anfechtbar sind einstweilige Anordnungen in Umgangsverfahren.

Soweit eine einstweilige Anordnung angefochten werden kann, ist die sofortige Beschwerde (2-Wochen-Frist) statthaft (§ 63 Abs. 2 FamFG).

## 10. Rechtsmittel

**786** **Rechtsmittel** gegen die Beschlüsse des Familiengerichts sind Beschwerde und Rechtsbeschwerde. Sondervorschriften gelten für einstweilige Anordnungen.

### a) Beschwerde

**787** Die **Beschwerde** ist das statthafte Rechtsmittel gegen die erstinstanzlichen Endentscheidungen der Familiengerichte (§ 58 Abs. 1 FamFG).

Beschwerdeberechtigt ist:

- Wer in seinen Rechten beeinträchtigt ist (§ 59 Abs. 1 FamFG). Darauf gründet sich das Beschwerderecht der Eltern sowie – in allen Angelegenheiten der elterlichen Sorge – des Kindes. Für Minderjährige gilt: Sie können – soweit sie unter elterlicher Sorge stehen – ihr Beschwerderecht in allen ihre Person betreffenden Angelegenheiten ab 14 Jahren allein ausüben (§ 60 FamFG).
- Bei Zurückweisung eines Antrags der Antragsteller (§ 59 Abs. 2 FamFG).
- Der Verfahrensbeistand im Interesse des Kindes (§ 158 Abs. 4 S. 5 FamFG).
- Das Jugendamt in Verfahren, in denen es ein Anhörungsrecht besitzt und zwar unabhängig davon, ob es auch Verfahrensbeteiligter ist (Kindschaftssachen: § 162 Abs. 1, 3 FamFG; Abstammungssachen bei Anfechtung der Vaterschaft durch den leiblichen Vater, das Kind oder die Behörde: § 176 Abs. 2 FamFG; Gewaltschutzsachen wenn Kinder im Haushalt leben, § 213 Abs. 2 FamFG).

Frist: Die Beschwerde ist innerhalb einer Frist von 1 Monat nach Bekanntgabe beim Gericht, dessen Beschluss angefochten ist, einzulegen (§§ 63 Abs. 1, 64 Abs. 1 FamFG).

Zuständig zu Entscheidung über die Beschwerde ist in Familiensachen das OLG (§ 119 GVG).

### b) Rechtsbeschwerde

Gegen die zweitinstanzliche Entscheidung ist die **Rechtsbeschwerde** das statthafte **788** Rechtsmittel.

Die Rechtsbeschwerde ist allerdings nur zulässig, wenn das Beschwerdegericht sie zugelassen hat (§ 71 Abs. 2 FamFG). Eine Zulassung erfolgt, wenn die Rechtssache grundsätzliche Bedeutung hat oder die Fortbildung des Rechts bzw die Sicherung einer einheitlichen Rechtsprechung eine Entscheidung des Rechtsbeschwerdegerichts erfordert (§ 71 Abs. 2 FamFG).

Die Rechtsbeschwerde ist ebenfalls innerhalb einer Frist von einem Monat (§ 71 Abs. 1 FamFG) durch Einreichung einer schriftlichen Beschwerdeschrift beim Rechtsbeschwerdegericht (in Familiensachen: BGH, § 133 GVG) einzureichen (§ 71 Abs. 1 FamFG).

### 11. Verfahrenskostenhilfe

Für bedürftige Beteiligte sieht das FamFG die Möglichkeit der **Verfahrenskostenhil-** **789** **fe** in §§ 76 f FamFG, §§ 114 ff ZPO vor. Verfahrenskostenhilfe wird gewährt unter folgenden Voraussetzungen:

■ Der Beteiligte kann nach seinen wirtschaftlichen und persönlichen Verhältnissen die Kosten des Verfahrens nicht, nur teilweise oder nur in Raten aufbringen,
■ die beabsichtigte Rechtsverfolgung bietet hinreichende Erfolgsaussicht und
■ erscheint nicht mutwillig. Mutwillig kann die Beantragung von Verfahrenskostenhilfe etwa dann sein, wenn vor der Rechtsverfolgung nicht die – zeitnahen und kostenfreien – Beratungsangebote der Jugendhilfe genutzt wurden.

Wird Verfahrenskostenhilfe gewährt, ist ein Anwalt beizuordnen, soweit Anwaltszwang besteht (§ 78 Abs. 1 FamFG). Besteht kein Anwaltszwang, so wird auf Antrag ein Anwalt beigeordnet, wenn die besondere Schwierigkeit des Falles eine anwaltliche Vertretung erforderlich macht (§ 78 Abs. 2 FamFG). Ob das für Kindschaftsverfahren, in denen weniger rechtliche als tatsächliche Fragen im Vordergrund stehen, angenommen werden kann, ist eine Frage des Einzelfalls. Stellt sich das Verfahren wegen einer schwierigen Rechts- oder Sachlage für den Beteiligten so kompliziert dar, dass ein bemittelter Beteiligter einen Anwalt zuziehen würde, so ist auch der unbemittelten Partei ein Anwalt beizuordnen. Dabei sind auch die subjektiven Fähigkeiten des unbemittelten Beteiligten zu berücksichtigen. Das Gebot der Waffengleichheit (die Gegenseite hat einen Anwalt beauftragt) legitimiert für sich noch nicht die Beiordnung eines Anwalts. Allerdings ist die Beauftragung eines Anwalts durch die Gegenseite uU ein Indiz für die Erforderlichkeit anwaltlicher Begleitung. Wird Verfahrenskostenhilfe gewährt, so gilt: Das Gerichtsverfahren ist für den Beteiligten kostenfrei. Die Kosten seines Anwaltes werden von der Staatskasse getragen.

## 12. Kosten des Verfahrens

**790** Wer die Verfahrenskosten bezahlen muss, ist in den §§ 80–85 FamFG geregelt. Verfahrenskosten sind die Gerichtskosten sowie die notwendigen Aufwendungen der Beteiligten (zB Rechtsanwaltskosten, § 80 FamFG). Das Gericht entscheidet über die Kostentragungspflicht der Beteiligten nach billigem Ermessen (§ 81 Abs. 1 FamFG). In den in § 81 Abs. 2 FamFG geregelten Fällen soll das Gericht die Kosten ganz oder teilweise einem Beteiligten auferlegen.

## 13. Anwaltszwang

**791** Soweit das Gesetz sog Anwaltszwang anordnet, müssen sich Antragsteller und –gegner sowie sonstige Beteiligte vor Gericht anwaltlich vertreten lassen. Anwaltszwang für Kindschaftssachen besteht nur vor dem BGH, ansonsten nur, wenn die Kindschaftssache im Rahmen eines Scheidungsverfahrens verhandelt und entschieden wird (§ 114 Abs. 1 FamFG). Nicht dem Anwaltszwang unterliegt das Jugendamt.

## 14. Überblick über Ablauf eines kindschaftsrechtlichen Verfahrens

**792** Vorgeschaltet oder parallel dazu läuft uU ein Verfahren auf Verfahrenskostenhilfe.

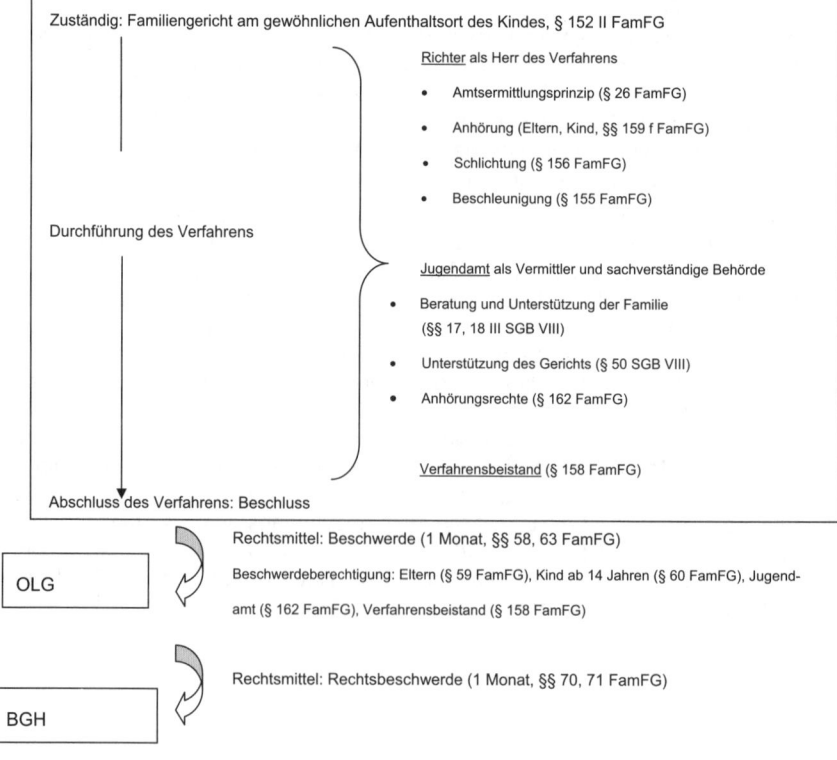

## XV. Vormundschaft und Pflegschaft

### 1. Überblick

Soweit Eltern ihre Sorge rechtlich nicht ausüben können, stellt sich die Notwendigkeit, **793** eine Ersatzzuständigkeit für das Kind zu schaffen. Zu unterscheiden ist zwischen einem Pfleger und dem Vormund. Eine **Pflegschaft** kommt immer in Betracht, wenn lediglich einzelne Teile der elterlichen Sorge nicht ausgeübt werden können (§ 1909 Abs. 1 BGB). Der Pfleger nimmt diejenigen Teile der elterlichen Sorge wahr, die die Eltern nicht ausüben können oder dürfen. Daher spricht man auch von **Ergänzungspflegschaft**. Eine **Vormundschaft** hingegen ersetzt die komplette elterliche Sorge. Sie ist erforderlich, wenn keine elterliche Sorge besteht (§ 1773 Abs. 1 BGB). Anwendungsfälle sind etwa:

- Tod der Eltern.
- Entzug der kompletten elterlichen Sorge.
- Eltern sind nicht zur Vertretung berechtigt (elterliche Sorge ruht gem § 1673 Abs. 2 oder § 1674 BGB).
- Der Familienstand des Minderjährigen ist nicht zu ermitteln (Findelkind, § 1773 Abs. 2 BGB).

Vormundschaft und Pflegschaft folgen im Übrigen im Grundsatz den gleichen Regeln (§ 1915 Abs. 1 BGB).

### 2. Beginn der Vormundschaft/Pflegschaft

#### a) Eintreten der Vormundschaft/Pflegschaft

Vormundschaft und Pflegschaft treten dabei grundsätzlich nicht automatisch ein, son- **794** dern müssen angeordnet werden. Die **Anordnung** erfolgt durch das Familiengericht (§ 1774 BGB). Einzige Ausnahme ist die Amtsvormundschaft des Jugendamtes für Kinder unverheirateter minderjähriger Mütter (§ 1791c BGB). Diese tritt kraft Gesetz automatisch ein, wenn eine minderjährige unverheiratete Mutter ein Kind auf die Welt bringt, für das ein Vormund erforderlich ist. Daran fehlt es etwa, wenn die Eltern vor der Geburt Sorgeerklärungen abgegeben haben.

Die Anordnung der Vormundschaft bzw Pflegschaft ist zu unterscheiden von der Bestellung der konkreten Person, die diese Aufgabe wahrnehmen soll. Es sind daher immer zwei Akte notwendig, die allerdings regelmäßig zusammen vorgenommen werden.

#### b) Die Auswahl des Vormunds

Als Vormund kommen in Betracht:

- Eine einzelne Person (**Einzelvormund**, §§ 1775 ff BGB). Ehepaare können in diesem **795** Rahmen gemeinschaftlich zu Vormündern bestellt werden.

  Was die Auswahl des konkreten Vormunds betrifft, besitzen die sorgeberechtigten Eltern für den Fall ihres Todes ein **Benennungsrecht** (§§ 1776 Abs. 1, 1777 Abs. 1, 3 BGB). Die Eltern können in diesem Rahmen auch bestimmte Personen als Vormund ausschließen (§ 1782 Abs. 1 BGB). Eine vorsorgliche Benennung für den Fall des Ruhens der Sorge oder den Sorgerechtsentzug ist gesetzlich hingegen nicht vorgesehen.

Die Berufung als Vormund liegt jedoch in der Hand des Familiengerichts. Dieses hat diejenige Person als Vormund auszuwählen, die nach ihren persönlichen und wirtschaftlichen Verhältnissen geeignet ist (§ 1779 Abs. 1, 2 BGB). Dementsprechend kann jemand dann nicht als Vormund berufen werden, wenn er an der Übernahme der Vormundschaft verhindert ist, sie verzögert oder seine Berufung nicht im Einklang mit dem Wohl des Minderjährigen stünde (§ 1778 Abs. 1 BGB). Die Benennung der Eltern hat mithin nicht zwingend die Bestellung als Vormund zur Folge. Vielmehr hat das Familiengericht eine eigene Prüfung anzustellen. In diesem Rahmen ist der mutmaßliche Wille der Eltern von erheblichem Belang. Dementsprechend ist eine Berufung des von den Eltern benannten Vormunds nur in bestimmten Fällen ausgeschlossen. Auch in diesem Kontext ist der Grundsatz der Verhältnismäßigkeit zu beachten: Wenn sich nicht aus dem Elternwillen oder der Kindesbindung eine eindeutige Auswahl eines Vormunds ergibt, hat das Familiengericht Verwandte oder Verschwägerte des Mündels zu ermitteln, unter denen die geeignetste Person auszuwählen ist.

Folgenden Personen kann die Vormundschaft nicht übertragen werden: Geschäftsunfähigen Personen (§ 1780 BGB), Betreuten und Minderjährigen (§ 1781 BGB).

Dem Benennungsrecht der Eltern korreliert auf Seiten des Vormunds ein subjektives **Recht auf Bestellung**. Er ist zugleich verpflichtet, die Vormundschaft zu übernehmen (§ 1785 BGB). Nur ausnahmsweise besitzt er ein Ablehnungsrecht (§ 1786 BGB).

Zum Nachweis der Vertretungsbefugnis erhält der Vormund einen Ausweis (Bestallungsurkunde, § 1791 Abs. 1 BGB).

**796** ■  Ein rechtsfähiger Verein (**Vereinsvormundschaft**, § 1791a BGB), wenn er vom Landesjugendamt für geeignet erklärt worden ist. Für die Benennung gelten die gleichen Vorgaben wie beim Einzelvormund. Jedoch ist die Vereinsvormundschaft gegenüber dieser nachrangig. Daher ist der Vereinsvormund zu entlassen, wenn dies dem Wohl des Kindes dient und ein anderer geeigneter Vormund vorhanden ist (§ 1887 Abs. 1 BGB).

**797** ■  Ist eine Person nicht vorhanden, so ist das **Jugendamt** zu bestellen (bestellter Amtsvormund, § 1791b BGB). Die Eltern können das Jugendamt dabei weder benennen, noch ausschließen. Die Bestellung erfolgt durch schriftliche Verfügung des Familiengerichts, die mit ihrer Bekanntgabe wirksam wird.

Für Kinder minderjähriger unverheirateter Mütter wird das Jugendamt automatisch, ohne dass ein Bestellungsakt notwendig wäre, kraft Gesetzes **Amtsvormund** des Kindes, wenn das Kind bei seiner Geburt einen Vormund benötigen würde (§ 1791c Abs. 1 BGB). Über den Eintritt der Vormundschaft erteilt das Familiengericht eine Bescheinigung (§ 1791c Abs. 3 BGB). Auch die Amtsvormundschaft des Jugendamtes ist subsidiär gegenüber der ehrenamtlichen Einzelvormundschaft. Dementsprechend ist das Jugendamt eigentlich zu entlassen, wenn dies dem Wohl des Kindes dient und ein anderer geeigneter Vormund vorhanden ist (§ 1887 Abs. 1 BGB). Die Norm wird allerdings auf die gesetzliche Amtsvormundschaft nicht angewandt.

## c) Die Auswahl des Pflegers

Die **Bestellung eines Pflegers** richtet sich ebenfalls nach Eignung der ausgewählten **798** Person. Allerdings haben die Eltern grundsätzlich kein Benennungsrecht (§ 1916 BGB).

## 3. Rechtsstellung des Vormunds/Pflegers

Vormund und Pfleger rücken mit ihrer Bestellung in die **Rechtsstellung** der Eltern ein. **799** Der Vormund besitzt in gleichem Umfang wie die Eltern das Recht und die Pflicht, für das Mündel zu sorgen (§ 1800 iV mit §§ 1631–1633 BGB). Er wird an Stelle der Eltern Inhaber der elterlichen Sorge mit allen ihren Bestandteilen (§ 1793 Abs. 1 BGB). Für den Pfleger gilt dies nur im Rahmen seiner Bestellung (§ 1630 Abs. 2 BGB). Die damit verbundene Aufgabe impliziert die Notwendigkeit des Aufbaus eines persönlichen Verhältnisses zwischen Mündel und Vormund. Denn nur so kann der Vormund seiner Pflicht nachkommen, die Pflege und Erziehung des Mündels persönlich zu fördern und zu gewährleisten (§ 1800 S. 2 BGB). Der Vormund wird daher vom Gesetzgeber ausdrücklich dazu verpflichtet, Kontakt mit seinem Mündel zu halten. Konkret soll er das Mündel in der Regel einmal im Monat in dessen üblicher Umgebung aufsuchen (§ 1793 Abs. 1a BGB).

Ein Harmonisierungsbedarf zwischen Eltern und Vormund bzw Pfleger gibt es in zwei **800** Fällen:

■ Amtsvormundschaft für die Kinder minderjähriger unverheirateter Mütter: Deren Sorge ruht nämlich nur partiell (§ 1673 Abs. 2 BGB), so dass sie neben dem Amtsvormund noch die tatsächliche Personensorge besitzen. Der Gesetzgeber hat insoweit einen Meinungsvorrang der Mutter im Innenverhältnis vor dem Amtsvormund in diesen Angelegenheiten festgeschrieben (vgl Rn 763).

■ Anordnung einer Pflegschaft: Da die Pflegschaft immer nur Teile der elterlichen Sorge betrifft, sind Überschneidungen zwischen elterlicher und pflegerischer Kompetenz denkbar. Insoweit gilt: Bei Meinungsverschiedenheiten in überschneidenden Bereichen, die nicht beigelegt werden können, entscheidet das Familiengericht (§ 1630 Abs. 2 BGB).

Vormünder und Pfleger genießen nicht das gleiche verfassungsrechtliche Vertrauen **801** des Art. 6 Abs. 2 GG wie Eltern, dass das Kindeswohl bei ihnen bestmöglich aufgehoben ist. Dementsprechend unterliegen sie auch einer weitergehenderen Kontrolle als die Eltern. Folgende Mechanismen dienen ihrer **Kontrolle**:

■ Bestellung von Kontrollorganen wie ein **Gegenvormund** (§ 1792 BGB, nicht beim Jugendamt als Vormund möglich) oder andere Vormünder (§ 1797 BGB). Für Pfleger ist die Bestellung eines Gegenpflegers hingegen nicht erforderlich (§ 1915 Abs. 2 BGB).

■ Bestimmte Rechtsgeschäfte dürfen Vormund und Pfleger nicht tätigen (§ 1795 BGB), andere sind von der Genehmigung durch das Familiengericht abhängig (§§ 1819 ff BGB). Dazu gehören etwa Ausbildungs- und Arbeitsverträge, die länger als ein Jahr dauern, Ratenzahlungs- und Kreditverträge (§ 1822 Nrn 6,7 und 12 BGB). Insoweit unterliegen Vormünder und Pfleger weitreichenderen Einschränkungen als Eltern (vgl Rn 564 ff).

■ Vormund und Pfleger unterstehen der **Aufsicht des Familiengerichts**, das diesen gegenüber Eingriffsmöglichkeiten besitzt und in diesem Rahmen konkrete Ge- und Verbote aussprechen kann (§ 1837 Abs. 2, 3 BGB). Die Aufsicht des Familiengerichts erstreckt sich auf die gesamte Tätigkeit des Vormunds, insbesondere überwacht es auch, ob der Vormund den erforderlichen persönlichen Kontakt mit dem Mündel pflegt (§ 1837 Abs. 2 S. 2 BGB). Die Aufsicht wird bei Gericht nicht von dem Familienrichter, sondern von dem Rechtspfleger ausgeübt. Einzelvormünder unterstehen weiter auch der Aufsicht des Jugendamtes, das ebenfalls bei Problemen darauf hinzuwirken hat, dass Mängel behoben werden. Notfalls hat es das Familiengericht einzuschalten (§ 53 Abs. 3 SGB VIII).

- Sowohl Vormund als auch Pfleger sind dem Familiengericht rechenschaftspflichtig und haben über die persönlichen Verhältnisse des Mündels mindestens einmal jährlich zu berichten (§ 1840 Abs. 1 BGB). Der Bericht muss dabei insbesondere auch Angaben zu den persönlichen Kontakten des Vormunds zum Mündel enthalten (§ 1840 Abs. 1 S. 2 BGB). Über das Vermögen ist dem Familiengericht Rechnung zu legen (§ 1840 Abs. 2 BGB).

- Im Übrigen besteht die Möglichkeit, einen Vormund oder Pfleger zu entlassen, etwa weil er untauglich ist, Mündelinteressen gefährdet oder ein sonstiger wichtiger Grund vorliegt (§§ 1837 Abs. 4, 1915 Abs. 1 BGB).

Für Einzelvormünder sind daneben **besondere Unterstützungsmöglichkeiten** vorgesehen: Sowohl gegenüber dem Jugendamt (§ 53 Abs. 2 SGB VIII) als auch gegenüber dem Familiengericht (§§ 1837 Abs. 1, 1915 Abs. 1 BGB) besitzen sie einen Anspruch auf Beratung und Unterstützung.

Für Schäden ist der Vormund dem Kind ersatzpflichtig (§ 1883 Abs. 1 BGB) ohne die für Eltern geltende Haftungsmilderung des § 1664 BGB.

### 4. Beendigung der Vormundschaft/Pflegschaft

**802** Die **Vormundschaft endet** automatisch, wenn der Grund ihrer Anordnung entfällt. Eine besondere Aufhebung der Vormundschaft durch gerichtliche Entscheidung ist nicht erforderlich (§ 1882 BGB).

Beispiel: Die Vormundschaft endet, wenn das Mündel volljährig wird.

Demgegenüber ist die Pflegschaft durch gerichtliche Entscheidung aufzuheben, wenn der Grund ihrer Anordnung entfallen ist (§ 1919 BGB). Kraft Gesetz endet eine Pflegschaft grundsätzlich mit Volljährigkeit des Kindes (§ 1918 Abs. 1 BGB). Soweit die Pflegschaft lediglich einzelne Angelegenheiten betrifft, endet sie mit deren Erledigung (§ 1918 Abs. 3 BGB). Auch in diesem Fall ist eine gesonderte gerichtliche Anordnung nicht erforderlich.

# Kapitel 3: Eherecht

### I. Verlöbnis

### 1. Wesen und Gegenstand des Verlöbnisses

**803** Der Eheschließung vorgeschaltet ist das Eheversprechen, das sog **Verlöbnis** (§§ 1297–1302 BGB). Inhalt des Verlöbnisses ist das gegenseitige Versprechen zur späteren Eingehung der Ehe.

Das Verlöbnis ist ein Vertrag zweier Personen verschiedenen Geschlechts. Damit gelten die allgemeinen Regeln über Rechtsgeschäfte, die allerdings durch die besonderen Vorschriften des Verlöbnisrechts in wichtigen Bereichen modifiziert werden.

## 2. Rechtswirkungen des Verlöbnisses

### a) Vertragliche Wirkung

Die wichtigste Abweichung von den allgemeinen rechtsgeschäftlichen Regeln ist die **804** **fehlende Verbindlichkeit** des Verlöbnisses. Die Eheabrede begründet nämlich keinen klagbaren Anspruch auf Eheschließung. Insoweit ist nämlich ausdrücklich normiert, dass aus einem Verlöbnis weder auf die Eingehung der Ehe geklagt werden (§ 1297 Abs. 1 BGB), noch eine derartige Verpflichtung vollstreckt werden kann (§ 120 Abs. 3 FamFG). Auch sonstige Mechanismen, die einen mittelbaren Druck zur Durchsetzung des Eheversprechens ausüben könnten, sind – als Umgehung – unzulässig. So kann ein Verlöbnis nicht etwa mit einer vertraglichen Nebenabrede versehen werden, die dem Verlobten für den Fall, dass ein Verlobter die Ehe nicht schließt, eine vertragliche „Strafgebühr" auferlegt (§ 1297 Abs. 2 BGB).

### b) Schadensersatzansprüche

Auch wenn das Verlöbnis keinen Anspruch auf eine Eheschließung begründet und je- **805** der Verlobte jederzeit von ihm Abstand nehmen kann, ist es nicht folgenlos. Die Auflösung des Verlöbnisses kann nämlich Schadensersatzansprüche des anderen Verlobten begründen. Zwei **Schadensersatzansprüche** kennt das Verlöbnisrecht:

- **Grundloser Rücktritt vom Verlöbnis** (§ 1298 BGB): Danach hat derjenige Verlobte, der von dem Verlöbnis zurücktritt, dem anderen Verlobten, dessen Eltern sowie dritten Personen, denjenigen Schaden zu ersetzen, der diesen dadurch entsteht, dass sie in Erwartung der Eheschließung Aufwendungen getätigt haben oder Verbindlichkeiten eingegangen sind (§ 1298 Abs. 1 BGB).

  Dabei löst nur der „grundlose" Rücktritt von dem Verlöbnis Schadensersatzansprüche aus. Liegt hingegen ein wichtiger Grund für den Rücktritt vor, so ist ein Schadensersatzanspruch ausgeschlossen (§ 1298 Abs. 3 BGB).

  Beispiele für wichtigen Rücktrittsgrund: Bruch der Verlöbnistreue; Lieblosigkeiten, die ernsthafte Zweifel an späterer ehelicher Gesinnung begründen; Verzögerung der Eheschließung ohne triftigen Grund; Weigerung, sich bei Krankheitsverdacht ärztlich untersuchen zu lassen.

  Der Schadensersatzanspruch selber ist inhaltlich beschränkt auf den Ersatz angemessener Aufwendungen (§ 1298 Abs. 2 BGB).

- **Schuldhafte Veranlassung zum Rücktritt** (§ 1299 BGB): Eine Schadensersatzpflicht trifft auch denjenigen Verlobten, der zwar nicht selber die Verlobung auflöst, wohl aber durch ein schuldhaftes Verhalten den anderen Verlobten zur Auflösung der Verlobung veranlasst. Der Schadensersatzanspruch tritt nur ein, wenn das Verhalten des Verlobten für die andere Seite einen wichtigen Grund für seinen Rücktritt bildet. Auch in diesem Fall sind von dem Schadensersatzanspruch lediglich die angemessenen Aufwendungen und Maßnahmen erfasst (§§ 1299, 1298 Abs. 2 BGB).

## c) Rückgabe der Geschenke

**806** **Geschenke**, die während des Verlöbnisses gemacht wurden, können im Fall der Verlobungsauflösung nach Bereicherungsrecht heraus verlangt werden (§ 1301 BGB).

## d) Sonstige Rechtswirkungen

**807** Rechtswirkungen hat das Verlöbnis vor allem in anderen Rechtsgebieten. So begründet ein bestehendes Verlöbnis etwa ein Zeugnisverweigerungsrecht im Straf- bzw Zivilprozess als Angehörige (Strafrecht: § 52 Abs. 1 Nr 1 StPO; Zivilrecht: § 383 Abs. 1 Nr 1 ZPO). Im Sozialverwaltungsverfahren etwa ist ein Sachbearbeiter für Angelegenheiten, die einen mit ihm verlobten Klienten betreffen, befangen, mit der Folge, dass er nicht für ihn tätig werden darf (§ 16 Abs. 1 Nr 2 iV mit § 16 Abs. 5 Nr 1 SGB X).

## 3. Allgemeine Erfordernisse

**808** Mit der Einordnung des Verlöbnisses als Vertrag gelten nach überwiegender Auffassung die allgemeinen Regeln für Rechtsgeschäfte. Da gesetzlich keine Formerfordernisse vorgesehen sind, kann ein Verlöbnis auch mündlich oder sogar konkludent erklärt werden.

Allerdings handelt es sich um ein höchstpersönliches Rechtsgeschäft. Damit ist eine Stellvertretung unzulässig. Auch Minderjährige müssen die Verlobung höchstpersönlich erklären.

Minderjährige benötigen für ihr Verlöbnis die Einwilligung ihrer gesetzlichen Vertreter. Fehlt diese, ist das Verlöbnis schwebend unwirksam, wird sie verweigert, ist das Verlöbnis unwirksam. Auch im Falle der Unwirksamkeit des Verlöbnisses wendet die herrschende Meinung allerdings die Schutzvorschriften des Verlöbnisrechts zugunsten des Minderjährigen an. Aus diesem Grunde finden die Schadensersatzansprüche uneingeschränkt zugunsten Minderjähriger auch dann Anwendung, wenn das Verlöbnis nicht wirksam ist.

## II. Eheschließung

## 1. Übungsfall 15

**809** Die 16-jährige Julia und der 19-jährige Mauro möchten die Ehe miteinander eingehen, allerdings gegen den erklärten Widerspruch von Julias Eltern, die ihre Tochter für zu jung und Mauro für völlig ungeeignet als Gatten ihrer Tochter halten. Julia ist sehr an der Eheschließung gelegen, da sie von Mauro ein Kind erwartet.

1. Kann eine Eheschließung zwischen Mauro und Julia erfolgen?

2. Was Julia nicht weiß und erst nach der Eheschließung erfährt: Mauro ist wegen Betruges und Urkundenfälschung zu einer Bewährungsstrafe verurteilt worden. Unterstellen Sie, Julia und Mauro haben geheiratet. Kann Julia die Ehe aufheben lassen?

(Lösungshinweise Rn 829)

## 2. Überblick

Nach herrschender Auffassung ist auch die Ehe ein gegenseitiger Vertrag. Ursprüng- **810** lich gehörte zu den ungeschriebenen Eheschließungsvoraussetzungen zwingend die Geschlechtsverschiedenheit der Vertragsschließenden. Eine „Ehe" gleichgeschlechtlicher Personen konnte nicht geschlossen werden und entfaltete keine Wirkungen. Durch das Gesetz zur Schaffung der eingetragenen Lebenspartnerschaft als Rechtsinstitut homosexueller Lebensgemeinschaften hat sich diese Frage jedoch relativiert.

Wie bei der Verlobung werden auch im Bereich der Eheschließung die allgemeinen rechtsgeschäftlichen Regeln in wichtigen Bereichen modifiziert bzw verdrängt. Im Bereich der Eheschließung gelten Sondervorschriften vor allem für folgende Bereiche:

- Formvorschriften für Ehekonsens.
- Minderjährige und Geschäftsunfähige.
- Eheverbote.
- Willensmängel.

Sonderregeln gelten auch für die Folgen möglicher Fehler bei der Eheschließung. Es **811** ist zwischen drei möglichen Fehlerfolgen zu unterscheiden.

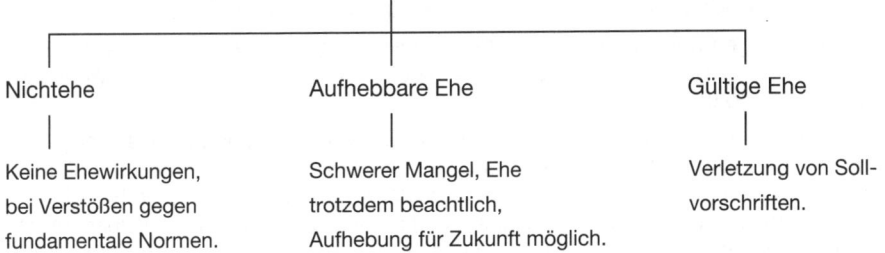

| Nichtehe | Aufhebbare Ehe | Gültige Ehe |
|---|---|---|
| Keine Ehewirkungen, bei Verstößen gegen fundamentale Normen. | Schwerer Mangel, Ehe trotzdem beachtlich, Aufhebung für Zukunft möglich. | Verletzung von Sollvorschriften. |

**Hinweis:** Eine Aufhebung der Ehe erfolgt durch gerichtliches Urteil (§ 1313 BGB). Zuständig ist **812** das Familiengericht.

In bestimmten Fällen, vor allem soweit aus der Ehe Kinder hervorgegangen sind, bleibt auch nach Aufhebung der Ehe ein sog nacheheliches Rechtsverhältnis bestehen (§ 1318 BGB), in dessen Gefolge uU Unterhaltsansprüche wie nach einer Scheidung bestehen sowie ein Versorgungs- und ein Zugewinnausgleich durchgeführt werden kann.

## 3. Formale Vorgaben für die Eheschließung

### a) Obligatorische Zivilehe

Es gilt der Grundsatz der **obligatorischen Zivilehe**. Zwingende Gültigkeitsvorausset- **813** zung einer Eheschließung ist die Einhaltung einer bestimmten öffentlichen Form: Eine Ehe kann danach nur vor dem zuständigen Standesbeamten geschlossen werden (§ 1310 Abs. 1 BGB). Eine rein kirchliche Trauung, ohne dass zuvor eine zivilrechtliche Ehe geschlossen wurde, ist zwar kirchenrechtlich zulässig, entfaltet jedoch keinerlei zivilrechtliche Wirkungen.

Die Mitwirkung des Standesbeamten ist zwingendes Erfordernis, das in keiner Weise geheilt werden kann. Wurde die Ehe nicht vor dem zuständigen Standesbeamten geschlossen, so liegt keine Ehe vor.

Hinweis: Hauptaufgabe des Standesbeamten ist die Prüfung, ob eine Ehe zulässig geschlossen werden darf (§ 13 PStG). Liegen Eheverbote vor, so kann, in gravierenden Fällen muss, er seine Mitwirkung verweigern und so die Eheschließung verhindern.

**814** Eine Ausnahme (Ehe trotz Fehlen eines Standesbeamten) macht lediglich die (enge) Ausnahmevorschrift des § 1310 Abs. 3 BGB. Die Ehe ist – selbst wenn ein unzuständiger Standesbeamter mitgewirkt hat – danach insbesondere dann ausnahmsweise gültig wenn:

- Die Verlobten Ehewillenserklärungen abgegeben haben,
- die Ehe durch den Standesbeamten ins Eheregister eingetragen wurde und
- die Eheleute mindestens zehn Jahre bzw bis zum Tod eines Ehegatten (mindestens fünf Jahre) zusammengelebt haben.

### b) Formale Anforderungen an den Ehekonsens

**815** Weitere formale Anforderungen an den Ehekonsens sind in § 1311 BGB geregelt: Danach müssen die Erklärungen der Verlobten persönlich und bei gleichzeitiger Anwesenheit der Eheschließenden abgegeben werden. Die Erklärungen können dabei weder an eine **Bedingung** noch an eine **Zeitbestimmung** geknüpft werden.

Verstöße gegen die genannten formalen Anforderungen stehen der Wirksamkeit der Ehe nicht entgegen. Die Eheleute sind also auch dann wirksam verheiratet, wenn etwa einer der Ehepartner vertreten wurde.

Mit Blick auf die Schwere des Verfahrensfehlers, ist die Ehe jedoch aufhebbar (§ 1314 Abs. 1 BGB). Die Aufhebung kann durch jeden der Ehegatten sowie die zuständige Verwaltungsbehörde beantragt werden (§ 1316 Abs. 1 Nr 1 BGB). Eine Frist für den Aufhebungsantrag ist nicht vorgesehen. Jedoch ist die Aufhebung ausgeschlossen, wenn die Eheleute fünf Jahre zusammengelebt haben, ohne dass ein Antrag auf Aufhebung gestellt wurde (sog **Bestätigung**, § 1315 Abs. 2 Nr 2 BGB). Eine Bedingung oder Befristung ist im Übrigen nicht wirksam.

**816** Für den äußeren Ablauf des Verfahrens sind ebenfalls Regelungen getroffen (§ 1312 BGB). Danach soll der Standesbeamte die Eheschließenden einzeln befragen, ob sie die Ehe miteinander eingehen wollen und im Anschluss an deren Bejahung die Eheschließung aussprechen. Die Herbeiziehung von Trauzeugen kann erfolgen.

Verstöße hiergegen sind allerdings nicht sanktioniert und mithin unbeachtlich.

### 4. Ehefähigkeit

**817** Die Ehefähigkeit ist – für den Bereich der Eheschließung – das Korrelat zur Geschäftsfähigkeit im Bereich der Rechtsgeschäfte. Wie dort auch, sind zwei Gruppen problematisch:

- Geschäftsunfähige Erwachsene.
- Minderjährige.

### a) Geschäftsunfähige Erwachsene

**818** **Geschäftsunfähige** können eine Ehe nicht eingehen (§ 1304 BGB). Steht ein Volljähriger unter Betreuung, so gilt: Die Anordnung einer Betreuung kann allenfalls einen

Anhaltspunkt für das Fehlen der Geschäftsfähigkeit sein, bewirkt jedoch ihrerseits keine Einschränkung in der Geschäftsfähigkeit. Ist der Betreute mithin geschäftsfähig, kann er die Ehe eingehen. Die Eheschließung eines geschäftsfähigen geistig oder seelisch Behinderten kann dann insbesondere auch nicht durch die Anordnung eines Einwilligungsvorbehalts in Frage gestellt werden, da die Eheschließung nicht der Anordnung des Einwilligungsvorbehalts unterliegt (§ 1903 Abs. 2 BGB).

Eine vorübergehende Störung der Geistestätigkeit hingegen oder Bewusstlosigkeit begründet demgegenüber keine Geschäftsunfähigkeit. Das lediglich punktuelle Fehlen der erforderlichen Einsichtsfähigkeit kann allerdings unter dem Aspekt des fehlenden Eheschließungswillens relevant werden (§ 1314 Abs. 2 Nr 1 BGB, vgl Rn 826).

### b) Minderjährige

Grundsätzlich soll eine Ehe erst ab Vollendung des 18. Lebensjahres eingegangen **819** werden (§ 1303 Abs. 1 BGB). Erst die Volljährigkeit verleiht auch die **Ehemündigkeit**. Von diesem Volljährigkeitserfordernis kann der Minderjährige allerdings freigestellt werden. Die Freistellung setzt zweierlei voraus:

■ Mindestalter des Minderjährigen von 16 Jahren <u>und</u>
■ Volljährigkeit des Ehepartners (§ 1303 Abs. 2 BGB).

Die Befreiung von dem Volljährigkeitserfordernis muss ausdrücklich ausgesprochen werden und bei Eheschließung vorliegen. Zuständig ist das Familiengericht. Den Befreiungsantrag kann nur der Minderjährige selber stellen.

Anders als bei einem Rechtsgeschäft besitzen die Eltern des Minderjährigen kein Ein- **820** willigungsrecht in die Ehe ihres Kindes: An die Stelle der für ein Rechtsgeschäft erforderlichen Einwilligung tritt die familiengerichtliche Befreiung vom Volljährigkeitserfordernis. Diese Befreiung ersetzt die Einwilligung der Eltern (§ 1303 Abs. 4 BGB). Die Eltern sind also nicht zur Entscheidung über die Eheschließung ihres minderjährigen Kindes befugt. Die Befreiung ist daher auch dann erforderlich, wenn die Eltern mit der Eheschließung einverstanden sind.

Die Eltern besitzen jedoch ein eingeschränktes „Mitspracherecht" im gerichtlichen Verfahren über die Befreiung: Sie sind anzuhören und haben die Möglichkeit, der Befreiung zu widersprechen. Ihr Widerspruch gegen die Befreiung ist für das Gericht bindend, wenn er auf triftigen Gründen beruht. Triftige Gründe liegen immer dann vor, wenn die Besorgnis besteht, die Ehe werde einen unglücklichen Verlauf nehmen. Allerdings muss diese Besorgnis objektiv gerechtfertigt sein und darf nicht lediglich auf haltlosen Vermutungen beruhen.

Beispiele für triftige Gründe: Charaktermängel des anderen Ehegatten, die durch Vorstrafen untermauert werden; soziales Umfeld; Krankheiten; nahe Verwandtschaft im Falle der Gefahr von Erbkrankheiten; erheblicher Altersunterschied; Gefahr für minderjährigen Ehegatten durch Heimatrecht des anderen Ehegatten; Gefährdung der Ausbildung des minderjährigen Ehegatten.

Keine triftigen Gründe: Persönliche Abneigung gegen den anderen Ehegatten; religiöse oder wirtschaftliche Interessen; fehlende Einkünfte des Ehegatten; Vorstrafen wegen länger zurückliegender Vermögensdelikte.

Beruht hingegen der Widerspruch nicht auf triftigen Gründen, so kann das Familiengericht auch gegen den erklärten Widerspruch der Eltern die Befreiung erteilen (§ 1303 Abs. 3 BGB).

**Hinweis zum Verfahren:** Zuständig für die Befreiung ist das Familiengericht (Richter). In dem Verfahren sind – neben den Eltern – das ehewillige Kind, sein avisierter Ehepartner sowie das Jugendamt anzuhören.

## c) Fehlerfolgen

**821**

| Ehe Minderjähriger ohne familiengerichtliche Genehmigung/Ehe Minderjähriger vor Vollendung des 16. Lebensjahres (Verstoß gegen § 1303 BGB) | Ehe Geschäftsunfähiger (Verstoß gegen § 1304 BGB) |
|---|---|
| Aufhebbarkeit der Ehe (§ 1314 Abs. 1 BGB). | Aufhebbarkeit der Ehe (§ 1314 Abs. 1 BGB). |
| Ausschluss der Aufhebung:<br>■ Nachträgliche Genehmigung der Eheschließung durch Familiengericht (§ 1315 Abs. 1 Nr 1 BGB).<br>■ Bestätigung durch minderjährigen Ehegatten nach Eintritt seiner Volljährigkeit (§ 1315 Abs. 1 Nr 1 BGB).<br><br>Antragsberechtigung: Jeder Ehegatte sowie die zuständige Verwaltungsbehörde (§ 1316 Abs. 1 Nr 1 BGB).<br><br>Frist: Keine. | Ausschluss der Aufhebung:<br><br>Bestätigung der Ehe durch geschäftsunfähigen Ehegatten nach Wegfall seiner Geschäftsunfähigkeit (§ 1315 Abs. 1 Nr 2 BGB).<br><br>Antragsberechtigung: Jeder Ehegatte (für den geschäftsunfähigen Ehegatten dessen gesetzlicher Vertreter) sowie die zuständige Verwaltungsbehörde (§ 1316 Abs. 1 Nr 1 BGB). Allerdings soll die Verwaltungsbehörde von einem Aufhebungsantrag absehen, wenn die Aufhebung für einen Ehegatten oder für die aus der Ehe hervorgegangenen Kinder eine schwere Härte darstellen würde (§ 1316 Abs. 3 BGB).<br><br>Frist: Keine. |

## 5. Eheverbote

**822** Das Familienrecht kennt zwei Eheverbote:
■ Doppelehe.
■ Nahe Verwandtschaft.

## a) Doppelehe

**823** Eine Ehe darf nicht geschlossen werden, wenn einer der Eheschließenden bereits wirksam mit einer dritten Person verheiratet ist oder in einer eingetragenen Partnerschaft (homosexuelle Ehe) lebt (§ 1306 BGB). Ob die Erstehe ihrerseits mit Mängeln behaftet ist, ist unerheblich.

Beispiel: Ein Ehegatte hat mit einem Ausländer bereits eine (aufhebbare) Scheinehe geschlossen.

Auch ein Verstoß gegen das Verbot der **Doppelehe** führt nicht zur Unwirksamkeit der Ehe, sondern begründet lediglich einen Aufhebungsgrund (§ 1314 Abs. 1 BGB). Die Aufhebung ist nur ausgeschlossen, wenn zum Zeitpunkt der Zweitehe für die Erstehe eine Scheidung oder Aufhebung (wenn auch noch nicht rechtskräftig) ausgesprochen wurde (§ 1315 Abs. 2 Nr 1 BGB).

### b) Verwandtschaft

Ein **Eheverbot** besteht lediglich für **Verwandte** in gerader Linie sowie voll- und halb-  **824** bürtige Geschwister (§ 1307 BGB). Das Eheverbot gilt auch, wenn das Verwandtschaftsverhältnis durch Adoption aufgelöst wurde. Zulässig hingegen ist eine Ehe zwischen entfernteren Verwandten in der Seitenlinie sowie eine Ehe zwischen verschwägerten Personen.

Beispiele: Onkel und Nichte; Cousin und Cousine.

Auch ein Verstoß gegen dieses Verbot führt nicht zur Unwirksamkeit der Ehe, sondern begründet lediglich einen Aufhebungsgrund (§ 1314 Abs. 1 BGB).

Besonderheiten gelten für Adoptivkinder: Eltern und Adoptivkinder sowie Adoptivgeschwister sollen nicht heiraten (§ 1308 Abs. 1 BGB). Für Adoptivgeschwister ist eine Befreiung durch das Familiengericht möglich. Für eine Ehe zwischen Adoptiveltern und Adoptivkindern ist eine entsprechende Befreiung hingegen nicht vorgesehen. Verstöße hiergegen sind auch nicht sanktioniert, so dass die Ehe wirksam und auch nicht aufhebbar ist. Der „Rechtsfrieden" wird hier durch das Adoptionsrecht selber hergestellt: Die Adoption erlischt automatisch, wenn ein Adoptivelternteil sein Adoptivkind heiratet (§ 1766 BGB).

### c) Fehlerfolgen

Verstöße gegen die vorstehenden Verbote erlauben die Aufhebung der Ehe. Antrags-  **825** befugt für die Aufhebung sind jeder Ehegatte (bei der Doppelehe alle 3!) sowie die zuständige Verwaltungsbehörde (§ 1316 Abs. 1 Nr 1 BGB). Allerdings soll die Verwaltungsbehörde von einem Aufhebungsantrag absehen, wenn die Aufhebung für einen Ehegatten oder für die aus der Ehe hervorgegangenen Kinder eine schwere Härte darstellen würde (§ 1316 Abs. 3 BGB). Eine Antragsfrist ist nicht vorgesehen. Eine Bestätigung der Ehe durch die Beteiligten ist nicht möglich.

### 6. Willensmängel

Anders als im Bereich der Rechtsgeschäfte sind **Willensmängel** ausnahmslos nicht  **826** relevant für die Wirksamkeit der Ehe. Eine Eheschließung, die unter einem Willensmangel leidet, führt immer zu einer gültigen Ehe. Gravierende Willensmängel führen allerdings zur Aufhebbarkeit der Ehe. Die folgende Tabelle enthält einen Überblick über Willensmängel und deren Folgen:

| Mängel | Relevant | Irrelevant |
|---|---|---|
| **Willensbildung** | 1. Punktuelle Störung der Geistestätigkeit (§ 1314 Abs. 2 Nr 1 BGB).<br><br>2. Irrtum über den Vorgang der Eheschließung (§ 1314 Abs. 2 Nr 2 BGB).<br><br>3. Arglistige Täuschung über Umstände, die für Eheentschluss bei richtiger Würdigung des Wesens der Ehe wesentlich sind (§ 1314 Abs. 2 Nr 3 BGB).<br><br>Täuschung durch einen Dritten ist relevant, wenn der andere Ehegatte davon weiß.<br><br>Achtung: Eine Täuschung ist auch durch pflichtwidriges Verschweigen wichtiger Tatsachen möglich: Relevanz hat die Täuschung allerdings nur in Bezug auf Tatsachen, die erkennbar und vernünftigerweise mit dem Heiratsentschluss in Zusammenhang stehen.<br><br>Beispiele: 2. Ehe; Unterhaltspflichten gegenüber 1. Frau und Kind; Schwangerschaft; Vaterschaft des Kindes; homosexuelle Veranlagung; Priesterberuf; Geisteskrankheit; Impotenz; außerehelich gezeugtes Kind in Vorehe.<br><br>4. Widerrechtliche Drohung (vom Partner, Dritten, Kenntnis unbeachtlich, § 1314 Abs. 2 Nr 4 BGB). | 1. Erklärungsirrtum<br><br>Beispiele: Eheschließender weiß zwar, dass er auf einer Hochzeit ist, denkt aber, er sei Trauzeuge; Irrtum über Identität des Partners (Zwillingsbruder); Irrtum über persönliche Eigenschaften des anderen Teils.<br><br>2. Irrtum über Umstände, die den Sinn der eingegangenen Ehe nicht berühren, insbesondere die Vermögensverhältnisse (§ 1314 Abs. 2 Nr 3 BGB) oder die gesellschaftliche Stellung. |
| **Willenserklärung** | Scheinehe: Ehegatten waren sich einig, dass sie keine eheliche Lebensgemeinschaft begründen wollen (§ 1314 Abs. 2 Nr 5 BGB). | |

| Mängel | Relevant | Irrelevant |
|---|---|---|
| Rechtsfolge | Aufhebbarkeit der Ehe<br><br>■ Willensmängel<br><br>Aufhebungsberechtigung: Jeder Ehegatte, dessen Erklärung unter einem Willensmangel leidet (§ 1316 Abs. 1 Nr 2 BGB).<br><br>Frist: Ein Jahr ab Entdeckung des Irrtums oder der Täuschung (§ 1317 Abs. 1 BGB). Bei Zwangsehe gilt eine Frist von drei Jahren (§ 1317 Abs. 1 BGB).<br><br>Bestätigung der Ehe möglich (§ 1315 Abs. 1 Nr 4 BGB).<br><br>■ Scheinehe/punktuelle Störung der Geistestätigkeit<br><br>Antragsberechtigung: Jeder Ehegatte sowie die zuständige Verwaltungsbehörde (diese soll den Antrag stellen, es sei denn, dass die Aufhebung eine unzumutbare Härte für Ehegatten oder Kinder darstellt, § 1316 Abs. 1 Nr 1, Abs. 3 BGB).<br><br>Keine Frist.<br><br>Bestätigung (bei Scheinehe) durch Zusammenleben) möglich (§ 1315 Abs. 1 Nrn. 3, 5 BGB). | Unbeachtlichkeit. Auflösung der Ehe nur im Wege der Scheidung möglich. |

## 7. Ausländer

Bei Ausländern stellt sich uU die Problematik, dass deren Heimatrecht einer Eheschließung entgegensteht. Um dies prüfen zu können, müssen Ausländer vor der Eheschließung ein sog **Ehefähigkeitszeugnis** ihres Heimatstaates vorlegen (§ 1309 Abs. 1 BGB). In diesem bestätigt die zuständige Behörde des Heimatstaates des Ausländers, dass rechtliche Hindernisse seines Heimatstaates der Eheschließung nicht entgegenstehen.   **827**

Von diesem Erfordernis kann der Präsident des OLG eine Befreiung erteilen. Eine Befreiung kommt vor allem in Betracht für Staatenlose und Ausländer, deren Heimatstaaten keine Ehefähigkeitszeugnisse erstellen (§ 1309 Abs. 2 BGB).

Eine ohne das notwendige Ehefähigkeitszeugnis geschlossene Ehe ist wirksam. Das Fehlen des Ehefähigkeitszeugnisses bildet keinen Aufhebungsgrund. Sonstige Aufhebungsgründe – zB im Fall einer Doppelehe – bleiben davon unberührt.

## 8. Prüfschema und Lösungshinweise zum Übungsfall 15

**828** Prüfungsreihenfolge:

1. Liegt eine wirksame Eheschließung vor (§ 1310 BGB)?
2. Probleme der Geschäftsfähigkeit:
   - Minderjährige: Ist eine Befreiung erteilt worden bzw kann eine solche noch erteilt werden (§ 1303 BGB)?
   - Bei geistig/seelisch Behinderten: Liegt Geschäftsunfähigkeit vor (§ 1304 BGB)?
3. Leidet der Ehekonsens an einem Willensmangel bzw liegt ein Eheverbot vor, das die Ehe aufhebbar macht?
4. Für den Fall, dass die Ehe aufhebbar ist:
   - Ist die Aufhebung ausgeschlossen, etwa weil die Ehe bestätigt wurde (§ 1315 BGB)?
   - Ist für die Aufhebung eine Frist vorgesehen, die uU abgelaufen ist (§ 1317 BGB)?
   - Wer ist antragsberechtigt (§ 1316 BGB)?

**829** Lösungshinweise zum Übungsfall 15 (Fall Rn 809)

Frage 1: Julia ist aufgrund ihres Alters nicht ehemündig (§ 1303 Abs. 1 BGB). Da sie jedoch bereits 16 Jahre alt und ihr Verlobter bereits volljährig ist, besteht die Möglichkeit der Befreiung vom Erfordernis der Volljährigkeit (§ 1303 Abs. 2 BGB). Zuständig für die Befreiung ist das Familiengericht. Probleme wirft im vorliegenden Fall die Frage auf, ob das Familiengericht die – juristisch mögliche – Befreiung aussprechen wird. Die personensorgeberechtigten Eltern sind mit der Eheschließung nämlich nicht einverstanden. Zwar können sie ihre Tochter nicht durch die Verweigerung ihrer Einwilligung an der Eheschließung hindern. Insoweit tritt die familiengerichtliche Befreiung vom Volljährigkeitserfordernis an die Stelle der elterlichen Einwilligung (§ 1303 Abs. 4 BGB). Jedoch wird das Familiengericht die Befreiung verweigern, wenn die Eltern der Befreiung aus triftigen Gründen widersprechen (§ 1303 Abs. 3 BGB). Triftige Gründe liegen immer dann vor, wenn die Eltern aufgrund objektiver Gegebenheiten nachvollziehbar befürchten, dass die Ehe einen unglücklichen Verlauf nehmen wird. Dies ist eine Frage der Würdigung des Sachverhaltes. Bei entsprechender Argumentation sind an dieser Stelle unterschiedliche Ergebnisse vertretbar. Wichtig ist die Erkenntnis, dass eine sachlich nicht näher untermauerte Abneigung – wie im vorliegenden Fall – nicht ausreicht. Es ist daher damit zu rechnen, dass das Familiengericht die begehrte Befreiung ausspricht.

Frage 2: Es stellt sich die Frage, ob die Ehe an einem Willensmangel leidet, der sie aufhebbar macht. Julia unterliegt nämlich einem Irrtum, was die persönlichen Eigenschaften von Mauro anbetrifft: Sie weiß nichts von dessen Straffälligkeit. Dieser Irrtum ist nicht als solcher relevant (§ 1314 Abs. 2 Nr 2 BGB nicht einschlägig). Er könnte jedoch relevant sein unter dem Aspekt der arglistigen Täuschung Julias (§ 1314 Abs. 2 Nr 3 BGB). Eine arglistige Täuschung kann dabei darin liegen, dass Mauro eine Tatsache verschwiegen hat, über die er bei richtiger Würdigung des Wesens der Ehe Julia informieren musste. Aufhebbar ist die Ehe dann, wenn Julia bei Kenntnis der Sachlage von der Eheschließung abgesehen hätte. Dabei sind allerdings nur Umstände relevant, die in einem inneren Zusammenhang mit dem Wesen der Ehe stehen. Irrelevant sind hingegen bloße Irrtümer über Vermögensverhältnisse (§ 1314 Abs. 2 Nr 3 BGB). Vor diesem Hintergrund ist der Sachverhalt argumentativ zu würdigen. Nach herrschender Meinung müssen Vorstrafen unaufgefordert offenbart werden. Damit stellt der Irrtum Julias einen Aufhebungsgrund dar.

Den Aufhebungsantrag kann sowohl Julia als auch ihr Ehegatte stellen (§ 1316 Abs. 1 Nr 2 BGB). Julia benötigt trotz ihrer Minderjährigkeit dafür nicht die Zustimmung ihrer Eltern (§ 1316 Abs. 2 BGB). Zu beachten ist allerdings, dass eine Aufhebung dann ausgeschlossen ist, wenn

Julia nach Entdeckung des Irrtums durch ein Verhalten zu erkennen geben würde, dass sie an der Ehe festhalten will (Bestätigung, § 1315 Abs. 1 Nr 4 BGB).

## III. Eheführung

### 1. Die eheliche Lebensgemeinschaft

#### a) Pflicht zur ehelichen Lebensgemeinschaft

Das Wesen der Ehe und ihre Grundidee sind in § 1353 Abs. 1 BGB festgehalten. Es **830** werden zwei Prinzipien festgeschrieben:

- Das **Lebenszeitprinzip**: Die Ehe wird auf Lebenszeit geschlossen (§ 1353 Abs. 1 **831** S. 1 BGB). Das bedeutet allerdings nicht, dass sie unauflöslich ist, sondern dass sie auf Dauer geschlossen wird. Hingegen wäre eine Ehe auf Zeit oder Probe nicht mit dem Lebenszeitprinzip vereinbar. Ausfluss des Lebenszeitprinzips sind insbesondere ihre nachehelichen Folgen, darunter vor allem die nachehelichen Unterhaltspflichten.

- Verpflichtende Festschreibung eines Minimums an ehelicher Solidarität und Ge- **832** meinsamkeit (§ 1353 Abs. 1 S. 2 BGB): Konkret benennt § 1353 Abs. 1 S. 2 BGB die Verpflichtung zur **ehelichen Lebensgemeinschaft** sowie die gegenseitige Verantwortungsübernahme. Durch diese unbestimmte Formulierung wird den Ehegatten ein weiter Spielraum für die Ausgestaltung ihrer Ehe eröffnet. Grundlage ist das gleichberechtigte Miteinander der Ehegatten. In der Folge müssen die Ehegatten sich einigen, einen Entscheidungsmechanismus bei Streitigkeiten (früher: Stichentscheid des Mannes) gibt es nicht. Was die inhaltliche Ausgestaltung anbetrifft, verzichtet der Gesetzgeber – mittlerweile – auf verbindliche Vorgaben für das eheliche Miteinander und beschränkt sich auf eine weiche und generalklauselartige Umschreibung von Mindestanforderungen an das eheliche Miteinander. Typische Ausprägungen sind folgende Grundpflichten:
  - Leben in Gemeinschaft sofern nicht die gemeinsame Lebensplanung etwas anderes ergibt. Hierzu zählen etwa die Tisch- und Bettgemeinschaft inklusive ehelicher Treue, Teilung eines gemeinsamen Wohnsitzes und der persönliche Einsatz für die Belange der ehelichen Gemeinschaft.
  - Gestattung der Mitbenutzung der eigenen Hausratsgegenstände unabhängig von der Eigentumslage.
  - Sorge um gemeinsame Angelegenheiten (Kinderbetreuung und -erziehung, Haushaltsführung, Freizeitgestaltung).
  - Beistand in persönlichen Angelegenheiten des Partners.

    Beispiele: Sorge für ein in die Ehe mitgebrachtes minderjähriges Kind; Zusammenwirken in steuerlichen Angelegenheiten im Sinne der für beide günstigsten Lösung; Verhinderung von Straftaten des Ehepartners; Verhinderung eines Suizids des Ehepartners.

  - Gegenseitige Rücksichtnahme: Die Belange der ehelichen Gemeinschaft sind dabei nicht absolut zu sehen. Denn die Ehegatten behalten auch in der Ehe ihre eigenständige Persönlichkeit und Individualität. Dementsprechend sind die konkreten Interessen der ehelichen Gemeinschaft immer in Abwägung mit den berechtigten Interessen an individueller Entfaltung der einzelnen Ehepartner zu bringen.

Beispiele:   Gebote der Rücksichtnahme: Unterrichtung des Partners über wichtige Lebensumstände (berufliche Entscheidungen, Arbeitslosigkeit, Vermögensangelegenheiten); Verbot, den anderen zu drängen, sich für dessen Schulden zu verbürgen.

Vorrang des Persönlichkeitsrechts: Briefgeheimnis; Verbot persönlicher Beschattung; Verbot heimlicher Tonbandaufnahmen; Verbot körperlicher Gewalt.

833   Schließlich ist die Pflicht zur ehelichen Lebensgemeinschaft durch einen Missbrauchseinwand begrenzt (§ 1353 Abs. 2 BGB): Danach besteht keine Pflicht zur Herstellung der ehelichen Gemeinschaft, wenn sich das Verlangen als Missbrauch darstellt.

### b) Die Bedeutung der ehelichen Lebensgemeinschaft

834   So vage der Inhalt der Eheführung auch vorgegeben ist, es handelt sich um echte Rechtspflichten, die auch gerichtlich geltend gemacht werden können. Relativiert wird die Bedeutung der ehelichen Lebensgemeinschaft allerdings dadurch, dass zumindest die personalen Ehepflichten nicht vollstreckbar sind (§ 120 Abs. 3 FamFG). Hintergrund ist die Überlegung, dass der personale Kern der Ehe frei von Rechtszwang zu halten ist.

Beispiele:   Nicht vollstreckbar ist der Anspruch auf Herstellung des ehelichen Lebens oder Unterlassen des Ehebruchs.

Vollstreckbar ist hingegen der Anspruch auf Mitwirkung an der Steuererklärung.

Dementsprechend gering ist die unmittelbare Bedeutung der Pflichten aus der ehelichen Lebensgemeinschaft. Mittelbar entfalten Verletzungen ehelicher Pflichten allerdings eine erhebliche Bedeutung im Rahmen des Ehescheidungsrechts, und dort konkret im Unterhaltsrecht.

835   Von einiger Praxisrelevanz ist hingegen die **deliktische Behandlung** der **Verletzung von Ehepflichten**. Insoweit gilt: Zwar ist der eheliche Bereich als absolutes Recht iS von § 823 Abs. 1 BGB anerkannt. Jedoch schlägt sich auch hier die Überlegung durch, dass der personale Kern der Ehe frei von Zwang zu halten ist. Ehewidriges Verhalten kann daher nicht ohne Weiteres – auch nicht mittelbar über Schadensersatz- oder Unterlassungsansprüche – verhindert oder sanktioniert werden. Dies führt zu einer differenzierten deliktischen Behandlung von Ehewidrigkeiten. Schadensersatzansprüche aus § 823 Abs. 1 BGB werden in folgenden Fällen bejaht:

■ Verletzung absoluter Rechtsgüter des Ehegatten (Gewalt, Körperverletzungen).
■ Verletzung des räumlich-gegenständlichen Bereichs der Ehewohnung dadurch dass der/die Geliebte in diese mitgebracht wird.

Beispiel:   Der Ehemann verlässt die Ehewohnung und zieht für die Zeit, in der der Geliebte der Ehefrau in der Ehewohnung lebt, in ein Hotel (Hotelkosten als Schadensersatzanspruch aus § 823 Abs. 1 BGB).

Im Übrigen kann weder der untreue Ehepartner, noch der Dritte auf Unterlassung des ehewidrigen Verhaltens bzw Schmerzensgeld für das erlittene Leid auf der Basis von § 823 Abs. 1 BGB in Anspruch genommen werden.

### 2. Der Ehegattenunterhalt

836   Das wirtschaftliche Korrelat der im Wesentlichen personalen Ehepflichten des § 1353 BGB ist der gegenseitige **Unterhaltsanspruch** der Eheleute untereinander. Grundlage ist § 1360 BGB (vgl dazu eingehend Teil III Kapitel 4).

## 3. Der Ehename

An der Entwicklung des **(Ehe-)Namensrechts** lässt sich wohl am deutlichsten die zu- **837** nehmende Gleichberechtigung der Ehepartner ablesen. An die Stelle der zwingenden Regelung, wonach der Nachname des Mannes zum Ehenamen wird, ist ein Strauß unterschiedlicher Wahlmöglichkeiten getreten. Folgende Optionen bestehen:

■ Wahl eines **gemeinsamen Ehenamens** (§ 1355 Abs. 1 BGB). Als Ehename kann **838** jeder Nachname der Ehegatten gewählt werden. Dabei steht sowohl der Geburtsname als auch ein vormaliger Ehename eines der beiden Ehegatten zur Verfügung (§ 1355 Abs. 2 BGB).

Beispiel: Herr Maus will heiraten. Seine Verlobte hieß mit Mädchennamen Fuchs, hat aber in ihrer ersten Ehe den Ehenamen „von Bismarck" getragen, den sie auch heute noch trägt. Die Eheleute können als Ehenamen „Maus", „Fuchs" oder „von Bismarck" wählen.

Die Erklärung kann bei der Eheschließung oder aber auch später erfolgen. Im letzen Fall muss sie öffentlich beglaubigt werden (§ 1353 Abs. 3 BGB).

Der Ehename ist im Übrigen weitgehend veränderungsresistent: Er wird weder durch den Tod des namensgebenden Ehegatten, noch durch die Scheidung in Frage gestellt. Jedoch kann in diesem Fall der vor der Ehe geführte Name wieder angenommen werden (§ 1355 Abs. 5 BGB).

■ **Ehename mit „Anhängsel":** Wird ein gemeinsamer Ehename gewählt, so kann der **839** Ehegatte, der seinen Namen verliert, seinen früheren Namen dem Ehenamen beifügen, indem er ihn voranstellt oder anhängt (§ 1355 Abs. 4 S. 1 BGB).

Beispiel: Im Beispielsfall wählen die Ehegatten als Ehename „von Bismarck": Herr Maus, der seinen Namen „verliert" hat daher die Option, seinen Namen dem gemeinsamen Namen beizufügen. Er kann sich Herr „Maus-von Bismarck" oder „von Bismarck-Maus" nennen.

Von einem bereits bestehenden Doppelnamen kann nur ein Name angehängt bzw vorangestellt werden. Keine Zufügung des eigenen Namens ist hingegen möglich, wenn der Ehename bereits aus mehreren Namen besteht. Die „Ergänzung" des Ehenamens um den eigenen Namen ist zeitlich unbegrenzt möglich und kann auch durch Erklärung gegenüber dem Standesbeamten widerrufen werden (§ 1355 Abs. 4 S. 4 BGB).

Es handelt sich dabei nicht um einen echten Doppelnamen. An die aus der Ehe stammenden Kinder wird daher nur der übereinstimmende Familienname, nicht der angehängte frühere Name weitergegeben.

Allerdings kann dieser – sog unechter Doppelname – bei einer weiteren Eheschließung als Ehename gewählt werden und wird damit zu einem echten Doppelnamen, der dann auch an die Kinder weitergegeben wird.

■ **Kein Ehename:** Die Wahl eines Ehenamens ist nicht zwingend. Wählen die Ehe- **840** gatten keinen Ehenamen, so führt jeder seinen bisherigen Namen weiter (§ 1355 Abs. 1 S. 3 BGB).

Für die Kinder aus dieser Ehe vgl die Ausführungen unter Teil III Kapitel 2 VI 1.

## 4. Die Schlüsselgewalt

### a) Übungsfall 16

Herr und Frau Witzig haben Schwierigkeiten mit ihrer Geldeinteilung. Kürzlich hat Frau Witzig bei **841** quelle.de zwei für die Familie ungemein teure Bodylotions im Wert von je 95 € sowie zwei Tischdecken im Wert von insgesamt 400 € gekauft. Eine Stunde später findet sie ein sehr günstiges Angebot für eine Waschmaschine im Wert von 400 €, die sie bestellt. Reichlich humorlos reagiert allerdings Herr Witzig als fünf Monate später die Mahnungen ins Haus flattern. Muss Herr Witzig die Rechnungen bezahlen (Lösungshinweise Rn 851)?

### b) Bedeutung

842 Die **Schlüsselgewalt** zählt wohl zu den weitreichendsten Wirkungen der Ehe. Sie berechtigt jeden Ehegatten, Geschäfte zur angemessenen Deckung des familiären Lebensbedarfs mit Wirkung auch für den anderen Ehegatten zu tätigen (§ 1357 Abs. 1 BGB).

Die Schlüsselgewalt ist eine gesetzliche Handlungsvollmacht. In der Konsequenz hat das rechtsgeschäftliche Handeln nur eines Ehepartners unmittelbare rechtliche Wirkung für den anderen Ehepartner. Die Folgen des Rechtsgeschäfts treffen nicht nur den vertragsschließenden Ehegatten, sondern auch den Ehegatten, der nicht am Vertrag beteiligt ist, sofern sich aus den Umständen nichts anderes ergibt. Der Vertragspartner besitzt damit einen weiteren Schuldner neben dem vertragsschließenden Ehegatten, unabhängig davon, ob der andere Ehegatte von dem Vertrag weiß. Ehegatten müssen damit – im Anwendungsbereich der Schlüsselgewalt – für die (fremden) Verpflichtungen und Schulden des Ehegatten einstehen.

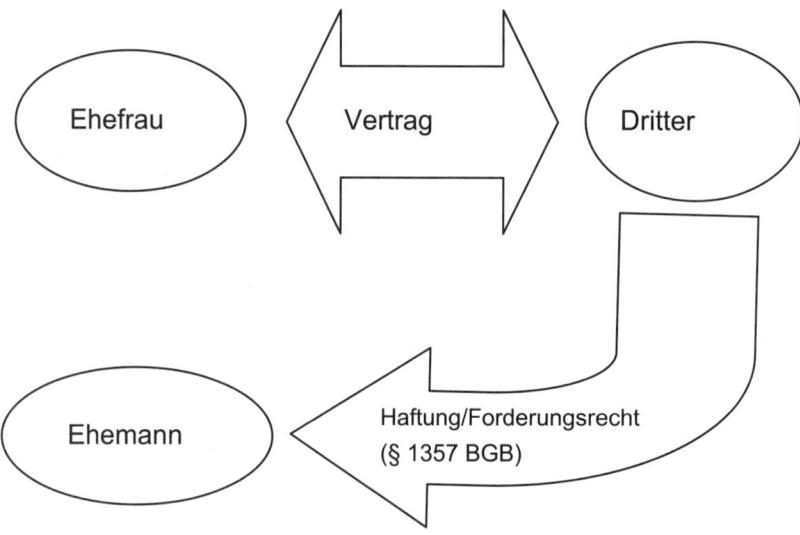

Die Schlüsselgewalt gilt unabhängig vom Güterstand, in dem die Ehegatten leben, also auch dann, wenn Gütertrennung vereinbart wurde.

## c) Voraussetzungen der Schlüsselgewalt

Die Mithaftung des Ehepartners aus dem fremden Vertrag hat mehrere Voraussetzun- **843** gen:

- ■ Bedarfsdeckungsgeschäft.
- ■ Angemessenheit des Geschäfts.
- ■ Kein Ausschluss.

### aa) Bedarfsdeckungsgeschäft

Zunächst muss das Geschäft den Unterhaltsbedarf der Familie berühren. Ist das Ge- **844** schäft bereits kein **Bedarfsdeckungsgeschäft**, scheidet eine Mithaftung des anderen Partners bereits aus diesem Grunde aus. Zum Unterhaltsbedarf zählen alle Geschäfte, die dem Leben einer Familie und dem familiären Konsum dienen bzw die familiären Bedürfnisse decken.

Beispiele: Wohnung; Auto; Freizeit; Urlaub; Alterssicherung.

Folgende Bereiche beziehen sich hingegen nicht auf den Unterhaltsbedarf der Familie und sind daher nicht von der Schlüsselgewalt erfasst:

- ■ Geschäfte, die die Lebensbedingungen der Familienmitglieder grundlegend verändern oder bestimmen.

  Beispiele: Kauf eines Eigenheims; Bauvertrag über Wohnung; Anmietung einer Wohnung; Kündigung/Untervermietung einer Wohnung; Vertrag über Aufnahme eines Kindes in Internat oder Schule.

- ■ Maßnahmen der Vermögensanlage und -verwaltung. Dies gilt auch dann, wenn die Vermögensanlage der ganzen Familie zugutekommen soll.

  Beispiele: Anschaffung von Mietshäusern; Abschluss von Sparverträgen, Renten- oder Lebensversicherungen; Anschaffung von Wertpapieren.

- ■ Maßnahmen, die den Berufs- und Erwerbsbereich oder ausschließlich die persönlichen Hobbies eines Familienmitglieds betreffen.

  Beispiele: Abschluss von Arbeitsverträgen; Buchung von Fortbildungskursen, Berufsausbildungskosten, berufliche Schulden.

### bb) Angemessene Bedarfsdeckung

Weitere Voraussetzung – neben dem Vorliegen eines Bedarfsdeckungsgeschäftes – **845** ist die **Angemessenheit** des Geschäfts mit Blick auf den üblichen Lebenszuschnitt der konkreten Familie. Ein Bedarfsdeckungsgeschäft ist daher nur dann angemessen, wenn es sich im Rahmen des üblichen wirtschaftlichen Konsumzuschnitts der konkreten Familie bewegt. Die Frage, ob eine Mitverpflichtung des Ehegatten in Betracht kommt, lässt sich daher nicht allgemein, sondern nur im Rahmen einer Einzelfallwürdigung mit Blick auf die konkreten Verhältnisse beantworten. Ausschlaggebend ist, was ein Ehegatte selbstständig, dh ohne Absprache und Mitwirkung des anderen zwecks Bedarfsdeckung zu erledigen pflegt. Dabei ist abzustellen auf den äußerlich erkennbaren Zuschnitt des individuellen Haushalts.

Beispiele: Alltagsbedarf: Nahrung; Kleider für die Kinder; Kosmetika; Haushaltsgeräte; Kauf einzelner Einrichtungsgegenstände; Anschaffung von Heizmaterial; Arzt- und Krankenhausverträge;

Reparatur eines Pkw; Abschluss einer Hausratsversicherung; stundenweise Beschäftigung einer Putzhilfe; Beauftragung eines Rechtsanwalts zur Abwehr einer Räumungsklage, Stromversorgungsvertrag; Beauftragung einer Möbelspedition für Umzug; Tierarztkosten für in die Familie aufgenommenes Tier; Beauftragung eines Handwerkers für Vornahme einer kleineren Reparatur.

Kein alltäglicher Bedarf: Urlaubsreisen; Luxuskäufe; Anschaffung eines Pkw; Befriedigung persönlicher Bedürfnisse, soweit sie den Anspruch auf ein angemessenes Taschengeld übersteigen.

846 Für **Kreditgeschäfte** ist zu differenzieren: Unstreitig nicht von der Schlüsselgewalt erfasst ist die Aufnahme eines zweckungebundenen Darlehens, insbesondere eines Bankkredits. Demgegenüber können nach hM Kreditgeschäfte dann unter § 1357 BGB fallen, wenn damit ein Gegenstand zur familiären Bedarfsdeckung angeschafft werden soll. Anwendungsfelder sind vor allem Abzahlungs- oder Ratenkaufgeschäfte. Auch Dauerschuldverhältnisse fallen grundsätzlich in den Anwendungsbereich der Schlüsselgewalt. Dies ist anerkannt für Verträge über die Lieferung von Strom- und Heizmaterial oder den Telefonfestnetzanschluss.

847 Problematisch ist, wie die Regeln der Schlüsselgewalt sich zu den Regeln des Verbraucherschutzes verhalten. So unterliegen sowohl Verbraucherkreditgeschäfte, als auch Fernabsatzgeschäfte besonderen Vorgaben, insbesondere gilt ein Widerrufsrecht (vgl Rn 208, 212). Nimmt man eine Mitverpflichtung des Ehepartners im Rahmen der Schlüsselgewalt an, läuft der besondere Schutz bei Verbraucherkreditgeschäften oder Fernabsatzverträgen für ihn leer. Denn die Widerrufsfrist läuft auch für den mithaftenden Ehegatten ab, obgleich er von dem Geschäft uU gar keine Kenntnis hat. Mit Blick auf die Verbreitung dieser Verträge wird gleichwohl die Anwendbarkeit von § 1357 BGB bejaht, um den Gegenstand der Schlüsselgewalt nicht zu stark einzuengen.

### cc) Ausschluss der Schlüsselgewalt

848 Die Wirkungen der Schlüsselgewalt sind in folgenden Fällen ausgeschlossen:

- **Entgegenstehende Umstände** (§ 1357 Abs. 1 S. 2 BGB): Die Wirkungen der Schlüsselgewalt treten bereits dann nicht ein, wenn sich aus den Umständen etwas anderes ergibt. Derartige Umstände liegen etwa vor, wenn der handelnde Ehegatte zu erkennen gibt, dass er nur für sich handeln möchte.
- **Beschränkung/Ausschluss** der Geschäftsführungsbefugnis durch den anderen Ehepartner (§ 1357 Abs. 2 BGB): Jeder Ehegatte kann die Berechtigung zum Handeln mit Wirkung für den anderen durch einseitige Erklärung gegenüber dem Ehegatten ausschließen oder beschränken. Durch diese Erklärung verliert der Ehegatte das Recht, auch mit Wirkung für den anderen tätig zu werden. Aus den von ihm geschlossenen Verträgen wird dann nur noch er allein berechtigt und verpflichtet. Allerdings kann der Ausschluss bzw die Beschränkung Dritten nur entgegengehalten werden, wenn ihnen diese Erklärung bekannt war oder die Beschränkung bzw der Ausschluss ins Güterrechtsregister eingetragen wurde (§ 1357 Abs. 2 BGB).

  Erfolgt die Einschränkung ohne ausreichenden Grund, so hat der betroffene Ehegatte die Möglichkeit, sich an das Familiengericht zu wenden, das die Beschränkung dann aufzuheben hat (§ 1357 Abs. 2 BGB).
- **Trennung** der Eheleute (§ 1357 Abs. 3 BGB).

### d) Haftung für die Schulden des Ehegatten außerhalb der Schlüsselgewalt

Außerhalb des (engen) Anwendungsbereichs der Schlüsselgewalt haftet ein Ehegatte **849** grundsätzlich nicht für die Schulden seines Ehepartners.

Von der Mithaftung für die fremde Schuld des Ehegatten zu unterscheiden ist jedoch die Konstellation, dass der Ehegatte – neben seinem Ehepartner – durch eigenes rechtsgeschäftliches oder deliktisches Handeln eine eigene Haftung begründet hat.

Beispiele: Gemeinsamer Vertragsabschluss; Bürgschaft; deliktsrechtliche Haftung.

### e) Prüfschema und Lösungshinweise zum Übungsfall 16

Prüfschema bei Ansprüchen aus der Schlüsselgewalt: **850**

1. Wurde ein wirksamer Vertrag geschlossen? Wer ist Vertragspartner?
2. Soweit ein Ehepartner in Anspruch genommen wird, der nicht Vertragspartner ist: Haftet dieser aus § 1357 BGB?
   - Dient der Vertrag der Bedarfsdeckung der Familie?
   - Ist das Geschäft mit Blick auf die Verhältnisse der Familie angemessen?
3. Sind die Wirkungen ausgeschlossen?
   - Ergibt sich aus den Umständen etwas anderes?
   - Ausschluss der Schlüsselgewalt durch Erklärung des Ehegatten?
   - Getrenntleben?

Lösungshinweise zum Übungsfall 16 (Fall Rn 841) **851**

1. An erster Stelle ist festzuhalten, dass zwischen Frau Witzig und dem Unternehmen „Quelle" mehrere Verträge (1. Vertrag: Bodylotions und Tischdecken; 2. Vertrag: Waschmaschine) zustande gekommen sind. Anhaltspunkte dafür, dass die Verträge unwirksam sind, fehlen. Vor allem ist Frau Witzig unzweifelhaft geschäftsfähig. Die Wirkungen der Verträge treffen unmittelbar nur Frau Witzig. Anhaltspunkte dafür, dass Herr Witzig Vertragspartner ist (etwa im Rahmen einer Stellvertretung) fehlen.

2. Eine Verpflichtung von Herrn Witzig kann nur über die Schlüsselgewalt angenommen werden (§ 1357 Abs. 1 BGB). Es ist daher zu prüfen, ob deren Voraussetzungen vorliegen.

a) Bedarfsdeckungsgeschäfte: Bedarfsdeckungsgeschäfte sind immer anzunehmen, wenn sie dem Konsum der Familie dienen. Das lässt sich für sämtliche der getätigten Geschäfte annehmen.

b) Angemessenheit: Danach sind die Geschäfte nur dann angemessen, wenn sich das Verhalten von Frau Witzig im üblichen Rahmen der finanziellen und kompetenziellen Verhältnisse dieser Familie bewegt. Dies ist immer dann der Fall, wenn ein Ehepartner sie üblicherweise allein und ohne Rücksprache mit dem anderen zu tätigen pflegt und die einzelnen Geschäfte von ihren Kosten her für diese Familie üblich sind. Anhand dieses Maßstabs sind die einzelnen Geschäfte zu qualifizieren:

- Für die Bodylotions enthält der Sachverhalt Anhaltspunkte dafür, dass sie nicht angemessen sind. Für die Tischdecken lässt sich keine Aussage treffen. In diesem Fall ist das durchschnittliche wirtschaftliche Verhalten einer entsprechenden Familie zu Grunde zu legen. Mit Blick auf die Sachverhaltsangaben erscheint der Kauf von Tischdecken für je 200 € sehr teuer und nicht mehr angemessen. In der Konsequenz haftet Herr Witzig nicht für diese Geschäfte. Bei einer anderen Sachverhaltswürdigung (die deswegen möglich ist, weil konkrete Anhaltspunkte über das übliche Ausgabenverhalten der Familie fehlen), ist eine Mithaftung vertretbar begründbar.

- Für die Anschaffung der Waschmaschine ist fraglich, ob ihre Anschaffung angemessen ist. Es handelt sich insoweit um einen Einzelgegenstand, der als solcher aber teurer ist. Mit Blick darauf lässt sich vertretbar dahin gehend argumentieren, dass sie nicht angemessen ist. In der Konsequenz würde Herr Witzig nicht für die Kosten der Waschmaschine haften. Allerdings sind insoweit andere Ergebnisse argumentativ vertretbar.

Endergebnis:

1. Vertrag: Herr Witzig haftet nicht aus dem Vertrag, weil die Gegenstände zu teuer sind.

2. Vertrag: Herr Witzig haftet nicht aus dem Vertrag, weil das Geschäft keinen Alltagsbedarf betrifft.

## IV. Eheliches Güterrecht

### 1. Überblick über die Güterstände

852 Das eheliche Güterrecht behandelt die Frage nach den Konsequenzen der Eheschließung für das Vermögen, das die Ehepartner in die Ehe eingebracht haben bzw in der Ehe erwerben. Ausschlaggebend ist, in welchem Güterstand die Eheleute leben. Grundsätzlich können die Eheleute ihren Güterstand vertraglich vereinbaren durch einen sog Ehevertrag. Wird keine Vereinbarung getroffen, so gilt kraft Gesetz der gesetzliche Güterstand der Zugewinngemeinschaft.

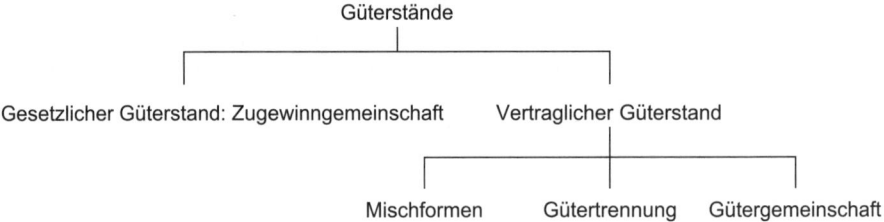

### 2. Die Zugewinngemeinschaft

853 Schließen die Eheleute keine Vereinbarung über ihren Güterstand, so leben sie automatisch im gesetzlichen Güterstand der sog **Zugewinngemeinschaft** (§ 1363 Abs. 1 BGB). Die Zugewinngemeinschaft hat sowohl während der Ehe als auch nach Auflösung der Ehe Konsequenzen.

### a) Wirkungen der Zugewinngemeinschaft während der Ehe

854 Die Eheschließung berührt die Vermögens- und Eigentumsverhältnisse der Ehegatten grundsätzlich nicht. Jeder Ehegatte bleibt nach Eintritt des gesetzlichen Güterstandes alleiniger Inhaber seines Vermögens (§ 1363 Abs. 2 BGB). Insoweit gilt während der Ehe grundsätzlich Gütertrennung. Gemeinsames Vermögen entsteht nur dadurch, dass die Eheleute gemeinsames Vermögen bilden, etwa ein Haus zum gemeinsamen Eigentum erwerben.

Jeder Ehegatte bleibt damit für sein Vermögen allein verantwortlich und verwaltet es selbst (§ 1364 BGB). Er darf jetzt jedoch nicht mehr alles mit seinem Vermögen machen. Die Zugewinngemeinschaft impliziert nämlich in zwei Bereichen eine **Verfügungsbeschränkung**:

■ Geschäfte über das eigene Vermögen im Ganzen (§ 1365 BGB): Die Beschränkung **855** greift bereits dann, wenn Einzelgegenstände betroffen sind, die nur nahezu, aber nicht das ganze Vermögen ausmachen. Das Vermögen im Ganzen ist dabei grundsätzlich dann betroffen, wenn durch das Geschäft weniger als 15 % (bei größeren Vermögen 10 %) des Vermögens verbleiben. Jedenfalls bei einem Restvermögen von 25.000 € ist das Vermögen im Ganzen noch nicht betroffen. Das Verbot greift überdies nur dann, wenn der Vertragspartner weiß, dass es sich um das Vermögen im Ganzen handelt.

■ Geschäfte über eigene Hausratsgegenstände (§ 1369 BGB): Gegenstände des ehelichen Hausrats sind Sachen, die dem Gebrauch oder Verbrauch beider Ehegatten zu dienen bestimmt sind.

Für Rechtsgeschäfte, die einen der genannten Bereiche betreffen, benötigt der verfü- **856** gende Ehegatte die Zustimmung des anderen Ehepartners, obgleich der betreffende Gegenstand in seinem Alleineigentum steht. Für die Folgen der fehlenden Zustimmung ist zu differenzieren:

■ **Einseitige Geschäfte**: Unheilbare Nichtigkeit (§ 1367 BGB).

■ **Verträge**: Schwebezustand (§§ 1366, 1369 Abs. 3 BGB). Die Wirksamkeit des Vertrages hängt nunmehr von der Reaktion des anderen (Nichteigentümer-) Ehegatten ab. Genehmigt er das Rechtsgeschäft nachträglich, so wird der Vertrag wirksam (§ 1366 Abs. 1 BGB). Versagt er die Genehmigung, so ist der Vertrag unwirksam (§ 1366 Abs. 4 BGB). Allerdings kann die Genehmigung des anderen Ehegatten vom Familiengericht ersetzt werden (§§ 1365 Abs. 2, 1369 Abs. 2 BGB).

Während des Schwebezustandes hat der Vertragspartner zwei Möglichkeiten, auf die Rechtslage einzuwirken:

– Widerruf (§§ 1366 Abs. 2, 1369 Abs. 3 BGB).

– Aufforderung an Geschäftspartner, die Genehmigung zu beschaffen (§§ 1366 Abs. 3, 1369 Abs. 3). Der Ehepartner kann sich in diesem Fall jetzt wirksam nur noch gegenüber dem Dritten erklären; etwaige vorherige Erklärungen gegenüber dem Gatten sind unwirksam. Die Genehmigung muss dabei innerhalb von zwei Wochen ab Empfang der Aufforderung erklärt werden. Wird die Genehmigung nicht innerhalb dieser Frist erklärt, gilt sie als verweigert (§§ 1366 Abs. 3, 1369 Abs. 3 BGB).

#### b) Wirkungen der Zugewinngemeinschaft nach Eheauflösung

Nach Beendigung der Ehe erfolgt ein Ausgleich der uU unterschiedlichen Vermögens- **857** entwicklungen. Der Ausgleich wird unterschiedlich durchgeführt, je nachdem, ob die Ehe durch Scheidung oder durch Tod eines der Ehepartner endet.

Im Fall der Scheidung hat derjenige Ehepartner mit dem höheren Vermögenszuwachs während der Ehe dem anderen einen Ausgleich zu zahlen (**Zugewinnausgleich**, vgl Rn 874).

Wird die Ehe durch Tod eines der beiden Ehepartner beendet, so gilt folgendes:

■ Wird der überlebende Ehegatte Erbe oder Vermächtnisnehmer, so erhöht sich sein Erbteil um ein weiteres Viertel, unabhängig davon, ob im konkreten Fall ein Zugewinn erwirtschaftet wurde oder nicht (Pauschallösung – großer Pflichtteil, § 1371 Abs. 1 BGB).

■ Wird der überlebende Ehegatte nicht Erbe (Ausschlagung, Enterbung) und steht ihm auch kein Vermächtnis zu, so kann ein Zugewinnausgleich durchgeführt werden (§ 1371 Abs. 2 BGB). Daneben erhält der Ehegatte seinen regulären Pflichtteil (sog kleiner Pflichtteil). Entfällt der Pflichtteil, etwa weil der Ehegatte für erbunwürdig erklärt wurde, so wird nur der güterrechtliche Ausgleich durchgeführt.

### 3. Vertragliche Güterstände

#### a) Überblick

**858** Die Eheleute besitzen die grundsätzliche Freiheit, ihre güterrechtlichen Verhältnisse durch Vertrag zu regeln (**Ehevertrag**, § 1408 Abs. 1 BGB). Derartige Regeln können vor, aber auch während der Ehe erfolgen bzw auch wieder abgeändert werden. Für güterrechtliche Eheverträge gelten Formvorschriften: Der Ehevertrag muss bei gleichzeitiger Anwesenheit beider Teile zur Niederschrift durch einen Notar geschlossen werden (§ 1410 BGB). Minderjährige Eheleute benötigen für einen Ehevertrag die Zustimmung des gesetzlichen Vertreters (§ 1411 Abs. 1 BGB). Unter Betreuung stehende Geschäftsfähige benötigen die Zustimmung des Betreuers, wenn Einwilligungsvorbehalt angeordnet wurde. Geschäftsunfähige Ehepartner handeln durch ihren gesetzlichen Vertreter (§ 1411 Abs. 2 BGB). Die Vereinbarung einer Gütergemeinschaft darf in diesem Fall nicht erfolgen. Ist der gesetzliche Vertreter ein Vormund oder Betreuer, so kann er den Vertrag nur mit Genehmigung des Familiengerichts abschließen.

Eheverträge sind nicht auf den Güterstand beschränkt. Häufig finden sich hier auch Vereinbarungen zum Unterhalt oder Versorgungsausgleich, meistens in Form eines Ausschlusses.

#### b) Gütertrennung

**859** Vereinbaren die Eheleute **Gütertrennung**, so lässt die Ehe die güterrechtlichen Verhältnisse unberührt. Die Ehe wirkt sich in keiner Weise auf die Vermögensverhältnisse aus. Konkret bedeutet dies:

■ Jeder Ehegatte bleibt Eigentümer seiner in die Ehe mitgebrachten Sachen. Er verwaltet sie selber und kann frei über sie verfügen. Dies gilt auch für alles, was jeder Ehegatte während der Ehe erwirbt. Insbesondere finden die Beschränkungen der Zugewinngemeinschaft keine Anwendung.

■ Nach der Ehe findet kein vermögensrechtlicher Ausgleich statt.

■ Eine gemeinsame Verwaltung bzw – nach Eheauflösung – ein Vermögensausgleich findet nur hinsichtlich gemeinsamen Vermögens statt.

Gütertrennung wird durch notariell beurkundeten Vertrag vereinbart (§ 1410 BGB). Gütertrennung tritt dabei bereits dadurch ein, dass der Zugewinnausgleich oder der Versorgungsausgleich ausgeschlossen wird (§ 1414 S. 2 BGB).

#### c) Gütergemeinschaft

**860** Die Vereinbarung der **Gütergemeinschaft** bewirkt das Gegenteil einer Gütertrennung (§ 1415 BGB). Im Grundsatz verschmilzt das Vermögen beider Ehegatten zu einer einheitlichen Vermögensmasse (Gesamtgut, „Was mein ist, ist auch dein und umgekehrt", § 1416 Abs. 1 BGB). Die einzelnen Gegenstände stehen dadurch automatisch im gemeinsamen Eigentum beider Ehegatten. Gleiches gilt auch für jeden Erwerb während der Ehe: Auch dieser wird automatisch gemeinsames Vermögen beider Ehegatten. Beide Eheleute sind an diesem Vermögen gleichermaßen berechtigt. In der Konsequenz können die Ehegatten nur gemeinsam über das Vermögen bzw die jeweiligen Gegenstände des Gesamtgutes bestimmen und verfügen.

Lediglich bestimmte Gegenstände bleiben den Ehegatten persönlich zugeordnet und werden von dem betreffenden Ehegatten allein verwaltet.

Die Vereinbarung von Gütergemeinschaft hat nur geringe Praxisrelevanz.

## V. Trennung

### 1. Überblick

Entgegen ihres rechtlichen Anspruchs als lebenslange Vereinigung von Mann und Frau **861** wird eine Vielzahl der Ehen wieder geschieden. Die Trennung ist insoweit im Regelfall der erste Schritt eines Weges, an dessen Ende die Scheidung steht. Durch die Trennung verändert sich das rechtliche Verhältnis der Ehegatten zueinander grundlegend. Dies betrifft folgende Bereiche:

- Nutzung der ehelichen Wohnung (§ 1361b BGB, vgl Teil II Kapitel 4).
- Nutzung des ehelichen Hausrats (§ 1361a BGB).
- Unterhalt (§ 1361 BGB, vgl Teil III Kapitel 4 IV).
- Elterliche Sorge (§§ 1687, 1671 BGB, vgl Teil III Kapitel 2 VII).
- Umgang mit dem Kind (§§ 1684 f BGB, vgl Teil III Kapitel 2 VIII).

### 2. Begriff

Der Begriff der **Trennung** ist gesetzlich definiert (§ 1567 Abs. 1 BGB). Er beinhaltet **862** zwei Voraussetzungen:

- Das Fehlen einer häuslichen Gemeinschaft <u>und</u>
- die fehlende Bereitschaft mindestens eines der Ehegatten zur Herstellung der ehelichen Gemeinschaft, weil er sie ablehnt.

Eine Trennung innerhalb der Wohnung ist ausreichend (§ 1567 Abs. 1 S. 2 BGB). Al- **863** lerdings werden an diese hohe Anforderungen gestellt. Eine Trennung innerhalb der Wohnung liegt insbesondere nicht bereits darin, dass die Eheleute getrennte Schlafzimmer benutzen. Erforderlich ist vielmehr das Fehlen eines gemeinsamen Haushalts. Dies beinhaltet folgendes:

- Fehlen gegenseitiger Versorgungs- oder Fürsorgeleistungen. Zulässig sind allenfalls noch vereinzelte Sorgetätigkeiten oder vereinzelte Hilfeleistungen für einen erkrankten Partner. Werden hingegen noch gegenseitige Leistungen erbracht (Kochen; Einnahme gemeinsamer Mahlzeiten, etwa wegen der gemeinsamen Kinder; Haushaltsführung auch für den anderen Ehegatten), so ist eine Trennung iS des § 1567 Abs. 1 BGB noch nicht erfolgt, mögen die ehelichen Gefühle auch erloschen sein.
- Die vorhandenen Wohnräume sind – im Rahmen des Möglichen – unter den Eheleuten zur alleinigen Benutzung aufzuteilen. Unschädlich ist jedoch ein räumliches Aufeinandertreffen in den der Versorgung dienenden Räumen Küche, Bad, WC so-

wie dem Flur, wenn weiter keine persönlichen Beziehungen bestehen. Verfügt die Wohnung über mehrere gleichartige Versorgungsräume (etwa mehrere Bäder), müssen sie aufgeteilt werden. Werden sie gleichwohl nach wie vor von beiden genutzt, liegt eine Trennung nicht vor.

**864**  Zu der räumlichen Trennung muss eine ehefeindliche Gesinnung hinzutreten. Die Trennung muss darauf zurückzuführen sein, dass zumindest einer der Ehepartner die Fortführung der Ehe ablehnt. Eine bloß tatsächliche Aufhebung der häuslichen Gemeinschaft begründet also dann keine Trennung iS des § 1567 Abs. 1 BGB, wenn die Eheleute noch an der Ehe festhalten wollen.

Anwendungsfelder:  Krankenhausaufenthalt; berufliche Abwesenheit; Gefängnisaufenthalt.

Eine bloß räumliche Trennung kann in eine Trennung iS des § 1567 Abs. 1 BGB umschlagen, wenn nachträglich die ehefeindliche Gesinnung hinzutritt.

Die (auch nachträgliche) Ablehnung der ehelichen Lebensgemeinschaft muss erkennbar sein, dh in irgendeiner Weise nach außen dokumentiert werden. Dies kann durch eine entsprechende Mitteilung an den anderen Ehepartner erfolgen, aber auch schlüssig, etwa dadurch dass die Ehefrau die Sachen des Ehepartners wegräumt.

Beispiel:  Der Mann ist beruflich über mehrere Monate abwesend (zB auf Montage). Allein diese Abwesenheit begründet noch keine Trennung im Sinne dieser Vorschrift. Die Situation schlägt aber dann in eine Trennung um, wenn einer der Partner nunmehr die eheliche Lebensgemeinschaft ablehnt.

### 3. Die Überlassung der Ehewohnung

**865**  Eine Trennung im Sinne des Gesetzes setzt nicht notwendig eine häusliche Trennung voraus. Allerdings wird häufig zumindest einer der Ehepartner ein Interesse an einer häuslichen Trennung haben. Dies wirft keine weiteren Probleme auf, wenn einer der Ehepartner freiwillig die Ehewohnung verlässt. Problematisch sind jedoch Konstellationen, in denen eine freiwillige räumliche Trennung nicht vollzogen wird.

Beispiele:  Die Ehefrau flieht mit den Kindern ins Frauenhaus, möchte aber in die Wohnung zurückkehren.

Die Ehefrau möchte die Wohnung alleine für sich nutzen, allerdings weigert sich der Ehemann, auszuziehen.

Rechtliche Kernüberlegung ist die Frage, ob eine **Überlassung der Ehewohnung** erzwungen werden kann. Anspruchsgrundlage dafür ist § 1361b BGB (vgl Teil II Kapitel 4).

### 4. Die Aufteilung der Haushaltsgegenstände

**866**  Mit der räumlichen Trennung stellt sich uU die Notwendigkeit, die ehelichen **Haushaltsgegenstände** zwischen den Ehegatten aufzuteilen. Über die Aufteilung der Haushaltsgegenstände müssen sich die Eheleute im Grundsatz einigen. Sind sie dazu nicht in der Lage, entscheidet das zuständige Familiengericht. Die Entscheidung richtet sich nach folgenden Modalitäten:

■ Alleineigentum eines Ehegatten: Die ihm gehörenden Gegenstände kann der Ehegatte von dem anderen herausverlangen. Ist der andere auf den Gegenstand angewiesen, so ist er verpflichtet, ihm den Gegenstand zu überlassen, wenn dies nach den Umständen des Falles billig erscheint (§ 1361a Abs. 1 BGB). Die Eigentumsverhältnisse werden hierdurch grundsätzlich nicht berührt, es sei denn die Eheleute verbinden mit der Zuweisung des Gegenstandes zugleich auch die Übereignung des Gegenstandes (§ 1361a Abs. 4 BGB).

■ Gemeinsames Eigentum: Die im gemeinsamen Eigentum beider Ehegatten stehenden Gegenstände sind nach den Grundsätzen der Billigkeit zu verteilen (§ 1361a Abs. 2 BGB). Die Entscheidung erfolgt nach billigem Ermessen. Auch diese Verteilung berührt die Eigentumsverhältnisse nur dann, wenn die Eheleute dies wollen (§ 1361a Abs. 4 BGB). Können sich die Ehegatten nicht einigen, so entscheidet das zuständige Familiengericht. Dabei ist das Gericht auch befugt, für die Benutzung der Haushaltsgegenstände eine angemessene Vergütung festzulegen. Die Höhe der Ausgleichszahlung richtet sich nach dem Wert des Gegenstandes. Die Ausgleichszahlung soll die Wiederanschaffung eines entsprechenden gebrauchten Gegenstandes ermöglichen. Dementsprechend ist der Wert der gebrauchten Sache und nicht der Neuanschaffungswert anzusetzen.

Das Gerichtsverfahren richtet sich nach den allgemeinen Regeln des FamFG (§§ 111 Nr 5, 200 Abs. 2 Nr 1 FamFG).

## 5. Trennungsunterhalt

Die in der Praxis bedeutsamste Trennungsfolge ist der Anspruch auf **Trennungsun-** 867 **terhalt**. Leben die Eheleute voneinander getrennt, so kann ein Ehegatte von dem anderen den nach den Lebensverhältnissen und den Erwerbs- und Vermögensverhältnissen der Ehegatten angemessenen Unterhalt verlangen (§ 1361 Abs. 1 BGB). Voraussetzungen, Inhalt und Grenzen des Anspruchs werden eingehend im Teil III Kapitel 4 dargestellt.

## VI. Scheidung

### 1. Begriff und Bedeutung

**Scheidung** ist die Auflösung der Ehe durch gerichtliches Urteil mit Wirkung für die 868 Zukunft. Mit der Scheidung endet die eheliche Lebensgemeinschaft.

Wie die Trennung, verändert auch die Scheidung die Rechtsbeziehungen zwischen den vormaligen Eheleuten. Die nunmehr noch bestehenden Rechtsansprüche sind im Regelfall vorübergehend. Sie können ihren Grund in der notwendigen „Abwicklung" der gescheiterten Gemeinschaft haben sowie (ausnahmsweise) Ausdruck nachehelicher Solidarität sein (Unterhaltsansprüche). Folgende Scheidungsfolgen gibt es:

■ Zugewinnausgleich (§§ 1372–1390 BGB).
■ Versorgungsausgleich (§ 1587 BGB, VersAusglG).
■ Zuweisung der Ehewohnung und der ehelichen Haushaltsgegenstände (§§ 1568a, 1568b BGB).
■ Namensrecht (§ 1355 Abs. 5 BGB).
■ Nacheheliche Unterhaltsansprüche (§§ 1569–1586b BGB, vgl Teil III Kapitel 4).

Nicht zwingend mit der Scheidung verbunden ist hingegen die Regelung der Sorge für gemeinsame Kinder (vgl eingehend Teil III Kapitel 2 VII 2, 3) und die Regelung des Umgangsrechts mit den gemeinsamen Kindern (vgl eingehend Teil III Kapitel 2 VIII).

## 2. Scheidungsvoraussetzungen

### a) Überblick

**869** Eine Scheidung kann unter folgenden Voraussetzungen erfolgen:

- Vorliegen eines Scheidungsgrundes (§ 1565 Abs. 1 BGB),
- Einhaltung einer Trennungsfrist (§ 1565 Abs. 2 BGB) <u>und</u>
- kein Ausschluss der Scheidung infolge eines Härtefalls (§ 1568 BGB).

### b) Scheidungsgrund

**870** Der einzige Scheidungsgrund ist das Scheitern der Ehe (§ 1565 Abs. 1 BGB, sog **Zerrüttung**). Eine Zerrüttung liegt vor, wenn die Lebensgemeinschaft der Ehegatten nicht mehr besteht *und* ihre Wiederherstellung nicht zu erwarten ist (§ 1565 Abs. 1 S. 2 BGB).

Der Begriff der „Lebensgemeinschaft der Ehegatten" knüpft an die allgemein beschriebene Lebensgemeinschaft des § 1355 Abs. 1 BGB an (vgl Rn 832). Mit ihr ist in erster Linie eine geistig-seelische Verbundenheit der Eheleute gemeint. Ausschlaggebend ist, ob (noch) ein Mindestmaß an gegenseitiger Verbundenheit, Miteinander und Solidarität zwischen den Ehepartnern besteht. Als gescheitert ist eine Ehe immer dann anzusehen, wenn das innere Verhältnis der Ehegatten voraussichtlich unheilbar zerstört ist.

Beispiele: Unvereinbarkeit der Charaktere; anderweitige dauerhafte Partnerbindung; Ehebruch; Misshandlungen; Ablehnung der ehelichen Lebensgemeinschaft durch einen Ehepartner.

Die eheliche Lebensgemeinschaft ist dabei nicht mit der häuslichen Gemeinschaft gleichzusetzen. Das Fehlen der häuslichen Gemeinschaft mag ein Indiz für die Zerrüttung sein, kann sie jedoch nicht begründen. Insbesondere kann die eheliche Lebensgemeinschaft auch dann zerstört sein, wenn die Eheleute noch keine Trennung herbeigeführt haben. Umgekehrt ist auch denkbar, dass Eheleute nicht zusammenleben, gleichwohl die oben genannte eheliche Verbundenheit (noch) vorliegt.

Die Zerrüttung muss nicht übereinstimmend bei beiden Eheleuten vorliegen. Vielmehr genügt es, dass sich nur einer der Partner innerlich völlig von dem anderen abgewandt hat. Unerheblich sind hingegen die Gründe für die Zerrüttung, insbesondere ob einen der Ehepartner ein Verschulden an ihr trifft.

**871** Die Zerrüttung muss im Grundsatz tatsächlich festgestellt werden. Allerdings wird in bestimmten Fällen eine Zerrüttung unwiderleglich vermutet (§ 1566 BGB). Liegt eine der Vermutungen vor, entfällt eine Prüfung der Zerrüttung durch das Gericht. Das erspart beiden Eheleuten ein Offenlegen ihrer Gründe für das Scheitern der Ehe. Folgende unwiderleglichen **Zerrüttungsvermutungen** stellt das Gesetz auf:

- Dreijährige Trennung (§ 1566 Abs. 2 BGB).
- Einjährige Trennung bei einverständlicher Scheidung (§ 1566 Abs. 1 BGB). Eine einverständliche Scheidung liegt dann vor, wenn entweder beide Ehepartner die Scheidung beantragen oder der andere Ehepartner dem Scheidungsantrag zustimmt.

### c) Trennungsfristen

**872** Die Scheidung kann grundsätzlich nur erfolgen, wenn die Eheleute bereits seit einem Jahr getrennt leben (§ 1565 Abs. 2 BGB). Eine Scheidung vor Ablauf des **Trennungsjahres** ist nur ausnahmsweise möglich. Voraussetzung dafür ist, dass die Aufrechterhaltung des formalen Ehebandes für den Antragsteller eine besondere Härte bedeuten würde. Die besondere Härte muss sich dabei aus Gründen, die in der Person des anderen Ehegatten liegen, ergeben.

Beispiele: Grobe Ehewidrigkeiten (schwere körperliche Misshandlung, grobe Verletzung der Unterhaltspflicht); massive Morddrohungen gegenüber Ehefrau und Dritten sowie öffentliche Bekanntmachung von zu privaten Zwecken verfassten erotischen Kurzgeschichten; Alkoholmissbrauch; Schwangerschaft aus ehebrecherischem Verhältnis; ehebrecherische Beziehung mit Bruder des Ehemannes; Aufnahme einer Tätigkeit als Prostituierte nach Trennung.

Kein Härtefall: Nichtzahlung des geschuldeten Unterhalts; Ehebruch ohne besondere Begleitumstände; Unkenntnis vorehelicher Umstände (Vorstrafen); Lieblosigkeiten; Wunsch nach rascher neuer Eheschließung.

Mit Blick auf die genannten Trennungsfristen, stellt sich die Problematik, welche Auswirkungen Versöhnungsversuche zwischen den Eheleuten besitzen. Insoweit gilt: Ein kürzeres **Zusammenleben** zur Versöhnung unterbricht die Fristen nicht (§ 1567 Abs. 2 BGB). Dabei gelten keine starren Fristen. Ein Zusammenleben von zwei bis vier Wochen ist dabei grundsätzlich unschädlich. Bei einer längeren Trennung kann auch ein dreimonatiges Zusammenleben noch als „kürzer" zu werten sein.

### d) Scheidungshindernis: Die Härteklausel

Ist eine Ehe gescheitert und ist das Trennungsjahr abgelaufen, so ist die Ehe grund-  **873** sätzlich zu scheiden. Eine Ausnahme ist in Härtefällen zu machen (§ 1568 BGB). Dies erlaubt es, die Ehe der Form halber noch für eine gewisse Zeit aufrecht zu erhalten, auch wenn sie eigentlich geschieden werden müsste. Die **Härteklausel** findet in zwei Fällen Anwendung:

■ Interesse der gemeinsamen minderjährigen Kinder aus besonderen Gründen (Kinderschutzklausel): Ein etwa entgegenstehendes Kindesinteresse ist vom Gericht von Amts wegen zu beachten. Durch die mittlerweile bestehende Möglichkeit, auch nach der Scheidung, die gemeinsame Sorge für die Kinder beizubehalten, hat dieser Aspekt an Bedeutung verloren.

Beispiele: Ernsthafte Suizid-Gefahr eines minderjährigen Kindes, soweit diese nicht behandelbar ist; starke Beeinträchtigung des Kindeswohls bei starker Bindung zu beiden Elternteilen (Selbsttötungsgefahr nicht notwendig).

■ Schwere Härte der Scheidung für den anderen Ehepartner aufgrund außergewöhnlicher Umstände: Die Härte muss sich aus dem Scheidungsausspruch ergeben. Härtegründe, die sich aus der Trennung ergeben sind hingegen nicht berücksichtigungsfähig. Dahin gehende Gründe sind nur auf Antrag zu berücksichtigen.

Beispiele: Scheidung als zusätzliche Belastung eines bereits schwer erkrankten Ehegatten; Selbstmordgefahr, wenn sie auf einer vom Antragsgegner nicht mehr steuerbaren psychischen Ausnahmesituation beruht.

Nicht ausreichend: Die Ehefrau erfährt drei Tage nach der Eheschließung telefonisch von einer engen Freundin, dass der neben dieser sitzende Ehemann dieser gerade seine Liebe offenbart hat.

Bereits die Formulierung macht deutlich: Nur außergewöhnliche Umstände erlauben es überhaupt, eine Scheidung abzulehnen, deren Voraussetzungen im Übrigen vorliegen. Dementsprechend selten (und dramatisch) sind auch die Anwendungsfälle. Das Vorliegen eines Härtegrundes allein führt dabei noch nicht zur Ablehnung der Scheidung. Vielmehr sind die gegen die Scheidung sprechenden Härtegründe mit den Belangen des die Scheidung begehrenden Ehepartners abzuwägen. Nicht notwendig ist die Bereitschaft des anderen Ehegatten zur Herstellung der ehelichen Lebensgemeinschaft, denn es geht ja nur um die Aufrechterhaltung der Ehe um ihrer sozialen Funktion willen. Die Härteklausel kann im Übrigen die Scheidung nie verhindern, sondern lediglich hinauszögern („wenn und solange die genannten Härtegründe vorliegen").

## 3. Scheidungsfolgen

### a) Zugewinnausgleich

**874** Leben die Eheleute im Güterstand der Zugewinngemeinschaft, so hat nach der Scheidung ein Ausgleich der uU unterschiedlichen Vermögensentwicklungen zu erfolgen. Dies geschieht im Rahmen des sog **Zugewinnausgleichs:** Dabei hat derjenige Ehepartner mit dem höheren Vermögenszuwachs während der Ehe dem Anderen einen Ausgleich zu zahlen.

Dafür werden die Vermögensverhältnisse der Ehegatten zu Beginn und zum Ende der Ehe einander gegenübergestellt und die jeweiligen Zugewinne miteinander verglichen. Derjenige Ehepartner mit dem höheren Zugewinn hat die Hälfte seines Vermögensüberschusses dem anderen als Zugewinnausgleich zu zahlen (§§ 1363 Abs. 2 S. 2, 1373, 1378 ff BGB). Bei der Festsetzung des Anfangsvermögens ist der Kaufkraftschwund des Euro zu berücksichtigen. Dies erfolgt durch eine Hoch- bzw Herabrechnung des Anfangsvermögens.

Beispiel:

|                  | Mann        | Frau       |
|------------------|-------------|------------|
| Anfangsvermögen  | 10.000 €    | 0 €        |
| Endvermögen      | 100.000 €   | 10.000 €   |
| Zugewinn         | 90.000 €    | 10.000 €   |

Der Zugewinn des Mannes übersteigt den Zugewinn der Frau um 80.000 €. In Höhe der Hälfte des Betrags (40.000 €) steht der Frau eine Zugewinnausgleichsforderung zu.

Stichtag für die Berechnung des Zugewinns und Festlegung der Ausgleichsforderung ist grundsätzlich die Rechtshängigkeit der Scheidung (Einreichung und Zustellung des Scheidungsantrags, § 1384 BGB). Ausnahmen (früherer Berechnungszeitpunkt) gelten bei vorzeitiger Aufhebung der Zugewinngemeinschaft (§§ 1385 ff BGB).

### b) Versorgungsausgleich

**875** Die eheliche Rollenverteilung kann sich nicht nur auf die Vermögensentwicklung der Eheleute auswirken, sondern auch auf die Versorgung eines der Ehegatten im Alter. Dadurch bedingte Nachteile (etwa für denjenigen Ehegatten, der wegen der Kindererziehung auf eine Erwerbstätigkeit verzichtet hat) werden durch den sog **Versorgungsausgleich** kompensiert, der im Falle der Ehescheidung zwingend durchzuführen ist (§ 1587 BGB, VersAusglG).

Besonderheiten gelten bei kurzer Ehedauer: Hat die Ehe nur 3 Jahre gedauert, so findet ein Versorgungsausgleich nur auf Antrag eines Ehegatten statt (§ 3 Abs. 3 VersAusglG).

**876** Grundgedanke und Mechanismus des Versorgungsausgleichs ähneln dem des Zugewinnausgleichs: Ziel ist, die in der Ehezeit erworbenen Versorgungsanrechte wegen Alters oder verminderter Erwerbsfähigkeit zwischen den Eheleuten zu gleichen Teilen aufzuteilen. In diesem Rahmen werden die während der Ehezeit erworbenen Anrechte auf Versorgung wegen Alters oder Erwerbsminderung miteinander verglichen. Derjenige Ehegatte mit den höheren Anwartschaften ist dem anderen Ehegatten ausgleichspflichtig. Er hat in diesem Rahmen die Hälfte des während der Ehe erworbenen Wertüberschusses an den anderen abzugeben (§ 1 VersAusglG).

Typische ausgleichspflichtige Versorgungsanrechte sind: Anrechte aus der gesetzlichen Rentenversicherung, Beamtenpensionen, Betriebsrenten und private Lebensversicherungen auf Rentenbasis (zB die „Riester-Rente").

Der Ausgleich kann auf unterschiedliche Weise erfolgen. Zu unterscheiden ist zwischen dem öffentlich-rechtlichen und dem schuldrechtlichen Versorgungsausgleich. **877**

Grundsätzlich ist der öffentlich-rechtliche Versorgungsausgleich durchzuführen. Dieser ist ein Wertausgleich. Dazu werden für den ausgleichsberechtigten Ehegatten eigene Rentenversorgungsanrechte bei einem Versorgungsträger begründet. Der öffentlich-rechtliche Versorgungsausgleich kann auf zwei Arten durchgeführt werden:

■ Grundsätzlich werden die in der Ehe aufgebauten Versorgungsanrechte im jeweiligen Versorgungssystem zwischen den Ehegatten geteilt (sog interne Teilung). In diesem Rahmen überträgt das Familiengericht für die ausgleichsberechtigte Person ein Anrecht in Höhe des Ausgleichswerts (halber Ehezeitanteil) bei dem Versorgungsträger der ausgleichspflichtigen Person (§ 10 Abs. 1 VersAusglG).

■ Subsidiär kann auch eine sog externe Teilung erfolgen. Bei dieser begründet das Familiengericht für die ausgleichsberechtigte Person ein Anrecht bei einem anderen Versorgungsträger, zB dem Hauptversorgungsträger der ausgleichsberechtigten Person (§ 14 Abs. 1 VersAusglG). Eine externe Teilung ist nur in bestimmten Fällen zulässig, etwa wenn sie zwischen der ausgleichsberechtigten Person und dem Versorgungsträger der ausgleichspflichtigen Person vereinbart wurde oder der Versorgungsträger der ausgleichspflichtigen Person dies verlangt hat sowie bei Beamten.

Im Rahmen des schuldrechtlichen Versorgungsausgleichs schuldet hingegen der ausgleichspflichtige Ehegatte selber dem anderen eine Ausgleichszahlung, die in Form einer Rente oder einer einmaligen Abfindung zu erbringen ist (§§ 20 f VersAusglG). Gegenüber dem öffentlich-rechtlichen Versorgungsausgleich ist der schuldrechtliche Versorgungsausgleich nachrangig. Er kommt nur in dem vom Gesetz genannten Fall in Betracht, dass der ausgleichspflichtige Ehegatte aus einem noch nicht ausgeglichenen Recht eine Rente bezieht (§ 20 VersAusglG).

### c) Ehewohnung

Die **Zuweisung der Ehewohnung** für die Zeit nach der Scheidung ist eigenständig **878** geregelt (§ 1568a BGB). Verfahren auf Zuweisung der Wohnung nach Rechtskraft der Scheidung sind selten. Im Regelfall entsteht der Streit über die Nutzung der Wohnung bereits im Zeitpunkt der Trennung und ist bei der Scheidung meist bereits geregelt.

Die Überlassung der Ehewohnung anlässlich der Scheidung kann in zwei Fällen verlangt werden (§ 1568a Abs. 1 BGB):

■ Der die Überlassung begehrende Ehegatte ist auf deren Nutzung in stärkerem Maße angewiesen. Bei der Entscheidung ist insbesondere das Wohl der im Haushalt lebenden Kinder sowie die ehelichen Lebensverhältnisse zu berücksichtigen. Bedeutung kommt daneben den Einkommens- und Vermögensverhältnissen, Alter und

Gesundheitszustand des betreffenden Gatten zu. Im Regelfall wird die Wohnung dem finanziell schwächeren Ehegatten zugewiesen.

■ Die Überlassung an den Ehegatten entspricht aus anderen Gründen der Billigkeit, etwa weil der eine Ehegatte in ihr aufgewachsen ist.

879 Die Hürde für die Wohnungsüberlassung ist höher, wenn ein Ehegatte Alleineigentümer oder sonst ausschließlich dinglich an der Ehewohnung berechtigt ist. Von dem alleinberechtigten Ehepartner kann die Wohnung nur verlangt werden, wenn es erforderlich ist, um eine unbillige Härte zu vermeiden (§ 1568a BGB).

Die künftige Nutzung der Wohnung erfolgt in der Regel auf der Basis eines Mietvertrages. Dabei ist zu differenzieren:

■ Mietwohnung: Handelte es sich bei der Ehewohnung um eine Mietwohnung, so tritt der Ehegatte, dem die Wohnung überlassen wird, in das Mietverhältnis ein bzw setzt das Mietverhältnis allein fort (§ 1568a Abs. 3 BGB).

■ Eigentumswohnung: Steht die Eigentumswohnung im Eigentum des anderen Ehegatten (bzw auch Miteigentum beider Ehegatten), so hat der Ehegatte, dem die Wohnung überlassen wird, einen Anspruch auf Begründung eines Mietverhältnisses (§ 1568a Abs. 5 BGB).

880 Der Anspruch auf Begründung bzw Fortsetzung eines Mietverhältnisses ist zeitlich begrenzt und kann nur bis zu einem Jahr nach Rechtskraft der Scheidungssache geltend gemacht werden (§ 1568a Abs. 6 BGB).

### d) Haushaltsgegenstände

881 Die **Verteilung der ehelichen Haushaltsgegenstände** richtet sich grundsätzlich nach den Eigentumsverhältnissen (§ 1568b BGB):

■ Alleineigentum: Haushaltsgegenstände, die im Alleineigentum eines Ehegatten stehen, bleiben diesem zugeordnet. Der Nichteigentümer kann dessen Überlassung generell nicht verlangen.

■ Gemeinsames Eigentum: Der Ehegatte, der auf die Nutzung in stärkerem Maße angewiesen ist als der andere Ehegatte, hat einen Anspruch auf Überlassung und Übereignung der Gegenstände. Dabei wird grundsätzlich (widerleglich) vermutet, dass Haushaltsgegenstände, die während der Ehe für den gemeinsamen Haushalt angeschafft wurden, gemeinsames Eigentum der Eheleute sind (§ 1568b Abs. 2 BGB). Auch insoweit bildet insbesondere das Wohl der im Haushalt lebenden gemeinsamen Kinder den Verteilungsmaßstab. Der Ehegatte, der seinen Eigentumsanteil zu übertragen hat, kann eine angemessene Ausgleichzahlung verlangen (§ 1568b Abs. 3 BGB).

### e) Ehename

882 Die Scheidung ist namensrechtlich grundsätzlich neutral. Daher behält der geschiedene Ehegatte seinen Ehenamen (§ 1355 Abs. 5 BGB). Allerdings hat er verschiedene Möglichkeiten, das namensrechtliche Band zu seinem vormaligen Ehegatten zu modifizieren (§ 1355 Abs. 5 BGB):

- Annahme des Geburtsnamens.
- Annahme des Ehenamens, den er vor der Eheschließung geführt hat (etwa ein früherer Ehename).
- Beifügung des Geburts- oder vormaligen Ehenamens zum Ehenamen.

Die Namensänderung erfolgt durch Erklärung gegenüber dem Standesbeamten.

### f) Unterhaltsansprüche

Die geschiedenen Eheleute tragen für sich die alleinige Verantwortung. Dies impliziert **883** auch die Verantwortlichkeit für den eigenen Lebensunterhalt (§ 1569 BGB; vgl Teil III Kapitel 4).

### 4. Scheidungsvereinbarungen

Vor allem für den Fall einer (befürchteten) Scheidung besteht ein Interesse (haupt- **884** sächlich des besser verdienenden Ehepartners), vertraglich Vorsorge zu treffen. Das Scheidungsfolgenrecht unterliegt grundsätzlich der Dispositionsfreiheit der Parteien. Vereinbarungen zwischen Eheleuten sind daher zulässig. Die häufigsten Regelungsbereiche betreffen den Unterhalt, den Zugewinn- sowie den Versorgungsausgleich, häufig mit dem Inhalt, die genannten Scheidungsfolgen auszuschließen.

Für **Scheidungsvereinbarungen** gelten – soweit sie vor Rechtskraft der Scheidung getroffen wurden – besondere Formerfordernisse: Sie bedürfen überwiegend der notariellen Beurkundung (Zugewinnausgleich: § 1410 BGB; Versorgungsausgleich: § 7 Abs. 1 VersAusglG; Unterhalt: § 1585c BGB). Das Formerfordernis für Vereinbarungen über nachehelichen Unterhalt sowie den Versorgungsausgleich wird auch durch die gerichtliche Protokollierung eines vor Gericht geschlossenen Vergleichs gewahrt.

Scheidungsvereinbarungen finden ihre Grenze an den allgemeinen Gesetzen. Im Kon- **885** text von Scheidungsfolgenvereinbarungen ist vor allem die Sittenwidrigkeit (§ 138 BGB) relevant. Sittenwidrigkeit kommt insbesondere dann in Betracht, wenn die Vereinbarung nicht mehr Ausdruck einer gleichberechtigten Partnerschaft ist, sondern eine einseitige Dominanz des einen Ehepartners gegenüber dem anderen erkennen lässt. Sittenwidrig sind insbesondere Vereinbarungen, die eine evident einseitige Lastenverteilung auf einen Ehegatten vornehmen, die durch die individuelle Gestaltung der Lebensverhältnisse nicht gerechtfertigt ist und ihm daher unzumutbar ist.

Die Belastung des Ehegatten ist dabei umso höher, je näher die Vereinbarung den Kern des Scheidungsfolgenrechts betrifft (und ausschließt). Zu dem Kern des Scheidungsfolgenrechts gehören in erster Linie bestimmte Unterhaltsansprüche (Betreuungsunterhalt, Alters- und Krankheitsunterhalt) sowie der Versorgungsausgleich. Sittenwidrigkeit kommt vor allem in Betracht beim Ausschluss sämtlicher nachehelicher Rechte, ohne dass eine Abmilderung vorgesehen ist. Demgegenüber sind vertragliche Vereinbarungen über den Zugewinnausgleich weitgehend möglich.

Die Wirksamkeit von Eheverträgen wird in zwei Stufen geprüft: Ist die Einseitigkeit der **886** Lastenverteilung bereits im Zeitpunkt des Vertragsschlusses offenkundig, ist der Vertrag sittenwidrig und nichtig. Ob dies der Fall ist, ist im Rahmen einer Gesamtwürdigung der Umstände jeweils im Einzelfall zu bestimmen.

Indizien für eine zur Nichtigkeit führende Übervorteilung bei Vertragsschluss: Unerwartet kurzfristige Konfrontation mit einem Ehevertrag kurz vor Eheschließung, der Ausschluss des Versorgungsausgleichs und von Unterhaltsansprüchen mit Ausnahme des Betreuungsunterhalts vorsieht, wenn sich ein Partner ohnehin in einer schwächeren Position befindet, zB aufgrund einer fortgeschrittenen Schwangerschaft.

Führt hingegen erst die spätere Entwicklung dazu, dass sich die Vereinbarung als einseitig herausstellt, ist der Vertrag gültig. Allerdings sind die belastenden Vereinbarungen in diesem Fall anzupassen an die tatsächliche Interessenlage (§ 313 BGB).


## 5. Scheidungsverfahren

### a) Zuständigkeit

**887**  Die Scheidung ist Familiensache (§§ 111 Nr 1, 121 Nr 1 FamFG). Zuständig für die Durchführung des Verfahrens ist das Familiengericht. Die **örtliche Zuständigkeit** staffelt sich nach folgender Reihenfolge (§ 122 FamFG):

- Nr 1: Gewöhnlicher Aufenthalt desjenigen Ehegatten, bei dem sämtliche gemeinsame Kinder leben.
- Nr 2: Gewöhnlicher Aufenthalt desjenigen Ehegatten, bei dem sich ein Teil der gemeinsamen Kinder aufhält, sofern kein Kind beim anderen Ehegatten lebt.
- Nr 3: Letzter gemeinsamer gewöhnlicher Aufenthalt der Ehegatten, wenn einer noch dort lebt.
- Nr 4: Gewöhnlicher Aufenthalt des Antragsgegners.
- Nr 5: Gewöhnlicher Aufenthalt des Antragstellers.
- Nr 6: Amtsgericht Schöneberg in Berlin.


### b) Einleitung und Durchführung des Verfahrens

**888**  Eingeleitet wird das Scheidungsverfahren durch einen **Antrag** (§ 124 FamFG). In diesem Rahmen sind auch minderjährige Ehegatten verfahrensfähig (§ 125 FamFG). Für das Verfahren gilt Anwaltszwang (§ 114 Abs. 1 FamFG). Die Ehegatten müssen sich daher grundsätzlich jeweils durch einen Anwalt vertreten lassen.

**889**  Für die Feststellung des Sachverhalts gilt der **Amtsermittlungsgrundsatz** (§§ 26, 127 Abs. 1 FamFG). Das Gericht hat daher von Amts wegen die zur Feststellung der entscheidungserheblichen Tatsachen erforderlichen Ermittlungen durchzuführen. Dieser Grundsatz ist allerdings für das Scheidungsverfahren wie folgt eingeschränkt (§ 127 Abs. 2, 3 FamFG):

- Tatsachen, die ein Beteiligter nicht vorbringt, darf das Gericht nur berücksichtigen, wenn sie ehefreundlich sind oder wenn der Antragsteller nicht widerspricht.
- Tatsachen, die aus Härtegründen die Ehescheidung ausschließen (§ 1568 BGB), dürfen nur berücksichtigt werden, wenn der Antragsgegner sich auf sie beruft.

**890**  Das **persönliche Erscheinen** der Parteien soll angeordnet werden (§ 128 Abs. 1 S. 1 FamFG). Die Parteien sind anzuhören (§ 128 Abs. 1 S. 1 FamFG). Zum Schutz eines Ehegatten können die Ehepartner getrennt angehört werden (§ 128 Abs. 1 S. 3 FamFG). Folgende Mechanismen der Konfliktentschärfung existieren:

- Gemeinschaftliche Kinder sind im Scheidungsantrag anzugeben (§ 133 Abs. 1 FamFG). In diesem Fall hat das Gericht die Ehegatten (und auch die Kinder) auch zur elterlichen Sorge und zum Umgangsrecht anzuhören sowie auf bestehende Beratungsmöglichkeiten hinzuweisen, unabhängig davon, ob ein entsprechendes Verfahren anhängig ist (§ 128 Abs. 2 FamFG).

■ Das Gericht kann anordnen, dass die Ehegatten an einem kostenfreien Informationsgespräch über eine Mediation oder eine sonstige Möglichkeit der außergerichtlichen Streitbeilegung teilnehmen und eine Bestätigung dem Gericht hierüber vorlegen (§ 135 Abs. 1 FamFG). Diese Anordnung ist nicht mit Zwangsmitteln durchsetzbar, wohl aber mit der Kostenfolge sanktionierbar (§ 150 Abs. 4 FamFG). Zudem soll das Gericht in geeigneten Fällen den Ehegatten eine außergerichtliche Streitbeilegung der etwa anhängigen Folgesachen vorschlagen (§ 135 Abs. 2 FamFG).

■ Besteht nach Auffassung des Gerichts Aussicht auf Fortsetzung der Ehe, soll es das Verfahren aussetzen. Bei langer Trennung der Ehegatten (länger als ein Jahr) darf die Aussetzung nur erfolgen, wenn keiner der Ehegatten widerspricht (§ 136 Abs. 1 FamFG).

Der inhaltliche Zusammenhang zwischen der Auflösung der Ehe und der Regelung der **891** damit verbundenen Folgefragen hat auch eine verfahrensrechtliche Entsprechung: Verfahren, in denen eine Entscheidung für den Fall der Scheidung zu treffen ist (sog **Folgesachen**) sind zusammen mit der Scheidung zu verhandeln und zu entscheiden (§ 137 Abs. 1 FamFG). Es wird ein sog **Verbund** hergestellt zwischen der Scheidung und den anhängigen Folgesachen. Der Verbund bewirkt eine einheitliche Zuständigkeit des Ehegerichts auch für die Folgesachen. Bereits anderweitig anhängige Folgesachen sind an das Scheidungsgericht abzugeben. Der Anwaltszwang für Ehesachen erfasst auch die Folgesachen (§ 114 Abs. 1 FamFG).

Folgesachen sind folgende Verfahren, wenn der Antrag bis zwei Wochen vor Schluss der erstinstanzlichen mündlichen Verhandlung gestellt wurde (§ 137 Abs. 2 FamFG):

■ Versorgungsausgleich.
■ Ehegattenunterhalt sowie Kindesunterhalt.
■ Wohnungszuweisungs- und Hausratssachen sowie
■ Güterrechtssachen (insbesondere Zugewinn).

Folgesachen sind auch bestimmte Kindschaftssachen, die bis zum Schluss der erstinstanzlichen mündlichen Verhandlung über die Scheidung anhängig gemacht werden und in den Verbund einbezogen werden sollen (§ 137 Abs. 3 FamFG), konkret:

■ Übertragung/Entziehung der elterlichen Sorge.
■ Umgangsrecht mit gemeinsamen Kindern.
■ Herausgabe des gemeinsamen Kindes an einen Ehegatten.
■ Umgangsrecht mit Kind des anderen Ehegatten.

Allerdings kann das Gericht die Einbeziehung der Kindschaftssache aus Gründen des Kindeswohles ablehnen (§ 137 Abs. 3 FamFG).

Der Verbund kann gelöst werden. Für Kindschaftsfolgesachen ist maßgeblich § 140 Abs. 2 Nr 3 FamFG: Danach kann das Gericht die Kindschaftsfolgesache aus Gründen des Kindeswohles abtrennen. Gleiches gilt, wenn das Verfahren ausgesetzt ist.

Die Kosten des Scheidungsverfahrens sind grundsätzlich gegeneinander aufzuheben (§ 150 Abs. 1 FamFG). In Scheidungsverfahren gilt das auch für die Kosten der Folgesachen. In der Folge hat jeder Beteiligte seine außergerichtlichen Aufwendungen (Anwalt) selber zu zahlen. Die Gerichtskosten tragen die Beteiligten zu gleichen Teilen. Erscheint diese Kostenverteilung unbillig, kann das Gericht über die Verteilung der Kosten nach Ermessen entscheiden. Dabei kann auch die Weigerung, an einem gerichtlich angeordneten Mediationsgespräch teilzunehmen (§ 135 Abs. 1 FamFG) berücksichtigt werden (§ 150 Abs. 4 FamFG).

## c) Entscheidung

**892** Entschieden wird durch Beschluss. Der Beschluss wird erst mit Rechtskraft (Ablauf der Rechtsmittelfristen) wirksam (§ 116 Abs. 2 FamFG). Gleiches gilt für Scheidungs-folgesachen (§ 148 FamFG).

## VII. Die eingetragene Lebenspartnerschaft

**893** Eine Ehe setzt zwingend die Verschiedengeschlechtlichkeit der Eheleute voraus. Gleichgeschlechtliche Partner können eine Ehe nicht schließen. Deren mögliches In-teresse an einem verbindlichen Miteinander wie Eheleute trägt das Lebenspartner-schaftsgesetz Rechnung. Dieses ermöglicht homosexuellen Paaren die Gründung einer sog **eingetragenen Lebenspartnerschaft**, die „homosexuelle Ehe". Vorausset-zungen und Folgen der eingetragenen Lebenspartnerschaft ähneln weitgehend denen der Ehe:

Begründet wird die Lebenspartnerschaft durch eine gegenseitige und bei gleichzeiti-ger Anwesenheit der Partner abgegebenen Erklärung, eine Lebenspartnerschaft auf Lebenszeit führen zu wollen (§ 1 Abs. 1 LPartG). Auch die sonstigen Bereiche sind im Wesentlich vergleichbar mit der Ehe ausgestaltet. Dies gilt etwa für folgende Angele-genheiten:

- Die Führung der Lebenspartnerschaft (inklusive Namen, Unterhaltsansprüchen und Güterstand, §§ 2–6 LPartG).
- Die Folgen der Trennung der Partner (Getrenntlebendenunterhalt, Zuweisung der Wohnung, Verteilung des Hausrats, §§ 12–14 LPartG).
- Die Aufhebung der Lebenspartnerschaft (§ 15 LPartG).
- Die Folgen der Aufhebung (Unterhalt, Zuweisung der Wohnung, Verteilung der Haushaltsgegenstände, Versorgungsausgleich, Zugewinnausgleich, §§ 16–20 LPartG).

## VIII. Die nichteheliche Lebensgemeinschaft

## 1. Begriff und Bedeutung

**894** Die Lebenswirklichkeit der letzten Jahrzehnte ist durch eine Zunahme von Gemein-schaften nicht miteinander verheirateter Partner gekennzeichnet. Diese gleichen im alltäglichen Erscheinungsbild einer Ehe bzw eingetragenen Lebenspartnerschaft. Le-diglich das formale Band der Ehe bzw Lebenspartnerschaft entfällt.

Unter einer **nichtehelichen Lebensgemeinschaft** versteht man eine auf Dauer ange-legte Lebensgemeinschaft zwischen zwei verschiedengeschlechtlichen Personen, die exklusiv ist (also keine andere Lebensgemeinschaft gleicher Art zulässt) und die ein gegenseitiges Einstehen beider Partner begründet also über die Beziehungen einer reinen Haushalts- und Wirtschaftsgemeinschaft hinausgeht.

Die nichteheliche Lebensgemeinschaft ist dabei begrifflich abzugrenzen von der Le-benspartnerschaft. Die Bezeichnung „Lebenspartner/Lebenspartnerschaft" erfasst ausschließlich gleichgeschlechtliche Partner, die in einer eingetragenen Lebenspart-nerschaft nach dem Lebenspartnerschaftsgesetz leben, salopp ausgedrückt also „ho-mosexuelle Ehepartner".

## 2. Rechtliche Behandlung

Die nichtehelichen Lebensgemeinschaften sind in Rechtsprechung und Gesetzgebung **895** lange diskriminiert worden. Dies galt auch für Vereinbarungen zwischen den Partnern der Lebensgemeinschaft, deren Abmachungen lange Zeit als sittenwidrig übergangen wurden (Beispiel: Sittenwidrigkeit des sog „Geliebtentestaments"). Vor allem die zunehmende Verbreitung und Normalität nichtehelicher Lebensgemeinschaften hat jedoch in Rechtsprechung und Gesetzgebung zu einer zunehmenden Akzeptanz dieser Form des Zusammenlebens geführt. Insbesondere soweit aus dieser Gemeinschaft Kinder stammen, konnten sich Gesetzgeber und Rechtsprechung nicht länger dieser Lebenswirklichkeit verschließen.

In Reaktion auf eine Reihe höchstrichterlicher Entscheidungen hat der Gesetzgeber die Rechtsverhältnisse unverheirateter Eltern in Bezug auf ihre Kinder an die Rechtsverhältnisse miteinander verheirateter Eltern angeglichen. Dies betrifft folgende Bereiche:

- Gemeinsames Sorgerecht nicht miteinander verheirateter Eltern (§ 1626a Abs. 1 BGB, vgl Teil III Kapitel 2).
- Unterhalt unverheirateter Eltern (§ 1615 I BGB, vgl Teil III Kapitel 4).
- Gewaltschutz (Gewaltschutzgesetz, vgl Teil II Kapitel 4).

Jenseits der Elternschaft ist die nichteheliche Lebensgemeinschaft Rechtsinstitut je- **896** doch nach wie vor nicht gesetzlich geregelt. Insoweit stellt sich die Frage, inwieweit die für Eheleute geltenden Vorschriften und Grundsätze auf die nichteheliche Lebensgemeinschaft analog angewandt werden können. Die Rechtsprechung differenziert dabei zwischen ehespezifischen und eheunspezifischen Regeln. Im Grundsatz gilt: Überall dort, wo das Recht explizit die Ehe begünstigt, bleibt die nichteheliche Lebensgemeinschaft diskriminiert.

Für das Verhältnis der Partner untereinander bedeutet dies: Ehespezifische Regelungen werden grundsätzlich nicht auf die nichteheliche Lebensgemeinschaft übertragen. Dies betrifft das Zustandekommen der nichtehelichen Lebensgemeinschaft, ihre inhaltliche Ausgestaltung sowie ihr Ende. Ein formaler Akt für die Begründung der nichtehelichen Lebensgemeinschaft ist daher nicht erforderlich. Auch die spezifischen Ehefolgen, etwa die Schlüsselgewalt, gelten nicht für nichteheliche Partner. Gleichermaßen erfolgt die Beendigung der Gemeinschaft ebenso form- wie folgenlos: Weder ist ein Zugewinn-, noch ein Versorgungsausgleich durchzuführen. Eine Wohnungszuweisung oder eine Verteilung der Haushaltsgegenstände findet bei Aufhebung der nichtehelichen Lebensgemeinschaft nicht statt. Auch Unterhaltsansprüche nach Beendigung der nichtehelichen Lebensgemeinschaft werden, jenseits der kindbezogenen Unterhaltsansprüche des § 1615l BGB, nicht anerkannt.

Vorschriften aus anderen Rechtsbereichen sind hingegen anwendbar: Es können zB Verträge geschlossen werden. Auf diese Weise können Ungerechtigkeiten ausgeglichen werden. Daneben lässt die Rechtsprechung einen Ausgleichsanspruch nach Beendigung der Lebensgemeinschaft zu, wenn während der Lebensgemeinschaft ein Partner wesentliche Beiträge erbracht hat, durch die der andere Partner einen Vermögenswert von erheblicher wirtschaftlicher Bedeutung erlangt hat und diese Vermögensverschiebung nach Beendigung der Gemeinschaft unbillig erscheint (§ 313 Abs. 1 BGB).

Beispiel: Die Lebensgefährten erwerben eine Immobilie. Als Eigentümer wird die Frau eingetragen. Der Mann finanziert die Immobilie durch ein von ihm aufgenommenes Darlehen nahezu allein und erbringt darüber hinaus erhebliche Eigenleistungen bei der Renovierung.

Auch soweit die Partner in Beziehung zu Dritten treten, findet sich eine weitgehende Gleichstellung mit der Ehe: Die nichtehelichen Partner können in rechtliche Beziehung zu Dritten treten und Verträge schließen. Auch darf etwa der Vermieter die Aufnahme des nichtehelichen Lebensgefährten in die Wohnung nicht mehr verweigern.

**897** Trotz der Tendenz zur Verrechtlichung der Beziehung der Lebensgefährten, kann es beim Auseinandergehen zu Härten kommen. Dies gilt in besonderer Weise, wenn aus der Verbindung Kinder hervorgegangen sind und die Partner eine Rollenverteilung gewählt haben, die bei einem der Partner zu einem Verlust seiner wirtschaftlichen Eigenständigkeit geführt hat. Die Rechtsprechung akzeptiert das als Konsequenz der Lebensentscheidung der nichtehelichen Partner, eben keine Ehe schließen zu wollen.

# Kapitel 4: Unterhaltsrecht

## I. Übungsfall 17

Die geschiedenen Eheleute Meister sind Eltern der Kinder Johannes (17), der derzeit noch die **898** Schule besucht und bei seiner Mutter lebt und Lothar (Arzt, Nettogehalt: 9.000 €). Frau Meister ist arbeitsunfähig und hat – neben einer kleinen Berufsunfähigkeitsrente – keine Einkünfte. Herr Meister hat ein bereinigtes Nettoeinkommen von monatlich 1.500 €. Herr Meister hat seinem Sohn bereits signalisiert, dass mit 18 „Schluss sei" und Johannes seinerseits arbeiten gehen kann.

Frage 1: Von wem kann Johannes Unterhalt verlangen?

Frage 2: Unterstellen Sie, dass Johannes den Kontakt zu seinem Vater ablehnt. Könnte Herr Meister seinem Sohn deswegen Unterhalt verweigern?

Frage 3: Wie wäre die Rechtslage, wenn Herr Meister in 2. Ehe verheiratet wäre und ein kleines Kind aus dieser Verbindung hätte?

(Lösungshinweise Rn 1007).

## II. Die Struktur eines Unterhaltsanspruchs

## 1. Überblick

Zur wohl wichtigsten Rechtspflicht von Familienangehörigen gehört die gegenseitige **899** finanzielle Sicherung des Lebensunterhalts. Kern des Familienrechts sind dementsprechend die gegenseitigen **Unterhaltsansprüche** der Familienmitglieder.

Unterhalt kann dabei nicht ohne Weiteres verlangt werden. Ein Anspruch setzt zunächst einen „Unterhaltsgrund" (zB Ehe) voraus. Dieser allein genügt dabei noch nicht, um einen Zahlungsanspruch auszulösen. Vielmehr muss der Anspruchsteller den Unterhalt auch tatsächlich benötigen (Bedürftigkeit) und der Schuldner muss in der Lage sein, den geforderten Unterhalt auch zu bezahlen (Leistungsfähigkeit). Im Zentrum des Unterhaltsrechts stehen dementsprechend aufwändige Berechnungen. Zuletzt kann der Anspruchsteller durch sein Verhalten oder aufgrund anderer Umstände einen ihm im Grundsatz zustehenden Unterhaltsanspruch auch wieder verlieren. Ein Unterhaltsanspruch besteht dabei immer nur dann, wenn alle Voraussetzungen vorliegen und keine Einwendungen bestehen.

Daraus ergibt sich eine fünfstufige Prüfung, die folgende Aspekte umfasst:

- Vorliegen einer Anspruchsgrundlage (Unterhaltsgrund),
- Bedürftigkeit des Unterhaltsgläubigers,
- Unterhaltsbedarf,
- Leistungsfähigkeit des Unterhaltsschuldners und
- keine Beschränkung des Unterhaltsanspruchs.

Diese Logik gilt im Grundsatz für alle Unterhaltsansprüche, allerdings mit Modifikationen bei den einzelnen Unterhaltsberechtigten. Daher wird im Folgenden zunächst die allgemeine Struktur eines Unterhaltsanspruchs vorgestellt. Vor diesem Hintergrund werden sodann die einzelnen Unterhaltsansprüche eingehend mit den jeweiligen Besonderheiten behandelt.

## 2. Anspruchsgrundlagen – Die „Unterhaltsgründe"

**900**  **Unterhaltsansprüche** gibt es in verschiedenen familiären **Kontexten**.

Folgende Ansprüche stehen im Zusammenhang mit der Ehe:

- Während intakter Ehe: § 1360 BGB.
- Während der Trennung: § 1361 BGB.
- Nach der Scheidung: §§ 1569 ff BGB.

Dem Scheidungsunterhalt weitgehend nachgebildet ist das Unterhaltsrecht eingetragener Lebenspartner (während intakter Partnerschaft: § 5 LPartG; während der Trennung: § 12 LPartG; nach Aufhebung der Partnerschaft: § 16 LPartG). Im Rahmen dieses Buches werden insoweit lediglich die ehelichen Unterhaltsansprüche behandelt.

Außerhalb der Ehe/eingetragenen Lebenspartnerschaft gibt es folgende Unterhaltsansprüche:

- Verwandtschaft in gerader Linie (§§ 1601 ff BGB).
- Anspruch der unverheirateten Mutter gegenüber dem Kindesvater auf Unterhalt aus Anlass der Geburt bzw Betreuung des Kindes (§ 1615l BGB).

Zwischen den einzelnen Ansprüchen besteht ein Rangverhältnis. Dies ist von Bedeutung, wenn gegenüber unterschiedlichen Personen Unterhaltsansprüche in Betracht kommen.

Beispiel: Die unverheiratete Meret (41 Jahre) und Mutter eines 21-jährigen Kindes Max, hat kürzlich ein weiteres Kind geboren. Da sie keine Einkünfte besitzt, überlegt sie, von wem sie Unterhalt verlangen kann. In Betracht kommt ein Anspruch gegenüber dem Vater des Kindes (§ 1615l BGB) und ein Anspruch gegenüber ihren Eltern bzw ihren Kindern (§ 1601 ff BGB). Wäre Meret geschieden, so kämen uU noch Unterhaltsansprüche gegenüber ihrem Ex-Mann in Betracht (§§ 1569 ff BGB).

**901**  Sind mehrere Unterhaltsschuldner denkbar, gilt folgende **Reihenfolge der Haftung** auf Unterhalt:

Rang 1: Der Ehegatte bzw Lebenspartner auch der geschiedene (§ 1584 BGB) haftet vor den Verwandten (§ 1608 Abs. 1 BGB). Gleiches gilt für den unverheirateten Vater, der gegenüber der Kindesmutter unterhaltspflichtig ist. Auch dieser haftet vor den Verwandten der Frau (§ 1615l Abs. 3 S. 2 BGB).

Rang 2: Verwandte. Unterhaltsansprüche gegen Verwandte kommen erst dann in Betracht, wenn der vorrangig haftende Schuldner nicht leistungsfähig ist (§ 1608 Abs. 1 S. 2 BGB). Unter den Verwandten haften zunächst die Abkömmlinge vor den Verwandten der aufsteigenden Linie (§ 1606 Abs. 1 BGB) und unter diesen jeweils die näheren vor den entfernteren (§ 1606 Abs. 2 BGB). An erster Stelle sind daher die eigenen Kinder (vor den Enkelkindern) in Anspruch zu nehmen. Nur, wenn diese nicht vorhanden sind oder nicht leistungsfähig sind, kommt ein Vorgehen gegen die eigenen Eltern bzw Großeltern in Betracht.

## 3. Die Bedürftigkeit des Unterhaltsgläubigers – Braucht er Unterhalt?

**902**  Kommt ein Unterhaltsanspruch im Grundsatz in Betracht, so stellt sich an zweiter Stelle die Frage, ob der Unterhaltsgläubiger auf Unterhalt angewiesen ist, ob er bedürftig ist. Die **Bedürftigkeit** ist in den meisten Unterhaltstatbeständen Anspruchsvoraussetzung (für den Verwandtenunterhalt: § 1602 BGB; für den nachehelichen Unterhalt: § 1577 BGB; ebenso für den Getrenntlebendenunterhalt: § 1577 BGB in analoger Anwendung). Bedürftigkeit liegt immer dann vor, wenn der Unterhaltsgläubiger nicht in der Lage ist, seinen Lebensbedarf aus eigenen Kräften hinreichend selbst zu bestreiten. Denkbare Quellen für die Sicherung des eigenen Lebensunterhalts sind:

- Vermögenseinkünfte,
- die Verwertung eines etwa vorhandenen Vermögensstamms,
- vorhandene Erwerbseinkünfte oder
- sonstige Einkünfte.

Probleme stellen sich vor allem, wenn ein Unterhaltsgläubiger keine oder keine aus- **903** reichenden Einkünfte besitzt, aber solche erzielen könnte.

Beispiel: Die 19-jährige Sina hat nach dem Ende ihrer Schule keine Ausbildung begonnen. Sie verlangt von ihren Eltern Unterhalt. Sie verfügt über keine Einkünfte, könnte aber über welche verfügen, wenn sie sich um eine Arbeitsstelle bemühte.

Das Abstellen auf vorhandene Einkünfte birgt das Risiko, dass der Anspruchsteller seine Bedürftigkeit missbräuchlich herbeiführt oder aufrechterhält, um Unterhalt zu bekommen. Um dies zu vermeiden, trifft den Unterhaltsberechtigten die Obliegenheit, sich unter Ausschöpfung der vorhandenen Mittel um die bestmögliche Sicherung seines Lebens zu bemühen. Dazu gehört insbesondere die Pflicht, eine zumutbare Erwerbstätigkeit aufzunehmen bzw sich um eine solche zu bemühen. Diese Obliegenheit ist keine einklagbare Pflicht. Sie formuliert vielmehr eine vor allem im eigenen Interesse bestehende Anforderung. Wird sie verletzt, drohen jedoch unterhaltsrechtliche Sanktionen: In diesem Fall wird der Unterhaltsberechtigte so behandelt, als hätte er die ihm möglichen Einkünfte. In der Konsequenz wird ihm ein sog **fiktives Einkommen** zugerechnet, so dass sich seine Bedürftigkeit mindert oder sogar entfällt.

Ob die Aufnahme einer Erwerbstätigkeit zumutbar ist, hängt von den Umständen des Einzelfalles ab. Kinder etwa, die sich in der Ausbildung befinden, trifft gegenüber ihren Eltern keine **Erwerbsobliegenheit**. Gleiches gilt für Unterhaltsberechtigte, die krank sind. Trifft den Unterhaltsberechtigten hingegen eine Erwerbsobliegenheit, so werden von ihm äußerste Anstrengungen erwartet, um eine Arbeit zu erlangen. Er muss dazu seine Kraft im Umfang einer Vollzeittätigkeit in Erwerbsbemühungen investieren. Die bloße Meldung bei der Arbeitsagentur für Arbeit als arbeitssuchend genügt nicht. Vielmehr muss er sich bundesweit aktiv um Arbeit bemühen, sich auf ausgeschriebene Stellen bewerben sowie Initiativbewerbungen erstellen. Tut er dies nicht, wird ihm – allein aufgrund dieses Versäumnisses – fiktiv das ihm erzielbare Einkommen zugerechnet.

Beispiel: Im obigen Beispielsfall würde von Sina erwartet, dass sie sich im Umfang einer Vollzeittätigkeit um eine Stelle bemüht. Kann Sina das nicht nachweisen, ist ihr ein fiktives Einkommen, das sie – etwa als ungelernte Hilfskraft – erzielen könnte, zuzurechnen.

#### 4. Der Unterhaltsbedarf – Was braucht der Bedürftige?

In der Sache soll der Unterhalt die elementaren Lebensbedürfnisse des Berechtigten **904** decken. Dazu gehören: Kleider, Nahrung, Wohnung, ärztliche Betreuung, Freizeit und Erholung, die Kosten einer angemessenen Krankenversicherung sowie uU einer Ausbildung. Der Bezugsrahmen für den Bedarf differiert dabei zwischen den jeweiligen Unterhaltsberechtigten.

Was innerhalb einer zusammenlebenden Familie überwiegend in natura erbracht wird, ist im Rahmen einer Unterhaltsforderung in Geld auszudrücken. Da die Lebensverhältnisse im Wesentlichen von dem vorhandenen Einkommen geprägt werden, ist Dreh- und Angelpunkt aller Unterhaltsberechnungen das vorhandene Einkommen. Bei den meisten Unterhaltsansprüchen (mit Ausnahme des Anspruchs der unverheirateten Mutter, vgl Rn 1001) wird dabei auf das Einkommen des Unterhaltsschuldners abgestellt. Ist die Einkommenssituation auch durch Einkommen des Berechtigten geprägt (Teilzeittätigkeit des unterhaltsberechtigten Ehegatten), ist dieses ebenso zu berücksichtigen. Abzustellen ist dabei auf das sog **bereinigte Nettoeinkommen**. Das bereinigte Nettoeinkommen setzt sich grundsätzlich zunächst aus dem vorhandenen Einkommen zusammen. Unterlässt es der Unterhaltsschuldner, einer zumutbaren Erwerbstätigkeit nachzugehen bzw sich um eine solche zu bemühen, wird das erzielbare Einkommen als fiktives Einkommen zu Grunde gelegt.

**905** Das **unterhaltsrechtlich relevante Einkommen berechnet** sich wie folgt:

■ Maßgebend ist das durchschnittliche Jahreseinkommen des Unterhaltsschuldners. Dazu gehören das Urlaubs- und Weihnachtsgeld sowie sonstige Zuwendungen, zB ein zur Verfügung gestelltes Firmenfahrzeug, Zulagen oder Überstundenvergütungen. Einkommen aus einer Nebentätigkeit ist im Rahmen der Billigkeit einzusetzen. Zum Einkommen zählen auch Steuererstattungen, Arbeitslosengeld I, Wohngeld, Mehrarbeit, Übergangsbeihilfen, Abfindungen, Gratifikationen, der Taschengeldanspruch gegenüber dem neuen Ehepartner, Krankengeld oder Unfallrenten.

Nicht anzurechnen sind Sozialhilfe, Arbeitslosengeld II, Sozialgeld und Leistungen nach dem Unterhaltsvorschussgesetz.

■ Das Einkommen ist in einem zweiten Schritt um folgende Positionen zu bereinigen:

– Öffentliche und private Verpflichtungen: Dazu zählen Steuern, die Aufwendungen für die gesetzlich vorgeschriebene sowie übliche Vorsorge zur Arbeitslosen-, Kranken-, Pflege- und Rentenversicherung. Eine Zusatzversicherung zur Altersvorsorge ist gegenüber dem Ehegatten in Höhe von 4 % des Bruttoeinkommens anzuerkennen.

– Berufsbedingte Aufwendungen: Für Fahrten zwischen Wohnung und Arbeitsstätte ist eine Kilometerpauschale abzusetzen. Diese beträgt 5 % des monatlichen Nettoeinkommens, mindestens 50 € und höchstens 150 €. Höhere Kosten können bei entsprechendem Nachweis abgesetzt werden.

– Sonstiges, zB KfZ bei Berufsfahrern.

– Private Verpflichtungen: Abzugsfähig sind vorrangige Unterhaltsverpflichtungen. Sonstige private Verbindlichkeiten sind nicht generell zu berücksichtigen. Vielmehr wird im Einzelfall über ihre Anerkennung entschieden. So werden die während der Ehe eingegangenen Schulden regelmäßig berücksichtigt, nach der Ehescheidung begründete Schulden hingegen tendenziell nicht mehr.

= Bereinigtes Nettoeinkommen.

Der Unterhalt wird dann in Abhängigkeit von diesem Einkommen festgestellt.

Dabei gelten unterschiedliche Maßstäbe für die jeweiligen Unterhaltsberechtigten (vgl dazu die jeweiligen Ausführungen).

Auch was die Berücksichtigung von Einkommensveränderungen anbetrifft, differenziert die Rechtsprechung grundsätzlich zwischen den jeweiligen Unterhaltsberechtigten.

**906** Neben dem regulären Unterhalt, der die monatlichen Grundbedürfnisse decken soll, können weiter folgende Positionen verlangt werden:

■ Mehrbedarf: Zum Mehrbedarf zählen etwa folgende Positionen:

– Krankenversicherungs- und Pflegeversicherungsbeiträge, sofern keine Familienversicherung besteht.

– Kosten einer Heimunterbringung.

– Studiengebühren.
– Gebühren für Kindertagesstätte.

■ Sonderbedarf: Sonderbedarf ist ein unregelmäßiger und außergewöhnlich hoher Bedarf (§ 1613 Abs. 2 Nr 1 BGB). Er tritt so plötzlich auf, dass keine Möglichkeit besteht, zur Deckung dieses Bedarfs anzusparen und Rücklagen zu bilden.

Beispiele: Operationen; kieferorthopädische Behandlung; Kurkosten; Klassenfahrt (str).

### 5. Die Leistungsfähigkeit – Kann der andere überhaupt zahlen?

Die **Leistungsfähigkeit** stellt das Korrelat zur Bedürftigkeit auf Seiten des Unterhalts- **907** schuldners dar: Unterhalt muss nur zahlen, wer auch in der Lage ist, ihn aufzubringen.

Beispiel: Der 17-jährige Patrick möchte von seinem Vater Unterhalt. Patricks Vater ist erwerbsunfähig und bezieht eine Berufsunfähigkeitsrente in Höhe von 750 € monatlich.

Die Unterhaltspflicht endet dort, wo die Mittel des Unterhaltsschuldners, die er für den eigenen Lebensunterhalt benötigt, gefährdet werden. Dem Unterhaltsschuldner muss ein gewisser Mindestbetrag seines Einkommens verbleiben, um seinen eigenen Lebensbedarf zu decken. Dieser Betrag wird als **Selbstbehalt** bezeichnet. Er variiert in der Höhe gegenüber den jeweiligen Unterhaltsberechtigten (vgl bei den einzelnen Unterhaltsansprüchen). Unterhalt ist nur dann geschuldet, wenn das einzusetzende Einkommen des Schuldners diesen Selbstbehalt übersteigt.

Beispielfortführung: Da Patricks Vater nicht einmal die Mittel zu Deckung des eigenen Unterhaltes zur Verfügung stehen, ist er nicht leistungsfähig. Patrick besitzt aus diesem Grund keinen Unterhaltsanspruch.

Dabei sind zT auch nachträgliche Umstände, die sich auf das Einkommen des Schuldners auswirken, zu berücksichtigen.

Auch in diesem Zusammenhang stellt sich die Gefahr, dass der Unterhaltsschuldner **908** seine Einkünfte reduziert, um keinen Unterhalt zahlen zu müssen.

Beispiel: Ein Vater reduziert seine Erwerbstätigkeit, um weniger zahlen zu müssen.

In gleicher Weise wie für den Bedürftigen gilt auch für den Unterhaltsverpflichteten eine **Erwerbsobliegenheit**: Unterlässt der Unterhaltsschuldner es, Einkünfte zu erzielen, so werden ihm diejenigen Einkünfte fiktiv zugerechnet, die er erzielen könnte, wenn er die erforderlichen Bemühungen entfalten würde.

In der Konsequenz kann es dazu kommen, dass dem Unterhaltsschuldner ein Einkommen fiktiv zugerechnet wird, das er tatsächlich nicht erzielt und er zur Zahlung von Unterhalt verpflichtet wird, selbst wenn er faktisch das Geld nicht hat. Für den Unterhaltsgläubiger ist der Beschluss jedoch gleichwohl nicht wertlos. Zwar kann er uU seinen Unterhaltsanspruch im Moment nicht realisieren. Da der Beschluss jedoch wirksam ist, kann er, sobald der Unterhaltsgläubiger zu Geld kommt, seine Ansprüche später vollstrecken.

### 6. Die Beschränkung des Unterhalts – Der bekommt kein Geld von mir!

Es sind Konstellationen denkbar, in denen es dem Unterhaltsschuldner finanziell zwar **909** möglich, jedoch unzumutbar ist, den verlangten Unterhalt zu zahlen.

Beispiel: Ein Vater möchte seinem volljährigen drogenabhängigen Kind keinen Unterhalt zahlen, nachdem dieses ihn mehrfach bestohlen und mit einem Messer angegriffen hat.

Bestimmte Verhaltensweisen des Unterhaltsgläubigers können dazu führen, dass er einen eigentlich gegebenen Unterhaltsanspruch wieder verliert bzw dieser beschränkt wird. Anwendungsfälle sind zum einen die selbst verschuldete Bedürftigkeit des Berechtigten, zum anderen Verfehlungen des Berechtigten gegenüber dem Verpflichteten.

### 7. Hilfsansprüche – Erst einmal informieren!

**910** Flankierend zu dem Unterhaltsanspruch hat der Berechtigte einen **Auskunftsanspruch** über Einkünfte und Vermögen des Schuldners (Verwandtenunterhalt: § 1605 Abs. 1 BGB; Getrenntlebendenunterhalt: § 1361 Abs. 4 S. 4 iV mit § 1605 Abs. 1 BGB; nachehelicher Unterhalt: § 1580 iV mit § 1605 Abs. 1 BGB; für unverheiratete Eltern: § 1615l Abs. 3 S. 1 BGB iV mit § 1605 Abs. 1 BGB). Dieser Anspruch ist immer dann von Bedeutung, wenn dem Unterhaltsberechtigten das genaue Einkommen bzw die Vermögensverhältnisse des Verpflichteten nicht bekannt sind. Er erlaubt dem Berechtigten, den Verpflichteten zur Offenlegung seiner Einkommens- und Vermögenssituation zu zwingen und damit zu prüfen, ob und was für ein Unterhalt ihm zusteht.

Voraussetzung des Auskunftsanspruchs ist daher, dass die Auskunft erforderlich ist zur Feststellung eines Unterhaltsanspruchs oder einer Unterhaltsverpflichtung. Die Auskunft muss in der Regel schriftlich erteilt werden und inhaltlich als geordnete Zusammenstellung so erteilt werden, dass dem Berechtigten die Berechnung seines Unterhaltsanspruchs ohne größere Probleme möglich ist. Die Auskunftspflicht bezieht sich auf alle tatsächlich erzielten Einkünfte. Bei Einkünften aus unselbstständiger Arbeit bezieht sich die Auskunftsverpflichtung in der Regel auf das dem Auskunftsverlangen vorausgehende Jahr. Bei selbstständig Erwerbstätigen wird Auskunft über den Gewinn innerhalb eines dem Unterhaltszeitraum möglichst nahe liegenden Dreijahreszeitraums geschuldet. Auf Verlangen sind ergänzend Belege vorzulegen, zB Verdienstbescheinigungen des Arbeitgebers, Einkommensteuerbescheide, Einkommensteuererklärung, Lohnsteuerkarte, usw.

Nach erteilter Auskunft gilt grundsätzlich eine Sperrfrist von zwei Jahren für eine Wiederholung des Auskunftsverlangens. Vor Ablauf dieser Frist kann erneut nur dann Auskunft verlangt werden, wenn geltend gemacht wird, dass eine wesentliche unterhaltsrechtlich relevante Verbesserung der Einkünfte eingetreten ist (§ 1605 Abs. 2 BGB).

### 8. Verjährung

**911** Für Unterhaltsansprüche gilt die reguläre **Verjährungsfrist** von drei Jahren (§ 195 BGB). Die Verjährung beginnt mit dem Schluss des Jahres, in dem der Anspruch entstanden ist. Die Frist gilt auch für rechtskräftig festgestellte Unterhaltsansprüche, soweit sie sich auf zukünftige Leistungen richten. Hingegen verjährt ein Unterhaltsbeschluss, der sich auf Unterhaltsrückstände bezieht, erst in 30 Jahren (§ 197 Abs. 1 Nr 3 BGB). Die Verjährung der Unterhaltsansprüche minderjähriger Kinder ist gehemmt bis zu deren Volljährigkeit (§ 207 Abs. 1 S. 2 Nr 2 BGB). Die Verjährung für den Trennungsunterhalt ist bis zur rechtskräftigen Scheidung gehemmt (§ 207 Abs. 1 S. 1 BGB).

## 9. Entstehen und Geltendmachung des Unterhaltsanspruchs

Der Unterhaltsanspruch entsteht, sobald seine Voraussetzungen vorliegen. Er endet **912** in dem Zeitpunkt, in dem auch nur eine Voraussetzung (etwa die Leistungsfähigkeit) entfällt.

Unterhalt kann dabei grundsätzlich nur für die Zukunft verlangt werden (zu den Be- **913** sonderheiten bei den einzelnen Unterhaltstatbeständen vgl dort). Eine rückwirkende Geltendmachung von **Unterhalt für die Vergangenheit** kommt nur in folgenden Fällen in Betracht (§ 1613 Abs. 1 BGB. Diese Norm gilt auch für nacheheliche Unterhalt: § 1585b Abs. 2 BGB; Trennungsunterhalt: §§ 1361 Abs. 4 S. 4, 1360a Abs. 3 BGB):

- ◼ Ab dem Zeitpunkt, ab dem der Verpflichtete aufgefordert wurde, Auskunft über sein Vermögen/Einkommen zu erteilen.
- ◼ Ab Rechtshängigkeit eines Antrags auf Unterhaltsfestsetzung.
- ◼ Ab Verzug. Der Schuldner gerät in Verzug durch Nichtleistung nach einer Mahnung. Eine Mahnung ist eine ernstliche und unzweideutige Zahlungsaufforderung. Der geforderte Unterhaltsbetrag ist dabei konkret zu beziffern. Eine Zuvielforderung schadet nicht. Keiner Mahnung bedarf es, wenn der Schuldner die Zahlung ernsthaft und endgültig verweigert.

Der Unterhaltsanspruch kann in diesem Fall ab dem 1. des jeweiligen Monats, in den das Ereignis fällt, geltend gemacht werden.

Jenseits dieser Tatbestände ist die rückwirkende Geltendmachung von Unterhalt für **914** die Vergangenheit nur für Sonderbedarf möglich: Dieser kann bis ein Jahr nach seinem Entstehungsgrund geltend gemacht werden (§ 1613 Abs. 2 BGB für Verwandtenunterhalt; § 1585b Abs. 1 BGB für nachehelichen Unterhalt; § 1615l Abs. 3 S. 3 BGB für den Unterhaltsanspruch der unverheirateten Mutter).

## 10. Unterhaltsvereinbarungen

Auch im Bereich des Unterhaltsrechts sind rechtsgeschäftliche Vereinbarungen denk- **915** bar und auch häufig anzutreffen. Vertraglich können Unterhaltsansprüche begründet werden, so etwa eine Unterhaltspflicht des Stiefelternteils gegenüber dem Kind des Ehepartners. In der Praxis weitaus häufiger sind jedoch Vereinbarungen, die sich auf die bestehenden gesetzlichen Unterhaltspflichten beziehen und diese modifizieren. Häufiger Regelungsgegenstand von **Unterhaltsvereinbarungen** ist ein Ausschluss von Unterhaltsansprüchen sowie Vereinbarungen über die Höhe und die Dauer von Ansprüchen. Bei diesen Vereinbarungen handelt es sich zunächst um reguläre rechtsgeschäftliche Verträge. Für diese gelten die allgemeinen rechtsgeschäftlichen Grundsätze über das Zustandekommen von Verträgen. Darüber hinaus hat der Gesetzgeber bei bestimmten Unterhaltstatbeständen zusätzliche Vorgaben gemacht. Zum Teil bestehen Formvorschriften, zT sind bestimmte Vereinbarungen unzulässig. Zulässigkeit und Reichweite von Unterhaltsvereinbarungen ist bei den einzelnen Unterhaltstatbeständen dargestellt.

### III. Der Ehegattenunterhalt während „intakter" Ehe

### 1. Anspruchsgrundlage für den Ehegattenunterhalt

**916** Während des Bestehens einer Ehe (bis zur Trennung) ist die gegenseitige Unterhaltspflicht der Ehegatten in § 1360 BGB geregelt. Der eheliche Unterhaltsanspruch ist das wirtschaftliche Korrelat zu den im Wesentlichen personalen ehelichen Pflichten des § 1353 BGB (vgl Rn 832). Der Unterhaltsanspruch ist insoweit vor allem der (wirtschaftliche) Ausdruck ehelicher Solidarität. Die Unterhaltspflicht gilt daher unabhängig vom Güterstand.

Beim **Ehegattenunterhalt** sind die für Unterhaltstatbestände geltenden Grundsätze eingeschränkt. Der Anspruch auf Ehegattenunterhalt setzt lediglich das Bestehen einer Ehe und ein Leben in ehelicher Lebensgemeinschaft voraus. Hingegen muss keiner der Ehegatten besonders bedürftig oder der andere wesentlich leistungsfähiger als der andere sein. Es ist auch unerheblich, ob ein Ehegatte seine Notlage selber verschuldet hat, oder er sich grob ehewidrig verhalten hat.

### 2. Inhalt des Ehegattenunterhalts

**917** Die Ehegatten sind verpflichtet, im Rahmen ihrer Leistungsfähigkeit, durch ihre Arbeit und ihr Vermögen die Familie zu unterhalten (§ 1360 BGB).

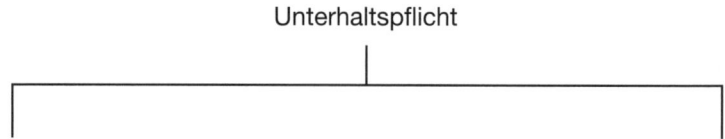

Unterhaltspflicht

| Arbeit (persönliche Leistungen) | Vermögen (wirtschaftliche Leistungen) |
|---|---|
| ■ Sorgetätigkeit für gemeinsamen Haushalt und Betreuung der Kinder. | ■ Zur-Verfügung-Stellung von Barmitteln aus Vermögen (Zins- oder Mieteinkünfte). Reichen diese aus zur Deckung des Unterhaltsbedarfs der Familie, entfällt die Arbeitspflicht. |
| ■ Pflicht, wirtschaftliche Mittel durch Erwerbstätigkeit zu gewinnen (Haushaltsführung erfüllt Unterhaltspflicht, § 1360 S. 2 BGB), bei Teilzeittätigkeit muss auch aus diesem Einkommen Unterhalt geleistet werden. | ■ Vermögensstamm muss nur in Notfällen angegriffen werden. |

Eine Rollenzuweisung für Haushaltsführung und Erwerbstätigkeit besteht nicht (§ 1356 Abs. 1 BGB). Vielmehr regeln die Ehegatten diese Frage in gegenseitigem Einvernehmen. Beide sind gleichermaßen berechtigt, eine Erwerbstätigkeit auszuüben, haben dabei aber Rücksicht auf die Belange des anderen und der Gemeinschaft zu nehmen.

**918** Der Unterhaltsanspruch umfasst den gesamten Lebensbedarf der Ehegatten einschließlich der unterhaltspflichtigen Kinder (§ 1360a BGB). Hierzu zählen etwa:

■ Aufwand für Haushalt (Miete, Heizung, Strom, Telefon, Nahrung).

■ Aufwand für persönliche Bedürfnisse einschließlich Bedarf für Urlaub, Freizeit, ärztliche Behandlung und Kleider sowie Altersversorgung. In diesem Rahmen hat etwa der nicht erwerbstätige (bzw nur gering verdienende) Ehegatte Anspruch auf ein Taschengeld (ca 5–7 % des verfügbaren Netto-Einkommens des Unterhaltspflichtigen).

■ Persönliche Bedürfnisse der Kinder (Kleider, Spielzeug) einschließlich angemessener Berufsausbildung.

■ Zum Unterhaltsanspruch gehört auch die Pflicht zur Tragung des Prozesskostenvorschusses für einen Prozess, der eine persönliche Angelegenheit oder ein Strafverfahren des nicht leistungsfähigen Ehegatten betrifft (§ 1360a Abs. 4 BGB).

Beispiele für denkbare „Prozessthemen", die eine Vorschusspflicht begründen: Schmerzensgeld; Steuererstattung; Führerscheinentziehung; aufenthaltsrechtliche Ausweisung eines Ausländers; Unterhaltsprozess gegen den vorschusspflichtigen Ehegatten.

Diese Pflicht besteht dabei nur im Rahmen der Billigkeit. Unbillig ist die Übernahme der Prozesskosten vor allem, wenn die Rechtsverfolgung völlig aussichtslos oder mutwillig ist. In diesem Fall müsste der Vorschuss wieder zurückgezahlt werden.

Der Vorschuss ist auch dann (weil unbillig) ausgeschlossen, wenn der andere dadurch seinen eigenen angemessenen Unterhalt gefährden würde. Er besteht mithin nur, wenn der prozessführende Ehegatte bedürftig ist und der andere Ehegatte leistungsfähig ist. Insoweit werden die allgemeinen unterhaltsrechtlichen Grundsätze also angewandt. Hingegen ist kein Ausschlusskriterium, dass sich der Prozess gegen den Vorschuss leistenden Ehegatten richtet.

## 3. Die Erfüllung des Unterhaltsanspruchs

Für die **Art der Unterhaltsgewährung** gibt es keine gesetzlichen Vorgaben. Vielmehr **919** richtet sich die Unterhaltserbringung im Regelfall nach den Lebensverhältnissen der Familie. Regelmäßig wird im Rahmen einer intakten Ehe ein Großteil des Unterhalts nicht in Form einer Geldrente geleistet, sondern als Naturalleistung erbracht (Wohnen im Haus, Haushaltstätigkeit). Das nötige Wirtschaftsgeld ist hingegen (als Geldleistung) in angemessenen Zeiträumen vorzuschießen (§ 1360a Abs. 2 S. 2 BGB). Für die Vergangenheit kann Unterhalt hingegen nur in engen Grenzen verlangt werden (§ 1360a Abs. 3 iV mit § 1613 Abs. 2 BGB, vgl dazu Rn 913). Ein Verzicht auf zukünftigen Unterhalt ist unzulässig (§ 1360a Abs. 3 iV mit § 1614 BGB). Der Anspruch erlischt beim Tod des Berechtigten oder des Verpflichteten (§§ 1360a Abs. 3, 1615 BGB).

Anders als die personalen Pflichten, gehört der Unterhalt zu den wirtschaftlichen Ehepflichten. Als solche kann er eingeklagt und auch durchgesetzt werden.

Soweit sich die einzelnen Beiträge als unausgewogen darstellen (**Zuvielleistung**), stellt sich die Frage, ob der andere Ehegatte hierfür (uU später) Ersatz verlangen kann. Allerdings gilt insoweit die Vermutung, dass nicht beabsichtigt ist, hierfür Ersatz zu verlangen (§ 1360b BGB). Diese Vermutung kann widerlegt werden, etwa wenn der Ehegatte nachweisen kann, dass er sich eine Rückforderung vorbehalten hat.

## IV. Der Trennungsunterhalt

## 1. Überblick

Der Anspruch auf **Trennungsunterhalt** stellt in der Praxis die wohl bedeutsamste **920** Trennungsfolge dar. Nach § 1361 Abs. 1 BGB kann ein Ehegatte von dem anderen den nach den Lebensverhältnissen und den Erwerbs- und Vermögensverhältnissen angemessenen Unterhalt verlangen. Der Trennungsunterhalt folgt den allgemeinen Regeln für Unterhaltsansprüche (vgl Rn 899). Es ist mithin eine fünfstufige Prüfung durchzuführen, die folgende Aspekte umfasst:

■ Vorliegen einer Anspruchsgrundlage (Unterhaltsgrund),
■ Bedürftigkeit des Unterhaltsgläubigers,
■ Unterhaltsbedarf
■ Leistungsfähigkeit des Unterhaltsschuldners und
■ keine Beschränkung des Unterhaltsanspruchs.

Ein Unterhaltsanspruch besteht nur dann, wenn sämtliche Leistungsvoraussetzungen vorliegen und der Unterhaltsanspruch auch nicht einzuschränken oder auszuschließen ist.

## 2. Anspruchsgrundlage für den Trennungsunterhalt

**921** Anspruchsgrundlage für den Unterhalt getrennt lebender Eheleute ist § 1361 Abs. 1 BGB. Dieser setzt lediglich das Bestehen einer Ehe sowie das Vorliegen einer **Trennung** iS des § 1567 Abs. 1 BGB (vgl Rn 862 f) voraus. Weitere Tatbestandsvoraussetzungen werden nicht aufgestellt. Damit geht der Gesetzgeber grundsätzlich davon aus, dass auch während der Trennung die Ehegatten einander zu Unterhalt verpflichtet sind. Der Güterstand der Ehe ist dafür ebenso unerheblich wie ein etwaiges Zusammenleben der Ehegatten. Der Anspruch kann also auch bei Gütertrennung geltend gemacht werden, einem Verzicht auf nachehelichen Unterhalt und auch dann, wenn die Ehegatten nie zusammen gelebt haben.

Der Unterhaltsanspruch beginnt im Zeitpunkt der Aufhebung der ehelichen Lebensgemeinschaft. Nach „hinten" ist er durch die Scheidung begrenzt: Er endet im Zeitpunkt der rechtskräftigen Scheidung.

## 3. Die Bedürftigkeit des Unterhaltsberechtigten

**922** Unterhalt kann nur verlangen, wer nicht in der Lage ist, sich selber angemessen zu unterhalten (Bedürftigkeit). Die **Bedürftigkeit** ist auch für den Trennungsunterhalt Anspruchsvoraussetzung. Der Unterhaltsanspruch für getrennt lebende Eheleute erwähnt das Merkmal der Bedürftigkeit zwar nicht ausdrücklich. Gleichwohl geht die herrschende Meinung davon aus, dass die Bedürftigkeit auch für den Getrenntlebendenunterhalt eine (ungeschriebene) Anspruchsvoraussetzung ist (entsprechende Anwendung von § 1577 BGB).

**923** In diesem Rahmen kommt es darauf an, ob der Unterhalt verlangende Ehegatte sich aus seinem Einkommen und Vermögen selber unterhalten kann (vgl § 1577 Abs. 1 BGB). Er muss alle Vermögenserträgnisse (Zinsen) einsetzen. Der Vermögensstamm muss nicht angegriffen werden, wenn dies unwirtschaftlich oder mit Blick auf die beiderseitigen Vermögensverhältnisse unbillig wäre. Davon ist insbesondere dann auszugehen, wenn die Auflösung des Vermögens mit wirtschaftlichen Nachteilen verbunden ist, und langfristig die Bedürftigkeit des Unterhaltsberechtigten erhöhen würde.

Weiter hat der Berechtigte die nötigen Einkünfte aus zumutbarem Einsatz seiner Arbeitskraft zu erzielen. Die Bedürftigkeit wird daher gemindert durch alle Einkünfte, die dem Unterhalt begehrenden Teil zufließen: Arbeitseinkünfte, Ausbildungsvergütungen oder Leistungen Dritter. Unterlässt es der Unterhalt begehrende Ehegatte, Einkommen zu erzielen, so ist ihm uU fiktives Einkommen zuzurechnen.

Bei der Frage nach der **Erwerbsobliegenheit** des getrennt lebenden Ehegatten wer- **924** den die unterhaltsrechtlichen Grundsätze allerdings modifiziert (§ 1361 Abs. 2 BGB): Danach kann ein vormals nicht (oder nur in geringem Umfang) erwerbstätiger Ehegatte nur dann auf eine (volle) Erwerbstätigkeit verwiesen werden, wenn dies von ihm erwartet werden kann. Ob eine Erwerbstätigkeit erwartet werden kann, ist einzelfallbezogen unter Berücksichtigung der konkreten Situation in der Ehe zu entscheiden. Ausschlaggebend sind die persönlichen Verhältnisse der Ehegatten, die Ausübung einer Erwerbstätigkeit während der Ehezeit, die Ehedauer sowie die wirtschaftlichen Verhältnisse.

In der Rechtsprechung haben sich insoweit folgende Grundsätze herausgebildet: War der Unterhalt begehrende Ehegatte zuvor länger nicht (voll) erwerbstätig, besteht im 1. Trennungsjahr keine gesteigerte Erwerbsobliegenheit. Eine bereits während der Ehe ausgeübte Teilzeittätigkeit muss im 1. Trennungsjahr nicht ausgeweitet werden; hat der Berechtigte während der Ehe gar nicht gearbeitet, muss er im 1. Trennungsjahr auch keine Arbeit aufnehmen. Insoweit darf der während der Ehe bestehende Status Quo im 1. Trennungsjahr bestehen bleiben. Mit zunehmender Verfestigung der Trennung, ab dem 2. Trennungsjahr, nähern sich die Unterhaltsvoraussetzungen zunehmend denen des nachehelichen Unterhalts an. Dementsprechend ist eine Erwerbstätigkeit dem getrennt lebenden Ehegatten tendenziell zumutbar, wenn sie auch für den geschiedenen Gatten zumutbar wäre.

## 4. Der Unterhaltsbedarf

Im Zentrum steht die Frage nach dem **Bedarf**. Nach § 1361 Abs. 1 BGB kann der nach **925** den Lebens- sowie Erwerbs- und Vermögensverhältnissen *angemessene* Unterhalt verlangt werden. Der Unterhalt hat dabei den gesamten Lebensbedarf zu decken. Ist zwischen den Ehegatten ein Scheidungsverfahren anhängig, gehört zum Unterhalt auch der notwendige Prozesskostenvorschuss für das anstehende Scheidungsverfahren (§§ 1361 Abs. 4 S. 4, 1360a Abs. 4 BGB).

Für die Berechnung des konkret geschuldeten Betrags wird nach den oben dargestellten Regeln verfahren (vgl Rn 905): Grundlage der Unterhaltsbemessung ist das sog bereinigte Nettoeinkommen der Eheleute, allerdings mit folgender Besonderheit: Von dem Einkommen des Verpflichteten ist vorweg der vorrangige Kindesunterhalt abzuziehen. Und zwar der tatsächlich zu zahlende Betrag (nach Abzug des Kindergeldes).

Für die Bezifferung des Unterhalts gilt: Eine konkrete Bezifferung des Unterhaltsbe- **926** darfs des Ehegatten ist gesetzlich nicht vorgegeben. Die Oberlandesgerichte haben dafür allerdings sog **Unterhaltstabellen** entwickelt, in denen sie die Unterhaltsbeträge, Beträge für den Selbstbehalt und Berechnungsmodi konkretisieren. Die gebräuchlichste ist die sog Düsseldorfer Tabelle, in den südlichen Bundesländern werden zT die sog Süddeutschen Leitlinien verwendet. Die Tabellen stellen lediglich Richtwerte dar. Die in ihnen ausgewiesenen Beträge sind für den Richter nicht verbindlich. Häufig orientieren sich die Gerichte jedoch daran.

Für die Unterhaltsberechnung des Trennungsunterhalts gelten danach folgende Grundsätze: Beide Ehegatten sollen an den für den Unterhalt zur Verfügung stehenden Mitteln gleichberechtigt teilhaben (sog **Halbteilungsgrundsatz,** verfassungsrechtlich vorgegeben). Dabei belässt die Rechtsprechung dem unterhaltverpflichteten Ehegatten (in Abweichung von dem Halbteilungsgrundsatz) einen höheren Prozentsatz als die Hälfte seines Einkommens, um einen Anreiz zur Erwerbstätigkeit zu schaffen. Dies wird dadurch verwirklicht, dass vom Einkommen vorab ein Erwerbstätigkeitsbonus abgezogen wird. Die Höhe des Bonus ist gesetzlich nicht geregelt. Die Rechtsprechung differiert zwischen 1/7 (so die Berechnung in der Düsseldorfer Tabelle) und 1/10 (so die Süddeutschen Leitlinien).

Beispiel (Rechnung mit Ansatz eines Erwerbstätigkeitsbonus von 1/10): Hans und Grete leben getrennt. Hans erzielt ein bereinigtes monatliches Nettoeinkommen von 2.300 €. Grete hat kein Einkommen. Das Einkommen von Hans ist um einen Erwerbstätigkeitsbonus von 1/10 (230 €) zu kürzen. Das bereinigte Nettoeinkommen beträgt daher 2.070 €. Die Hälfte davon kann Grete als monatlichen Unterhaltsbedarf geltend machen: 1.035 €.

**927**  Sind beide erwerbstätig, wird bei jedem ein Erwerbstätigenanreiz abgezogen. Der Unterhaltsbedarf errechnet sich dann aus der Summe beider Einkünfte. Er richtet sich auf die Hälfte beider Einkommen abzüglich der eigenen Einkünfte des Unterhaltsberechtigten.

Beispiel (Berechnung mit Ansatz eines Erwerbstätigkeitsbonus von 1/10): Max und Susanne leben getrennt. Max erzielt ein bereinigtes monatliches Nettoeinkommen von 2.300 €. Susanne hat ein bereinigtes monatliches Nettoeinkommen von 1.300 €.

Max´ Einkommen ist in Höhe von 2.070 € (2300–1/10) zu berücksichtigen.

Susannes Einkommen in Höhe von 1.170 € (1300–1/10) zu berücksichtigen.

Zusammengerechnet beträgt das unterhaltsrechtlich relevante Einkommen: 3.240 €. Davon steht jedem die Hälfte zu: 1.620 €.

Da Susanne 1.300 € monatlich selber verdient, ist dieses Einkommen anzurechnen:

1.620 € – 1.300 € = 320 €.

Nur in dieser Höhe besteht noch ein ungedeckter Unterhaltsbedarf. Susanne hat daher noch Anspruch auf einen monatlichen Unterhalt in Höhe von 320 €.

**928**  Das monatliche **Existenzminimum** eines getrennt lebenden Ehegatten ist gesetzlich nicht geregelt und muss von den Gerichten im Einzelfall festgelegt werden. Nach der Düsseldorfer Tabelle (Stand: 1.1.2013) beträgt dieser 1.000 € monatlich, ist der Unterhaltsberechtigte nicht erwerbstätig 800 €.

Sonderbedarf kann daneben geltend gemacht werden (§ 1613 Abs. 2 Nr 1 BGB).

**929**  Stichtag für die Feststellung der **ehelichen Lebensverhältnisse** ist der Zeitpunkt der Trennung. Spätere Veränderungen sind zu berücksichtigen, wenn sie bereits vor der Trennung angelegt bzw vorhersehbar waren. Damit nimmt der Ehegatte bis zur Scheidung an der normalen Weiterentwicklung der Lebensverhältnisse teil.

Nicht berücksichtigt werden hingegen (nach wie vor) Einkünfte, die erst nach der Trennung entstanden sind und nicht auf einer gemeinsamen Lebensplanung beruhen.

## 5. Die Leistungsfähigkeit des Unterhaltsverpflichteten

**930**  Ein Unterhaltsanspruch besteht generell nur im Rahmen der finanziellen **Leistungsfähigkeit** des Unterhaltsverpflichteten (§ 1581 BGB in entsprechender Anwendung). Der Anspruch scheidet damit aus, wenn der Verpflichtete mit seinen Einkommens- und Vermögensverhältnissen unter Berücksichtigung seiner sonstigen Verpflichtungen nicht imstande zur Unterhaltsgewährung ist, ohne den eigenen angemessenen Unterhalt zu gefährden. Dem Verpflichteten muss mithin immer ein angemessener Prozentsatz seines Einkommens verbleiben (sog Selbstbehalt). Reicht das vorhandene Geld nicht, um den Eigenbedarf des Schuldners und den Unterhalt des anderen Ehegatten zu decken, scheidet (insoweit) der Unterhaltsanspruch aus.

Der **Selbstbehalt** gegenüber dem getrennt lebenden Ehegatten wird nach der Düsseldorfer Tabelle (Stand: 1.1.2013) derzeit mit 1.100 € monatlich festgesetzt. Nur soweit das Einkommen des Schuldners nach Abzug aller relevanten Positionen 1.100 € überschreitet, steht es als Unterhalt zur Verfügung. Reicht das vorhandene Geld nicht aus, um den Anspruch zu erfüllen, erlischt der Anspruch insoweit.

Beispiel: Der Ehemann verdient monatlich netto 1.300 €. Die unterhaltsbegehrende Ehefrau hat kein Einkommen. Der Unterhaltsanspruch berechnet sich nach Abzug eines Erwerbstätigenbonus von 1/10 aus einem Einkommen von 1.170 €. Die getrennt lebende (und nicht erwerbstätige) Ehefrau kann davon die Hälfte als Unterhalt beanspruchen: 585 €. Der Selbstbehalt des Ehemannes beträgt: 1.100 €. Würde er den geforderten Unterhalt leisten, würde dieser unterschritten. Damit stehen für den Unterhalt nur 200 € zur Verfügung.

Den Verpflichteten trifft dabei ebenfalls die unterhaltsrechtliche Obliegenheit alle zumutbaren Einkünfte zu erzielen (Rn 908). Auch was der Verpflichtete in zumutbarer Weise hätte erzielen können, aber nicht erzielt hat, kann angerechnet werden (fiktive Einkünfte). Bei Arbeitslosigkeit muss er sich um einen neuen Arbeitsplatz bemühen. Erfolgt der Arbeitsplatzverlust in unterhaltsrechtlich vorwerfbarer Weise (leichtfertige Arbeitsplatzaufgabe, selbst verschuldete Kündigung) ist das vormalige Gehalt fiktiv zu Grunde zu legen. **931**

## 6. Die Verwirkung des Unterhaltsanspruchs

Der Trennungsunterhalt kann beschränkt oder versagt werden, wenn er grob unbillig ist. Insoweit enthält § 1361 Abs. 3 BGB eine ausdrückliche Verweisung auf einen Teil der Versagungstatbestände im Rahmen des nachehelichen Unterhalts (konkret: § 1579 Nrn 2–8 BGB, vgl Rn 957 ff). Nicht anwendbar ist der Ausschlussgrund des § 1579 Nr 1 BGB. Trennungsunterhalt kann daher auch bei einer nur kurzen Ehedauer uneingeschränkt verlangt werden. **932**

## 7. Art der Unterhaltsgewährung und Geltendmachung/Vereinbarungen/ Erlöschen

Der laufende Unterhalt ist durch die Zahlung einer **Geldrente** monatlich im Voraus zu gewähren (§ 1361 Abs. 4 S. 1 BGB). Zuvielleistungen können im Zweifelsfall nicht zurückverlangt werden (§§ 1361 Abs. 4, 1360b BGB). Im Übrigen gelten die gleichen Maßstäbe wie für den Verwandtenunterhalt: **933**

- Für die Vergangenheit kann Unterhalt nach den gleichen Maßstäben wie bei Verwandten eingefordert werden (§§ 1361 Abs. 4 S. 4, 1360a Abs. 3, 1613 BGB).
- Ein Verzicht auf zukünftigen Unterhalt ist unzulässig (§§ 1361 Abs. 4 S. 4, 1360a Abs. 3, 1614 BGB).
- Der Anspruch erlischt – außer beim Entfallen der Unterhaltsvoraussetzungen – beim Tod des Berechtigten oder des Verpflichteten (§§ 1361 Abs. 4 S. 4, 1360a Abs. 3, 1615 BGB).

## V. Der nacheheliche Unterhalt

### 1. Überblick

**934** Unterhaltsansprüche nach einer Scheidung gehören zu den häufigsten Scheidungsfolgen. Sie sind jedoch nicht identisch mit dem Getrenntlebendenunterhalt. Insbesondere erfasst ein Unterhaltsbeschluss für das Getrenntleben nicht nachehelichen Unterhalt. Nachehelicher Unterhalt muss daher eigens geltend gemacht werden.

Über den **nachehelichen Unterhalt** wird ebenfalls im Rahmen der eingangs aufgezeigten 5-stufigen Prüfung (Unterhaltsgrund, Bedürftigkeit, Unterhaltsbedarf, Leistungsfähigkeit, kein Ausschluss) entschieden. Zeitlich setzt der nacheheliche Unterhalt frühestens im Zeitpunkt der rechtskräftigen Scheidung ein.

### 2. Anspruchsgrundlagen für den nachehelichen Unterhalt

#### a) Grundsatz der Eigenverantwortung

**935** Anders als bei (noch) verheirateten Ehegatten ist das gegenseitige wirtschaftliche Füreinandereinstehen nach der Scheidung keine Selbstverständlichkeit mehr. Im Gegenteil: Nach der Scheidung ist jeder Ehegatte für sich selber verantwortlich. Dieser Grundsatz ist nunmehr ausdrücklich gesetzlich festgehalten (§ 1569 BGB). Dementsprechend betont § 1574 Abs. 1 BGB, dass der geschiedene Ehegatte verpflichtet ist, eine angemessene Erwerbstätigkeit auszuüben.

Nachehelicher Unterhalt ist also eine Ausnahme von dem Grundsatz der Eigenverantwortung und kann nur in bestimmten Fällen verlangt werden, die der Gesetzgeber festgeschrieben hat. Zu unterscheiden sind Fallgestaltungen, in denen eine Erwerbstätigkeit nicht zumutbar ist und Fallgestaltungen, in denen Unterhalt geschuldet wird, obgleich eine Erwerbstätigkeit zumutbar ist:

| Unterhalt wegen nicht zumutbarer Erwerbstätigkeit | Unterhalt trotz zumutbarer Erwerbstätigkeit |
| --- | --- |
| ■ Unterhalt wegen Betreuung eines Kindes (§ 1570 BGB).<br>■ Unterhalt wegen Alters (§ 1571 BGB).<br>■ Unterhalt wegen Krankheit und Gebrechen (§ 1572 BGB).<br>■ Unterhalt aus Billigkeitsgründen (§ 1576 BGB). | ■ Unterhalt wegen Arbeitslosigkeit (§ 1573 Abs. 1 BGB).<br>■ Aufstockungsunterhalt (§ 1573 Abs. 2 BGB).<br>■ Unterhalt nach Wegfall einer Arbeit (§ 1573 Abs. 4 BGB).<br>■ Unterhalt zu Ausbildungszwecken (§ 1575 BGB). |

**936** Die Unterhaltstatbestände können dabei sowohl nebeneinander bestehen, als auch nacheinander verwirklicht werden, so dass eine Unterhaltskette – im Extremfall bis zum Lebensende – bestehen kann.

Beispiel: Die geschiedene Ehefrau betreut zunächst ihre kleinen Kinder, erkrankt nach Beendigung der Kindererziehung auf längere Zeit psychisch und ist infolgedessen nicht erwerbsfähig. Nach ihrer Wiedergenesung findet sie keine angemessene Erwerbstätigkeit und nimmt eine Fortbildung auf, nach dessen Ende sie erneut keine angemessene Erwerbstätigkeit findet, bis sie schließlich zu alt ist, um zu arbeiten.

## b) Unterhalt wegen Kinderbetreuung

Betreut ein Ehegatte ein gemeinsames Kind, steht ihm ein Anspruch auf Unterhalt zu, **937** wenn (und soweit) von ihm wegen der Pflege und Erziehung des Kindes eine Erwerbstätigkeit nicht erwartet werden kann (sog **Betreuungsunterhalt**, § 1570 Abs. 1 BGB). Die Kinderbetreuung steht mithin der Erwerbstätigkeit nicht zwingend entgegen. Es ist daher im Einzelfall zu prüfen, inwieweit eine – uU auch nur teilweise – Erwerbstätigkeit zumutbar ist. Insoweit würde dann ein Unterhaltsanspruch entfallen bzw sich reduzieren.

Die Obliegenheit zur Aufnahme einer Erwerbstätigkeit hängt dabei vom Alter des Kindes ab. Der Gesetzgeber hat insoweit folgende Vorgaben gemacht: Während der ersten drei Lebensjahre des Kindes besteht ein uneingeschränkter Unterhaltsanspruch. In dieser Zeit unterliegt der betreuende Elternteil keiner Erwerbsobliegenheit. Seine Entscheidung, das Kind selber zu betreuen und nicht zu arbeiten, löst damit den Unterhaltsanspruch in jedem Fall aus. Auf eine ggf vorhandene Möglichkeit der Fremdbetreuung muss er sich nicht verweisen lassen. Eine bereits ausgeübte Erwerbstätigkeit darf er jederzeit aufgeben, um sich der Betreuung des Kindes zu widmen.

Für die Zeit ab dem dritten Lebensjahr des Kindes ist ein Unterhaltsanspruch des be- **938** treuenden Elternteils nicht ausgeschlossen. Dieser hängt jedoch jetzt davon ab, ob er nach den konkreten Gegebenheiten der Billigkeit entspräche (§ 1570 Abs. 2 BGB). Dies ist im Rahmen einer umfassenden Billigkeitsabwägung konkret festzustellen. Sowohl kind- als auch elternbezogene Belange können der Aufnahme einer (vollen) Erwerbstätigkeit im Wege stehen.

**Kindbezogene Belange** stehen ab dem dritten Lebensjahr der Aufnahme einer (vollen) **939** Erwerbstätigkeit dann im Wege, wenn eine Fremdbetreuung nicht zumutbar vom Kind in Anspruch genommen werden kann (§ 1570 Abs. 1 S. 3 BGB). Grundsätzlich besteht also kein Anspruch des Kindes mehr auf persönliche Betreuung durch den Elternteil. Vielmehr sind die Möglichkeiten externer Kinderbetreuung vorrangig in Anspruch zu nehmen (§ 1570 Abs. 1 BGB). Die Möglichkeit der Fremdbetreuung muss allerdings tatsächlich existieren. Sie muss zumutbar und verlässlich sein und mit dem Kindeswohl in Einklang stehen. Das ist im Einzelfall zu prüfen, wobei die individuellen Verhältnisse und Bedürfnisse des Kindes zu berücksichtigen sind. Dabei ist davon auszugehen, dass die öffentlichen Betreuungseinrichtungen mit dem Kindeswohl vereinbar sind. Anderes gälte, wenn das Kind etwa wegen einer Krankheit oder Behinderung eine persönliche Betreuung durch den Elternteil braucht. Liegen derartige Belange des Kindes nicht vor, ist eine vorhandene Betreuung von dem Kind zu nutzen.

Soweit das Kind fremd betreut ist, bzw fremd betreut werden kann, muss der Elternteil arbeiten gehen. Stehen etwa Halbtagskindertagesstättenplätze zur Verfügung, so ist dem kindbetreuenden Elternteil eine Teilzeittätigkeit zumutbar. In der Konsequenz besteht ein Unterhaltsanspruch nur insoweit, als sein Einkommen aus der Teilzeittätigkeit nicht ausreicht, um seinen Lebensbedarf zu decken.

Haben die Kinder ein Alter erreicht, in dem sie – zumindest zeitweise – alleine gelassen werden können, kommt es nicht mehr auf Betreuungsmöglichkeiten in kindgerechten Einrichtungen an.

Daneben können auch **elternbezogene Gründe** einer Erwerbstätigkeit entgegenste- **940** hen. Geschützt ist zB das Vertrauen in den Fortbestand von Absprachen während der Ehe.

Beispiel: Während der Ehe haben sich die Eltern darauf geeinigt, dass die Ehefrau das Kind auch nach dem 3. Lebensjahr betreuen soll und das Kind nur einen Teil des Tages die Kindertagesstätte besucht. Von dieser Vereinbarung kann sich der Ehemann nach der Scheidung nicht ohne Weiteres lösen.

War der kindbetreuende Elternteil hingegen bereits während der Ehe erwerbstätig, so ist ihm auch nach der Scheidung eine Erwerbstätigkeit grundsätzlich zumutbar.

Die Erwerbstätigkeit des kindbetreuenden Elternteils darf dabei jedoch nicht zu einer überobligationsmäßigen Doppelbelastung führen. Insoweit ist zu berücksichtigen, dass sich selbst bei einer Vollzeitbetreuung des Kindes ein weiterer Betreuungsbedarf ergeben kann, den der erwerbstätige Elternteil zu decken hat. Dieser variiert je nach Alter, Gesundheitszustand und Persönlichkeit des Kindes. Wenn und soweit das Kind noch eine Betreuung und Begleitung durch den Elternteil in nennenswertem Umfang benötigt, ist der Elternteil nicht zu einer (Vollzeit-) Erwerbstätigkeit verpflichtet. Ob dies der Fall ist, ist einzelfallbezogen zu entscheiden. Hingegen lehnt die Rechtsprechung eine starre Differenzierung nach bestimmten Altersphasen des Kindes ab.

**941** **Hinweis:** Für die Frage, wer welche Umstände vorzutragen und ggf auch zu beweisen hat, gilt: Sind die Kinder älter als 3 Jahre, so muss der kindbetreuende Elternteil die Tatsachen vortragen und ggf auch beweisen, die für eine weitere Unterhaltsgewährung sprechen. Eine fehlende Fremdbetreuung oder die Unzumutbarkeit für ihn, neben einer vorhandenen Fremdbetreuung einer Vollzeiterwerbstätigkeit nachzugehen, muss daher von dem kindbetreuenden Elternteil detailliert dargelegt und auch bewiesen werden.

### c) Unterhalt aus Altersgründen

**942** **Unterhalt aus Altersgründen** kann verlangt werden, wenn eine Erwerbstätigkeit aufgrund des Alters nicht mehr erwartet werden kann (§ 1571 BGB).

Generell gilt: Ab Erreichen des Rentenalters ist eine Erwerbstätigkeit nicht mehr zumutbar. Auch vor Erreichen des Rentenalters kann der Anspruch gegeben sein, etwa wenn der Berechtigte aufgrund seines biologischen Alters keine Chance auf Eingliederung in den Arbeitsmarkt mehr hat. Für den Unterhaltsanspruch gelten damit keine starren Grenzen.

Um einen zeitlich unbegrenzten Rückgriff auf den geschiedenen Ehegatten zu vermeiden, müssen die Unterhaltsvoraussetzungen noch einen inneren Zusammenhang zu der Ehe aufweisen. Das Gesetz nennt drei mögliche Stichzeiten, zu denen die Voraussetzungen für den Altersunterhalt vorliegen müssen:

■ Rechtskraft der Scheidung oder
■ Beendigung der Pflege eines gemeinschaftlichen Kindes oder
■ Wegfall eines Unterhaltsanspruchs nach §§ 1572 oder 1573 BGB.

Besteht zu diesem Zeitpunkt kein Unterhaltsanspruch, so lebt er auch später – etwa mit Erreichen des Rentenalters 20 Jahre nach der Scheidung – nicht mehr auf.

### d) Unterhalt wegen Krankheit und Gebrechen

**943** Unterhalt kann verlangen, von wem wegen Krankheit, Gebrechen, körperlicher oder geistiger Schwäche eine Erwerbstätigkeit nicht erwartet werden kann (sog **Krankenunterhalt**, § 1572 BGB). Unerheblich ist, ob die Erkrankung ehebedingt ist.

Beispiele: Alkoholismus; Drogensucht; Erwerbsunfähigkeit aufgrund einer Depression; bei sonstigen Erkrankungen (Rückenleiden) ist zu prüfen, inwieweit leichtere oder Teilzeittätigkeiten ausgeübt werden können.

Der Krankenunterhalt ist in besonderer Weise Ausdruck nachehelicher Solidarität. Dementsprechend muss ein zeitlicher Zusammenhang zu der Ehe bestehen. In gleicher Weise wie beim Unterhalt wegen Alters ist der Anspruch daher nur gegeben, wenn seine Voraussetzungen zu einem bestimmten – mit der Ehe noch in Zusammenhang stehenden – Stichtag vorliegen:

- Im Zeitpunkt der Rechtskraft der Scheidung oder
- wenn die Anspruchsvoraussetzungen für Unterhalt wegen Kinderbetreuung entfallen oder
- im Zeitpunkt der Beendigung einer Ausbildung, Fortbildung oder Umschulung oder
- wenn die Voraussetzungen eines Unterhaltsanspruchs wegen Arbeitslosigkeit entfallen.

Erkrankt der geschiedene Ehegatte hingegen erst später, scheidet ein Unterhaltsanspruch aus § 1572 BGB aus, wenn nicht die Krankheit selber bereits in der Ehe angelegt war.

Beispiel: Der Ehegatte ist bereits während der Ehe erkrankt. Erst nach der Scheidung führt die Erkrankung zu einer Erwerbsunfähigkeit.

### e) Unterhalt aus Billigkeitsgründen

**944** § 1576 BGB enthält eine Generalklausel, die **Unterhalt aus Billigkeitsgründen** ermöglicht, auch wenn keiner der anderen Unterhaltstatbestände einschlägig ist. Der Unterhaltsanspruch entsteht, wenn eine Erwerbstätigkeit aus sonstigen schwerwiegenden Gründen nicht erwartet werden kann und eine Versagung des Unterhalts grob unbillig wäre.

Dieser Unterhaltstatbestand stellt eine Ausnahme dar, um auf besondere, sonst nicht erfasste Situationen reagieren zu können. Sein Anwendungsbereich ist daher gering. Der Anspruch ist offen formuliert. Ob er anwendbar ist, ist eine Frage des konkreten Einzelfalles.

Beispiel: Die geschiedene Ehefrau betreut mehrere einvernehmlich aufgenommene Pflegekinder unter 3 Jahren.

### f) Unterhaltsansprüche trotz zumutbarer Erwerbstätigkeit

### aa) Überblick

**945** Liegen die Voraussetzungen der §§ 1570–1572 und § 1576 BGB nicht vor, ist eine Erwerbstätigkeit grundsätzlich zumutbar. Für den Fall, dass diese gleichwohl scheitert bzw die Einkünfte nicht „ausreichen", existieren eine Reihe von Auffangtatbeständen:

- Ehegatte findet keinen Arbeitsplatz (§ 1573 Abs. 1 BGB).
- Ehegatte verliert seinen Arbeitsplatz (§ 1573 Abs. 4 BGB).
- Einkünfte aus eigener Tätigkeit reichen nicht aus zur angemessenen Sicherung des Lebensunterhalts (§ 1573 Abs. 2 BGB, der sog Aufstockungsunterhalt).

Daneben gibt es einen Anspruch auf Unterhalt, um dem Ehegatten eine Ausbildung bzw Umschulung zu ermöglichen (§ 1575 BGB).

## bb) Unterhaltsanspruch wegen „Arbeitslosigkeit"

**946** Nach Scheidung bzw Ende eines Unterhaltstatbestands, insbesondere § 1570 BGB, ist der geschiedene Ehegatte grundsätzlich verpflichtet, seinen Unterhalt durch eine eigene Erwerbstätigkeit sicherzustellen. Bis dies gelingt, bleibt der andere Ehegatte übergangsweise in der unterhaltsrechtlichen Pflicht: Der geschiedene Ehegatte hat einen Unterhaltsanspruch bis zur Erlangung einer angemessenen Erwerbstätigkeit (**Unterhalt wegen Arbeitslosigkeit, § 1573 Abs. 1 BGB**).

**947** Der Anspruch setzt voraus, dass der Berechtigte nicht in der Lage ist, eine angemessene Erwerbstätigkeit zu finden. Von dem Berechtigten werden umfassende Bemühungen um eine solche Stelle erwartet. Er muss sich beim Jobcenter als arbeitsuchend melden, Stellenanzeigen aufgeben sowie konkrete Bewerbungen auf Anzeigen bzw Initiativbewerbungen nachweisen.

Allerdings muss sich der Berechtigte nicht auf jede Stelle bewerben, sondern nur eine **angemessene Erwerbstätigkeit** ausüben (§ 1574 Abs. 1 BGB). Angemessen sind Tätigkeiten, die der Ausbildung, den Fähigkeiten, früheren Erwerbstätigkeiten, dem Lebensalter und dem Gesundheitszustand des Ehegatten entsprechen. Auch nach den ehelichen Lebensverhältnissen kann eine Tätigkeit unangemessen sein. Das kommt in Betracht bei einer langen Ehedauer, wobei auch die Kindererziehungszeiten zu berücksichtigen sind.

Dass die Erwerbstätigkeit den ehelichen Lebensverhältnissen unter Umständen nicht entspricht, führt nicht generell zur Unangemessenheit der Tätigkeit.

Beispiel: Die geschiedene Ehefrau ist gelernte Arzthelferin. Sie war 30 Jahre lang mit einem Chefarzt verheiratet. Auch wenn der Verdienst einer Arzthelferin weit unter dem ehelichen Lebensstandard liegt, ist ihr diese Tätigkeit zuzumuten, weil sie ihrer Ausbildung entspricht.

Nur ausnahmsweise kann eine früher ausgeübte Tätigkeit als unangemessen angesehen werden. Erlaubt der berufliche Ausbildungsstand des Ehegatten keine angemessene Tätigkeit, muss er sich fortbilden, ausbilden oder umschulen lassen (§ 1574 Abs. 3 BGB).

**948** Auch für diesen Unterhaltsanspruch muss noch ein ausreichender zeitlicher Zusammenhang zur Ehe bestehen. Dies ist der Fall, wenn er nach Scheidung oder im Anschluss an andere Unterhaltstatbestände (vor allem § 1570 BGB) entsteht.

## cc) Unterhaltsanspruch bei Arbeitslosigkeit nach Wegfall angemessener Tätigkeit

**949** Schafft es der Unterhaltsberechtigte nicht, sich dauerhaft selber zu unterhalten, kann auch dies zu einem Unterhaltsanspruch führen. Der Unterhaltsanspruch besteht, wenn der Berechtigte zunächst zwar eine Stelle hat, sie aber nachträglich wieder verliert (§ 1573 Abs. 4 BGB). Ausschlaggebend für den Anspruch ist dabei, ob der Berechtigte seinen eigenen Unterhalt selber *nachhaltig* gesichert hat: War der Lebensunterhalt durch die Stelle nachhaltig gesichert, so scheidet der Anspruch auch dann aus, wenn die Stelle später verloren wird.

Beispiel: Verlust des Arbeitsplatzes nach unerwarteter Insolvenz des Arbeitgebers.

War der Lebensunterhalt hingegen noch nicht nachhaltig durch die Stelle gesichert, so besteht ein Unterhaltsanspruch gegenüber dem geschiedenen Ehegatten.

Beispiele: Die geschiedene Frau arbeitet in einer Stelle, zeigt sich aber den Anforderungen nicht gewachsen und verliert die Stelle infolgedessen; die geschiedene Frau muss ihre Stelle aufgeben, weil sie der Tätigkeit wegen Überschätzung der eigenen Leistungsfähigkeit nicht gewachsen ist.

Für die Frage, ob die Stelle den Unterhalt nachhaltig gesichert hat, kommt es darauf an, ob bei einer vorausschauenden Betrachtung eines neutralen Betrachters die Stelle nach objektivem Maßstab und allgemeiner Lebenserfahrung mit einer gewissen Sicherheit als dauerhaft angesehen werden kann oder nicht. War nach diesem Maßstab bereits jetzt zu befürchten, dass der Erwerbstätige die Tätigkeit in absehbarer Zeit wieder verliert, liegt eben keine nachhaltige Sicherung vor. In diesem Fall fällt der Unterhaltsberechtigte erneut in das „unterhaltsrechtliche Netz" zurück und kann finanziell auf die nacheheliche Solidarität seines vormaligen Ehepartners zurückgreifen.

### dd) Aufstockungsunterhalt

Beim **Aufstockungsunterhalt** erzielt der berechtigte Ehegatte zwar Einkommen aus **950** angemessener Tätigkeit, bleibt damit allerdings unterhalb des ehelichen Lebensstandards.

Beispiel: Die geschiedene Ehefrau ist gelernte Erzieherin. In ihrem Beruf erzielt sie ein monatliches Nettoeinkommen von 1.300 €. Der geschiedene Ehemann ist Unternehmer mit einem durchschnittlichen monatlichen Nettoverdienst von 6.000 €.

Zur Schließung der Lücke zwischen dem eigenen Einkommen und den ehelichen Lebensverhältnissen besitzt der Ehegatte einen eigenen Unterhaltsanspruch (§ 1573 Abs. 2 BGB). Dieser sichert dem geschiedenen Ehegatten das vormalige wirtschaftliche Niveau auch für die Zeit nach der Ehescheidung.

Beispiel: Im Beispielsfall könnte die geschiedene Ehefrau die Differenz zwischen ihrem angemessenen Einkommen und dem eheangemessenen Unterhalt verlangen.

### ee) Unterhalt wegen Aus- bzw Fortbildung oder Umschulung

Ein eigener Unterhaltstatbestand richtet sich an denjenigen Ehegatten, der wegen der **951** Ehe seine berufliche Entwicklung zurückgestellt hat (§ 1575 BGB). Ziel dieses Unterhaltstatbestands ist es, ihm diese nunmehr zu ermöglichen und damit ehebedingte Nachteile auszugleichen. Dementsprechend ist er in seinen Voraussetzungen eng an eine ehebedingte Unterbrechung der „Karriere" geknüpft. Zwei Fallkonstellationen werden erfasst:

- Verzicht oder Abbruch einer Schul- oder Berufsausbildung in Erwartung der Ehe oder während Ehe (§ 1575 Abs. 1 BGB).
- Erwerbsbiographische Nachteile durch die Ehe, die durch eine Fortbildung oder Umschulung ausgeglichen werden sollen (§ 1575 Abs. 2 BGB).

Unterhalt kommt somit – je nach Fallgestaltung – sowohl für eine Schul- und/oder Berufsausbildung als auch – nur – für eine Fortbildung oder Umschulung in Betracht.

Auf Dauer soll dem unterhaltsberechtigten Ehegatten eine Basis für eine eigene Un- **952** terhaltssicherung geschaffen werden. Dementsprechend muss die Ausbildung geeignet sein, um eine angemessene Erwerbstätigkeit zur nachhaltigen Unterhaltssicherung zu schaffen. Die Ausbildung muss so bald wie möglich aufgenommen werden und einen erfolgreichen Abschluss erwarten lassen. Zeitlich ist der Anspruch begrenzt auf die übliche Dauer der Fort- oder Ausbildung (§ 1575 Abs. 1 S. 2 BGB).

Nach Abschluss der Maßnahme besteht uU ein Unterhaltsanspruch aus § 1573 Abs. 1 BGB bis zur Erlangung einer angemessenen Erwerbstätigkeit. Für die Frage, welche Tätigkeit angemessen ist, ist allerdings der jetzt höhere Ausbildungsstand nicht heranzuziehen (§ 1575 Abs. 3 BGB). Trotz höherer Qualifikation ist der unterhaltsberechtigte Ehegatte mithin auf eine geringer qualifizierte Tätigkeit zu verweisen, um seinen Unterhalt nachhaltig zu sichern.

### 3. Bedürftigkeit, Bedarf und Leistungsfähigkeit

#### a) Die Bedürftigkeit des Unterhaltsberechtigten

**953** Für die **Bedürftigkeit** des unterhaltsberechtigten Ehegatten gelten ebenfalls die bereits für den Getrennt lebendenunterhalt dargestellten Grundsätze. Daher kann der geschiedene Ehegatte keinen Unterhalt verlangen, wenn und soweit er sich aus seinen Einkünften und seinem Vermögen selbst unterhalten kann (§ 1577 Abs. 1 BGB).

Ob den geschiedenen Ehegatten eine **Erwerbsobliegenheit** trifft, folgt dabei bereits aus dem jeweiligen Unterhaltstatbestand. Besteht danach eine Obliegenheit, so muss er auch in diesem Fall nicht jede Erwerbstätigkeit annehmen, sondern nur eine angemessene Erwerbstätigkeit (§ 1574 Abs. 1 BGB).

Als eigenes **Einkommen** sind daher alle aus zumutbarem Einsatz der Arbeitskraft erzielbaren Einkünfte anzurechnen. Unterlässt es der Berechtigte, ihm zumutbares Einkommen zu erzielen, ist ihm fiktiv ein entsprechendes Einkommen zuzurechnen.

Nicht anzurechnen sind Einkünfte aus einer eigentlich nicht zumutbaren Tätigkeit, die nur deswegen ausgeübt wird, weil der Verpflichtete den geschuldeten Unterhalt nicht zahlt (§ 1577 Abs. 2 S. 1 BGB). Übersteigen diese Einkünfte hingegen den geschuldeten Unterhalt sind sie insoweit anzurechnen, als dies unter Berücksichtigung der beiderseitigen wirtschaftlichen Verhältnisse der Billigkeit entspricht (§ 1577 Abs. 2 S. 2 BGB).

Als Einkommen sind ebenfalls die Vermögenserträgnisse zu berücksichtigen. Es besteht dabei die Obliegenheit, unwirtschaftlich angelegtes Vermögen in nutzbringendes umzuschichten. Der Berechtigte muss grundsätzlich auch seinen Vermögensstamm angreifen, es sei denn, dies wäre unwirtschaftlich oder unbillig (§ 1577 Abs. 3 BGB). War im Zeitpunkt der Scheidung zu erwarten, dass der Unterhalt nachhaltig aus dem Vermögen gesichert war, so entfällt der Unterhaltsanspruch selbst dann, wenn das Vermögen später wegfällt (§ 1577 Abs. 4 BGB). Dies gilt nur dann nicht, wenn eine Erwerbstätigkeit wegen der Erziehung eines Kindes nicht erwartet werden kann.

#### b) Unterhaltsbedarf

**954** Der **Unterhaltsbedarf** richtet sich im Grundsatz nach den ehelichen Lebensverhältnissen (§ 1578 Abs. 1 BGB). Der Berechtigte soll auf gleichem Niveau wie während der Ehe weiterleben können. In der Sache umfasst er den gesamten Lebensbedarf (§ 1578 Abs. 1 S. 2 BGB): Nahrung, Kleidung, Unterkunft, Freizeit und Erholung. Hierzu zählen auch die Kosten einer angemessenen Kranken- und Pflegeversicherung (§ 1578 Abs. 2 BGB). Bei einem Unterhaltsanspruch nach §§ 1570–1573 sowie § 1576 BGB auch die Kosten einer angemessenen Versicherung für das Alter sowie verminderter Erwerbsfähigkeit (§ 1578 Abs. 3 BGB).

Bei der Ermittlung des Einkommens sowie der Berechnung der Höhe des Unterhalts **955** verfährt die Rechtsprechung wie beim Getrennt lebendenunterhalt: Berechnungsgrundlage für den Unterhaltsanspruch ist das vorhandene bereinigte Nettoeinkommen (vgl Rn 905). Der Unterhaltsanspruch richtet sich (nach Abzug des Erwerbstätigenbonus von 1/7 bzw 1/10) im Grundsatz auf die Hälfte des verfügbaren unterhaltsrechtlich relevanten Einkommens. Das monatliche Existenzminimum eines geschiedenen Ehegatten wird derzeit mit 1.000 €, ist er nicht erwerbstätig, mit 800 € angesetzt (Düsseldorfer Tabelle, Stand: 1.1.2013).

Stichtag für die Berechnung ist die Einkommenssituation im Zeitpunkt der rechtskräftigen Scheidung. **Einkommensveränderungen** nach der Scheidung sind daher nur dann zu berücksichtigen, wenn sie mit hoher Wahrscheinlichkeit zu erwarten waren oder bereits die Ehe geprägt haben.

Beispiele: Das Einkommen des geschiedenen Mannes verringert sich dadurch, dass er einem weiteren, noch während der Ehe geborenen Kind und ggf dessen Mutter unterhaltspflichtig ist; das Einkommen des geschiedenen verbeamteten Mannes erhöht sich alle zwei Jahre.

Das Einkommen der unterhaltsberechtigten Frau erhöht sich dadurch, dass sie nach Abschluss der „Kinderphase" eine Erwerbstätigkeit aufnimmt.

Das Einkommen des unterhaltsverpflichteten Ehemannes erhöht sich dadurch, dass die Kinder nach Abschluss ihrer Berufsausbildung selber für ihren Unterhalt aufkommen.

Nicht zu berücksichtigen sind hingegen Änderungen, die während der Ehezeit nicht angelegt waren und auch nicht vorhersehbar waren.

Beispiele: Das Einkommen des geschiedenen und unterhaltsverpflichteten Ehemannes erhöht sich durch einen nicht vorhersehbaren Karrieresprung.

Das Einkommen des geschiedenen und unterhaltsverpflichteten Ehemannes reduziert sich durch neue Unterhaltslasten, zB für ein neues Kind oder/und einen neuen Ehepartner.

### c) Die Leistungsfähigkeit des Verpflichteten

Die **Leistungsfähigkeit** des Verpflichteten ist ebenfalls Voraussetzung des Unter- **956** haltsanspruchs (§ 1581 BGB). Daher scheidet ein Unterhaltsanspruch aus, wenn und soweit der Verpflichtete nicht in der Lage ist, diesen ohne Gefährdung des eigenen angemessenen Unterhalts zu erbringen. Dem Verpflichteten muss daher in jedem Fall ein angemessener Selbstbehalt verbleiben. Der notwendige Eigenbedarf beträgt – wie beim Getrennt lebendenunterhalt auch – derzeit mindestens 1.100 € (Düsseldorfer Tabelle, Stand: 1.1.2013) monatlich. Zur Erfüllung seiner Unterhaltspflicht hat der Verpflichtete sein Einkommen sowie seine Vermögenseinkünfte einzusetzen. Auch der Vermögensstamm muss uU verwertet werden, um den Unterhaltsanspruch des geschiedenen Ehegatten zu decken. Dies gilt dann nicht, wenn die Verwertung unwirtschaftlich oder aus sonstigen Gründen unbillig wäre (§ 1581 BGB).

Auch in diesem Rahmen gilt: Verletzt der Verpflichtete seine **Erwerbsobliegenheit** und erzielt dadurch keine oder geringere Einkünfte als zuvor, werden ihm uU entsprechende fiktive Einkünfte zugerechnet.

### 4. Die Verwirkung des Unterhaltsanspruchs

Für den Ehegattenunterhalt finden sich eine Reihe von „**Verwirkungstatbeständen**" **957** (§ 1579 BGB). Liegt einer der Tatbestände vor, so kann das dazu führen, dass ein eigentlich gegebener Unterhaltsanspruch beschränkt oder sogar versagt wird. Die

Verwirklichung eines Tatbestands ist dabei nicht zwingend unterhaltsrechtlich sanktioniert. Vielmehr ist nun im Rahmen einer Billigkeitsabwägung zu entscheiden, ob die Gewährung von Unterhalt angemessen ist oder nicht. Ergibt die Abwägung, dass die Gewährung von Unterhalt grob unbillig (unzumutbar) ist, kann auf verschiedene Weise reagiert werden: Der Anspruch kann ganz versagt werden. Ebenso denkbar ist aber auch, dass er in der Höhe begrenzt oder zeitlich eingeschränkt wird.

Im Rahmen dieser Abwägung ist insbesondere auch zu berücksichtigen, ob der Berechtigte gemeinsame Kinder aus der Ehe betreut. Die Anwendung der Härteklausel darf nicht dazu führen, dass Kindesinteressen erheblich geschädigt werden. Vielmehr gilt: Pflege und Erziehung gemeinsamer Kinder muss gesichert bleiben. Daher kommt etwa beim Betreuungsunterhalt eine Minderung allenfalls insoweit in Betracht, als der betreuende Ehegatte nicht anstelle der Kinderbetreuung zu einer Erwerbstätigkeit gezwungen ist. Es ist also auch denkbar, dass sich der „Verwirkungsgrund" gar nicht auswirkt. Eine völlige Versagung des Unterhalts wäre hingegen möglich, wenn dies nicht zulasten der Kinder geschieht, zB weil der betreuende Elternteil ohnehin arbeitet und die Großeltern die Kinder betreuen.

Der Verlust bzw die Kürzung des Unterhaltsanspruchs muss nicht endgültig sein. Vielmehr kann der Unterhaltsanspruch nach Wegfall des Versagungsgrunds uU wieder aufleben.

**958**  Folgende Umstände können im Rahmen des § 1579 BGB berücksichtigt werden:

■ Kurze **Ehedauer** (§ 1579 Nr 1 BGB): Für die Berechnung der Ehezeit ist auf die Zeit zwischen Eheschließung und Rechtshängigkeit des Scheidungsantrags abzustellen. Eine kurze Ehedauer liegt vor, wenn die Ehe keine zwei Jahre gedauert hat. Ab drei Jahren ist eine Ehe nicht mehr kurz. Dabei ist auch die Zeit hinzuzurechnen, in der der Berechtigte wegen der Pflege und Erziehung eines gemeinschaftlichen Kindes unterhaltsberechtigt ist. In der Konsequenz wirkt sich eine kurze Ehe dann nicht aus, wenn für längere Zeit Kinder zu betreuen sind.

**959**  ■ Der Berechtigte lebt in **verfestigter Lebensgemeinschaft** mit einer dritten Person (§ 1579 Nr 2 BGB): Der Ausschlussgrund greift immer dann, wenn der Berechtigte zu einem neuen Partner ein auf Dauer angelegtes Verhältnis aufgenommen hat, das gleichsam an die Stelle der Ehe getreten ist. Der Maßstab für die Existenz einer verfestigten Lebensgemeinschaft ist objektiv aufgrund der nach außen tretenden Umstände zu bestimmen. Dazu gehört vor allem die Führung eines gemeinsamen Haushaltes über längere Zeit. Allerdings ist das Zusammenleben nicht notwendiges Kriterium. Auch wenn die Partner getrennte Haushalte führen, kann durch ein entsprechendes Auftreten in der Öffentlichkeit das Erscheinungsbild einer verfestigten Lebensgemeinschaft gesetzt werden. Anhaltspunkte sind etwa größere gemeinsame Investitionen (Anschaffung einer gemeinsamen Eigentumswohnung). Kein Kriterium bildet hingegen die Leistungsfähigkeit des neuen Partners oder die Möglichkeit der Eheschließung.

In zeitlicher Hinsicht ist der Verwirkungstatbestand bei einer zwei- bis dreijährigen Dauer der neuen Beziehung zu prüfen. Zum Teil wird der Verwirkungsgrund bereits ab einjähriger Dauer für anwendbar gehalten.

**960**  ■ Der Berechtigte hat sich eines **Verbrechens** oder **schweren Vergehens** gegenüber dem Unterhaltsverpflichteten oder dessen Angehörigen schuldig gemacht (§ 1579 Nr 3 BGB):

Beispiele: Prozessbetrug im Unterhaltsprozess (Verschweigen bzw Leugnen von Einkommen); Straftaten zulasten des eigenen ehelichen Kindes (Körperverletzung eines Säuglings, sexueller Missbrauch gemeinsamer Kinder oder des Stiefkindes).

Problematisch: Körperliche Misshandlungen.

■ Der Berechtigte hat seine **Unterhaltsbedürftigkeit mutwillig herbeigeführt** **961** (§ 1579 Nr 4 BGB): Der Berechtigte muss dabei nicht vorsätzlich gehandelt haben; es genügt unterhaltsbezogene Leichtfertigkeit.

Beispiele: Vermögensverschwendung; grundloser Abbruch einer zumutbaren und erfolgsversprechenden Ausbildung; grundlose Aufgabe einer Erwerbstätigkeit; Berechtigter hat Vorsorgeunterhalt nicht bestimmungsgemäß verwendet und ist daher im Alter bedürftig.

Problematisch: Alkoholismus; Drogensucht. Bei fehlender Bereitschaft zur Behandlung/Therapie wird ein Ausschlussgrund bejaht.

Abgelehnt: Unterhaltsbedürftigkeit infolge abredewidriger Schwangerschaft.

■ Der Berechtigte setzt sich mutwillig über schwerwiegende **Vermögensinteressen** **962** des Verpflichteten hinweg (§ 1579 Nr 5 BGB): Generell besteht eigentlich keine Pflicht (mehr), die Vermögensinteressen des geschiedenen Ehegatten zu fördern. Der Tatbestand ist daher nur erfüllt, wenn der Unterhaltsberechtigte vorsätzlich oder leichtfertig Vermögen oder Erwerbschancen des Unterhaltsverpflichteten schädigt, ohne legitime Interessen damit zu verfolgen.

Beispiele: Frau schwärzt Ehemann beim Arbeitgeber an, wodurch sein Arbeitsplatz gefährdet wird; Denunziation des Ehepartners bei Geschäftspartnern oder Behörden (Finanzamt); Verschweigen eigenen Einkommens.

Abgelehnt: Unterhaltsbedürftigkeit infolge abredewidriger Schwangerschaft.

■ Gröbliche **Verletzung der eigenen Unterhaltspflicht** (§ 1579 Nr 6 BGB): **963**

Beispiele: Unterhaltsverweigerung durch barunterhaltspflichtigen Ehemann; gröbliche Verletzung der einverständlich übernommenen Pflicht zur Haushaltsführung.

Dieser Tatbestand „bietet" sich an, um Unvollkommenheiten während der Ehe unterhaltsrechtlich „auszuschlachten". Um eine unterhaltsrechtliche Sanktionierung von derartigen „Ehewidrigkeiten" zu vermeiden, wird die Härteklausel nur dann angewandt, wenn der Unterhalt ganz oder überwiegend verweigert wurde.

■ Offensichtlich **schwerwiegendes Fehlverhalten** des Berechtigten gegen den Ver- **964** pflichteten (§ 1579 Nr 7 BGB): Eine schwerwiegende und einseitige Eheverfehlung kann den Verlust des Unterhaltsanspruchs nach sich ziehen und zwar auch dann, wenn die Verfehlung für den Verpflichteten keine wirtschaftlichen Auswirkungen hat. Auch im Rahmen dieses Tatbestandes wird gerne mit dem anderen Ehegatten „abgerechnet" und versucht, behauptete Verletzungen ehelicher Pflichten (vgl Rn 832) unterhaltsrechtlich zu sanktionieren. Durch die Hintertür kehren so über das Unterhaltsrecht Aspekte des Verschuldens am Scheitern der Ehe zurück. Die gängigsten Einwendungen sind: Verstöße gegen die eheliche Treuepflicht, die Abkehr von der Ehe gegen den Willen des Partners und das Ausbrechen aus einer durchschnittlich verlaufenden Ehe. Denkbar sind aber auch sonstige Verhaltensweisen, etwa seelische Grausamkeiten, das Lächerlichmachen vor anderen Personen, insbesondere den Kindern, oder Beleidigungen in der Öffentlichkeit.

■ Andere gleich schwerwiegende Gründe (§ 1579 Nr 8 BGB): Durch diese General- **965** klausel ist es möglich, nicht bereits genannte Umstände zu berücksichtigen.

**5. Die Herabsetzung/zeitliche Begrenzung des Unterhalts**

**966** Der nacheheliche Unterhalt ist darauf ausgerichtet, dem Berechtigten wirtschaftlich das Niveau der Ehe zu erhalten. Dies ist Ausdruck des den Unterhaltstatbeständen zugrunde liegenden Gedankens nachehelicher Solidarität. Allerdings „beißt" sich diese Logik mit dem Grundsatz der Eigenverantwortung. Dem Schuldner – häufig nach wie vor der Ehemann – ist wenig einsichtig, dass er trotz Scheidung seinem vormaligen Ehegatten wirtschaftlich den Eherahmen erhalten soll. Das wird besonders deutlich beim Aufstockungsunterhalt.

Dieses Interesse ist in § 1578b BGB aufgenommen. Danach kann jeder Unterhaltsanspruch zeitlich begrenzt und/oder herabgesetzt werden. **Begrenzung und Herabsetzung** können auch kombiniert werden. Diese Möglichkeit ist vor allem mit Blick auf zeitlich unbegrenzt angelegte Unterhaltsansprüche (Krankenunterhalt, § 1572 BGB) von Bedeutung. Eine Einschränkung kommt in Betracht, wenn ein dauerhafter und an den ehelichen Lebensverhältnissen orientierter Unterhalt unbillig wäre. Über den Unterhalt kann der eheliche Lebensstandard damit nicht zwingend dauerhaft gehalten werden. Ob eine Herabsetzung oder Befristung des Unterhalts erfolgt, richtet sich nach einer Abwägung der Interessen von Unterhaltsverpflichtetem und Berechtigtem.

Bei dieser ist insbesondere zur berücksichtigen, inwieweit durch die Ehe Nachteile eingetreten sind, für den eigenen Unterhalt zu sorgen oder ob die Herabsetzung mit Blick auf die Dauer der Ehe unbillig wäre. Eine lange Ehedauer entfaltet insoweit eine Indizwirkung dafür, dass eine Befristung oder/und Herabsetzung des Unterhaltsanspruchs unbillig ist. Sie ist bei der Abwägung zu berücksichtigen, schließt allerdings nicht zwingend eine Herabsetzung und/oder Befristung des Unterhaltsanspruchs per se aus.

**967** Eine Herabsetzung des eheangemessenen Unterhalts auf den angemessenen Unterhalt kommt dabei – auch bei einer langen (11 bzw 18 Jahre) Ehe – dann in Betracht, wenn der unterhaltsberechtigte Ehegatte – gemessen an seiner Ausbildung – ein angemessenes Einkommen erzielt oder erzielen könnte. Fehlen ehebedingte Nachteile kommt zudem eine Befristung des Unterhaltsanspruchs in Betracht. Dadurch fällt der Unterhaltsanspruch nach einer Übergangszeit, in der sich der Berechtigte auf die neue Situation einstellen kann, weg.

Beispiel: Die geschiedene Ehefrau ist gelernte Arzthelferin. Sie ist in ihrem Beruf vollschichtig erwerbstätig. Ihr monatliches Nettoeinkommen beträgt 1.500 €. Der geschiedene Ehemann, ein Arzt, verdient netto 9.000 € monatlich. Aus der Ehe sind keine Kinder hervorgegangen. Die geschiedene Ehefrau hat einen Anspruch auf Aufstockungsunterhalt in Höhe der Differenz zwischen ihrem Einkommen und dem eheangemessenen Unterhalt. Da sie allerdings durch die Ehe keinerlei Nachteile erlitten hat, kommt eine Befristung des Aufstockungsunterhalts nach einer Übergangszeit in Betracht.

Hat der Berechtigte hingegen ehebedingte Nachteile erlitten, die sich aktuell auswirken, scheidet zumindest eine Befristung des Unterhaltsanspruchs aus. Auch in diesem Fall ist jedoch eine Herabsetzung des Unterhalts auf den ehebedingten Nachteil möglich. In diesem Fall erhält der Unterhaltsberechtigte die Differenz zwischen dem angemessenen Unterhalt und seinem erzielten oder erzielbaren Unterhalt.

Beispiel: Die geschiedene Ehefrau, eine Lehrerin, war vor ihrer Eheschließung als Texterin in der Werbebranche tätig. Sie verdiente in dieser Position zuletzt als Cheftexterin ca 2.500 € monatlich netto. Diese Tätigkeit gab sie im Rahmen ihrer Ehe auf, um mit ihrem Mann in das Ausland zu ziehen. Dort war sie über 10 Jahre lang nicht erwerbstätig, sondern hat sich ausschließlich um die Erziehung der gemeinsamen Kinder gekümmert. Der Ehemann erzielt ein monatliches Nettoeinkommen in Höhe von 5.500 €. Nach 13 Jahren wurde die Ehe geschieden. Die geschiedene Ehefrau ist jetzt wieder als Lehrerin tätig. Aus dieser Tätigkeit verdient sie monatlich 1.800 € netto.

Sie hat in diesem Fall nachwirkende ehebedingte Nachteile: Aufgrund ihrer beruflichen Pause ist ihr nämlich eine Rückkehr zu einer Tätigkeit als Cheftexterin nicht mehr möglich. Sie kann zwar als Lehrerin arbeiten, allerdings mit einem geringeren Verdienst (1.800 € monatlich netto). In Höhe von 700 € hat die Ehefrau mithin einen ehebedingten Nachteil. Wegen des ehebedingten Nachteils scheidet eine Befristung des Unterhaltsanspruchs aus.

Ein ehebedingter Nachteil ist nur unter strengen Voraussetzungen denkbar. Ein Nachteil kann insbesondere nicht darin gesehen werden, dass der Berechtigte wegen des langen Berufsausstiegs niedrigere Rentenansprüche hat. Denn dieser Nachteil wird über den Versorgungsaugleich ausgeglichen. **968**

## 6. Art der Unterhaltsgewährung und Geltendmachung

Der laufende Unterhalt ist durch Zahlung einer monatlichen **Geldrente** zu gewähren (§ 1585 Abs. 1 BGB). Der Betrag ist im Voraus zu zahlen. Anstelle eines wiederkehrenden Betrags kann auch eine Abfindung in Kapital verlangt werden, wenn ein wichtiger Grund vorliegt und dies den Verpflichteten nicht unbillig belastet (§ 1585 Abs. 2 BGB). **969**

Die **Geltendmachung des Unterhalts** richtet sich nach den allgemeinen Vorschriften (§§ 1585b Abs. 2, 1613 Abs. 1 BGB, vgl Rn 913). Für die rückwirkende Geltendmachung nachehelichen Unterhalts gilt dabei eine wichtige Einschränkung (§ 1585b Abs. 3 BGB): Grundsätzlich kann Unterhalt nur bis zu einem Jahr vor Einreichung des gerichtlichen Unterhaltsantrags rückwirkend geltend gemacht werden. Eine unbeschränkte rückwirkende Geltendmachung ist hingegen nur möglich, wenn anzunehmen ist, dass sich der Verpflichtete der Leistung absichtlich entzogen hat. **970**

## 7. Vereinbarungen über den Unterhalt

Vereinbarungen über nachehelichen Unterhalt sind zulässig (§ 1585c BGB). Während, nach oder auch bereits vor der Ehe können Verträge über Ob, Höhe und Dauer nachehelicher Unterhaltsansprüche geschlossen werden. **971**

Formvorschriften für den Unterhaltsvertrag gelten für Vereinbarungen, die vor dem rechtskräftigen Scheidungsbeschluss getroffen werden: Die Vereinbarung ist in diesem Fall notariell zu beurkunden. Ein vor Gericht geschlossener Prozessvergleich genügt der Formvorschrift. **972**

Inhaltlich unterliegen Vereinbarungen über nachehelichen Unterhalt grundsätzlich keinen Beschränkungen. Daher ist auch ein völliger Unterhaltsverzicht grundsätzlich zulässig. Vereinbarungen werden allerdings begrenzt durch die allgemeinen rechtsgeschäftlichen Vorgaben. In diesem Rahmen ist vor allem eine etwaige Sittenwidrigkeit von Unterhaltsvereinbarungen relevant (vgl Rn 884 ff). **973**

Beispiel: Vor der Eheschließung treffen die Verlobten eine notarielle Vereinbarung, in der sie gegenseitig auf jegliche Unterhaltsansprüche für den Fall der Scheidung verzichten. Der Mann ist gutverdienender Geschäftsführer einer großen Firma. Die Frau ist zur Zeit des Vertragsschlusses schwanger. Sie ist zudem Ausländerin und beherrscht die deutsche Sprache nur schlecht.

Unterhaltsvereinbarungen können **sittenwidrig** sein, wenn die Unerfahrenheit oder eine schwierige psychische Lage einer der Parteien ausgenutzt wird und die Vereinbarung für diese Seite grob nachteilig ist. Ob dies der Fall ist, ist im Wege der Einzelfallbetrachtung zu entscheiden. Problematisch ist in diesem Rahmen vor allem ein Verzicht auf den Betreuungsunterhalt sowie Alters- und Krankenunterhalt.

Auch wenn die Vereinbarung als solche nicht sittenwidrig ist, so kann sich der Vertrag durch die tatsächliche Entwicklung der Lebensverhältnisse im Zeitpunkt der Scheidung als ungerecht herausstellen. In diesem Fall ist es denkbar, dass sich die durch den Vertrag begünstigte Partei nicht auf die vertragliche Abmachung berufen darf und diese den Umständen „angepasst" wird (§ 313 BGB).

Beispiel: Die Eheleute, beide im Zeitpunkt der Eheschließung voll erwerbstätig, vereinbaren einen gegenseitigen Verzicht auf nachehelichen Unterhalt. Nachdem Kinder geboren werden, gibt die Ehefrau ihre Erwerbstätigkeit auf. Es ist denkbar, dass sich der Ehemann im Zeitpunkt der Scheidung, vor allem wenn und solange die Ehefrau noch Kleinkinder betreut, nicht auf den Unterhaltsverzicht berufen kann.

Sittenwidrig sind daneben Unterhaltsverzichte, die zulasten Dritter (insbesondere von Sozialleistungsträgern) gehen.

Beispiel: Durch den Unterhaltsverzicht wird bewusst eine Unterstützungsbedürftigkeit des berechtigten Ehegatten zulasten des Sozialleistungsträgers herbeigeführt.

Ist der Unterhaltsanspruch bereits auf den Sozialleistungsträger übergegangen und wurde dem Verpflichteten hiervon Mitteilung gemacht, so ist der Unterhaltsverzicht unwirksam.

**974** Der Unterhaltsanspruch besteht nur wenn und soweit seine Voraussetzungen vorliegen. Der nacheheliche Unterhaltsanspruch erlischt daneben in folgenden Fällen (§ 1586 Abs. 1 BGB):

- Wiederheirat oder Begründung einer eingetragenen Lebenspartnerschaft.
- Tod des Berechtigten, nicht aber des Verpflichteten (§ 1586b Abs. 1 BGB).
- Unterhaltsverzicht (§ 1585c BGB) oder Entrichtung einer Abfindung (§ 1585 Abs. 2 BGB).

Der Unterhaltsanspruch erlischt allerdings in diesen Fällen nur für die Zukunft. Hingegen bleiben die Ansprüche für die Vergangenheit (soweit sie geltend gemacht wurden) bestehen (§ 1586 Abs. 2 BGB).

**975** Der Betreuungsunterhalt kann wieder aufleben, wenn die Ehe bzw eingetragene Lebenspartnerschaft aufgelöst wird (§ 1586a Abs. 1 BGB).

## VI. Verwandtenunterhalt

### 1. Überblick

**976** Voraussetzungen des Unterhaltsanspruchs sind kumulativ:

- Verwandtschaft in gerader Linie (§ 1601 BGB) und
- Bedürftigkeit des Unterhaltsberechtigten (§ 1602 BGB) und
- Unterhaltsbedarf und
- Leistungsfähigkeit des Unterhaltsschuldners (§ 1603 BGB) und
- keine Beschränkung des Unterhalts (§ 1611 BGB).

### 2. Anspruchsgrundlage für den Verwandtenunterhalt

**977** Ein Unterhaltsanspruch besteht nur zwischen **Verwandten in gerader Linie** (§ 1601 BGB). Ausschlaggebend ist die abstammungsrechtliche Situation. Unterhaltspflichtig ist ein Mann daher einem Kind nur dann, wenn er auch rechtlich sein Vater ist. Unerheblich ist, ob die Abstammungszurechnung zutreffend ist oder nicht. Ggf muss sie korrigiert werden. Der bloß biologische Vater, der nicht auch rechtlicher Vater ist, ist hingegen nicht unterhaltspflichtig. Unerheblich ist die sorgerechtliche Situation. Keine Pflichten bestehen bei Verwandtschaft im Seitengrad.

Soweit mehrere Unterhaltspflichtige in Betracht kommen, erfolgt der Zugriff nach einer festgelegten Rangfolge (vgl Rn 901): Abkömmlinge haften vor Verwandten der aufsteigenden Linie (§ 1606 Abs. 1 BGB). Unter den Abkömmlingen bzw Verwandten der aufsteigenden Linie haften zunächst die näheren vor den entfernteren (§ 1606 Abs. 2 BGB). Gleich nahe Verwandte haften anteilig nach ihren Einkommens- und Vermögensverhältnissen. Die Haftung der Verwandten ist ihrerseits nachrangig gegenüber einer möglichen Unterhaltspflicht des Ehemannes oder unverheirateten Vaters (§§ 1608 Abs. 1, 1615l Abs. 3 S. 2, 1584 BGB).

### 3. Die Bedürftigkeit des Unterhaltsberechtigten

Verwandtenunterhalt setzt **Bedürftigkeit** des Anspruchstellers voraus (§ 1602 Abs. 1 **978** BGB). Dies ist der Fall, wenn er nicht in der Lage ist, seinen Lebensbedarf hinreichend zu bestreiten aus:

- Vermögenseinkünften,
- zumutbarer Verwertung eines etwa vorhandenen Vermögensstamms oder
- zumutbarer Arbeit. Auch den bedürftigen Verwandten trifft dabei die allgemeine Erwerbsobliegenheit (vgl Rn 903).

Besonderheiten gelten dabei für den Unterhaltsanspruch von Kindern gegenüber ihren **979** Eltern:

- **Vermögen**: Minderjährige unverheiratete Kinder müssen ihren Vermögensstamm grundsätzlich nicht angreifen. Vielmehr sind – soweit Vermögen vorhanden ist – lediglich die Zinsen als Einkommen anzurechnen. Anderes gilt ausnahmsweise dann, wenn die Eltern nicht leistungsfähig sind (§ 1603 Abs. 2 S. 3 Hs 2 BGB).
- **Erwerbsobliegenheit**: Minderjährige und volljährige Kinder, die sich in der Schule oder in einem Studium befinden, sind grundsätzlich nicht verpflichtet, einer Erwerbstätigkeit nachzugehen. Insoweit trifft sie keine Erwerbsobliegenheit. Erzielt der Minderjährige hingegen aus seiner Berufsausbildung (Lehre) ein Einkommen, so ist dieses zT bedarfsmindernd anzurechnen.

Vorhandenes Einkommen ist im Übrigen auf den Bedarf des Minderjährigen anzurechnen. BAföG ist nur dann anzurechnen, wenn es als Zuschuss oder in Form eines zinslosen Darlehens gewährt wird (§ 17 Abs. 1, 2 BAföG). Wird es als verzinsliches Bankdarlehen gewährt, ist es hingegen nicht als Einkommen zu berücksichtigen.

### 4. Umfang, Art und Höhe des Unterhalts

#### a) Der Inhalt des Unterhaltsanspruchs

Geschuldet ist angemessener Unterhalt (§ 1610 BGB). Dieser umfasst insbesondere **980** folgende Positionen:

- Gesamter Lebensbedarf des Kindes (Wohnung, Verpflegung, Kleidung).
- Kosten einer angemessenen Vorbildung zu einem Beruf (§ 1610 Abs. 2 BGB). Dies impliziert die Pflicht der Eltern zur Finanzierung einer angemessenen und Begabung, Eignung und Neigung des Kindes entsprechenden **Berufsausbildung**.

Die Unterhaltspflicht erstreckt sich bis zur Erreichung eines Regelabschlusses. Dabei ist keine feste Altersgrenze vorgesehen. Allerdings trifft das Kind die Obliegenheit, seine Ausbildung ernsthaft zu betreiben. Hält es sich nicht daran, kann es seinen Unterhaltsanspruch gefährden.

**981** Darüber hinaus gibt es grundsätzlich keinen Anspruch auf Finanzierung einer **Zweitausbildung**. Die Finanzierung einer Zweitausbildung kommt nur in folgenden Ausnahmefällen in Betracht:

▪ Die Erstausbildung beruhte auf einer groben Verkennung der Fähigkeiten des Kindes.

▪ Das Kind wurde in einen seinen Begabungen und Neigungen nicht entsprechenden Beruf gedrängt.

▪ Ein Anspruch auf Finanzierung einer Zweitausbildung ist für den Ausbildungsgang Abitur-Lehre-Studium bedeutsam: Die Rechtsprechung erkennt einen Anspruch auf Finanzierung eines Hochschulstudiums an, wenn dieses mit dem vorausgegangenen Ausbildungsabschnitt in einem engen sachlichen und zeitlichen Zusammenhang steht und die Finanzierung den Eltern wirtschaftlich zumutbar ist.

Beispiele: Abitur, Banklehre, BWL- oder Jurastudium; Fachhochschulreife, Erzieherausbildung, Studium der Sozialen Arbeit.

**b) Die Art der Unterhaltsgewährung**

**982** Auf welche Art Unterhalt zu gewähren ist, ist ausdrücklich in § 1612 BGB geregelt. Zu unterscheiden sind zwei Unterhaltsformen:

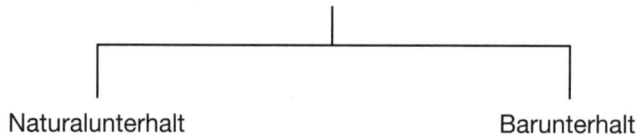

Naturalunterhalt                                  Barunterhalt

Im Grundsatz ist Verwandtenunterhalt als **Barunterhalt** konzipiert, der in Form eines monatlichen Geldbetrags zu gewähren ist (§ 1612 Abs. 1 BGB). Die Geldrente ist grundsätzlich im Voraus zu zahlen (§ 1612 Abs. 3 BGB). **Naturalunterhalt** (Gewährung von Unterkunft, Verpflegung, Erziehung) kann der Verpflichtete nur in besonderen Fällen anbieten (§ 1612 Abs. 1 S. 2 BGB).

Das Gegenteil gilt für den Unterhalt, den Eltern ihren unverheirateten (nicht unbedingt minderjährigen) Kindern leisten. Gem. § 1612 Abs. 2 BGB besitzen die Eltern ein Bestimmungsrecht über die Art der Unterhaltsgewährung. Sie können sich mithin für Naturalunterhalt entscheiden, müssen dabei allerdings die Belange der Kinder berücksichtigen. Unwirksam wäre die elterliche Unterhaltsbestimmung jedoch nur in Extremfällen, etwa bei der Bestimmung von Naturalunterhalt für ein Kind, das einen Studienplatz über die ZVS an einem anderen Studienort erhalten hat. Ausdrücklich ist dies für den Fall getrennt lebender Eltern eines minderjährigen Kindes geregelt: Lebt das Kind nicht im Haushalt des Unterhaltsverpflichteten kann dieser naturgemäß dem Kind keinen Naturalunterhalt anbieten, sondern muss Barunterhalt leisten (§ 1612 Abs. 2 S. 2 BGB).

**983** Für den Unterhalt von Kindern sind grundsätzlich beide Eltern zuständig. Beide müssen den Kindesunterhalt entsprechend ihrer Einkommens- und Vermögensverhältnisse anteilig decken (§ 1606 Abs. 3 BGB). Dieser Grundsatz wird im Verhältnis der Eltern minderjähriger Kinder untereinander wie folgt modifiziert: Der kindbetreuende Elternteil erfüllt seine Unterhaltspflicht durch Pflege und Erziehung des Kindes voll (§ 1606 Abs. 3 S. 2 BGB). In der Folge haftet nur der Elternteil, bei dem das Kind nicht lebt, auf Unterhalt in Form von Geld.

Die Gewährung von Unterhalt durch Betreuung und Erziehung des Kindes endet na-  **984** turgemäß, wenn das Kind volljährig wird. Daher haftet jetzt auch der Elternteil, bei dem das Kind lebt, anteilig.

### c) Die Bezifferung des Barunterhalts – Der Unterhaltsbedarf

Der konkret geschuldete Unterhalt richtet sich nach der Lebensstellung des Bedürfti-  **985** gen (§ 1610 Abs. 1 BGB). Für den Unterhaltsanspruch von Kindern ihren Eltern gegenüber gilt daher: Da sich die Lebensstellung des minderjährigen Kindes von seinen Eltern ableitet, ist deren konkreter Lebensstil maßstabsbildend.

Innerhalb einer intakten Familie wird der Unterhalt im Regelfall in Naturalien erbracht: Das Kind wohnt bei den Eltern und erhält von diesen Essen, Kleidung und die sonstigen Mittel unmittelbar zur Verfügung gestellt. Die Geldleistungen reduzieren sich auf das Taschengeld. Leben die Eltern hingegen getrennt, so stellt sich die Notwendigkeit, Barunterhalt zu leisten und damit die Schwierigkeit, den Unterhaltsbedarf des Kindes zu beziffern. Ausschlaggebend für den Unterhalt des Kindes ist damit das Einkommen des barunterhaltspflichtigen Elternteils.

Für die Berechnung des Unterhalts gelten ebenfalls Besonderheiten: Für minderjährige  **986** Kinder existiert ein in § 1612a BGB verbindlich vom Gesetzgeber vorgegebener Mindestunterhalt. Der **Mindestunterhalt** bestimmt sich im Wesentlichen nach dem steuerrechtlichen Existenzminimum des Kindes. Dieses wird auf der Basis des steuerrechtlichen Kinderfreibetrags errechnet. Maßstab für die Berechnung des Mindestbedarfs ist daher 1/12 des doppelten jährlichen Kinderfreibetrags. Der Bedarf wird dabei nicht zahlenmäßig konkretisiert, sondern als Rechengröße ausgehend von dem steuerlichen Existenzminimum festgelegt. Dadurch nimmt der Mindestunterhalt automatisch an Änderungen des steuerlichen Existenzminimums teil.

Für den Mindestunterhalt differenziert der Gesetzgeber zwischen drei Altersstufen:

- 0–5 Jahre: 87 % von 1/12 des doppelten Kinderfreibetrags (derzeit 317 € monatlich).
- 6–11 Jahre: 100 % von 1/12 des doppelten Kinderfreibetrags (derzeit 364 € monatlich).
- 12–17 Jahre: 117 % von 1/12 des doppelten Kinderfreibetrags (derzeit 426 € monatlich).

Außerhalb des Mindestunterhalts ist die konkrete Bezifferung des Unterhaltsbedarfs  **987** minderjähriger Kinder gesetzlich nicht vorgegeben. Die Oberlandesgerichte haben dafür allerdings sog **Unterhaltstabellen** entwickelt, in denen sie die Unterhaltsbeträge der Kinder nach Alter des Kindes und Einkommen des barunterhaltspflichtigen Elternteils staffeln. Die gebräuchlichste ist die sog Düsseldorfer Tabelle. Die Tabellen stellen allerdings lediglich Richtwerte dar. Die in ihnen ausgewiesenen Beträge sind für den Richter nicht verbindlich. Häufig orientieren sich die Gerichte jedoch daran.

Für Studierende, die nicht bei ihren Eltern leben, beträgt der angemessene Unterhaltsbetrag derzeit 670 € (Düsseldorfer Tabelle, Stand: 1.1.2013) monatlich. Dieser enthält eine Warmmiete in Höhe von 280 €, nicht jedoch die Beiträge zur Kranken- und Pflegeversicherung sowie Studiengebühren.

**988** **Kindergeld** mindert den Bedarf des Kindes (§ 1612b Abs. 1 BGB). Die Eltern haben nur noch den verbleibenden Barbedarf, der nicht durch das Kindergeld gedeckt wird, zu finanzieren. Gegenüber den Eltern hat das Kind einen Anspruch auf Auszahlung des Kindergeldes bzw kann entsprechende Naturalleistungen verlangen. Für die Anrechnung gilt:

- Bei minderjährigen unverheirateten Kindern, die von einem Elternteil betreut werden, ist das Kindergeld zu 50 % anzurechnen.
- Bei Kindern, die nicht betreut werden (volljährige Kinder, fremdbetreute minderjährige Kinder) wird das Kindergeld zu 100 % auf ihren Bedarf angerechnet.

Das Kindergeld beträgt derzeit pro Kind 184 €/monatlich (für das erste und zweite Kind). Für das dritte Kind beträgt es 190 € und für das vierte und jedes weitere Kind 215 €.


### 5. Die Leistungsfähigkeit des Unterhaltsverpflichteten

**989** Die Unterhaltspflicht besteht nur im Rahmen der Leistungsfähigkeit des Unterhaltsschuldners (§ 1603 Abs. 1 BGB). Der **Selbstbehalt** variiert dabei, je nach Unterhaltsberechtigten:

- 1.400 € monatlich bei alleinstehendem Kind gegenüber Eltern.
- 1.200 € monatlich bei Eltern gegenüber (volljährigen) Kindern.
- 1.000/800 € monatlich gegenüber minderjährigen unverheirateten Kindern. Diese sehr niedrigen Beträge haben folgenden Hintergrund:

**990**    Der Gesetzgeber schreibt für Eltern minderjähriger Kinder eine strengere Haftung als zwischen sonstigen Verwandten vor: Sind sie nicht in der Lage, ihren Kindern den eigentlich geschuldeten Unterhalt zu zahlen, so müssen sie alle verfügbaren Mittel zu ihrem und der Kinder Unterhalt gleichmäßig verwenden (§ 1603 Abs. 2 BGB). Man spricht auch davon, dass Eltern mit ihren minderjährigen Kindern eine **Notgemeinschaft** bilden müssen. Dies wird in der Weise umgesetzt, dass der Selbstbehalt für Eltern minderjähriger Kinder noch einmal gesenkt wird: Er beträgt 1.000 € monatlich. Ist der unterhaltsverpflichtete Elternteil nicht erwerbstätig sogar nur 800 € monatlich. Durch diesen „Trick" wird künstlich weiteres Einkommen der Eltern von diesen „abgezwackt" und für Unterhaltszwecke verfügbar gemacht.

Die Privilegierung gilt nicht nur für minderjährige unverheiratete sondern auch für sog privilegierte volljährige Kinder: Privilegierte volljährige Kinder sind die volljährigen unverheirateten Kinder bis zur Vollendung des 21. Lebensjahres, solange sie im Haushalt der Eltern leben und sich in der allgemeinen Schulausbildung befinden (§ 1603 Abs. 2 S. 2 BGB). Auch wenn sie schon volljährig sind, ist ihre Situation durchweg vergleichbar mit der eines minderjährigen Kindes.

Die Notgemeinschaft tritt dabei nur dann ein, wenn kein weiterer (leistungsfähiger) Unterhaltspflichtiger vorhanden ist (§ 1603 Abs. 2 S. 3 BGB). Hat das Kind hingegen noch zB leistungsfähige Großeltern, so gelten für die Eltern die regulären Selbstbehalte. Reicht ihr Einkommen nicht aus, um dem Kind Unterhalt zu zahlen, kann das Kind auf die Großeltern zurückgreifen.

**991** Wenn es darum geht, ein ausreichendes Einkommen für die eigenen Kinder sicherzustellen, werden besonders strenge Maßstäbe an den Unterhaltsschuldner angelegt: Er unterliegt einer **gesteigerten Erwerbsobliegenheit** gegenüber seinen minderjährigen sowie privilegierten volljährigen Kindern. In diesem Rahmen müssen alle zumutbaren Erwerbsmöglichkeiten ausgeschöpft werden. Notfalls müssen Überstunden geleistet oder Nebenbeschäftigungen aufgenommen werden, wenn es darum geht, den Mindestunterhalt der Kinder zu decken.

Nutzt der Unterhaltsverpflichtete seine Arbeitskraft nicht aus, werden ihm fiktive Einkünfte zugerechnet. Anwendungsfälle sind etwa das leichtfertige Aufgeben einer Arbeitsstelle ohne konkrete Aussicht auf eine neue Stelle oder ein selbstverschuldeter Arbeitsverlust.

Beispiele: Nicht zwingend gebotener Wechsel in eine weniger gut bezahlte Stellung; Herabsetzung der wöchentlichen Arbeitszeit; Wechsel in die Selbstständigkeit ohne Rücklagen zu bilden; Aufgabe der Berufstätigkeit, um ein Studium aufzunehmen (Nebentätigkeit zumutbar); Arbeitsplatzverlust infolge einer Straftat. Nicht jede Straftat reicht aus, wohl aber schwere Verfehlungen gegen Angehörige zB sexueller Missbrauch des unterhaltsberechtigten Kindes.

Neben Erwerbseinkünften müssen auch die Einkünfte aus dem Vermögen eingesetzt werden. Notfalls muss der Vermögensstamm selber verwertet werden.

Problematisch ist die Konstellation, dass der Unterhaltsverpflichtete eine neue Ehe **992** eingeht und sich mit seinem neuen Ehepartner darauf einigt, dass er die Haushaltsführung übernimmt. Auch wenn diese Entscheidung grundsätzlich zu respektieren ist, stellt die Rechtsprechung den Unterhaltsschuldner nicht automatisch von seinen Unterhaltsverpflichtungen frei. Selbst wenn in der neuen Ehe ein gemeinsames Kind zu versorgen ist, muss der Unterhaltsverpflichtete seine häusliche Tätigkeit auf das unabdingbare Mindestmaß beschränken und wenigstens eine Nebentätigkeit aufnehmen, um den Unterhalt seiner minderjährigen Kinder zu sichern. Das gilt auch für eine nichteheliche Lebensgemeinschaft, in der ein gemeinsames Kind zu betreuen ist.

## 6. Die Verwirkung des Unterhaltsanspruchs

§ 1611 BGB regelt Fälle, in denen eine **Unterhaltspflicht unbillig** wäre. In diesen Fällen **993** ist Unterhalt nur in einer Höhe zu leisten, die billig wäre. Bei grober Unbilligkeit fällt der Unterhaltsanspruch völlig weg (§ 1611 Abs. 1 S. 2 BGB). Die Beschränkungen wirken auch für andere Unterhaltsverpflichtete: Muss also zB ein Kind seinem Vater keinen Unterhalt mehr zahlen, weil der Anspruch verwirkt ist, so kann er auch nicht auf andere Unterhaltsverpflichtete zurückgreifen (§ 1611 Abs. 3 BGB). Eine Beschränkung kommt in folgenden Fällen in Betracht:

■ Bedürftigkeit aufgrund eigenen sittlichen Verschuldens.

Beispiele: „Arbeitsscheu"; Wettschulden; Erwerbsverlust durch Alkoholismus.

■ Gröbliche Verletzung seiner eigenen Unterhaltspflicht.

Beispiel: Ein Vater verlangt von seiner 30-jährigen Tochter Unterhalt. Er hat ihr als Kind seinerseits keinen Unterhalt gewährt, obwohl er dazu in der Lage gewesen wäre und ist auch rechtskräftig deswegen strafrechtlich verurteilt worden.

■ Schwere vorsätzliche Verfehlung gegenüber dem Unterhaltspflichtigen.

Beispiel: Ein Vater verlangt von seiner 30-jährigen Tochter Unterhalt, die er als Kind sexuell missbraucht hat.
Im Rahmen dieses Tatbestandes werden häufig gegenseitige Verfehlungen geltend gemacht. Der Ausschluss kann nur das Ergebnis einer Abwägung sein, bei der auch das Vorverhalten des Unterhaltsberechtigten berücksichtigt wird.

Auch im Rahmen des Verwirkungstatbestandes sind minderjährige (unverheiratete) **994** Kinder privilegiert. Ein Ausschluss ihrer Ansprüche gegenüber ihren Eltern ist nicht möglich (§ 1611 Abs. 2 BGB). Hingegen können volljährige privilegierte Kinder ihren Unterhaltsanspruch bei entsprechendem Verhalten verwirken.

## 7. Die Geltendmachung des Unterhalts

### a) Art der Geltendmachung

**995** Unterhalt wird grundsätzlich als konkret bezifferter Festbetrag geltend gemacht. Minderjährige Kinder können zudem den Unterhalt von dem Elternteil, mit dem sie nicht zusammenleben, als Prozentsatz des jeweiligen Mindestunterhalts verlangen (§ 1612a Abs. 1 BGB).

Beispiel: Ein 12-jähriges Kind kann wahlweise einen Festbetrag in Höhe von 334 € oder 100 % des Mindestunterhalts verlangen. Möchte das Kind demgegenüber 356 €, so kann es diesen Betrag entweder als Festbetrag verlangen oder 105 % des Mindestunterhalts geltend machen.

Der Mindestunterhalt fungiert dadurch zugleich als Rechengröße für die Festsetzung des Unterhalts. Verlangt der Minderjährige den Unterhalt als Prozentsatz erhält er einen sog **dynamischen Unterhaltstitel**, dessen Inhalt sich nach der aktuellen Höhe des Mindestunterhalts richtet und damit automatisch an der Erhöhung des Mindestunterhalts partizipiert (vgl Rn 986). Dies erlaubt eine automatische Anpassung des Unterhalts an veränderte Lebensumstände.

Wird demgegenüber ein zahlenmäßig festgelegter Unterhaltsbetrag verlangt, kann eine Anpassung an veränderte Verhältnisse nur nach einem gerichtlichen Verfahren, in dem der Unterhaltstitel abgeändert wird, erfolgen (§ 238 FamFG).

### b) Rückwirkende Geltendmachung

**996** Für die **rückwirkende Geltendmachung** von Unterhalt gilt folgende Besonderheit:

Grundsätzlich kann Unterhalt für die Vergangenheit erst ab dem Zeitpunkt gefordert werden, ab dem der Unterhaltsschuldner zur Auskunft über sein Einkommen aufgefordert oder in Verzug gesetzt wurde (zB durch eine Mahnung, vgl § 1613 Abs. 1 BGB, Rn 913) bzw ein Antrag bei Gericht rechtshängig gemacht wurde.

Eine zeitlich unbegrenzte rückwirkende Geltendmachung des Unterhalts ist daneben möglich, wenn der Unterhalt aus rechtlichen oder aus tatsächlichen Gründen bisher nicht geltend gemacht werden konnte. Dies ist insbesondere der Fall, wenn der Vater unbekannt ist oder der biologische Vater noch nicht rechtlich Vater ist, so dass aus diesem Grund der Verwandtenunterhalt nicht geltend gemacht werden konnte (§ 1613 Abs. 2 Nr 2 BGB).

Beispiel: Susi hat vor 6 Jahren außerehelich das Kind Jakob geboren. Erst jetzt wird die Vaterschaft gerichtlich festgestellt. Jakob (vertreten durch seine Mutter Susi) verlangt jetzt für die letzten 6 Jahre Unterhalt.

In diesem Fall kann nachträglich Unterhalt verlangt werden, auch wenn vom Vater zuvor weder Auskunft verlangt wurde, noch Unterhaltsleistungen angemahnt wurden. Die nachträgliche Geltendmachung eines uU sehr hohen Rückstands kann den Verpflichteten in finanzielle Bedrängnis bringen. Zu seinem Schutz kann von der nachträglichen Erfüllung abgesehen werden; der Betrag kann aber auch aufgesplittet oder gestundet werden. Voraussetzung ist, dass die Geltendmachung des Rückstandes für ihn eine unbillige Härte bedeutet (§ 1613 Abs. 3 BGB).

Daneben kann rückwirkend Unterhalt wegen Sonderbedarf verlangt werden (§ 1613 Abs. 2 Nr 1 BGB).

### c) Vertretung des Kindes im Unterhaltsprozess

Bei der Geltendmachung des Kindesunterhalts wird das Kind grundsätzlich von seinen **997** Eltern vertreten. Steht den Eltern das Sorgerecht gemeinsam zu, so kann derjenige Elternteil, der das Kind in Obhut hat, die Unterhaltsansprüche des Kindes gegen den anderen Elternteil allein geltend machen (§ 1629 Abs. 2 S. 2 BGB). Sind die Eltern miteinander verheiratet, macht der Elternteil bis zur rechtskräftigen Scheidung den Unterhalt des Kindes im eigenen Namen geltend (gesetzliche Prozessstandschaft, § 1629 Abs. 3 BGB).

### 8. Vereinbarungen über den Unterhalt

Der Verwandtenunterhalt ist nur eingeschränkt rechtsgeschäftlichen Vereinbarungen **998** zugänglich. Unzulässig (nichtig) ist ein Verzicht für die Zukunft (§ 1614 Abs. 1 BGB). Zulässig ist hingegen die Verpflichtung zur Übernahme der Unterhaltspflicht des anderen Elternteils.

Über in der Vergangenheit liegende Unterhaltsansprüche ist eine Vereinbarung möglich. Ebenso zulässig sind Vereinbarungen über die Höhe des Unterhaltsanspruchs. Unterschreitet der vereinbarte Unterhalt allerdings den angemessenen Zahlbetrag um ein Drittel oder mehr, so liegt darin ein unzulässiger Teilverzicht. Uneingeschränkt zulässig ist ein Verzicht auf Unterhaltsrückstände.

### 9. Erlöschen des Unterhaltsanspruchs

Der Unterhaltsanspruch erlischt (außer beim Wegfall der allgemeinen Anspruchsvor- **999** aussetzungen) in folgenden Fällen (§ 1615 Abs. 1 BGB):

- Tod des Berechtigten.
- Tod des Verpflichteten.

Der Unterhaltsanspruch erlischt allerdings in diesen Fällen nur für die Zukunft. Hingegen bleiben die bereits bestehenden Ansprüche für die Vergangenheit (soweit sie geltend gemacht wurden) bestehen (§ 1615 Abs. 2 BGB).

### VII. Unterhalt zwischen unverheirateten Eltern

### 1. Anspruchsgrundlagen

Die unverheiratete Mutter kann von dem Kindesvater in folgenden Konstellationen für **1000** sich Unterhalt verlangen:

- **„Mutterschutz"**: Ein Unterhaltsanspruch besteht während der gesetzlichen Mutterschutzfristen sechs Wochen vor bis acht Wochen nach der Geburt (§ 1615l Abs. 1 S. 1 BGB). Der Anspruch umfasst auch die Kosten, die infolge der Schwangerschaft oder Entbindung entstehen.

  Beispiele: Schwangerschaftskleidung, Babyerstausstattung.

■ **Schwangerschaftsbedingte Erwerbsunfähigkeit** (§ 1615l Abs. 2 S. 1 BGB): Unterhalt kann von dem Kindesvater verlangt werden, wenn die Mutter aufgrund einer schwangerschafts- oder geburtsbedingten Krankheit bzw aufgrund der Schwangerschaft selber nicht erwerbstätig sein kann.

■ **Betreuungsunterhalt** (§ 1615l Abs. 2 S. 2 BGB): Unterhalt kann die Mutter vom Kindesvater sodann verlangen, wenn von ihr wegen der Pflege des Kindes keine Erwerbstätigkeit erwartet werden kann.

Wie für den nachehelichen Betreuungsunterhalt, gilt auch für die unverheiratete Mutter: Während der ersten drei Jahre ist eine Erwerbstätigkeit ihr nicht zumutbar (§ 1615l Abs. 3 S. 3 BGB). Der Anspruch beginnt dabei bereits vier Monate vor der Geburt. Nach dem 3. Lebensjahr des Kindes kann Unterhalt verlangt werden, wenn es der Billigkeit entspricht. In diesem Rahmen sind insbesondere die Möglichkeiten der Kinderbetreuung zu berücksichtigen.

Allerdings ist der Betreuungsunterhalt – anders als die übrigen Unterhaltstatbestände – nicht auf die Mutter beschränkt: Wenn das Kind von dem Vater betreut wird, steht der Unterhaltsanspruch dem Vater zu und richtet sich gegen die Mutter (§ 1615l Abs. 4 BGB).

### 2. Bedarf und Leistungsfähigkeit

**1001** Die Höhe des zu leistenden Unterhalts richtet sich nach der Lebensstellung der Mutter. Es ist daher zu prüfen, wie die Erwerbsbiografie der Mutter ohne Kind ausgesehen hätte. Maßgebend ist das Einkommen, das sie mit hoher Wahrscheinlichkeit erzielt hätte. Hingegen orientiert sich der geschuldete Unterhalt nicht primär an den Verhältnissen des Kindesvaters. Reicht sein Einkommen nicht aus, um den Unterhalt zu erbringen, fällt der Unterhaltsanspruch wegen mangelnder Leistungsfähigkeit weg. Der Unterhaltsbedarf beträgt mindestens 800 € monatlich.

### VIII. Rangfolge bei mehreren Unterhaltsberechtigten

**1002** Wenn mehrere Unterhaltsbedürftige Ansprüche erheben, kann es sein, dass das Einkommen des Unterhaltsschuldners nicht zur Deckung aller Unterhaltsansprüche ausreicht. Für diesen Fall legt das BGB in § 1609 BGB eine **Rangfolge** fest, nach der der Bedarf zu decken ist.

1. Rang: Minderjährige unverheiratete und privilegierte volljährige Kinder (§ 1603 Abs. 2 S. 2 BGB).

2. Rang: Alle Elternteile, denen Betreuungsunterhalt zusteht (verheiratete aus § 1570 BGB und nicht verheiratete aus § 1615l Abs. 2 BGB), daneben lang verheiratete (auch geschiedene) Ehegatten.

3. Rang: Sonstige (auch geschiedene) Ehegatten.

4. Rang: Sonstige Kinder.

5. Rang: Enkelkinder und weitere Abkömmlinge.

6. Rang: Eltern.

7. Rang: Weitere Verwandte der aufsteigenden Linie (Großeltern, Urgroßeltern), wobei die näheren vor den entfernteren rangieren.

Reicht das Einkommen des Unterhaltsverpflichteten nicht aus, um sämtliche Ansprüche zu decken, so sind zuerst die Ansprüche der erstrangigen Bedürftigen zu decken. Erst wenn deren Bedarf umfassend gedeckt ist, können nachrangige Unterhaltsberechtigte befriedigt werden. Reicht das Geld hingegen nicht mehr für die zweitplatzierten Gläubiger, weil der Schuldner dann nicht mehr leistungsfähig ist, steht den nachrangigen Gläubigern kein Anspruch zu.

Die Unterhaltsberechtigten innerhalb eines Ranges genießen Gleichrang. Reicht das **1003** vorhandene Einkommen des Schuldners nicht einmal aus, um die Ansprüche aller Erstplatzierten zu decken, so ist der Unterhaltsanspruch anteilig nach den vorhandenen Mitteln zu kürzen (**Mangelfallberechnung**).

Beispiel: Herrmann hat zwei minderjährige Kinder Paula (3 Jahre) und Henrik (13 Jahre). Sein monatliches bereinigtes Nettoeinkommen beträgt 1.300 €. Auf dieser Basis schuldet er eigentlich folgenden Unterhalt:

Für Paula: 225 € (317 € abzüglich des hälftigen Kindergeldes iH von 92 €).

Für Henrik: 334 € (426 € – 92 € hälftiges Kindergeld).

Herrmann kann nicht den vollen Unterhalt (insgesamt 559 €) leisten, da er hierdurch seinen Selbstbehalt (1.000 €) gefährden würde. Es stehen für den Unterhalt mithin nur 300 € zur Verfügung. Diese 300 € sind jetzt gleichmäßig auf Paula und Henrik zu verteilen.

Der konkret geschuldete Unterhalt errechnet sich wie folgt: „Unterhaltsbedarf des Kindes" x „zur Verteilung anstehendes Einkommen" : „Summe aller Unterhaltsansprüche".

Paula: 225 € x 300 € : 559 € = 121 €.

Henrik: 334 x 300 € : 559 € = 179 €.

Mehr kann Herrmann nicht zahlen, da er insoweit nicht leistungsfähig ist. Soweit der Unterhaltsanspruch der Kinder nicht von Herrmann erfüllt werden kann, erlischt er.

## IX. Verfahrensrechtliche Hinweise zur Geltendmachung von Unterhaltsansprüchen

Der Unterhaltsanspruch ist Familiensache (§§ 111 Nr 8, 231 Abs. 1 FamFG). Es gelten **1004** die Verfahrensregeln des FamFG. Die Besonderheiten für das Unterhaltsverfahren sind in den § 231 ff sowie §§ 112 ff FamFG geregelt. In Unterhaltssachen gilt der Amtsermittlungsgrundsatz nicht (§ 113 Abs. 1 FamFG). Es ist daher nicht Aufgabe des Gerichts, den maßgeblichen Sachverhalt (vor allem das Einkommen) zu klären. Vielmehr muss der Antragsteller sämtliche Leistungsvoraussetzungen vortragen und auch beweisen, insbesondere die Leistungsfähigkeit des in Pflicht genommenen Schuldners. Das Gericht besitzt aber gesteigerte Befugnisse zur Aufklärung unterhaltsrelevanter Tatsachen. In diesem Rahmen kann es unter bestimmten Voraussetzungen Auskünfte vom Finanzamt oder Arbeitgeber verlangen (§ 236 FamFG).

Für die Geltendmachung von Kindesunterhalt minderjähriger Kinder gilt eine verfah- **1005** rensrechtliche Besonderheit: Minderjährige können von dem Elternteil, mit dem sie nicht in einem Haushalt leben, den Unterhalt als Prozentsatz des jeweiligen Mindestunterhalts verlangen (§ 1615a BGB). In Höhe des 1,2fachen Satzes des Mindestunterhaltsbetrags kann der Unterhalt im **vereinfachten Verfahren** geltend gemacht werden (§ 249 FamFG).

Ziel des vereinfachten Verfahrens ist eine Beschleunigung gegenüber dem regulären Verfahren. In diesem Rahmen soll auf den in Anspruch genommenen Elternteil dahin gehend eingewirkt werden, dass er Einwendungen möglichst zügig geltend macht. Gegenüber einem regulären Unterhaltsverfahren gelten folgende Besonderheiten:

■ Einwendungen des Antragsgegners (§ 252 FamFG) insbesondere zu seiner Leistungsfähigkeit (§ 252 Abs. 2 FamFG) sind nur eingeschränkt möglich.

■ Eine Entscheidung kann ohne mündliche Verhandlung ergehen.

Allerdings kann der Unterhaltsverpflichtete das Verfahren in ein reguläres Verfahren überführen (§ 255 FamFG).

## X. Prüfschema und Lösungshinweise zum Übungsfall 17

**1006** Für Unterhaltsansprüche empfiehlt es sich, nach folgendem Prüfungsschema zu verfahren:

1. Unterhaltsgrund (der Anspruch im eigentlichen Sinn). Prüfung, ob seine Voraussetzungen vorliegen, uU Festlegung der Rangfolge potenzieller Unterhaltsschuldner.
2. Bedürftigkeit des Anspruchstellers.
3. Bedarf (Höhe des Unterhalts).
4. Leistungsfähigkeit des Unterhaltsschuldners.
5. Einwendungen gegen den Unterhaltsanspruch:
   a) Ausschlusstatbestände.
   b) Begrenzung (zeitlich/in der Höhe).
   c) Ende des Anspruchs.
   d) Verjährung.

Sind mehrere Unterhaltsansprüche zu prüfen (etwa die geschiedene Ehefrau und Kinder) empfiehlt sich folgende Herangehensweise:

1. Prüfung des Unterhaltsanspruchs des Kindes (nach obigem Schema).
2. Prüfung des Unterhaltsanspruchs des geschiedenen Ehepartners (ebenfalls nach obigem Schema). Dabei ist das bereinigte Nettoeinkommen des Unterhaltspflichtigen zu korrigieren, indem der vorrangige Kindesunterhalt abgezogen wird.
3. Reicht das verfügbare Nettoeinkommen nicht für alle gleichberechtigten Unterhaltsschuldner aus, ist die Rangfrage zu klären (§ 1609 BGB). Reicht das vorhandene Einkommen nicht aus, um die Ansprüche gleichrangiger Berechtigter zu erfüllen, ist eine Mangelfallberechnung vorzunehmen.

**1007** Lösungshinweise zum Übungsfall 17 (Fall Rn 898)

Frage 1: Grundlage für Johannes Unterhaltsanspruch ist § 1601 BGB, der Verwandtschaft in gerader Linie voraussetzt. Unterhaltsansprüche können sich daher nur gegen seine Eltern richten, nicht hingegen gegen seinen Bruder.

a) Ansprüche gegenüber Frau Meister: Für Johannes Mutter gilt: Frau Meister erfüllt ihre Unterhaltpflicht gegenüber Johannes durch Pflege und Erziehung (§ 1606 Abs. 3 BGB). Sie erfüllt daher Johannes Unterhaltsanspruch.

b) Ansprüche gegenüber Herrn Meister: Herr Meister ist grundsätzlich barunterhaltspflichtig (§ 1612 BGB). Seine Unterhaltspflicht setzt weiter voraus, dass Johannes bedürftig ist (§ 1602 Abs. 1 BGB). Anhaltspunkte dafür, dass Johannes Einkommen oder Vermögen besitzt, fehlen. Eine Erwerbstätigkeit muss Johannes nicht aufnehmen, da er noch die allgemeine Schule besucht. Damit ist von seiner Bedürftigkeit auszugehen. Allerdings ist das Kindergeld bedarfsmindernd zu berücksichtigen. Johannes monatlicher Bedarf liegt aktuell bei 426 €. Auf diesen ist das hälftige Kindergeld in Höhe von 92 € anzurechnen (§ 1612b Abs. 1 Nr 1 BGB). Damit stehen ihm grundsätzlich 334 € zu. Sodann stellt sich die Frage nach der Leistungsfähigkeit von

Herrn Meister (§ 1603 Abs. 1 BGB). Zu prüfen ist, ob der Vater ohne Gefährdung des angemessenen Selbstbehalts Unterhalt leisten kann. Sein Selbstbehalt liegt bei 1.200 € monatlich. Dieser wird hier unterschritten, so dass sich die Problematik der Bildung einer Notgemeinschaft und Herabsetzung des Selbstbehalts stellt (§ 1603 Abs. 2 BGB). Der Selbstbehalt von Herrn Meister ist daher weiter auf 1.000 € zu reduzieren. Dieser Betrag würde nicht unterschritten, so dass Herr Meister für Johannes Anspruch leistungsfähig ist.

Der Unterhaltsanspruch besteht, solange Johannes bedürftig ist. Er umfasst insbesondere auch eine angemessene Vorbildung zu einem Beruf (§ 1610 Abs. 2 BGB). Damit ist der Unterhaltsanspruch nicht auf das 18. Lebensjahr von Johannes beschränkt.

Frage 2: Die Frage zielt auf einen Unterhaltsausschluss nach § 1611 BGB ab. Inhaltlich stellt sich die Frage, ob eine Kontaktverweigerung eine vorsätzliche schwere Verfehlung gegenüber Herrn Meister darstellt. Selbst wenn man dies annehmen wollte, scheidet eine Herabsetzung des Unterhaltsanspruchs aus. Denn der Tatbestand findet keine Anwendung auf die Unterhaltspflicht von Eltern gegenüber ihren minderjährigen unverheirateten Kindern (§ 1611 Abs. 2 BGB). Herr Meister ist daher nicht zur Herabsetzung des Unterhalts berechtigt.

Frage 3: Wenn Herr Meister erneut verheiratet ist und ein zweites Kind hat, ist er auch seiner Frau und dem Kind unterhaltspflichtig. In Anbetracht seines kargen Einkommens ist jetzt nicht mehr damit zu rechnen, dass er alle Unterhaltsansprüche befriedigen kann. Damit ist an erster Stelle das Rangverhältnis der Unterhaltsschuldner zu klären (§ 1609 BGB).

Auf dem 1. Rang stehen alle minderjährigen unverheirateten Kinder. Johannes teilt sich den 1. Rang mit dem Kind aus der neuen Verbindung. Für dieses ist Unterhalt in Höhe von 225 € (317 € – 92 € Kindergeld) zu gewähren. Für Johannes und das zweite Kind muss Herr Meister Unterhalt iH von 559 € monatlich zahlen. Dies unterschreitet seinen angemessenen Selbstbehalt von 1.100 €. Sein notwendiger Selbstbehalt ist daher auf 1.000 € herabzusetzen (§ 1603 Abs. 2 BGB). Allerdings wird auch dieser unterschritten. Herr Meister ist nicht in der Lage, beide Ansprüche zu erfüllen. Es hat daher eine Mangelfallberechnung zu erfolgen. Beide Ansprüche sind nur prozentual zu erfüllen, aber nicht mehr in voller Höhe.

Erst auf dem 2. Rang folgt die zweite Ehefrau als kindbetreuender Elternteil. Ihre Unterhaltsansprüche scheiden daher aus, da das vorhandene Einkommen von Herrn Meister nicht einmal zur vollständigen Deckung der Unterhaltsansprüche seiner Kinder ausreicht.

# Kapitel 5: Adoption

Fallbeispiel: Die 7-jährige Susanne und ihre 18-jährige Schwester Claudine Bott sollen von ihrer Pflegemutter, Frau Gut, adoptiert werden. Claudine hat kürzlich das Kind Miriam geboren.

## I. Überblick

Die **Adoption** ist ein Fall „künstlicher" Elternschaft durch gerichtliche Entscheidung. **1008** Früher lag die Hauptbedeutung der Adoption darin, kinderlosen Ehepaaren Erben zu verschaffen. Im Gegenteil dazu geht es heute darum, Kindern ein rechtlich gesichertes neues Elternhaus zu geben. Das Recht der Adoption ist in den Normen §§ 1741–1772 BGB geregelt.

Zu unterscheiden ist zwischen der Adoption Minderjähriger und der Adoption Volljähriger. Beides ist grundsätzlich möglich. Allerdings bestehen zT Unterschiede in Voraussetzung und Wirkung.

Für Minderjährige gilt: Grundsätzlich ist eine Adoption zulässig und möglich (§ 1741 Abs. 1 BGB).

Für Volljährige gilt: Eine Adoption ist nur möglich, wenn sie sittlich gerechtfertigt ist (§ 1767 Abs. 1 BGB). Diese Formulierung weist der Volljährigenadoption eine Randposition zu.

Fallbeispiel: Eine Adoption von Susanne ist damit grundsätzlich möglich. Für die Adoption von Claudine gelten hingegen Besonderheiten.

Eine Adoption ist dabei eine einmalige „Geschichte". Ist ein Kind bereits einmal adoptiert worden, so kann es, solange seine Adoptiveltern leben, nur von dessen Ehegatten angenommen werden (§ 1742 BGB).

Fallbeispiel: Würde Frau Gut nach der Adoption heiraten, dann könnte jetzt auch ihr Ehemann Susanne annehmen. Hingegen kann Frau Gut Susanne nicht ihrerseits zur Adoption freigeben (Kettenadoption). Eine weitere Adoption von Susanne wäre nur dann möglich, wenn die Adoption von ihr aufgehoben würde.

Anderes gilt für Volljährige (§ 1768 Abs. 1 S. 2 BGB), bei denen Mehrfachadoptionen denkbar sind.


## II. Die Minderjährigenadoption

### 1. Die rechtliche Bedeutung der Adoption – Was passiert bei der Adoption?

**1009** Die Adoption ist auf eine komplette Ersetzung der rechtlichen Zuweisung eines Kindes gerichtet. Mit der Adoption „wird" das Kind zum Kind seiner Adoptiveltern. Es erlangt die Stellung eines leiblichen Kindes des Annehmenden (§ 1754 Abs. 1, 2 BGB). Dabei ist zu unterscheiden, ob das Kind durch ein Ehepaar oder nur durch eine Einzelperson angenommen wurde:

- Nimmt ein Ehepaar das Kind an, erlangt es die Stellung eines gemeinschaftlichen Kindes (§ 1754 Abs. 1 BGB).
- Nimmt ein Einzelner das Kind an, erlangt es die Stellung als Kind nur des Annehmenden (§ 1754 Abs. 2 BGB).

**1010** Die Adoption eines Kindes hat folgende weitere Wirkungen:

- Der Annehmende bzw die Annehmenden besitzen die volle **elterliche Sorge** für das Kind (§ 1754 Abs. 3 BGB).
- Das Kind teilt den **Wohnsitz** seiner Adoptiveltern.
- Das Kind erhält als **Geburtsnamen** den Familiennamen des Annehmenden (§ 1757 Abs. 1 BGB). Führen verheiratete Adoptiveltern keinen gemeinsamen Ehenamen, muss der Geburtsname durch Erklärung gegenüber dem Familiengericht bestimmt werden (§ 1757 Abs. 2 BGB). Ist das Kind älter als fünf Jahre, muss es sich der Erklärung der Adoptiveltern anschließen (§ 1757 Abs. 2 S. 2 BGB).
- Der **Vorname** des Kindes bleibt unberührt von der Adoption. Es besteht jedoch die Möglichkeit, ihn durch familiengerichtliche Entscheidung zu ändern, wenn dies seinem Wohl entspricht (§ 1757 Abs. 4 Nr 1 BGB). Das Kind muss einwilligen. Die Änderung des Vornamens ist nur zeitgleich mit Ausspruch der Adoption zulässig.
- Das **Verwandtschaftsverhältnis** des Kindes und seiner Abkömmlinge zu den bisherigen Verwandten erlischt (§ 1755 Abs. 1 BGB). Damit bestehen zwischen dem

adoptierten Kind und seinen leiblichen Eltern keine gegenseitigen Rechte und Pflichten mehr (§ 1755 Abs. 1 BGB). Die gegenseitigen Unterhaltsansprüche aus Verwandtschaft erlöschen.

Fallbeispiel: Susanne ist jetzt nicht mehr mit ihren Eltern, Großeltern und Tanten verwandt. An deren Stelle ist jetzt Frau Gut ihre Mutter. Frau Guts Eltern sind ihre Großeltern und Frau Guts Geschwister sind Susannes Onkel und Tante.

Diese rechtliche völlige Loslösung des Kindes von seinen leiblichen Eltern hat zwei **1011** **Ausnahmen.** In beiden bestehen noch ausreichend enge Bande zwischen dem Kind und seiner Herkunftsfamilie.

– Verwandtschaft/Schwägerschaft des Kindes mit dem Annehmenden im 2. oder 3. Grad.

Beispiel: Das Kind wird von seiner Tante und deren Ehemann adoptiert.

In diesem Fall erlischt nur das Verwandtschaftsverhältnis zwischen Kind nebst Abkömmlingen zu seinen Eltern (§ 1756 Abs. 1 BGB). Die übrigen Verwandtschaftsverhältnisse (etwa zu den Geschwistern oder Großeltern) bleiben erhalten. Dadurch erhält das Kind in der Konsequenz weitere Verwandte, zB weitere Großeltern.

– Adoption des Kindes durch den Ehegatten des leiblichen Elternteils. In diesem Fall erlöschen grundsätzlich nur die Verwandtschaftsverhältnisse zu dem anderen Elternteil (§ 1756 Abs. 2 BGB).

Beispiel: Die Mutter ist nach der Scheidung von dem Vater des Kindes in zweiter Ehe verheiratet. Der Stiefvater adoptiert das Kind. Das Verwandtschaftsverhältnis zur Mutter und zu deren Verwandten erlischt nicht. Wohl aber das Verwandtschaftsverhältnis zu seinem Vater und dessen Verwandten. Das Kind behält mithin die Mutter und die Großeltern mütterlicherseits und verliert den Vater nebst dessen Verwandten. An die Stelle des Vaters treten jetzt der Stiefvater und dessen Verwandte.

Anderes gilt, wenn der leibliche Elternteil verstorben ist. Bei der Annahme des verwaisten Stiefkindes bleibt das Verwandtschaftsverhältnis zu dem anderen (verstorbenen) Elternteil bestehen, wenn er vorher Sorgerechtsinhaber war (§ 1756 Abs. 2 BGB).

Beispiel: Die Mutter ist nach dem Tod des Vaters in zweiter Ehe verheiratet. Das Kind wird von seinem Stiefvater adoptiert. In diesem Fall bleibt das Kind weiter mit den Verwandten seines Vaters verwandt.

## 2. Die Adoptiveltern – Wer kann ein Kind adoptieren?

Sowohl unverheiratete als auch verheiratete Personen können ein Kind adoptieren. **1012** Dabei gelten **Altersgrenzen**:

▪ Unverheiratete können ein Kind nur allein annehmen (§ 1741 Abs. 2 S. 1 BGB). Damit ist es für nicht miteinander verheiratete Paare ausgeschlossen, ein Kind als gemeinsames anzunehmen. Es gilt dabei ein Mindestalter von 25 Jahren (§ 1743 S. 1 BGB).

▪ Verheiratete können das Kind hingegen nur gemeinsam annehmen (§ 1741 Abs. 2 S. 2 BGB). Für das Alter gilt: Ein Ehegatte muss mindestens 25, der andere mindestens 21 Jahre alt sein (§ 1743 S. 2 BGB). Ist der andere Ehegatte jünger als 21 Jahre oder geschäftsunfähig, so kann nur der über 25-jährige Ehegatte das Kind (jetzt alleine) annehmen (§ 1741 Abs. 2 S. 4 BGB).

▪ Zulässig ist daneben die Stiefkindadoption (§ 1741 Abs. 2 S. 3 BGB). In diesem Fall nimmt der Ehegatte das Kind des anderen Ehegatten an. Er muss dafür mindestens

21 Jahre alt sein (§ 1743 S. 1 BGB). Die „Stiefkindadoption" ist daneben auch für den eingetragenen Lebenspartner möglich[11].

## 3. Voraussetzungen der Adoption

### a) Inhaltliche Anforderungen

**1013** In inhaltlicher Hinsicht setzt eine Adoption voraus, dass sie dem **Kindeswohl** dient und ein **Eltern-Kind-Verhältnis** zwischen Adoptivkind und –eltern erwartet werden kann (§ 1741 Abs. 1 BGB).

Sie ist ausgeschlossen, wenn die Interessen der Kinder von Adoptiveltern oder des Adoptivkindes entgegenstehen. Es reicht dabei aus, dass ihre Interessen nur gefährdet sind, wobei es allerdings nicht auf vermögensrechtliche Interessen ankommen soll (§ 1745 BGB). Die Adoption ist ebenfalls ausgeschlossen, wenn die künftigen Adoptivgeschwister die Interessen des Adoptivkindes gefährden.

Problematisch ist der **„Handel" mit Adoptivkindern.** Grundsätzlich werden Adoptiveltern und –kinder über die zuständige Adoptionsvermittlungsstelle vermittelt. Gesetzeswidriges Verhalten unter Umgehung des regulären Mechanismus soll daher nicht durch die Aussprache der Adoption „belohnt" werden. Eine Adoption ist gleichwohl nicht ausgeschlossen. Sie ist jedoch nur möglich, wenn sie im Kindesinteresse erforderlich ist (§ 1741 Abs. 1 S. 2 BGB).

### b) Probepflege

**1014** Im Zentrum der Adoption steht die Prüfung, ob zwischen Adoptiveltern und –kind ein Eltern-Kind-Verhältnis entstehen wird. Um dies abschätzen zu können, ist eine **Probezeit** vor der Adoption vorgesehen: Die Adoption soll erst ausgesprochen werden, wenn der Annehmende das Kind eine angemessene Zeit in Pflege gehabt hat (§ 1744 BGB).

Für die Angemessenheit der Pflegedauer gelten keine starren Grenzen. Ausschlaggebend sind die Umstände des Einzelfalls. Im Zentrum steht die Frage, welche Zeit notwendig ist, um die Schwierigkeiten bei der Entwicklung eines Eltern-Kind-Verhältnisses zu überbrücken. Das kann gerade bei Kleinkindern zu einer kürzeren Probezeit führen.

Die Probezeit ist eine „Sollens-Vorgabe". Wird die Norm verletzt, bleibt eine gleichwohl ausgesprochene Adoption wirksam. Sie kann auch nicht allein wegen dieses Verstoßes aufgehoben werden.

### c) Adoptionsantrag

**1015** Das Verfahren wird durch einen **Antrag des Annehmenden** in Gang gebracht. Der Antrag ist formbedürftig: Er bedarf der notariellen Beurkundung (§ 1752 Abs. 2 S. 2 BGB) und ist bedingungs- und befristungsfeindlich (§ 1752 Abs. 2 S. 1 BGB). Fehlt der Antrag, oder ist er unwirksam, so ist eine gleichwohl ausgesprochene Adoption wirk-

---

11  BVerfG, NJW 2013, 847.

sam. Sie kann jedoch auf Antrag des Beteiligten aufgehoben werden (§ 1760 Abs. 1 BGB).

### d) „Freigabe" des Kindes durch die Eltern

### aa) Bedeutung

Die Adoption des Kindes ist wohl der tiefste denkbare Einschnitt in die rechtliche Po- **1016** sition der Eltern. Daher ist sie grundsätzlich davon abhängig, dass die leiblichen Eltern ihr Einverständnis mit ihr erklären indem sie das Kind für die Adoption freigeben (§ 1747 BGB).

Die Einwilligung eines Elternteils ist nur dann nicht erforderlich, wenn er zur Abgabe der Erklärung dauerhaft außerstande (dauerhaft geschäftsunfähiger Elternteil) ist oder sein Aufenthalt dauerhaft unbekannt ist (Findelkind, § 1747 Abs. 4 BGB). Hingegen muss ein minderjähriger Elternteil in die Adoption einwilligen. Wird zu Unrecht angenommen, dass die Einwilligung nicht erforderlich ist, ist die Adoption aufhebbar (§ 1760 Abs. 1 BGB). Allerdings kann der betroffene Elternteil die Einwilligung nachträglich erteilen oder auch durch sein Verhalten zu erkennen geben, dass das Annahmeverhältnis aufrechterhalten bleiben soll (§ 1760 Abs. 5 BGB). Eine Adoption gegen den Willen der Eltern ist demgegenüber an strenge Voraussetzungen gebunden (Zwangsadoption, vgl Rn 1025 f).

Die Einwilligung der Eltern in die Adoption ihres Kindes ist unwiderruflich (§ 1750 **1017** Abs. 2 S. 2 BGB). Sie verliert aber ihre Kraft beim „Scheitern" der Adoption. Das betrifft folgende Fälle (§ 1750 Abs. 4 BGB):

■ Der Adoptionsantrag wird zurückgenommen.
■ Die Adoption wird abgelehnt.
■ Die Adoption ist nicht innerhalb von drei Jahren nach Wirksamwerden der Einwilligungen durchgeführt worden.

Erforderlich ist die **Einwilligung** beider Eltern. Die sorgerechtliche Situation ist uner- **1018** heblich. Einwilligen müssen also auch Elternteile, denen die Sorge nach § 1666 BGB entzogen wurde. Das macht die Einwilligung des Kindesvaters in jedem Fall erforderlich, auch dann wenn er bloß rechtlicher Vater ohne sorgerechtliche Befugnisse ist (§ 1747 Abs. 1 BGB). Allerdings gelten Besonderheiten für die Einwilligung des nicht sorgerechtlich beteiligten unverheirateten Vaters (§ 1747 Abs. 3 BGB). Problematisch ist insoweit die Konstellation, dass sich der Vater um die Sorge bemüht, die Mutter aber das Kind zur Adoption freigeben will. In diesem Fall gewissermaßen konkurrierender Verfahren, gilt ein Vorrang zugunsten des Vaters: Über die Adoption kann erst dann entschieden werden, wenn über den Antrag des Vaters auf Übertragung der Sorge entschieden wurde (§ 1747 Abs. 3 Nr 3 BGB).

Das **Einwilligungserfordernis des Vaters** setzt im Regelfall voraus, dass er auch rechtlicher Vater des Kindes ist. Gibt es keinen rechtlichen Vater, so besitzt der nur mögliche Vater das Einwilligungsrecht. Er muss dafür lediglich glaubhaft machen, dass er der Mutter während der Empfängniszeit beigewohnt hat (§ 1747 Abs. 1 BGB).

Die Einwilligung richtet sich im Grundsatz auf die Adoption durch bestimmte Adop- **1019** tiveltern. Die Einwilligung ist gleichwohl auch dann wirksam, wenn die Adoptiveltern schon feststehen, aber den leiblichen Eltern nicht bekannt sind. Dies erlaubt die **In- kognito-Adoption** (§ 1747 Abs. 2 S. 2 BGB). Unzulässig wäre hingegen eine Blanko-Einwilligung in die Adoption, wenn die Adoptiveltern noch nicht feststehen.

**1020** Eine trotz Fehlern oder sogar ohne die erforderliche Einwilligung der Eltern ausgesprochene Adoption ist wirksam. Sie kann jedoch auf Antrag des Beteiligten aufgehoben werden (§ 1760 Abs. 1 BGB, vgl Rn 1034 ff).

### bb) Formale Anforderungen an die Einwilligung

**1021** Für die Einwilligung der Eltern gelten die gleichen formalen Anforderungen wie für den Adoptionsantrag:

- **Formerfordernis**: Die Einwilligung in die Adoption bedarf der notariellen Beurkundung (§ 1750 Abs. 1 S. 2 BGB). Sie ist dem Familiengericht gegenüber zu erklären und wird wirksam in dem Zeitpunkt, in dem sie dem Familiengericht zugeht (§ 1750 Abs. 1 BGB).
- **Höchstpersönlichkeit** (§ 1750 Abs. 3 BGB): Eine Stellvertretung ist ausgeschlossen. Das gilt auch für minderjährige Eltern, die für die Freigabe ihres Kindes nicht die Zustimmung ihrer Eltern **benötigen**.
- **Bedingungs-** und **Befristungsfeindlichkeit** (§ 1750 Abs. 2 BGB).

**1022** In zeitlicher Hinsicht kann die Freigabe frühestens erteilt werden, wenn das Kind acht Wochen alt ist (§ 1747 Abs. 2 S. 1 BGB). Dadurch sollen übereilte Adoptionsfreigaben verhindert werden.

### cc) Folgen der Einwilligung

**1023** Die Einwilligung der Eltern in die Adoption ist der entscheidende Schritt zum im Grundsatz irreversiblen Verlust ihrer einfachrechtlichen Elternstellung. Sie ist zugleich „Brücke" zu der neuen Familie. Dementsprechend entfernt sich das Kind rechtlich von seinen Eltern. Die Adoptiveltern begeben sich langsam in deren Rechtsstellung hinein. Die **Freigabe des Kindes** durch seine Eltern hat folgende **Wirkungen** (§ 1751 Abs. 1 BGB):

- Die Sorge der Eltern ruht, ein Umgangsrecht ist suspendiert (§ 1751 Abs. 1 S. 1 BGB). Scheitert die Adoption, hat das Familiengericht den Eltern die Sorge wieder zu übertragen, soweit dies mit dem Kindeswohl vereinbar ist (§ 1751 Abs. 3 BGB).
- Das Jugendamt wird Vormund des Kindes (§ 1751 Abs. 1 S. 2 BGB).
- Die avisierten Adoptiveltern erhalten während der Zeit der Adoptionspflege die Befugnisse aus § 1688 BGB (§ 1751 Abs. 1 S. 4 BGB).
- Sobald alle Einwilligungen vorliegen und der Annehmende das Kind tatsächlich in seine Familie aufgenommen hat, ist er dem Kind unterhaltsverpflichtet. Die Unterhaltspflicht der Eltern ist zwar noch nicht erloschen, tritt jedoch bereits jetzt im Rang hinter die Pflicht der Adoptiveltern zurück (§ 1751 Abs. 4 S. 1 BGB).

**1024** Anderes gilt für die Stiefkindadoption des Kindes des Ehegatten. Da hier das Kind nicht endgültig aus seinem Familienverband gelöst, sondern – im Gegenteil – noch fester in den sozialen Familienverband integriert werden soll, ist die Einwilligungserklärung des leiblichen Elternteils mit keinerlei Einschränkungen seiner Sorge verbunden (§ 1751 Abs. 2 BGB).

### dd) Zwangsadoption

Prekär ist die erzwungene Adoption gegen den Willen der Eltern. Die Adoption führt **1025** zu einem faktisch unwiderruflichen Verlust der einfachrechtlichen Elternstellung, insbesondere des Umgangsrechts. Sie darf daher nur dann erfolgen, wenn sie im Interesse und zum Schutz des Kindes unvermeidbar ist.

Formal wird bei der **Zwangsadoption** die Einwilligung der Eltern durch das Familiengericht ersetzt. Die Ersetzung der elterlichen Einwilligung muss beantragt werden. Den Antrag stellt das Kind, wobei das Kind ab 14 Jahren den Antrag auch selbst stellen kann (§ 1748 Abs. 1 BGB).

In folgenden Konstellationen ist eine **Ersetzung der elterlichen Einwilligung in die** **1026** **Adoption** möglich:

■ Die Eltern haben ihre Pflichten gegenüber dem Kind anhaltend gröblich verletzt und das Unterbleiben der Annahme würde dem Kind zu unverhältnismäßigem Nachteil gereichen (§ 1748 Abs. 1 S. 1 BGB).

■ Die Eltern haben durch ihr Verhalten gezeigt, dass ihnen das Kind gleichgültig ist und das Unterbleiben der Annahme würde dem Kind zu unverhältnismäßigem Nachteil gereichen (§ 1748 Abs. 1 S. 1 BGB).

In diesem Fall ist der Eingriff in das Elternrecht besonders schwer. Daher ist das Übergehen der elterlichen Einwilligung an weitere verfahrenstechnische Voraussetzungen geknüpft: Der betroffene Elternteil ist vom Jugendamt zu belehren und zu beraten, insbesondere über Möglichkeiten der Erziehung des Kindes außerhalb der eigenen Familie (§ 1748 Abs. 2 S. 1 BGB, § 51 Abs. 2 SGB VIII). Die Belehrung ist nur ausnahmsweise entbehrlich, wenn der Aufenthalt der Eltern unbekannt ist und auch nicht ermittelt werden kann (§ 1748 Abs. 2 S. 2 BGB). Erst drei Monate nach dieser Belehrung ist die Ersetzung zulässig (§ 1748 Abs. 2 S. 1 BGB). Die Fristen selber laufen frühestens fünf Monate nach Geburt des Kindes ab (§ 1748 Abs. 2 S. 3 BGB).

■ Auch besonders schwerwiegende Pflichtverletzungen ermöglichen die Ersetzung der elterlichen Einwilligung, selbst wenn diese nicht anhaltend sind. Allerdings ist hier weiter erforderlich, dass das Kind voraussichtlich dauernd nicht mehr der Obhut dieses Elternteils anvertraut werden kann (§ 1748 Abs. 1 S. 2 BGB).

■ Eine Ersetzung der elterlichen Einwilligung ist weiter für den Fall vorgesehen, dass dieser wegen einer besonders schweren psychischen Krankheit oder einer besonders schweren geistigen oder seelischen Behinderung zur Pflege und Erziehung des Kindes unfähig ist. Auch hier darf die Ersetzung der elterlichen Einwilligung nicht die Antwort auf die Erziehungsunfähigkeit der Eltern sein. Vielmehr ist der Eingriff nur gerechtfertigt um des Kindes willen. Daher kommt sie nur dann in Betracht, wenn das Kind durch das Unterlassen der Adoption keine Möglichkeit hätte, in einer Familie aufzuwachsen und hierdurch in seiner Entwicklung schwer gefährdet würde (§ 1748 Abs. 3 BGB).

■ Der letzte Anwendungsfall ist die Adoptionsfreigabe des nichtehelichen Kindes, für das der Mutter die originäre (§ 1626a Abs. 3 BGB) Alleinsorge zusteht (§ 1748 Abs. 4 BGB): Die fehlende oder verweigerte Einwilligung des unverheirateten Vaters ist vom Familiengericht zu ersetzen, wenn das Unterbleiben der Annahme dem Kind zu unverhältnismäßigem Nachteil gereichen würde. Damit gilt für die Ersetzung der Einwilligung des nicht mit der Mutter verheirateten Vaters ein sehr viel niedrigerer Maßstab als im Übrigen.

### e) Einwilligung des Kindes

### aa) Bedeutung

**1027** Noch schwerer als für die Eltern wiegt vielleicht der rechtliche Schnitt für das Kind. Dementsprechend ist die Adoption grundsätzlich auch von seiner Einwilligung abhängig (§ 1746 Abs. 1 BGB).

### bb) Formale Anforderungen an die Einwilligung

**1028** In formaler Hinsicht gelten die gleichen **Anforderungen an die Einwilligung des Kindes** wie für die Einwilligungserklärung der Eltern (§ 1750 Abs. 1 BGB, vgl Rn 1021 f): Sie ist gegenüber dem Familiengericht zu erklären und sie ist formbedürftig (notarielle Beurkundung). Die Einwilligung ist auch für das minderjährige Adoptivkind im Grundsatz ein höchstpersönliches Rechtsgeschäft. Dabei ist nach dem Alter des Kindes zu differenzieren:

■ Für geschäftsunfähige Kinder sowie Kinder bis zum 14. Lebensjahr gilt: Die Einwilligung erteilt der gesetzliche Vertreter (§ 1746 Abs. 1 S. 2 BGB). Steht den Eltern das Sorgerecht zu, so geben sie die Erklärung für das Kind ab. Steht das Kind unter Vormund- oder Pflegschaft, ist der Vormund bzw Pfleger hierzu zuständig. Verweigert der Vormund oder Pfleger die Einwilligung ohne triftigen Grund, kann das Familiengericht sie ersetzen.

■ Ab 14 Jahren kann das Kind die Einwilligung nur persönlich erteilen. Es benötigt nicht die Zustimmung seines gesetzlichen Vertreters (§ 1746 Abs. 1 S. 3 BGB). Die Einwilligung ist bis zur rechtskräftigen Adoption frei widerruflich. Der Widerruf muss gegenüber dem Familiengericht erfolgen und bedarf der öffentlichen Beurkundung (§ 1746 Abs. 2 BGB). Fehlt die Einwilligung des Kindes, ist die Adoption unzulässig. Eine Adoption gegen den Willen eines über 14 Jahre alten Kindes ist damit nicht möglich, auch dann nicht, wenn das Kind keine triftigen Gründe für seine Entscheidung hat.

■ Bei Auslandsberührung (Adoption eines ausländischen Kindes) gelten weitere Besonderheiten.

### f) Einwilligung des Ehegatten

**1029** Eine **Einwilligung der Ehegatten** in die Adoption ist für folgende Fälle vorgesehen:

■ Der Ehegatte des (minderjährigen) Adoptivkindes (§ 1749 Abs. 2 BGB).
■ Der Ehegatte des verheirateten Adoptivelternteils (Anwendungsfall: der Ehegatte ist jünger als 21 Jahre, so dass der andere Ehegatte das Kind nur allein annehmen kann, § 1749 Abs. 1 BGB, ansonsten kann ein Kind durch Ehegatten nur gemeinsam angenommen werden). Seine Einwilligung kann auf Antrag des Adoptivelternteils ersetzt werden. Stehen berechtigte Interessen von ihm und seiner Familie der Adoption entgegen, darf sie nicht ersetzt werden.

Das Zustimmungserfordernis des Ehegatten entfällt, wenn er zur Abgabe der Erklärung dauerhaft außerstande oder sein Aufenthalt unbekannt ist (§ 1749 Abs. 3 BGB).

## 4. Das Adoptionsverfahren

Die **Adoptionsvermittlung** von Adoptivkinder an adoptionswillige Eltern ist Aufgabe **1030** der Jugend- und Landesjugendämter (§ 2 AdVermiG). Diese errichten Adoptionsvermittlungsstellen, die die Auswahl geeigneter Adoptionseltern und das Verfahren steuern (§ 1 AdVermiG).

Das **Adoptionsverfahren** hingegen wird durch die Familiengerichte geführt. Es wird durch einen Antrag des Annehmenden in Gang gebracht. Die Adoption wird durch das Familiengericht ausgesprochen (§ 1752 Abs. 1 BGB). Dieses hat zu prüfen:

- Materielle Voraussetzungen (Kindeswohldienlichkeit der Adoption; positive Prognose bezüglich Eltern-Kind-Verhältnis, § 1741 Abs. 1 BGB).
- Alterserfordernisse der Adoptiveltern (§ 1743 BGB).
- Probepflege (§ 1744 BGB).
- Vorliegen der erforderlichen Einwilligungen (Kind; Eltern; ggf Ehegatte).

Der **Jugendhilfe** kommt im Rahmen der Adoption eine Schlüsselrolle zu:          **1031**

- Die Zusammenführung geeigneter Adoptiveltern für ein Kind, deren Beratung und Prüfung der Voraussetzungen im Rahmen der Adoptionsvermittlung ist Aufgabe der Jugend- und Landesjugendämter (AdVermiG).
- Über die Kindeswohldienlichkeit der Adoption gibt die Adoptionvermittlungsstelle im Verfahren eine fachliche Stellungnahme ab (§ 189 FamFG).
- Das Jugendamt ist Vormund während der Brückenphase zwischen Erteilung der Einwilligung der Eltern zur Adoption und Adoption (§ 1751 Abs. 1 S. 2 BGB).
- Anhörungsrecht des Jugendamtes im Verfahren (§ 194 FamFG).

## 5. Die Aufhebung der Adoption

### a) Überblick

Eine einmal erfolgte Adoption kann nur ausnahmsweise rückgängig gemacht werden **1032** (§ 1759 BGB). Zu unterscheiden ist dabei zwischen Fehlern der Adoption sowie Gründen des Kindeswohls.

### b) Fehler im Adoptionsverfahren

**Fehler im Adoptionsverfahren** führen nur ausnahmsweise zur Aufhebung der Adop **1033** tion (§ 1760 Abs. 1 BGB). Schädlich ist insoweit allein die Unwirksamkeit eines Adoptionsantrags sowie das Fehlen einer erforderlichen Einwilligung eines Elternteils oder des Kindes.

**Fehlende Einwilligungen** können dabei uU übergangen werden, wenn sie nachholbar **1034** sind oder ersetzt werden können (§ 1761 Abs. 1 BGB).

Das gleiche gilt, wenn ein einwilligungsberechtigter Elternteil deswegen übergangen wurde, weil er zu Unrecht für nicht auffindbar oder nicht einwilligungsfähig angesehen wurde (§ 1747 Abs. 4 BGB): Die Aufhebung der Adoption scheidet daher aus, wenn dieser Elternteil seine Einwilligung noch nachträglich erteilt oder zu erkennen gibt, dass die Adoption aufrecht erhalten bleiben soll (§ 1760 Abs. 5 BGB).

**1035** Weitere Aufhebungsgründe sind (§ 1760 Abs. 2 BGB):

■ Störungen der Geistestätigkeit: Schädlich ist Geschäftsunfähigkeit oder vorübergehende Störung der Geistestätigkeit im Zeitpunkt der Abgabe der Erklärung (§ 1760 Abs. 2 lit a BGB). Unwirksam ist die persönlich abgegebene Einwilligung eines noch nicht 14 Jahre alten oder geschäftsunfähigen Kindes (§ 1760 Abs. 2 lit a BGB).

■ Irrtümer: Relevant ist der Irrtum über den Vorgang der Adoption. Aufhebbar ist die Adoption auch, wenn ein Adoptionsantrag nicht gestellt bzw die Einwilligung gar nicht abgegeben werden sollte sowie ein Irrtum der Adoptiveltern über das Adoptivkind vorliegt und umgekehrt (§ 1760 Abs. 2 lit b BGB).

■ Arglistige Täuschung (§ 1760 Abs. 2 lit c BGB) und widerrechtliche Drohung (§ 1760 Abs. 2 lit d BGB): Unerheblich sind Täuschungen, die die Vermögensverhältnisse des Adoptivkindes betreffen (§ 1760 Abs. 4 BGB).

■ Freigabe unterhalb der Karenzzeit von 8 Wochen nach Geburt des Kindes (§ 1760 Abs. 2 lit e BGB).

Die genannten Mängel sind grundsätzlich heilbar: Hat der Betroffene nach Wegfall des Fehlers (der Drohung, des Irrtums oder nach Ablauf der 8-Wochen-Frist) seine Entscheidung bestätigt, indem er zu erkennen gegeben hat, dass er die Annahme trotz des Fehlers aufrechterhalten will, so muss die Adoption bestehen bleiben (§ 1760 Abs. 3 BGB).

**1036** Das Vorliegen eines Aufhebungsgrundes führt dabei nicht zwingend zur Aufhebung der Adoption: Würde die Aufhebung das Wohl des Kindes erheblich gefährden, so ist sie im Grundsatz ausgeschlossen. Anderes gilt nur, wenn erhebliche Interessen des Annehmenden die Aufhebung erfordern (§ 1761 Abs. 2 BGB).

**1037** Die Aufhebung der Adoption wegen der genannten Fehler erfolgt nur auf Antrag. Antragsbefugt ist derjenige, dessen Willenserklärung an einem Mangel leidet bzw der übergangen wurde (§ 1762 Abs. 1 BGB). Der Aufhebungsantrag ist formbedürftig und bedarf – wie die meisten Erklärungen im Bereich der Adoption – der notariellen Beurkundung (§ 1762 Abs. 3 BGB). Der Antrag kann dabei nur innerhalb enger Fristen gestellt werden. Es gilt zunächst eine Jahresfrist für die Geltendmachung des Fehlers. Sie beginnt zu laufen, wenn das jeweilige Hindernis bekannt wird. Die Aufhebung ist weiter zeitlich begrenzt: 3 Jahre nach der Adoption ist sie ausgeschlossen (§ 1762 Abs. 2 BGB).

### c) Gründe des Kindeswohles

**1038** Eine formal korrekte Adoption kann während der Minderjährigkeit des Kindes nur aus **schwerwiegenden Kindeswohlgründen aufgehoben** werden (§ 1763 BGB). Die Aufhebung erfolgt durch das Familiengericht. Dieses hat bei entsprechenden Anhaltspunkten das Verfahren von Amts wegen einzuleiten.

Die Aufhebung der Adoption hat nur Wirkungen für die Zukunft (§ 1764 Abs. 1 BGB). Mit der Aufhebung erlischt das Verwandtschaftsverhältnis zwischen dem Adoptivkind und seinen Adoptiveltern bzw –verwandten (§ 1764 Abs. 2 BGB). Zugleich lebt die Verwandtschaft zwischen dem Kind und seinen leiblichen Verwandten wieder auf (§ 1764 Abs. 3 BGB). Das Familiengericht hat den Eltern die Sorge wieder zurückzuübertragen. Ist dies nicht möglich, etwa weil dies kindeswohlgefährdend wäre, hat es einen Vormund oder Pfleger zu bestellen (§ 1764 Abs. 4 BGB).

### d) Automatisches Ende des Adoptionsverhältnisses

Die **Adoption endet automatisch**, wenn ein Adoptivelternteil mit dem Adoptivkind **1039** eine Ehe eingeht (§ 1766 BGB). Allerdings lässt die Aufhebung des Adoptionsverhältnisses nicht die alten verwandtschaftlichen Bande wieder aufleben.

### III. Die Volljährigenadoption

### 1. Die rechtliche Bedeutung der Adoption – Was passiert bei der Adoption?

Die **Adoption eines Volljährigen** unterscheidet sich in seinen **Wirkungen** von der **1040** Minderjährigenadoption. Zwar wird der Volljährige grundsätzlich ebenfalls Kind des Annehmenden (§§ 1767 Abs. 2, 1754 BGB). Auch die Abkömmlinge des „Adoptivkindes" werden mit den „Adoptiveltern" verwandt. Allerdings beschränkt sich die Verwandtschaft auf die Adoptiveltern. Hingegen entsteht keine Verwandtschaft zwischen dem erwachsenen Adoptivkind und den Verwandten des Adoptivelternteils (§ 1770 Abs. 1 BGB) oder zu dessen Ehegatten.

Dementsprechend bleibt die leibliche Verwandtschaft des erwachsenen Adoptivkindes und seiner Abkömmlinge von der Adoption grundsätzlich unangetastet (§ 1770 Abs. 2 BGB). Konkret bedeutet das: Sowohl die Adoptiv- als auch die leiblichen Eltern bleiben dem volljährigen „Adoptivkind" zu Unterhalt verpflichtet. Im Rang haften dabei die Adoptiveltern vor den leiblichen Eltern (§ 1770 Abs. 3 BGB).

Fallbeispiel:   Bei einer Adoption von Claudine durch Frau Gut wären Claudine und ihr Kind Miriam Kinder von Frau Gut. Daneben bleibt Claudine Kind ihrer leiblichen Eltern. Sie hat daher einen Anspruch auf Unterhalt gegenüber ihren leiblichen Eltern, Herrn und Frau Bott und gegenüber Frau Gut. Diese haften jedoch nur auf Unterhalt, wenn Frau Gut nicht leistungsfähig ist. Claudine kann daneben Erbe ihrer leiblichen Eltern werden.

Es ist möglich, der Adoption eines Volljährigen die gleichen Wirkungen wie der Min- **1041** derjährigenadoption zu verleihen (§ 1772 BGB). Diese Wirkung kann vom Familiengericht beim Adoptionsausspruch angeordnet werden. Diese Anordnung erfolgt dabei nur auf Antrag von Adoptiveltern und –kind. Die Gleichstellung ist in folgenden Fällen möglich (§ 1772 Abs. 1 S. 1 BGB):

■ Gleichzeitige oder bereits erfolgte Annahme eines minderjährigen Geschwisters des Adoptivkindes.

■ Das Adoptivkind ist bereits als Minderjähriger in die Familie aufgenommen worden.

■ Stiefkindadoption.

■ Das Adoptivkind ist erst im Laufe des Adoptionsverfahrens volljährig geworden.

Fallbeispiel:   Claudine könnte mit den gleichen Wirkungen wie ihre Schwester Susanne angenommen werden.

Die Gleichstellung mit der Minderjährigenadoption ist ausgeschlossen, wenn überwiegende Interessen der leiblichen Eltern entgegenstehen (§ 1772 Abs. 1 S. 2 BGB).

### 2. Voraussetzungen der Adoption

Was die möglichen Adoptiveltern betrifft, gelten keine Besonderheiten gegenüber **1042** Minderjährigen (§ 1767 Abs. 2 S. 1 BGB).

In inhaltlicher Hinsicht erfordert die Adoption eines Volljährigen ihre **sittliche Rechtfertigung**. Davon kann ausgegangen werden, wenn ein Eltern-Kind-Verhältnis zwischen beiden Seiten besteht (§ 1767 Abs. 1 BGB). Im Übrigen gelten die Vorschriften für Minderjährige (§ 1767 Abs. 2 S. 1 BGB). Entgegenstehende Interessen der Kinder sowohl des Adoptivkindes als auch der Adoptiveltern führen zur Unzulässigkeit der Adoption (§ 1769 BGB).

**1043** Probleme stellen sich vor allem bei **Ausländeradoptionen**: Hier besteht die Gefahr der Umgehung aufenthaltsrechtlicher Vorschriften (Zweckadoption, um dem Ausländer ein Aufenthaltsrecht zu verschaffen). Ist dies der Fall, ist die Adoption nicht sittlich gerechtfertigt.

Formal muss die Adoption von Adoptivkind und Adoptivelternteil beantragt werden (§ 1768 Abs. 1 S. 1 BGB). Ist das Adoptivkind geschäftsunfähig, so kann der Antrag nur von seinem gesetzlichen Vertreter gestellt werden (§ 1768 Abs. 2 BGB).

Im Übrigen sind die meisten Erfordernisse der Minderjährigenadoption entbehrlich: Das Erfordernis einer Probepflege entfällt. Auch die Einwilligung der leiblichen Eltern des „Adoptivkindes" entfällt naturgemäß.

### 3. Die Aufhebung der Adoption

**1044** Eine **Aufhebung der Volljährigenadoption** ist nur auf Antrag möglich. Der Antrag kann sowohl von den Adoptiveltern als auch dem Adoptivkind gestellt werden. Ihm ist stattzugeben, wenn ein wichtiger Grund vorliegt. Im Übrigen kann eine Aufhebung nur erfolgen, wenn gravierende Verfahrensfehler, die auch die Aufhebung einer Minderjährigenadoption rechtfertigen würden, vorliegen (§ 1771 BGB).

# Kapitel 6: Betreuung – Der hilfsbedürftige Erwachsene zwischen Autonomie und Schutz vor sich selbst

## I. Überblick

**1045** Das Rechtsinstitut der **Betreuung** ist an die Stelle der früheren Vormundschaft über Volljährige getreten. Volljährige können aus unterschiedlichen Gründen nicht in der Lage sein, ihre Angelegenheiten selber wahrzunehmen: Im Vordergrund stehen psychische Krankheiten sowie Behinderungen (geistige, seelische oder auch körperliche). Ihre Rechtsstellung ist Gegenstand des Betreuungsrechts (§§ 1896–1908i BGB).

Die Idee der Betreuung ist die Unterstützung eines Volljährigen, wenn und soweit er darauf angewiesen ist. Die Betreuung unterscheidet sich von der früheren Vormundschaft über Volljährige in zwei entscheidenden Punkten:

■ Sie setzt keine Geschäftsunfähigkeit voraus. Für Geschäftsunfähige ist sie zwar denknotwendig anzuordnen, um für sie deren rechtliche Handlungsfähigkeit sicherzustellen. Sie ist jedoch nicht auf diese beschränkt, sondern kann auch für Geschäftsfähige angeordnet werden, wenn und soweit sie erforderlich ist.

■ Sie nimmt dem Betreuten nicht seine Geschäftsfähigkeit. Ist der Betreute geschäftsfähig, so bleibt er auch nach der Anordnung der Betreuung geschäftsfähig. Allerdings kann er unter bestimmten Voraussetzungen in seinem rechtlichen Handeln eingeschränkt werden. Die Möglichkeit der Entmündigung eines Erwachsenen hingegen hat ausgedient.

## II. Die Anordnung einer Betreuung

### 1. Voraussetzungen der Betreuung – Wann wird eine Betreuung angeordnet?

Einen Betreuer kann nur ein Volljähriger erhalten, wenn er aufgrund einer psychischen **1046** Krankheit oder einer körperlichen, geistigen oder seelischen Behinderung seine Angelegenheiten ganz oder teilweise nicht besorgen kann (§ 1896 Abs. 1 S. 1 BGB). Eine Betreuung setzt damit dreierlei voraus: Volljährigkeit, eine medizinische Krankheit und die daraus resultierende Unfähigkeit, die eigenen Angelegenheiten wahrzunehmen.

### a) Alterserfordernis

Grundsätzlich kann eine Betreuungsanordnung erst ab Vollendung des 18. Lebens- **1047** jahres eines Betreuten angeordnet werden. Für Minderjährige ab Vollendung des 17. Lebensjahres kann vorsorglich eine Betreuung bestellt werden (§ 1908a BGB).

### b) Medizinische Notwendigkeit

Weiter muss eine psychische Krankheit oder eine körperliche, geistige oder seelische **1048** Behinderung vorliegen. Die **medizinischen Voraussetzungen** müssen durch ein Sachverständigengutachten festgestellt werden. Ausschlaggebend ist, ob die Krankheit die freie Willensbildung erheblich beeinträchtigt.

Beispiele: Psychische Krankheiten: Exogene Psychosen sowie Hirnkrankheiten (Hirntumor); Endogene Psychosen (Schizophrenie).

Geistige Behinderungen: Imbezilität aufgrund Down-Syndroms.

Problemfelder: Suchtleiden, Psychopathien, Neurosen vermindern die Fähigkeit zur freien Willensbildung nicht ohne Weiteres und erlauben daher in aller Regel nur bei besonders schweren Krankheitsbildern die Anordnung einer Betreuung.

Notwendig ist das Vorliegen einer medizinischen Krankheit, die als solche zu diagnostizieren ist. Hingegen reichen weder eine Verdachtsdiagnose, etwa auf eine Psychose, noch Rückgriffe auf Begriffe aus der Laiensphäre (zB Altersstarrsinn) aus.

### c) Unfähigkeit zur Wahrnehmung der eigenen Belange

Die Betreuung ist in doppelter Weise gegenüber den Selbsthilfemöglichkeiten des Be- **1049** troffenen subsidiär. Sie muss mit Blick auf den Betroffenen und mit Blick auf seinen Bedarf erforderlich sein. Es wird insoweit unterschieden zwischen Betreuungsbedürftigkeit und Betreuungsbedarf.

### aa) Betreuungsbedürftigkeit

Mit dem Kriterium der (subjektiven) **Betreuungsbedürftigkeit** ist – mit Blick auf den **1050** Betroffenen – zu prüfen, ob er überhaupt eine Unterstützung benötigt. Die Anordnung

der Betreuung ist nur zulässig, wenn und soweit der Betroffene unfähig ist, seine Angelegenheiten zu regeln.

Die Anordnung einer Betreuung ist daher nicht die zwingende Folge einer medizinisch
feststellbaren Behinderung oder psychischen Krankheit. Hinzutreten muss immer die
Unfähigkeit des Betroffenen, seine Angelegenheiten selber wahrzunehmen. Ist er hierzu fähig, darf eine Betreuung nicht angeordnet werden. Das ist bereits dann der Fall,
wenn der Betreute sich zumindest die erforderliche Hilfe durch Dritte holen kann. Kann
er etwa Angelegenheiten durch die Erteilung einer Vollmacht an einen Verwandten,
Rechtsanwalt oder Steuerberater delegieren, oder hat er sie bereits durch die Erteilung
einer Vorsorgevollmacht wirksam delegiert, so ist eine Betreuung entbehrlich. Hat der
Betreute als er noch einwilligungsfähig war, wirksam eine Generalvollmacht erteilt, so
scheidet eine Betreuerbestellung aus.

Aus diesem Grunde ist die Anordnung einer Betreuung bei rein körperlichen Behinderungen (Schwerhörigkeit, extreme Kurzsichtigkeit, Blindheit, Lähmung) nur ausnahmsweise möglich. Diese beeinträchtigen den Betroffenen nämlich nicht zwingend in der
Fähigkeit zur Regelung seiner Angelegenheiten, zumindest in der Weise, dass er einen
Bevollmächtigten mit der Aufgabenwahrnehmung betraut (§ 1896 Abs. 2 BGB). Körperliche Behinderungen werden daher nur im Ausnahmefall zur Anordnung einer Betreuung führen. Denkbare Anwendungsfelder sind etwa Lähmungen infolge eines
Schlaganfalls oder Unfalls. Ist jemand pflegebedürftig und in der Lage, mithilfe eines
Pflegedienstes seine Versorgung sicherzustellen, scheidet eine Betreuerbestellung
ebenfalls aus.

### bb) Betreuungsbedarf

**1051**  Die Anordnung einer Betreuung erfordert – neben der subjektiven Unfähigkeit des Betreuten zu Regelung seiner Angelegenheiten – weiter auch einen objektiven Betreuungsbedarf[12]. Das Kriterium des **Betreuungsbedarfs** richtet den Blick darauf, was der
Betroffene in seiner konkreten Lebenssituation an Hilfe benötigt. Insoweit gilt: Die Betreuung darf nur soweit reichen, wie sie auch erforderlich ist (§ 1896 Abs. 2 S. 1 BGB).
Insofern ist die Betreuung subsidiär gegenüber allen Selbsthilfemöglichkeiten des Betroffenen. Nur diejenigen Angelegenheiten, die der Betroffene nicht selber besorgen
kann, können an einen Betreuer delegiert werden. Kann der Betroffene daher etwa
durch Bestellung eines Bevollmächtigten seine Angelegenheiten steuern, so ist eine
Betreuung unnötig und darf nicht angeordnet werden (§ 1896 Abs. 2 BGB).

### 2. Das Selbstbestimmungsrecht des Betreuten – Die Zwangsbetreuung

**1052**  Problematisch ist, ob eine Betreuung auch gegen oder ohne den Willen des Betroffenen angeordnet werden kann (**Zwangsbetreuung**). Insoweit gilt grundsätzlich: Die
Anordnung einer Betreuung stellt für den Betroffenen einen schweren Grundrechts-
eingriff dar. Sie stigmatisiert ihn sowohl im sozialen wie auch im beruflichen Umfeld.
Zugleich schränken die weitreichenden Handlungsbefugnisse des Betreuers (vgl
Rn 1059 ff) den Betroffenen in seiner Handlungsfreiheit ein. Vor diesem Hintergrund ist
es dem Staat von Verfassungs wegen verboten, einen erwachsenen und zur freien

---

12  BGH, FamRZ 2011, 1391.

Willensbildung fähigen Bürger in seiner Freiheit zu beschränken, ohne dass er sich selbst oder andere gefährdet[13].

Dementsprechend ist die als Unterstützung konzipierte Betreuung grundsätzlich freiwillig. Umgekehrt gewendet: Grundsätzlich ist eine Zwangsbetreuung unzulässig. Gegen den freien Willen des Volljährigen darf daher ein Betreuer nicht bestellt werden (§ 1896 Abs. 1a BGB). Ein freier Wille setzt dabei voraus, dass der Betroffene die erforderliche Einsicht in die Notwendigkeit der anstehenden Maßnahme (hier: die Anordnung einer Betreuung) besitzt und auch in der Lage ist, nach dieser Einsicht zu handeln. Insoweit ist der Begriff der freien Willensbildung deckungsgleich mit den Anforderungen der Geschäftsfähigkeit (§ 104 Nr 2 BGB). Hat der Betroffene diesen freien Willen nicht (und ist er insoweit partiell geschäftsunfähig), so ist die Anordnung einer Betreuung auch gegen seinen bloß natürlichen Willen zulässig[14].

### 3. Verfahren zur Anordnung der Betreuung

Zuständig für die Anordnung (und bei Bedarf auch Aufhebung) ist das **Betreuungs-** **gericht** (§ 1896 Abs. 1 S. 1 BGB). 1053

Das Verfahren spiegelt dabei die Grundentscheidung für die Freiwilligkeit der Betreuung wieder. Das gilt zunächst für die Einleitung des Verfahrens selber: Das Verfahren kann sowohl auf Antrag des Volljährigen oder von Amts wegen eingeleitet werden.

Grundsätzlich kommt das Verfahren daher durch einen Antrag des Betroffenen in Gang. Den Antrag kann dabei auch ein Geschäftsunfähiger stellen (§ 1896 Abs. 1 S. 2 BGB).

Demgegenüber scheidet eine Einleitung von Amts wegen aus, soweit der Betroffene seine Angelegenheiten aufgrund einer körperlichen Behinderung nicht besorgen kann (§ 1896 Abs. 1 S. 3 BGB). Anderes gilt nur, soweit der lediglich körperlich behinderte Betroffene nicht in der Lage ist, seinen Willen kundzutun. In diesen Fällen kann das Verfahren von Amts wegen eingeleitet werden.

Das Verfahren richtet sich nach den Vorschriften des FamFG, insbesondere den §§ 271- 311 FamFG. Der Betroffene gilt für das Verfahren als verfahrensfähig (§ 275 FamFG). Der Betroffene ist daher etwa in der Lage, für die Führung des Verfahrens einen Anwalt zu bestellen. Dies gilt auch dann, wenn durch gerichtliche einstweilige Anordnung bereits ein Einwilligungsvorbehalt angeordnet wurde. Für das Verfahren ist ein Verfahrenspfleger als Beteiligter hinzuzuziehen, wenn dies erforderlich ist (§§ 274 Abs. 2, 276 FamFG). Davon ist insbesondere auszugehen, wenn dem Betreuer alle Angelegenheiten des Betroffenen übertragen werden sollen (§ 276 Abs. 1 S. 2 Nr 2 FamFG). Der Betroffene ist grundsätzlich persönlich anzuhören (§ 278 FamFG). Das Gutachten eines medizinischen Sachverständigen ist notwendig (§ 280 FamFG). 1054

Einstweilige Anordnung (§ 300 FamFG): Bestehen dringende Gründe für die Annahme, dass die Voraussetzungen für die Betreuungsanordnung vorliegen und ein Eilbedürfnis, kann im Wege einer einstweiligen Anordnung eine Betreuung sowie ein Einwilligungsvorbehalt vorläufig angeordnet werden (§ 300 FamFG). Dringende Gründe sind anzunehmen, wenn Indizien die Anordnung einer Betreuung bzw eines Einwilligungsvorbehalts überwiegend wahrscheinlich machen. Das erforderliche Eilbedürfnis ist gegeben, wenn erhebliche Nachteile für den Fall des Abwartens des Hauptsacheverfah- 1055

---

13 BVerfG, NJW 2010, 3360.
14 BGH, FamRZ 2012, 869.

rens drohen. Die vorläufige Anordnung ist für maximal 6 Monate möglich, kann aber nach Anhörung eines Sachverständigen auf maximal ein Jahr verlängert werden (§ 302 FamFG).

Beispiel: Schlüssige Schilderung von Verwirrtheitszuständen und Gefahr für Person oder Vermögen.

Bei Gefahr in Verzug kann die einstweilige Anordnung bereits vor Anhörung des Betroffenen und der Bestellung eines Verfahrenspflegers erlassen werden. Die Verfahrenshandlungen sind allerdings unverzüglich (§ 301 FamFG) nachzuholen.

## 4. Die Person des Betreuers

### a) Überblick

**1056** Als **Betreuer** bestellt werden kann:

- Eine oder mehrere natürliche Personen (§§ 1897 Abs. 1, 1899 Abs. 1 BGB).
- Ein anerkannter Betreuungsverein (§ 1900 Abs. 1 BGB).
- Eine Behörde (§ 1900 Abs. 4 BGB).

Differenziere:
- Verein/ Behörde als Betreuer. In diesem Fall delegiert die Institution die Aufgabenwahrnehmung zwar auf eine bestimmte Person. Gegenüber dem Betreuungsgericht ist jedoch die Institution verantwortlich. In der Praxis führt die Vereins-/Behördenbetreuung eine Randexistenz (§ 1897 Abs. 2 BGB).
- Vereins-/Behördenbetreuer. In diesem Fall ist der Betreuer eine natürliche Person, die die Betreuung selbstständig führt. Sie ist zwar arbeitsrechtlich ihrem Arbeitgeber unterstellt, bei der Betreuung jedoch nur dem Betreuungsgericht rechenschaftspflichtig.

Im Grundsatz gilt dabei ein Vorrang der privaten Einzelbetreuung. Die Bestellung mehrerer Betreuer erfolgt nur, wenn die Angelegenheiten des Betreuten hierdurch besser versorgt werden können (§ 1899 Abs. 1 BGB). Ausdrücklich ist dies angeordnet für die Einwilligung in die Sterilisation (§ 1899 Abs. 2 BGB): Für diese ist stets ein besonderer Betreuer zu bestellen. Im Übrigen gilt ein Vorrang der ehrenamtlichen vor der Berufsbetreuung (§ 1897 Abs. 6 BGB). Berufsbetreuer ist, wer so viele Betreuungen führt, dass er sie nur im Rahmen einer Berufsausübung führen kann (ab 10 gleichzeitigen Betreuungen). Dementsprechend soll der Berufsbetreuer entlassen werden, wenn eine geeignete Einzelperson zur Verfügung steht (§ 1908b Abs. 1 S. 3 BGB).

Die Bestellung eines Vereins oder einer Behörde ist gegenüber der Betreuung durch eine natürliche Person subsidiär. Sie kommt nur in Betracht, wenn eine hinreichende Betreuung durch einen oder mehrere Einzelbetreuer nicht sichergestellt ist (§ 1900 Abs. 1 BGB). An letzter Stelle steht die Behördenbetreuung, die erst und nur dann zum Zuge kommt, wenn auch durch einen Verein eine hinreichende Betreuung nicht gesichert ist. Sowohl Verein als auch Behörde sind zu entlassen, wenn eine ausreichende Betreuung durch mehrere oder einen Betreuer möglich wird (§ 1908b Abs. 5 BGB).

### b) Auswahl des Betreuers

**1057** Zum Betreuer wird bestellt, wer fachlich und persönlich geeignet ist, den gerichtlich bestimmten Aufgabenkreis wahrzunehmen (§ 1897 Abs. 1 BGB).

Die notwendige fachliche Eignung erfordert die Fähigkeit zur zweckentsprechenden Besorgung des zugewiesenen Aufgabenkreises. Im Rahmen der persönlichen Eignung ist zu gewährleisten, dass der Betreuer die Angelegenheiten in persönlichem Kontakt mit dem Betreuten erledigt und die Besprechungspflicht einhalten kann (§ 1901 Abs. 3 S. 3 BGB).

Beispiele für eine fehlende Eignung des Betreuers: Zu große Entfernung zum Wohnort des Betreuten; zu große Zahl an Betreuten; belastetes Verhältnis zwischen Betreutem und Betreuer; Minderjähriger oder geschäftsunfähiger Betreuer (rechtlich nicht in der Lage zur Vertretung des Betreuten); Personen, die selber unter Betreuung stehen; Personen, über deren Vermögen Privatinsolvenz eröffnet ist.

Berufsbetreuer sind vom Betreuungsgericht vor ihrer Bestellung über die Zahl der aktuell geführten Betreuungen zu befragen (§ 1897 Abs. 8 BGB).

Auch in diesem Bereich hat der **Wille des Betreuten** maßgebliche Bedeutung: Hat der Betreute einen Betreuer vorgeschlagen, so ist seinem Willen grundsätzlich zu entsprechen, soweit er nicht seinem Wohl zuwider läuft oder der Betroffene erkennbar nicht mehr an ihm festhält (§ 1897 Abs. 4 BGB). Nicht bindend ist der Vorschlag, wenn der Vorgeschlagene rechtlich nicht zur Übernahme der Betreuung in der Lage ist (etwa weil er geschäftsunfähig ist). Dass der vom Betroffenen vorgeschlagene Betreuer ungeeignet ist, hindert dessen Bestellung hingegen nicht zwingend. Insoweit ist uU auch die Bestellung eines ungeeigneten Betreuers denkbar. An den Vorschlag selber werden keine besonderen Anforderungen gestellt. Der Betroffene muss insbesondere nicht geschäftsfähig sein. Es genügt, wenn er seinen Willen oder Wunsch kundtut, dass eine bestimmte Person sein Betreuer werden soll. Dieser Wille kann auch in einer **Betreuungsverfügung** niedergelegt sein. Die Betreuungsverfügung ist ein schriftliches Dokument, in dem der Betroffene für den Fall seiner Betreuung Vorschläge zur Auswahl des Betreuers oder Wünsche zur Wahrnehmung der Betreuung geäußert hat (§ 1901c BGB).

In gleicher Weise soll auf seine Ablehnung einer Person Rücksicht genommen werden (§ 1897 Abs. 4 S. 2 BGB).

Liegt kein Vorschlag vor, so ist auf die verwandtschaftlichen und sonstigen persönlichen Bindungen des Betreuten sowie mögliche Interessenkonflikte Rücksicht zu nehmen (§ 1897 Abs. 5 BGB). Explizit ausgeschlossen von der Betreuerbestellung sind daher Personen, die sich in einem institutionellen Interessenkonflikt befinden: Ist der Betreute in einer Einrichtung untergebracht, sind diejenigen Personen, zu denen er dort in einem Abhängigkeitsverhältnis oder einer sonstigen engen Beziehung steht, als Betreuer ausgeschlossen (§ 1897 Abs. 3 BGB).

Beamte dürfen nur bestellt werden, wenn sie eine Nebentätigkeitsgenehmigung besitzen (§§ 1908i Abs. 1, 1784 BGB). Die Bestellung eines Beamten ohne Nebentätigkeitsgenehmigung ist nur für die ehrenamtliche Betreuung eines nahen Angehörigen möglich.

Vereins- und Behördenbetreuer benötigen die Zustimmung der Anstellungskörperschaft. Verlangt es die Anstellungskörperschaft, sind sie abzuberufen (§ 1908b Abs. 4 BGB).

Es gilt grundsätzlich eine **Übernahmepflicht für den Betreuer** (§ 1898 Abs. 1 BGB). **1058** Allerdings kann niemand zur Übernahme einer Betreuung gezwungen werden. Daher erfordert die Bestellung des Betreuers, dass sich der Betreuer zur Übernahme bereit erklärt hat (§ 1898 Abs. 2 BGB). Weigert sich der Betreuer zur Übernahme, scheidet seine Bestellung aus. Bei einer unberechtigten Weigerung treffen den Betreuer allerdings Schadensersatzpflichten für den durch die Verzögerung bedingten Schaden (§§ 1908i Abs. 1, 1787 BGB).

## III. Die Rechtswirkungen der Betreuung

### 1. Folgen für den Betroffenen

**1059** Die Anordnung einer Betreuung hat für den Betroffenen zunächst keine unmittelbaren rechtlichen Folgen. Der Betreute erhält einen Betreuer für den in dem Betreuungsbeschluss bezeichneten Aufgabenkreis. In diesem Rahmen allerdings ist der Betreuer befugt zur Vornahme aller Handlungen, die erforderlich sind, um die Angelegenheiten des Betreuten rechtlich zu besorgen (§ 1901 Abs. 1 BGB). Dies umfasst insbesondere auch die **gerichtliche und außergerichtliche Vertretung des Betreuten** (§ 1902 BGB).

Hingegen berührt die Betreuungsanordnung nicht die **Geschäftsfähigkeit des Betreuten**. Diese bestimmt sich vielmehr nach den allgemeinen Vorschriften. Ist der Betreute danach geschäftsunfähig, so ist er rechtsgeschäftlich außerstande, wirksame Willenserklärungen abzugeben und zu empfangen. Insoweit kann er rechtsgeschäftlich wirksam ausschließlich durch seinen gesetzlichen Vertreter, den Betreuer, handeln. Ist der Betreute hingegen geschäftsfähig, so verliert er die Geschäftsfähigkeit nicht durch die Anordnung der Betreuung.

Auch in anderen Bereichen bleibt die **Handlungsfähigkeit des Betreuten** unbeeinflusst von der Anordnung der Betreuung. Diese richtet sich vielmehr nach den jeweils einschlägigen Regeln.

**1060** ■ Wird für einen Elternteil eines minderjährigen Kindes eine Betreuung angeordnet, so wirkt sich das nicht auf seine sorgerechtlichen Befugnisse aus. Ist der Elternteil geschäftsunfähig, so ruht die Sorge bereits aus diesem Grund (§ 1673 Abs. 1 BGB). Ist er geschäftsfähig, so steht ihm die Sorge uneingeschränkt zu. UU stellt sich das Problem, dass er aufgrund der Krankheit tatsächlich an der Ausübung der Sorge verhindert ist. In der Konsequenz ist uU ein Ruhensbeschluss zu erlassen (§ 1674 Abs. 1 BGB).

■ Für die Eheschließung kommt es ebenfalls darauf an, ob der Betreute geschäftsfähig ist oder nicht. Ist er geschäftsunfähig, so kann eine Ehe nicht geschlossen werden (§ 1304 BGB). Ist er hingegen geschäftsfähig, so ist er – auch bei Anordnung einer Betreuung – zugleich auch ehefähig.

**1061** Besonderheiten gelten im Bereich der **Gesundheitsbehandlung**. Grundsätzlich gilt: Ärztliche Untersuchungen, Behandlungen und Eingriffe sind grundsätzlich nur mit der (jederzeit widerruflichen) Einwilligung des Betroffenen zulässig (§ 630d BGB).

Eine wirksame Einwilligung setzt insoweit grundsätzlich die Fähigkeit voraus, die Notwendigkeit einer medizinischen Maßnahme erkennen zu können und sich entsprechend dieser Einsicht verhalten zu können (**Einwilligungsfähigkeit**).

Probleme wirft die Konstellation auf, dass ein Betreuter zwar nicht einwilligungsfähig ist (und daher krankheitsbedingt die Notwendigkeit der Behandlung nicht erkennen kann), die Behandlung (in die sein Betreuer eingewilligt hat) jedoch nicht dulden möchte. Dieser ablehnende sog **natürliche Wille** ist mit Blick auf die Schwere des Eingriffs grundsätzlich beachtlich und kann nicht ohne Weiteres durch die Einwilligung des Betreuers ersetzt werden.

**1062** Für die Zulässigkeit einer ärztlichen Behandlung ist danach wie folgt zu differenzieren:

■ Ist der Betreute uneingeschränkt einwilligungsfähig, so ist eine Zwangsbehandlung gegen den Willen des Betreuten unzulässig. Insoweit beinhaltet das Selbstbestimmungsrecht des Betroffenen verfassungsrechtlich vorgegeben auch die „**Freiheit**

**zur Krankheit"**. Kann der Betreute mithin einen freien Willen bilden, so ist dessen Entscheidung, sich nicht behandeln zu lassen, zu respektieren.

■ Ist der Betreute geschäfts- und damit einwilligungsunfähig, kommt es darauf an, ob er noch einen natürlichen Willen bilden kann. Ist dies der Fall, so ist der Betreute – auch bei Geschäftsunfähigkeit – ausschließlich entscheidungsbefugt. Der Betreuer besitzt insoweit weder das Recht, an Stelle des Betreuten in eine ärztliche Maßnahme einzuwilligen, noch das Recht, eine Einwilligung des Betreuten abzulehnen. Von diesem Grundsatz gilt allerdings eine wichtige Ausnahme für die Zwangsbehandlung im Rahmen einer freiheitsentziehenden Unterbringung für psychisch Kranke sowie geistig und seelisch Behinderte (§ 1906 Abs. 3 BGB, vgl Rn 1084 f).

■ Fehlt auch dieser natürliche Wille, so trifft der Betreuer die erforderliche Entscheidung. Bei schwerwiegenden Behandlungen benötigt er zudem die Genehmigung des Betreuungsgerichts: Ärztliche Maßnahmen, die zum Tod oder zu einer schweren oder länger dauernden gesundheitlichen Schädigung des Betreuten führen können, dürfen nur mit Genehmigung des Betreuungsgerichts vom Betreuer initiiert oder genehmigt werden (§ 1904 Abs. 1 BGB). In besonderer Weise gelten diese Grundsätze für eine Sterilisation (vgl Rn 1068).

## 2. Die Rechtsstellung des Betreuers

### a) Reichweite der Befugnisse des Betreuers

Die **Befugnisse des Betreuers** sind inhaltlich zunächst auf den Betreuungsbeschluss **1063** beschränkt. In diesem wird der Aufgabenkreis festgelegt, für den die Betreuung angeordnet wird. Nur soweit er reicht, ist der Betreuer auch zuständig.

In diesem Rahmen allerdings ist der Betreuer befugt zur Vornahme aller Handlungen, die erforderlich sind, um die Angelegenheiten des Betreuten rechtlich zu besorgen (§ 1901 Abs. 1 BGB). Sie umfasst insbesondere auch die gerichtliche und außergerichtliche Vertretung des Betreuten (§ 1902 BGB). Der Betreuer ist insoweit der gesetzliche Vertreter des Betreuten. Nicht erfasst ist die Befugnis zu Entscheidungen über den Fernmeldeverkehr sowie die Kontrolle der Post des Betreuten. Eine derartige Zuständigkeit des Betreuers muss mit Blick auf den damit verbundenen Eingriff in die Intimsphäre des Betreuten ausdrücklich angeordnet werden (§ 1896 Abs. 4 BGB). Für bestimmte Maßnahmen (vor allem im Gesundheitsbereich und die freiheitsentziehende Unterbringung) gibt es besondere Anforderungen. Zudem benötigt der Betreuer bei bestimmten einschneidenden oder weitreichenden Maßnahmen die Genehmigung des Betreuungsgerichts.

### b) Die Belange des Betreuten

Die umfassenden Befugnisse des Betreuers bergen die Gefahr einer weitreichenden **1064** Fremdbestimmung des Betreuten. Dessen Schutzbedürfnis wird auf mehreren Ebenen berücksichtigt.

### aa) Inhaltliche Vorgaben für die Wahrnehmung der Betreuung

In gleicher Weise wie Eltern inhaltlich auf das Wohl ihres Kindes, so ist auch der Be- **1065** treuer auf das **Wohl des Betreuten** verpflichtet (§ 1901 Abs. 2 BGB). Der Betreuer hat daher die Aufgabe, die Angelegenheiten des Betreuten so zu besorgen, wie es dessen Wohl entspricht. Wichtige Angelegenheiten hat der Betreuer mit dem Betreuten zu besprechen (§ 1901 Abs. 3 S. 3 BGB). In diesem Rahmen hat er selbstredend auch regelmäßig persönlichen Kontakt mit dem Betreuten zu pflegen.

Dessen Wünsche und Vorstellungen zur Gestaltung seines Lebens sind ausdrücklich als wesentlicher Aspekt seines Wohles genannt (§ 1901 Abs. 2 S. 2 BGB). Dementsprechend hat der Betreuer die Wünsche des Betreuten grundsätzlich zu berücksichtigen, soweit sie mit seinem Wohl vereinbar und für den Betreuer zumutbar sind (§ 1901 Abs. 3 S. 1 BGB). Auch Wünsche des Betreuten, die er vor der Anordnung der Betreuung geäußert hat, sind grundsätzlich verbindlich, soweit der Betreute sich nicht von diesen erkennbar distanziert (§ 1901 Abs. 3 S. 2 BGB).

**1066**  Dies gilt auch für ethisch schwierige Bereiche. Problematisch ist insoweit insbesondere die Entscheidung über eine Gesundheitsbehandlung, wenn der Patient im Zeitpunkt der Behandlung nicht (mehr) einwilligungsfähig ist. Auch in diesem Fall hat sich der Betreuer nach dem Willen und den Wünschen des Betreuten zu richten. Dies gilt insbesondere dann, wenn der (einwilligungsfähige) Betreute für diesen Fall eine Festlegung getroffen hat, ob und welche ärztliche Maßnahmen er dann noch bzw nicht mehr wünscht (**Patientenverfügung**, § 1901a BGB). Hauptanwendungsfall sind Entscheidungen über lebensbeendende Maßnahmen schwer erkrankter Patienten. Die Patientenverfügung ist allerdings nicht auf diesen Bereich beschränkt und kann sich daher etwa auch auf Behandlungswünsche (oder etwa die Ablehnung einer Behandlung) bei psychischen Erkrankungen beziehen.

Die Patientenverfügung muss schriftlich abgefasst sein, ist jedoch jederzeit formlos widerruflich. Wirksamkeitsvoraussetzung der Patientenverfügung ist – neben dem Schrifterfordernis – die Volljährigkeit und Einwilligungsfähigkeit des Verfügenden.

Liegt eine schriftliche Patientenverfügung vor, hat der Betreuer daher nur noch zu prüfen, ob die damals getroffene Entscheidung noch für die aktuelle Situation zutrifft. Ist dies der Fall, ist es seine Aufgabe, dem Willen des Betreuten Ausdruck und Geltung zu verschaffen (§ 1901a Abs. 1 BGB). Fehlt eine Patientenverfügung oder ist sie widerrufen worden, hat der Betreuer nach Möglichkeit den mutmaßlichen Willen des Betreuten herauszufinden und dann auf dieser Basis über die ärztliche Weiterbehandlung zu entscheiden (§ 1901a Abs. 2 BGB). Bei der Ermittlung des mutmaßlichen Willens des Betreuten sind auf konkrete Anhaltspunkte abzustellen, etwa frühere (auch mündliche) Äußerungen, ethische oder religiöse Überzeugungen oder sonstige Wertvorstellungen. Nahe Angehörige und sonstige Vertrauenspersonen sollen in diesem Rahmen ebenfalls die Gelegenheit erhalten, sich zu äußern (§ 1901b Abs. 2 BGB). Auf dieser Grundlage hat der Betreuer dann mögliche Maßnahmen mit dem behandelnden Arzt zu erörtern (§ 1901b BGB).

### bb) Genehmigungsbedürftige Maßnahmen

Bestimmte weitreichende Maßnahmen darf der Betreuer nur mit **Genehmigung des Betreuungsgerichts** treffen. Dies betrifft folgende Gebiete:

■ Ärztliche Maßnahmen (Untersuchungen, Heilbehandlungen oder ärztliche Eingriffe), **1067** die zum Tod oder einer schweren oder länger dauernden gesundheitlichen Schädigung des Betreuten führen können, sind nur mit Genehmigung des Betreuungsgerichts zulässig (§ 1904 Abs. 1 BGB). Ohne Genehmigung dürfen nur unaufschiebbare Maßnahmen getroffen werden.

Entsprechendes gilt auch für das Unterlassen medizinischer Maßnahmen bzw den **Behandlungsabbruch:** Genehmigungsbedürftig ist danach auch die Entscheidung des Betreuers, die Einwilligung für eine ärztliche Maßnahme zu versagen bzw zu widerrufen. Ist eine Maßnahme medizinisch angezeigt und besteht die Gefahr, dass der Betreute ohne diese stirbt oder gravierende gesundheitliche Schäden erleidet, so muss das Betreuungsgericht auch diese Entscheidung des Betreuers genehmigen (§ 1904 Abs. 2 BGB). Maßstab für die Entscheidung des Gerichts ist der Wille des Betreuten (§ 1904 Abs. 3 BGB): Die Genehmigung ist daher zu erteilen, wenn sie dem (natürlichen) Willen des Betreuten entspricht.

Eine wichtige Ausnahme von diesem Grundsatz gilt soweit eine wirksame Patientenverfügung vorliegt. Hauptanwendungsfall sind Entscheidungen über lebensbeendende Maßnahmen: Keine betreuungsgerichtliche Genehmigung – weder für eine Behandlung noch für ihr Unterlassen bzw ihren Abbruch – ist erforderlich, wenn der Wunsch nach einer lebensbeendenden Maßnahme dem in einer wirksamen Patientenverfügung (§ 1901a BGB) niedergelegten Willen des Betreuten entspricht und der behandelnde Arzt und der Betreuer insoweit Einvernehmen hergestellt haben (§ 1904 Abs. 4 BGB). Das Betreuungsgericht ist in diesen Fällen nur dann einzuschalten, wenn behandelnder Arzt und Betreuer den Patientenwillen divergierend beurteilen.

Beispiel: Herr Romer hat bei voller geistiger Gesundheit festgelegt, dass er im Falle seiner Entscheidungsunfähigkeit nicht künstlich am Leben gehalten werden möchte. Zwei Jahre später erleidet Herr Romer einen Schlaganfall mit irreversiblen schweren Hirnschädigungen und wird in der Folge künstlich am Leben gehalten. Fehlt es an Anhaltspunkten dafür, dass Herr Romer es sich anders überlegt hat, sind die lebenserhaltenden Geräte abzuschalten. Eine Genehmigung des Betreuungsgerichts ist nicht erforderlich.

■ **Sterilisation** (§ 1905 BGB): Besonders hohe Hürden gelten für eine Sterilisation des **1068** Betreuten. Der Betreuer darf eine Einwilligung in eine Sterilisation des Betreuten grundsätzlich nicht alleine, sondern nur mit Genehmigung des Betreuungsgerichts erteilen (§ 1905 Abs. 2 BGB). Die Sterilisation darf erst zwei Wochen nach Wirksamkeit der Genehmigung durchgeführt werden (§ 1905 Abs. 2 S. 2 BGB).

■ **Freiheitsentziehende Unterbringung** und Freiheitsbeschränkungen im Rahmen **1069** sonstiger Unterbringungen (§ 1906 BGB): Auch für eine freiheitsentziehende Unterbringung ist die Genehmigung des Betreuungsgerichts erforderlich (§ 1906 Abs. 2 BGB). Ohne Genehmigung des Betreuungsgerichts darf eine Unterbringung bei Gefahr im Verzug veranlasst werden. Die Genehmigung ist dann allerdings unverzüglich nachzuholen.

Ist eine freiheitsentziehende Unterbringung erfolgt, so stellt sich die Folgeproblematik der Zwangsbehandlung. Auch diese bedarf der betreuungsgerichtlichen Genehmigung (§ 1903 Abs. 3a BGB).

Ebenfalls genehmigungsbedürftig sind Maßnahmen innerhalb einer Anstalt, die **1070** dem Betroffenen medikamentös oder mechanisch über längere Zeit oder regelmäßig faktisch die Freiheit entziehen (§ 1906 Abs. 4 BGB). Nicht genehmigungspflichtig sind hingegen Maßnahmen im häuslichen Bereich (Familienpflege) oder kurze und einmalige Freiheitsentziehungen.

**1071** ■ **Mietverträge** (§ 1907 Abs. 2 BGB): Einen Mietvertrag des Betreuten kann der Betreuer nur mit Genehmigung des Betreuungsgerichts kündigen oder aufheben (§ 1907 Abs. 2 BGB). Sonstige Umstände, die zu einer Beendigung des Mietverhältnisses führen können, sind dem Betreuungsgericht vom Betreuer mitzuteilen (§ 1907 Abs. 2 BGB).

**1072** ■ **Dauerschuldverhältnisse** (§ 1907 Abs. 3 BGB): Ebenfalls genehmigungspflichtig ist der Abschluss von Miet- oder Pachtverträgen sowie sonstigen Verträgen, durch die der Betreute zu wiederkehrenden Leistungen verpflichtet wird, wenn der Vertrag länger als vier Jahre läuft (§ 1907 Abs. 3 BGB).

**1073** ■ Ausstattungen aus dem Vermögen des Betreuten kann der Betreuer nur mit Genehmigung des Betreuungsgerichts versprechen oder gewähren (§ 1908 BGB).

### cc) Durchsetzung getroffener Entscheidungen gegenüber dem Betreuten

**1074** Die Durchsetzung von Entscheidungen des Betreuers gegenüber dem Betroffenen ist weitgehend ungeregelt. Regelungen finden sich lediglich in folgenden Bereichen:

■ Beschränkung in der Geschäftsfähigkeit (§§ 1903 ff BGB, Einwilligungsvorbehalt): In diesem Bereich wirkt die Einschränkung des Betreuten automatisch: Seine Entscheidungen ohne oder gegen den Willen des Betreuers sind, soweit der Einwilligungsvorbehalt reicht, (schwebend) unwirksam (vgl Rn 1077).

■ Freiheitsentziehende Unterbringung (§ 1906 BGB): Wurde eine Unterbringung angeordnet, so darf der Betroffene auch gewaltsam dorthin verbracht werden. In diesem Rahmen ist auch das Betreten der Wohnung des Betroffenen ohne (gegen) dessen Einwilligung zulässig. Die Gewaltanwendung muss gesondert gerichtlich angeordnet werden. Zuständig ist die zuständige Behörde, die erforderlichenfalls polizeiliche Unterstützung in Anspruch nehmen darf (§ 326 FamFG).

In der Konsequenz scheidet in den übrigen denkbaren Konstellationen eine gewaltsame Durchsetzung der Betreuerentscheidungen gegen den Betroffenen aus.

### dd) Ziel der Betreuung

**1075** Zur Aufgabe des Betreuers gehört ausdrücklich, die Betreuung nach Möglichkeit überflüssig zu machen. So soll der Betreuer die ihm möglichen Maßnahmen ergreifen, die Krankheit, die zur Anordnung der Betreuung geführt hat, zu beseitigen oder zu mildern (§ 1901 Abs. 4 BGB).

### c) Schutz vor dem Betreuer

**1076** Der Betreuer kann vom Betreuungsgericht entlassen werden, wenn ihm die Eignung für die Betreuung fehlt oder ein sonstiger wichtiger Grund vorliegt (§ 1908b BGB). Insbesondere eine vorsätzlich falsch erstellte Abrechnung ist ein solcher Grund (§ 1908b Abs. 1 S. 2 BGB). Im Übrigen unterliegt der Betreuer einer ähnlichen gerichtlichen Kontrolle wie ein Vormund (§ 1908i BGB). So gilt etwa das Vertretungsverbot des § 1795 BGB. Bestimmte weitreichende Geschäfte sind genehmigungsbedürftig (§§ 1821, 1822 Nrn 1–4 BGB). Der Betreuer unterliegt der Aufsicht des Betreuungsgerichts (§ 1837 BGB), dem der Betreuer auch zur Berichterstattung und Rechnungs-legung verpflichtet ist (§ 1840 BGB).

### 3. Betreuung für Geschäftsfähige: Die Notwendigkeit der Koordination zweier Handlungsbefugnisse – Der Einwilligungsvorbehalt

Rechtliche Probleme stellen sich, wenn eine Betreuung für einen Geschäftsfähigen **1077** angeordnet wird. Da die Betreuung ihn in seiner Geschäftsfähigkeit nicht einschränkt, ist er nach wie vor in der Lage, seine Entscheidungen zu treffen und auch rechtlich umzusetzen. Da auch der Betreuer diese Befugnis besitzt (§ 1902 BGB) können para-doxe Entscheidungen getroffen werden.

Beispiele: Der Betreuer mietet eine Wohnung für den Betreuten an, der Betreute kündigt sie wieder; der Betreuer möchte eine medikamentöse Behandlung des psychisch kranken, aber ge-schäftsfähigen Betreuten einleiten, um einer drohenden Psychose zu begegnen, der Betreute ist damit nicht einverstanden.

Um der Gefahr widersprüchlicher Handlungen von Betreuer und Betreutem zu begeg-nen, sieht das Gesetz einen Mechanismus vor, der es möglich macht, den Betreuten in seinen Handlungen einzuschränken: Das Betreuungsgericht kann einen sog **Ein-willigungsvorbehalt** anordnen (§ 1903 Abs. 1 S. 1 BGB). Durch die Anordnung des Einwilligungsvorbehalts wird der geschäftsfähige Betreute quasi einem Minderjährigen gleichgestellt (§ 1903 Abs. 1 S. 2 BGB). Daher benötigt er nach Anordnung eines Ein-willigungsvorbehalts für zweiseitige Geschäfte, insbesondere Verträge, die Einwilli-gung seines Betreuers. Verträge, die er ohne diese Einwilligung tätigt, sind schwebend unwirksam. Genehmigt der Betreuer sie im Nachhinein, werden sie wirksam, verwei-gert er die Genehmigung, ist die Willenserklärung des Betreuten unwirksam. Einseitige Rechtsgeschäfte des Betreuten sind hingegen grundsätzlich unwirksam. Willenser-klärungen gegenüber dem Betreuten können ihm nur dann wirksam zugehen, wenn sie lediglich rechtlich vorteilhaft sind, im Übrigen müssen sie dem Betreuer zugehen.

Diese weitreichende Einschränkung des geschäftsfähigen Betreuten rückt die grund- **1078** sätzlich als freiwillig konzipierte Betreuung doch in eine gefährliche Nähe zu der früher möglichen Entmündigung. Dies erfordert Vorkehrungen zum Schutz des Betreuten. Dieser erfolgt auf mehreren Ebenen:

- ▪ **Anordnung des Einwilligungsvorbehalts**: Der Einwilligungsvorbehalt darf nur dann angeordnet werden, wenn er erforderlich ist, um eine erhebliche Gefahr für die Person oder das Vermögen des Betreuten abzuwenden (§ 1903 Abs. 1 S. 1 BGB).

  Beispiele: Erhebliche Gefahr für das Vermögen: Bei einem psychisch Kranken droht eine weitere oder grundlegende Verschuldung, zB durch das Schließen sinnloser Kaufverträge, die nicht aus dem laufenden Einkommen erfüllt werden können.

  Erhebliche Gefahr für die Person: Drohendes unrichtiges Vaterschaftsanerkenntnis durch den Betreuten.

- ▪ **Reichweite des Einwilligungsvorbehalts**: Die Anordnung hat den Kern der Pri-vatsphäre des Betreuten zu achten. Daher muss auch die Anordnung eines Einwil-ligungsvorbehalts Halt machen vor höchstpersönlichen Geschäften. Dementspre-chend kann ein Einwilligungsvorbehalt nicht für folgende Geschäfte angeordnet werden:
  - – Eheschließung bzw Begründung einer Lebenspartnerschaft (§ 1903 Abs. 2 BGB). Hier bleibt es bei dem regulären „Entweder-Oder": Entweder ist der Betroffene

geschäftsfähig, dann ist eine Eheschließung bzw Gründung einer eingetragenen Lebenspartnerschaft möglich. Oder er ist geschäftsunfähig, mit der Folge, dass das Eheverbot des § 1304 BGB greift.

- Errichtung eines Testaments (§ 1903 Abs. 2 BGB).
- Willenserklärungen, zu denen ein Minderjähriger nach den Vorschriften des 4. und 5. Buches des BGB keine Zustimmung benötigt (§ 1903 Abs. 2 BGB).

■ Weiter ist auch ein angeordneter Einwilligungsvorbehalt nicht umfassend. Er erstreckt sich nicht auf lediglich rechtlich vorteilhafte Geschäfte (§ 1903 Abs. 3 BGB).

■ Unberührt bleibt daneben die Befugnis des Betreuten zur Tätigung von Geschäften des täglichen Lebens (§ 105a BGB analog).

Für die Anordnung des Einwilligungsvorbehalts gelten die Regeln für die Betreuung entsprechend (§ 1908d Abs. 4 BGB): Entfallen die Voraussetzungen für einen Einwilligungsvorbehalt, so ist er aufzuheben. Hält der Betreuer eine Überprüfung des Einwilligungsvorbehalts für notwendig, muss er ein entsprechendes Verfahren anregen (§§ 1903 Abs. 4, 1901 Abs. 5 BGB). Das Betreuungsgericht hat unabhängig davon einen Termin zur Regelüberprüfung festzusetzen und kann auch jederzeit von Amts wegen eine Anlassüberprüfung durchführen. Im Übrigen erlischt der Einwilligungsvorbehalt mit dem Ende der Betreuung.

## 4. Betreuung für Geschäftsunfähige: Wie weit reicht die Bevormundung?

### a) Überblick

1079 Anders als bei Geschäftsfähigen ist für **Geschäftsunfähige** die Betreuung ein rechtliches „Muss". Der Geschäftsunfähige ist selber rechtlich nicht handlungsfähig und benötigt daher einen gesetzlichen Vertreter. Diese Vertretung nimmt der Betreuer wahr. Der Geschäftsunfähige steht dementsprechend unter einer totalen Fremdbestimmung.

Soweit die Geschäftsunfähigkeit nur partiell ist, so zB bei psychischen Krankheiten, wirkt sich die Betreuung auch nur in diesen Bereichen aus. Gleichwohl stellt sich hier die gleiche Problematik wie bei Geschäftsunfähigen: Die Anordnung impliziert insoweit eine Fremdbestimmung inklusive Zwangsmaßnahmen gegenüber dem Betroffenen. Dies ist vor allem in höchstpersönlichen Angelegenheiten prekär, konkret in den Bereichen der Gesundheitsfürsorge und der Unterbringung.

### b) Maßnahmen im Gesundheitsbereich

1080 Ärztliche Maßnahmen greifen in die körperliche Integrität des Betroffenen ein. Bei ihnen ist in besonderer Weise das Selbstbestimmungsrecht des Betreuten zu berücksichtigen: Grundsätzlich sind **ärztliche Untersuchungen**, Behandlungen und Eingriffe in die körperliche Unversehrtheit nur mit **Einwilligung des Betroffenen** zulässig. Die Einwilligung ist jederzeit widerruflich. Die Wirksamkeit der Einwilligung erfordert einen freien Willen in Bezug auf die konkret anstehende Behandlung. Ausreichend (und verbindlich) ist auch ein vor Eintritt der Geschäftsunfähigkeit geäußerter Wille (vgl Rn 1066). In gleicher Weise ist der natürliche Wille eines geschäftsunfähigen Betreuten beachtlich. Damit scheidet eine Zwangsbehandlung gegen den natürlichen Willen eines Geschäftsunfähigen im Grundsatz aus.

Von diesem Grundsatz gibt es allerdings eine gewichtige Ausnahme: Kann der Betreute krankheitsbedingt keinen freien Willen bilden, so wird der Staat als berechtigt angesehen, den Betreuten „vor sich selber zu schützen". In der Konsequenz gibt es Konstellationen, in denen der Betreuer gegen den natürlichen Willen des Betreuten in eine ärztliche Maßnahme einwilligen kann: Konkret betrifft dies ärztliche Zwangsbehandlungen im Rahmen einer freiheitsentziehenden Unterbringung des Betreuten (eingehend Rn 1084).

Bestimmte schwerwiegende Entscheidungen bedürfen im Übrigen der Genehmigung durch das Betreuungsgericht (§ 1904 BGB, vgl Rn 1067).

Besonders hohe Hürden gelten für eine Sterilisation des Betreuten. Der Betreuer darf **1081** eine Einwilligung in eine Sterilisation des Betreuten grundsätzlich nicht alleine, sondern nur mit Genehmigung des Betreuungsgerichts erteilen (§ 1905 Abs. 2 BGB). Die Sterilisation darf erst zwei Wochen nach Wirksamkeit der Genehmigung durchgeführt werden (§ 1905 Abs. 2 S. 2 BGB). In formaler Hinsicht ist ein besonderer Betreuer zu bestellen (§ 1899 Abs. 2 BGB). Inhaltlich ist sie an folgende Voraussetzungen geknüpft, die alle vorliegen müssen (§ 1905 Abs. 1 BGB). Fehlt auch nur eine, ist eine Sterilisation des Betreuten unzulässig:

- Die Einwilligung darf nur erfolgen, wenn sie dem Willen des Betreuten nicht widerspricht. Sie darf daher ohne, aber nicht gegen einen erklärten oder erkennbaren Willen des Betreuten erfolgen. Ausschlaggebend ist, ob der (auch geschäftsunfähige) Betreute die natürliche Einsichtsfähigkeit in die Angelegenheit besitzt. Liegt diese vor, ist er entscheidungsbefugt. Gegen seinen natürlichen Willen darf eine Zwangssterilisation nicht erfolgen. Nur wenn dieser natürliche Wille fehlt, ist eine Sterilisation im Grundsatz möglich. Eine Einwilligung des Betreuers in eine Sterilisation des Betreuten kommt daher nur in Betracht, wenn der Betreute nicht einwilligen kann, weil ihm die natürliche Einsichtsfähigkeit fehlt.
- Der Betreute muss dabei dauerhaft einwilligungsunfähig sein. Bei vorübergehender Einwilligungsunfähigkeit scheidet eine Zwangssterilisation aus.
- Eine Schwangerschaft muss konkret zu befürchten sein, die anderweitig nicht vermieden werden kann und zu einer Gefahr für Leben oder zumindest eine schwerwiegende Beeinträchtigung der körperlichen und seelischen Gesundheit der Schwangeren führen würde. Als schwerwiegende Gefahr genügt das Leid, das sie erfahren würde, wenn das Kind ihr aufgrund eines Sorgerechtsentzugs weggenommen würde.

### c) Unterbringung

### aa) Überblick

Hat der Betreuer das Recht zur Bestimmung des Aufenthalts übertragen bekommen, **1082** so darf er auch den Aufenthalt des Betreuten festlegen (§§ 1908i Abs. 1 S. 1, 1632 BGB).

Beispiel: Der Betreute hat die Einsicht verloren, an welchem Aufenthaltsort ihm Gefahren drohen.

Diese grundsätzliche Aufenthaltsbestimmungsbefugnis umfasst allerdings nicht die **freiheitsentziehende Unterbringung**. Diese unterliegt besonderen Anforderungen.

Der Begriff der Freiheitsentziehung meint dabei lediglich die Freiheit, den jeweiligen Aufenthaltsort zu verlassen, nicht aber die Handlungsfreiheit. Freiheitsentziehend untergebracht ist, wer (sog **Düsseldorfer Formel**):

- auf einem beschränkten Raum festgehalten wird,
- wessen Aufenthalt überwacht ist und
- wessen Kontaktaufnahme mit Personen außerhalb des Raumes durch Sicherungsmaßnahmen verhindert wird.

Eine Unterbringung erfordert dabei eine institutionalisierte Freiheitsentziehung.

Beispiele: Geschlossenes Heim; geschlossene psychiatrische Anstalt; Abgrenzung der Einrichtung mit einem hohen Zaun um das gesamte Gelände; verschlossene Eingänge.

Sie ist abzugrenzen von einer Freiheitsentziehung ohne Unterbringung sowie Maßnahmen ohne freiheitsentziehenden Charakter.

### bb) Freiheitsentziehende Unterbringung

**1083** Die Fallgestaltungen der freiheitsentziehenden Unterbringung zielen dabei auf den Umgang mit Betreuten, die psychisch krank sind oder von einer geistigen oder seelischen Behinderung betroffen sind. Insoweit gilt grundsätzlich: Gegen den freien Willen des Betroffenen scheidet eine Unterbringung aus. Eine Unterbringung ist damit nur dann möglich, wenn der Betroffene krankheitsbedingt keinen freien Willen bilden kann.

Eine freiheitsentziehende Unterbringung darf der Betreuer in zwei Fällen genehmigen:

- Gefahr für den Betreuten: Aufgrund einer psychischen Krankheit oder einer geistigen oder seelischen Behinderung besteht die Gefahr, dass der Betreute sich selbst tötet oder sich selbst erheblichen gesundheitlichen Schaden zufügt (§ 1906 Abs. 1 Nr 1 BGB). Mit Blick auf die Schwere des Eingriffs in die Freiheit ist dabei der Verhältnismäßigkeitsgrundsatz zu beachten. Konkret: Kann die Gefahr auf andere Weise als durch eine freiheitsentziehende Unterbringung abgewandt werden, ist die Unterbringung unzulässig. Eine Zwangsbehandlung ist in diesem Rahmen nicht vorgesehen und daher nicht zulässig.

   Beispiel: Es soll lediglich die regelmäßige Einnahme ärztlich verordneter Medikamente sichergestellt werden, anstelle der Unterbringung ist auch eine Überwachung der Einnahme im häuslichen Umfeld durch einen ambulanten Pflegedienst möglich.

- Ermöglichung einer wichtigen ärztlichen Behandlung: Zur Abwendung eines drohenden erheblichen gesundheitlichen Schadens ist eine Untersuchung des Gesundheitszustandes, eine Heilbehandlung oder ein ärztlicher Eingriff nötig und der Betreute ist krankheitsbedingt nicht in der Lage, die Notwendigkeit der Unterbringung zu erkennen bzw nach dieser Einsicht zu handeln (§ 1906 Abs. 1 Nr 2 BGB).

**1084** Bei der freiheitsentziehenden Unterbringung zur Heilbehandlung oder ärztlichen Untersuchung nach § 1906 Abs. 1 Nr. 2 BGB stellt sich die Folgeproblematik der **Zwangsbehandlung**. Auch diese bedarf der betreuungsgerichtlichen Genehmigung (§ 1903 Abs. 3a BGB). Auch die diesbezügliche Einwilligung darf der Betreuer gegen den natürlichen Willen des Betreuten erteilen. Allerdings statuiert das Gesetz dafür verschiedene Voraussetzungen, die sicherstellen sollen, dass das Selbstbestimmungsrecht des psychisch Kranken bzw geistig oder seelisch Behinderten nach Möglichkeit gewahrt bleibt. Erforderlich ist (§ 1906 Abs. 3 BGB):

- Der Betreute kann aufgrund einer psychischen Krankheit oder einer geistigen oder seelischen Behinderung die Notwendigkeit der ärztlichen Maßnahme nicht erkennen oder nach dieser Einsicht handeln,
- zuvor wurde versucht, den Betreuten von der Notwendigkeit der ärztlichen Maßnahme zu überzeugen,

■ die ärztliche Zwangsmaßnahme ist im Rahmen der Unterbringung zum Wohl des Betreuten erforderlich, um einen drohenden erheblichen gesundheitlichen Schaden abzuwenden,

■ der erhebliche gesundheitliche Schaden kann durch keine andere dem Betreuen zumutbare Maßnahme abgewendet werden und

■ der zu erwartende Nutzen der ärztlichen Zwangsmaßnahme übersteigt die für den Betreuen verbundenen Beeinträchtigungen deutlich.

Sowohl die freiheitsentziehende Unterbringung, als auch die dort avisierte Zwangs- **1085** behandlung ist nur mit Genehmigung des Betreuungsgerichts zulässig (§ 1906 Abs. 2 BGB). Ohne Genehmigung des Betreuungsgerichts darf eine Unterbringung bei Gefahr im Verzug veranlasst werden. Die Genehmigung ist dann allerdings unverzüglich nachzuholen.

Die Genehmigung wird zeitlich begrenzt erteilt (§ 329 Abs. 1 FamFG) und ist auf ein Jahr begrenzt. Verlängerungen sind – auf maximal 2 Jahre – möglich. Fallen die Voraussetzungen weg, muss der Betreuer sie sofort beenden; das Gericht muss die Genehmigung von Amts wegen vorzeitig aufheben (§ 330 FamFG). In Eilfällen kann die Unterbringung durch einstweilige Anordnung genehmigt werden, wenn dringende Gründe für die Annahme sprechen, dass die Voraussetzungen der Unterbringung vorliegen und ein dringendes Bedürfnis für ein sofortiges Tätigwerden besteht (§ 331 FamFG). Eine vorläufige Anordnung darf eine Unterbringung maximal bis 6 Wochen aussprechen, allerdings sind Verlängerungen auf insgesamt 3 Monate zulässig (§ 333 FamFG).

Sind die Voraussetzungen der Zwangsbehandlung entfallen, hat der Betreuer die Einwilligung zu widerrufen und dies dem Betreuungsgericht anzuzeigen (§ 1906 Abs. 3a BGB). Ebenso hat er die freiheitsentziehende Unterbringung zu beenden, wenn ihre Voraussetzungen entfallen sind und dies dem Betreuungsgericht anzuzeigen (§ 1906 Abs. 2 BGB).

### cc) Freiheitsentziehung ohne Unterbringung

Der freiheitsentziehenden Unterbringung gleichgestellt sind Maßnahmen innerhalb **1086** einer Anstalt (ohne Freiheitsentziehung), die dem Betreuen medikamentös oder mechanisch über längere Zeit oder regelmäßig faktisch die Freiheit entziehen. Die Freiheitsentziehung beruht hier nicht auf einer institutionellen Unterbringung, sondern auf individuellen Maßnahmen. Auch diese Maßnahmen sind nur zulässig, um den Betreuen vor einer Selbstgefährdung (§ 1906 Abs. 4, Abs. 1 Nr 1 BGB) zu schützen oder um eine notwendige Untersuchung (§ 1906 Abs. 4, Abs. 1 Nr 2 BGB) zu ermöglichen.

Beispiele: Anbringen von Bettgittern im Altenheim, Fixierung im Stuhl mittels Beckengurt, wenn der Betroffene dadurch in seiner körperlichen Bewegungsfreiheit eingeschränkt wird; Gabe von sedierenden Medikamenten; Einschließen im Zimmer.

Gleiches gilt für den Entzug von Restfreiheiten, also zusätzlichen Freiheitseinschränkungen bei einer freiheitsentziehenden Unterbringung.

Auch diese sog unterbringungsähnlichen Maßnahmen müssen vom Betreuungsgericht genehmigt werden (§ 1906 Abs. 4, Abs. 2 BGB, vgl Rn 1069). Fallen die Voraussetzungen weg, hat der Betreuer die Maßnahmen zu beenden und dies dem Betreuungsgericht anzuzeigen.

## IV. Veränderungen in der Betreuung

**1087**  Die Betreuung richtet sich nach dem Bedarf. Nachträgliche Änderungen, die sich auf den Betreuungsbedarf auswirken, sind daher zu berücksichtigen. Sie können sowohl zu einer Ausweitung als auch zu einer Einschränkung der Betreuungsanordnung führen (§ 1908d BGB).

- **Einschränkung**: Sowohl Betreuung als auch Einwilligungsvorbehalt sind aufzuheben, wenn ihre Voraussetzungen wegfallen (§ 1908d Abs. 1 S. 1, Abs. 4 BGB). Fällt nur ein Teil der Voraussetzungen weg, ist der Aufgabenkreis des Betreuers einzuschränken (§ 1908d Abs. 1 S. 2 BGB).

  Betreuungen, die auf Antrag des Betreuten eingerichtet wurden, sind grundsätzlich auf Antrag des Betreuten wieder aufzuheben, es sei denn es liegen die Voraussetzungen für die Anordnung einer Zwangsbetreuung vor (§ 1908d Abs. 2 BGB).

  Aufgabe des Betreuers ist es, Umstände, die eine Aufhebung der Betreuung oder eines Einwilligungsvorbehalts rechtfertigen würden, dem Betreuungsgericht mitzuteilen (§§ 1901 Abs. 5, 1903 Abs. 4 BGB).

- **Ausweitung**: In gleicher Weise ist aber auch der Aufgabenkreis des Betreuers zu erweitern (bzw ein Einwilligungsvorbehalt anzuordnen) wenn dies erforderlich ist (§ 1908d Abs. 3, 4 BGB). Auch insoweit zählt es zu den Aufgaben des Betreuers, entsprechende Umstände von sich aus dem Betreuungsgericht mitzuteilen (§ 1901 Abs. 5 BGB).

## V. Das Ende der Betreuung

**1088**  Die Betreuung endet entweder mit dem Tod des Betreuten oder wenn sie gerichtlich aufgehoben wird. Hingegen endet mit dem Tod des Betreuers nur dessen Amt, nicht aber die Betreuung.

Sind die Voraussetzungen der Betreuung weggefallen, ist die Betreuung von Amts wegen aufzuheben (§ 1908d BGB). Antragsbetreuungen sind auf Antrag wieder aufzuheben (§ 1908d Abs. 2 BGB).

# Stichwortverzeichnis

Die Zahlen beziehen sich auf die Randnummern.